FRENCH AND ENGLISH IDIOMS

2001

IDIOTISMES FRANÇAIS ET ANGLAIS

By:

François Denoeu
Professor Emeritus of French
Dartmouth College

Revised by:

David Sices
Professor of French and Italian
Dartmouth College

and

Jacqueline B. Sices
Senior Lecturer, French
Dartmouth College

BARRON'S

BARRON'S EDUCATIONAL SERIES, INC.
New York • London • Toronto • Sydney

All inquiries should be addressed to:
Barron's Educational Series, Inc.
250 Wireless Boulevard
Hauppauge, New York 11788

Library of Congress Catalog Card No. 82-1808

Paper Edition
International Standard Book No. 0-8120-0435-3

Library of Congress Cataloging in Publication Data

Denoeu, François, 1898–1975
    2001 French and English idioms — 2001 idiotismes
français et anglais.

        1. French language — Dictionaries — English. 2. French
language — Terms and phrases — Dictionaries. 3. English
language — Dictionaries — French. 4. English language —
Terms and phrases — Dictionaries. I. Sices, David.
II. Sices, Jacqueline B. III. Title. IV. Title: Two
thousand one French and English idioms. V. Title: Two
thousand and one French and English idioms. VI. Title:
2001 idiotismes français et anglais.
PC2640.D42   443'.21   82-1808
ISBN 0-8120-0435-3 (pbk.)   AACR2

PRINTED IN THE UNITED STATES OF AMERICA
0   510   13

TABLE DES MATIÈRES

PREMIÈRE PARTIE: Français-Anglais   1

Avant-propos (Français)   2

Idiotismes Français   5

SECONDE PARTIE: Anglais-Français   281

Avant-propos (Anglais)   282

Idiotismes Anglais   285

CONTENTS

PART I: French-English   1

   Foreword (French)   2

   French Idioms   5

PART II: English-French   281

   Foreword (English)   282

   English Idioms   285

PREMIÈRE PARTIE
FRANÇAIS-ANGLAIS

PART I
FRENCH-ENGLISH

Avant-Propos

Les mots d'une langue vivante ne vivent pas en ermites; ils sont étroitement solidaires. Ils forment des grappes dont les noms, à peu près synonymes, sont expressions, locutions, tours ou tournures de phrase, idiotismes, et dont il n'est pas toujours possible de comprendre le sens par celui des mots successifs qui les composent. La plupart des étudiants savent qu'en essayant de s'exprimer dans une langue étrangère la pire chose est de traduire mot à mot. Il y a pourtant des expressions et phrases courantes, qui se traduisent littéralement dans les deux langues, anglais et français, comme: Il ne faut pas mettre tous ses oeufs dans le même panier./ Don't put all your eggs in the same basket. De telles expressions et phrases ont été omises dans ce dictionnaire, faute de place. Dans les limites d'un livre de poche celui-ci a pour but de donner autant d'idiotismes que possible, à commencer par les plus courants, avec leurs équivalents exacts et naturels dans l'autre langue.

Il n'est généralement pas facile de trouver ces idiotismes dans la jungle des longues colonnes sans ordre apparent des dictionnaires, surtout sous la rubrique de mots très usités comme *to be, to have, to do, to get,* etc. Les dictionnaires de poche entassent autant de mots séparés que possible et ne font aux idiotismes qu'une place très réduite. En présentant seulement les expressions et phrases idiomatiques les plus usitées, ce dictionnaire est plus facile à consulter que les grands dictionnaires, et beaucoup plus complet que les dictionnaires de poche. Les exemples sont ceux de la conversation courante, ils sont parfois familiers mais ne versent pas dans l'argot vulgaire. Les expressions sont présentées dans des phrases complètes; ainsi l'étudiant peut-il employer ce dictionnaire comme guide stylistique pour ses traductions, compositions, lettres, etc. Il est destiné aux élèves des écoles secondaires et des universités, au grand public, aux voyageurs internationaux.

L'auteur a pris comme base le *Basic (British, American, Scientific, International, Commercial) English* de Charles Ogden. Il y a ajouté des éléments de ''service lists'' de Grande-Bretagne, des lexiques de manuels pour l'enseignement de l'anglais dans les lycées (Carpentier-Fialip, Laffay-Kerst, etc.), des exemples puisés dans la meilleure presse et des manuels d'enseignement de l'anglais en Amérique. Il a été aidé dans cette tâche par M. Eugène Cossard, inspecteur général honoraire de l'Education nationale, à qui il adresse les vifs remerciements d'un camarade officier combattant. Ainsi, ces mots anglais forment chacun la clé d'expressions et phrases anglaises que l'auteur doit aussi à une douzaine et demie de ses manuels et à un grand dictionnaire bilingue qu'il a compilé au cours de sa longue carrière en France, en Ecosse et aux Etats-Unis.

Les exemples sont placés dans l'ordre alphabétique après le mot-rubrique ou mot-clé. Chaque alinéa de rubrique contient une phrase complète illustrative. Le mot-rubrique est suivi de ses principaux équivalents dans l'autre langue; les exemples suivent. Parfois un deuxième équivalent est donné; il figure alors entre parenthèses.

La formule magique pour l'acquisition d'une seconde langue, comme de toute autre technique, n'est autre que le travail. Nous supposons que l'étudiant a déjà fait une année d'anglais, qu'il a appris par cœur des conversations simples, en classe et au laboratoire. Il est censé connaître les règles fondamentales de la grammaire; ce qui lui fait le plus défaut ce sont les exceptions à ces règles, et surtout les tournures de phrase propres à l'anglais. Supposons qu'il ait à étudier un conte, une scène de pièce de théâtre, un article de journal ou de revue. Pour l'aider il a des notes, un lexique à la fin du livre, un dictionnaire général de poche. Jusqu'ici tout va bien, mais vient le temps où il n'est plus satisfait de cette aide rudimentaire, passive. C'est le moment où ce dictionnaire lui sera le plus utile. Il y trouvera facilement l'équivalent naturel, en français, de l'expression idiomatique qu'il vient d'entendre, de lire et qu'il ne comprend pas bien, la phrase qu'il forme en français et qu'il veut rendre en bon anglais.

François Denoeu

Note des Réviseurs

Nous avons entrepris de revoir et de compléter le manuscrit de ce dictionnaire, après la disparition de François Denoeu, à la demande de sa famille qui souhaitait que ce dernier travail, parmi plusieurs autres, soit mené à terme comme témoignage de sa longue et fructueuse carrière d'érudit. C'est par reconnaissance et amitié que nous avons accepté de le faire, car François Denoeu avait été pour nous professeur, collègue et ami. Nous espérons surtout avoir réussi à rester fidèles à l'esprit et à l'intention, aussi bien qu'au long travail de recherches et de méditation qui étaient si évidents dans le manuscrit auquel le Professeur Denoeu n'a pas eu le temps de donner sa forme finale.

Notre travail a consisté principalement à 1) élaguer soigneusement certaines expressions techniques (sauf dans le cas où elles ont une application et un emploi plus courants), des locutions dont la similarité dans les deux langues nous semblait rendre la traduction inutile, et quelques-unes des expressions familières plus éphémères que le Professeur Denoeu avait collectionnées au cours de sa longue carrière; et 2) ajouter des phrases d'exemple dans le grand nombre de cas où elles manquaient encore.

David et Jacqueline B. Sices

Idiotismes français (French Idioms)

A

à–*to, at, in*

à ce que–*from what; as far as*
A ce que je vois, elle n'a pas compris. *From what (as far as) I can see, she has not understood.*

à la–*in the manner of; in the style of*
Elle se coiffe à la Pompadour. *She does her hair in the manner (the style) of Madame Pompadour.*

à la tienne (vôtre)–*Here's mud in your eye!*

abandonner–*to abandon*

abandonner la partie–*to call it quits*
Fatigués de la longue lutte, ils ont décidé d'abandonner la partie. *Tired of the long struggle, they decided to call it quits.*

abattre–*to knock down, to cut down*

abattre de la besogne–*to work fast*
Pour finir à temps, il nous faudra abattre de la besogne. *To finish in time, we'll have to work fast.*

abattre son jeu–*to show one's hand*
Quand le dictateur a enfin abattu son jeu, il était trop tard pour l'arrêter. *When the dictator finally showed his hand, it was too late to stop him.*

abonder–*to abound*

abonder dans le sens de–*to be entirely in agreement with*
Tous les participants ont abondé dans son sens. *All the participants were entirely in agreement with him.*

abord–*approach*

au premier abord–*at first sight*
Au premier abord, la maison paraissait petite. *At first sight, the house seemed small.*

aux abords de–*in the vicinity of*
Il est difficile de stationner aux abords de l'Opéra. *It is hard to park in the vicinity of the Opera.*

d'abord–*(at) first*
D'abord, je ne connaissais personne. *(At) first, I didn't know anyone.*

abus—*abuse*

un abus de confiance—*a breach of confidence*
On lui a intenté un procès pour abus de confiance. *He was sued for breach of confidence.*

Il y a de l'abus!—*That's going too far!*

accent—*accent*

avoir l'accent de la vérité—*to ring true*
Votre histoire est étrange, mais elle a l'accent de la vérité. *Your story is strange, but it rings true.*

accepter—*to accept*

accepter des pots de vin—*to take bribes (money on the side)*
Ce fonctionnaire accepte des pots de vin. *That official takes bribes (takes money on the side).*

accommoder—*to accommodate, to suit*

s'accommoder de—*to put up with*
Elle s'accommode maintenant d'un train de vie réduit. *She puts up with a reduced life-style now.*

accord—*agreement, chord, harmony*

D'accord!—*Okay! All right!*

être d'accord avec—*to agree with*
Je suis entièrement d'accord avec vous. *I agree entirely with you.*

accorder—*to tune*

accorder ses violons—*to get together on something*
Il faudra que vous accordiez vos violons avant la réunion. *You'll have to get together on this before the meeting.*

accrocher—*to hang (up)*

s'accrocher à ses positions—*to dig in (one's heels)*
Sous la pression de leurs demandes, il s'accrochait à ses positions. *Under the pressure of their demands, he dug in (his heels).*

accuser—*to accuse*

accuser réception de—*to acknowledge receipt of*
Le bureau a accusé réception de notre lettre. *The office acknowledged receipt of our letter.*

accuser son âge—*to look (to show) one's age*
Cet acteur commence à accuser son âge. *That actor is beginning to look (to show) his age.*

acheter–*to buy*

acheter à prix d'or–*to pay through the nose for*
Ils ont acheté leur secrétaire Louis XV à prix d'or. *They paid through the nose for their Louis XV desk.*

acheter chat en poche–*to buy a pig in a poke.*
Vous essayez de me faire acheter chat en poche. *You're trying to make me buy a pig in a poke.*

acheter les yeux fermés–*to buy sight unseen*
Il a acheté ce lot les yeux fermés. *He bought that consignment sight unseen.*

s'acheter une conduite–*to go straight*
Depuis cette histoire avec la police, il s'est acheté une conduite. *Since that incident with the police, he's gone straight.*

acquis–*acquired*

être acquis à–*to be sold on (won over to)*
Il est dorénavant acquis à l'idée du partage. *He has now been sold on (won over to) the idea of sharing.*

être (une) chose acquise–*to be a sure thing*
Le contrat est (une) chose acquise maintenant. *The contract is a sure thing now.*

acquit–*receipt, release*

par acquit de conscience–*(in order) to ease one's conscience*
J'ai téléphoné à ma mère par acquit de conscience. *I called my mother (in order) to ease my conscience.*

acte–*act, deed, action*

dont acte–*(duly) noted*
Le patron promet une prochaine augmentation: dont acte. *The boss promises a raise soon: duly noted.*

faire acte d'autorité–*to put one's foot down*
S'il insiste pour discuter, il faut que vous fassiez acte d'autorité. *If he insists on arguing, you'll have to put your foot down.*

faire acte de présence–*to put in an appearance*
Le maire a fait acte de présence à la réunion. *The mayor put in an appearance at the meeting.*

action–*stock*

Ses actions sont en baisse.–*He is going downhill. He is losing his influence.*

advenir–*to occur*

advienne que pourra–*come what may*
Je vais tenter le coup advienne que pourra. *I'm going to give it a try, come what may.*

affaire–*business, deal*

avoir affaire à quelqu'un–*to have to deal with someone*
Si vous continuez à le tourmenter, vous aurez affaire à moi. *If you keep teasing him, you'll have to deal with me.*

avoir l'affaire de quelqu'un–*to have just the thing someone needs*
Si vous cherchez une bonne occasion, j'ai votre affaire. *If you're looking for a bargain, I have just the thing you need.*

Ça devrait faire l'affaire.–*That should do it.*

Ce n'est pas une affaire.–*There's nothing to it.*

C'est mon affaire.–*Leave it to me.*

C'est une affaire classée.–*It's all over but the shouting.*

En voilà une affaire!–*Here's a pretty kettle of fish!*

être l'affaire d'une heure (d'une minute, etc.)–*to take (only) an hour (a minute, etc.)*
Réparer ce moteur, c'est l'affaire d'une heure. *It will take (only) an hour to fix this motor.*

faire des affaires d'or–*to do a land-office business; to rake in the money*
Les avocats font des affaires d'or en ce moment. *Lawyers are doing a land-office business (are raking in the money) now.*

faire l'affaire–*to do the trick; to fill the bill; to serve the purpose*
Je crois que cette rondelle fera l'affaire. *I think this washer will do the trick (will fill the bill; will serve the purpose).*

faire son affaire à–*to bump off*
Les gens du milieu lui ont fait son affaire. *People in the underworld bumped him off.*

La belle affaire!–*So what! Big deal!*

L'affaire est dans le sac.–*The deal is all sewed up. It's in the bag.*

Son affaire est faite.–*His number is up.*

afficher–*to advertise, to post*
Défense d'afficher–*Post no bills.*

s'afficher–*to attract notice*
La jeune femme s'affichait partout avec son riche amant. *The young woman attracted notice everywhere with her rich lover.*

affilé–*sharp*
d'affilée–*at a stretch; on end*
Ils ont travaillé douze heures d'affilée. *They worked for twelve hours at a stretch (on end).*

âge–*age*

d'un âge avancé–*well on in years*
Sa mère est d'un âge avancé maintenant. *His mother is well on in years now.*

l'âge ingrat–*the awkward age*
Il est encore à l'âge ingrat, mais il s'annonce déjà beau garçon. *He is still at the awkward age, but he already shows promise of becoming a handsome young man.*

On a l'âge de ses artères.–*You're as old as you feel.*

Quel âge avez-vous?–*How old are you?*

agir–*to act*

agir au mieux des intérêts de–*to act in the best interests of*
Nous avons toujours agi au mieux de vos intérêts. *We always acted in your best interests.*

agir en dessous–*to act underhandedly*
Au lieu de m'en parler franchement, ils ont agi en dessous. *Instead of talking frankly of it to me, they acted underhandedly.*

s'agir de–*to be a question of; to have to do with*
Il s'agit de connaître les règlements. *It's a question of knowing the rules.* Dans ce roman, il s'agit de la révolution. *This novel has to do with the revolution.*

aide–*aid, help*

A l'aide!–*Help!*

à l'aide de–*with the aid of*
Il a atteint le tableau à l'aide d'un escabeau. *He reached the picture with the aid of a stepladder.*

aigle–*eagle*

Ce n'est pas un aigle.–*He's no great shakes.*

aimer–*to like, to love*

aimer à la folie–*to be wild about; to love to distraction*
Il l'aimait à la folie et ne pouvait penser à autre chose. *He was wild about her (loved her to distraction) and could think of nothing else.*

aimer autant–*would just as soon*
J'aime autant partir tout de suite. *I'd just as soon leave right away.*

aimer la table–*to like good food*
C'est un bon vivant qui aime beaucoup la table. *He is a high-living man who likes good food very much.*

aimer mieux–*would rather*
J'aime mieux lire que regarder la télé. *I'd rather read than watch TV.*

ainsi—*thus*

ainsi que—*(just) as; as well as*
Ainsi que je l'avais prévu, il a démissionné. *(Just) as I had foreseen, he resigned.*
Il suit le cours d'anglais, ainsi que celui de maths. *He is taking the English class as well as math.*

Ainsi soit-il.—*So be it. Amen.*

et ainsi de suite—*and so on, and so forth; and what have you*
Elle vend des vêtements, des meubles, et ainsi de suite. *She sells clothing, furniture, and so on, and so forth (and what have you).*

pour ainsi dire—*so to speak*
C'est pour ainsi dire un bohémien. *He's a bohemian, so to speak.*

air—*air*

avoir l'air (de)—*to appear, to seem*
Elle a l'air fatiguée. *She seems tired.* Elle a l'air d'y croire. *She appears (seems) to believe it.*

dans l'air—*in the wind*
Il y a quelque chose de mystérieux dans l'air. *There is something mysterious in the wind.*

en l'air—*empty, idle*
Ce sont des menaces en l'air. *Those are empty (idle) threats.*

aise—*comfort, ease*

A votre aise!—*Suit yourself!*

être à l'aise—*to be comfortable, to be well off*
Ils étaient tous à l'aise dans ce climat. *They were all comfortable in that climate.*
Avec leurs deux salaires, ils étaient à l'aise. *With their two incomes, they were well off.*

J'en suis fort aise!—*I'm delighted (to hear it)!*

algèbre—*algebra*

C'est de l'algèbre.—*It's all Greek to me.*

aller—*to go*

aller à quelqu'un—*to fit (to suit) someone*
Sa nouvelle veste lui va très mal. *His new coat fits (suits) him very badly.*

aller au-devant de—*to go and meet*
Nous sommes allés au-devant de nos invités qui arrivaient. *We went and met our guests who were arriving.*

aller à vau-l'eau—*to go down the drain (to the dogs)*
Son entreprise va à vau-l'eau. *His business is going down the drain (to the dogs).*

aller bien (mal)–*to be (to feel) well (ill)*
Son grand-père va très bien aujourd'hui. *His grandfather is (feeling) very well to-day.*

aller chercher–*to go (and) get*
Je vais tout de suite chercher le médecin. *I'll go (and) get the doctor right away.*

aller comme un tablier à une vache–*to look terrible*
Son smoking lui va comme un tablier à une vache. *His dinner jacket looks terrible on him.*

aller de mal en pis–*to take a turn for the worse*
Son état est allé de mal en pis. *His condition has taken a turn for the worse.*

aller droit au but–*to go straight to the point*
Cessons de tourner en rond et allons droit au but. *Let's stop playing around and go straight to the point.*

aller planter ses choux–*to go out to pasture*
C'est fini pour moi; je n'ai qu'à aller planter mes choux. *It's all over for me; I can just go out to pasture.*

aller son train–*to go along at one's own rate.*
Pendant que les autres se démenaient, il allait son train. *While the others broke their backs, he went along at his own rate.*

aller trop vite en besogne–*to be slapdash*
Cet ouvrier va un peu trop vite en besogne. *This worker is a little slapdash.*

Allez-y!–*Go ahead! Go on! Go to it!*

Allons donc!–*Come on! You don't mean it!*

Ça s'en va en eau de boudin.–*It's going down the drain.*

Cela va de soi.–*It goes without saying. It stands to reason.*

Il en va de même de . . .–*It's the same thing with . . .*

Il n'y va pas avec le dos de la cuiller.–*He doesn't pull his punches.*

Il y va de . . .–*It's a question of . . .*

ne pas y aller de main morte–*to go at it hammer and tongs; not to pull one's punches*
Ils se battaient, et ils n'y allaient pas de main morte. *They were fighting, and they went at it hammer and tongs.* Le juge n'y est pas allé de main morte; il les a condamnés à trois années ferme. *The judge didn't pull his punches; he sentenced them to three years.*

s'en aller–*to go away*
Va-t'en; tu me déranges! *Go away; you're bothering me!*

s'en aller à la dérive–*to go to pot*
Il ne faut pas le laisser s'en aller à la dérive. *You mustn't let him go to pot.*

y aller–*to go about it*
Il y va sans mettre de gants. *He goes about it without pulling his punches.*

y aller carrément—*to play rough*
Quand nos adversaires ont commencé à y aller carrément, nous en avons fait de même. *When our opponents started to play rough, we did the same.*

y aller de franc jeu—*to go about it openly*
C'est un opportuniste, mais il y va de franc jeu. *He is an opportunist, but he goes about it openly.*

y aller par quatre chemins—*to beat around the bush*
Il n'y est pas allé par quatre chemins pour leur annoncer la mauvaise nouvelle. *He didn't beat around the bush in giving them the bad news.*

Va te faire cuire un œuf!—*Go fly a kite! Go jump in the lake!*

---

allonger—*to lengthen, to stretch*

allonger une claque à quelqu'un—*to give someone a smack*
Ce garnement m'a allongé une claque en passant. *That rascal gave me a smack as he passed by.*

---

alors—*then*

Et alors?—*So what?*

âme—*soul*

avoir l'âme chevillée au corps—*to have as many lives as a cat*
Ils croyaient s'être débarrassés de lui, mais il a l'âme chevillée au corps. *They thought they were rid of him, but he has as many lives as a cat.*

comme une âme en peine—*like a lost soul*
Quand je l'ai trouvée, elle errait comme une âme en peine. *When I found her, she was wandering like a lost soul.*

être l'âme damnée de quelqu'un—*to be a tool of someone*
Méfiez-vous de lui; c'est l'âme damnée de votre adversaire. *Watch out for him; he's a tool of your opponent.*

---

amener—*to bring, to lead*

amener un changement—*to work a change*
Ses efforts ont amené un changement dans la gestion de la société. *His efforts worked a change in the administration of the company.*

s'amener—*to turn up*
Ils se sont enfin amenés à minuit. *They finally turned up at midnight.*

---

ami—*friend*

Ils sont amis comme cochons.—*They're as thick as thieves.*

---

amiable—*amicable*

à l'amiable—*out of court*
Ils ont réglé leur différend à l'amiable. *They settled their dispute out of court.*

amitié – *friendship*

> **Mes amitiés à . . .** – *My regards to . . .*

amortir – *to deaden, to muffle*

> **amortir les coups** – *to roll with the punches*
> Vous devez amortir les coups si vous voulez survivre. *You have to roll with the punches if you're going to survive.*

amour – *love*

> **pour l'amour de** – *for the sake of*
> Laisse-moi tranquille, pour l'amour de Dieu! *Leave me alone, for God's sake!*

amoureux – *amorous, in love*

> **amoureux fou** – *head over heels in love*
> Mon frère est amoureux fou de la fille des voisins. *My brother is head over heels in love with the girl next door.*

amuser – *to amuse*

> **amuser la galerie** – *to keep the crowd entertained*
> Il essayait d'amuser la galerie en faisant des tours de magie. *He tried to keep the crowd entertained by doing magic tricks.*

> **s'amuser (follement)** – *to enjoy oneself; to have fun (to have the time of one's life)*
> Amusez-vous bien, les enfants! *Enjoy yourselves (Have fun), children!* Nous nous sommes amusés follement à votre soirée. *We had the time of our lives at your party.*

ancien – *ancient, former*

> **un(e) ancien(ne)** – *an old flame*
> C'est une de ses anciennes. *She's one of his old flames.*

> **un ancien élève** – *an alumnus*
> C'est un ancien élève de l'Ecole de médecine de Paris. *He is an alumnus of the School of Medicine in Paris.*

âne – *ass, donkey*

> **comme l'âne de Buridan** – *unable to make up one's mind*
> Il est resté longtemps à l'angle des deux rues, comme l'âne de Buridan. *He stood at the street corner for a long time, unable to make up his mind.*

> **faire l'âne pour avoir du son** – *to play dumb (in order to get what one is after)*
> Cet ouvrier fait l'âne pour avoir du son. *This worker is playing dumb (to get what he is after).*

ange – *angel*

> **être aux anges** – *to be (just) delighted*

Madame Martin était aux anges quand son mari lui a donné un diamant. *Mrs. Martin was delighted when her husband gave her a diamond.*

anguille—*eel*

Il y a anguille sous roche—*There's a catch in it. I smell a rat. There's a snake in the grass.*

année—*year*

avec les années—*over the years*

annoncer—*to announce*

annoncer à tous les échos—*to cry from the rooftops*
On a annoncé ses ennuis à tous les échos. *They cried his troubles from the rooftops.*

s'annoncer bien (mal)—*to look promising (bad)*
La récolte s'annonce bien (mal). *The harvest looks promising (bad).*

aplatir—*to flatten*

s'aplatir devant—*to grovel before*
Ne t'aplatis pas devant cet arrogant. *Don't grovel before that arrogant fellow.*

appareil—*apparatus, outfit*

être à l'appareil—*to be on the line (phone)*
Qui est à l'appareil, s'il vous plaît? *Who is on the line (phone), please?*

sans appareil—*simple, unpretentious*
Elle voulait un mariage dans l'intimité, sans appareil. *She wanted a simple (unpretentious) wedding, among family and friends.*

appartenir—*to belong*

appartenir à quelqu'un de faire quelque chose—*to behoove someone to do something*
Il vous appartient de prononcer son éloge. *It behooves you to speak in praise of him.*

ne plus s'appartenir—*to be beside oneself*
Devant leur trahison, il ne s'appartenait plus. *Seeing their treachery, he was beside himself.*

appel—*appeal, call*

faire l'appel—*to call the roll*
Elle était absente quand le professeur a fait l'appel. *She was absent when the teacher called the roll.*

appeler—*to call (for)*

appeler un chat un chat—*to call a spade a spade*

Dans leur société on insiste toujours pour appeler un chat un chat. *In their circle, they always insist on calling a spade a spade.*

en appeler à–*to appeal to*
J'en ai appelé à son sens de la justice. *I appealed to his sense of justice.*

s'appeler–*to be called (named)*
Comment vous appelez-vous? *What is your name?*

Voilà qui s'appelle . . .–*That's what I call . . .*

---

applaudir–*to applaud*

applaudir à tout rompre–*to bring down the house; to go wild*
A la fin de cette soirée triomphale, le public applaudissait à tout rompre. *At the end of that triumphal performance, the audience brought down the house (went wild).*

---

apprendre–*to learn, to teach*

apprendre à vivre à quelqu'un–*to teach somebody a lesson*
Cette expérience leur apprendra à vivre. *That experience will teach them a lesson.*

Vous ne m'apprenez rien!–*Don't I know it!*

---

appuyer–*to press, to support*

s'appuyer sur–*to lean (rely) on*
Vous vous appuyez trop sur lui. *You lean (rely) too much on him.*

---

après–*after*

aboyer (crier) après–*to bark (yell) at*
Tous les chiens du quartier aboyaient après nous. *All the dogs in the neighborhood were barking at us.*

d'après–*according to*
D'après lui, il va pleuvoir ce soir. *According to him, it is going to rain this evening.*

d'après–*next*
L'instant d'après, il était parti. *The next moment, he was gone.*

Et après?–*So what? And then what?*

---

araignée–*spider*

avoir une araignée au plafond–*to have bats in the belfry*
Si vous croyez cela, vous avez une araignée au plafond. *If you believe that, you have bats in the belfry.*

---

arbre–*tree*

faire grimper (monter) quelqu'un à l'arbre–*to put one over on someone*
Vous m'avez fait grimper (monter) à l'arbre avec vos promesses. *You put one over on me with your promises.*

arme—*arm, weapon*

à armes égales—*on equal terms*
Les deux joueurs luttaient à armes égales. *The two players were struggling on equal terms.*

---

arracher—*to tear, to pull*

arracher des aveux à—*to sweat a confession out of*
La police a fini par lui arracher des aveux. *The police ended up by sweating a confession out of him.*

arracher une dent—*to pull a tooth*
Je me suis fait arracher une dent ce matin. *I had a tooth pulled this morning.*

On se l'arrache.—*He (she, it) is all the rage.*

---

arranger—*to arrange*

arranger les choses—*to put (to set) things straight*
Je voulais arranger les choses entre eux avant de partir. *I wanted to put (to set) things straight between them before leaving.*

Cela m'arrange.—*That works out fine for me.*

Cela n'arrange rien.—*That doesn't help anything.*

s'arranger—*to work out (all right)*
Ne t'inquiète pas; les choses s'arrangeront. *Don't worry; things will work out (all right).*

---

arrêter—*to stop*

s'arrêter net—*to stop dead*
Le taxi s'arrêta net au milieu de la rue et refusa de repartir. *The taxi stopped dead in the middle of the street and wouldn't start again.*

---

arriéré—*arrears*

avoir de l'arriéré—*to fall behind*
Ils avaient de l'arriéré pour le loyer. *They fell behind on the rent.*

---

arriver—*to arrive, to happen*

arriver à—*to manage to*
Je n'arrive pas à résoudre ce problème. *I can't manage to solve this problem.*

arriver au bout de ses ressources—*to come to the end of the line*
Notre parti politique est arrivé au bout de ses ressources. *Our political party has come to the end of the line.*

arriver bon premier—*to be an easy winner*
Son cheval est arrivé bon premier de la course. *His horse was an easy winner in the race.*

arriver dans un fauteuil—*to win hands down*

Son équipe était si forte qu'elle est arrivée dans un fauteuil. *His team was so strong that it won hands down.*

arriver en coup de vent–*to breeze in*
Tout d'un coup mon frère est arrivé en coup de vent. *All of a sudden my brother breezed in.*

en arriver là–*to come to this*
Il est triste que notre amitié en soit arrivée là. *It's sad for our friendship to have come to this.*

il arrive à quelqu'un–*someone (happens to)* . . . *once in a while*
Il m'arrive de chanter. *I (happen to) sing once in a while.*

ne pas arriver à la cheville de quelqu'un–*not to be in the same league with someone; not to hold a candle to someone*
Ce romancier écrivait bien, mais il n'arrivait pas à la cheville de Flaubert. *That novelist wrote well, but he was not in the same league with (didn't hold a candle to) Flaubert.*

---

arroser–*to water*

arroser une promotion (ses galons)–*to celebrate a promotion (one's stripes) with a drink*
Allons au café arroser tes galons. *Let's go to the café to celebrate your stripes with a drink.*

Cela s'arrose!–*That calls for a drink!*

---

art–*art*

sans art–*ingenuous(ly), natural(ly)*
Il a parlé de son talent sans art. *He talked of his talent ingenuously (naturally).*

---

article–*article*

être à l'article de la mort–*to be at death's door*
Elle était si malade qu'on la croyait à l'article de la mort. *She was so ill that they thought she was at death's door.*

faire l'article–*to boost, to push*
Le vendeur faisait l'article pour ses ouvre-boîte. *The salesman was boosting (pushing) his can openers.*

---

artisan–*craftsman*

être l'artisan de sa propre fortune–*to be a self-made man*
Il n'avait pas eu d'éducation, donc il était l'artisan de sa propre fortune. *He had had no education, so he was a self-made man.*

---

as–*ace*

Ce n'est pas un as.–*He's not so hot.*

assez—*enough*

(C'est) assez causé.—*Enough said. Let's get down to business.*

assiette—*plate, sitting position*

ne pas être dans son assiette—*to be under the weather, not to be up to par*
Excusez-moi; je ne suis pas dans mon assiette aujourd'hui. *Excuse me; I'm under the weather (not up to par) today.*

assommer—*to brain, to overwhelm*

assommer quelqu'un avec des fleurs—*to damn someone with faint praise*
Les critiques ont assommé le dramaturge avec des fleurs. *The critics damned the playwright with faint praise.*

assurer—*to assure, to insure*

s'assurer que—*to make sure that*
Nous nous sommes assurés qu'il était parti. *We made sure that he had left.*

atout—*trump*

avoir un atout en réserve—*to have an ace in the hole*
Il s'est débrouillé parce qu'il avait un atout en réserve. *He got by because he had an ace in the hole.*

attacher—*to attach*

attacher du prix (de l'importance, etc.) à—*to deem valuable (important, etc.)*
Il attachait du prix aux bonnes manières. *He deemed good manners valuable.*

n'attacher aucune importance à—*to make (to think) nothing of*
Ils n'ont attaché aucune importance à notre avertissement. *They made (thought) nothing of our warning.*

s'attacher aux pas de—*to dog the steps of*
L'agent de police s'attachait aux pas du suspect. *The policeman dogged the suspect's steps.*

attaque—*attack*

d'attaque—*going strong*
Elle a quatre-vingts ans et elle est toujours d'attaque. *She is eighty and still going strong.*

être (se sentir) d'attaque—*to be full of fight*
J'étais (je me sentais) d'attaque en me réveillant ce matin. *I was full of fight when I woke up this morning.*

ne pas être (se sentir) d'attaque—*not to feel up to it*
Commencez sans moi; je ne suis pas (je ne me sens pas) d'attaque en ce moment. *Start out without me; I don't feel up to it right now.*

attaquer–*to attack*

attaquer à main armée–*to hold up*
Deux criminels ont attaqué la banque à main armée. *Two criminals held up the bank.*

attendre–*to await, to wait for*

Attendez voir.–*Wait and see.*

attendre les événements–*to sit tight*
Vous feriez mieux d'attendre les événements, plutôt que d'agir précipitamment. *You'd do better to sit tight rather than act hastily.*

attendre un bébé (un heureux événement)–*to be expecting*
Sa soeur attend un bébé (un heureux événement). *His sister is expecting.*

en attendant–*meanwhile*
En attendant, tâche de t'occuper. *Meanwhile, try to keep busy.*

Je vous attendais là!–*I saw you coming there!*

s'attendre à–*to expect*
Je m'attends à ce qu'il parte ce soir. *I expect him to leave this evening.*

attention–*attention*

Attention!–*Watch out! Careful!*

faire attention à–*to pay attention to, to mind*
Ne faites pas attention à ce qu'elle dit. *Don't pay attention to (don't mind) what she says.*

attirer–*to attract*

s'attirer des ennuis–*to get into a mess*
J'ai peur que nous ne nous soyons vraiment attiré des ennuis cette fois-ci. *I'm afraid we've really gotten into a mess this time.*

attraper–*to catch*

attraper la cadence–*to hit one's stride*
Il finira le travail facilement maintenant qu'il a attrapé la cadence. *He'll finish the job easily now that he's hit his stride.*

attraper le coup–*to get the hang (knack; swing) of something*
Vous finirez par attraper le coup de ce jeu. *You'll end up getting the hang (knack; swing) of this game.*

attraper un chaud et froid–*to catch a chill*
Tu vas attraper un chaud et froid si tu restes à la porte. *You'll catch a chill if you stay in the doorway.*

s'attraper facilement–*to be catching*
Attention; cette maladie s'attrape facilement. *Watch out; that disease is catching.*

aucun–*no, none*

d'aucuns–*some (people)*
D'aucuns prétendent que le roi est déjà mort. *Some (people) claim that the king has already died.*

sous aucun prétexte–*on no account*
Ils ne devraient y aller sous aucun prétexte. *On no account should they go there.*

au-dessous–*below*

au-dessous de tout–*beneath contempt*
Son geste est au-dessous de tout. *His action is beneath contempt.*

augmenter–*to increase*

augmenter quelqu'un–*to give someone a raise*
Je suis allé voir le patron et il m'a augmenté. *I went and saw the boss and he gave me a raise.*

autant–*as much (many), so much (many)*

autant (+ inf.)–*(one) might as well (& verb)*
Ne perds pas ton haleine: autant parler à un sourd. *Don't waste your breath: you might as well talk to a deaf man.*

d'autant mieux (plus, moins)–*all the better (more, less)*
Je comprends d'autant moins son attitude que je sais qu'il est intéressé à l'affaire. *I understand his attitude all the less, in that I know he has an interest in the case.*

en faire autant–*to follow suit*
Puisqu'ils étaient déjà partis, nous en avons fait autant. *Since they had already left, we followed suit.*

auto–*car*

faire de l'auto-stop–*to hitch (to thumb) a ride*
Ils ont fait de l'auto-stop pour venir ici. *They hitched (thumbed) a ride to come here.*

autre–*other*

A d'autres!–*Tell it to the marines!*

C'est un autre son de cloche.–*That's another story (another way of looking at it).*

C'est une autre paire de manches.–*That's a horse of a different color.*

d'autre part–*on the other hand; then again*
Elle est très dépensière, mais d'autre part elle est riche. *She spends a lot, but on the other hand (then again) she is rich.*

de l'autre côté de la rue–*across the street*
La maison de l'autre côté de la rue est à louer. *The house across the street is for rent.*

J'ai d'autres chats à fouetter.–*I have other fish to fry.*

nous (vous) autres Américains (Français, etc.)–*we (you) Americans (French, etc.)*

Vous autres Américains, vous avez un pays immense. *You Americans have a huge country.*

---

avaler–*to swallow*

avaler des couleuvres–*to swallow insults*
Il avait si peur d'eux qu'il avalait des couleuvres sans rien dire. *He was so afraid of them that he swallowed insults without saying a word.*

avaler le morceau–*to bite the bullet*
Le président a dû avaler le morceau et signer le projet de loi. *The president had to bite the bullet and sign the bill.*

---

avance–*advance, lead*

d'avance–*in advance, before one starts*
Ils se sentaient vaincus d'avance. *They felt beaten in advance (before they started).*

en avance–*early, ahead of schedule*
Le train de Paris est arrivé en avance. *The train from Paris arrived early (ahead of schedule).*

La belle avance!–*A lot of good that will do!*

---

avancer–*to advance*

A quoi cela m'avance-t-il?–*What good does that do me?*

avancer au même rythme (du même pas) que–*to keep pace with*
Je n'ai pas pu avancer au même rythme (du même pas) que le vieillard. *I couldn't keep pace with the old man.*

avancer de–*to be . . . fast*
Votre montre avance de trois minutes. *Your watch is three minutes fast.*

ne pas en être plus avancé–*to be no better off (for that)*
J'ai vu le directeur, mais je n'en suis pas plus avancé. *I saw the director, but I'm no better off (for that).*

---

avant–*ahead, before*

avant peu–*before long*
Je le verrai certainement avant peu. *I'll surely see him before long.*

avant tout–*above all*
N'oubliez pas avant tout de nous écrire. *Above all, don't forget to write us.*

En avant!–*Forward! Let's go!*

En avant la musique!–*Strike up the band! Let's get going!*

fort avant dans la nuit–*in the small (wee) hours of the morning*

Ils sont enfin rentrés fort avant dans la nuit. *They finally came home in the small (wee) hours of the morning.*

---

avantage–*advantage*

à l'avantage–*(a size) too big*
Sa mère lui achetait ses pantalons à l'avantage. *His mother bought him his pants (a size) too big.*

---

avec–*with*

d'avec–*from*
Il faut distinguer l'utile d'avec l'agréable. *You have to distinguish what is useful from what is agreeable.*

Et avec cela, Madame? (Monsieur?)–*(Do you want) anything else, Madam? (Sir?)*

---

avenant–*pleasant, seemly*

à l'avenant–*accordingly*
Les enfants étaient très bien habillés et se tenaient à l'avenant. *The children were very well dressed and behaved accordingly.*

---

avenir–*future*

d'avenir–*up-and-coming*
C'est un jeune avocat d'avenir. *He is an up-and-coming young lawyer.*

---

aventure–*adventure, chance*

à l'aventure–*aimless(ly)*
Les trois garçons erraient à l'aventure dans la forêt. *The three boys wandered aimlessly through the forest.*

---

avis–*advice, opinion, notice*

à mon avis–*in my book (opinion)*
Ce qu'ils ont fait est un délit à mon avis. *What they did is a crime in my book (opinion).*

Avis aux amateurs!–*A word to the wise!*

être d'avis de–*to be in favor of*
La majorité était d'avis de refuser son offre. *The majority was in favor of refusing his offer.*

(il) m'est avis que–*to my mind*
(Il) m'est avis que la bataille est perdue. *To my mind, the battle is lost.*

sauf avis contraire–*unless one hears to the contrary*
Sauf avis contraire, le colis sera expédié vendredi. *Unless you hear to the contrary, the package will be sent on Friday.*

avoir–*to have*

avoir . . . ans–*to be . . . (years old)*
Lorsque j'avais vingt ans, j'étais plus optimiste. *When I was twenty (years old), I was more of an optimist.*

avoir ce qu'il faut–*to have what it takes*
Elle a ce qu'il faut pour être une vedette. *She has what it takes to be a star.*

avoir chaud (froid)–*to be (to feel) hot (cold)*
Si tu as trop chaud (froid), change d'habits. *If you are (you feel) too hot (cold), change your clothes.*

avoir . . . de haut (de long, de large, etc.)–*to be . . . high (long, wide, etc.)*
Le mur extérieur a trois mètres de haut (de long, de large). *The outside wall is three meters high (long, wide).*

avoir de la veine (de la déveine)–*to be on (to have) a winning (losing) streak*
Je ne veux pas arrêter de jouer pendant que j'ai de la veine (de la déveine). *I don't want to stop playing while I'm on (I'm having) a winning (losing) streak.*

avoir lieu–*to take place*
Le match aura lieu demain à trois heures. *The game will take place tomorrow at three o'clock.*

avoir quelqu'un–*to catch (to get) someone; to pull a fast one on someone*
Voilà, je t'ai eu! *There, I caught (I got) you!* Ces escrocs ont essayé de m'avoir. *Those swindlers tried to pull a fast one on me.*

avoir quelqu'un dans la peau–*to have got someone under one's skin*
Elle l'avait dans la peau et ne pouvait pas l'oublier. *She had got him under her skin and couldn't forget him.*

en avoir après (contre)–*to have it in for*
Elle en a après (contre) lui à cause de son retard. *She has it in for him because he was late.*

en avoir assez (marre, plein le dos, plein son sac, soupé)–*to have had it, to be fed up*
J'en ai assez (marre, plein le dos, plein mon sac, soupé) de son insolence. *I've had it (I'm fed up) with his insolence.*

en avoir le coeur net–*to get to the bottom of it*
Il y a eu un malentendu et je veux en avoir le coeur net. *There has been a misunderstanding and I want to get to the bottom of it.*

en avoir pour–*to need, for it to take*
J'en ai pour une heure, pour faire ce travail. *I need (It will take me) an hour to do this job.*

en avoir pour son argent–*to get one's money's worth.*
Cela a coûté cher, mais nous en avons eu pour notre argent. *It cost a lot, but we got our money's worth.*

n'avoir que faire de–*to have no use for*
Je n'ai que faire d'une aide si tardive. *I have no use for such belated help.*

ne pas avoir froid aux yeux–*to have pluck*
Les Normands n'avaient pas froid aux yeux. *The Norsemen had pluck.*

quoi qu'il en ait–*no matter what one may think*
Il n'y arrivera jamais, quoi qu'il en ait. *He will never succeed in it, no matter what he may think.*

se faire avoir–*to be taken, to get the short end of the stick*
Si tu as payé cela trente francs, tu t'es fait avoir. *If you paid thirty francs for that, you were taken in (you got the short end of the stick).*

B

bagage–*baggage, luggage*

faire ses bagages–*to pack (one's bags)*
Je vais faire mes bagages juste avant de partir. *I'm going to pack (my bags) just before leaving.*

un bagage intellectuel–*a fund (stock) of knowledge*
Ce conférencier a un bagage intellectuel formidable. *This lecturer has a tremendous fund (stock) of knowledge.*

---

baguette–*rod, stick*

mener (faire marcher) à la baguette–*to ride herd on, to rule with an iron hand*
Le ministre menait (faisait marcher) ses aides à la baguette. *The minister rode herd on his staff (ruled his staff with an iron hand).*

sous la baguette de–*under the baton (direction) of*
L'orchestre était sous la baguette de Toscanini. *The orchestra was under the baton (the direction) of Toscanini.*

---

bain–*bath*

être dans le bain–*to be in the know (in the swim)*
Je m'excuse de cette gaffe; je ne suis pas encore dans le bain. *I'm sorry for that blunder; I'm not yet in the know (in the swim).*

---

baisser–*to lower*

baisser le ton–*to lower one's voice; to tone down*
Devant le malade les médecins baissèrent le ton. *In the patient's presence, the doctors lowered their voices.* Il a fait baisser le ton un peu à cet arrogant. *He made that arrogant fellow tone down a bit.*

---

bande–*band, gang*
faire bande à part–*to go it alone*

Ne pouvant pas s'entendre avec les autres, il faisait toujours bande à part. *Since he couldn't get along with others, he would always go it alone.*

barbe–*beard*

La barbe!–*What a nuisance (pain in the neck)!*

(se) faire la barbe–*to shave*
Je chantais en me faisant la barbe. *I sang as I was shaving.*

barque–*(row) boat*

bien mener (conduire) sa barque–*to handle one's affairs right*
Si tu mènes (conduis) bien ta barque, tu seras bientôt riche. *If you handle your affairs right, you'll soon be rich.*

barre–*bar, tiller*

avoir barre sur quelqu'un–*to get (to have) the edge (the jump) on someone*
En faisant cette offre généreuse nous aurons barre sur lui. *By making this generous offer we'll have the edge (the jump) on him.*

C'est de l'or en barre!–*It's a gold mine!*

bas–*low*

à bas–*down with*
A bas la tyrannie! *Down with tyranny!*

au bas mot–*at the very least*
Cette table ancienne vous coûtera mille francs au bas mot. *This antique table will cost you a thousand francs at the very least.*

en bas–*below, downstairs*
J'ai cru entendre un bruit en bas. *I thought I heard a noise below (downstairs).*

en bas âge–*little, young*
Il faut laisser les enfants en bas âge à la maison. *Little (young) children must be left at home.*

base–*base, basis, foundation*

à base de–*composed mainly of, made out of*
C'est un produit à base de pétrole. *It's a product composed mainly of (made out of) petroleum.*

bât–*pack (saddle)*

C'est là où (que) le bât le blesse. *That's where the shoe pinches.*

bataille–*battle*

en bataille–*disheveled*
L'enfant avait les cheveux en bataille. *The child's hair was disheveled.*

bâtir–*to build*

> **bâti à chaux et à sable**–*made of solid rock*
> C'était un homme bâti à chaux et à sable. *The man was made of solid rock.*
>
> **bâtir des châteaux en Espagne**–*to build castles in air*
> Tâche de travailler, au lieu de bâtir des châteaux en Espagne. *Try working, instead of building castles in air.*

---

bâton–*stick*

> **Il a son bâton de maréchal.**–*He has risen as far as he can.*
>
> **le bâton de vieillesse**–*a support in old age*
> Quand j'aurai pris ma retraite, tu seras mon bâton de vieillesse. *When I've retired, you will be my support in old age.*

---

battre–*to beat*

> **battre à plate couture (comme plâtre)**–*to beat to a pulp (hands down)*
> Leur équipe nous a battus à plate couture (comme plâtre). *Their team beat us to a pulp (hands down).*
>
> **battre de l'aile**–*to be on one's last legs*
> Son entreprise bat de l'aile maintenant. *His business is on its last legs now.*
>
> **battre en brèche**–*to assail, to lambaste*
> Le parti socialiste battait en brèche la réforme fiscale proposée. *The socialist party assailed (lambasted) the proposed fiscal reform.*
>
> **battre en retraite**–*to beat a retreat*
> Quand ils se sont approchés, l'ennemi a battu en retraite précipitamment. *When they approached, the enemy beat a hasty retreat.*
>
> **battre froid à quelqu'un**–*to be cool toward someone, to give someone the cold shoulder (the deep freeze)*
> Depuis quelque temps elle me bat froid. *She has been cool toward me (has been giving me the cold shoulder, the deep freeze) for some while.*
>
> **battre la campagne**–*to be delirious*
> Ne l'écoutez pas; il bat la campagne. *Don't listen to him; he's delirious.*
>
> **battre le pavé**–*to walk (up and down) the streets*
> Ils ont battu le pavé toute la journée à la recherche d'un travail. *They walked (up and down) the streets all day looking for a job.*
>
> **battre les cartes**–*to shuffle the cards*
> C'est à celui qui donne de battre les cartes. *It's up to the dealer to shuffle the cards.*
>
> **battre pavillon**–*to fly a flag*
> Le cargo bat pavillon français. *The freighter is flying the French flag.*
>
> **battre quelqu'un avec ses propres armes**–*to beat someone at his own game*
> Le maire sortant a été battu avec ses propres armes par son jeune adversaire. *The incumbent mayor was beaten at his own game by his young opponent.*

battre son plein—*to be at its height (in full swing)*
Le fête battait son plein quand nous sommes arrivés. *The celebration was at its height (in full swing) when we arrived.*

Il ferait battre quatre montagnes.—*He's a troublemaker.*

Je m'en bats l'oeil!—*I don't give a rap (a hoot)!*

bavard—*talkative*

Il est bavard comme une pie.—*He'll talk your ear off.*

baver—*to drool*

en faire baver—*to give someone a run for his money*
Leur équipe nous en a fait baver avant de perdre. *Their team gave us a run for our money before losing.*

beau—*beautiful, fine, handsome*

au beau milieu—*right (smack) in the middle*
Je suis tombé au beau milieu de leur bagarre. *I fell right (smack) in the middle of their brawl.*

avoir beau faire quelque chose—*no matter how (much) one does something*
Il a beau le nier, je sais que c'est vrai. *No matter how much he denies it, I know it's true.*

avoir beau jeu—*to have all the right cards*
Vous avez beau jeu contre cette grande société. *You have all the right cards against that big company.*

avoir le beau rôle—*to have the limelight*
C'est elle qui avait le beau rôle et moi qui faisais le travail. *She was the one who had the limelight and I did the work.*

bel et bien—*altogether*
Il nous a bel et bien échappé. *He got away from us altogether.*

de plus belle—*more (harder, faster, etc.) than ever*
Elle se mit à pleurer de plus belle. *She began to cry harder than ever.*

en faire de belles—*to be up to fine things*
Vous en avez fait de belles pendant mon absence! *You have been up to fine things while I was gone!*

être dans de beaux draps—*to be in a fix*
Grâce à ta bêtise, nous sommes dans de beaux draps! *Thanks to your foolishness, we're in a fix!*

faire le beau—*to sit up and beg*
Leur chien fait le beau pour avoir des gourmandises. *Their dog sits up and begs to get sweets.*

faire un beau gâchis de—*to make a mess of*
Ils ont fait un beau gâchis de ce travail. *They have made a mess of this job.*

Il y a belle lurette.—*It's been a long, long while.*

La belle histoire!—*So what!*

Le beau malheur!—*Now isn't that a shame!*

---

beaucoup—*much, many*

 C'est un peu beaucoup!—*That's going (a bit) too far!*

 de beaucoup—*by far; far and away*
 C'est de beaucoup le meilleur coureur de l'équipe. *He is by far (far and away) the best racer on the team.*

---

bercer—*to rock*

 se bercer d'illusions—*to fool (to kid oneself)*
 Vous vous bercez d'illusions si vous croyez qu'il viendra. *You're fooling yourself (kidding yourself) if you think he will come.*

---

besoin—*need, want*

 au besoin—*if need be, in a pinch*
 Nous pourrions au besoin venir vous aider. *We could come and help you, if need be (in a pinch).*

 avoir besoin de—*to need*
 Le trésor a besoin d'argent. *The treasury needs money.*

 Est-il besoin de vous dire?—*Need I tell you?*

---

bête—*stupid*

 C'est bête comme chou.—*It's as easy as pie.*

 Pas si bête!—*Not if I can help it!*

---

bête—*animal, beast*

 faire la bête—*to act silly; to play dumb*
 Il fait la bête parce qu'il a trop bu. *He is acting silly because he has drunk too much.* Je crois que cette vendeuse fait la bête exprès. *I think this salesgirl is playing dumb on purpose.*

 la bête noire—*a pet peeve*
 Les maths sont sa bête noire. *Math is her pet peeve.*

---

bêtise—*foolishness, stupidity*

 faire des bêtises—*to get into mischief*
 J'ai peur que les enfants aient fait des bêtises pendant notre absence. *I'm afraid the children got into mischief during our absence.*

---

beurre—*butter*

 C'est du beurre!—*It's a pushover (a cinch)!*

faire son beurre—*to make a (one's) pile*
Maintenant qu'il a fait son beurre, il se la coule douce. *Now that he's made a (his) pile, he takes life easy.*

---

bien—*well, very*

bien de—*much, many (a)*
Je l'ai vue bien des fois. *I've seen her many times (many a time).*

bien en chair—*plump*
Nous l'avons rencontré avec une jeune femme bien en chair. *We met him with a plump young woman.*

bien lui (vous, etc) en a pris de—*he (you, etc.) did well to*
Bien lui en a pris de nous écouter. *He did well to listen to us.*

C'est bien fait pour lui (vous, etc.)!—*It serves him (you, etc.) right!*

C'est bien lui (vous, etc.).—*That's just like him (you, etc.)*

Eh bien?—*Well?*

être bien en cour—*to enjoy favor*
Il est bien en cour grâce à ses relations. *He enjoys favor thanks to his connections.*

être bien en selle—*to be in the saddle*
Après des débuts difficiles, le directeur est bien en selle maintenant. *After a difficult start, the director is in the saddle now.*

Je crois bien!—*I shoud say (think) so!*

Peut-être bien.—*Maybe so, maybe not.*

rouler (marcher) bien—*to make good time*
Nous avons bien roulé (marché) en venant ici. *We made good time coming here.*

---

bien—*good, property*

avoir du bien au soleil—*to own land*
On le croyait pauvre, mais il avait du bien au soleil. *He was thought to be poor, but he owned land.*

en tout bien, tout honneur—*with only the highest intentions*
Je vous dis cela en tout bien tout honneur. *I tell you that with only the highest intentions.*

un homme (des gens) de bien—*a good man (good people)*
J'adresse cette requête à tous les gens de bien. *I address this request to all good people.*

---

bientôt—*soon*

A bientôt!—*So long! See you soon!*

---

bile—*bile, gall*

se faire de la bile (s'échauffer la bile)—*to stew*

Ne vous faites pas de bile (Ne vous échauffez pas la bile) pour si peu de chose! *Don't stew over such a small matter!*

---

billard—*billiard game, table*

  monter (passer) sur le billard—*to go under the knife*
Il évitait d'aller voir le médecin de peur d'avoir à monter (passer) sur le billard. *He avoided going to see the doctor for fear of having to go under the knife.*

---

blague—*joke*

  C'est de la blague!—*That's a lot of bunk!*
  Sans blague!—*No fooling (kidding)!*

---

blaguer—*to joke*

  en blaguant—*tongue in cheek*
Ce n'est pas vrai; il a dû le dire en blaguant. *It isn't true; he must have said it tongue in cheek.*

---

blanc—*white, blank*

  aller du blanc au noir—*to go from one extreme to another*
Elle va toujours du blanc au noir; il n'y a pas de juste milieu. *She always goes from one extreme to the other; there's no happy medium.*

---

blesser—*to wound*

  blesser au vif—*to cut to the quick*
Votre remarque irréfléchie l'a blessé au vif. *Your thoughtless remark cut him to the quick.*

---

bleu—*blue*

  être un bleu—*to be green as grass (a greenhorn)*
Le nouveau-venu était un bleu. *The newcomer was green as grass (a greenhorn).*

---

bloc—*block, lump*

  gonflé (serré) à bloc—*pumped (tightened) up hard; keyed up*
La vis est serrée à bloc. *The screw is tightened up hard.* Le pneu est gonflé à bloc. *The tire is pumped up hard.* Les joueurs sont gonflés à bloc. *The players are all keyed up.*

---

bœuf—*beef, ox*

  Il a un bœuf sur la langue.—*There is something which keeps him from speaking up.*

---

boire—*to drink*

  boire comme un trou—*to drink like a fish*

Depuis son accident il s'est mis à boire comme un trou. *Since his accident he has started to drink like a fish.*

boire du lait—*to drink it up*
En entendant ces paroles flatteuses, il buvait du lait. *Hearing those flattering words, he drank it up.*

boire en Suisse—*to drink by oneself, to be a solitary drinker*
Venez vous asseoir avec moi; je n'aime pas boire en Suisse. *Come sit down with me; I don't like to drink by myself (to be a solitary drinker).*

boire la goutte—*to take a nip*
Ce n'est pas un ivrogne, mais il boit la goutte de temps à autre. *He's no drunkard, but he takes a nip from time to time.*

boire la tasse—*to gulp down water (while swimming)*
Renversé par la vague, l'enfant a bu la tasse. *Knocked down by the wave, the child gulped down some water.*

boire sec—*to drink hard*
Pendant sa courte vie il mangeait bien et buvait sec. *During his short life he ate well and drank hard.*

boire un bouillon—*to go under, to be broke*
Malgré les prêts qu'on lui a faits, il a bu un bouillon. *Despite the loans which were made to him, he went under (went broke).*

boire un coup—*to take a drink*
Boire un petit coup, c'est agréable. *To take a little drink is very pleasant.*

Ce n'est pas la mer à boire.—*It's not such a big deal (job).*

Il y a à boire et à manger là-dedans.—*You have to take it with a grain of salt.*

boîte—*box, can*

une boîte de nuit—*a nightclub*
Ils ont traîné dans les boîtes de nuit jusqu'à l'aube. *They made the rounds of the nightclubs until dawn.*

bomber—*to bulge, to curve*

bomber le torse—*to throw out one's chest*
Le sergent bombait le torse et criait des ordres. *The sergeant threw out his chest and shouted orders.*

bon—*good*

à bon compte—*cheap*
J'ai eu ce meuble à bon compte. *I got this piece of furniture cheap.*

à bon droit—*with good reason*
Il est fâché, et à bon droit. *He is angry, and with good reason.*

à bonne enseigne—*on good authority*

J'ai appris cette nouvelle à bonne enseigne. *I learned that bit of news on good authority.*

à bon port—*in safety*
Nous sommes rassurés; notre fils est arrivé à bon port. *We are relieved; our son has arrived in safety.*

à bon titre—*rightfully*
Il a réclamé ce poste à bon titre. *He laid claim to that job rightfully.*

A la bonne heure!—*Fine! That's great!*

A quoi bon?—*What's the use?*

à son bon plaisir—*according to one's whim*
Il distribuait les notes à son bon plaisir. *He gave out grades according to his whim.*

aux bons soins de—*(in) care of*
Envoyez-lui la lettre aux bons soins de sa mère. *Send him the letter (in) care of his mother.*

avoir bonne mine—*to look well; (ironic) to look like a sucker*
Après ses vacances en Floride, elle a bonne mine. *After her vacation in Florida, she looks well.* S'il ne tient pas sa promesse, tu auras bonne mine. *If he doesn't keep his promise, you'll look like a sucker.*

avoir de bonnes intentions—*to mean well*
Malgré son air dur, il a de bonnes intentions. *Despite his harsh manner, he means well.*

bon an, mal an—*year in, year out*
Bon an, mal an, on a réussi à faire marcher l'entreprise. *Year in, year out, we've managed to make a go of the business.*

Bon débarras!—*Good riddance!*

bon teint—*dyed-in-the-wool*
C'est un républicain bon teint. *He's a dyed-in-the-wool republican.*

C'est bon!—*That will do! Enough said!*

C'est de bonne guerre (lutte).—*It's all in the game. It's fair play.*

C'est une bonne pâte.—*He (she) is a good soul.*

de bon matin—*early in the morning*
Je me lève de bon matin pour aller au travail. *I get up early in the morning to go to work.*

de bonne foi—*on the level*
Son offre est intéressante, mais est-il de bonne foi? *His offer is interesting, but is he on the level?*

de bonne heure—*early*
Nous sommes arrivés de bonne heure pour la conférence. *We arrived early for the lecture.*

de bonne trempe—*of the first water*

C'est un patricien de bonne trempe. *He is a patrician of the first water.*

Elle est bonne, celle-là!—*That's a good one! That's a bit too much!*

faire bon accueil à—*to put out the welcome mat for*
Nos cousins français nous ont fait bon accueil. *Our French cousins put out the welcome mat for us.*

faire bonne chère—*to eat to one's heart's content*
Après notre long voyage, nous avons fait bonne chère à l'auberge. *After our long trip, we ate to our hearts' content at the inn.*

Il a bon cœur.—*His heart is in the right place.*

Il a bon dos!—*That's it, put the blame on him!*

il y a de bonnes chances—*it is likely*
Il y a de bonnes chances qu'il pleuve aujourd'hui. *It is likely that it will rain today.*

la bonne compagnie—*polite society*
Cela ne se fait pas dans la bonne compagnie. *That is not done in polite society.*

le bon sens—*common sense*
Le bon sens est la chose la mieux partagée du monde. *Common sense is the most widely shared thing in the world.*

Quand bon vous semblera.—*When you feel like it.*

Si bon vous semble.—*If you see fit.*

sur la bonne voie—*to be on the beam (on the right tack, track)*
Vous voilà sur la bonne voie; vous ne pouvez pas manquer. *Now you're on the beam (on the right tack, track); you can't miss.*

une bonne femme—*an old woman*
La place était pleine de bonnes femmes qui tricotaient. *The square was full of old women knitting.*

une bonne fois pur toutes—*once and for all*
Je te le dis une bonne fois pour toutes, je n'y vais pas. *I'm telling you once and for all, I'm not going.*

une bonne fourchette—*a hearty eater*
Préparez-lui des plats copieux; c'est une bonne fourchette. *Make heaping platters for him; he's a hearty eater.*

Vous avez un bon fromage.—*You have a nice, soft job.*

---

bond—*bounce, jump, leap*
au bond—*right off*
Il a saisi l'idée au bond. *He grasped the idea right off.*

---

bondir—*to leap*
bondir (de colère)—*to hit the ceiling*
Son père a bondi (de colère) quand il a reçu la facture. *His father hit the ceiling when he got the bill.*

Ça me fait bondir!–*That burns me up!*

---

bonheur–*good fortune, happiness, success*
par bonheur–*fortunately*
Par bonheur sa mère est arrivée à temps. *Fortunately, his mother arrived in time.*

bonnet–*cap*
C'est bonnet blanc et blanc bonnet.–*It's six of one and half a dozen of the other.*

bord–*edge*
à bord (de)–*on board*
Il n'y avait personne à bord du bateau. *There was no one on board the ship.*

bosse–*bump, lump*
avoir la bosse de–*to have a gift for*
Elle a la bosse de la musique. *She has a gift for music.*

---

bouche–*mouth, spout*
bouche cousue–*close-lipped*
Devant toutes nos questions il est resté bouche cousue. *He remained close-lipped in the face of all our questions.*

Bouche cousue!–*Button your lip! Keep it under your hat! Mum's the word!*

de bouche en bouche–*by word of mouth*
La nouvelle s'est répandue de bouche en bouche. *The news spread by word of mouth.*

faire la bouche en cœur–*to play coy*
Elle fait la bouche en cœur quand on la regarde. *She plays coy when people look at her.*

---

bouchée–*mouthful*
ne faire qu'une bouchée de–*to make short work of*
Leur équipe n'a fait qu'une bouchée de leurs adversaires. *Their team made short work of their opponents.*

pour une bouchée de pain–*for a song*
Il a eu la maison pour une bouchée de pain. *He got the house for a song.*

---

boucher–*to plub, to stop (up)*
Ça lui en a bouché un coin!–*That shut him up!*
Il est bouché à l'émeri!–*He's got a thick skull!*

---

boucler–*to buckle*
Boucle-la!–*Shut your trap!*

boucler une affaire–*to clinch a deal*
Les deux directeurs ont bouclé l'affaire au cours d'un bon dîner. *The two executives clinched the deal over a good dinner.*

bouillir–*to boil*

Ça me fait bouillir!–*That makes my blood boil!*
faire bouillir la marmite–*to bring home the bacon*
Il travaillait le soir pour faire bouillir la marmite. *He had an evening job to bring home the bacon.*

boule–*ball, globe*

faire boule de neige–*to snowball*
Leur idée a fait boule de neige. *Their idea snowballed.*

bouquet–*aroma, bouquet*

C'est le bouquet!–*That's the last straw! That's the limit! That takes the cake!*

bourrer–*to stuff*

bourrer le crâne à–*to fill with illusions*
Ses camarades lui ont bourré le crâne et il ne voit plus ses limites. *His friends have filled him with illusions and he no longer knows his limitations.*

bourse–*pouch, purse, stock exchange*

sans bourse délier–*without spending a cent*
Vous pouvez avoir ce livre sans bourse délier. *You can get this book without spending a cent.*

bout–*bit, end, tip*

à bout portant–*point-blank*
Il a tiré sur le voleur à bout portant. *He fired at the thief point-blank.*

au bout du compte–*in the final analysis*
Au bout du compte, cela m'est égal. *In the final analysis, it doesn't matter to me.*

au bout du monde–*in the middle of nowhere*
Leur maison de campagne se trouvait au bout du monde. *Their country house was out in the middle of nowhere.*

du bout des lèvres–*without conviction*
Elle riait, mais seulement du bout des lèvres. *She laughed, but really without conviction.*

d'un bout à l'autre–*from cover to cover, from end to end*
J'ai lu le livre d'un bout à l'autre. *I read the book from cover to cover (from end to end).*

être à bout–*to be all in*

Je n'en peux plus; je suis à bout. *I can't go on any longer; I'm all in.*

être à bout de–*to have run out of*
Nous sommes à bout d'idées. *We have run out of ideas.*

être au bout de son rouleau–*to be at the end of one's rope*
Il était au bout de son rouleau et ne savait plus quoi faire. *He was at the end of his rope and didn't know what to do any more.*

bouteille–*bottle*

avoir (prendre) de la bouteille–*to be (to grow) mellow; to be (to get to be) an old-timer.*
On attend que ce vin prenne de la bouteille. *We're waiting for this wine to grow mellow.* Cet ouvrier a (prend) déjà de la bouteille. *This worker is (is getting to be) an old-timer.*

C'est la bouteille à l'encre.–*It's as clear as mud.*

branler–*to shake*

branler dans le manche–*to be shaky (tottering)*
L'entreprise branle dans le manche. *The business is shaky (tottering).*

bras–*arm*

à bras le corps–*bodily*
Le maître-nageur l'a saisi à bras le corps. *The lifeguard seized him bodily.*

avoir le bras long–*to have pull*
Attention; il a le bras long et pourrait te causer des ennuis. *Watch out; he has pull and could make trouble for you.*

avoir quelqu'un sur les bras–*to have someone on one's hands*
Depuis son divorce, j'ai mon frère sur les bras. *Since my brother's divorce, I have had him on my hands.*

bras dessus, bras dessous–*arm in arm*
Ils se promenaient le long de la rivière bras dessus, bras dessous. *They walked along the river bank arm in arm.*

C'est mon bras droit.–*He's my right-hand man. He carries the ball for me.*

Les bras m'en tombent!–*I'm dumbfounded! I can't believe it!*

brasser–*to brew, to stir*

brasser des affaires–*to wheel and deal*
C'était un homme énergique qui brassait toujours des affaires. *He was an energetic man, always wheeling and dealing.*

brave–*brave, good*

C'est un brave type (une brave femme).–*He's a nice guy (she's a nice woman).*

faire le brave–*to swagger*

Malgré sa défaite, il continue à faire le brave. *Despite his defeat, he continues to swagger.*

brebis—*ewe, sheep*
la brebis galeuse—*the black sheep*
Son frère était la brebis galeuse de la famille. *His brother was the black sheep of the family.*

bref—*brief*
à bref délai—*at (on) short notice*
Nos parents vont arriver à bref délai. *Our relatives are going to arrive at (on) short notice.*

brèche—*breach, gap*
sur la brèche—*on the go*
Notre député est toujours sur la brèche. *Our congressman is always on the go.*

bride—*bridle*
à bride abattue—*at full gallop (speed)*
L'officier se rendit au combat à bride abattue. *The officer went to battle at full gallop (speed).*

brillant—*brilliant*
Ce n'est pas brillant!—*It's not so hot! It's nothing special!*

briller—*to shine*
briller par son absence—*to be conspicuous by one's absence*
Pendant le gros du travail, le chef brillait par son absence. *While the work was at its height, the chief was conspicuous by his absence.*

brin—*blade, sprig*
faire un brin de toilette—*to give oneself a lick and a promise, to wash up*
Il a fait un brin de toilette avant de sortir. *He gave himself a lick and a promise (he washed up) before going out.*

brisées—*traces, tracks*
aller (courir) sur les brisées de quelqu'un—*to tread on someone's territory*
Essaie de vendre ta marchandise ailleurs, et ne va (cours) pas sur mes brisées. *Go sell your stuff somewhere else, and don't tread on my territory.*

briser—*to break, to shatter*
Brisons là!—*Enough said! I don't want to hear any more about it!*

brouiller—*to mix up, to scramble*

brouiller les cartes—*to cloud the issue; to upset the apple-cart*
Votre explication ne fait que brouiller les cartes. *Your explanation only clouds the issue.* Malgré leurs efforts, la réaction de l'opposition a brouillé les cartes. *Despite their efforts, the opposition's reaction upset the apple-cart.*

---

broyer—*to crush, to pulverize*

broyer du noir—*to be down in the dumps, to have the blues*
Il broyait du noir à cause de la défaite de son équipe. *He was down in the dumps (he had the blues) because of his team's defeat.*

---

bruit—*noise*

Beaucoup de bruit pour rien.—*Much ado about nothing.*

le bruit court—*rumor has it*
Le bruit court qu'elle s'est remariée. *Rumor has it that she has married again.*

---

brûler—*to burn*

brûler de—*to be eager to; to be spoiling for*
Je brûle de faire ce travail. *I am eager to do this job.* Nous pouvions voir qu'il brûlait de se battre. *We could see he was spoiling for a fight.*

brûler d'envie de—*to be dying to*
Elle brûle d'envie de se faire inviter chez eux. *She is dying to get invited to their house.*

brûler une étape—*to skip a stage*
Dans son désir de finir vite il brûlait toutes les étapes. *In his desire to finish quickly he skipped as many stages as he could.*

brûler un feu rouge—*to run a red light*
L'ambulance brûlait tous les feux rouges en allant à l'hôpital. *The ambulance ran all the red lights on its way to the hospital.*

se brûler la cervelle—*to blow one's brains out*
Il s'est brûlé la cervelle par désespoir d'amour. *He blew his brains out for unrequited love.*

Tu brûles!—*You're getting warm (close)!*

---

bureau—*desk, office*

à bureaux fermés—*to a sold-out house*
Sa nouvelle comédie jouait tous les soirs à bureaux fermés. *His new comedy played every night to sold-out houses.*

---

but—*aim, goal, object*

dans le but de—*with an eye to (a view to)*
Nous avons acheté la maison dans le but de la mettre en location. *We bought the house with an eye to (a view to) renting it out.*

de but en blanc–*point-blank*
Elle m'a posé la question de but en blanc. *She asked the question of me point-blank.*

C

ça–*that*

> **Ça alors!**–*How do you like that! I'll be darned!*
> **Ça y est!**–*I've got it!*

cacher–*to hide*

> **cacher son jeu**–*to play one's cards close to one's vest*
> C'est un adversaire rusé qui cache bien son jeu. *He is a wily opponent who plays his cards close to his vest.*

cachet–*seal, stamp*

> **avoir du cachet**–*to have style*
> Elle n'est pas belle, mais elle a du cachet. *It isn't a beauty, but it has style.*

cachette–*hiding place*

> **en cachette**–*on the sly*
> Il allait voir ses copains en cachette. *He would go and see his pals on the sly.*

cadet–*junior*

> **C'est le cadet de mes soucis!**–*I couldn't care less! That's the least of my worries!*

cafard–*cockroach*

> **avoir le cafard**–*to be down in the dumps, to have the blues, to be blue*
> Il avait le cafard à cause de la défaite de son équipe. *He was down in the dumps (had the blues, was blue) because of his team's defeat.*

campagne–*campaign, country(side)*

> **faire campagne**–*to see service*
> Lui et son frère ont fait campagne dans le Pacifique. *He and his brother saw service in the Pacific.*

caprice–*whim*

> **par un caprice du destin**–*by a turn of fate*
> Par un caprice du destin, la voiture qu'il a volée était celle de son ami. *By a turn of fate, the car he stole was his friend's.*

caresser–*to caress*

> **caresser une idée**–*to toy with an idea*

Nous caressons l'idée d'aller vivre en Floride. *We are toying with the idea of going to live in Florida.*

carte—*card, map*

avoir (donner) carte blanche—*to have (to give) a free hand*
Le président vous donne carte blanche dans cette affaire. *The president gives you a free hand in this matter.*

C'est la carte forcée.—*Take it or leave it.*

le dessous des cartes—*what goes on behind the scenes*
Je ne connais pas le dessous des cartes dans cette histoire. *I don't know what goes on behind the scenes in that business.*

cas—*case, instance*

au cas où—*in the event that, (just) in case*
Je prends mon imperméable, au cas où il pleuvrait. *I will take my raincoat, in the event that (just in case) it should rain.*

faire peu de (grand) cas de—*to make little (much) of, to take little (great) notice of*
Le ministre fait peu de cas de notre opposition. *The minister makes little (takes little notice) of our opposition.*

le cas échéant—*if need be*
Le cas échéant, nous sommes prêts à démissionner. *If need be, we are ready to resign.*

casser—*to break*

Ça m'a cassé bras et jambes!—*That was the last straw for me!*

casser du sucre sur le dos (la tête) de quelqu'un—*to run someone down behind his back*
Elle casse du sucre sur le dos (la tête) de sa belle-fille. *She runs down her daughter-in-law behind her back.*

casser la croûte—*to have a bite*
Ils se sont arrêtés un instant en route pour casser la croûte. *They stopped awhile on the way to have a bite.*

casser la figure à quelqu'un—*to knock someone's block off (knock someone silly)*
Si tu touches à mon petit frère, je te casse la figure. *Keep your hands off my little brother or I'll knock your block off (knock you silly).*

casser les pieds à quelqu'un—*to be a pain in the neck*
Va-t'en, tu me casses les pieds avec tes plaintes. *Get out, you're a pain in the neck with your complaints.*

casser les reins à—*to break somebody (somebody's back)*
Le coup d'état a cassé les reins à l'opposition. *The coup d'état broke (the back of) the opposition.*

casser sa pipe–*to kick the bucket*
Le père Michel a cassé sa pipe. *Old man Michel has kicked the bucket.*

Il ne casse rien.–*He's no great shakes.*

se casser la figure–*to take a (bad) spill*
La piste était si glacée qu'elle s'est cassé la figure. *The trail was so icy that she took a (bad) spill.*

se casser la tête–*to rack one's brains*
Je me casse la tête pour trouver une réponse. *I'm racking my brains to find an answer.*

se casser le nez–*to fall flat on one's face; to get no answer*
J'ai essayé de lui parler, mais je me suis cassé le nez. *I tried to speak to her, but I fell flat on my face (I got no answer).*

se casser les dents sur quelque chose–*to be unable to deal with something*
Le gouvernement s'est cassé les dents sur le problème du logement. *The government has been unable to deal with the housing problem.*

---

cause–*cause, case*

à cause de–*on account of*
A cause des grèves, les trains seront retardés aujourd'hui. *On account of the strikes, the trains will be delayed today.*

en cause–*in question*
Son honnêteté n'est pas en cause, seulement ses capacités. *His honesty is not in question, only his abilities.*

Et pour cause!–*And for very good reason!*

---

causer–*to cause*

causer des ennuis à quelqu'un–*to get someone in trouble (in wrong)*
Il essaie toujours de me causer des ennuis. *He is always trying to get me in trouble (in wrong).*

---

causer–*to chat, to talk*

Cause toujours!–*Go on, I'm not interested!*

---

cavalier–*horseman, rider*

faire cavalier seul–*to go it alone*
Ne pouvant pas s'entendre avec les autres, il faisait toujours cavalier seul. *Since he couldn't get along with the others, he would always go it alone.*

---

céder–*to yield*

céder le pas–*to give way; to take a back seat*
Les automobilistes doivent céder le pas aux piétons à l'entrée. *Motorists must give way to pedestrians at the entrance.* Elle a décidé de céder le pas dans cette histoire. *She decided to take a back seat in that matter.*

ne (le) céder à personne–*to be second to none*
Pour le talent il ne le cède à personne. *As far as talent is concerned, he is second to none.*

cela–*that*

C'est cela.–*That's it. You've got it.*

par cela même que–*for the very reason that*
On ne peut pas l'élire par cela même qu'il a déjà un poste d'autorité. *We cannot elect him for the very reason that he already has a position of authority.*

cent–*hundred*

être aux cent coups–*to be desperate*
Elle était aux cent coups en attendant de tes nouvelles. *She was desperate while waiting for news from you.*

faire les cent pas–*to pace up and down, to walk the floor*
Son mari faisait les cent pas en attendant la naissance de leur enfant. *Her husband paced up and down (walked the floor) waiting for the birth of their child.*

certain–*certain*

d'un certain âge–*middle-aged*
La jeune actrice était accompagnée par un homme inconnu d'un certain âge. *The young actress was accompanied by an unknown middle-aged man.*

cesse–*cease, respite*

n'avoir de cesse que–*not to rest until*
Elle n'avait de cesse que son fils fût retrouvé. *She would not rest until her son was found again.*

chacun–*each (one)*

Chacun son goût.–*To each his own. There's no accounting for taste.*

Chacun pour soi!–*Every man for himself!*

chair–*flesh, meat*

Ce n'est ni chair ni poisson.–*It's neither fish nor fowl.*

en chair et en os–*in the flesh*
Nous avons vu le Pape en chair et en os! *We saw the Pope in the flesh!*

la chair de poule–*gooseflesh (goose pimples)*
Ce roman policier m'a donné la chair de poule. *That detective story gave me gooseflesh (goose pimples).*

chambre–*(bed)room, chamber*

faire chambre à part–*to sleep in separate rooms*

Son mari et elle font chambre à part depuis dix ans. *She and her husband have been sleeping in separate rooms for ten years.*

champ—*field*

Le champ est libre.—*The coast is clear.*

chance—*chance, luck*

avoir des chances de—*to stand a chance to*
Notre candidat a des chances d'être élu. *Our candidate stands a chance to be elected.*

avoir des chances d'arriver—*to be in the running*
Il me semble que votre cheval a encore des chances d'arriver. *It looks to me as if your horse is still in the running.*

avoir une chance (sur dix)—*to have a fighting chance*
Leur équipe a une chance (sur dix) de gagner le tournoi. *Their team has a fighting chance to win the tournament.*

changer—*to change*

changer d'avis—*to change one's mind*
Ils ne veulent plus l'acheter parce qu'ils ont changé d'avis. *They don't want to buy it any longer because they have changed their minds.*

changer de conduite—*to mend one's ways*
Il est encore temps, si vous changez de conduite. *There is still time, if you mend your ways.*

changer de langage—*to change one's tune*
Quand ils entendront nos raisons, ils changeront de langage. *When they hear our argument, they'll change their tune.*

changer d'idée—*to change one's mind*
J'ai changé d'idée à son égard. *I've changed my mind about him.*

changer son fusil d'épaule—*to switch parties (opinions)*
Le candidat a changé son fusil d'épaule après avoir perdu l'élection. *The candidate switched parties (opinions) after losing the election.*

Il a changé son pain blanc en pain bis.—*He made a poor bargain.*

chanson—*song*

Chansons que tout cela!—*That's a lot of nonsense!*

chanter—*to sing*

chanter faux—*not to be able to carry a tune, to sing flat (off-key)*
Elle aime la musique, mais elle chante faux. *She loves music, but she can't carry a tune (she sings flat, off-key).*

Qu'est-ce que vous me chantez là?—*What's that you're handing me?*

si ça vous chante–*if you feel like it*
Allez vous amuser, si ça vous chante. *Go and have a good time if you feel like it.*

chapeau–*hat*

Chapeau (bas)!–*Congratulations! Hats off!*

chapelet–*rosary*

égrener son chapelet–*to get a load off one's mind*
Voyant que je ne pouvais pas sortir, il a égrené son chapelet. *Seeing I couldn't leave, he got a load off his mind.*

charbon–*coal*

être sur des charbons ardents–*to be on pins and needles*
Nous étions sur des charbons ardents en attendant la décision des juges. *We were on pins and needles waiting for the judges' decision.*

charge–*burden, charge, load*

à charge de revanche–*on the condition of a return (match, offer, etc.)*
J'accepte votre hospitalité, à charge de revanche. *I accept your hospitality, on the condition of a return on my part.*

être à la charge de quelqu'un–*to be someone's responsibility*
La vieille femme ne voulait pas être à la charge de son fils. *The old woman didn't want to be her son's responsibility.*

charger–*to charge, to load*

Je m'en charge.–*I can swing it. Leave it to me.*

se charger de–*to take charge of*
Elle s'est chargée de l'opération. *She took charge of the operation.*

charrier–*to cart*

charrier un peu–*to lay (to pile) it on thick*
Ne le croyez pas; il charrie un peu! *Don't believe him; he's laying (piling) it on thick!*

chat–*cat*

Il n'y avait pas un chat.–*There wasn't a soul.*

J'ai un chat dans la gorge.–*I have a frog in my throat.*

chaud–*hot, warm*

à chaud–*emergency*
Il a été opéré à chaud et sa vie est sauve. *He had an emergency operation, and his life is saved.*

au chaud–*in a warm place*

J'aime avoir les pieds bien au chaud. *I like to have my feet in a nice warm place.*
J'ai eu chaud!—*I had a close call!*

---

chauffer—*to heat*
  Ça chauffe!—*Things are getting hot!*

---

chemin—*path, road, way*
  à mi-chemin—*halfway*
  Il s'est arrêté à mi-chemin de la course. *He stopped halfway through the race.*
  chemin faisant—*along the way*
  Chemin faisant nous avons bavardé de choses et d'autres. *Along the way, we chatted about one thing and another.*

  faire son chemin—*to gain ground; to be going places (getting up in the world)*
  Cette idée commence à faire son chemin. *That idea is beginning to gain ground.* Je suis sûr que ce jeune homme ambitieux fera son chemin. *I am sure that ambitious young man is going to be going places (getting up in the world).*

  faire son chemin à la force des poignets—*to come up the hard way*
  Notre directeur a fait son chemin à la force des poignets, et ça se voit. *Our director came up the hard way, and it shows.*

  ouvrir (préparer) le chemin—*to pave the way*
  Ses expériences ont ouvert (préparé) le chemin à mon invention. *His experiments paved the way for my invention.*

---

chercher—*to look for, to seek, to try*
  chercher des ennuis—*to be asking for trouble*
  Si vous achetez cette voiture, vous cherchez des ennuis. *If you buy that car, you're asking for trouble.*

  chercher la petite bête—*to pick holes, to split hairs*
  Cessons de chercher la petite bête et venons-en aux choses sérieuses. *Let's stop picking holes (splitting hairs) and get down to serious business.*

  chercher midi à quatorze heures—*to look for difficulties where there are none*
  Acceptons ses explications, et ne cherchons pas midi à quatorze heures. *Let's accept his explanations and not look for difficulties where there are none.*

  chercher querelle—*to pick a fight*
  C'est un mauvais coucheur; il cherche querelle à tout le monde. *He's a trouble-maker; he picks fights with everyone.*

---

cheval—*horse*
  à cheval sur—*astride*
  Il se tenait à cheval sur la barrière. *He was sitting astride the gate.*
  être à cheval sur—*to be a stickler for*

Notre professeur est très intéressant mais il est à cheval sur la discipline. *Our teacher is very interesting but he's a stickler for discipline.*

cheveu – *hair*

C'était à un cheveu! – *It was nip and tuck!*

chez – *at (to) the home of*

chez soi – *at (to) one's place*
Je les ai invités chez moi. *I invited them at (to) my place.*

chic – *elegance, style*

avoir du chic – *to be stylish*
Elle n'est pas belle mais elle a du chic. *She's no beauty but she is stylish.*

de chic – *offhand*
Il a dessiné ce tableau de chic. *He drew this picture offhand.*

chien – *dog*

avoir du chien – *to have style*
Cette actrice n'est pas très belle, mais elle a du chien. *That actress isn't very beautiful, but she has style.*

Chien méchant! – *Beware of the dog!*

entre chien et loup – *at twilight*
Beaucoup d'accidents ont lieu entre chien et loup. *Many accidents occur at twilight.*

choix – *choice*

au choix – *as one wishes*
Prenez les pulls ou les gilets au choix, au même prix. *Take the sweaters or the cardigans as you wish, at the same price.*

chose – *thing*

C'est peu de chose (ce n'est pas grand'chose). – *It's nothing much.*

chose curieuse (étonnante, etc.) – *strangely (surprisingly, etc.) enough*
Chose curieuse (étonnante), il n'a pas demandé sa monnaie. *Strangely (surprisingly) enough, he didn't ask for his change.*

(Dites) bien des choses de ma part à . . . – *(Give) my best regards to . . .*

Les choses en sont là. – *That's how things stand.*

chou – *cabbage*

C'est chou vert et vert chou. – *It's six of one and half a dozen of the other.*

être dans les choux – *to be in a fix*
Tu es allé trop loin et maintenant on est dans les choux! *You went too far and now we're in a fix!*

faire chou blanc–*to draw a blank*
On l'a poursuivi mais on a fait chou blanc. *We went after him but we drew a blank.*
Mon (petit) chou!–*My (little) sweetheart!*

ciel–*heaven, sky*

à ciel ouvert–*in the open*
On exploite cette mine à ciel ouvert. *This mine is being worked in the open.*

cinq–*five*

en cinq secs–*in three shakes of a lamb's tail*
Le travail sera fini en cinq secs. *The work will be finished in three shakes of a lamb's tail.*

cirer–*to wax*

se faire cirer les souliers–*to get a shine*
N'oubliez pas de vous faire cirer les souliers avant de sortir. *Don't forget to get a shine before going out.*

circonstance–*case, circumstance*

de circonstance–*to suit the occasion*
Le maire a fait un discours de circonstance. *The mayor made a speech to suit the occasion.*

civil–*civil, civilian*

en civil–*in plain clothes*
Il y avait deux agents en civil à la porte. *There were two policemen in plain clothes at the door.*

clair–*bright, clear, light*

clair comme de l'eau de roche–*as clear as crystal*
Ses intentions étaient claires comme de l'eau de roche pour ceux qui le connaissaient. *His intentions were as clear as crystal to those who knew him.*
le clair de lune–*the moonlight*
Dans ce clair de lune on y voyait comme en plein jour. *In that moonlight you could see as if it were broad daylight.*
le plus clair de–*the greater part of*
Ce garçon passe le plus clair de son temps à songer. *That boy spends the greater part of his time dreaming.*

clé, clef–*key*

clefs en main–*ready for occupancy (for the road)*
Quel est le prix de la maison (de l'auto) clefs en main? *What is the price of the house ready for occupancy (of the car ready for the road)?*

sous clé–*under lock and key*
Il faut garder ces documents sous clé. *These documents must be kept under lock and key.*

client–*customer*
Je ne suis pas client!–*I don't buy that!*

clin–*wink*
en un clin d'œil–*in the twinkling of an eye*
Il a disparu en un clin d'œil. *He disappeared in the twinkling of an eye.*

clou–*nail, tack*
Des clous!–*No soap! Nothing doing!*
être le clou du spectacle–*to be the main attraction*
Les éléphants dansants devaient être le clou du spectacle. *The dancing elephants were supposed to be the main attraction.*

clouer–*to nail*
clouer le bec à quelqu'un–*to shut someone up*
Ma réponse lui a cloué le bec. *My answer shut him up.*
Je vais lui clouer le bec!–*I'm going to settle his hash!*

cœur–*heart*
avoir du cœur à l'ouvrage–*to work with a will*
Allons-y, les gars; il faut avoir du cœur à l'ouvrage! *Let's go to it, guys; we have to work with a will!*
avoir du cœur au ventre–*to have guts*
Pour lutter seul contre vingt hommes, il devait avoir du cœur au ventre! *To fight alone against twenty men, he must have had guts!*
avoir le cœur sur la main–*to be big-hearted*
Cet homme vous aidera toujours; il a le cœur sur la main. *That man will always help you out; he is big-hearted.*
avoir le cœur sur les lèvres–*to wear one's heart on one's sleeve*
Ce pauvre Roger a le cœur sur les lèvres. *Poor Roger wears his heart on his sleeve.*
avoir quelque chose à cœur–*to have one's heart set on something*
Ne vous inquiétez pas, j'ai votre succès à cœur. *Don't worry, I have my heart set on your success.*
avoir un cœur d'artichaut–*to be in love with love*
Il est jeune encore; il a un cœur d'artichaut. *He is still young; he is in love with love.*

A vous de cœur.–*Yours affectionately.*

ne pas avoir le cœur à–*not to be in the mood to*
Pardon, je n'ai pas le cœur à rire. *Excuse me, I'm not in the mood to laugh.*

si le cœur vous en dit–*if you (really) feel like it*
Allez vous amuser, si le cœur vous en dit. *Go and have a good time, if you (really) feel like it.*

un cœur sec–*a heart of stone*
L'avare avait le cœur sec. *The miser had a heart of stone.*

---

coiffé–*wearing (hair or hat)*

être coiffé de–*to be smitten with*
Il est coiffé de sa voisine. *He is smitten with the girl next door.*

---

coiffer–*to dress (hair), to put on (a hat)*

avoir coiffé Sainte Catherine–*to be an old maid*
Sa tante a coiffé Sainte Catherine. *Her aunt is an old maid.*

---

coin–*corner, wedge*

frappé (marqué) au coin de–*bearing the (trade) mark of*
Il est frappé (marqué) au coin de l'esprit de son père. *He bears the mark of his father's wit.*

les coins et recoins–*the ins and outs*
Il connaît les coins et recoins de l'université. *He knows the ins and outs of the university.*

---

coincer–*to jam, to wedge*

être coincé–*to be in a bind (up a tree)*
Je suis coincé; je ne peux pas t'aider. *I'm in a bind (up a tree); I can't help you out.*

---

colère–*anger*

être (entrer) dans une colère bleue–*to see red*
Quand on lui a parlé de leur impertinence, il est entré dans une colère bleue. *When he was told about their impertinence, he saw red.*

---

collant–*clinging, sticky*

être collant–*to be hard to get rid of*
Ce que ton petit frère est collant! *Your little brother sure is hard to get rid of!*

---

coller–*to glue, to stick*

Ça colle.–*That fits. That works.*

se faire coller–*to flunk*
Je me suis fait coller à l'examen de chimie. *I flunked the chemistry exam.*

---

collet—*collar, snare*

    collet monté—*stiff-necked*
    Ne plaisante pas avec elle; elle est très collet monté. *Don't joke with her; she is very stiff-necked.*

---

comble—*attic, summit*

    C'est le (un) comble!—*That's the last straw! That takes the cake!*

    être au comble de la joie—*to be tickled to death (tickled pink)*
    J'étais au comble de la joie en apprenant son succès. *I was tickled to death (tickled pink) on learning of her success.*

    pour comble de malheur—*to crown it all*
    Pour comble de malheur, ils m'ont mis à la porte. *To crown it all, they fired me.*

---

combler—*to fill up, to overload*

    combler d'attentions—*to fall all over*
    L'hôtesse comblait d'attentions le patron de son mari. *The hostess fell all over her husband's boss.*

---

commande—*control, order*

    de commande—*feigned*
    Elle avait une expression soucieuse de commande. *She wore a feigned expression of concern.*

    être aux commandes—*to call the shots*
    C'est lui qui est aux commandes de cette opération. *He is the one who calls the shots in this operation.*

---

commander—*to order*

    commander par correspondance—*to send (away) for*
    Elle a commandé une nouvelle robe par correspondance. *She sent (away) for a new dress.*

    Cela ne se commande pas.—*That can't be controlled (helped).*

---

comme—*as, like*

    C'est tout comme.—*It amounts to the same thing.*

    comme ci, comme ça—*so-so*
    Elle se porte comme ci, comme ça. *She is feeling so-so.*

    comme de juste—*as it might be expected*
    Comme de juste, son équipe a été choisie pour le tournoi. *As it might be expected, his team was chosen for the tournament.*

    comme il faut—*correct, respectable*
    C'est une dame très comme il faut. *She is a very correct (respectable) lady.*

comme il se doit—*as it should be*
Nous avons témoigné notre respect, comme il se doit. *We showed our respect, as it should be.*

comme qui dirait—*so to speak*
C'est comme qui dirait un bohémien. *He is a bohemian, so to speak.*

commencer—*to begin*

commencer à entrevoir le fond de—*to scratch the surface*
Nous commençons seulement à entrevoir le fond de ce problème. *We have only scratched the surface of this problem.*

comment—*how*

Comment?—*What?*

Comment est-il (-elle)?—*What is he (she) like?*

Comment faire?—*What's to be done?*

Et comment!—*You bet (your life)!*

et comment—*with a vengeance*
Ils ont racheté leur perte précédente, et comment! *They made up for their previous loss with a vengeance!*

commerce—*business, commerce*

être d'un commerce agréable—*to be a pleasant person (to be with)*
Son grand-père est un homme cultivé, d'un commerce agréable. *Her grandfather is a cultured man and a pleasant person (to be with).*

commode—*convenient*

Il n'est pas commode.—*He isn't easy to get along with.*

commun—*common, ordinary*

d'un commun accord—*unanimously*
Ils ont accepté son offre d'un commun accord. *They accepted his offer unanimously.*

le commun—*the commun run*
Cette poésie n'est pas appréciée du commun des mortels. *This poetry is not appreciated by the common run of mortals.*

peu commun—*unusual*
C'est un nom peu commun. *It's an unusual name.*

communication—*communication*

avoir la communication avec—*to get through to*
Nous n'arrivons pas à avoir la communication avec l'aéroport. *We can't manage to get through to the airport.*

comparaison–*comparison*

    C'est sans comparaison.–*It's beyond comparison.*

---

composition–*composition*

    amener (venir) à composition–*to bring (to come) to terms*
Nous les avons enfin amenés (nous sommes enfin venus) à composition. *We finally brought them (we finally came) to terms.*

---

comprendre–*to comprise, to understand*

    comprendre à demi-mot–*to take a hint*
Il l'a comprise à demi-mot et il est parti sans faire de bruit. *He took her hint and left without a sound.*

    comprendre la plaisanterie–*to be able to take a joke, to be a good sport*
On peut la taquiner; elle comprend la plaisanterie. *You can tease her; she can take a joke (she is a good sport).*

    Je comprends!–*I should think so!*

    n'y comprendre goutte–*to be all at sea, not to understand a thing*
J'avoue que je n'y comprends goutte à ce qu'elle dit. *I confess I'm all at sea about what she is saying (I don't understand a thing she says).*

    se comprendre–*to be easy to understand*
Leur déception se comprend très bien. *Their disappointment is very easy to understand.*

---

compris–*included, understood*

    y compris–*including*
Le repas coûte cent francs, y compris la taxe. *The meal costs a hundred francs, including tax.*

---

compte–*account*

    Son compte est bon (il a eu son compte).–*He's done for. He's in for it. He's a dead duck.*

---

compter–*to count*

    à compter de–*as of*
Le bureau sera ouvert à compter du premier juillet. *The office will be open as of July 1.*

    compter sur–*to bank on, to figure on*
Elle ne comptait pas sur notre présence au bal. *She didn't bank on (figure on) our coming to the dance.*

---

concession–*concession*

    faire une concession–*to stretch a point*

Il veut bien faire une concession afin de faciliter la discussion. *He is willing to stretch a point for the sake of discussion.*

---

concevoir–*to conceive*
Cela se conçoit.–*That's easy to understand.*

---

conclure–*to conclude*
conclure un marché–*to strike a bargain*
Après une heure de discussion, nous avons conclu un marché. *After an hour's discussion, we struck a bargain.*

---

condamner–*to condemn*
condamner une porte–*to close off a door*
Pour économiser le mazout, ils ont condamné la porte principale de la maison. *To save oil, they closed off the main door of the house.*
Il a condamné sa porte.–*He refuses to see visitors.*

---

condition–*condition*
à condition–*on approval*
Veuillez envoyer ces articles à condition. *Please send these articles on approval.*

---

confiance–*confidence, trust*
faire confiance à–*to have faith in*
Vous pouvez faire confiance à son fils. *You can have faith in his son.*

---

confondre–*to confound, to confuse*
confondre avec–*to mistake for*
Je vous ai confondu avec votre frère. *I mistook you for your brother.*
Il s'est confondu en excuses.–*He apologized all over himself.*

---

confort–*comfort*
avoir le confort moderne–*to have all the modern conveniences*
La maison est ancienne, mais elle a le confort moderne. *The house is old, but it has all the modern conveniences.*

---

congé–*leave, vacation*
donner son congé à quelqu'un–*to fire someone*
Après quinze ans de service, on lui a donné son congé. *After fifteen years of service, he has been fired.*

---

connaissance–*acquaintance, knowledge*
avoir des connaissances–*to be a person of (some) learning*
C'est un paysan, mais il a des connaissances. *He is a farmer, but he is a man of (some) learning.*

en connaissance de cause—*with full understanding (of the consequences)*
Il a pris sa décision de partir en connaissance de cause. *He made his decision to leave with full understanding (of the consequences).*

sans connaissance—*unconscious*
On a ramené le blessé sans connaissance. *The wounded man was brought back unconscious.*

connaître—*to know*

Ça me connaît.—*I know all about it. That's my meat.*

connaître comme sa poche—*to know like the back of one's hand.*
Je connais Paris comme ma poche; j'y suis né. *I know Paris like the back of my hand; I was born there.*

connaître la musique—*to know the score*
Ce n'est pas la peine de m'expliquer tout cela; je connais la musique. *Don't bother explaining all that to me; I know the score.*

connaître les faits sur le bout du doigt—*to have the facts at one's fingertips*
Heureusement le conseiller du président connaît les faits sur le bout du doigt. *Fortunately, the president's adviser has the facts at his fingertips.*

connaître les ficelles (la connaître dans les coins)—*to know (all) the angles*
Il paye peu d'impôts parce que son comptable connaît les ficelles (la connaît dans les coins). *He pays little tax because his accountant knows (all) the angles.*

connaître les ficelles de quelqu'un—*to be on to someone*
Il ne nous trompe plus; nous connaissons ses ficelles maintenant. *He doesn't fool us any longer; we're on to him now.*

connaître son métier—*to know one's stuff*
Ce mécanicien connaît son métier. *That mechanic knows his stuff.*

Il connaît tous les dessous.—*He has inside information.*

s'y connaître en—*to have an eye (a good eye) for*
Elle s'y connaît en vêtements. *She has an eye (a good eye) for clothes.*

connu—*known*

Il est connu comme le loup blanc.—*He is known all over.*

conserve—*preserve*

de conserve—*hand in hand*
Les deux hommes ont agi de conserve dans la conspiration. *The two men acted hand in hand in the conspiracy.*

constater—*to ascertain, to note*

Vous pouvez constater.—*You can see for yourself.*

constituer—*to constitute*

se constituer prisonnier—*to turn oneself in*
Le suspect s'est constitué prisonnier. *The suspect turned himself in.*

conte—*story, tale*

C'est un conte à dormir debout.—*It's an old wives' tale.*

contenter—*to content*

se contenter de—*to be satisfied with, to settle for*
Ce garçon ne se contentera pas de moins de cinq mille francs. *This fellow will not be satisfied with (settle for) less than five thousand francs.*

conter—*to recount, to tell*

conter fleurette à—*to flirt with*
Ce garçon contait fleurette à ma sœur. *That boy was flirting with my sister.*

contre—*against*

à contre-courant—*against the grain*
Vous n'y arriverez jamais en allant à contre-courant. *You will never get anywhere by going against the grain.*

par contre—*on the other hand*
Il manque d'expérience, mais par contre il est intelligent. *He is inexperienced, but on the other hand he is intelligent.*

convoquer—*to summon*

convoquer le ban et l'arrière-ban—*to summon all and sundry (the whole crowd)*
Pour la réunion de famille on avait convoqué le ban et l'arrière-ban. *All and sundry (the whole crowd) had been summoned for the family reunion.*

coq—*rooster*

C'est le coq du village.—*He's the cock of the walk.*

cor—*horn*

à cor et à cri—*with hue and cry*
Ils l'ont poursuivi à cor et à cri. *They pursued him with hue and cry.*

corde—*cord, rope*

C'est dans mes cordes.—*It's right up my alley.*

être sur la corde raide—*to be in a tight spot, to walk the tightrope*
Je me rendais bien compte que j'étais sur la corde raide dans cette compagnie. *I realized fully that I was in a tight spot (I was walking the tightrope) in that company.*

Il pleut (il tombe) des cordes. *–It's raining cats and dogs.*

---

corps*–body, corps*

à corps perdu*–recklessly*
Il s'est jeté à corps perdu dans la mêlée. *He threw himself recklessly into the fray.*

corps à corps*–at close quarters, man to man*
Les deux armées se battaient corps à corps. *The two armies fought at close quarters (man to man).*

faire quelque chose à son corps défendant*–to do something against one's will*
Je porterai votre message, mais je le ferai à mon corps défendant. *I'll carry your message, but I'll do it against my will.*

---

cote*–assessment, quota*

Sa cote monte.*–His stock is going up. His reputation is on the rise.*

---

côte*–coast, hill, rib*

à la côte*–on the rocks*
Maintenant son entreprise est à la côte. *Now his business is on the rocks.*

côte à côte*–side by side*
Nous roulions côte à côte à bicyclette. *We were riding our bicycles side by side.*

---

côté*–side*

à côté*–nearby, next door; off target*
Le restaurant français est à côté. *The French restaurant is nearby (next door).* Votre remarque tombe à côté. *Your remark is off target.*

à côté de*–next to*
Elle était assise à côté de lui. *She was sitting next to him.*

à côté de la question*–beside the point*
Son argument était à côté de la question. *His argument was beside the point.*

de côté et d'autre*–here and there; on both sides*
Ils ramassaient des fleurs de côté et d'autre. *They picked flowers here and there.* Il y a eu abus de côté et d'autre. *There was fault on both sides.*

de son côté*–for one's part*
De mon côté j'inviterai les Durand. *For my part, I'll invite the Durands.*

du côté de*–in the direction*
Ils sont partis du côté de chez Swann. *They left in the direction of Swann's house.*

---

couche*–couch, layer*

en avoir une couche*–to be wood from the neck up*
Ne cherchez pas à lui expliquer cette règle; il en a une couche. *Don't try to explain that rule to him; he's wood from the neck up.*

---

coucher—*to lay down, to put to bed*

 coucher à la belle étoile—*to sleep out of doors (under the stars)*
 Pendant notre balade nous coucherons tous les soirs à la belle étoile. *During our hike we'll sleep out of doors (under the stars) every night.*

 coucher avec—*to sleep with*
 On dit que cette fille couche avec Jean. *They say that girl is sleeping with John.*

 coucher en joue—*to aim (one's gun) at*
 La sentinelle a couché en joue l'éclaireur. *The sentry aimed (his gun) at the scout.*

 coucher par écrit—*to set down in writing*
 Je veux faire coucher notre accord par écrit. *I want to have our agreement set down in writing.*

 coucher sur la dure—*to sleep on the (bare) ground*
 Pendant tout notre voyage il a fallu coucher sur la dure. *During our entire trip we had to sleep on the (bare) ground.*

 Pouvez-vous me coucher?—*Can you put me up (for the night)?*

 Va te coucher!—*Get lost!*

---

coudre—*to sew*

 cousu de fil blanc—*easy to see through*
 Son histoire est cousue de fil blanc. *His story is easy to see through.*

 être cousu d'or—*to be filthy rich*
 Sa fiancée n'est pas belle, mais elle est cousue d'or. *His fiancée isn't beautiful, but she is filthy rich.*

---

couler—*to flow, to run*

 couler de source—*to flow as freely as water*
 Le style de ce romancier coule de source. *This novelist's style flows as freely as water.*

 faire couler l'eau—*to run water*
 Je fais couler l'eau chaude pour ton bain. *I'm running the hot water for your bath.*

 se la couler douce—*to have (to take) it easy*
 Depuis qu'il a eu son héritage il se la coule douce. *Since he got his inheritance he's had it (been taking it) easy.*

---

couleur—*color, paint*

 sous couleur de—*under the pretense of*
 Ils ont saisi le premier ministre sous couleur de le protéger. *They seized the prime minister under the pretense of protecting him.*

---

coup—*blow, cut, shot, stroke, thrust*

 à coup sûr—*without fail*
 Il m'a dit qu'il viendrait à coup sûr. *He told me he would come without fail.*

à coups de–*by dint of (using)*
Elle a traduit le texte à coups de dictionnaire. *She translated the text by dint of (using) the dictionary.*

après coup–*after the event (the fact)*
Il a modifié sa réponse après coup. *He modified his answer after the event (after the fact).*

avoir le coup de pompe–*to be washed out*
En arrivant en haut de la côte, le cycliste a eu le coup de pompe. *Upon arriving at the top of the hill, the cyclist was washed out.*

avoir un coup de poing formidable–*to pack a mean punch*
Pour un homme de son poids il a un coup de poing formidable. *For a man of his weight he packs a mean punch.*

avoir un coup de veine–*to get a break*
Après des années d'échec, il a enfin eu un coup de veine. *After years of failure, he finally got a break.*

Ça a été le coup de foudre.–*It was love at first sight.*

du coup–*as a result*
Il est tombé malade; du coup, il n'a pas pu partir. *He fell ill; as a result, he wasn't able to leave.*

faire coup double–*to kill two birds with one stone*
Ce nouveau plan a l'avantage de faire coup double. *This new plan has the advantage of killing two birds with one stone.*

faire un coup d'essai–*to have (to make, to take) a stab*
Laissez-moi faire un coup d'essai d'abord. *Let me have (make, take) a stab at it first.*

le coup de fouet–*a shot in the arm*
Votre soutien a été le coup de fouet dont j'avais besoin. *Your support was the shot in the arm I needed.*

le coup de fusil–*a rifle shot; a gyp*
On a entendu un coup de fusil, suivi d'un cri. *A rifle shot was heard, followed by a scream.* Attention au coup de fusil dans ce restaurant. *Watch out that they don't gyp you in that restaurant.*

le coup de l'étrier–*one for the road*
Prenons le coup de l'étrier avant la fermeture du bar. *Let's have one for the road before the bar closes.*

par un coup de chance–*as luck would have it*
Par un coup de chance, il était encore chez lui. *As luck would have it, he was still at home.*

un coup de chien–*a sudden outburst*
La révolte a commencé par un coup de chien. *The revolt began with a sudden outburst.*

un coup de feu–*a shot*
Soudain on a entendu un coup de feu. *Suddenly a shot was heard.*

un coup d'épée dans l'eau–*a shot in the dark*
Sa tentative de deviner était un coup d'épée dans l'eau. *His attempt to guess was a shot in the dark.*

un coup de soleil–*a sunburn*
Mettez-vous à l'ombre ou vous allez attraper un coup de soleil. *Get into the shade or you'll get a sunburn.*

un coup d'essai–*a trial shot*
Ce n'était qu'un coup d'essai pour voir leur réaction. *That was only a trial shot to see their reaction.*

un coup de tête–*an impulse*
Mon ami est parti sur un coup de tête. *My friend left on an impulse.*

un coup monté–*a put-up job*
Son arrestation était un coup monté. *His arrest was a put-up job.*

---

coupe–*cup, cut*

avoir quelqu'un sous sa coupe–*to have someone over a barrel*
A cause de mes dettes, il m'a sous sa coupe. *Because of my debts, he has me over a barrel.*

être sous la coupe de quelqu'un–*to be under someone's thumb*
Il se trouvait alors sous la coupe de sa mère. *He was under his mother's thumb then.*

faire des coupes sombres–*to make slashes*
L'assemblée a fait des coupes sombres dans son budget. *The house of representatives made slashes in his budget.*

---

couper–*to cut*

couper bras et jambes à–*to take the starch out of*
La mauvaise nouvelle lui a coupé bras et jambes. *The bad news took the starch out of him.*

couper la poire en deux–*to split the difference*
Le seul moyen de vider notre querelle c'est de couper la poire en deux. *The only way to settle our dispute is for us to split the difference.*

couper les cheveux en quatre–*to split hairs*
Cessons de couper les cheveux en quatre et mettons-nous d'accord. *Let's stop splitting hairs and come to an agreement.*

couper les effets à quelqu'un–*to steal someone's thunder*
J'ai essayé de leur apporter la nouvelle, mais il m'a coupé les effets. *I tried to bring them the news, but he stole my thunder.*

couper le sifflet à quelqu'un–*to leave someone speechless, to take someone's breath away*

Mon accusation inattendue lui a coupé le sifflet. *My unexpected accusation left him speechless (took his breath away).*

couper le souffle à quelqu'un–*to take the wind out of someone's sails.*
Leur réponse m'a coupé le souffle. *Their answer took the wind out of my sails.*

couper les ponts–*to cut off (to sever) relations*
J'ai coupé les ponts avec lui depuis sa trahison. *I've cut off (severed) relations with him since his betrayal.*

couper l'herbe sous le pied à quelqu'un–*to cut the ground from under someone, to pull the rug out from under someone*
Son initiative prématurée m'a coupé l'herbe sous le pied. *His premature initiative cut the ground from under me (pulled the rug out from under me).*

couper ses ponts–*to burn one's bridges behind one*
Maintenant qu'ils ont déménagé, ils ont coupé leurs ponts. *Now that they've moved, they have burned their bridges behind them.*

se couper–*to contradict oneself*
Il s'est coupé à plusieurs points de son récit. *He contradicted himself at several points in his story.*

se couper en quatre–*to give one's right arm*
Je me couperais en quatre pour qu'elle guérisse vite. *I would give my right arm for her to get well quickly.*

---

cour–*court, yard*

de basse-cour–*barnyard*
Je n'aime pas ces plaisanteries de basse-cour. *I don't like these barnyard jokes.*

faire la cour à–*to court*
Son oncle faisait la cour à une dame du pays. *His uncle was courting a local lady.*

---

courage–*courage*

prendre son courage à deux mains, rassembler son courage–*to summon up one's courage*
Prenez votre courage à deux mains (rassemblez votre courage) et allez vous battre. *Summon up your courage and go and fight.*

---

courant–*current*

être au courant de–*to be abreast of (in the know about, up on)*
Nous avons essayé de savoir s'il était au courant de leurs activités. *We tried to find out whether he was abreast of (in the know about, up on) their activities.*

---

courir–*to run*

courir après des chimères–*to chase (after) rainbows*
Il court toujours après des chimères. *He is always chasing (after) rainbows.*

courir après le vent–*to go on a wild goose chase*

Vous nous avez fait courir après le vent avec vos histoires. *You made us go on a wild goose chase with your stories.*

courir à un échec–*to be riding for a fall*
Ils étaient trop pleins de confiance et ils couraient à un échec. *They were too full of confidence and they were riding for a fall.*

courir comme un dératé–*to run like mad*
Il a couru comme un dératé après son chapeau. *He ran like mad after his hat.*

courir deux lièvres à la fois–*to try to do two (too many) things at once*
Avec ce projet compliqué vous courez deux lièvres à la fois. *With this complicated plan you're trying to do two (too many) things at once.*

courir le cachet–*to give lessons for a living*
Au lieu de poursuivre une brillante carrière de soliste, elle courait le cachet. *Instead of pursuing a brilliant concert career, she gave lessons for a living.*

courir le cotillon (le jupon)–*to chase skirts*
Malgré son âge il court toujours le cotillon (le jupon). *In spite of his age, he's still chasing skirts.*

courir les magasins–*to go shopping*
Le samedi elle court souvent les magasins. *On Saturdays she often goes shopping.*

courir les rues–*to be common knowledge*
Cette histoire scandaleuse court les rues. *That scandalous story is common knowledge.*

Tu peux toujours courir!–*Go chase yourself! You can whistle for it!*

cours–*course, rate, run*

en cours–*in progress*
Le comité a rendu compte du travail en cours. *The committee reported on work in progress.*

en cours de–*in the process of*
Le magasin est en cours de rénovation. *The store is in the process of being renovated.*

en cours de route–*on (along) the way*
En cours de route nous avons bavardé de choses et d'autres. *On (along) the way we chatted about one thing and another.*

course–*errand, race*

faire les courses–*to do the (to go) shopping*
Nous avons fait les courses ce matin pour éviter la foule. *We did the (we went) shopping this morning to avoid the crowds.*

court–*short*

court sur pattes–*low-slung*
Son chien, un teckel, est court sur pattes. *His dog, a dachshund, is low-slung.*

être à court de—*to run short of*
Elle finirait d'écrire le livre, mais elle est à court d'idées. *She would finish writing the book, but she has run short of ideas.*

faire la courte échelle—*to give a boost (a hand up, a leg up)*
Fais-moi la courte échelle, que je cueille cette pomme. *Give me a boost (a hand up, a leg up) so I can pick that apple.*

---

coûter—*to cost*

coûter cher—*to be expensive*
La viande coûte de plus en plus cher maintenant. *Meat is more and more expensive now.*

coûter les yeux de la tête—*to cost an arm and a leg*
Ce tableau de Whistler m'a coûté les yeux de la tête. *This painting by Whistler cost me an arm and a leg.*

coûte que coûte—*at all costs (at any cost), come hell or high water*
Il faut le faire coûte que coûte. *It must be done at all costs (at any cost, come hell or high water).*

Il m'en coûte de le dire.—*It hurts me to have to say it.*

---

couver—*to incubate, to sit (on)*

couver quelqu'un des yeux—*to gaze fondly at someone*
Elle couvait des yeux son fils. *She was gazing fondly at her son.*

---

couvrir—*to cover*

être à couvert—*to be covered*
Je n'ai pas peur; je suis à couvert dans cette affaire. *I am not worried; I'm covered in this deal.*

se couvrir—*to dress (up); to put on one's hat*
Couvrez-vous bien; il fait froid. *Dress (up) warmly; it's cold out.* Couvrez-vous après la bénédiction. *Put your hat on after the benediction.*

---

cran—*notch*

avoir du cran—*to have guts*
Pour lutter seul contre vingt hommes, il devait avoir du cran. *To fight alone against twenty men, he had to have guts.*

être à cran—*to be on edge*
Il a manqué un rendez-vous important et il est à cran. *He missed an important appointment and he is on edge.*

---

craquer—*to crack, to split*

à craquer—*to capacity*
La salle était pleine à craquer. *The hall was filled to capacity.*

crêper–*to crimp, to frizz*

crêper le chignon à quelqu'un–*to make the fur fly, to tear someone's hair out*
Les deux femmes en colère se sont crêpé le chignon. *The two angry women made the fur fly (tore each other's hair out).*

creuser–*to dig, to hollow*

se creuser la cervelle–*to rack one's brains*
Je me creuse la cervelle pour trouver une réponse à cette question. *I am racking my brains to find an answer to that question.*

crever–*to burst, to croak*

crever la faim–*to starve*
Autrefois, pendant les grèves les pauvres ouvriers crevaient la faim. *Formerly, during strikes the poor workers would starve.*

crier–*to call, to cry*

crier après quelqu'un–*to bawl someone out*
Cesse de crier tout le temps après moi. *Stop bawling me out all the time.*

crochet–*hook*

faire un crochet par–*to make a detour by way of*
Nous avons fait un crochet par Nice. *We made a detour by way of Nice.*

crocheter–*to crochet, to hook*

crocheter une serrure–*to pick a lock*
Les cambrioleurs sont entrés en crochetant la serrure. *The burglars entered by picking the lock.*

croire–*to believe*

croire savoir que–*to understand that*
Nous croyons savoir qu'il va y avoir une augmentation de l'essence. *We understand that there is going to be a rise in gas prices.*

Croyez à ma considération distinguée.–*Sincerely yours.*

Croyez-m'en!–*You can take my word for it!*

Il se croit sorti de la cuisse de Jupiter!–*He is too big for his hat! He thinks he's God almighty!*

Je crois bien!–*I should say so!*

Qu'est-ce que tu te crois?–*Who do you think you are?*

croître–*to grow, to increase*

Ça ne fait que croître et embellir.–*It's getting worse and worse.*

croix–*cross*

C'est la croix et la bannière.–*It's more trouble than it's worth.*

Chacun sa croix!–*Everyone has his troubles!*

faire une croix dessus–*to give up hope of something*
Quant à ce prix, vous pouvez faire une croix dessus. *As for that prize, you may as well give up hope of it.*

---

cru–*vintage*

de son cru–*of one's own (invention)*
Il racontait des plaisanteries de son cru. *He was telling jokes of his own (invention).*

---

cuir–*leather, skin*

faire un cuir–*to mangle a word*
Il fait des cuirs quand il parle en public. *He mangles words when he speaks in public.*

---

cuire–*to cook*

Il vous en cuira!–*You'll be sorry (for that)!*

---

cuisiner–*to cook*

cuisiner quelqu'un–*to give someone (to put someone to) the third degree*
Les agents de police ont cuisiné le suspect. *The police gave the suspect (put the suspect to) the third degree.*

---

cuit–*cooked*

c'est du tout cuit–*it's a cinch*
Qui va gagner le match? Paul, c'est du tout cuit. *Who's going to win the game? Paul, it's a cinch.*

---

cul–*ass, bottom*

Cul sec!–*Bottoms up!*

---

culbute–*tumble*

faire la culbute–*to take a dive*
Son entreprise a fait la culbute à cause de la récession. *His business took a dive because of the recession.*

---

cuver–*to age, to ferment*

cuver son vin–*to sleep it off*
Après la fête, il est rentré cuver son vin. *After the party, he went home to sleep it off.*

D

damer–*to crown (a checker)*

  damer le pion à–*to go one better, to outwit*
En achetant tous les terrains disponibles, ils ont voulu nous damer le pion. *They tried to go us one better (to outwit us) by buying up all the available lots.*

---

danger–*danger*

  Pas de danger!–*Don't you worry! Not a chance!*

---

dans–*in*

  dans la dèche–*down at the heels*
L'ancien propriétaire de ce château est dans la dèche maintenant. *The former owner of this castle is down at the heels now.*

  dans les–*in the neighborhood of*
Cela coûtera dans les cinquante mille francs. *It will cost in the neighborhood of fifty thousand francs.*

  dans les coulisses–*behind the scenes*
C'est elle qui dirige tout dans les coulisses. *She is the one who controls everything behind the scenes.*

  dans l'état actuel des choses–*as things stand now*
Dans l'état actuel des choses, vous n'avez aucune chance de gagner. *As things stand now, you don't have a chance of winning.*

---

danser–*to dance*

  danser devant le buffet–*to go hungry, to go without supper*
Une ou deux fois par semaine ils devaient danser devant le buffet. *Once or twice a week they would have to go hungry (go without supper).*

  faire danser l'anse du panier–*to pad the bill*
Ils n'envoient plus leur cuisinière au marché parce qu'elle faisait danser l'anse du panier. *They no longer send their cook shopping because she padded the bills.*

---

date–*date*

  Cela fera date.–*That will mark an era.*

---

dater–*to date*

  Ça date.–*It's dated.*

  dater de loin–*to go back a long way*
La haine entre les deux familles date de loin. *The hatred between the two families goes back a long way.*

---

débarrasser–*to clear, to rid*

débarrasser le plancher–*to clear out*
Débarrassez-moi le plancher; je ne veux plus vous voir! *Clear out; I don't want to see you any more!*

se débarrasser de–*to get rid of*
Il a enfin réussi à se débarrasser de sa vieille voiture. *He finally managed to get rid of his old car.*

se débarrasser de quelque chose sur quelqu'un–*to drop something in someone's lap*
Le directeur s'est débarrassé du problème de l'inventaire sur moi. *The director dropped the problem of the inventory in my lap.*

se débarrasser de quelqu'un–*to get someone out of the way, to shake someone off*
Le criminel a eu du mal à se débarrasser du détective. *The criminal had a hard time getting the detective out of the way (shaking the detective).*

---

déboutonner–*to unbutton*

se déboutonner–*to let one's hair down*
Il a fini par se déboutonner avec moi, et me dire toute l'histoire. *He finally let his hair down with me, and told me the entire story.*

---

débrouiller–*to unravel, to untangle*

se débrouiller–*to manage (to shift) for oneself*
Maintenant que tu es grand, il faut que tu apprennes à te débrouiller. *Now that you're grown up, you have to learn to manage (to shift) for yourself.*

---

début–*beginning, debut*

à ses débuts–*when one started out*
A mes débuts dans les affaires, je manquais de capital. *When I started out in business, I lacked capital.*

au début du siècle–*at the turn of the century*
Ce tissu était en vogue au début du siècle. *This fabric was in style at the turn of the century.*

---

décamper–*to strike camp*

décamper avec–*to run away (off) with, to walk away (off) with*
Leur soi-disant ami a décampé avec tout leur argent. *Their supposed friend ran away (off) with (walked away, off, with) all their money.*

---

décharge–*release, relief, unloading*

à la décharge de–*in defense of*
Il faut dire à sa décharge qu'on ne l'avait pas prévenu du danger. *It must be said in his defense that he had not been forewarned of the danger.*

---

décider–*to decide*

décider quelqu'un à–*to talk someone into*
L'entraîneur a décidé le joueur à quitter le match. *The coach talked the player into leaving the game.*

déclaration–*declaration*

faire sa déclaration–*to pop the question*
Le jeune homme a enfin trouvé le courage de faire sa déclaration. *The young man finally got up the courage to pop the question.*

déclarer–*to declare*

déclarer coupable (innocent)–*to find guilty (innocent)*
Au bout d'un long procès il a été déclaré coupable (innocent). *After a long trial he was found guilty (innocent).*

se déclarer–*to break out*
Un incendie s'est déclaré au premier étage du magasin. *A fire broke out on the second floor of the store.*

se déclarer publiquement–*to go on the record*
Le ministre s'est déclaré publiquement en faveur de la réforme. *The minister went on record in favor of the reform.*

découvert–*uncovered*

à découvert–*(caught) short*
On lui a demandé le remboursement au moment où il se trouvait à découvert. *They asked him for repayment at a time when he was (caught) short.*

découvrir–*to discover, to uncover*

découvrir le pot aux roses–*to get to the bottom of things (of the mystery)*
Après une longue enquête, la police a fini par découvrir le pot aux roses. *After a long investigation, the police finally got to the bottom of things (of the mystery).*

découvrir son jeu–*to show one's hand*
L'escroc a trop parlé et il a découvert son jeu. *The swindler talked too much and he showed his hand.*

se découvrir–*to take off one's hat, to dress less warmly*
Découvrez-vous, Messieurs, voilà le drapeau! *(Take your) hats off, gentlemen, here is the flag!* En avril, ne te découvre pas d'un fil. *In April, don't dress a stitch less warmly.*

décrocher–*to take down, to unhook*

au décrochez-moi-ça–*at a secondhand store*
On dirait qu'elle a acheté ses vêtements au décrochez-moi-ça. *You'd think she bought her clothes at a secondhand store.*

décrocher une victoire–*to pull off a victory*
Leur équipe, bien qu'inexpérimentée, a décroché une victoire étonnante. *Their team, although inexperienced, pulled off a surprising victory.*

vouloir décrocher la lune–*to reach for the moon*
Tu risques de tout perdre en voulant décrocher la lune. *You risk losing everything by reaching for the moon.*

défaire–*to undo*

se défaire de–*to get rid of*
Il s'est enfin défait de sa vieille voiture. *He finally got rid of his old car.*

défaut–*defect, fault, lack*

à défaut de cela, le mieux–*the next best thing*
Faisons un pique-nique; à défaut de cela, le mieux serait de manger en ville. *Let's have a picnic; the next best thing would be to eat in town.*

faire défaut à–*not to come to (one's mind)*
L'expression juste me fait défaut pour l'instant. *The exact expression doesn't come to me (to my mind) for the moment.*

défendre–*to defend, to forbid*

bien se défendre–*to put up a good fight (to give a good account of oneself)*
Ils se sont bien défendus avant de perdre. *They put up a good fight (gave a good account of themselves) before losing.*

Il se défend.–*He's getting along all right. He's managing.*

se défendre–*to take care of (to watch out for) oneself*
Ne vous inquiétez pas, elle sait se défendre sans notre aide. *Don't worry, she can take care of (watch out for) herself without our help.*

se défendre de faire quelque chose–*to help doing something*
Elle ne pouvait pas se défendre de rire en y pensant. *She couldn't help laughing when she thought of it.*

défense–*defense, prohibition*

Défense d'entrer!–*Keep out! No entry!*

déficit–*deficit*

en déficit–*in the red*
Nos comptes sont toujours en déficit. *Our accounts are still in the red.*

définitif–*definitive*

en définitive–*in the final analysis*
En définitive vous ne regretterez pas votre décision. *In the final analysis, you won't regret your decision.*

défrayer–*to defray*

défrayer la chronique—*to be the talk of the town*
Leur liaison a défrayé la chronique pendant des semaines. *Their affair was the talk of the town for weeks.*

---

dégager—*to clear, to emit, to disengage*
Cela dégage la taille.—*It shows off your figure.*

---

dehors—*outside*
  en dehors de—*apart (aside) from*
Je n'ai rien trouvé d'intéressant en dehors de cela. *I didn't find anything interesting apart from (aside from) that.*

---

déjeuner—*breakfast, lunch*
  C'est un déjeuner de soleil.—*It won't last.*

---

déjouer—*to thwart*
  déjouer les combinaisons de quelqu'un—*to spoil someone's game*
Nous avons réussi à déjouer les louches combinaisons de cette bande. *We managed to spoil that gang's shady game.*

---

demander—*to ask (for), to require*
  demander à faire quelque chose—*to ask to be allowed to do something*
Je vais demander à sortir à ma mère. *I'm going to ask my mother to be allowed to go out.*

  demander à quelqu'un de faire quelque chose—*to ask someone to do something*
Je vais demander à ma mère de sortir. *I'm going to ask my mother to go out.*

  demander des comptes—*to call to account*
Elle leur demandera assurément des comptes de leurs actes. *She will surely call them to account for their actions.*

  demander satisfaction à—*to challenge (to a duel)*
Le lieutenant a demandé satisfaction de son injure au capitaine. *The lieutenant challenged the captain (to a duel) for his insult.*

  ne demander qu'à (ne pas demander mieux que de)—*to ask nothing better than to (to be all for)*
Ils ne demandent qu'à (ils ne demandent pas mieux que de) rester ici à travailler. *They ask nothing better than to stay here and work (they are all for staying here and working).*

  ne pas demander son reste—*not to wait for one's change, to leave suddenly*
En nous voyant entrer, elle est partie sans demander son reste. *Seeing us enter, she left without asking for her change (she left suddenly).*

  On vous demande (au téléphone, etc.).—*You're wanted (on the telephone, etc.).*

  se demander—*to wonder*
Je me demande qui sera là aujourd'hui. *I wonder who will be there today.*

démarrer–*to start (off)*

   démarrer en flèche–*to start off with a bang*

   Sa campagne électorale a démarré en flèche. *His electoral campaign started off with a bang.*

---

déménager–*to move*

   déménager à la cloche de bois–*to skip out on the rent*

   Etant sans argent, ils ont dû déménager à la cloche de bois. *Since they had no money, they had to skip out on the rent.*

---

démon–*demon*

   le démon de midi–*middle-age crisis*

   Il quitta sa famille, saisi par le démon de midi. *He left his family, in the grip of the middle-age crisis.*

---

démonter–*to dismount, to take apart*

   se laisser démonter–*to get flustered*

   Il ne s'est pas laissé démonter devant leur hostilité évidente. *He didn't get flustered at their obvious hostility.*

---

démordre–*to let go*

   ne pas en démordre–*to stand pat, to stick to one's guns*

   Malgré leurs protestations, l'arbitre n'en démordait pas. *In spite of their protests, the referee stood pat (stuck to his guns).*

---

dent–*tooth*

   à belles dents–*with an appetite, with gusto*

   Il a croqué la pomme à belles dents. *He bit into the apple with an appetite.* Les critiques ont déchiré sa pièce à belles dents. *The critics tore his play apart with gusto.*

   avoir la dent dure–*to have a sharp tongue*

   Je n'aime pas discuter avec elle; elle a la dent dure. *I don't like to argue with her; she has a sharp tongue.*

   avoir les dents longues–*to be ambitious (greedy)*

   Méfiez-vous; ce petit commis a les dents longues. *Watch out; that little clerk is ambitious (greedy).*

   avoir une dent contre–*to have it in for*

   Elle a une dent contre lui à cause de son retard hier soir. *She has it in for him because he was late last night.*

   être sur les dents–*to be all nerves*

   Il a tant à faire encore qu'il est sur les dents. *He still has so much to do that he is all nerves.*

dépasser—*to go beyond, to pass*

Cela dépasse la mesure (les bornes).—*That's going too far. That's the limit.*

Cela me dépasse!—*It's beyond me! It's over my head!*

dépasser du tout au tout—*to be (to stand) head and shoulders above*
Notre équipe dépasse du tout au tout la vôtre! *Our team is (stands) head and shoulders above yours!*

---

dépens—*cost, expense*

à ses (propres) dépens—*the hard way*
J'ai appris cela à mes (propres) dépens. *I learned that the hard way.*

aux dépens de—*at the expense of*
Il s'amuse bien à nos dépens. *He is having a good time at our expense.*

---

dépit—*spite*

en dépit de—*in defiance of*
Il a agi en dépit de tout bon sens. *He acted in defiance of all common sense.*

---

déplaire—*to displease*

Ne vous (en) déplaise!—*With all (due) respect! With your permission!*

---

déposer—*to deposit, to set down*

déposer quelqu'un—*to drop someone off*
Je vous déposerai au coin de la rue. *I'll drop you off at the corner.*

---

depuis—*since*

depuis le départ—*from the start, from the word go*
Il faut avouer que nous étions sceptiques depuis le départ. *It must be admitted that we were doubtful from the start (from the word go).*

---

déranger—*to disturb*

Ne vous dérangez pas!—*Don't put yourself out!*

---

dernier—*last*

à la dernière extrémité—*on the point of death*
Croyant qu'il était à la dernière extrémité, ils ont appelé un prêtre. *Thinking he was on the point of death, they called for a priest.*

à la dernière minute—*under the wire*
Ils ont présenté leur demande à la dernière minute. *They got their application in under the wire.*

avoir le dernier mot—*to have the last laugh*
Contre toute attente, c'est nous qui avons eu le dernier mot de l'affaire. *Contrary to all expectations, we had the last laugh in the matter.*

C'est le dernier cri. –*It's the last word (the latest thing). It's quite the thing.*

C'est le dernier des hommes (le dernier des derniers). –*He's the lowest of the low. He's the scum of the earth.*

C'est ma dernière planche de salut. –*It's my last hope.*

C'est mon dernier mot. –*And that's final. Take it or leave it.*

dérober –*to rob, to steal*

se dérober à –*to evade*
Il s'est dérobé aux remerciements de la famille. *He evaded the family's thanks.*

derrière –*behind*

avoir quelque chose derrière la tête –*to have something in the back of one's mind*
Je me demande quelle idée il a derrière la tête en disant cela. *I wonder what idea he has in the back of his mind when he says that.*

descendre –*to descend*

descendre d'un cran –*to come down a notch, to come down off one's high horse*
Il devra descendre d'un cran maintenant qu'il a perdu l'élection. *He'll have to come down a notch (come down off his high horse) now that he's lost the election.*

désespoir –*despair*

en désespoir de cause –*in desperation*
Enfin il a abandonné l'effort en désespoir de cause. *He finally gave up the attempt in desperation.*

désirer –*to desire*

se faire désirer –*to be long in coming*
Le candidat rêvé se fait désirer. *The ideal candidate is long in coming.*

Vous désirez? –*May I help you? (in a store)*

dessein –*design, plan*

à dessein –*on purpose*
Ce n'était pas un accident; il l'a fait à dessein. *It was no accident; he did it on purpose.*

desserrer –*to unlock*

ne pas desserrer les dents –*not to utter a word*
Notre invité n'a pas desserré les dents de la soirée. *Our guest didn't utter a word all evening.*

dessous –*under(neath)*

en dessous de table –*under the counter*
J'ai dû payer cette voiture en dessous de table. *I had to pay for this car under the counter.*

dessus–*above, upon*

avoir (prendre) le dessus–*to be top dog, to come out on top, to get the best of, to get (to have) the upper hand*
Il a fini par avoir (prendre) le dessus dans sa lutte avec ses adversaires. *He finally was top dog (came out on top; got, had, the upper hand) in his struggle with his opponents (got the best of his opponents).*

là-dessus–*thereupon*
Là-dessus il est revenu me voir. *Thereupon he came back to see me.*

le dessus du panier–*the cream of the crop, the pick of the pack*
Arrivant tôt, nous avons pu choisir le dessus du panier. *Arriving early, we were able to take the cream of the crop (the pick of the pack).*

---

destination–*destination*

à destination de–*(leaving) for*
Le train à destination de Lyon est à quai. *The train (leaving) for Lyons is in (the station).*

---

détacher–*to detach*

se détacher–*to stand out*
Il se détachait du reste du groupe par sa taille. *He stood out from the rest of the group by his height.*

---

détonner–*to detonate*

faire détonner–*to set off*
Faites attention de ne pas faire détonner la bombe. *Be careful not to set off the bomb.*

---

détourner–*to divert, to turn away*

détourner le regard–*to look away*
Il a dû détourner le regard de ce triste spectacle. *He had to look away from that sad sight.*

---

dette–*debt*

Il est couvert (criblé) de dettes.–*He's up to his ears in debt.*

---

deuil–*mourning*

faire son deuil de–*to give up hope of, to write off*
Quant au poste, tu peux en faire ton deuil. *As for the job, you may as well give up hope of it (write it off).*

---

deux–*two*

à deux doigts de–*within an ace (an inch) of*
Nous avons été à deux doigts de la catastrophe. *We were within an ace (an inch) of catastrophe.*

à deux pas–*just a stone's throw*
L'école est à deux pas de notre maison. *The school is just a stone's throw from our house.*

avoir deux poids deux mesures–*to use a double standard*
Il a deux poids deux mesures pour juger les pauvres et les riches. *He uses a double standard to judge the poor and the rich.*

Ce sont deux têtes sous le même bonnet.–*They are hand in glove together.*

de deux choses l'une–*(it's) one way or the other*
De deux choses l'une: ou il s'enfuit ou il se fait arrêter. *It's one way or the other: either he runs away or he gets arrested.*

en deux temps–*in two stages*
Ils ont dû faire l'opération en deux temps. *They had to do the operation in two stages.*

Les deux font la paire.–*They are two of a kind.*

---

devenir–*to become*

devenir tout chose–*to get all flustered*
En la voyant, il devenait tout chose. *Seeing her, he would get all flustered.*

Qu'est-ce qu'il est devenu?–*What's become of him?*

---

dévoiler–*to unveil*

dévoiler ses batteries–*to show one's hand*
Si tu veux le surprendre, fais attention de ne pas dévoiler trop tôt tes batteries. *If you want to surprise him, be careful not to show your hand too soon.*

---

devoir–*duty*

se faire un devoir de–*to make a point of*
Il se fait toujours un devoir de rendre visite à sa grand'mère. *He always makes a point of visiting his grandmother.*

---

devoir–*to owe, must*

Cela devait arriver.–*It was bound to happen.*

---

diable–*devil*

au diable (vert, vauvert)–*way out (in the sticks)*
Sa maison de campagne est au diable (vert, vauvert). *His country home is way out (in the sticks).*

avoir le diable au corps–*to have the devil in one*
Il courait comme s'il avait le diable au corps. *He ran as if he had the devil in him.*

faire le diable à quatre–*to kick up a rumpus*
Ils ont fait le diable à quatre quand on les a fait sortir du bar. *They kicked up a rumpus when they were made to leave the bar.*

Que diable!—*What on earth!*

---

dicter—*to dictate*

dicter ses conditions—*to write one's own ticket*
Puisqu'ils ont vraiment besoin de vous, vous pouvez dicter vos conditions. *Since they really need you, you can write your own ticket.*

---

dieu—*god*

Dieu merci! (grâce à Dieu!)—*thank God!*
Dieu merci (grâce à Dieu) nous y avons échappé! *Thank God, we escaped it!*

mon Dieu—*well, why*
Mon Dieu, je ne sais pas. *Well (why), I don't know.*

---

difficile—*difficult*

faire le difficile—*to act fussy*
Ne fais plus le difficile et accepte leur offre. *Stop acting fussy and accept their offer.*

---

dindon—*turkey*

être le dindon de la farce—*to be the goat, to play the patsy (the sucker)*
Trouve quelqu'un d'autre; je ne veux pas être le dindon de la farce. *Find someone else; I don't want to be the goat (play the patsy, sucker).*

---

dîner—*to dine*

dîner en ville—*to dine out*
Mes parents dînent en ville ce soir avant le spectacle. *My parents are dining out this evening before the show.*

---

dire—*to say, to tell*

A qui le dites-vous? (Je ne le vous fais pas dire!)—*You're telling me!*

Ça me dit.—*That appeals to me.*

Ça me dit quelque chose.—*It rings a bell (for me).*

Cela en dit long sur—*that says a lot about*
Cela en dit long sur son attitude envers les autres.— *That says a lot about his attitude toward others.*

Cela ne me dit pas grand'chose.—*I don't think much of that.*

Cela ne me dit rien.—*It doesn't appeal to me.*

ce n'est pour dire, mais—*just the same*
Ce n'est pas pour dire, mais je préfère ne pas y aller du tout. *Just the same, I'd rather not go there at all.*

c'est-à-dire—*that is (to say)*
Il est riche, c'est-à-dire sa famille l'est. *He is rich, that is (to say) his family is.*

C'est beaucoup dire.—*That's going a bit far.*

comme dit l'autre (comme on dit)—*as the saying goes, as they say*
Il n'y a pas de sot métier, comme dit l'autre (comme on dit). *A job is a job, as the saying goes (as they say).*

dire ce qu'on a sur le cœur—*to get something off one's chest*
Il faut que je te dise ce que j'ai sur le cœur, une fois pour toutes. *I have to get something off my chest to you, once and for all.*

dire des sottises—*to talk rot*
Cesse de dire des sottises, mon vieux! *Stop talking rot, man!*

dire en bon français—*to tell it straight*
Je vous le dis en bon français; allez-vous-en. *I'll tell it to you straight; get out of here.*

dire la bonne aventure—*to tell fortunes*
Une gitane lui a dit la bonne aventure à la foire. *A gypsy woman told him his fortune at the fair.*

dire le fond de sa pensée—*to speak out*
Je n'ose pas dire le fond de ma pensée dans cette compagnie. *I don't dare speak out in this company.*

dire le mot et la chose—*to call a spade a spade*
Dans leur société on insiste toujours pour dire le mot et la chose. *In their circle, they always insist on calling a spade a spade.*

dire pis que pendre de—*to say awful things about*
Depuis leur divorce elle dit pis que pendre de son ex-mari. *Since their divorce she has been saying awful things about her ex-husband.*

dire que—*to think that*
Dire que nous étions si heureux ensemble! *To think that we were so happy together!*

dire ses quatre vérités à quelqu'un—*to tell someone (where to get) off*
Un jour je vais dire ses quatre vérités à ce prétentieux! *One of these days I'm going to tell that pretentious fellow (where to get) off!*

dire son fait à—*to give a piece of one's mind to*
Perdant enfin patience, elle lui a dit son fait. *Losing patience finally, she gave him a piece of her mind.*

dire un mot en faveur de—*to put in a good word for*
Je dirai un mot en ta faveur au patron. *I'll put in a good word for you to the boss.*

Dites donc!—*Hey (say), there!*

Il dit toujours amen.—*He is a yes man.*

Il n'y a pas à dire.—*It (certainly) must be said. I have to admit.*

on dirait (que)—*it feels (looks) like*
On dirait un gros chien. *It looks like a big dog.* On dirait qu'il va pleuvoir. *It feels (looks) like it's going to rain.*

Vous m'en direz des nouvelles!–*You'll be delighted with it!*

Vous m'en direz tant!–*How about that! What do you think of that!*

disposer–*to dispose, to lay out*

Disposez de moi.–*I'm at your service.*

se disposer à–*to make ready to*

Ils se disposent déjà à partir. *They are already making ready to leave.*

Vous pouvez disposer.–*You may go now.*

disposition–*disposal, disposition*

C'est à votre disposition.–*You're welcome to it.*

dissuader–*to dissuade*

dissuader quelqu'un de–*to talk someone out of*

Ses amies l'ont dissuadée de partir. *Her friends talked her out of leaving.*

distance–*distance*

à quelle distance–*how far*

A quelle distance est Paris de Londres? *How far is Paris from London?*

distinguer–*to distinguish*

distinguer d'avec–*to distinguish from*

Je ne'arrive pas à la distinguer d'avec sa sœur. *I can't manage to distinguish her from her sister.*

distinguer (l'un de l'autre)–*to tell apart (which is which)*

Les jumeaux se ressemblent tant que je n'arrive pas à les distinguer (l'un de l'autre). *The twins look so much alike that I can't tell them apart (tell which is which).*

doigt–*finger*

avoir les doigts crochus–*to be tight(-fisted)*

Suzanne a les doigts crochus: elle dépense le moins d'argent possible. *Susan is tight(-fisted): she spends as little money as possible.*

être comme les doigts de la main–*to be hand in glove*

Le chef de la police et le maire sont comme les doigts de la main. *The police chief and the mayor are hand in glove.*

montrer (désigner) du doigt–*to point at (to)*

Le passant montra (désigna) le bâtiment du doigt. *The passerby pointed at (to) the building.*

dommage–*damage*

c'est dommage–*it is too bad, it is a pity, it is a shame*

C'est dommage que vous ne puissiez pas venir chez nous. *It is too bad (It is a pity, It is a shame) that you can't come to our house.*

donner–*to give*

> **Cela me donne la chair de poule.**–*That makes my flesh crawl.*

> **C'est donné.**–*It's a bargain (a steal).*

donnant donnant–*even-steven*
C'est donnant donnant, ta montre contre mon collier. *It's even-steven, your watch for my necklace.*

donner à réfléchir–*to give food for thought*
Son silence inattendu nous a donné à réfléchir. *His unexpected silence gave us food for thought.*

donner avis que–*to give (to serve) notice that*
Elle leur a donné avis qu'elle ne serait plus disponible pour les aider. *She gave (served) them notice that she would no longer be available to help them.*

donner dans–*to fall into; to tend toward*
Nous avons donné dans leur piège. *We fell into their trap.* Ce musicien donne dans le sentimental. *That musician tends toward the sentimental.*

donner des coups de bâton à–*to take a stick to*
Elle a menacé de lui donner des coups de bâton s'il ne partait pas. *She threatened to take a stick to him if he didn't leave.*

donner des coups d'épingle–*to needle*
Je ne peux pas supporter la façon dont il donne des coups d'épingle à tout le monde. *I can't stand the way he needles everybody.*

donner droit à–*to entitle to*
Cette carte vous donne droit à trois entrées gratuites. *This card entitles you to three free admissions.*

donner du fil à retordre à–*to give a load of trouble to*
Avant de me quitter pour de bon, elle m'a donné du fil à retordre. *Before leaving me for good, she gave me a load of trouble.*

donner du front contre–*to bump one's head into*
Il a donné du front contre le rebord de la fenêtre. *He bumped his head into the window sill.*

donner gagné à–*to throw in the cards to*
Fatigué de la lutte, il nous a donné gagné. *Tired of the struggle, he threw in the cards to us.*

donner la pièce à–*to give a tip to, to tip*
Avez-vous donné la pièce au concierge? *Have you given a tip to (have you tipped) the doorman?*

donner le bouillon d'onze heures à–*to slip poison to*
On prétend qu'elle a donné le bouillon d'onze heures à son premier mari. *They claim she slipped poison to her first husband.*

donner le change à–*to throw off the scent*

Il était toujours sans bagages pour donner le change aux douaniers. *He always went without luggage to throw the customs agents off the scent.*

donner le feu vert à–*to give the go-ahead (the nod) to*
La commission lui a donné le feu vert pour la tâche. *The panel gave him the go-ahead (the nod) for the task.*

donner le la–*to set the tone*
Ce sont les Dupont qui donnent le la aux réunions. *It is the Duponts who set the tone at meetings.*

donner l'éveil à–*to arouse (the suspicions of)*
Ses hésitations ont donné l'éveil aux gardiens. *His hesitation aroused (the suspicions of) the guardians.*

donner l'exemple à–*to set an example for*
Un frère aîné devrait donner l'exemple aux autres enfants. *An older brother ought to set an example for the other children.*

donner libre cours à–*to give free rein to*
Nous pouvions enfin donner libre cours à nos émotions. *We finally could give free rein to our emotions.*

donner prise à–*to give an opening to*
Ta faiblesse donne prise à tes critiques. *Your weakness gives an opening to your critics.*

donner quelqu'un (à la police)–*to sell someone out*
Par crainte de la prison, le voleur a donné son complice (à la police). *Out of fear of prison, the thief sold out his accomplice.*

donner rendez-vous à–*to make a date with*
Je lui ai donné rendez-vous pour jeudi. *I made a date with him for Thursday.*

donner sa langue au chat–*to give up (guessing)*
Je donne ma langue au chat; dis-moi la solution. *I give up; tell me the answer.*

donner sur–*to look (to open) out on*
Nos fenêtres donnaient sur la forêt. *Our windows looked (opened) out on the forest.*

donner un coup de collier–*to put one's back into it*
Nous aurons bientôt fini si chacun donne un coup de collier. *We'll be finished soon if everyone puts his back into it.*

donner un coup de coude à–*to poke in the ribs*
Il m'a donné un coup de coude pour que je me taise. *He gave me a poke in the ribs so I would shut up.*

donner un coup de fer à–*to press*
Je vais donner un coup de fer à mon pantalon avant de sortir. *I'm going to press my pants before I go out.*

donner un coup de fil à–*to call (up), to give a ring, to ring up*
Donnez-nous un coup de fil en arrivant. *Call us (up) (give us a ring) (ring us up) when you arrive.*

donner un coup de main (d'épaule) à–*to give (to lend) a (helping) hand*
Les voisins nous ont donné un coup de main (d'épaule) pour finir le travail. *The neighbors gave (lent) us a (helping) hand to finish the work.*

donner un coup de pied–*to kick*
Le garçon donnait des coups de pied au caillou. *The boy kicked the stone.*

donner un coup de pouce–*to give a nudge*
On a dû lui donner un coup de pouce pour qu'il réussisse à l'examen. *They had to give him a nudge for him to pass the exam.*

donner un coup d'œil à–*to have (to take) a look at*
Je voudrais donner un coup d'œil à ce nouveau livre. *I'd like to have (to take) a look at that new book.*

donner une fête–*to throw a party*
Ses parents ont donné une fête pour arroser sa promotion. *Her parents threw a party to celebrate her promotion.*

étant donné–*what with*
Etant donné toute la concurrence, nous n'avons aucune chance. *What with all the competition, we don't stand a chance.*

Je vous en donne mon billet!–*You can take my word for it!*

le donner en mille–*to give a hundred guesses*
Devine qui elle va épouser: je te le donne en mille. *Do you know whom she is going to marry? I'll give you a hundred guesses.*

Quel âge me donnez-vous?–*How old do you think I am?*

se donner de la peine pour–*to go out of one's way to*
Elle s'est donné de la peine pour nous aider. *She went out of her way to help us.*

se donner du mal pour–*to take pains (the trouble) to*
Il s'est donné du mal pour bien finir le travail à temps. *He took pains (the trouble) to finish the work right and on time.*

se donner en spectacle–*to make a spectacle of oneself*
Arrête de te donner en spectacle devant tout le monde! *Stop making a spectacle of yourself in front of everyone!*

se donner le mot–*to pass the word*
Ils se sont donné le mot pour ne pas venir en classe. *They passed the word not to come to class.*

se donner les gants de–*to take credit for*
Elle se donne les gants de leur promotion. *She takes credit for their promotion.*

se donner une contenance–*to hide one's embarrassment*
Elle fume quand il y a du monde pour se donner une contenance. *She smokes when there are people there in order to hide her embarrassment.*

se donner un mal de chien–*to work like a dog*
Il se donne un mal de chien pour réussir dans les affaires. *He works like a dog to succeed in business.*

s'en donner à cœur joie—*to do something to one's heart's content*
Maintenant qu'il pouvait boire de nouveau, il s'en donnait à cœur joie. *Now that he could drink again, he did it to his heart's content.*

---

dormir—*to sleep*

dormir à poings fermés—*to sleep like a baby*
Epuisé par ses efforts, il a dormi à poings fermés. *Worn out by his exertion, he slept like a baby.*

dormir comme une souche—*to sleep like a log*
J'étais si fatigué après la promenade que j'ai dormi comme une souche. *I was so tired after the walk that I slept like a log.*

dormir dans les cartons (fichiers)—*to gather dust*
Le rapport de la commission dort dans les cartons (fichiers). *The committee's report is gathering dust.*

dormir en chien de fusil—*to sleep (all) curled up*
Il était par terre, dormant en chien de fusil. *He lay on the ground, sleeping (all) curled up.*

dormir sur les deux oreilles—*to sleep soundly*
Elle dormait encore sur les deux oreilles à dix heures du matin. *She was still sleeping soundly at ten o'clock in the morning.*

---

dos—*back*

avoir sur le dos—*to be saddled (stuck) with*
J'ai tous mes parents sur le dos en ce moment. *I'm saddled (stuck) with all my relatives right now.*

---

double—*double, dual*

en double exemplaire—*in duplicate*
Tapez cette lettre en double exemplaire. *Type this letter in duplicate.*

faire double emploi—*to overlap (be redundant)*
Votre travail fait double emploi avec celui de Jean. *Your work overlaps (is redundant) with John's.*

---

double—*to double, to pass*

doubler le cap de—*to go beyond; to turn*
Ce compositeur a doublé le cap de sa neuvième symphonie. *This composer has gone beyond his ninth symphony.* Ma grand'mère a doublé le cap des soixante-dix ans. *My grandmother has turned seventy.*

Il a doublé ses torts d'un affront.—*He added insult to injury.*

---

douceur—*softness, sweetness*

en douceur—*gently, softly*
L'avion s'est posé en douceur. *The airplane landed gently (softly).*

---

doute—*doubt*

dans le doute—*when in doubt*
Dans le doute, je vous recommande de ne rien faire. *When in doubt, I recommend that you not do anything.*

ne pas faire de doute—*to be beyond (all) question*
Leur bonne foi ne fait pas de doute. *Their good faith is beyond (all) question.*

douter—*to doubt*

douter de—*to doubt*
Je ne doute pas de ses capacités. *I don't doubt his abilities.*

se douter de—*to suspect*
Il est si préoccupé qu'il ne se doute de rien. *He is so absorbed that he doesn't suspect a thing.*

doux—*gentle, soft, sweet*

en douce—*on the quiet (the Q.T.)*
Ils ont fait leur réunion en douce. *They had their meeting on the quiet (on the Q.T.).*

Tout doux!—*Take it easy! Slow down a minute!*

douzaine—*dozen*

Il y en a treize à la douzaine.—*They come in baker's dozens.*

drame—*drama*

C'est (tout) un drame! Quel drame!—*What a tragedy!*

faire tout un drame de—*to make a big deal out of*
Elle a fait tout un drame de notre absence. *She made a big deal out of our absence.*

drapeau—*flag*

sous les drapeaux—*in(to) the service*
Mon frère a été appelé sous les drapeaux. *My brother was called into the service.*

dresser—*to erect, to raise*

dresser ses batteries—*to lay one's plans*
Il dressait ses batteries en attendant l'arrivée de ses victimes. *He laid his plans while waiting for his victims to arrive.*

se dresser sur ses ergots—*to get on one's high horse*
Devant nos accusations il s'est dressé sur ses ergots. *Confronted with our accusations, he got on his high horse.*

droit—*right(-hand), straight*

le droit chemin—*the straight and narrow*
Il s'est rangé et il est rentré dans le droit chemin. *He has turned out all right and has gone back to the straight and narrow.*

tout droit–*straight ahead*
Sa maison est là; vous n'avez qu'à aller tout droit. *Her house is there; you have only to go straight ahead.*

---

droit–*law, right*

A qui de droit.–*To whom it may concern.*

droite–*right(-hand side)*

à droite et à gauche–*here and there*
Ils ramassaient des choses à droite et à gauche. *They picked things up here and there.*

drôle–*funny*

Quel drôle d'oiseau (de coco)!–*What a queer bird (customer)!*

un drôle de. . .–*a strange (an odd) . . .*
C'est une drôle d'histoire que vous me racontez. *That's a strange (an odd) story you're telling me.*

dur–*hard*

la construction en dur–*stone (brick, concrete) construction.*
Pour leurs maisons les Français préfèrent la construction en dur. *For their houses the French prefer stone (brick, concrete) construction.*

Il est dur à la détente–*He is tight(-fisted).*

un dur à cuire–*a hidebound person*
Napoléon comptait sur les durs à cuire de son armée. *Napoleon counted on the hidebound veterans of his army.*

E

eau–*water*

à l'eau de rose–*sickly sweet*
Ce magazine publie des romans à l'eau de rose. *This magazine publishes sickly sweet novels.*

échanger–*to exchange*

échanger des coups de feu–*to shoot it out*
La police a échangé des coups de feu avec la bande. *The police shot it out with the gang.*

échapper–*to escape*

l'échapper belle–*to have a narrow escape*

Je l'ai échappé belle en traversant l'avenue ce matin. *I had a narrow escape crossing the avenue this morning.*

échauffer—*to heat (up)*
échauffer la bile (les oreilles) à quelqu'un—*to get someone's goat*
Ne l'écoutez pas; il essaie seulement de vous échauffer la bile (les oreilles). *Don't listen to him; he's just trying to get your goat.*

s'échauffer—*to warm up*
Les joueurs s'échauffent avant le match. *The players are warming up before the game.*

éclairer—*to illuminate, to light*
éclairer la lanterne à quelqu'un—*to make someone see the light, to set someone straight*
Il les croyait toujours, mais on lui a enfin éclairé la lanterne. *He still believed them, but people finally made him see the light (set him straight).*

éclat—*brightness, burst, flash, splinter*
faire de l'éclat—*to create a stir*
Partez tout de suite sans faire d'éclat. *Leave right away without creating a stir.*

sans éclat—*quietly, discreetly*
Elle a démissionné sans éclat. *She resigned quietly (discreetly).*

école—*school*
faire l'école buissonnière—*to play hooky*
Le petit garnement faisait souvent l'école buissonnière. *The little rascal often played hooky.*

économie—*economy, saving*
faire des économies—*to put money aside*
Ils vivent des économies qu'ils ont faites depuis des années. *They are living on the money they have put aside for years.*

faire des économies de bouts de chandelle—*to pinch pennies*
Bien qu'il ait des millions, il fait des économies de bouts de chandelle. *Although he has millions, he pinches pennies.*

écouter—*to listen (to)*
écouter de toutes ses oreilles—*to be all ears*
Pendant son discours le public écoutait de toutes ses oreilles. *During his speech the audience was all ears.*

n'écouter que d'une oreille—*to be only half listening*
Son enfant n'écoutait ses admonitions que d'une oreille. *Her child was only half listening to her admonitions.*

écraser–*to crush*

Il en écrase.–*He's fast asleep.*

se faire écraser–*to get run over*
Il s'est fait écraser par un chauffard. *He got run over by a hit-and-run driver.*

écrire–*to write*

écrire au courant de la plume–*to write as one's inspiration dictates*
Elle a écrit ce roman en peu de temps, au courant de la plume. *She wrote this novel quickly, as her inspiration dictated.*

écrire en toutes lettres–*to spell (to write) out*
Pour être sûr, je vais écrire les instructions en toutes lettres. *In order to be sure, I'm going to spell (to write) out the instructions.*

effacer–*to erase*

s'effacer–*to step out of the picture*
Pour éviter les discussions, il a décidé de s'effacer. *In order to prevent arguments, he decided to step out of the picture.*

effet–*effect*

à cet effet–*to that end*
Ils voulaient gagner et ils ont tendu toutes leurs énergies à cet effet. *They wanted to win and they strove solely to that end.*

en effet–*indeed*
En effet, nos invités étaient déjà partis. *Indeed, our guests had already left.*

faire de l'effet–*to work (out)*
Heureusement, la mesure qu'ils recommandaient a fait de l'effet. *Fortunately, the measure they recommended worked (out).*

égal–*equal, even*

Ça m'est égal.–*I don't care.*

d'égal à égal–*as an equal*
Malgré la différence de nos âges, je le traitais d'égal à égal. *Despite our difference in age, I treated him as an equal.*

égard–*regard, respect*

à cet égard–*on that score*
Il n'y a rien que nous puissions faire pour vous à cet égard. *There's nothing we can do for you on that score.*

eu égard à–*in consideration of, taking into account*
Eu égard à son âge, on a réduit ses impôts. *In consideration of his age (taking his age into account), they lowered his taxes.*

élever—*to raise*

élever dans du coton—*to spoil (by coddling)*
Ils ont élevé leur fils unique dans du coton. *They spoiled their only son (by coddling).*

élever sur le pavois—*to place in the front rank*
Ses contemporains avaient élevé Victor Hugo sur le pavois en tant que poète. *His contemporaries had placed Victor Hugo in the front rank of poets.*

élire—*to elect*

élire domicile—*to take up residence*
Après plusieurs années en province, nous avons élu domicile à Paris. *After several years in the provinces, we took up residence in Paris.*

emballer—*to pack, to wrap*

Ne vous emballez pas!—*Don't get carried away! Hold your horses! Keep your shirt on!*

embarras—*difficulty, obstacle*

avoir l'embarras du choix—*to have too much to choose from*
Au marché du village, on avait l'embarras du choix. *At the village market we had too much to choose from.*

dans l'embarras—*in a (on the) spot*
Sa demande d'argent nous a mis dans l'embarras. *His request for money put us in a (on the) spot.*

emboîter—*to encase, to pack*

emboîter le pas à—*to fall into step with*
En le rencontrant dans la rue, son collègue lui a emboîté le pas. *Encountering him in the street, his colleague fell into step with him.*

emmener—*to take out (away)*

emmener en bateau—*to sell down the river*
Tu nous a emmenés en bateau, avec tes affaires d'or. *You sold us down the river with your golden deals.*

emmener quelqu'un (dans sa voiture)—*to give someone a ride*
Voulez-vous m'emmener (dans votre voiture) jusqu'à la poste? *Will you give me a ride to the post office?*

empêcher—*to hinder, to prevent*

n'empêche que—*nevertheless, one must admit*
N'empêche qu'elle vous a causé un tas de problèmes. *Nevertheless (you must admit), she caused you a lot of problems.*

empire–*dominion, empire*

sous l'empire de–*under the influence of*
Il était encore sous l'empire de sa colère. *He was still under the influence of his anger.*

empoisonner–*to poison*

empoisonner l'existence à–*to make life miserable for*
Mon petit frère m'empoisonne l'existence avec ses cris. *My little brother makes life miserable for me with his shouting.*

emporter–*to carry away (off)*

emporter d'assaut–*to take by storm*
L'armée ennemie a emporté la ville d'assaut. *The enemy army took the city by storm.*

emporter le morceau–*to win out, to win the day*
Tout le monde parlait bien, mais l'éloquence de notre député a emporté le morceau. *Everyone spoke well, but our representative's eloquence won out (won the day).*

l'emporter sur–*to get the better of, to win out over*
Les conservateurs l'ont emporté sur l'opposition dans les dernières elections. *The conservatives got the better of (won out over) the opposition in the last elections.*

empresser–*to hurry*

s'empresser auprès de–*to dance attendance on*
Il s'empresse toujours auprès de la femme du patron. *He always dances attendance on the boss's wife.*

encaisser–*to collect, to encase*

encaisser de mauvais coups–*to take one's lumps*
J'ai dû encaisser de mauvais coups avant de réussir ici. *I had to take my lumps before I got ahead here.*

encaisser (un coup) sans broncher–*to take it on the chin*
Il a montré qu'il peut encaisser (des coups) sans broncher. *He has proven that he can take it on the chin.*

enclume–*anvil*

entre l'enclume et le marteau–*between the devil and the deep blue sea*
Quel dilemme! Il se trouvait entre l'enclume et le marteau. *What a dilemma! He found himself between the devil and the deep blue sea.*

encore–*again, more, still*

Et encore!–*And even then (who knows?)! If that!*

si encore–*if only (at least)*
Si encore ils voulaient nous aider! *If only (at least) they would help us!*

endiguer—*to dam, to dike*

    endiguer le flot—*to stem the tide*
    Malgré leurs efforts énergiques, ils ne pouvaient pas endiguer le flot de l'inflation. *Despite their energetic efforts, they couldn't stem the tide of inflation.*

---

endroit—*place, side*

    à l'endroit—*right side out*
    Remets ton pull à l'endroit. *Put your sweater back on right side out.*

    par endroits—*here and there*
    L'herbe était encore mouillée par endroits. *The grass was still wet here and there.*

---

enfance—*childhood*

    C'est l'enfance de l'art!—*It's child's play!*

---

enfant—*child*

    faire l'enfant—*to act childish (like a child)*
    Ne fais plus l'enfant; la situation est grave. *Stop acting childish (like a child); the situation is serious.*

    Ne faites pas l'enfant!—*Act your age!*

---

enfermer—*to close in (up)*

    enfermer quelqu'un à clé—*to lock someone up*
    En sortant, ils ont enfermé leur chien à clé dans la maison. *On going out, they locked their dog up in the house.*

---

enfin—*finally*

    enfin, bref—*the long and the short of it is, to make a long story short*
    Enfin, bref, nous sommes fauchés. *The long and the short of it is (To make a long story short), we're broke.*

---

enfoncer—*to break in, to drive in*

    enfoncer une porte ouverte—*to belabor the obvious, to fight a battle that is already won.*
    Attaquer la prohibition des alcools, c'est enfoncer une porte ouverte. *To attack Prohibition is to belabor the obvious (to fight a battle that is already won).*

---

enlever—*to carry off, to kidnap*

    enlever quelqu'un (pour lui régler son compte)—*to take someone for a ride*
    Des gangsters ont enlevé le témoin (pour lui régler son compte). *Some gangsters took the witness for a ride.*

    enlever ses moyens à quelqu'un—*to cramp someone's style*
    Je n'ai pas pu bien faire le travail parce qu'il m'enlevait mes moyens. *I couldn't do the job well because he cramped my style.*

ennui–*annoyance, boredom, worry*

  aller (courir) au-devant des ennuis–*to be asking (to go looking) for trouble*
Si tu agis comme cela, tu vas (tu cours) au-devant des ennuis. *If you act that way, you're asking for (you're going looking for) trouble.*

  avoir des ennuis–*to be in trouble*
Il a des ennuis avec les contributions directes. *He is in trouble with the Internal Revenue Service.*

ennuyer–*to annoy, to bore*

  Cela vous ennuie-t-il de . . . ?–*Do you mind?*
Cela vous ennuie-t-il de rester ici encore une heure? *Do you mind remaining here another hour?*

  s'ennuyer de quelque chose (de quelqu'un)–*to miss something (someone)*
Je m'ennuie beaucoup de ma famille. *I miss my family very much.*

  s'ennuyer ferme–*to be bored stiff*
On s'ennuyait ferme à la campagne à cause de la pluie. *We were bored stiff in the country because of the rain.*

ennuyeux–*annoying, boring*

  l'ennuyeux de–*the trouble with*
L'ennuyeux de cette méthode, c'est qu'elle est très longue. *The trouble with that method is that it is very long.*

ensemble–*ensemble, set*

  dans l'ensemble–*on the whole*
Dans l'ensemble, leur entreprise est très solide. *On the whole, their business is very solid.*

ensuivre–*to ensue, to follow*

  il s'ensuit que–*by the same token*
Ils sont pauvres; il s'ensuit qu'ils n'ont pas grand'chose à perdre. *They are poor; by the same token, they have nothing much to lose.*

entendre–*to hear, to understand*

  bien entendu–*of course*
Bien entendu, nous irons les voir tout de suite. *Of course, we'll go and see them right away.*

  Cela s'entend!–*It goes without saying!*

  C'est entendu.–*Agreed. O.K.*

  entendre dire que–*to hear that*
J'ai entendu dire qu'ils se sont quittés. *I have heard that they have separated.*

  entendre parler de–*to hear about (of)*

Je n'ai jamais entendu parler de ce peintre. *I have never heard of (about) that painter.*

s'entendre bien (mal)–*to get along well (badly)*
Malgré leur rivalité, les deux vedettes s'entendent très bien. *Despite their rivalry, the two stars get along very well.*

s'entendre comme chien et chat–*to lead a cat-and-dog life*
Elle et son mari s'entendent comme chien et chat. *She and her husband lead a cat-and-dog life.*

s'entendre comme larrons en foire–*to be as thick as thieves*
Ces commerçants s'entendent comme larrons en foire. *These merchants are as thick as thieves.*

---

entre–*among, between*

entre nous–*between you and me (you, me and the lamppost)*
Entre nous, je crois que cet homme est fou. *Between you and me (you, me and the lamppost), I think that man is crazy.*

être entre deux vins–*to be half sober*
Quand je l'ai vu, il était entre deux vins. *When I saw him, he was half sober.*

---

entrée–*entrance, entry*

avoir ses (grandes et petites) entrées–*to have free access*
Cet homme a ses (grandes et petites) entrées à l'ambassade. *That man has free access to the embassy.*

---

entrer–*to enter*

entrer dans les mœurs–*to become a way of life*
Les week-ends à la campagne sont entrés dans les mœurs. *Weekends in the country have become a way of life.*

entrer dans le vif du sujet–*to get to the heart of the matter (the question)*
A la conférence de presse, les journalistes sont entrés tout de suite dans le vif du sujet. *At the press conference, the journalists got right to the heart of the matter (the question).*

entrer en fonctions–*to take office*
Le président entrera en fonction au mois de janvier. *The president will take office in the month of January.*

entrer en lice–*to throw one's hat in the ring*
Le leader des conservateurs a décidé d'entrer en lice. *The leader of the conservatives decided to throw his hat in the ring.*

entrer en vigueur–*to go into (to take) effect*
La nouvelle loi entre en vigueur mardi. *The new law goes into (takes) effect on Tuesday.*

Entrez sans frapper.–*(Please) walk in.*

faire entrer quelque chose–*to get something in(to)*
Je n'arrive pas à faire entrer cette lettre dans l'enveloppe. *I can't get this letter into the envelope.*

faire entrer quelqu'un–*to show someone in*
James, faites entrer Monsieur Dupont. *James, show Mr. Dupont in.*

On y entre comme dans un moulin.–*It's wide open; anyone can get in.*

envers–*back, reverse*

à l'envers–*inside out, upside down*
J'ai mis mon pull à l'envers. *I put my sweater on inside out.* Vous tenez votre livre à l'envers. *You're holding your book upside down.*

envers–*to, toward*

envers et contre tous–*against all comers*
Il soutient son idée envers et contre tous. *He upholds his idea against all comers.*

envie–*desire, envy*

avoir bien envie de–*to have a mind to*
J'ai bien envie de lui dire ce que je pense de ses actions. *I have a mind to tell him what I think of his actions.*

avoir envie de–*to feel like*
Allons nous coucher; j'ai envie de dormir. *Let's go to bed; I feel like sleeping.*

envoyer–*to send*

C'est envoyé!–*That's got them! That's the way to do it!*

envoyer chercher–*to send for*
Nous avons envoyé chercher le médecin d'urgence. *We sent for the doctor immediately.*

envoyer dire à–*to send word to*
Je lui ai envoyé dire que j'arrivais le lendemain. *I sent word to him that I was coming the next day.*

envoyer promener quelqu'un (envoyer quelqu'un au bain)–*to send someone about his business, to send someone packing*
Si cet escroc essaie de m'avoir, je l'enverrai promener (je l'enverrai au bain). *If that swindler tries to take me in, I'll send him about his business (packing).*

Je ne le lui ai pas envoyé dire.–*I told him so right to his face.*

épater–*to astound*

épater le bourgeois–*to shock the Philistines*
Le dandy faisait tout pour épater le bourgeois. *The dandy did all he could to shock the Philistines.*

faire de l'épate–*to put on the dog*

Vous n'avez pas besoin de faire de l'épate à notre intention. *You don't have to put on the dog for us.*

épée–*rapier, sword*

mettre (pousser) l'épée dans les reins à quelqu'un–*to prod someone on*
Si vous lui mettez (poussez) l'épée dans les reins, il fera ce que vous demandez. *If you prod him on, he will do what you ask.*

épouser–*to espouse, to wed*

épouser la forme de–*to cling to*
Ce vêtement épouse la forme de votre corps. *This garment clings to your body.*

épreuve–*proof, test*

à toute épreuve–*foolproof*
C'est un mécanisme à toute épreuve. *It is a foolproof mechanism.*

épuiser–*to exhaust*

être épuisé–*to be out of print (sold out)*
L'éditeur m'a dit que ce livre est épuisé. *The publisher told me that book is out of print (sold out).*

ériger–*to erect*

s'ériger en justicier–*to take the law into one's own hands*
Puisque la police ne veut rien y faire, ils vont s'ériger en justiciers. *Since the police won't do anything about it, they are going to take the law into their own hands.*

---

erreur–*error, mistake*

(Il n'y a) pas d'erreur!–*Absolutely! I'm positive!*

sauf erreur–*unless one is mistaken*
Sauf erreur, nous y sommes. *Unless I'm mistaken, we're there.*

---

escale–*port of call*

faire escale–*to stop over*
L'avion que nous prenons fait escale à Dakar. *The plane we're taking stops over in Dakar.*

---

espèce–*kind, species*

espèce de . . .–*you . . .*
Espèce d'idiot, tu l'as gâché! *You idiot, you've ruined it!*

une espèce de–*of sorts, some sort of*
Il prétend être une espèce de magicien. *He claims to be a magician of sorts (some sort of magician.).*

esprit—*mind, spirit, wit*

avoir bon (mauvais) esprit—*to be cooperative (uncooperative)*
Ce groupe de jeunes a très bon (mauvais) esprit. *This group of young people is very cooperative (uncooperative).*

avoir l'esprit de clocher—*to be narrow-minded*
Il a trop l'esprit de clocher pour être sénateur. *He is too narrow-minded to be a senator.*

avoir l'esprit mal tourné—*to have an evil mind*
Vous m'avez compris de travers parce que vous avez l'esprit mal tourné. *You misunderstood me because you have an evil mind.*

faire de l'esprit—*to (try to) be witty*
A leurs soirées tout le monde fait de l'esprit. *At their parties everyone is (tries to be) witty.*

l'esprit de l'escalier—*belated wit*
Il avait l'esprit de l'escalier, trouvant toujours ses ripostes après coup. *He had belated wit, always thinking of his comebacks afterwards.*

---

essai—*essay, test, try*

Fais-en l'essai.—*Give it a spin (a try).*

---

essayer—*to try*

Essayez donc (un peu)!—*You just try!*

---

essuyer—*to wipe*

essuyer les plâtres—*to have the (dubious) pleasure of breaking in*
Ce sera à nous d'essuyer les plâtres de la nouvelle réforme! *We are the ones who will have the (dubious) pleasure of breaking in the new reform laws!*

---

estomac—*stomach*

avoir de l'estomac—*to have guts (nerve)*
Il doit avoir de l'estomac pour tenter ce coup. *He must have guts (nerve) to try that kind of thing.*

avoir l'estomac creux (dans les talons)—*to be famished*
Allons dîner tout de suite; j'ai l'estomac creux (dans les talons). *Let's go have dinner right away; I'm famished.*

étalage—*display, show*

faire étalage de—*to show off*
Elle fait grand étalage de sa richesse. *She always shows off her wealth.*

état—*condition, shape, state*

en bon (mauvais) état—*in good (bad) repair (shape)*

Sa voiture est en très bon (mauvais) état. *His car is in very good (bad) repair (shape).*

en état de marche–*in working order.*
Cette machine n'est plus en état de marche. *This machine is no longer in working order.*

faire état de–*to take into account*
L'avocat a demandé à la cour de faire état de la pauvreté de son client. *The lawyer asked the court to take his client's poverty into account.*

étendre–*to stretch*

étendre raide–*to knock out (cold)*
Le coup de son adversaire l'a étendu raide. *His opponent's blow knocked him out (cold).*

étoffe–*cloth, stuff*

avoir l'étoffe de–*to be cut out for, to have the makings of*
Je ne crois pas qu'il ait l'étoffe d'un chef. *I don't believe he is cut out for a leader (has the makings of a leader).*

étoile–*star*

Ce n'est pas une étoile.–*He (she) is no prize package.*

Son étoile commence à pâlir.–*His sun is setting.*

étranger–*foreigner, stranger*

à l'étranger–*abroad*
Ils habitent à l'étranger cette année. *They are living abroad this year.*

être–*to be*

en être pour ses frais–*to have wasted one's time and money*
J'en ai été pour mes frais dans votre projet. *I wasted my time and money on your project.*

en être pour son argent–*to be out of pocket*
C'est vous qui en avez profité et c'est moi qui en suis pour mon argent. *You profited by it and I am the one who is out of pocket.*

être à–*to belong to, to be someone's*
Cette montre est à moi. *This watch belongs to me (is mine).*

être à la coule–*to know the ropes*
Il est déjà à la coule dans son nouveau travail. *He already knows the ropes in his new job.*

être à quelqu'un de–*to be someone's turn to*
C'est à vous de parler maintenant. *It's your turn to speak now.*

Il en est ainsi.–*That's the way it is.*

Il n'en est rien.—*Nothing of the sort.*

Je n'y suis pas.—*I don't get it.*

Je n'y suis pour rien.—*I had nothing to do with it. I am no party to it.*

n'être pour rien dans—*to have no part in*
Je n'étais pour rien dans cette affaire. *I had no part in that deal.*

Où en êtes-vous?—*How far (along) are you?*

y être—*to be at it*
Les candidats y sont encore après deux heures de débats. *The candidates are still at it after two hours of debate.*

étroit—*narrow*

être à l'étroit—*to be cramped (for space)*
Nous ne pouvons pas travailler ici; nous sommes trop à l'étroit. *We can't work here; we're too cramped (for space).*

étude—*study*

être à l'étude—*to be under study*
Le projet est à l'étude. *The plan is under study.*

faire ses études à—*to go to (a university), to study at*
Elle a fait ses études à l'Université de Paris. *She went to (studied at) the University of Paris.*

---

examiner—*to examine*

examiner sur toutes les coutures—*to take a hard look at*
Il faut que nous examinions leur proposition sur toutes les coutures. *We have to take a hard look at their proposal.*

---

exception—*exception*

faire exception à la règle—*to be an exception to the rule*
Ce cas seul fait exception à la règle. *This case alone is an exception to the rule.*

sauf exception—*with certain exceptions*
Nous faisons toujours ainsi, sauf exception. *We always do it this way, with certain exceptions.*

---

excès—*excess*

à l'excès—*to a fault*
Il est généreux à l'excès. *He is generous to a fault.*

---

exemple—*example*

Par exemple!—*Of all things! Well I never! You don't say!*

---

exercice—*exercise*

dans l'exercice de ses fonctions—*in one's official capacity*

Le maire agissait dans l'exercice de ses fonctions. *The mayor was acting in his official capacity.*

---

explication–*explanation*

avoir une explication avec–*to have it out with*
Il a eu une explication avec son surveillant et on l'a mis à la porte. *He had it out with his supervisor and he was fired.*

---

expliquer–*to explain*

expliquer par le menu–*to spell out*
Je lui ai demandé d'expliquer par le menu les termes de l'accord. *I asked him to spell out the terms of the agreement.*

---

expression–*expression*

d'expression–*speaking*
Les représentants de tous les pays d'expression française se réunirent à Québec. *Representatives of all the French-speaking countries assembled in Quebec.*

---

extérieur–*exterior, outside*

à l'extérieur–*outdoors*
Ils travaillent toujours à l'extérieur, quel que soit le temps. *They always work outdoors, in any kind of weather.*

---

extrême–*extreme*

à l'extrême–*extremely*
Elle est têtue à l'extrême. *She is extremely stubborn.*

F

fabriquer–*to fabricate, to manufacture*

fabriquer de toutes pièces–*to make up*
Je suis sûr que vous avez fabriqué cette histoire de toutes pièces. *I am sure that you made up that story.*

Qu'est-ce que tu fabriques là?–*What (the heck) are you up to? What's that you're saying?*

---

face–*face*

de face–*head-on*
Les deux camions se sont heurtés de face. *The two trucks collided head-on.*

en face (de)–*facing, opposite*
Le bureau de poste est en face de la gare. *The post office faces (is opposite) the station.*

face à–*facing*
Nous avons loué une maisonnette face à la mer. *We rented a cottage facing the sea.*

faire face à–*to face (up to)*
Vous devrez faire face à cette nouvelle difficulté. *You will have to face (up to) this new difficulty.*

fâché–*angry*

J'en suis fâché.–*I'm sorry about that.*

fâcher–*to anger*

se fâcher tout rouge–*to get boiling mad*
Il s'est fâché tout rouge en voyant que le travail n'était pas encore fini. *He got boiling mad on seeing that the work was not yet done.*

facile–*easy*

C'est facile comme bonjour.–*It's as easy as pie.*

être facile à vivre–*to be easy to get along with*
Ce garçon est brillant mais il n'est pas facile à vivre. *That fellow is brilliant but he isn't easy to get along with.*

façon–*fashion, manner, way*

de façon à–*so as to*
Il a tourné le vase de façon à cacher son défaut. *He turned the vase so as to hide the defect.*

de sa façon–*of one's own devising (making)*
Elle nous a servi un alcool de sa façon. *She served us a liquor of her own devising (making).*

faire des façons–*to make a fuss*
Ne fais plus tant de façons et accepte leur offre. *Stop making such a fuss and accept their offer.*

sans façon–*unpretentious(ly)*
Elle nous a reçus gentiment mais sans façon. *She greeted us nicely but unpretentiously.*

fagot–*bundle (of twigs), faggot*

comme un fagot–*badly dressed*
Sa femme était habillée comme un fagot. *His wife was badly dressed.*

faible–*feeble, weak*

avoir un faible pour–*to have a soft spot (in one's heart) for*
Je te pardonne, puisque j'ai toujours eu un faible pour toi. *I'll forgive you, since I've always had a soft spot (in my heart) for you.*

faim—*hunger*

avoir faim (grand'faim, une faim de loup)—*to be hungry (very hungry, as hungry as a bear)*
Je n'ai rien mangé de la journée, alors j'ai une faim de loup. *I haven't eaten a thing all day, so I'm as hungry as a bear.*

---

faire—*to do, to make*

avoir fait son temps—*to have had one's day*
Ce style a fait son temps et ne se vend plus. *This style has had its day and doesn't sell any more.*

Ça ne fait rien.—*It's all right. It doesn't matter.*

Ça ne me fait ni chaud ni froid.—*I don't care one way or the other.*

C'en est fait de lui (de nous, etc.).—*His (our, etc.) game is up. It's all up with him (us, etc.).*

C'est bien fait!—*It serves you (him, etc.) right!*

en faire son affaire—*to take care of it*
Ne vous inquiétez pas, j'en fais mon affaire. *Don't worry, I'll take care of it.*

être fait pour—*to be meant for*
Ils sont faits l'un pour l'autre, de toute évidence. *It's evident they were meant for each other.*

faire bon marché de—*to take little account of*
Il fait bon marché de notre opinion. *He takes little account of our opinion.*

faire bon (mauvais) ménage—*to get along well (badly)*
L'un dans l'autre, notre canari et notre chat font bon ménage. *All in all, our canary and our cat get along well.*

faire bonne (grise, mauvaise) mine à—*to greet with a smile (a scowl)*
L'hôtesse m'a fait grise mine en voyant que j'étais mal habillé. *The hostess greeted me with a scowl when she saw that I was improperly dressed.*

faire comme en se jouant—*to sail through*
Il a fait ce travail comme en se jouant. *He sailed through that job.*

faire de l'esbroufe—*to put on a big front*
Il fait toujours de l'esbroufe pour nous impressionner. *He is always putting on a big front to impress us.*

faire de l'œil à—*to give the eye to, to make eyes at*
Je te dis que ce garçon te faisait de l'œil! *I tell you that boy was giving you the eye (making eyes at you)!*

faire des avances à—*to make a pass (passes) at*
Cesse de faire des avances à mon amie! *Stop making a pass (making passes) at my girl friend!*

faire des fredaines—*to sow one's wild oats*

Il est jeune; il faut qu'il fasse des fredaines. *He is young; he has to sow his wild oats.*

faire des mènages–*to do housecleaning (housework)*
Avant son mariage, elle faisait des ménages pour gagner sa vie. *Before her marriage, she did housecleaning (housework) to make a living.*

faire des mots–*to make witty remarks*
Les invités croyaient devoir faire des mots à tout moment. *The guests felt they had constantly to make witty remarks.*

faire des siennes–*to be up to one's old tricks*
Ce vieux farceur a fait encore des siennes! *That old joker has been up to his old tricks again!*

faire de vieux os–*to live to a ripe old age*
A ce rythme-là, il ne fera sûrement pas de vieux os. *If he keeps up that pace, he certainly won't live to a ripe old age.*

faire du chahut (un boucan de tous les diables)–*to raise Cain (hell, the devil)*
Les supporters ont fait du chahut (un boucan de tous les diables) après le match. *The fans raised Cain (hell, the devil) after the game.*

faire en sorte que–*to see to it that*
Faites en sorte que tout reste tranquille. *See to it that everything remains quiet.*

faire faire quelque chose à quelqu'un–*to have (to make) someone do something, to have something done by someone.*
Je lui ai fait laver la voiture. *I had him (made him) wash the car (I had the car washed by him).*

faire le saut–*to take the plunge*
Il voulait changer d'emploi mais ne se décidait pas à faire le saut. *He wanted to change jobs, but he could not make up his mind to take the plunge.*

faire merveille–*to work wonders*
Ce nouveau médicament a fait merveille pour sa toux. *This new medicine worked wonders on his cough.*

faire partie de–*to be part of; to be on, to belong to*
Ce chapitre fait partie d'une longue étude générale. *This chapter is part of a long general study.* Lui et son frère font partie de l'équipe de football. *He and his brother are on (belong to) the soccer team.*

faire partie intégrante de–*to be part and parcel of*
Ne vous trompez pas; son groupe fait partie intégrante de l'opposition. *Don't be fooled; his group is part and parcel of the opposition.*

faire partir un coup–*to fire a shot*
On se demandait si c'était lui qui avait fait partir le coup. *People wondered whether it was he who had fired the shot.*

faire partir un moteur (une voiture)–*to start a motor (a car)*
Je n'arrive pas à faire partir le moteur. *I can't get the motor started.*

faire savoir—*to inform of*
Faites-moi savoir l'heure de votre arrivée dès que possible. *Inform me of the time of your arrival as soon as possible.*

faire semblant—*to make believe*
Les enfants faisaient semblant d'être des adultes. *The children made believe they were grownups.*

faire son droit (sa médecine, etc.)—*to study law (medicine, etc.)*
Il a fait son droit à Lyon. *He studied law in Lyons.*

faire son marché—*to go shopping (for food)*
Madame Dupont fait son marché tous les matins. *Mrs. Dupont goes shopping every morning.*

faire toute une histoire (tout un plat) de—*to make a big deal (a federal case) out of*
Ne fais pas toute une histoire (tout un plat) de notre absence! *Don't make a big deal (a federal case) out of our being absent!*

faire un cours—*to teach a course*
Au printemps je fais un cours de théâtre. *In the spring I'm teaching a drama course.*

faire un drôle de nez (un nez long d'ici là-bas)—*to pull a long face*
Qu'est-ce qu'il a pour faire ce drôle de nez (un nez long d'ici là-bas)? *What's the matter with him, that he's pulling such a long face?*

faire une gaffe—*to drop a brick, to make a faux pas*
Vous avez fait une gaffe en parlant de son ex-mari. *You dropped a brick (made a faux pas) in talking about her ex-husband.*

Faites vos jeux!—*Place all bets!*

Il fait beau (chaud, du vent, froid, mauvais, etc.).—*It's sunny (warm, windy, cold, nasty, etc.).*

Il fait un temps de chien.—*The weather is awful (miserable).*

Il se fait tard.—*It's getting late.*

ne faire ni une ni deux—*not to hesitate a moment*
Il n'a fait ni une ni deux, il m'a pris la main et nous sommes partis ensemble. *He didn't hesitate a moment, but took my hand and we left together.*

n'en faire qu'à sa tête—*to have one's own way*
Ce n'est pas la peine de discuter avec elle; elle n'en fera toujours qu'à sa tête. *It's no use arguing with her; she'll have her own way anyway.*

ne pas faire ses frais—*not to meet costs (expenses)*
L'entreprise ne fait pas ses frais et ne pourra plus continuer longtemps. *The business isn't meeting costs (expenses) and won't be able to continue much longer.*

se faire à—*to get used to*
Elle se fait lentement à sa nouvelle situation. *She is slowly getting used to her new job.*

se faire des illusions—*to delude oneself*
Je ne me fais pas d'illusions sur son compte; c'est un vaurien. *I don't delude myself about him; he's a good-for-nothing.*

se faire du mauvais sang—*to worry oneself sick (to death)*
Vous feriez mieux de sortir, plutôt que de rester ici à vous faire du mauvais sang. *You'd better go out, rather than stay here worrying yourself sick (to death).*

se faire du souci (des soucis)—*to worry.*
Ne te fais pas de souci(s) sur mon compte; je me débrouillerai. *Don't worry on my account; I'll get along.*

se faire fort de—*to be confident one can*
Je me fais fort de les persuader. *I am confident I can persuade them.*

se faire honneur—*to do oneself proud*
Vous pouvez être satisfait; vous vous êtes fait honneur avec ce travail. *You can be satisfied; you have done yourself proud with this job.*

se faire passer pour—*to pass oneself off as*
Elle essayait de se faire passer pour Indienne. *She tried to pass herself off as an Indian.*

se faire tout petit—*to make oneself inconspicuous*
Se sentant de trop, le jeune homme se faisait tout petit. *Since he felt out of place, the young man made himself inconspicuous.*

se faire une joie de—*to look forward (with pleasure) to*
Je me fais une joie de recevoir vos amis. *I am looking forward (with pleasure) to having your friends visit.*

se faire une montagne (un monde) de—*to make too much (out) of*
Ce n'est qu'une petite épreuve; ne t'en fais pas une montagne (un monde)! *It's only a little test; don't make too much (out) of it!*

se faire une raison—*to resign oneself to something*
Elle n'aime pas beaucoup sa situation, mais elle a fini par se faire une raison. *She doesn't like her job very much, but she's ended up resigning herself to it.*

se faire une habitude (une règle) de—*to make a practice of*
Il se fait une habitude (une règle) de ne pas prêter d'argent. *He makes a practice of not lending money.*

se faire vieux—*to be getting on in years*
Mes parents prennent leur retraite parce qu'ils se font vieux. *My parents are going into retirement because they are getting on in years.*

s'en faire—*to get upset*
Ne t'en fais pas; je reviendrai. *Don't get upset; I'll come back.*

---

fait—*deed, fact*
  au fait—*by the way*

Au fait, qu'avez-vous pensé du spectacle? *By the way, what did you think of the show?*

au fait de—*up-to-date on*
Je l'ai mis au fait de la situation. *I got him up-to-date on the situation.*

Ce n'est pas mon fait.—*That's not my cup of tea.*

du fait de—*as a result of*
Le gouvernement est tombé du fait de leur démission. *The government fell as a result of their resignation.*

en fait—*as a matter of fact*
En fait, les experts se trompaient. *As a matter of fact, the experts were wrong.*

par le fait—*in point of fact*
Par le fait, nous savons qu'il a menti. *In point of fact, we know that he lied.*

un fait divers—*a news item (of local or civil importance)*
On a parlé de son accident dans les faits divers ce matin. *His accident was spoken of in the (local) news items this morning.*

---

falloir—*to be necessary, to be needed*

Il faudrait d'abord me passer sur le corps!—*Over my dead body!*

il me (lui, etc.) faut—*I (he, etc.) need(s)*
Il leur faut cent dollars d'ici lundi. *They need a hundred dollars by Monday.*

Il s'en est fallu de peu (d'un cheveu)!—*It was a near miss (it was just a hair's breadth away from happening)!*

il s'en faut de beaucoup—*far from it*
Nous ne sommes pas millionnaires, il s'en faut de beaucoup. *We're not millionaires, far from it.*

---

famille—*family*

C'est (cela tient) de famille.—*It runs in the family.*

en famille—*in private*
Il faut laver son linge sale en famille. *You should wash your dirty linen in private.*

---

fard—*makeup, rouge*

sans fard—*plain(ly)*
Il nous a dit cela sans fard. *He told us that plainly.*

---

fatal—*fatal, fated*

C'était fatal!—*It was bound to happen!*

---

fatiguer—*to tire*

fatiguer une salade—*to toss a salad*
Si tu as fatigué la salade, on peut la manger. *If you have tossed the salad, we can eat it.*

faucher–*to mow*

être fauché–*to be broke*
Je ne peux pas te prêter d'argent; je suis fauché. *I can't lend you any money; I'm broke.*

fausser–*to falsify, to twist*

fausser compagnie à quelqu'un–*to give someone the slip*
Il nous a faussé compagnie dans la cohue. *He gave us the slip in the crowd.*

faute–*error, fault*

faute de–*for lack (want) of*
Faute de mieux, j'ai regardé la télé. *For lack (want) of something better, I watched TV.*

faux–*fake, false, wrong*

C'est un faux jeton.–*He's a double-dealer. He's as crooked as a snake.*

faire fausse route–*to be on the wrong track*
Si vous vous y prenez ainsi, vous faites fausse route. *If you go about it that way, you're on the wrong track.*

faire faux bond à–*to leave in the lurch, to stand up*
Je l'ai attendu longtemps, mais il m'a fait faux bond. *I waited a long time, but he left me in the lurch (stood me up).*

faveur–*favor*

à la faveur de–*under cover of*
Ils se sont échappés à la faveur de la nuit. *They escaped under cover of the night.*

de faveur–*complimentary; preferential*
Un des acteurs m'a donné un billet de faveur. *One of the actors gave me a complimentary ticket.* Il a eu droit à un traitement de faveur. *He was entitled to preferential treatment.*

fêlé–*cracked*

Il a le timbre fêlé!–*He's a bit cracked!*

femme–*wife, woman*

une femme de tête–*a capable woman*
La directrice de l'école est une femme de tête. *The headmistress is a capable woman.*

fendre–*to split*

Ça me fend le cœur (l'âme)!–*It breaks my heart!*

fermer—*to close, to shut (off)*

fermer à clef—*to lock (up)*
N'oublie pas de fermer la maison à clef en partant. *Don't forget to lock (up) the house when you leave.*

fermer à double tour—*to double-lock*
Nous avons fermé la porte à double tour en sortant. *We double-locked the door as we went out.*

fermer boutique—*to fold (up)*
Il a décidé de fermer boutique et d'essayer un autre métier. *He decided to fold (up) and try another trade.*

fermer la marche—*to bring up the rear*
Les anciens combattants fermaient la marche. *The war veterans brought up the rear.*

ne pas fermer l'œil—*not to sleep a wink*
Je n'ai pas pu fermer l'œil de la nuit à cause du bruit. *I couldn't sleep a wink all night because of the noise.*

---

ferrer—*to shoe*

ferré à glace—*ready for anything*
Il a trouvé son équipe reposée et ferrée à glace. *He found his team rested and ready for anything.*

---

fête—*feast, festival, holiday*

être de la fête—*to be in on it*
Ne m'en demande pas de renseignements; je n'étais pas de la fête. *Don't ask me for information about it; I wasn't in on it.*

faire fête à—*to welcome with open arms*
Les enfants ont fait fête à leur oncle à son arrivée. *The children welcomed their uncle with open arms on his arrival.*

se faire une fête de faire quelque chose—*to look forward eagerly to doing something*
Je me fais une fête d'y aller. *I'm looking forward eagerly to going there.*

---

feu—*fire*

à feu doux—*over low heat*
Il faut faire cuire ce plat à feu doux. *This dish must be cooked over low heat.*

aller au feu—*to be ovenproof; to go into combat*
Cette terrine va au feu. *This bowl is ovenproof.* Les jeunes soldats allaient au feu pour la première fois. *The young soldiers were going into combat for the first time.*

avoir du feu—*to have a light*
Pardon, Monsieur, avez-vous du feu? *Excuse me, sir, do you have a light?*

avoir le feu sacré–*to have one's heart in one's work*
Il n'a pas beaucoup de préparation pour ce travail, mais il a le feu sacré. *He doesn't have much training for this job, but he has his heart in his work.*

faire feu sur–*to fire at*
Nos troupes ont fait feu sur les rangs ennemis. *Our troops fired at the enemy ranks.*

Le feu est aux poudres!–*The fat is in the fire!*

ficher–*to stick*

Ça la fiche mal.–*It looks lousy.*

ficher à la porte–*to kick (to throw) out*
Le barman a fichu l'ivrogne à la porte. *The bartender threw the drunkard out.*

ficher le camp–*to make tracks*
Ils avaient fichu le camp avant notre arrivée. *They had made tracks before we arrived.*

ficher une volée à–*to beat hell (the devil, the living daylights) out of*
La bande de voyous lui a fichu une volée. *The gang of hoodlums beat hell (the devil, the living daylights) out of him.*

Fiche(z) le camp!–*Beat it! Get lost!*

Il n'en fiche pas la rame (pas une secousse).–*He doesn't do a lick of work.*

Je m'en fiche!–*I don't give a damn!*

fichu–*done for, rotten*

Elle est fichue comme l'as de pique.–*She looks like the dickens. She's dressed like a slob.*

être fichu–*to be (all) washed up*
Après l'échec de son dernier film, cet acteur est fichu. *After the failure of his last film, that actor is (all) washed up.*

être fichu de–*to be capable of*
Il est fichu de nous faire un sale coup si nous ne faisons pas attention. *He is capable of playing a dirty trick on us if we aren't careful.*

ne pas être fichu de–*not to be able to (to save one's life)*
Je ne suis pas fichu de comprendre ce qu'il dit. *I can't understand what he's saying to save my life.*

fièvre–*fever*

avoir de la fièvre–*to run a temperature*
A cause de sa grippe il a de la fièvre. *Because of his flu, he is running a temperature.*

une fièvre de cheval–*a high fever*
Ne sors pas aujourd'hui; tu as une fièvre de cheval! *Don't go out today; you're running a high fever!*

figue—*fig*

mi-figue, mi-raisin—*with a mixed expression*
Il m'a regardé d'un air mi-figue, mi-raisin. *He looked at me with a mixed expression.*

figure—*face, figure*

faire bonne (piètre) figure—*to cut a good (a sorry) figure*
Il faisait piètre figure dans son habit neuf. *He cut a sorry figure in his new formal suit.*

figurer—*to figure*

figurer au programme—*to be scheduled*
Je figure comme orateur au programme de leur réunion. *I am scheduled to speak at their meeting.*

se figurer—*to imagine*
Figurez-vous, il voulait que je le remplace sans préavis! *Just imagine, he wanted me to replace him without prior notice!*

fil—*thread, wire*

avoir un fil à la patte—*to be tied down*
Il ne vient plus boire avec nous depuis qu'il a un fil à la patte. *He doesn't come and drink with us any more since he's been tied down.*

de fil en aiguille—*one thing leading to another*
De fil en aiguille on s'est trouvé mariés. *One thing leading to another, we found ourselves married.*

filer—*to run, to spin*

filer à l'anglaise—*to take French leave*
Pendant que l'officier était occupé ailleurs, nous avons filé à l'anglaise. *While the officer was busy elsewhere, we took French leave.*

filer doux—*to watch one's step*
Il faudra filer doux avec ce nouveau patron. *You'll have to watch your step with this new boss.*

filer un mauvais coton—*to be in a bad way*
Le médecin a dit que le malade file un mauvais coton. *The doctor said that the patient is in a bad way.*

fils—*son*

Il est fils de ses oeuvres.—*He is a self-made man.*

un fils à papa—*a rich man's son*
Elle avait toujours voulu épouser un fils à papa. *She had always wanted to marry a rich man's son.*

fin–*fine, shrewd, thin*

C'est une fine lame.–*He is an excellent swordsman (a keen wit).*

être fin prêt–*to be all set*
Je suis fin prêt maintenant; nous pouvons partir. *I'm all set now; we can leave.*

le fin fond de–*the depths of*
Je l'ai trouvé au fin fond du placard. *I found it in the depths of the closet.*

le fin mot de l'histoire–*the real key to the story*
On n'a jamais su le fin mot de cette histoire. *We never found out the real key to that story.*

une fine bouche (un fin bec)–*a gourmet*
Il appréciera ce plat; c'est une fine bouche (un fin bec). *He will appreciate this dish; he is a gourmet.*

une fine mouche–*a sly devil*
Malgré son air naïf, c'est une fine mouche. *Despite her naïve air, she's a sly devil.*

fin–*end, purpose*

à la fin–*in the long run*
Patientez, vous vous y habituerez à la fin. *Be patient, you'll get used to it in the long run.*

arriver (parvenir) à ses fins–*to get what one wants*
Il arrive (il parvient) à ses fins par des voies détournées. *He gets what he wants by devious ways.*

C'est la fin des haricots!–*It's all over! The game is up!*

en fin de compte–*in the final analysis*
En fin de compte, cela m'est égal. *In the final analysis, it doesn't matter to me.*

faire une fin–*to settle down*
Il s'est marié pour faire une fin. *He got married in order to settle down.*

finir–*to end, to finish*

à n'en plus finir–*no end of*
Il nous a donné des ennuis à n'en plus finir. *He caused us no end of trouble.*

en finir avec–*to put an end to*
Il faut en finir avec tous ces ennuis mécaniques. *We must put an end to all these mechanical problems.*

finir en queue de poisson–*to fizzle (to peter) out*
Ses beaux projets semblent toujours finir en queue de poisson. *His fine plans always seem to fizzle (to peter) out.*

finir par–*to end up (by)*
Ils ont fini par accepter notre première offre. *They ended up (by) taking our first offer.*

n'en pas finir–*to be endless*

Le match n'en finissait pas et les spectateurs s'en allaient. *The game was endless and the spectators were leaving.*

pour en finir—*to make a long story short*
Pour en finir, nous avons refusé d'y aller. *To make a long story short, we refused to go there.*

fixer—*to fix, to set*

fixer son choix sur—*to settle on*
Après avoir examiné plusieurs maisons, ils ont fixé leur choix sur un pavillon de banlieue. *After examining several homes, they settled on a suburban bungalow.*

flair—*scent, smell*

avoir du flair—*to have a (good) nose*
Ce journaliste a du flair pour trouver le scandale. *That journalist has a (good) nose for finding scandal.*

flanquer—*to chuck, to throw*

flanquer à la porte—*to give the axe*
La compagnie finira par le flanquer à la porte s'il continue ainsi. *The company will end up giving him the axe if he continues this way.*

flanquer par terre—*to knock for a loop*
La mauvaise nouvelle m'a flanqué par terre. *The bad news knocked me for a loop.*

flèche—*arrow*

être en flèche—*to be out in front*
Notre compagnie est en flèche pour ses bénéfices. *Our company is out in front for its earnings.*

faire flèche de tout bois—*to use all available means*
Etant donné l'état d'urgence, il faudra faire flèche de tout bois. *Given the emergency, we'll have to use all available means.*

fleur—*bloom, flower*

à fleur de—*at the level of, even with (the surface of)*
La libellule volait à fleur d'eau. *The dragonfly was flying at water level (even with the surface of the water).*

à la fleur de l'âge—*in the prime of youth*
Il était à la fleur de l'âge et commençait à se faire connaître. *He was in the prime of youth and was beginning to make himself known.*

Il est fleur bleue.—*He is naïve.*

fleuron—*flower-shaped ornament*

C'est un fleuron à votre couronne.—*That's a feather in your cap.*

flot—*flood, wave*

à flots—*in torrents*
La pluie tombait à flots. *The rain was falling in torrents.*

(re)mettre quelque chose à flot—*to float something (again)*
Ils ont eu du mal à remettre l'entreprise à flot après sa faillite. *They had a hard time floating the business again after its failure.*

foi—*belief, faith*

ajouter (attacher, prêter) foi à—*to give credence to*
Ils n'ont pas voulu ajouter (attacher, prêter) foi à ses prédictions. *They were unwilling to give credence to his predictions.*

sans foi ni loi—*without any sense of decency*
Le dictateur est un homme sans foi ni loi. *The dictator is a man without any sense of decency.*

sur la foi de—*on the strength of*
Je l'ai fait sur la foi de ce que vous m'aviez dit. *I did it on the strength of what you had told me.*

foie—*liver*

avoir les foies—*to be yellow(-livered), to have cold feet*
Tu ne pourras jamais le faire; tu as les foies. *You'll never be able to do it; you're yellow(-livered) (you have cold feet).*

foin—*hay*

faire du foin—*to kick up a row*
Ils ont fait du foin quand on les a obligés de sortir du bar. *They kicked up a row when they were made to leave the bar.*

foire—*fair*

C'est la foire!—*What a madhouse!*
C'est la foire aux cancres.—*It's idiots' delight.*
C'est la foire d'empoigne.—*It's a rat race.*

fois—*occasion, time*

à la fois—*both; at once, at the same time*
Il est à la fois gentil et agaçant. *He is both (at the same time) nice and irritating.*
Vous essayez de faire trop de choses à la fois. *You are trying to do too many things at once (at the same time).*

encore une fois—*once again, once more*
Répétez cela encore une fois. *Repeat that once again (once more).*

pour une fois—*for a change*
Vous êtes à l'heure, pour une fois! *You are on time, for a change!*

une fois pour toutes—*once and for all*
Je te le dis une fois pour toutes: va-t'en. *I'm telling you once and for all: get going.*

folie—*folly, madness*
    faire des folies—*to splurge*
    Faisons des folies pour une fois et achetons tout ce que nous désirons. *Let's splurge for once and buy everything we desire.*

fond—*basis, bottom, depth, foundation*
    à fond—*thoroughly*
    Il connaît ce sujet à fond. *He knows this subject thoroughly.*

    à fond de train—*at top speed*
    La voiture arrivait sur lui à fond de train. *The car was coming toward him at top speed.*

    au fond (dans le fond)—*at heart, basically*
    Au fond, ton frère est un brave garçon. *At heart (basically), your brother is a good fellow.*

    de fond en comble—*from top to bottom*
    Ils ont refait la maison de fond en comble. *They did the house over from top to bottom.*

    le fond du panier—*the bottom of the barrel*
    Nous n'avons pu choisir que le fond du panier. *We were able to pick only the bottom of the barrel.*

fondre—*to melt*
    fondre en larmes—*to burst into tears*
    L'enfant grondé fondit en larmes. *The scolded child burst into tears.*

    fondre sur—*to pounce on*
    La chouette a fondu sur la souris. *The owl pounced on the mouse.*

force—*force, strength*
    à force de—*by dint of*
    A force de répéter la leçon, ils ont réussi à l'apprendre. *By dint of repeating the lesson, they succeeded in learning it.*

    dans la force de l'âge—*in the prime of life*
    On l'oblige à prendre sa retraite dans la force de l'âge. *He is being made to retire in the prime of life.*

    force lui fut de—*one was forced to*
    Force lui fut de renoncer à ses ambitions. *He was forced to give up his ambitions.*

    par la force des choses—*by force of circumstances, by the nature of things*
    Ils devaient échouer par la force des choses. *They were bound to fail by force of circumstances (by the nature of things).*

forcer—*to force*

forcer le pas—*to press on*
Nous avons forcé le pas pour arriver avant la tombée de la nuit. *We pressed on in order to arrive by nightfall.*

forme—*form, shape*

dans les formes—*according to the book*
Il faut absolument le faire dans les formes. *It absolutely must be done according to the book.*

faire quelque chose pour la forme—*to go through the motions of doing something*
Ils ont fait une demande d'emploi pour la forme. *They went through the motions of applying for a job.*

fort—*stout, strong*

à plus forte raison que—*all the more so since*
Tu aurais dû y rester, à plus forte raison que tu n'étais pas prêt. *You ought to have stayed there, all the more so since you weren't ready.*

au plus fort de—*at the height (in the thick) of*
On vit Fabrice au plus fort du combat. *Fabrice was seen at the height (in the thick) of the battle.*

avoir fort à faire—*to have one's hands full*
Il a eu fort à faire pour les retenir. *He had his hands full holding them back.*

C'est plus fort que moi.—*I can't help it.*

C'est une forte tête.—*He (she) is strong-minded.*

C'est un peu fort!—*That's a bit too much! That's going a bit too far!*

fort comme un Turc—*strong as an ox*
Gare à vous, ce garçon est fort comme un Turc. *Watch out, that fellow is as strong as an ox.*

fort en—*good at*
Elle est forte en maths. *She is good at math.*

il y a de fortes chances que—*chances are that*
Il y a de fortes chances qu'elles viendront ce soir. *Chances are that they will come this evening.*

fortune—*fortune, luck*

à la fortune du pot—*potluck*
Nous avons invité nos amis à dîner à la fortune du pot. *We invited our friends to eat a potluck dinner.*

de fortune—*makeshift*
Nous avons construit un abri de fortune. *We built a makeshift shelter.*

faire fortune en partant de rien—*to go from rags to riches*
Son père a fait fortune en partant de rien. *His father went from rags to riches.*

quand la fortune sourira–*when one's ship comes in*
Je vous rembourserai quand la fortune me sourira. *I'll pay you back when my ship comes in.*

---

fou–*crazy, foolish, wild*

avoir le fou rire–*to be unable to stop laughing*
En le voyant habillé ainsi, j'ai eu le fou rire. *Seeing him dressed up like that, I couldn't stop laughing.*

fou à lier–*as crazy as a loon*
N'écoutez pas ses prophéties; il est fou à lier. *Don't listen to his prophecies; he's as crazy as a loon.*

---

fouiller–*to dig, to search*

Tu peux te fouiller!–*You can whistle for it!*

---

fouler–*to sprain, to trample, to tread*

fouler aux pieds–*to ride roughshod over*
Leur équipe a foulé la nôtre aux pieds. *Their team rode roughshod over ours.*

ne pas se fouler–*not to break one's back*
Il ne s'est pas foulé pour finir le travail. *He didn't break his back finishing the job.*

---

four–*oven*

être au four et au moulin–*to be in two places at once*
Attendez un peu, voulez-vous; je ne peux pas être au four et au moulin. *Wait a minute, won't you; I can't be in two places at once.*

faire un four–*to be a washout, to fall flat, to flop*
Sa nouvelle pièce a fait un four. *His new play was a washout (fell flat, flopped).*

---

fourmi–*ant*

avoir des fourmis–*to have one's limb asleep, to have pins and needles*
J'avais des fourmis dans les jambes à force de rester assis. *I had my leg asleep (I had pins and needles in my leg) from remaining seated.*

---

fourrer–*to stuff*

fourrer quelqu'un dedans–*to take someone in*
Tu as essayé de me fourrer dedans avec tes promesses. *You tried to take me in with your promises.*

fourrer son nez partout–*to poke one's nose into other people's business*
Ce bavard fourre son nez partout. *That gossip pokes his nose into other people's business.*

---

frais–*cool, fresh*

frais émoulu de–*fresh out of*

C'est un jeune garçon frais émoulu du collège. *He is a young man fresh out of school.*

frais et dispos–*fit as a fiddle*
Je me sentais frais et dispos après mon somme. *I felt fit as a fiddle after my nap.*
Je suis frais (me voilà frais)!–*I'm in for it!*
Mettre (tenir) au frais.–*Keep (store) in a cool place.*

frais–*cost, expense*

faire les frais de la conversation–*to be the butt (the prime subject) of conversation*
La nouvelle voisine faisait les frais de leur conversation. *The new neighbor was the butt (the prime subject) of their conversation.*

franc–*frank, free*

Il est franc comme l'or.–*He is on the level (plain-spoken).*

franchir–*to cross*

franchir la première étape–*to get to first base*
Je n'arrive même pas à franchir la première étape avec elle. *I can't even get to first base with her.*

frapper–*to knock, to strike*

frapper comme un sourd–*to beat unmercifully*
Il est tombé sur le voleur et il l'a frappé comme un sourd. *He jumped on the robber and beat him unmercifully.*

frapper d'un droit (d'une amende)–*to levy a tax (a fine) on*
Ils ont décidé de frapper les grosses voitures d'un droit. *They decided to levy a tax on big cars.*

On frappe.–*There is a knock at the door.*

frayer–*to rub, to scrape*

se frayer un passage (un chemin, etc.)–*to clear a way (a path, etc.) for oneself*
Elle s'est frayé un passage à travers la foule des spectateurs. *She cleared a way for herself through the crowd of spectators.*

friser–*to curl, to skim*

friser la quarantaine (la cinquantaine, etc.)–*to be in one's late thirties (forties, etc.), to be turning forty (fifty, etc.)*
Cette actrice frise la cinquantaine. *That actress is in her late forties (is turning fifty).*

froid–*chill(y), cold*

à froid–*right off the bat*

Je ne peux pas y répondre à froid comme cela. *I can't answer it right off the bat like that.*

être en froid—*not to be on good terms*
Les deux anciens amis sont en froid maintenant. *The two former friends are not on good terms now.*

froisser—*to rumple, to wrinkle*

froisser quelqu'un—*to step (to tread) on someone's toes*
Ils sont susceptibles et il est difficile de ne pas les froisser. *They are sensitive and it is difficult not to step (to tread) on their toes.*

front—*brow, forehead, front*

avoir le front de—*to have the nerve to*
Vous avez le front de me dire cela? *You have the nerve to say that to me?*

de front—*head-on*
Les deux camions se sont heurtés de front. *The two trucks collided head-on.*

faire front à—*to face up to*
Il faut que nous fassions front ensemble aux critiques. *We have to face up to the critics together.*

frotter—*to rub*

frotter l'échine à quelqu'un—*to give someone a licking*
Ils se sont battus et Pierre lui a frotté l'échine. *They had a fight and Peter gave him a licking.*

frotter les oreilles à quelqu'un—*to pin someone's ears back*
Si tu me touches, je vais te frotter les oreilles. *If you touch me, I'm going to pin your ears back.*

Ne vous y frottez pas!—*Don't get mixed up in it!*

fugue—*escapade, fugue*

faire une fugue—*to run away (from home, etc.)*
L'écolier a fait une fugue mais on l'a vite retrouvé. *The schoolboy ran away from home but they found him quickly.*

fuite—*flight, leak*

être en fuite—*to be on the run*
L'ennemi est en fuite mais nous le poursuivons. *The enemy is on the run but we are pursuing them.*

fureur—*fury, rage*

faire fureur—*to be (all) the rage*
Sa chanson fait fureur cette semaine. *His song is (all) the rage this week.*

G

gagner–*to earn, to gain, to win*

gagner à être connu–*to improve on acquaintance*
Cet homme semble un peu ennuyeux mais il gagne à être connu. *That man seems a bit dull but he improves on acquaintance.*

gagner à sa cause–*to win over*
Son éloquence a fini par gagner les sceptiques à sa cause. *Her eloquence ended by winning over the skeptics.*

gagner de quoi vivre–*to earn one's keep*
Il n'a pas encore l'âge de gagner de quoi vivre. *He isn't old enough yet to earn his keep.*

gagner des mille et des cent–*to make money hand over fist*
Il a gagné des mille et des cent dans la vente du blé. *He made money hand over fist in the sale of wheat.*

gagner des sommes folles–*to make a mint*
Son père a gagné des sommes folles en exportant des voitures. *His father made a mint exporting cars.*

gagner gros–*to clean up*
Ils ont gagné gros aux courses. *They cleaned up at the races.*

gagner le gros lot–*to hit the jackpot*
Maintenant que vos produits sont rares, vous avez gagné le gros lot. *Now that your products are scarce, you've hit the jackpot.*

gagner un argent fou–*to make a pile of money*
Profitant de la conjoncture, ils ont gagné un argent fou à la Bourse. *Taking advantage of the situation, they made a pile of money on the stock exchange.*

garçon–*boy, waiter*

un garçon manqué–*a tomboy*
Elle préfère bricoler les autos; c'est un vrai garçon manqué. *She prefers working on cars; she's a real tomboy.*

garde–*guard, watch*

de garde–*on call (duty)*
Quel est le médecin de garde aujourd'hui? *Who is the doctor on call (on duty) today?*

être sur ses gardes (avec)–*to watch out (for)*
Il faut toujours être sur vos gardes avec lui parce qu'il est sournois. *You always have to watch out for him because he's sly.*

Garde à vous!–*Attention!*

n'avoir garde de faire–*far be it from someone to do*

Je n'ai garde de faire ce que le chef a interdit. *Far be it from me to do what the chief has forbidden.*

---

garder—*to guard, to keep*

Est-ce que nous avons gardé les cochons ensemble?—*What gives you the right to be so familiar?*

garder la chambre—*to stay in one's room*
Pendant sa maladie elle a dû garder la chambre. *During her illness she had to stay in her room.*

garder le lit—*to stay in bed*
Le médecin lui a ordonné de garder le lit pendant une semaine. *The doctor ordered him to stay in bed for a week.*

garder présent à l'esprit—*to keep in mind, to keep sight of*
Gardons notre but véritable présent à l'esprit. *Let's keep our real goal in mind (keep sight of our real goal).*

garder sa ligne—*to keep one's figure, to stay slim*
Elle mange comme un moineau pour garder sa ligne. *She eats like a bird in order to keep her figure (to stay slim).*

garder son sang-froid—*to keep one's head (one's wits about one)*
Si vous gardez votre sang-froid, vous pouvez gagner le match. *If you keep your head (your wits about you), you can win the game.*

garder son sérieux—*to keep a straight face*
Le discours était si ridicule que j'ai eu du mal à garder mon sérieux. *The speech was so ridiculous that I had a hard time keeping a straight face.*

garder un chien de sa chienne à quelqu'un—*to have it in for someone*
Depuis ce mauvais coup qu'il lui a fait, elle lui garde un chien de sa chienne. *Since that bad trick he played on her, she's had it in for him.*

garder une poire pour la soif—*to put something aside (to save something) for a rainy day*
Elle remit les cent francs dans le tiroir afin de garder une poire pour la soif. *She put the hundred francs back in the drawer in order to put something aside (to save something) for a rainy day.*

se garder de—*to take care not to*
Gardez-vous de faire du bruit en entrant; mon père dort. *Take care not to make noise when you enter; my father is sleeping.*

---

gâteau—*cake*

C'est du gâteau!—*It's as easy as pie (a breeze, a cinch)!*

---

gâter—*to spoil*

se gâter—*to get out of hand*

A la fin de la soirée, les choses ont commencé à se gâter. *At the end of the party, things started to get out of hand.*

---

geler—*to freeze*
Il gèle à pierre fendre.—*It's freezing cold out.*

gêne—*discomfort, embarrassment, inconvenience*
être dans la gêne—*to be hard up*
Ils ne peuvent pas payer parce qu'ils sont dans la gêne en ce moment. *They can't pay because they are hard up right now.*

gêner—*to bother, to inconvenience, to obstruct*
ne pas se gêner pour—*to make no bones about*
Il ne s'est pas gêné pour nous le dire. *He made no bones about saying it to us.*
Ne vous gênez pas!—*Make yourself at home! Go right ahead!*

genou—*knee*
faire du genou—*to play footsie*
Il lui faisait du genou sous la table. *He was playing footsie with her under the table.*
sur les genoux—*on one's lap*
Elle tenait l'enfant sur les genoux en lisant. *She held the child on her lap while reading.*

genre—*fashion, genus, kind*
Ce n'est pas mon genre.—*That's not my cup of tea.*
Il a bon (mauvais) genre.—*He has good (bad) manners.*
se donner (faire) du genre—*to put on airs*
Bien qu'elle soit de milieu modeste, elle se donne (elle fait) du genre. *Although she comes from a simple background, she puts on airs.*

glaçon—*ice cube, icicle*
être un glaçon—*to be a cold fish*
Ce banquier est un glaçon. *That banker is a cold fish.*

glisser—*to slide, to slip*
Impossible de glisser un mot!—*You couldn't get a word in edgewise!*

gloire—*glory*
pour la gloire—*for love*
Il y travaillait pour la gloire, puisqu'il n'y gagnait pas un sou. *He worked at it for love, since he didn't make a cent from it.*

---

gober—*to gulp, to swallow*

gober des mouches–*to hang around gaping (gawking)*
Ils étaient tous là à gober des mouches au lieu de travailler. *They were all hanging around there gaping (gawking), instead of working.*

gober la mouche–*to swallow the bait*
Ce crétin a gobé la mouche et il te croit. *That idiot swallowed the bait and he believes you.*

se gober–*to have a swelled head*
Il se gobe tellement qu'il est insupportable. *He has such a swelled head that he is unbearable.*

---

gonfler–*to inflate, to swell*
    être gonflé à bloc–*to be (all) keyed up*
    L'équipe était gonflée à bloc pour les finales. *The team was (all) keyed up for the finals.*

---

gorge–*throat*
    avoir la gorge serrée–*to have a lump in one's throat*
    Tout le monde avait la gorge serrée au départ de notre ami. *Everyone had a lump in his throat at our friend's departure.*

    faire des gorges chaudes de–*to gloat over*
    Il faisait des gorges chaudes de leur défaite. *He was gloating over their defeat.*

---

goûter–*to taste*
    goûter à quelque chose–*to sample something*
    Je veux goûter à ce nouveau plat du chef. *I want to sample this new dish of the chef's.*

    goûter de quelque chose (à manger ou à boire)–*to try something (to eat or drink)*
    Goûtez de notre vin du pays; il vous plaira. *Try out local wine; you'll like it.*

---

goutte–*drop*
    C'est la goutte d'eau qui fait déborder le vase.–*It's the last straw (the straw that broke the camel's back).*

    une goutte d'eau à la mer–*a drop in the bucket*
    Sa contribution ne serait qu'une goutte d'eau à la mer. *His contribution would be just a drop in the bucket.*

---

grâce–*favor, grace, pardon*
    crier (demander) grâce–*to beg (to cry) for mercy*
    Après une courte lutte, il a été obligé de crier (demander) grâce. *After a brief struggle, he was forced to beg (to cry) for mercy.*

    de bonne (mauvaise) grâce–*willingly (unwillingly)*
    Il a fait ce que je demandais de bonne grâce. *He did what I asked for willingly.*

    De grâce!–*For pity's sake!*

faire grâce de quelque chose à quelqu'un–*to spare someone something*
Il nous a fait grâce des détails révoltants. *He spared us the revolting details.*

grâce à–*thanks to*
C'est grâce à elle que nous avons gagné. *It's thanks to her that we won.*

---

grain–*grain*

avoir un grain–*to be a bit touched (in the head)*
Je trouve qu'il est gentil mais il a un grain. *I think he is nice but he's a bit touched (in the head).*

---

grand–*big, great, tall*

au grand air–*in the open (air)*
Elle a étalé son linge au grand air. *She spread her laundry out in the open (air).*

au grand jamais–*never ever*
Je n'y retournerai plus au grand jamais. *I'll never ever return there again.*

au grand jour–*(out) in the open*
Le scandale a fini par s'étaler au grand jour. *The scandal ended up by coming out in the open.*

en grande tenue–*in full regalia (uniform)*
Les soldats défilèrent en grande tenue. *The soldiers paraded in full regalia (uniform).*

faire de grands progrès–*to make great strides*
La médecine a fait de grands progrès au cours des quatre derniers siècles. *Medicine has made great strides over the past four centuries.*

faire grand état de–*to think highly of*
Ses supérieurs font grand état de ses talents. *His superiors think highly of his talents.*

Grand bien vous fasse!–*More power to you! You're welcome to it!*

grand ouvert–*wide open*
Malgré le froid, la porte était grande ouverte. *In spite of the cold, the door was wide open.*

Il était grand temps!–*It's about time!*

les grandes classes–*the upper grades*
Les élèves des grandes classes ont eu une sortie aujourd'hui. *The students in the upper grades had an outing today.*

les grandes personnes–*grownups*
Tu ne peux pas faire tout ce que font les grandes personnes, mon enfant. *You can't do everything that grownups do, my child.*

les grands espaces–*the wide-open spaces*
Le vieux cowboy soupirait après les grands espaces. *The old cowboy longed for the wide-open spaces.*

ne pas faire grand cas de–*not to set much stock in (store by); not to think much of*
Je ne fais pas grand cas des promesses de cet homme. *I don't set much stock in (store by) that man's promises.* Notre entraîneur ne fait pas grand cas de votre équipe. *Our coach doesn't think much of your team.*

pas grand'chose–*nothing to speak of, not much*
Cela ne vaut pas grand'chose. *That's not worth much.* Ce n'est pas grand'chose. *It's nothing to speak of.*

---

grandeur–*size*

grandeur nature–*life size*
Le sculpteur a fait la statue grandeur nature. *The sculptor made the statue life size.*

---

gras–*fat, greasy, oily*

faire la grasse matinée–*to sleep late*
Après la fête, ils ont fait la grasse matinée. *After the party, they slept late.*

faire (manger) gras–*to eat meat*
Ils ne faisaient (ne mangeaient) pas gras le vendredi. *They didn't eat meat on Fridays.*

---

gratter–*to scrape, to scratch*

gratter du papier–*to be a pen-pusher*
Il gratte du papier dans un bureau de l'administration. *He's a pen-pusher in a government office.*

gratter les fonds de tiroir–*to scrape the bottom of the barrel*
Ils ont dû gratter les fonds de tiroir pour payer leur loyer. *They had to scrape the bottom of the barrel to pay their rent.*

---

gré–*liking, will*

au gré de–*at the mercy (the will) of*
Le bateau roulait au gré des vents. *The boat was rolling at the mercy (the will) of the winds.*

bon gré, mal gré (de gré ou de force)–*whether one wants to or not, willy-nilly*
Nous avons juré qu'il le fera bon gré, mal gré (de gré ou de force). *We have sworn that he will do it whether he wants to or not (willy-nilly).*

---

gros–*big, fat, important*

en avoir gros sur le cœur–*to have a lot to get off one's chest*
Il faut que je te parle; j'en ai gros sur le cœur. *I have to talk to you; I have a lot to get off my chest.*

en gros–*by and large, to all intents and purposes*
La question est résolue, en gros. *The matter is settled, by and large (to all intents and purposes).*

faire le gros dos–*to arch the back*
Le chat a fait le gros dos en nous voyant. *The cat arched its back on seeing us.*

il y a gros à parier–*the odds are*
Il y a gros à parier qu'elle ne viendra pas. *The odds are that she won't come.*

par gros temps–*in heavy weather*
Le chalutier est sorti par gros temps. *The trawler went out in heavy weather.*

une grosse légume (un gros bonnet)–*a big shot (wheel, wig)*
Ce sont les grosses légumes (les gros bonnets) qui ont décidé de cela. *It's the big shots (wheels, wigs) who decided on that.*

un gros mot–*a naughty word*
Maman, Jeannot a dit un gros mot! *Mommy, Johnny said a naughty word!*

---

grossir–*to increase, to swell*

grossir les rangs de–*to join the ranks of*
On l'a mis à la porte et il est allé grossir les rangs des chômeurs. *He was fired and went and joined the ranks of the unemployed.*

---

guerre–*war*

A la guerre comme à la guerre.–*You have to take things as they come.*

de guerre lasse–*worn down*
De guerre lasse j'ai fini par accepter son offre. *Worn down, I ended up accepting his offer.*

---

gueule–*mouth, muzzle*

avoir la gueule de bois–*to have a hangover*
Le lendemain de la fête il avait la gueule de bois. *The morning after the party he had a hangover.*

faire la gueule–*to pull a long face*
Pourquoi me fais-tu la gueule comme ça? Tu m'en veux? *Why are you pulling a long face at me that way? Are you mad at me?*

Ta gueule!–*Shut your trap!*

tomber (se jeter) dans la gueule du loup–*to get caught in a hornets' nest*
En posant une question innocente, il est tombé (il s'est jeté) dans la gueule du loup. *Asking a simple question, he got caught in a hornets' nest.*

H

habitude–*custom, habit*

avoir l'habitude de–*to be accustomed (used) to*
J'ai l'habitude de faire la sieste l'après-midi. *I'm accustomed (used) to taking a nap in the afternoon.*

comme d'habitude–*as usual*
Comme d'habitude ils ont dîné en ville. *As usual, they had dinner in town.*

d'habitude–*usually*
D'habitude je le vois à midi. *I usually see him at noon.*

on avait l'habitude de–*one used to*
J'avais l'habitude d'y aller souvent autrefois. *I used to go there often formerly.*

haie–*hedge*

faire la haie–*to form a gauntlet*
Les étudiants ont fait la haie pour l'entrée des professeurs. *The students formed a gauntlet for the faculty's entrance.*

hasard–*chance, luck*

au hasard–*at random*
Il n'a pas de formation spéciale; on l'a choisi au hasard. *He has no special training; he was chosen at random.*

hâte–*haste, hurry*

à la hâte–*hastily*
Ils ont fini leur travail à la hâte. *They finished their job hastily.*

avoir hâte de–*to be impatient to*
J'ai hâte de partir. *I am impatient to leave.*

hausser–*to raise*

hausser les épaules–*to shrug (one's shoulders)*
Il a haussé les épaules sans répondre à ma question. *He shrugged (his shoulders) without answering my question.*

haut–*high, tall*

à haute voix–*aloud*
Il nous a lu la lettre à haute voix. *He read the letter aloud to us.*

avoir la haute main–*to have the whip hand*
Depuis les élections ce sont les socialistes qui ont la haute main. *Since the elections the socialists have had the whip hand.*

en haut lieu–*in high quarters*
Un cessez-le-feu a été prévu en haut lieu. *A cease-fire has been foreseen in high quarters.*

haut comme trois pommes–*knee-high to a grasshopper*
Je le connaissais quand il était haut comme trois pommes. *I knew him when he was knee-high to a grasshopper.*

Haut les coeurs!–*(Keep your) chin up!*

Haut les mains!–*Hands up! Stick 'em up!*

haut–*height, top*

en haut–*upstairs*
Ma mère est en haut; elle fait les lits. *My mother is upstairs making the beds.*

en haut de–*at the top of*
Il était en haut de l'échelle et voulait descendre. *He was at the top of the ladder and wanted to get down.*

hauteur–*altitude, haughtiness, height*

à la hauteur–*up to the mark*
Le nouveau directeur n'était pas à la hauteur. *The new director wasn't up to the mark.*

à la hauteur de–*abreast of, opposite*
Nous sommes enfin arrivés à la hauteur de la gare. *We finally arrived abreast of (opposite) the station.*

être à la hauteur de–*to be equal to, to measure up to*
Le nouveau directeur n'était pas à la hauteur de ses responsabilités. *The new director was not equal to (did not measure up to) his responsibilities.*

herbe–*grass, herb*

en herbe–*budding*
Son fils est un romancier en herbe. *Her son is a budding novelist.*

heure–*hour, time*

à l'heure–*on time*
Le train arrivera-t-il à l'heure? *Will the train arrive on time?*

à ses heures–*whenever one feels like it*
Il est peintre à ses heures. *He paints whenever he feels like it.*

à une heure avancée–*late*
Ils sont rentrés à une heure avancée de la nuit. *They came home late at night.*

C'est l'heure.–*It's time. Time's up.*

d'heure en heure–*hour by hour*
Son état empire d'heure en heure. *His condition gets worse hour by hour.*

Il est trois (six, etc.) heures.–*It's three (six, etc.) o'clock.*

les heures d'affluence (de pointe)–*rush hour*
Il y a toujours des embouteillages aux heures d'affluence (de pointe). *There are always traffic jams at rush hour.*

Quelle heure est-il?–*What time is it?*

une bonne (une petite) heure–*at least (less than) an hour*
Il me faudra une bonne (une petite) heure pour finir ce travail. *It will take me at least (less than) an hour to finish this job.*

histoire–*history, story*

  histoire de–*just to*
  Je suis sorti histoire de respirer un peu. *I went out just to get a breath of air.*

  histoire de rire–*(just) for kicks*
  Ils prétendent qu'ils l'ont fait histoire de rire. *They claim they did it (just) for kicks.*

  Pas d'histoires!–*No funny stuff! Don't make trouble!*

  une histoire à dormir debout–*a cock-and-bull (a farfetched) story*
  Son explication de leur absence était une histoire à dormir debout. *His explanation of their absence was a cock-and-bull (a farfetched) story.*

homme–*man*

  l'homme moyen–*the man in the street*
  Qu'en pensera l'homme moyen? *What will the man in the street think of it?*

  un homme à bonnes fortunes–*a ladies' man*
  Méfiez-vous de lui; c'est un aventurier et un homme à bonnes fortunes. *Watch out for him; he's a fortune-seeker and a ladies' man.*

  un homme de confiance–*a right-hand man*
  Demandez à Georges; c'est l'homme de confiance du gérant. *Ask George; he's the manager's right-hand man.*

honte–*shame*

  avoir honte–*to be ashamed*
  J'avoue que j'ai honte de mon ignorance dans cette matière. *I confess that I am ashamed of my ignorance in these matters.*

  avoir toute honte bue–*to be beyond shame*
  Ayant toute honte bue, j'ai accepté leur offre. *Being beyond shame, I accepted their offer.*

  faire honte à quelqu'un–*to make someone ashamed, to put someone to shame*
  Sa conduite ridicule m'a fait honte. *His ridiculous behavior made me ashamed (put me to shame).*

horreur–*horror*

  avoir horreur de–*(just) detest*
  J'ai horreur des films policiers. *I (just) detest detective movies.*

  Quelle horreur!–*That's awful!*

hors–*outside*

  être hors d'affaire–*to be out of the woods*
  Le médecin a dit que le malade n'est pas encore hors d'affaire. *The doctor said that the patient isn't out of the woods yet.*

  être hors de soi–*to be beside oneself*
  En apprenant sa lâcheté, j'étais hors de moi. *On learning of his cowardice, I was beside myself.*

  hors de cause–*beyond suspicion*

La probité du notaire est hors de cause. *The uprightness of the notary is beyond suspicion.*

hors de combat–*knocked out of commission*
Le parti libéral semblait désormais hors de combat. *The liberal party seemed to be knocked out of commission for good.*

hors d'état–*incapable*
Nous avons mis ces gens hors d'état de nous nuire. *We have made those people incapable of harming us.*

Hors d'ici!–*Get out!*

hors de pair–*without equal*
C'est un cuisinier hors de pair. *He is a chef without equal.*

hors de prix–*exorbitant, priceless*
Ces diamants sont hors de prix maintenant. *These diamonds are exorbitant (priceless) now.*

hors de saison–*out of place, uncalled-for*
Cette plaisanterie est vraiment hors de saison. *That joke is really out of place (uncalled-for).*

hors ligne–*in a class by itself (oneself)*
C'est un coureur hors ligne. *He is a race driver in a class by himself.*

huit–*eight*
huit jours–*a week*
Nous revenons dans huit jours. *We'll be back in a week.*

humeur–*mood, temper*
avoir de l'humeur–*to be in a bad mood*
Attention; elle a de l'humeur aujourd'hui. *Watch out; she is in a bad mood today.*
Il est d'une humeur de chien–*He's in a foul mood.*

hurler–*to howl*
hurler avec les loups–*to go along with the crowd*
C'est un conformiste; il veut toujours hurler avec les loups. *He is a conformist; he always wants to go along with the crowd.*

hussard–*hussar*
à la hussarde–*cavalierly*
Il traite sa femme à la hussarde. *He treats his wife cavalierly.*

I

ici–*here*
d'ici là–*in the meantime*

Ne vous en inquiétez pas; j'y veillerai d'ici là. *Don't worry about it; I'll keep an eye on it in the meantime.*

d'ici peu—*before long*
Je pense les voir certainement d'ici peu. *I certainly expect to see them before long.*

ici-bas—*here on earth*
Rien ne peut être parfait ici-bas. *Nothing can be perfect here on earth.*

jusqu'ici—*so (thus) far*
Nous n'avons rien attrapé jusqu'ici. *We haven't caught anything so (thus) far.*

par ici—*(over) this way*
Venez par ici, Mesdames et Messieurs. *Come (over) this way, ladies and gentlemen.*

---

idée—*idea*

    avoir des idées bien arrêtées—*to be set in one's ways, to have strong likes and dislikes*
    Elle est têtue et elle a des idées bien arrêtées. *She is stubborn and she is set in her ways (she has strong likes and dislikes).*

    On n'a pas idée de ça!—*You can't imagine!*

ignorer—*to be ignorant (unaware) of*

    ne pas ignorer que—*to be (well) aware that*
    Vous n'ignorez pas que son père était Français. *You are (well) aware that his father was French.*

illusion—*illusion*

    Vous vous faites illusion.—*That's wishful thinking.*

important—*important, sizeable*

    faire l'important—*to act the big shot, to talk big, to throw one's weight around*
    Il fait l'important, mais ce n'est qu'un petit employé de bureau. *He acts the big shot (talks big, throws his weight around), but he's just an office clerk.*

importer—*to be important, to matter*

    N'importe!—*Never mind!*

    n'importe comment (où, quand, qui, etc.)—*any way (anywhere, anytime, anyone, etc.) at all*
    Tu peux le faire n'importe comment (où, quand). *You can do it any way (anywhere, anytime) at all.*

    Peu importe.—*It doesn't much matter.*

    Qu'importe?—*What difference does it make?*

imposer—*to impose*

en imposer à–*to pull one's weight on*
Ce prétentieux essaie de nous en imposer. *That pretentious fellow is trying to pull his weight on us.*

s'imposer–*to be unavoidable*
Il me semble qu'un changement de régime s'impose. *It seems to me that a change in government is unavoidable.*

impossible–*impossible*

Impossible n'est pas français!–*Never say die!*

imprimer–*to impress, to print*

imprimer un mouvement à–*to set in motion*
Cette roue imprime un mouvement au mécanisme. *This wheel sets the mechanism in motion.*

informer–*to inform*

s'informer sur–*to read up on*
Vous feriez mieux de vous informer sur ce sujet avant d'en parler. *You'd better read up on that subject before you talk about it.*

inscrire–*to enroll, to inscribe*

s'inscrire à–*to sign up for*
Il s'est inscrit au cours de physique. *He signed up for the physics course.*

installer–*to install*

s'installer–*to get settled*
Téléphonez-nous dès que vous vous serez installés dans votre nouvelle maison. *Call us as soon as you get settled in your new home.*

instant–*moment*

à l'instant–*just (a moment ago); right away*
J'apprends à l'instant qu'il est parti. *I just learned (a moment ago) that he has left.*
Je veux que vous fassiez ces devoirs à l'instant. *I want you to do this homework right away.*

dès l'instant que–*in view of the fact that*
Dès l'instant que vous refusez, je démissionne. *In view of the fact that you refuse, I resign.*

par instants–*off and on*
Il revient ici par instants, et puis il repart. *He comes back here off and on, and then he goes away again.*

Un instant!–*Just a moment!*

instruit–*instructed, learned*

ne pas être instruit de–*to be in the dark about*
Nous n'étions pas instruits de ses raisons. *We were in the dark about his reasons.*

intelligence—*intelligence, understanding*

être d'intelligence—*to be in collusion*
Ils étaient d'intelligence dans l'intrigue. *They were in collusion in that plot.*

intention—*intent, intention*

à l'intention de—*for (the benefit of)*
Je suis sûr qu'il a dit cela à mon intention. *I am sure he said that for me (for my benefit).*

avoir l'intention de—*to intend to*
Nous avons l'intention de dîner ici avant la conférence. *We intend to have dinner here before the lecture.*

intérêt—*interest*

avoir intérêt à—*to be to someone's advantage to*
Il me semble évident que vous avez intérêt à rester ici maintenant. *It seems obvious to me that it is to your advantage to remain here now.*

inutile—*useless*

inutile de dire—*it goes without saying*
Inutile de dire que nous sommes épuisés après tant d'efforts. *It goes without saying that we are exhausted after so much effort.*

inventaire—*inventory*

faire l'inventaire de—*to take stock of*
Il faut que nous fassions l'inventaire de notre actif immédiatement. *We must take stock of our assets immediately.*

inventer—*to discover, to invent*

ne pas avoir inventé la poudre—*not to set the world on fire*
Le nouveau contremaître est gentil mais il n'a pas inventé la poudre. *The new foreman is nice but he won't set the world on fire.*

J

jamais—*ever, never*

à (tout) jamais—*for ever (and ever)*
Cela a été une leçon et j'y renonce à (tout) jamais. *I have learned my lesson and I'm giving it up for ever (and ever).*

Jamais de la vie!—*Never in the world! Not on your life!*

jambe—*leg*

La belle jambe que ça me fait!—*A lot of good that does me!*

par-dessous la jambe–*carelessly*
L'ouvrier a fait ce travail par-dessous la jambe. *The workman did that job carelessly.*

jeter–*to throw (away)*

Elle a jeté son bonnet par-dessus les moulins.–*She has thrown propriety to the winds.*

en jeter plein la vue–*to put on a big show*
Ces gens-là en jetaient plein la vue pour nous impressionner. *Those people put on a big show to impress us.*

jeter de la poudre aux yeux à quelqu'un–*to pull the wool over someone's eyes*
Il essaie toujours de nous jeter de la poudre aux yeux avec ses combinaisons. *He is always trying to pull the wool over our eyes with his schemes.*

jeter le manche après la cognée–*to throw in the sponge (the towel)*
Perdant tout espoir d'en venir à bout, il a jeté le manche après la cognée. *Losing all hope of ever finishing, he threw in the sponge (the towel).*

jeter les hauts cris–*to complain bitterly*
Quand on lui a donné la facture, il a jeté les hauts cris. *When they gave him the bill, he complained bitterly.*

jeter sa gourme–*to sow one's wild oats*
Il est jeune et il faut qu'il jette sa gourme. *He is young and has to sow his wild oats.*

jeter son dévolu sur–*to set one's cap for*
Tout le monde sait qu'elle a jeté son dévolu sur Michel. *Everyone knows that she has set her cap for Michael.*

jeter un coup d'œil à (sur)–*to glance at, to take a look at.*
Il n'a fait que jeter un coup d'œil à (sur) ma lettre. *He only glanced (took a look) at my letter.*

jeter un cri–*to utter a cry*
Il a jeté un cri de douleur en tombant. *He uttered a cry of pain on falling.*

jeter une douche sur–*to throw cold water on*
Son indifférence a jeté une douche sur nos projets. *His indifference threw cold water on our plans.*

jeter un froid sur–*to cast a pall over*
Leur arrivée inattendue a jeté un froid sur la société. *Their unexpected arrival cast a pall over the company.*

jeter un sort sur–*to cast a spell on*
On accusait la vieille femme d'avoir jeté un sort sur la vache du fermier. *The old woman was accused of having cast a spell on the farmer's cow.*

se jeter dans–*to empty (to flow) into*
La Seine se jette dans la Manche. *The Seine empties (flows) into the English Channel.*

jeu–*game, play*

Ce n'est pas de jeu.–*It's not fair.*

être dans le jeu–*to be with it*
Il a passé la quarantaine mais il est toujours dans le jeu. *He's over forty but he's still with it.*

faire le jeu de–*to play into the hands of*
Si vous continuez comme cela, vous ferez le jeu de vos adversaires. *If you go on that way, you'll be playing into your opponents' hands.*

Faites vos jeux!–*Place all bets!*

Le jeu n'en vaut pas la chandelle.–*It is not worth the trouble.*

Les jeux sont faits.–*The chips are down.*

se faire un jeu de–*to think nothing of*
Il se fait un jeu de courir dix kilomètres avant le petit déjeuner. *He thinks nothing of running ten kilometers before breakfast.*

jeune–*young*

un jeune ménage–*a young (married) couple*
Ils ont loué leur appartement à un jeune ménage. *They have rented their apartment to a young (married) couple.*

joindre–*to join*

joindre le geste à la parole–*to act in accordance with one's words*
"Sortez!" dit-il, et joignant le geste à la parole, il le poussa dehors. *"Get out!" he said, and acting in accordance with his words, he pushed him out the door.*

joindre les deux bouts–*to keep the wolf from the door, to make ends meet*
Elle devait travailler de longues heures pour joindre les deux bouts. *She had to work long hours to keep the wolf from the door (to make ends meet).*

joli–*pretty*

C'est du joli!–*That's a nice state of affairs!*

Elle est jolie à croquer.–*She's as pretty as a picture.*

jouer–*to gamble, to play*

A vous de jouer.–*It's your move.*

jouer à–*to play (a game, a sport)*
Les voisins jouent tous les soirs au bridge. *The neighbors play bridge every night.*

jouer à quitte ou double–*to bet double or nothing*
Il a joué ses derniers sous à quitte ou double et il a tout perdu. *He bet his last few cents double or nothing and he lost everything.*

jouer au plus fin–*to play games with; to try to outwit*
Ne jouez pas au plus fin avec moi; je sais la vérité. *Don't play games with me; I*

know the truth. Le reporter jouait au plus fin avec le procureur pour savoir ses projets. *The reporter tried to outwit the district attorney to learn his plans.*

jouer cartes sur table (franc jeu)–*to play fair (aboveboard)*
Je ne continue pas s'ils ne jouent pas cartes sur table (franc jeu). *I won't continue if they don't play fair (aboveboard).*

jouer de–*to play (a musical instrument)*
Elle joue du piano et de la clarinette. *She plays the piano and the clarinet.*

jouer de malheur–*to be out of luck*
Je suis allé trois fois à Paris sans le trouver; j'ai joué de malheur. *I went to Paris three times without finding him; I was out of luck.*

jouer des coudes–*to push and shove*
Il a fallu qu'il joue des coudes pour faire son chemin dans la vie. *He has had to push and shove to make his way in the world.*

jouer double jeu–*to play fast and loose*
Vous feriez mieux de ne pas essayer de jouer double jeu avec nous. *You'd better not try to play fast and loose with us.*

jouer en sous-fifre–*to play second fiddle*
Il en a assez de jouer toujours en sous-fifre; il veut de la responsabilité. *He is tired of always playing second fiddle; he wants some responsibility.*

jouer gros jeu–*to play for high stakes (for keeps)*
Il jouait gros jeu dans cette affaire et tout le monde le savait. *He was playing for high stakes (for keeps) in this deal and everyone knew it.*

jouer la comédie–*to put on an act*
On ne peut pas croire ce qu'il dit; il joue la comédie. *You can't believe what he says; he's putting on an act.*

jouer le rôle de–*to take the part of*
Cette actrice a joué le rôle de Phèdre à la Comédie-Française. *That actress took the part of Phaedra at the Comédie-Française.*

jouer les trouble-fête–*to rock the boat*
Nous ne ferons jamais accepter le projet de loi si vous jouez les trouble-fête. *We will never get the bill passed if you rock the boat.*

jouer pour la galerie–*to play to the grandstand*
Il était évident qu'elle jouait pour la galerie et que son émotion était feinte. *It was obvious that she was playing to the grandstand and that her emotion was put on.*

jouer serré–*to play it close to the vest*
Les négociations seront difficiles; il faudra jouer serré. *The negotiations will be difficult; we will have to play it close to the vest.*

jouer sur le velours–*to bet on a sure thing*
Tu n'as rien à perdre; tu joues sur le velours. *You have nothing to lose; you're betting on a sure thing.*

jouer un rôle–*to fit into the picture*

Je ne vois pas quel rôle ils jouent dans cette affaire. *I don't see how they fit into the picture in this business.*

jour – *day(light)*

à jour – *up to date*
J'ai mis mon étude sur Freud à jour. *I've brought my study of Freud up to date.*

de nos jours – *nowadays*
Ce genre de dentelle ne se fait plus de nos jours. *That kind of lace is no longer made nowadays.*

du jour au lendemain – *overnight*
Il est devenu une célébrité du jour au lendemain, grâce à son roman. *He became a celebrity overnight, thanks to his novel.*

jurer – *to swear*

jurer ses grands dieux – *to swear to heaven*
Il jurait ses grands dieux qu'il était innocent. *He swore to heaven that he was innocent.*

jusque – *until, up to*

J'en ai jusque là! – *I'm fed up with it! I've had it!*

jusqu'à nouvel ordre – *until further notice*
Le bureau sera fermé jusqu'à nouvel ordre. *The office will be closed until further notice.*

jusqu'au bout – *to the bitter end*
Les soldats se sont battus jusqu'au bout. *The soldiers fought to the bitter end.*

jusqu'au bout des ongles – *every inch, through and through*
Il est Américain jusqu'au bout des ongles et il en est fier. *He is every inch an American (he is an American through and through) and he is proud of it.*

jusqu'au cou – *up to one's ears*
Je suis dans la paperasserie jusqu'au cou. *I'm up to my ears in paperwork.*

jusqu'ici – *as yet, up to now*
Elle ne nous a pas téléphoné jusqu'ici. *She hasn't called us as yet (up to now).*

juste – *exact, just, scanty*

au juste – *exactly*
Je ne vois pas au juste ce qu'il faut faire. *I don't see exactly what has to be done.*

le juste milieu – *the happy medium*
Elle va toujours du blanc au noir; il n'y a pas de juste milieu. *She always goes from one extreme to the other; there's no happy medium.*

justesse – *accuracy, justness*

de justesse – *just barely*
Ils ont attrapé le dernier train de justesse. *They just barely caught the last train.*

L

là–*there*

C'est là pour de bon.–*It's here to stay.*

Il n'est pas là.–*He isn't in.*

Là, là!–*Now, now!*

Oh, là, là!–*Goodness gracious! Here, here!*

lâcher–*to let go of, to loosen*

lâcher le morceau–*to let the cat out of the bag*
Nous avons essayé de garder le secret mais il a lâché le morceau. *We tried to keep the secret but he let the cat out of the bag.*

lâcher prise–*to let go, to loosen one's hold*
Il a lâché prise. *He let go (he loosened his hold).*

laisser–*to leave, to let*

Cela laisse à désirer.–*There is room for improvement.*

laisser des plumes–*to take a loss*
Il s'est débarrassé de ses actions pétrolières, mais il y a laissé des plumes. *He got rid of his oil stocks, but he took a loss on them.*

laisser en panne–*to let down*
Nous comptions sur vous, mais vous nous avez laissés en panne. *We were counting on you, but you let us down.*

laisser entendre–*to give to understand*
Il m'a laissé entendre que j'aurais le poste. *He gave me to understand that I would have the job.*

laisser entendre à mots couverts–*to hint*
Elle a laissé entendre à mots couverts qu'elle savait où était le trésor. *She hinted that she knew where the treasure was.*

laisser faire quelqu'un–*to let someone do as he pleases*
Laissez faire les enfants; ils seront sages. *Let the children do as they please; they'll be good.*

laisser monter quelqu'un (dans sa voiture)–*to give someone a lift (in one's car)*
Je vais à la gare; voulez-vous me laisser monter (dans votre voiture)? *I'm going to the station; will you give me a lift (in your car)?*

laisser passer–*to miss out on, to pass up; to sit out*
Vous avez laissé passer une belle occasion. *You missed out on (passed up) a splendid opportunity.* Je vais laisser passer cette danse. *I am going to sit this dance out.*

laisser sans le sou–*to cut off without a cent*
Par dépit, il a laissé son fils sans le sou. *Out of spite, he cut off his son without a cent.*

laisser savoir–*to let on*
Il ne voulait laisser savoir qu'il nous connaissait déjà. *He didn't want to let on that he knew us already.*

laisser tomber–*to drop*
Le sheriff lui a dit de laisser tomber son fusil et d'avancer. *The sheriff told him to drop his rifle and to come forward.*

Laissez-moi tranquille!–*Leave me alone!*

Laissez tomber!–*Forget it! Let it ride!*

ne pas laisser de–*to do just the same*
Son travail est fatigant et difficile, mais ne laisse pas de lui plaire. *His work is tiring and difficult, but it pleases him just the same.*

se laisser dire–*to have heard it said*
Je me suis laissé dire qu'il avait eu une vie tumultueuse. *I have heard it said that he had led a riotous life.*

se laisser faire–*to offer no resistance*
Laissez-vous faire pendant qu'ils vous fouilleront. *Don't offer any resistance while they search you.*

se laisser marcher sur les pieds–*to let oneself be taken advantage of*
Attention, elle ne se laisse pas marcher sur les pieds. *Watch out, she doesn't let herself be taken advantage of.*

se laisser prendre à–*to fall for*
Vous êtes-vous laissé prendre à ce vieux manège? *Did you fall for that old trick?*

se laisser tondre (la laine sur le dos)–*to let oneself be fleeced*
Par naïveté il s'est laissé tondre (la laine sur le dos). *Out of naïveté he let himself be fleeced.*

se laisser vivre–*to take it (life) easy*
Plutôt que de me fatiguer, je préfère me laisser vivre. *Rather than tire myself out, I prefer to take it (life) easy.*

s'en laisser conter–*to let oneself be taken in*
Tu t'en es laissé conter si tu as payé ce meuble mille francs. *You let yourself be taken in if you paid a thousand francs for that piece of furniture.*

un laissé pour compte–*a forgotten person*
Les vieux semblaient être les laissés pour compte de la société moderne. *The elderly seemed to be the forgotten people of modern society.*

langue–*language, tongue*

avoir la langue bien pendue–*to have the gift of gab*
Elle n'est pas brillante mais elle a la langue bien pendue. *She isn't brilliant but she has the gift of gab.*

La langue m'a fourché.–*I made a slip of the tongue.*

lapin–*rabbit*

  C'est un fameux (un rude) lapin.–*He's a rough (a tough) customer.*

---

larme–*tear*

  une larme de–*a drop of*
  Puis-je vous verser une larme de ce cognac? *May I pour you a drop of this brandy?*

---

laver–*to wash*

  laver la tête à quelqu'un–*to give someone a dressing down (hell)*
  Sa mère lui a lavé la tête en le voyant rentrer si tard. *His mother gave him a dressing down (hell) when she saw him come home so late.*

  se faire laver la tête–*to get hell*
  Nous nous sommes fait laver la tête à cause de ta négligence. *We got hell because of your carelessness.*

---

le, la–*the*

  le kilo (la livre)–*a (per) kilo (a pound, per pound)*
  Cette viande coûte trois dollars la livre. *This meat costs three dollars a pound (per pound).*

---

lendemain–*the day after, the next day*

  sans lendemain–*short-lived*
  Il a joui d'une célébrité sans lendemain. *He enjoyed a short-lived notoriety.*

---

lettre–*letter*

  à la lettre (au pied de la lettre)–*literally*
  Il ne faut pas prendre ce texte à la lettre (au pied de la lettre). *You must not take this text literally.*

---

levée–*levee, raising*

  une levée de boucliers–*a hue and cry*
  Les jugements sévères de la cour ont provoqué une levée de boucliers. *There was a hue and cry over the severe sentences of the court.*

---

lever–*to raise*

  lever le camp–*to pull up stakes*
  Quand nous sommes arrivés, ils avaient déjà levé le camp. *When we arrived, they had already pulled up stakes.*

  lever le coude–*to bend an elbow*
  Malgré son air sobre et solennel, on dit qu'il lève le coude. *Despite his sober and solemn air, they say that he bends an elbow.*

  lever le pied–*to take off*
  Il a levé le pied avec la fortune de sa femme. *He took off with his wife's fortune.*

lever les bras au ciel–*to throw up one's hands*
Avouant son impuissance, il a levé les bras au ciel. *Confessing his inability to do anything, he threw up his hands.*

lever un lièvre–*to bring up a sticky point*
Au milieu de la discussion, M. Dupont a levé un lièvre. *In the middle of the discussion, Mr. Dupont brought up a sticky point.*

se lever–*to get up*
Nous nous levons toujours dès l'aurore. *We always get up at dawn.*

se lever du pied gauche–*to get up on the wrong side of bed*
Laura boude: elle s'est levée du pied gauche ce matin. *Laura is sulking: she got up on the wrong side of bed this morning.*

---

libre–*free*

    libre à vous–*go right ahead*
Libre à vous de croire à ses mensonges. *Go right ahead and believe his lies.*

    libre carrière–*free rein (scope)*
Elle a donné libre carrière à son imagination. *She gave free rein (scope) to her imagination.*

---

lier–*to bind, to tie*

    lier connaissance–*to strike up an acquaintance*
A l'hôtel ils ont lié connaissance avec leurs voisins. *At the hotel they struck up an acquaintance with their neighbors.*

    se lier avec–*to make friends with, to take up with*
Il s'est lié avec le fils des voisins. *He has made friends with (has taken up with) the neighbors' son.*

---

lieu–*place*

    au lieu de–*instead of*
Elle est venue elle-même au lieu d'appeler son frère. *She came herself instead of calling her brother.*

    s'il y a lieu–*if necessary*
Revenez me voir s'il y a lieu. *Come back and see me if necessary.*

---

ligne–*line*

    A la ligne.–*New paragraph.*

    avoir de la ligne–*to have a good figure*
Elle a cinquante ans mais elle a encore de la ligne. *She is fifty but she still has a good figure.*

    en ligne de compte–*in(to) consideration*
Ces questions n'entrent pas en ligne de compte. *Those questions don't enter into consideration.*

limite–*boundary, limit*

à la limite–*if need be*
A la limite, nous pourrions le faire arrêter comme escroc. *If need be, we could have him arrested as a swindler.*

dans les limites de–*as far as*
Ce que vous voulez sera fait, dans les limites du possible. *What you want will be done, as far as possible.*

livrer–*to deliver*

livrer combat–*to wage a battle*
Ce médecin livre un combat sans trêve contre la maladie. *That doctor wages an unceasing battle against disease.*

loger–*to lodge*

être logés à la même enseigne–*to be in the same boat*
Il faut s'entr'aider; nous sommes logés à la même enseigne. *We have to help each other out; we're all in the same boat.*

loger le diable dans sa bourse–*not to have a cent to one's name (a red cent)*
Je t'aiderais, mais je loge le diable dans ma bourse. *I would help you out, but I don't have a cent to my name (a red cent).*

loi–*law*

faire la loi–*to lay down the law, to rule the roost*
C'est le père qui fait la loi dans leur famille. *It's the father who lays down the law (rules the roost) in their family.*

loin–*far*

au loin–*in the distance*
Je l'ai aperçu au loin, qui courait vers moi. *I saw him in the distance, running toward me.*

de loin–*from afar*
Il criait fort pour se faire entendre de loin. *He was shouting very loudly so as to be heard from afar.*

de loin en loin–*every now and then, every so often*
Mon oncle d'Amérique vient nous voir de loin en loin. *My uncle from America comes to see us every now and then (every so often).*

du plus loin que–*as far back as*
Du plus loin que je me souviens, ils ont toujours habité là. *As far back as I remember, they always lived there.*

loin du but–*wide of the mark*
Leurs conjectures sont tombées loin du but. *Their guesses fell wide of the mark.*

long–*long*

à la longue–*in the long run*
Patientez; vous vous y habituerez à la longue. *Be patient, you'll get used to it in the long run.*

de longue date–*long-standing*
Il y a une rivalité de longue date entre eux. *There is a long-standing rivalry between them.*

de longue haleine–*long-term*
La restauration de ce quartier est un travail de longue haleine. *The restoration of this neighborhood is a long-term project.*

faire long feu (erroneously: **ne pas faire long feu**)–*to fizzle out*
Leur project a fait long feu faute de crédits suffisants. *Their plan fizzled out for lack of sufficient funding.*

long comme un jour sans pain–*as long as a month of Sundays*
Le prêche semblait long comme un jour sans pain. *The sermon seemed as long as a month of Sundays.*

long–*length*

de long en large–*back and forth, up and down*
Il se promenait de long en large, sans arrêt. *He walked back and forth (up and down) ceaselessly.*

(tout) le long de–*(all) along*
Il y avait des voitures garées (tout) le long du trottoir. *There were cars parked (all) along the curb.*

longtemps–*(for) a long time*

de longtemps–*for a long while*
On ne reverra plus cela de longtemps. *You won't see that again for a long while.*

longueur–*length*

avoir une longueur d'avance sur–*to be one jump ahead of*
Il faudra bien travailler; nos adversaires ont une longueur d'avance sur nous. *We'll have to work; our opponents are one jump ahead of us.*

lors–*then*

dès lors que–*since*
Dès lors que c'est vous qui le dites, je le crois. *Since it is you who say it, I believe it.*

lors même que–*even though*
Lors même que vous ne le voudriez pas, il faudrait accepter. *Even though you didn't want to, you would have to accept.*

lourd—*heavy*

Il fait lourd.—*The weather is humid (sultry).*

pas lourd—*not much*
Il n'en reste pas lourd maintenant. *There isn't much left now.*

lumière—*light*

avoir des lumières—*to know a lot*
Demandez à Jean; il a des lumières sur ce sujet. *Ask John; he knows a lot about that subject.*

Ce n'est pas une lumière.—*He (she) is no genius.*

lune—*moon*

Il est dans la lune.—*He is up in the clouds. His mind is a million miles away.*

lutter—*to struggle*

lutter avec l'énergie du désespoir—*to run scared*
Après avoir vu les sondages, le candidat s'est mis à lutter avec l'énergie du désespoir. *After seeing the polls, the candidate started to run scared.*

lutter bec et ongle—*to fight tooth and nail*
Après avoir lutté bec et ongle ensemble, ils ont fini par faire la paix. *After fighting tooth and nail together, they ended by making up.*

M

maigre—*lean, thin*

être une maigre consolation—*to be cold comfort*
L'échec de son rival était une maigre consolation pour lui. *His rival's failure was cold comfort to him*

faire maigre—*to go meatless*
Sa famille fait encore maigre le vendredi. *His family still goes meatless on Fridays.*

maigre comme un clou—*skinny as a rail*
Grâce à son régime, elle réussit à rester maigre comme un clou. *Thanks to her diet, she manages to remain skinny as a rail.*

maille—*penny, stitch*

avoir maille à partir avec—*to have a bone to pick with*
Ecoute, j'ai maille à partir avec toi. *Listen, I have a bone to pick with you.*

main—*hand*

à main armée—*armed*
Ils ont été condamnés pour attaque à main armée. *They were sentenced for armed robbery.*

avoir des mains de beurre–*to have butterfingers*
Ne le laisse pas porter cela; il a des mains de beurre. *Don't let him carry that; he has butterfingers.*

avoir la main malheureuse–*to do more harm than good*
Malgré ses bonnes intentions, il avait la main malheureuse. *Despite his good intentions, he did more harm than good.*

avoir quelqu'un en main–*to keep someone in line*
Nous gagnerons si vous continuez à avoir votre frère en main. *We'll win if you continue to keep your brother in line.*

de main de maître–*with a master's touch*
Cette table a été finie de main de maître. *This table was finished with a master's touch.*

faire main basse sur–*to lay one's hands on, to rob*
Le notaire a fait main basse sur les fonds de ses clients. *The lawyer laid his hands on (robbed) his clients' money.*

la main sur la conscience–*cross my heart, upon my conscience*
La main sur la conscience, ce que j'ai dit est vrai. *Cross my heart (upon my conscience), what I said is true.*

sous la main–*at hand*
Je n'ai pas son dossier sous la main. *I don't have his file at hand.*

maint–*many (a)*

maintes (et maintes) fois–*time after time, time and time again*
Je lui ai répété cela maintes (et maintes) fois. *I repeated that to him time after time (time and time again).*

maintenir–*to maintain*

maintenir l'ordre public–*to keep the peace*
On envoya la milice maintenir l'ordre public. *The militia was sent out to keep the peace.*

mais–*but, indeed*

mais oui (non)–*of course (not)*
Tu lui as répondu quand il a dit ces choses? Mais oui (non)! *You answered him when he said those things? Of course (not)!*

maison–*home, house*

C'est la maison du bon Dieu–*It's a very hospitable house. It's open to everyone.*

C'est la maison qui paie.–*It's on the house.*

la maison mère–*the home office*
La maison mère de cette banque est située à Lille. *The home office of this bank is located in Lille.*

maître–*master, schoolteacher*

être maître de–*to be in (to have) control of*
Le premier ministre est maître de la situation maintenant. *The prime minister is in (has) control of the situation now.*

Je suis maître de moi.–*I am my own man (person).*

---

mal–*evil, ill, pain*

avoir du mal à–*to be hard put to, to have a hard time, to have trouble (in)*
Avec son accent, j'ai eu du mal à le comprendre. *With his accent, I was hard put to understand him (I had a hard time [I had trouble] understanding him).*

avoir le mal de mer–*to be seasick*
En traversant la Manche, nous avons tous eu le mal de mer. *While crossing the Channel, we were all seasick.*

avoir le mal du pays–*to be homesick*
Depuis son arrivée en Europe, elle a le mal du pays. *Since her arrival in Europe, she has been homesick.*

avoir mal à–*to have an ache (pain)*
Si tu as mal à la tête, prends de l'aspirine. *If you have a headache, take aspirin.*

avoir mal au cœur–*to be (to feel) sick to one's stomach*
Pendant toute la traversée elle a eu mal au cœur. *During the entire crossing she was (she felt) sick to her stomach.*

avoir mal aux cheveux–*to have a hangover*
Le lendemain de la fête, ils avaient affreusement mal aux cheveux. *The morning after the party, they had horrible hangovers.*

faire du mal à–*to harm, to hurt*
Il est fort mais il ne ferait jamais de mal à personne. *He is strong but he would never harm (hurt) anyone.*

faire mal–*to hurt*
Arrête, tu me fais mal! *Stop, you're hurting me!* Mon pied me fait très mal. *My foot hurts (me) a lot.*

faire un mal de chien à quelqu'un–*to be killing someone*
Après la balade, mes pieds me faisaient un mal de chien. *After the hike, my feet were killing me.*

Il n'y a pas de mal à cela.–*There is nothing wrong with that.*

---

mal–*badly, ill*

être mal avec–*to be on bad terms with*
Elle était mal avec tous ses voisins. *She was on bad terms with all her neighbors.*

être mal en point (mal en train)–*to be in bad shape (out of sorts)*
Excusez-moi, je suis mal en point (mal en train) ce matin. *Excuse me, I am in bad shape (out of sorts) this morning.*

Il est mal dégrossi.—*He is a diamond in the rough.*

pas mal de—*a good bit (many) of, a good deal of, quite a bit (a few)*
Il y avait pas mal de gens à la réunion. *There were a good many (a good deal of, quite a few) people at the meeting.*

maladie—*disease, illness*
faire une maladie de—*to worry oneself sick over*
Ne lui dis pas la mauvaise nouvelle; il en ferait une maladie. *Don't tell him the bad news; he would worry himself sick over it.*

malheur—*misfortune, unhappiness*
faire un malheur—*to do something drastic (terrible)*
Arrêtez ce fou! Il va faire un malheur. *Stop that madman! He is going to do something drastic (terrible).*

par malheur—*unfortunately*
Par malheur, le bureau était déjà fermé à notre arrivée. *Unfortunately, the office was already closed when we arrived.*

malheureux—*unfortunate, unhappy*
Ce n'est pas malheureux!—*It's a good thing!*

malin—*shrewd, sly*
Ce n'est pas plus malin que ça!—*That's all there is to it!*

C'est malin!—*That's smart!*

faire le malin—*to be a wise guy*
Cesse de faire le malin et écoute-moi. *Stop being a wise guy and listen to me.*

malin comme un singe—*as sly as a fox*
Malgré son air rustre il est malin comme un singe. *Despite his doltish air, he's as sly as a fox.*

manche—*sleeve*
avoir (tenir) quelqu'un dans sa manche—*to be able to count on someone's support*
Il a obtenu ce poste parce qu'il avait le ministre dans sa manche. *He got that position because he could count on the minister's support.*

manche à manche—*neck and neck*
Les adversaires sont manche à manche dans la course. *The opponents are neck and neck in the race.*

manchot—*one-armed*
ne pas être manchot—*to be pretty good (no slouch) at*
Quand il s'agissait de fendre du bois, il n'y était pas manchot. *When it came to splitting wood, he was pretty good (no slouch) at it.*

manger–*to eat*

manger à deux (à plusieurs) râteliers–*to have several irons in the fire.*
Pour subvenir à ses besoins croissants, il devait manger à deux (à plusieurs) râteliers. *To take care of his growing needs, he had to have several irons in the fire.*

manger à sa faim–*to have a square meal*
Je n'ai pas mangé à ma faim depuis plusieurs jours. *I haven't had a square meal for several days.*

manger comme un moineau–*to eat like a bird*
Elle mangeait toujours comme un moineau pour garder sa ligne. *She always ate like a bird in order to stay slim.*

manger comme un ogre (comme quatre)–*to eat like a horse*
En rentrant de pensionnat, leur fils mange toujours comme un ogre (comme quatre). *On his return from boarding school, their son always eats like a horse.*

manger de la vache enragée–*to go through hard times*
En attendant l'héritage, ils ont mangé de la vache enragée. *While waiting for their inheritance, they went through hard times.*

manger du bout des dents–*to pick at one's food*
Elle mangeait du bout des dents parce qu'elle n'avait pas du tout faim. *She picked at her food because she wasn't at all hungry.*

manger le morceau–*to spill the beans*
Le prisonnier a fini par manger le morceau et donner ses camarades. *The prisoner ended up by spilling the beans and betraying his comrades.*

manger son blé en herbe–*to throw one's money away, to squander one's inheritance*
Son oncle lui a laissé une somme assez ronde, mais il a mangé son blé en herbe. *His uncle left him a tidy sum, but he threw his money away (squandered his inheritance).*

manger son pain blanc le premier–*to eat one's cake first*
Il veut tout, tout de suite et il mange son pain blanc le premier. *He wants everything right away and he eats his cake first.*

manger sur le pouce–*to grab a bite (to eat)*
Faute de temps, nous avons mangé sur le pouce. *For lack of time, we grabbed a bite (to eat).*

---

manière–*manner, way*

de manière à–*in such a way as*
Elle l'a dit de manière à les blesser. *She said it in such a way as to hurt their feelings.*

de toute manière–*in any case*
De toute manière, on ne les verra plus. *In any case, we won't see them any more.*

d'une manière ou d'une autre–*by hook or by crook, one way or another*
Nous aurons cet argent d'une manière ou d'une autre. *We'll get that money by hook or by crook (one way or another).*

En voilà des manières!–*What a way to act!*

faire des manières–*to put on airs*
Les Dupont font toujours des manières quand ils invitent. *The Duponts always put on airs when they have company.*

---

manquer–*to be absent, to fail, to miss*

Il ne manquait plus que ça!–*That's the last straw!*

manquer à quelqu'un–*to be missed by someone*
Mon amie me manque beaucoup en ce moment. *I miss my girl friend very much right now.*

manquer à sa parole–*not to keep one's word*
Papa a manqué à sa parole; il ne nous a pas emmenés. *Daddy didn't keep his word; he didn't take us along.*

manquer à sa promesse–*to break one's promise*
Ils ont dit qu'ils allaient venir mais ils ont manqué à leur promesse. *They said they were going to come but they broke their promise.*

manquer (de) faire–*almost to do*
J'ai manqué (de) tomber dans l'escalier. *I almost fell down the stairs.*

manquer le départ–*to be left at the post*
Par suite de son inattention il a manqué le départ. *Because of his inattentiveness, he was left at the post.*

ne pas manquer de–*to be sure to*
Ne manquez pas de venir de bonne heure. *Be sure to come early.*

N'y manquez pas!–*Don't fail to do it! Don't forget!*

Tu as manqué le coche!–*You missed the boat!*

---

manteau–*cloak, coat*

sous le manteau–*in secret*
Il préparait son départ sous le manteau. *He was preparing his departure in secret.*

---

marchand–*merchant*

Le marchand de sable est passé.–*The sandman is here; the children are sleepy.*

un marchand des quatre saisons–*a pushcart peddler*
Elle a acheté ces belles pêches à un marchand des quatre saisons. *She bought these beautiful peaches from a pushcart peddler.*

---

marche–*running, step, walk*

faire marche arrière–*to back up*
Nous avons fait marche arrière dans un sentier pour faire demi-tour. *We backed up into a lane in order to turn around.*

marché–*market*

bon (meilleur) marché–*cheap(er)*
Les pommes de terre sont bon (meilleur) marché cette semaine. *Potatoes are cheap(er) this week.*

un marché de dupes–*a bad deal, a swindle*
Je n'accepte pas son offre parce que c'est un marché de dupes. *I don't accept his offer because it's a bad deal (a swindle).*

---

marcher–*to walk, to work (a machine)*

faire marcher quelque chose–*to keep something going; to work something*
Cela fait marcher le commerce. *That keeps business going.* Je ne sais pas faire marcher cette machine. *I don't know how to work this machine.*

faire marcher quelqu'un–*to get a rise out of someone; to pull someone's leg*
Malgré tous mes efforts, je n'ai pas pu le faire marcher. *In spite of all my efforts, I couldn't get a rise out of him.* Je vois maintenant qu'il nous faisait marcher avec son histoire bizarre. *I see now that he was pulling our leg with that strange story of his.*

Je ne marche pas!–*Nothing doing!*

marcher comme sur des roulettes–*to go (off) like clockwork*
L'opération a marché comme sur des roulettes. *The operation went (off) like clockwork.*

marcher de long en large–*to pace the floor*
Il marchait de long en large en attendant des nouvelles. *He paced the floor, waiting for news.*

marcher sur des œufs–*to skate (to walk) on thin ice, to tread on delicate ground*
En lui parlant de cette affaire, j'avais l'impression de marcher sur des œufs. *Speaking to him about that matter, I felt I was skating (walking) on thin ice (treading on delicate ground).*

marcher sur la corde raide–*to walk the tightrope*
L'envoyé sentait qu'il marchait sur la corde raide dans cette discussion. *The delegate felt that he was walking the tightrope in that discussion.*

marcher sur les plates-bandes de quelqu'un–*to tread on someone's territory*
Essaie de vendre ta camelote ailleurs et ne marche pas sur mes plates-bandes. *Sell your junk somewhere else and don't try to tread on my territory.*

---

mariée–*bride*

La mariée est trop belle!–*It's too good to be true! What's the catch?*

---

mariner–*to marinate*

mariner dans son jus–*to stew in one's own juice*
S'il veut bouder, laissons-le mariner dans son jus. *If he wants to sulk, let's let him stew in his own juice.*

marquer—*to mark, to score*

marqué d'une pierre blanche—*red-letter*
L'anniversaire de cette découverte sera toujours marqué d'une pierre blanche. *The anniversary of this discovery will always be a red-letter day.*

marquer bien (mal)—*to make a good (a bad) impression*
Le candidat est intelligent mais il marque mal. *The applicant is bright but he makes a bad impression.*

marquer le pas—*to mark time*
En attendant l'arrivée du directeur, nous marquions le pas. *While waiting for the director to arrive, we just marked time.*

mars—*March*

arriver (tomber) comme mars en carême—*to be as welcome as the flowers of spring*
Leur offre d'aide arrivait (tombait) comme mars en carême. *Their offer of help was as welcome as the flowers of spring.*

marteau—*hammer*

avoir eu un coup de marteau (être marteau)—*to be nuts*
Tu as payé ça cinq cents francs? Tu as eu un coup de marteau (tu es marteau)! *You paid five hundred francs for that? You're nuts!*

masse—*mass*

des masses—*a whole bunch (lot)*
Il n'a pas des masses d'argent. *He doesn't have a whole bunch (a whole lot) of money.*

match—*game*

faire match nul—*to play a draw*
Au bout de quatre sets, ils faisaient match nul. *At the end of the four sets, they played a draw.*

mauvais—*bad, wrong*

être dans une mauvaise passe—*to be in a tight spot (in bad straits); to be behind the eight ball (up against it)*
Les négociations semblent être dans une mauvaise passe. *The negotiations seem to be in a tight spot (in bad straits).* Je me rends; vous m'avez dans une mauvaise passe. *I give in; you have me behind the eight ball (up against it).*

être mauvaise langue—*to be a gossip, to carry tales*
Ne faites pas attention à ce qu'elle dit; c'est une mauvaise langue. *Pay no attention to what she's saying; she's a gossip (she carries tales).*

être sur une mauvaise pente—*to be going downhill*
Le travail de cet étudiant est sur une mauvaise pente. *This student's work is going downhill.*

faire contre mauvaise fortune bon cœur–*to grin and bear it*
Puisqu'on n'y peut rien, faisons contre mauvaise fortune bon cœur. *Since we can't do anything about it, let's grin and bear it.*

le mauvais ange–*the evil genius*
Le secrétaire du président était son mauvais ange. *The president's secretary was his evil genius.*

mauvais comme la gale–*as mean as the devil*
On dit que son mari est mauvais comme la gale. *They say her husband is as mean as the devil.*

un mauvais coucheur–*a mean cuss, hard to get along with*
N'emmenons pas Robert; c'est un mauvais coucheur. *Let's not take Robert along; he's a mean cuss (he's hard to get along with).*

---

mèche–*wick*

être de mèche–*to be in cahoots*
Les deux employés étaient de mèche pour voler les clients. *The two employees were in cahoots to rob the customers.*

éventer (vendre) la mèche–*to let the cat out of the bag*
La surprise allait réussir quand Lionel a éventé (vendu) la mèche. *The surprise was about to come off when Lionel let the cat out of the bag.*

---

mêler–*to mingle, to mix*

ne pas se mêler de–*to keep (one's nose) out of*
Ne vous mêlez pas de leurs affaires. *Keep (your nose) out of their business.*

se mêler de ses affaires (oignons)–*to mind one's own business*
Ce que je fais ne vous regarde pas; mêlez-vous de vos affaires (oignons). *What I'm doing doesn't concern you; mind your own business.*

---

même–*same. self, very*

à même–*right (straight) from*
Il boit la bière à même la bouteille. *He drinks beer right (straight) from the bottle.*

de la même farine–*of the same ilk (sort)*
Ce sont tous des gens de la même farine. *They are all people of the same ilk (sort).*

du (le) même tabac–*the same thing*
Les tables de carton ou de plastique, c'est du (le) même tabac. *Cardboard or plastic tables, it's the same thing.*

du même tonneau–*two of a kind*
Les deux candidats sont du même tonneau. *The candidates are two of a kind.*

être à même de–*to be in a position to*
Il n'est pas à même de vous recevoir aujourd'hui parce qu'il est malade. *He isn't in a position to see you today because he is ill.*

Ils sont du même acabit.–*They are tarred with the same brush.*

mémoire–*memory*

avoir une mémoire de lièvre–*to have a short memory*
Les débiteurs ont souvent une mémoire de lièvre. *Debtors often have short memories.*

de mémoire de–*as far back as one can remember*
"De mémoire de rose, on n'a jamais vu mourir de jardinier." *"As far back as roses can remember, they have never seen a gardener die."*

pour mémoire–*for the record*
Je vous envoie cette fracture pour mémoire. *I am sending you this bill for the record.*

---

ménager–*to arrange, to spare*

ménager la chèvre et le chou–*to play both ends against the middle, to sit on the fence*
Il veut ménager la chèvre et le chou, plutôt que de donner son avis. *He'd rather play both ends against the middle (sit on the fence) than give his opinion.*

ménager quelque chose à quelqu'un–*to have something in store for someone*
Je lui ménage une surprise. *I have a surprise in store for her.*

se ménager une porte de sortie–*to leave oneself a way out*
Il a offert son soutien, mais en se ménageant une porte de sortie. *He offered his support, but still leaving himself a way out.*

---

mener–*to lead, to take*

mener à bien–*to carry out (through) successfully*
Ils ont réussi à mener l'affaire à bien. *They managed to carry the thing out (through) successfully.*

mener à la baguette–*to boss (to order) around*
Sa femme le mène à la baguette. *His wife bosses (orders) him around.*

mener de front–*to carry on simultaneously*
Il n'aurait pas dû essayer de mener de front ses études et son travail. *He shouldn't have attempted to carry on his studies and his work simultaneously.*

mener grand train–*to live high on the hog (in style, it up)*
Depuis que leurs affaires marchent bien, ils mènent grand train. *Since their business started doing well, they have been living high on the hog (in style, it up).*

mener la grande vie (la vie de château)–*to live high, wide and handsome (the life of Riley)*
Son héritage lui a permis de mener la grande vie (la vie de château). *His inheritance has permitted him to live high, wide and handsome (the life of Riley).*

mener par le bout du nez–*to lead by the nose, to twist around one's little finger*
Cette femme mène son mari par le bout du nez. *That woman leads her husband by the nose (twists her husband around her little finger).*

mener quelque chose à bonne fin–*to see something through*
Nous mènerons ce travail à bonne fin coûte que coûte. *We will see this job through at all costs.*

mener tambour battant–*to lead with a firm hand; to set a fast pace for*
Elle mène sa famille tambour battant. *She leads her family with a firm hand.* Ce directeur mène ses associés tambour battant. *That director sets a fast pace for his associates.*

mener une vie de bâton de chaise–*to live a fast life*
Cette vie de bâton de chaise que tu mènes finira par t'ennuyer. *You'll end up by getting tired of this fast life you're living.*

ne pas en mener large–*to feel like two cents (small), not to act big*
Une fois devant les agents il n'en menait pas large. *Once he stood before the policemen, he felt like two cents (he felt small, he didn't act big).*

mentir–*to lie*

mentir comme un arracheur de dents (comme une épitaphe, comme on respire)–*to be a bald-faced liar*
Ne l'écoutez pas; il ment comme un arracheur de dents (comme une épitaphe, comme il respire). *Don't listen to him; he's a bald-faced liar.*

sans mentir–*no fooling*
Sans mentir, cette veste vous va comme un gant. *No fooling, this coat fits you like a glove.*

mer–*ocean, sea*

Ce n'est pas la mer à boire.–*It's not such a big deal (job).*

merci–*mercy, thanks*

avoir quelqu'un à sa merci–*to have someone over a barrel*
A cause de mes dettes, il m'a à sa merci. *Because of my debts, he has me over a barrel.*

mère–*mother*

la mère. . .–*old lady. . .*
C'est la mère Michel qui a perdu son chat. *It's old lady Michel who has lost her cat.*

mériter–*to deserve*

mériter le pain qu'on mange–*to be worth one's salt*
Ce garçon ne fiche rien; il ne mérite pas le pain qu'il mange. *That fellow doesn't do a lick of work; he isn't worth his salt.*

merveille–*marvel, wonder*

à merveille–*marvelously*

Elle a joué cette sonate à merveille. *She played that sonata marvelously.*

---

mesure–*extent, measure*

à mesure que (au fur et à mesure que)–*(proportionally) as*
Le salaire minimum croît (au fur et) à mesure que le coût de la vie augmente. *The minimum wage increases (proportionally) as the cost of living goes up.*

dans la mesure où–*in so far as*
Je vous aiderai dans la mesure où je le pourrai. *I'll help you in so far as I am able.*

en mesure de–*in a position to*
Il est malade; il n'est pas en mesure de vous recevoir. *He is ill; he is not in a position to see you.*

sur mesure–*custom (-made)*
J'ai fait faire ces rideaux sur mesure. *I had these curtains custom-made.*

---

métier–*profession, trade*

avoir du métier–*to have learned one's trade*
On voit par ce beau travail qu'il a du métier. *You can see by this fine work that he has learned his trade.*

Il n'y a pas de sot métier.–*A job is a job.*

---

mettre–*to put (on)*

bien mis–*well-dressed*
Elle était pauvre, mais toujours bien mise. *She was poor, but always well-dressed.*

Ça me met en boule!–*That gets my back up!*

en mettre plein la vue–*to throw the bull*
Ce n'est pas vrai; tu en mets plein la vue. *That's not true; you're throwing the bull.*

en mettre sa main au feu–*to eat one's hat, to stake one's life on it.*
Il est coupable; j'en mettrais ma main au feu. *He is guilty or I'll eat my hat (I'd stake my life on it).*

en mettre un (sacré) coup–*to work really hard*
Il faudra en mettre un (sacré) coup si nous voulons finir à temps. *We'll have to work really hard if we want to finish in time.*

mettre à contribution–*to call upon for help*
Ils ont mis tous leurs amis à contribution. *They called upon all their friends for help.*

mettre à gauche–*to set aside*
Il a réussi à mettre un peu d'argent à gauche. *He has managed to set a little money aside.*

mettre à la mode–*to bring into fashion*
La crise du pétrole a mis les bicyclettes à la mode. *The oil crisis has brought bicycles into fashion.*

mettre à nu–*to expose*
En grattant le mur ils ont mis une fresque à nu. *In scraping the wall they exposed a fresco.*

mettre à pied–*to sack*
Après les manifestations syndicales, plusieurs employés ont été mis à pied. *After the union demonstrations, several employees were sacked.*

mettre au défi (de faire quelque chose)–*to challenge (to do something)*
Je vous mets au défi d'en trouver un meilleur. *I challenge you to find a better one.*

mettre au grand jour–*to bring to light*
On a enfin mis leur complot au grand jour. *Their plot was finally brought to light.*

mettre au lit–*to put in bed (to sleep)*
Mettez les enfants au lit avant de venir. *Put the children in bed (to sleep) before you come.*

mettre au monde–*to give birth to*
Elle mit au monde de beaux jumeaux. *She gave birth to fine twin boys.*

mettre bas–*to have (a cub, a kitten, etc.); to lay down*
La chatte a mis bas ses petits pendant la nuit. *The cat had her litter during the night.* Les soldats mirent bas leurs armes et se rendirent. *The soldiers laid down their arms and surrendered.*

mettre dans le mille (dans le noir)–*to hit the nail on the head, to score a bull's-eye*
Sans le savoir, le détective a mis dans le mille avec sa supposition. *Without knowing it, the detective hit the nail on the head (scored a bull's-eye) with his supposition.*

mettre dans le même sac–*to lump together*
Il ne faut pas mettre dans le même sac toutes les espèces de délinquants. *You mustn't lump together all types of delinquents.*

mettre dans sa poche–*to have in the palm of one's hand*
Ton adversaire n'est pas de force; tu le mettrais dans ta poche. *Your opponent is no match for you; you'd have him in the palm of your hand.*

mettre debout–*to set up*
Nous avons mis l'affaire debout en peu de temps. *We set the business up in short time.*

mettre de côté–*to set aside*
Heureusement, ils avaient mis un peu d'argent de côté. *Fortunately, they had set a little money aside.*

mettre dedans–*to take in*
L'escroc l'a mis dedans sans difficulté. *The crook took him in without any difficulty.*

mettre de l'eau dans son vin–*to lower one's sights*
Etant donné nos problèmes financiers, nous devrons mettre de l'eau dans notre vin. *Given our financial difficulties, we'll have to lower our sights.*

mettre des bâtons dans les roues–*to throw a monkey wrench into the works*

Si nous n'avons pas réussi, c'est parce qu'il mettait toujours des bâtons dans les roues. *If we didn't succeed, it is because he kept throwing a monkey wrench into the works.*

mettre des gants–*to pull one's punches*
Il n'a pas mis de gants pour me dire ce qu'il pensait. *He didn't pull his punches when he told me what he thought.*

mettre du beurre dans les épinards–*to get a little gravy*
Avec le travail supplémentaire il commence à mettre du beurre dans les épinards. *With his work on the side, he's starting to get a little gravy.*

mettre du foin dans ses bottes–*to feather one's nest*
Ayant mis du foin dans ses bottes, elle veut prendre sa retraite maintenant. *Having feathered her nest, she wants to retire now.*

mettre en demeure–*to call upon (to do something)*
Je l'ai mis en demeure de répondre à notre question. *I called upon him to answer our question.*

mettre en garde contre–*to caution against*
Il nous ont mis en garde contre le danger de vol. *They cautioned us against the danger of theft.*

mettre en marche–*to start (up)*
Mets le moteur en marche et nous pouvons partir. *Start (up) the motor and we can leave.*

mettre en œuvre–*to put to profit*
Ils mirent toutes leurs ressources en œuvre pour réussir. *They put all their resources to profit in order to succeed.*

mettre en pièces–*to cut to ribbons, to tear apart*
Les critiques ont mis son livre en pièces. *The critics cut his book to ribbons (tore his book apart).*

mettre en route–*to start (up)*
J'ai mis ce projet en route il y a un mois. *I started this project a month ago.*

mettre en valeur–*to bring out, to play up; to develop*
Tâchez de mettre en valeur l'importance de leur coopération. *Try to bring out (to play up) the importance of their cooperation.* Ils ont décidé de mettre leur terrain en valeur. *They decided to develop their land.*

mettre en vedette–*to make something stand out*
Il était content de voir qu'on avait mis son nom en vedette sur l'affiche. *He was happy to see that his name had been made to stand out on the poster.*

mettre en veilleuse–*to cut back*
Pendant la guerre, on a mis l'industrie de luxe en veilleuse. *During the war, they cut back the luxury industry.*

mettre fin à–*to bring to a close*
Cela met fin à notre histoire pour aujourd'hui. *That brings our story to a close for today.*

mettre la charrue devant les bœufs—*to put the cart before the horse*
Ne commencez pas là; vous mettez la charrue devant les bœufs. *Don't begin there; you're putting the cart before the horse.*

mettre la clef sous la porte—*to skip out*
Quand on l'a cherché, il avait mis la clef sous la porte. *When they looked for him, he had skipped out.*

mettre la dernière main à—*to give (to put) the finishing touches to*
L'auteur vient de mettre la dernière main à son article. *The author has just given (put) the finishing touches to his article.*

mettre l'affaire sur le dos de—*to pass the buck to*
Pour éviter la responsabilité, ils ont mis l'affaire sur mon dos. *To avoid responsibility, they passed the buck to me.*

mettre la main à la pâte—*to pitch in, to take a hand in it*
Le travail sera vite terminé si tout le monde met la main à la pâte. *The work will be quickly finished if everyone pitches in (takes a hand in it).*

mettre la patience de quelqu'un à l'épreuve—*to try someone's patience*
Son obstination commence à mettre ma patience à l'épreuve. *His stubbornness is beginning to try my patience.*

mettre la puce à l'oreille à quelqu'un—*to put a bug in someone's ear*
Les absences fréquentes de son employé lui ont mis la puce à l'oreille. *His employee's frequent absences put a bug in his ear.*

mettre la tête de quelqu'un à prix—*to put a price on someone's head*
Le gouvernement a mis la tête du rebelle à prix. *The government put a price on the rebel's head.*

mettre le cap sur—*to strike out for*
Leur bateau a mis le cap ensuite sur Panama. *Their boat then struck out for Panama.*

mettre le comble à—*to be the final stroke in*
Cela mettait le comble à sa ruine. *That was the final stroke in his ruin.*

mettre le contact—*to turn on the ignition*
Le chauffeur a mis le contact et il a démarré. *The driver turned on the ignition and started the motor.*

mettre le doigt dessus—*to hit the nail on the head, to put one's finger on it*
C'est cela; vous avez mis le doigt dessus. *That's right; you've hit the nail on the head (put your finger on it).*

mettre le feu aux poudres—*to set off the powder keg*
C'est l'assassinat de l'archiduc qui a mis le feu aux poudres. *It was the archduke's assassination that set off the powder keg.*

mettre le holà—*to blow the whistle, to put a stop to it*
Il y avait tant de corruption que le gouvernement a dû enfin mettre le holà. *There was so much corruption that the government finally had to blow the whistle (put a stop to it).*

mettre le marché en main à quelqu'un—*to tell someone to take it or leave it*
Après une heure de discussions, je lui ai mis le marché en main. *After an hour's argument, I told him to take it or leave it.*

mettre les bouchées doubles—*to work on the double*
Ils ont dû mettre les bouchées doubles pour finir la commande à temps. *They had to work on the double to finish the order in time.*

mettre les gaz—*to pull out all the stops*
Le coureur a mis les gaz afin de gagner. *The runner pulled out all the stops in order to win.*

mettre les petits plats dans les grands—*to put on a big spread*
En l'honneur de sa visite, ils avaient mis les petits plats dans les grands. *In honor of his visit, they had put on a big spread.*

mettre les pieds dans le plat—*to put one's foot in it (in one's mouth)*
Ne sachant pas que c'était l'amie du patron, il a mis les pieds dans le plat. *Not knowing that she was the boss's girl friend, he put his foot in it (in his mouth).*

mettre les pouces—*to cry uncle*
Après une courte lutte inégale, il a mis les pouces. *After a brief unequal struggle, he cried uncle.*

mettre quelque chose au clou—*to pawn something*
Il a dû mettre sa montre au clou pour payer le loyer. *He had to pawn his watch in order to pay the rent.*

mettre quelque chose en doute—*to cast doubt on something, to question something*
Les sénateurs ont mis l'honnêteté du candidat en doute. *The senators cast doubt on (questioned) the honesty of the candidate.*

mettre quelque chose en train—*to get something under way*
C'est elle qui a mis l'édition de la revue en train. *She is the one who got the publication of the magazine under way.*

mettre quelqu'un à la porte—*to fire someone, to give someone the gate, to throw someone out*
Son patron l'a mis à la porte parce qu'il volait. *His boss fired him (gave him the gate, threw him out) because he stole things.*

mettre quelqu'un à la raison—*to bring someone to his senses*
La colère de tous ses amis l'a remis à la raison. *The anger of all his friends brought him back to his senses.*

mettre quelqu'un au courant—*to give someone the word, to tip someone off*
Vous devriez le mettre au courant, pour qu'il ne vende pas la mèche. *You had better give him the word (tip him off) so he doesn't spill the beans.*

mettre quelqu'un au pas—*to make someone fall into step*
Le juge a juré de mettre les fauteurs de troubles au pas. *The judge swore he would make the troublemakers fall into step.*

mettre quelqu'un au pied du mur—*to put someone's back to the wall*

Je suis fatigué d'attendre sa décision; il faut le mettre au pied du mur. *I'm tired of waiting for his decision; we have to put his back to the wall.*

mettre quelqu'un dans le secret—*to let someone in on a secret*
Si nous voulons qu'il nous aide, il faut le mettre dans le secret. *If we want him to help us, we have to let him in on the secret.*

mettre quelqu'un en boîte—*to make fun of (to poke fun at) someone*
Elle n'arrêtait pas de mettre le nouveau venu en boîte. *She kept on making fun of (poking fun at) the newcomer.*

mettre sur la sellette—*to call on the carpet, to rake over the coals*
En apprenant ses erreurs, le patron l'a mise sur la sellette. *On learning of her mistakes, the boss called her on the carpet (raked her over the coals).*

mettre sur le dos à—*to lay at someone's door*
Ne me mettez pas ce problème sur le dos. *Don't lay that problem at my door.*

mettre sur pied—*to set up*
Il lui a fallu des mois pour mettre son affaire sur pied. *It took him months to set up his business.*

mettre sur ses tablettes—*to put on one's list*
Il m'a beaucoup aidé; je le mettrai sur mes tablettes. *He gave me a lot of help; I'll put him on my list.*

mettre (un certain temps) à—*to take (time)*
Noé a dû mettre des années à construire son arche. *Noah must have taken years to build his ark.*

mettre un couvert—*to lay (to set) a place*
Vous devriez mettre un autre couvert à table parce que Jean vient dîner. *You ought to lay (to set) another place at the table because John is coming to dinner.*

mettons que—*let's suppose that*
Mettons qu'il ait menti; qu'est-ce qu'on fait alors? *Let's suppose that he lied; what do we do then?*

se faire mettre à la porte—*to get one's walking papers, to get the sack*
Si vous ne travaillez pas davantage, vous allez tous vous faire mettre à la porte. *If you don't work harder, you're all going to get your walking papers (get the sack).*

se mettre à genoux—*to get on one's knees, to kneel*
Nous nous sommes mis à genoux pour prier. *We got on our knees (we knelt) to pray.*

se mettre à quelque chose—*to set about, to set to*
Mettons-nous au travail tout de suite. *Let's set about working (set to work) right away.*

se mettre à table—*to sit down to eat; to spill the beans*
Mettons-nous à table; le repas est prêt. *Let's sit down to eat; the meal is ready.*
Après plusieurs heures d'interrogatoire, le suspect s'est mis à table. *After several hours of questioning, the suspect spilled the beans.*

se mettre au beau–*to clear up*
Quel bonheur! Le temps semble se mettre au beau. *What good luck! The weather seems to be clearing up.*

se mettre au lit–*to go to bed*
Mettez-vous au lit, les enfants; il est tard! *Go to bed, children; it's late!*

se mettre au pas–*to fall into step, to toe the line (the mark)*
Finis les jeux; il faudra maintenant que vous vous mettiez au pas. *The fun is over; now you'll have to fall into step (to toe the line, the mark).*

se mettre au vert–*to go to the country (to recuperate)*
Après cette longue année d'étude, vous devriez vous mettre au vert. *After this long year of study, you should go to the country (to recuperate).*

se mettre dans le pétrin–*to get into a scrape*
Maintenant on s'est mis vraiment dans le pétrin! *Now we've really gotten into a scrape!*

se mettre du côté du manche–*to get on the right side*
Dans les temps de crise, il se mettait habilement du côté du manche. *Whenever there was trouble, he always managed to get on the right side.*

se mettre en boule–*to get sore*
Il s'est mis en boule quand nous lui avons dit ce que nous pensions. *He got sore when we told him what we thought.*

se mettre en colère–*to get angry (mad)*
Il se mettait toujours en colère quand on troublait sa sieste. *He always got angry (mad) when someone interrupted his nap.*

se mettre en quatre–*to bend (to lean) over backwards, to break one's back*
Je me suis mis en quatre pour lui trouver ce qu'elle voulait. *I bent (I leaned) over backwards (I broke my back) to find what she wanted for her.*

se mettre en route–*to hit the road, to set forth (off, out)*
Nous devrons nous mettre en route de bonne heure demain matin. *We will have to hit the road (to set forth, off, out) early tomorrow morning.*

se mettre en tête de–*to take a notion to, to take it into one's head to*
Mon fils s'est mis en tête de devenir acteur. *My son has taken a notion (taken it into his head) to become an actor.*

se mettre la corde au cou–*to put one's neck in the noose*
Il s'est mis la corde au cou en l'épousant. *He put his neck in the noose by marrying her.*

se mettre le doigt dans l'œil–*to be all wet (way off base)*
Si tu crois vraiment ces sottises, tu te mets le doigt dans l'œil. *If you really believe that nonsense, you're all wet (way off base).*

se mettre martel en tête–*to get worried*
Ne te mets pas martel en tête ainsi; tout s'arrangera. *Don't get so worried; everything will work out right.*

se mettre quelqu'un à dos–*to get in bad with someone*
Par ses provocations, il se les est mis à dos. *By his provocations, he got in bad with them.*

se mettre sur les rangs–*to declare oneself a candidate*
Plusieurs personnes se sont déjà mises sur les rangs pour les élections. *Several people have already declared themselves candidates for the election.*

se mettre sur son séant–*to sit up*
En entendant le bruit, il s'est mis sur son séant brusquement. *Upon hearing the noise, he sat up suddenly.*

se mettre sur son trente et un–*to get all dolled up*
Elle s'est mise sur son trente et un pour aller danser. *She got all dolled up to go dancing.*

s'y mettre–*to go to it (to town)*
Voyant la faiblesse de ses adversaires, l'équipe s'y est mise et les a écrasés. *Seeing their opponents' weakness, the team went to it (went to town) and licked them.*

y mettre du sien–*to do (to give) one's share*
Si chacun y met du sien, nous aurons bientôt fini le travail. *If everyone does (gives) his share, we'll have finished the work soon.*

y mettre la manière–*to know how to do things the right way*
Mon patron dit parfois des choses dures, mais il y met la manière. *My boss sometimes says harsh things, but he knows how to do things the right way.*

y mettre le paquet–*to give it one's all, to go all out; to go (the) whole hog*
Le coureur cycliste y a mis le paquet et il a gagné. *The bicycle racer gave it his all (went all out) and he won.* Maintenant que nous pouvons nous payer de beaux vêtements, je veux y mettre le paquet. *Now that we can afford to dress well, I want to go (the) whole hog.*

y mettre son grain de sel–*to put in one's two cents' worth, to stick one's oar in*
Il n'en sait rien; pourquoi y met-il toujours son grain de sel? *He doesn't know anything about it; why does he always put in his two cents' worth (stick his oar in)?*

midi–*noon, south*
    au midi–*(toward the) south*
    Vous aimerez cette chambre exposée au midi. *You will like this room facing (toward the) south.*

mieux–*better, best*
    à qui mieux mieux–*to beat the band*
    Les enfants faisaient du bruit à qui mieux mieux. *The children were making noise to beat the band.*

    C'est on ne peut mieux.–*It couldn't be better.*

    en mieux–*only better*
    C'est sa sœur, en mieux. *She looks like her sister, only better.*

Le mieux est l'ennemi du bien.—*Leave (let) well enough alone.*

---

mijoter—*to simmer*

Qu'est-ce que tu mijotes?—*What are you up to?*

---

mille—*(a) thousand*

il y a mille à parier contre un que—*it's dollars to doughnuts that*
Il y a mille à parier contre un qu'il ne viendra pas. *It's dollars to doughnuts that he won't come.*

---

mine—*looks, mien*

faire la mine à—*to pull a long face at*
Pourquoi me fais-tu la mine ce matin? *Why are you pulling a long face at me this morning?*

faire des mines—*to simper*
En recevant ses invités, elle faisait des mines. *When she welcomed her guests, she would simper.*

faire mine de—*to make as if to*
Pour les dépister, il a fait mine de sortir. *To throw them off the track, he made as if to leave.*

(sans faire) mine de rien—*without appearing to*
(Sans faire) mine de rien, elle a amassé une fortune. *Without appearing to, she put together a fortune.*

---

miser—*to bet*

miser sur deux tableaux—*to bet on both sides*
Par précaution, il misait toujours sur les deux tableaux. *As a precaution, he always bet on both sides.*

---

misère—*misery, poverty*

faire des misères à—*to make life hard (miserable) for*
Mon petit frère me fait toujours des misères. *My little brother always makes life hard (miserable) for me.*

pour une misère—*for a trifle*
Les deux sœurs se sont disputées pour une misère. *The two sisters quarrelled for a trifle.*

---

mode—*fashion*

être à la mode—*to be in (in fashion)*
Les blue-jeans sont à la mode partout cette année. *(Blue) jeans are in (are in fashion) everywhere this year.*

moi–*me*

à moi!–*help!*
A moi! On me vole! *Help! I'm being robbed!*
Et moi de même.–*That makes two of us.*

moindre–*least*

ne pas avoir la moindre chance–*not to have a prayer*
Vous n'avez pas la moindre chance d'être choisi! *You don't have a prayer of being selected!*

moins–*minus, less*

à moins–*for less (cause) than that*
On s'en fâcherait à moins! *You might get angry for less (cause) than that!*
au moins–*at least (quantity)*
Sa famille a au moins trois voitures. *His family has at least three cars.*
du moins–*at least (concessive)*
Jean est sorti; du moins je le crois. *John has gone out; at least, I think so.*
en moins de deux–*in no time at all*
Tu pourras le faire en moins de deux. *You can do it in no time at all.*
Il était moins une (moins cinq)!–*It was a close call (touch and go)!*
pas le moins du monde–*not by any means, not in the least*
Elle n'est pas sotte, pas le moins du monde. *She is not stupid by any means (not in the least stupid).*

moisir–*to grow moldy*

se laisser moisir–*to let the grass grow under one's feet*
Il n'a pas réussi dans les affaires en se laissant moisir. *He didn't succeed in business by letting the grass grow under his feet.*

moitié–*half*

à moitié–*half(way)*
Ce type me semblait à moitié fou. *That guy seemed half(way) crazy to me.*
être de moitié–*to be involved*
Il était de moitié dans leurs combinaisons. *He was involved in their deals.*

moment–*moment, time*

du moment que–*as long as*
Du moment que vous le prenez comme ça, je m'en vais. *As long as you're going to take it like that, I'm leaving.*
d'un moment à l'autre–*any minute (now)*
Nous attendons son arrivée d'un moment à l'autre. *We expect him to arrive any minute (now).*

en ce moment—*at this time*
En ce moment de l'année, les bureaux sont débordés. *At this time of year, the offices are swamped.*

par moments—*at times, from time to time*
Par moments votre ami a l'air vraiment malheureux. *At times (from time to time) your friend seems really unhappy.*

pour le moment—*for the time being*
Oublions notre différend pour le moment. *Let's forget our dispute for the time being.*

sur le moment—*for a moment, right off*
Sur le moment je n'ai pas su trouver de réponse. *For a moment (right off) I couldn't find an answer.*

---

monde—*people, world*

de ce monde—*among the living*
Le pauvre homme n'est plus de ce monde. *The poor man is no longer among the living.*

depuis que le monde est monde—*since the beginning of time*
Depuis que le monde est monde, les enfants se croient plus malins que leurs parents. *Since the beginning of time, children have thought they were smarter than their parents.*

Que de monde!—*What a crowd!*

---

monnaie—*change, money*

être monnaie courante—*to be commonplace*
Ce genre de raisonnement, bien que faux, est monnaie courante. *That kind of reasoning, although false, is commonplace.*

---

monter—*to go up, to take up*

monter à cheval (à bicyclette)—*to ride a horse (a bicycle)*
Elle a appris à monter (à cheval) au manège. *She learned how to ride (a horse) at riding school.*

monter au cerveau—*to go to one's head*
Le succès lui est monté au cerveau; on ne peut plus lui parler. *Success went to his head; you can't talk to him any more.*

monter dans une auto (un avion, un bateau, un train)—*to get into a car (aboard, on a plane, a boat, a train)*
Nous sommes montés tout de suite dans l'avion de New York. *We got aboard (on) the plane to New York right away.*

monter en flèche—*to shoot up*
Les actions pétrolières sont montées en flèche. *Oil stocks shot up.*

monter en graine—*to go (to run) to seed*

Leur jardin est monté en graine pendant leur absence. *Their garden has gone (has run) to seed in their absence.*

monter la tête à quelqu'un–*to get someone worked up*
Je vois par votre attitude qu'il vous a monté la tête contre moi. *I see by your attitude that he got you worked up against me.*

monter sur les planches–*to go on the stage*
Depuis son enfance elle désirait monter sur les planches. *Since childhood she had wanted to go on the stage.*

monter sur ses grands chevaux–*to get up on one's high horse*
Quand on critique ses activités, il monte toujours sur ses grands chevaux. *When you criticize his activities, he always gets up on his high horse.*

monter un bateau à quelqu'un–*to lead someone on, to pull someone's leg*
Je vois maintenant qu'il nous a monté un bateau en offrant de nous acheter le terrain. *I see now that he was leading us on (pulling our leg) when he offered to buy the land from us.*

monter un coup–*to set (up) a plot*
Nos ennemis ont monté un coup contre le leader. *Our enemies set (up) a plot against the leader.*

monter une maison–*to set up house*
Après son mariage ses parents l'ont aidé à monter sa maison. *After his wedding, his parents helped him set up (his) house.*

se monter à–*to amount (to come) to*
A combien se monte la facture? *How much does the bill amount (come) to?*

---

montre–*show, watch*

faire montre de–*to show off*
Il fait montre toujours de son érudition. *He is always showing off his learning.*

---

montrer–*to show*

montrer patte blanche–*to have the password, to show one belongs*
Pour entrer dans ce club il faut montrer patte blanche. *To go into that club you have to have the password (to show you belong).*

se montrer à la hauteur des circonstances–*to rise to the occasion*
Malgré nos doutes, le président s'est montré à la hauteur des circonstances. *In spite of our doubts, the president rose to the occasion.*

(se) moquer–*to laugh at, to mock*

Il se moque du tiers comme du quart.–*He doesn't give a darn (one way or the other).*

se moquer de–*not to give a darn about, to snap one's fingers at; to make fun of*
C'est un homme impétueux qui se moque du danger. *He is a rash man who doesn't*

give a darn about (who snaps his fingers at) danger. Cesse de te moquer de nous tout le temps. *Stop making fun of us all the time.*

morale–*morals*

faire la morale à–*to give a lecture to*
Elle m'a fait la morale parce que j'étais rentré trop tard. *She gave me a lecture because I had come in too late.*

mordre–*to bite*

mordre à quelque chose–*to take to something*
Elle a mordu admirablement au français. *She has taken to French marvelously.*

mordre sur–*to go (to edge) over*
Sa voiture a mordu sur la bande jaune. *His car went (edged) over the white line.*

s'en mordre les doigts–*to kick oneself for something*
Je n'ai pas écouté son avertissement et je m'en mords les doigts. *I didn't listen to his warning and I could kick myself for it.*

mort–*dead*

être mort de fatigue–*to be dead tired (tired to death)*
Après un tel effort, j'étais mort de fatigue. *After such an effort, I was dead tired (tired to death).*

être mort de peur–*to be frightened to death*
En entendant grincer ces chaînes, elle était morte de peur. *She was frightened to death on hearing those chains rattle.*

mort–*dead man*

faire le mort–*to play possum*
Pendant le passage des chasseurs le renard a fait le mort. *The fox played possum while the hunters passed by.*

mort–*death*

la mort dans l'âme–*sick at heart*
Il dit adieu à sa patrie, la mort dans l'âme. *He felt sick at heart as he said farewell to his homeland.*

mot–*word*

avoir le mot pour rire–*to be ready with a joke*
Malgré sa dignité il a toujours le mot pour rire. *Despite his dignity, he is always ready with a joke.*

un mot de cinq lettres–*a four-letter word*
Il m'a dit le fond de sa pensée avec un mot de cinq lettres. *He told me what he really thought in a four-letter word.*

mouche–*fly*

faire mouche–*to hit home, to score a bull's-eye*
C'est cela: votre réponse a fait mouche. *That's right: your answer hit home (scored a bull's-eye).*

la mouche du coche–*a busybody*
Pendant que nous nous fatiguions à terminer le travail, Jean faisait la mouche du coche. *While we were struggling to finish the job, John acted the busybody.*

Quelle mouche te pique?–*What's bugging (eating) you? What's got into you?*

(se) moucher–*to blow (one's) nose*

Il ne se mouche pas du pied.–*He thinks a lot (highly) of himself.*

moulin–*mill*

être un moulin à paroles–*to be a windbag, to talk a blue streak*
C'est un moulin à paroles; on n'arrive pas à placer un mot. *He's a windbag (he talks a blue streak); you can't get a word in edgewise.*

mourir–*to die*

C'est à mourir de rire!–*You'll laugh yourself sick!*

mourir à la tâche–*to die with one's boots on*
Il a travaillé jusqu'à la fin et il est mort à la tâche. *He worked right up to the end and he died with his boots on.*

mourir de faim–*to be starved to death, to be starving*
Allons dîner; je meurs de faim. *Let's go have dinner; I'm starved to death (I'm starving).*

mourir d'ennui–*to be bored to death*
Ne regardons plus ce programme; je meurs d'ennui. *Let's not watch this program any longer; I'm bored to death.*

mourir d'envie de–*to be dying to*
Elle meurt d'envie de se faire inviter chez eux. *She is dying to get invited to their house.*

mourir de sa belle mort–*to die of old age*
Malgré toutes ses maladies, il mourut de sa belle mort à l'âge de quatre-vingt-dix ans. *Despite all his ailments, he died of old age at ninety.*

mourir sur le fumier–*to die in poverty (in squalor)*
Les parents de ce millionnaire sont morts sur le fumier. *The parents of that millionaire died in poverty (in squalor).*

moutarde–*mustard*

C'est de la moutarde après dîner.–*It's too late to be of any use.*

La moutarde lui monte au nez.–*He (she) is starting to see red.*

mouton–*sheep*

comme les moutons de Panurge–*like a flock of sheep (like lemmings)*
En dépit du bon sens, ils l'ont suivi comme les moutons de Panurge. *Against all common sense, they followed him like a flock of sheep (like lemmings).*

Revenons à nos moutons!–*Let's get back to (the) business (at hand)!*

mouvement–*movement*

dans le mouvement–*in the swim*
Elle lisait toutes les revues pour rester dans le mouvement. *She read all the magazines in order to stay in the swim.*

muet–*mute, silent*

muet comme une carpe–*close-lipped*
Devant toutes nos questions il est resté muet comme une carpe. *He remained close-lipped in the face of all our questions.*

mûr–*ripe*

après mûre réflexion–*after due consideration*
Après mûre réflexion, je dois refuser votre offre. *After due consideration, I must refuse your offer.*

mur–*wall*

faire le mur–*to sneak out (over the wall)*
La nuit il faisait le mur pour rejoindre ses camarades. *At night, he sneaked out (over the wall) to join his pals.*

museler–*to muzzle*

museler quelqu'un–*to sit on someone*
Nous devrons le museler ou il nous trahira. *We'll have to sit on him or he'll give us away.*

N

nage–*swimming*

être en nage–*to be bathed in perspiration (sweat)*
A la fin de la course, l'athlète était en nage. *At the end of the race, the athlete was bathed in perspiration (sweat).*

nager–*to swim*

nager dans–*to be rolling (wallowing) in*
Grâce à leurs placements, ils nageaient maintenant dans l'abondance. *Thanks to their investments, they were now rolling (wallowing) in wealth.*

nager entre deux eaux–*to play both sides*
Ce député nage entre deux eaux pour éviter de se faire des ennemis. *That representative plays both sides in order to avoid making enemies.*

nature–*natural*

café nature–*black coffee*
Vous prenez votre café nature ou avec un peu de lait? *Do you drink your coffee black or with a little milk?*

nature–*nature*

C'est une bonne (une petite, une riche) nature.–*He (she) is a good (a frail, a big-hearted) soul.*

en nature–*in kind*
Puisque le paysan n'avait pas d'argent liquide, il nous a payés en nature. *Since the farmer didn't have any ready cash, he paid us in kind.*

né–*born*

être né coiffé–*to born lucky (with a silver spoon in one's mouth)*
Elle est née coiffée, mais elle sait travailler aussi. *She was born lucky (with a silver spoon in her mouth), but she knows how to work, too.*

être né sous une bonne étoile–*to be born under a lucky star*
Tout lui sourit; il est né sous une bonne étoile. *Everything works out well for him; he was born under a lucky star.*

nécessité–*necessity, need*

de toute nécessité–*absolutely essential*
Il est de toute nécessité que vous lui parliez immédiatement. *It is absolutely essential that you speak to him right away.*

nerf–*nerve, sinew*

porter (taper) sur les nerfs à quelqu'un–*to get on someone's nerves*
Cesse de faire ce bruit; il me porte (tape) sur les nerfs! *Stop making that noise; it's getting on my nerves!*

nerveux–*nervous, vigorous*

nerveux comme un plat de nouilles–*without gumption*
Ce chien est nerveux comme un plat de nouilles; il ne vaut rien pour la chasse. *This dog has no gumption; he's worthless for hunting.*

nez–*nose*

au nez et à la barbe de quelqu'un–*under someone's very nose*
L'impudent faisait de la contrebande au nez et à la barbe des douaniers. *The rascal carried on smuggling under the very nose of the customs agents.*

avoir dans le nez–*to be fed up with*
Je ne veux plus voir ces gens; je les ai dans le nez. *I don't want to see those people any more; I'm fed up with them.*

avoir le nez creux–*to be shrewd (wily)*
On ne peut pas tromper ce type-là; il a le nez creux. *You can't fool that guy; he's a shrewd (wily) one.*

---

nid–*nest*

un nid de poule–*a pothole*
J'ai dû casser un ressort en passant sur un nid de poule. *I must have broken a spring driving over a pothole.*

---

noce–*party, wedding*

faire la noce–*to do the town, to go on the town, to live it up, to paint the town red*
Il avait fait la noce la veille et il avait mal aux cheveux. *He had done the town (gone on the town, lived it up, painted the town red) the night before and he had a hangover.*

---

noir–*black*

faire noir–*to be dark (out)*
Il faisait déjà noir et on n'y voyait plus rien. *It was already dark (out) and you couldn't see a thing any more.*

---

nom–*name*

être une chose sans nom (n'avoir pas de nom)–*to be unspeakable*
Son traitement des prisonniers était une chose sans nom (n'avait pas de nom). *His treatment of the prisoners was unspeakable.*

Nom d'un chien (d'une pipe, d'un petit bonhomme)!–*By golly! Doggone it! Holy cow!*

se faire un (grand) nom–*to make (quite) a name for oneself, to make one's mark*
Il s'est fait un (grand) nom dans le monde des sports. *He made (quite) a name for himself (he made his mark) in the world of sports.*

---

note–*bill, note*

dans la note–*in tune with the times*
Sans suivre aveuglément la mode, elle savait rester dans la note. *Without following fashion slavishly, she managed to stay in tune with the times.*

---

noter–*to note*

noter (par écrit)–*to write down*
J'ai oublié de noter (par écrit) son adresse. *I forgot to write down her address.*

---

nouvelle–*news (item)*

avoir (recevoir) des nouvelles de quelqu'un–*to hear from someone*

Avez-vous eu (reçu) des nouvelles de Jean depuis son départ? *Have you heard from John since he left?*

Vous aurez de mes nouvelles!—*You'll be sorry (for that)!*

---

noyer—*to drown*

se noyer dans un verre d'eau—*to make a mountain out of a molehill*
Ce fonctionnaire inepte se noie toujours dans un verre d'eau. *That inept official always makes a mountain out of a molehill.*

---

nu—*naked, nude*

nu comme un ver—*stark naked*
Les baigneurs à cette plage étaient tous nus comme des vers. *The bathers at that beach were all stark naked.*

---

nuit—*darkness, night*

dans la nuit des temps—*in the deep, dark past*
Les origines de cette tradition se perdent dans la nuit des temps. *The origins of this tradition are lost in the deep, dark past.*

faire nuit (noire)—*to be (pitch) dark (out)*
Il faisait nuit (noire) quand elle est rentrée. *It was (pitch) dark (out) when she came home.*

La nuit porte conseille.—*Sleep on it.*

une nuit blanche—*a sleepless night*
J'ai passé une nuit blanche à penser à ce que vous m'avez dit. *I spent a sleepless night thinking about what you told me.*

---

nul—*no, null*

être nul—*to be a dud (a zero)*
Je suis nul en maths. *I'm a dud (a zero) at math.*

---

numéro—*number*

C'est un drôle de numéro.—*He (she) is a strange character.*

O

obéir—*to obey*

obéir à quelqu'un au doigt et à l'œil—*to be at someone's beck and call*
Ce grand malabar veut qu'on lui obéisse au doigt et à l'œil. *That big bruiser wants people to be at his beck and call.*

---

occasion—*occasion, opportunity*

à l'occasion (à la première occasion)—*when (as soon as) the opportunity arises*

Je lui parlerai de cette affaire à l'occasion (à la première occasion). *I'll speak to him about this business when (as soon as) the opportunity arises.*

d'occasion–*second-hand*
Nous avons acheté une auto d'occasion, n'ayant pas l'argent pour une neuve. *We bought a second-hand car, not having enough money for a new one.*

---

occuper–*to occupy*

Occupe-toi (occupez-vous) de tes (vos) affaires (de tes, vos oignons).–*Mind your own business. Stick to your knitting.*

s'occuper à–*to keep busy (with)*
A ses heures perdues, il s'occupe à peindre. *In his spare time, he keeps busy (with) painting.*

s'occuper de–*to look after, to take care of*
Ne vous inquiétez pas; je vais m'occuper de ce problème. *Don't worry; I'm going to look after (take care of) that problem.*

œil–*eye*

à l'œil–*for nothing, free*
Je n'avais pas d'argent, mais j'ai réussi à avoir un verre à l'œil. *I didn't have any money, but I managed to get a drink for nothing (free).*

avoir à l'œil–*to keep one's eye (to keep tabs) on*
Ne faites pas de bêtises; je vous ai à l'œil. *Don't do anything foolish; I'm keeping my eye (I'm keeping tabs) on you.*

Mon œil!–*In a pig's eye! My foot!*

un œil au beurre noir–*a black eye*
Il a eu un œil au beurre noir dans la bagarre. *He got a black eye in the brawl.*

œuf–*egg*

écraser (étouffer, tuer) dans l'œuf–*to nip in the bud*
La police secrète a écrasé (étouffé, tué) le complot dans l'œuf. *The secret police nipped the plot in the bud.*

---

office–*duty, office, service*

d'office–*as a matter of course, in the line of duty*
Le secrétaire envoie cet imprimé d'office à tous les candidats. *The secretary sends this form to all the applicants as a matter of course (in the line of duty).*

faire office de–*to act as*
Pendant son absence, vous ferez office de vice-président. *During his absence, you will act as vice-president.*

---

oignon–*onion*

Ce n'est pas mes oignons.–*That's not my cup of tea. It's none of my business.*

ombre–*shade, shadow*

à l'ombre–*in the clink*
Le chef des gangsters a été mis à l'ombre. *The head of the gangsters has been put in the clink.*

ne pas avoir l'ombre d'une chance–*not to have the ghost of a chance*
Ce socialiste n'a pas l'ombre d'une chance de se faire élire. *That socialist hasn't the ghost of a chance of getting elected.*

une ombre au tableau–*a fly in the ointment*
La seule ombre au tableau, c'est la mévente du blé. *The only fly in the ointment is the low selling price of wheat.*

---

ordinaire–*ordinary*

à l'ordinaire (d'ordinaire)–*usually*
Il rentre à midi et demi à l'ordinaire (d'ordinaire). *He usually comes home at half past noon.*

---

ordre–*order*

dans cet ordre d'idées–*in that line of thought*
Il vaut mieux ne pas aller plus loin dans cet ordre d'idées. *It's better not to go any further in that line of thought.*

être (rentrer) dans l'ordre–*to be under control*
Rassurez-vous; tout est (rentré) dans l'ordre maintenant. *Stop worrying; everything is under control now.*

l'ordre du jour–*the agenda*
Après cette discussion générale, nous allons passer à l'ordre du jour. *After this general discussion, we are going to proceed with the agenda.*

---

oreille–*ear*

avoir de l'oreille–*to have an ear for music*
Puisque l'enfant a de l'oreille, on va lui faire prendre des leçons de chant. *Since the child has an ear for music, we are going to have him take singing lessons.*

casser (rompre) les oreilles à quelqu'un–*to deafen someone, to drive someone crazy*
Cesse de me casser (rompre) les oreilles avec tes questions incessantes. *Stop deafening me (driving me crazy) with your incessant questions.*

ne pas avoir d'oreille–*to have a tin ear*
Elle voudrait apprendre à chanter, mais elle n'a pas d'oreille. *She would like to learn how to sing, but she has a tin ear.*

---

oser–*to dare*

oser affirmer–*to go out on a limb and say*
Malgré les signes contradictoires, j'ose affirmer que l'économie va s'améliorer. *De-*

spite the contradictory signs, I'll go out on a limb and say that the economy is going to improve.

où–*where*

où diable?–*where in the world?*
Où diable avez-vous trouvé cette robe? *Where in the world did you find that dress?*

par où–*which way*
Nous n'avons pas vu par où ils sont partis. *We didn't see which way they went.*

oublier–*to forget*

faire oublier–*to live down*
Il faut que vous essayiez de faire oublier votre mauvaise réputation. *You must try to live down your bad reputation.*

ours–*bear*

un ours mal léché–*a big oaf*
C'est un ours mal léché, mais il a bon cœur. *He's a big oaf, but his heart is in the right place.*

ouvrir–*to open*

ouvrir à quelqu'un–*to let someone in*
Quand j'ai frappé, c'est Paul qui m'a ouvert. *When I knocked, it was Paul who let me in.*

ouvrir le bal–*to start the ball rolling*
Je vais faire une première offre pour ouvrir le bal. *I'm going to make a first offer to start the ball rolling.*

ouvrir les yeux à quelqu'un–*to put (to set) someone wise*
Il n'en sait rien, mais nous allons lui ouvrir les yeux. *He doesn't know anything about it, but we're going to put (to set) him wise.*

s'ouvrir à–*to confide in*
Je regrette de m'être ouvert à ce bavard. *I'm sorry that I confided in that gossip.*

P

page–*page*

à la page–*in the know, up to date*
Malgré son isolement, elle réussissait à rester à la page. *Despite her isolation, she managed to remain in the know (up to date).*

paille–*straw*

sur la paille–*down and out*

Autrefois cette famille était très riche, mais maintenant elle est sur la paille. *Once that family was very rich, but now they are down and out.*

---

pain–*bread*

au pain sec–*on bread and water*
Pour punir le criminel, on l'a mis au pain sec. *To punish the criminal, they put him on bread and water.*

avoir du pain sur la planche–*to have one's work cut out for one (a long row to hoe)*
Je n'ai plus de temps libre en ce moment; j'ai du pain sur la planche. *I have no more free time right now; I have my work cut out for me (a long row to hoe).*

avoir son pain cuit–*to have it made*
Avec ce gros héritage, il a son pain cuit. *With this big inheritance, he has it made.*

C'est pain bénit!–*It serves him (you, etc.) right!*

---

paix–*peace*

(Fiche-moi) la paix!–*Leave me alone!*

---

panier–*basket*

un panier de crabes–*a hornets' nest*
Le département d'histoire est un vrai panier de crabes, toujours en train de se disputer. *The history department is a real hornets' nest, always arguing with each other.*

un panier percé–*a spendthrift*
Sa fille achète tout ce qu'elle voit; c'est un panier percé. *His daughter buys everything she sees; she's a spendthrift.*

---

panne–*breakdown*

en panne–*out of order*
L'ascenseur est en panne; prenez l'escalier. *The elevator is out of order; use the stairs.*

en panne sèche–*out of gas*
Notre voiture est tombée en panne sèche en pleine campagne. *Our car ran out of gas way out in the country.*

---

panneau–*panel, snare*

donner (tomber) dans un panneau–*to fall into a trap*
Malgré leur prudence, ils ont donné (ils sont tombés) dans le panneau. *Despite their caution, they fell into the trap.*

---

papa–*daddy*

à la papa–*in leisurely fashion*
Ils roulaient à la papa. *They were driving along in leisurely fashion.*

C'est un papa gâteau.–*He spoils his children (with gifts).*

---

papier–*paper*

Enlevez (ôtez, rayez) cela de vos papiers.–*Don't count on that. You can forget about that.*

---

paquet–*pack, package*

faire son (ses) paquet(s)–*to pack it in (up)*
Il était bien malade et s'apprêtait à faire son paquet (ses paquets). *He was quite ill and he prepared to pack it in (up).*

---

par–*by, per*

par à-coups–*by fits and starts*
Le nouveau programme marche par à-coups. *The new program is working by fits and starts.*

par jour (mois, etc.)–*a day (a month, etc.)*
Prenez ce médicament trois fois par jour. *Take this medicine three times a day.*

par là même–*by the same token*
Ils sont pauvres, mais par là même ils n'ont rien à perdre. *They are poor, but by the same token they have nothing to lose.*

---

parage–*latitude*

dans ces parages–*in these parts*
Nous ne voyons pas souvent d'étrangers dans ces parages. *We don't often see strangers in these parts.*

---

paraître–*to appear*

à ce qu'il paraît–*apparently*
A ce qu'il paraît, la bataille était perdue d'avance. *Apparently, the battle was lost before it started.*

Il n'y paraît plus.–*There's no trace left of it.*

---

par-dessus–*above, over*

en avoir par-dessus la tête–*to be fed up with*
J'en ai par-dessus la tête de cette publicité idiote. *I'm fed up with this stupid commercial.*

par-dessus bord–*overboard*
Il faut jeter toute la cargaison par-dessus bord! *We have to throw the entire cargo overboard!*

par-dessus le marché–*into the bargain, on top of it all*
Il m'injurie et puis par-dessus le marché il veut que je m'excuse! *He insults me and then he wants me to apologize into the bargain (on top of it all)!*

pareil–*like, similar*

  C'est du pareil au même.–*It's one and the same thing.*

  ne pas avoir son pareil–*to be unequalled*
  Il n'a pas son pareil pour amuser le monde. *He is unequalled at entertaining people.*

parer–*to adorn, to parry*

  Parons au plus pressé.–*First things first.*

  se parer de–*to lay (false) claim to*
  Il se pare du titre de comte. *He lays (false) claim to the title of Count.*

parler–*to speak, to talk*

  faire parler de soi–*to be talked about*
  Cette actrice fait beaucoup parler d'elle à cause de ses liaisons. *That actress is talked about a lot because of her affairs.*

  parler à bâtons rompus–*to talk of this and that*
  En attendant le lever du rideau ils parlaient à bâtons rompus. *While waiting for the curtain to rise, they talked of this and that.*

  parler à haute voix–*to speak up*
  Parlez à haute voix au lieu de murmurer, Jean. *Speak up instead of whispering, John.*

  parler à mi-voix–*to speak under one's breath*
  Je n'ai pas pu les entendre parce qu'ils parlaient à mi-voix. *I couldn't hear them because they were speaking under their breath.*

  parler chiffons–*to talk fashion*
  Elles passent leur temps à parler chiffons. *They spend their time talking fashion.*

  parler d'affaires–*to talk business (shop)*
  Même en dehors du bureau, les deux hommes parlaient toujours d'affaires. *Even outside of the office, the two men always talked business (shop).*

  parler de choses et d'autres–*to talk of one thing or another*
  Tout en marchant, nous parlions de choses et d'autres. *As we walked, we talked of one thing or another.*

  parler de la pluie et du beau temps–*to make small talk, to talk about the weather*
  En attendant son arrivée, nous avons parlé de la pluie et du beau temps. *While waiting for him to arrive, we made small talk (talked about the weather).*

  parler d'or–*to speak words of wisdom*
  Après tant de discours creux, le sénateur a parlé d'or. *After so many empty speeches, the senator spoke words of wisdom.*

  parler en l'air–*to talk through one's hat*
  Ecoutez-le; il s'y connaît. Il ne parle pas en l'air. *Listen to him; he knows what he is saying. He's not talking through his hat.*

  parler français comme une vache espagnole–*to speak broken French*

Malgré toutes vos études, vous parlez toujours français comme une vache espagnole. *Despite all your study, you still speak broken French.*

parler net–*to speak frankly (plainly)*
Pour parler net, Monsieur, vous êtes un escroc. *To speak frankly (plainly), sir, you are a crook.*

parler petit-nègre–*to speak pidgin (English, French, etc.)*
Cet étranger est un homme cultivé; il ne faut pas lui parler petit-nègre! *That foreigner is an educated man; there is no need to speak pidgin English (French) to him!*

parler pour ne rien dire–*to run off at the mouth*
Voulez-vous en discuter sérieusement, ou préférez-vous parler pour ne rien dire? *Do you want to discuss it seriously, or do you prefer to run off at the mouth?*

parler sans détours à quelqu'un–*to give (to put) it straight to someone, to give it to someone straight from the shoulder*
Ils ont demandé à leur médecin de leur parler sans détours. *They asked their doctor to give (to put) it straight to them (to give it to them straight from the shoulder).*

Tu parles!–*You bet! You said it!*

---

part–*place, portion, share*

à part–*aside from*
A part sa famille, elle ne connaît personne ici. *Aside from her family, she doesn't know anyone here.*

à part soi–*in one's heart*
J'ai voté pour le projet, mais à part moi je m'en défiais. *I voted for the bill, but in my heart I had misgivings.*

avoir part au gâteau–*to have a finger in the pie*
Votre associé veut toujours avoir part au gâteau. *Your partner always wants to have a finger in the pie.*

C'est de la part de qui?–*Who is calling?*

de la part de–*from, on behalf of*
Voici un cadeau de la part du Marquis de Carabas. *Here is a gift from (on behalf of) the Marquess of Carabas.*

de part en part–*through and through*
Le pauvre jeune homme tomba transpercé de part en part par l'épée de son adversaire. *The poor youth fell, pierced through and through by his opponent's sword.*

faire la part du feu–*to cut one's losses*
Plutôt que de s'en plaindre, ils ont décidé de faire la part du feu. *Rather than complain, they decided to cut their losses.*

faire sa part–*to do one's bit, to keep one's end up*
Je tâcherai de faire ma part, mais il faudra que vous m'aidiez. *I'll try to do my bit (to keep my end up), but you will have to help me.*

Il faut faire la part du diable.—*You have to give the devil his due.*

---

parti—*decision, party*

le parti pris—*bias, prejudice*
Je vous le dis sans parti pris; ils sont indignes de confiance. *I say it to you without prejudice; they are untrustworthy.*

---

partie—*match, part, party*

Ce n'est pas une partie de plaisir.—*It's no picnic.*

C'est ma partie.—*That's right up my alley.*

---

partir—*to depart, to leave, to start (out)*

à partir de—*as of, from . . . on, starting*
A partir d'aujourd'hui, je ne fume plus. *As of today (from now on, starting today), I'm not going to smoke any more.*

Cela part d'un bon cœur.—*His (her) intentions are good.*

Il part battu.—*He has two strikes against him.*

partir de rien—*to start (out) on a shoestring*
En partant de rien, il a réussi à amasser une grande fortune. *Starting on a shoestring, he managed to make a great fortune.*

(re) partir à zéro—*to make a fresh start, to start (out) from scratch*
Après les élections, nous (re)partirons à zéro. *After the elections, we will make a fresh start (we will start out from scratch).*

---

pas—*not*

Pas de réplique!—*No back talk!*

---

pas—*step*

à pas comptés—*with measured step (tread)*
Le cortège approchait lentement, à pas comptés. *The procession approached slowly, with measured step (tread).*

à pas de géant—*by leaps and bounds*
L'économie progresse à pas de géant, grâce à la politique prévoyante du president. *The economy is improving by leaps and bounds, thanks to the president's fore-sighted policies.*

à pas de velours—*with muffled tread*
Les éclaireurs se sont approchés à pas de velours. *The scouts approached with muffled tread.*

de ce pas—*at this rate; right away*
De ce pas il nous faudra trois jours pour y arriver. *At this rate, it will take us three days to get there.* Attends-moi; j'y vais de ce pas. *Wait for me; I'll go there right away.*

faire un pas de clerc–*to commit a blunder, to make a faux pas*
Voulant remédier à la situation, il fit plutôt un pas de clerc. *Trying to improve the situation, he committed a blunder (made a faux pas) instead.*

---

passe–*pass*

être en passe de–*to be in a fair way to, to stand to*
Le syndicat est en passe de perdre tous les avantages qu'il a obtenus. *The union is in a fair way to (stands to) lose all the benefits it gained.*

---

passer–*to pass*

en passer par là (y passer)–*to go through with something*
Résignez-vous; il faudra en passer par là (y passer). *Resign yourself; you'll have to go through with it.*

être passé maître en–*to be a past master at*
Méfiez-vous; il est passé maître en tromperie. *Watch out; he is a past master at deception.*

Il faudra d'abord me passer sur le ventre!–*Over my dead body!*

J'en passe, et des meilleurs.–*Not to mention some of the most important.*

passe encore (de)–*never mind*
Passe encore d'être en retard, mais ne pas m'avoir même prévenu! *Never mind your being late, but not even to have let me know!*

passer à l'ennemi–*to go over to the enemy*
A cause de la propagande, plusieurs soldats sont passés à l'ennemi. *Because of the propaganda, several soldiers went over to the enemy.*

passer au crible–*to go through with a fine-tooth comb*
L'éditeur a passé le manuscrit au crible. *The editor went through the manuscript with a fine-tooth comb.*

passer au second plan–*to take a back seat*
Elle a décidé de passer au second plan dans cette affaire, par discrétion. *She decided to take a back seat in that matter, out of discretion.*

passer comme une lettre à la poste–*to go through easily*
Notre proposition a passé comme une lettre à la poste. *Our proposal went through easily.*

passer contrat–*to enter into (to sign) a contract*
Grâce à ses succès, elle a passé contrat avec ses éditeurs. *Thanks to her success, she entered into (she signed) a contract with her publishers.*

passer de la pommade à–*to butter up, to soft-soap*
Pour se faire bien voir, il essaie de me passer de la pommade tout le temps. *To get in my good graces, he keeps trying to butter me up (to soft-soap me).*

passer en jugement–*to stand trial*
Vous devrez passer en jugement devant un jury. *You will have to stand trial before a jury.*

passer la main–*to turn in one's badge (spurs)*
Le vieil acteur a décidé enfin de passer la main. *The old actor finally decided to turn in his badge (spurs).*

passer la main dans le dos à–*to butter up, to soft-soap*
Pour se faire bien voir, il essaie de me passer la main dans le dos. *To get in my good graces, he tries to butter me up (to soft-soap me).*

passer la rampe–*to get across*
La nouvelle pièce, malgré ses défauts, passait la rampe. *The new play, despite its flaws, got across.*

passer l'arme à gauche–*to cash in one's chips, to kick the bucket*
Après une longue maladie, le père Michel a passé l'arme à gauche. *After a long illness, old man Michel cashed in his chips (kicked the bucket).*

passer l'éponge sur quelque chose–*to forget about something, to let something drop*
Je veux bien passer l'éponge sur cette fâcheuse affaire. *I am willing to forget about that troublesome business (to let that troublesome business drop).*

passer par les armes–*to execute (with a firing squad)*
Le général a fait passer le traître par les armes. *The general had the traitor executed (by a firing squad).*

passer quelqu'un à tabac–*to give someone the works*
La police l'a passé à tabac pour le faire parler. *The police gave him the works to make him talk.*

passer sous le nez à quelqu'un–*to pass someone right by*
L'occasion rêvée m'est passée sous le nez. *The perfect opportunity passed me right by.*

passer une commande–*to place an order*
Son gouvernement avait passé une importante commande d'avions militaires. *His government had placed a major order for military aircraft.*

passer une faute (un caprice, etc.)–*to give in to, to make allowances for*
Sa mère lui passe tous ses caprices. *His mother gives in to (makes allowances for) all his whims.*

passer un mauvais quart d'heure–*to sweat it out*
Nous avons dû passer un mauvais quart d'heure en attendant du secours. *We had to sweat it out while waiting for help.*

passer un savon à quelqu'un–*to bawl someone out, to bite someone's head off*
Quand nous sommes rentrés en retard, le patron nous a passé un savon. *When we came back late, the boss bawled us out (bit our heads off).*

passer un vêtement–*to slip on a garment*
Avant de sortir, elle a passé un pull. *Before going out, she slipped on a sweater.*

se passer–*to go by; to happen*
Les vacances se sont vite passées. *The vacation went by quickly.* Qu'est-ce qui s'est passé ici? *What happened here?*

se passer de—*to do (to get along) without*
Avec le temps, tu apprendras à te passer de mon aide. *In time, you'll learn to do (to get along) without my help.*

patte—*foot, paw*
    faire patte de velours—*to put on a velvet glove*
    Afin de calmer les craintes de ses collègues, le directeur a fait patte de velours. *In order to allay his colleagues' fears, the director put on a velvet glove.*

pause—*pause*
    faire la pause—*to take a break, to take time off (out)*
    Faisons la pause pour prendre le café. *Let's take a break (take time off, out) to have some coffee.*

pavé—*paving stone*
    sur le pavé—*in the gutter*
    Pendant la Dépression, beaucoup de gens se sont trouvés sur le pavé et sans travail. *During the Depression, many people found themselves in the gutter and without work.*

payer—*to pay*
    être payé pour le savoir—*to have learned the hard way*
    La concurrence est acharnée, je suis payé pour le savoir. *The competition is ruthless, as I've learned the hard way.*

    Il me le payera cher!—*I'll make him pay for that!*

    payer argent comptant—*to pay cash (on the barrel)*
    Il paie tout ce qu'il achète argent comptant. *He pays cash (on the barrel) for everything he buys.*

    payer de sa personne—*to bear the brunt*
    Quant à cet échec, je l'ai payé de ma personne. *As for that failure, I have borne the brunt of it.*

    payer en monnaie de singe—*to give someone (not even) a wooden nickel*
    Il m'a payé tous mes services en monnaie de singe. *He gave me (didn't even give me) a wooden nickel for all my services.*

    payer les pots cassés—*to pay for the damage*
    Ce sont toujours les innocents qui payent les pots cassés. *It is always the innocent people who pay for the damage.*

    payer les violons—*to pay the piper*
    Tu t'es bien amusé, maintenant il faut payer les violons. *You had a very good time; now you have to pay the piper.*

    payer rubis sur l'ongle—*to pay cash on the barrel (on the line)*
    Ce client n'aime pas avoir des dettes; il paie toujours rubis sur l'ongle. *This customer doesn't like to have debts; he always pays cash on the barrel (on the line).*

s'en payer une bosse–*to have a ball (a spree)*
Il s'en est payé une bosse en apprenant sa promotion. *He had a ball (a spree) when he learned of his promotion.*

se payer–*to afford; to treat oneself to*
Nous ne pouvons pas nous payer le luxe d'une seconde voiture. *We can't afford the luxury of a second car.* Si on se payait un bon repas? *How about treating ourselves to a good meal?*

se payer de–*to settle for*
Il ne voulait plus se payer de belles paroles; il voulait des actes. *He no longer was willing to settle for fine words; he wanted action.*

se payer la tête de quelqu'un–*to make fun of someone, to put someone on*
Est-ce que tu te paies ma tête avec ces histoires stupides? *Are you making fun of me (putting me on) with these idiotic stories?*

pays–*country*

en pays de connaissance–*on familiar ground (territory)*
Quand je fais des maths je me sens en pays de connaissance. *When I do math, I feel as if I'm on familiar ground (territory).*

peau–*skin*

faire peau neuve–*to turn over a new leaf*
En sortant de prison, il a résolu de faire peau neuve. *Upon leaving jail, he resolved to turn over a new leaf.*

pécher–*to sin*

pécher par excès de–*to overdo*
Elle travaillait bien, mais elle péchait peut-être par excès de soin. *She worked well, but perhaps she overdid her carefulness.*

peine–*difficulty, pain*

à peine–*scarcely*
Cette famille a à peine de quoi vivre depuis la mort du père. *That family has scarcely enough to live on since the father's death.*

être de la peine perdue sur–*to be lost on*
Votre effort d'être gentil, c'est de la peine perdue sur ces gens-là. *Your attempt to be nice is lost on those people.*

faire de la peine à quelqu'un–*to hurt someone (someone's feelings)*
Cela m'a fait de la peine de la voir partir si tôt. *It hurt me (hurt my feelings) to see her leave so soon.*

se mettre en peine de–*to be uneasy (worried) about*
Elle se mettait en peine de nous savoir si loin de chez elle. *She was uneasy (worried) to think of our being so far away from her.*

pencher—*to lean*

faire pencher la balance—*to tip the scales*
Son allocution a fait pencher la balance en notre faveur. *His address tipped the scales in our favor.*

---

pendre—*to hang*

Ça lui pendait au nez.—*He had it coming to him.*

pendre la crémaillère—*to have a housewarming*
Une fois emménagés, ils ont invité tous leurs amis à pendre la crémaillère. *Once they had moved in, they invited all their friends to (have) a housewarming.*

---

penser—*to think*

je ne pensais guère que—*little did I think that*
Je ne pensais guère qu'il me croirait. *Little did I think that he would believe me.*

---

pente—*slope*

Il est sur la pente savonneuse.—*He is on the skids.*

---

percer—*to pierce*

percer (à jour) un mystère—*to clear up a mystery*
Ils ont enfin percé (à jour) le mystère de sa disparition. *They finally cleared up the mystery of his disappearance.*

---

perdre—*to lose*

à ses heures (moments) perdu(e)s—*in one's spare time*
Cet homme politique est peintre à ses heures perdues (à ses moments perdus). *That politician is a painter in his spare time.*

avoir perdu la raison—*to be out of one's mind, not to be in one's right mind, to have taken leave of one's senses*
N'écoutez pas ce qu'il raconte; il a perdu la raison. *Don't listen to what he's saying; he's out of his mind (he's not in his right mind, he's taken leave of his senses).*

J'y perds mon latin.—*I can't make head or tail of it.*

perdre la boule—*to go off the deep end, to lose one's marbles*
Il se conduit de façon bizarre; je crois qu'il a perdu la boule. *He's behaving strangely; I think he's gone off the deep end (lost his marbles).*

perdre la boussole—*to lose one's head*
Ce qu'il fait est stupide; la peur lui a fait perdre la boussole. *What he's doing is stupid; fear has made him lose his head.*

perdre la main (le coup de main)—*to lose one's touch*
Le vieil artisan semblait avoir perdu la main (le coup de main). *The old craftsman seemed to have lost his touch.*

perdre le nord—*to be at loose ends, to lose one's bearings*

Depuis le départ de son frère, il semble avoir perdu le nord. *Since his brother's departure, he seems to be at loose ends (to have lost his bearings).*

perdre (ne pas perdre) de vue–*to lose (to keep) track of*
Essayez de ne pas perdre de vue vos vieux amis. *Try not to lose (try to keep) track of your old friends.*

perdre sa peine–*to waste one's time*
Il est trop têtu; vous perdez votre peine à essayer de le convaincre. *He is too stubborn; you're wasting your time trying to convince him.*

perdre sa salive–*to waste one's breath*
N'essaie pas de discuter avec eux; tu y perds ta salive. *Don't bother arguing with them; you're wasting your breath.*

perdre son élan–*to run out of steam*
La révolte perd son élan faute de victoires. *The revolt is running out of steam for lack of victories.*

perdre son temps–*to fool around, to waste one's time*
Cesse de rester là à perdre ton temps et viens nous donner un coup de main. *Stop standing there fooling around (wasting your time) and come give us a hand.*

se perdre–*to get lost*
Nous nous sommes perdus dans la forêt. *We got lost in the forest.*

s'y perdre–*to get (all) mixed up*
L'intrigue de ce roman est si compliquée qu'on s'y perd. *The plot in this novel is so intricate that you get (all) mixed up.*

---

perfection–*perfection*
à la perfection–*just right, to a T*
Cette robe me va à la perfection. *This dress fits me just right (to a T).*

---

péril–*danger, peril*
Il n'y a pas péril en la demeure.–*There is no harm in waiting.*

---

permettre–*to let, to permit*
se permettre–*to afford*
Je ne peux pas me permettre le luxe d'y aller moi-même. *I can't afford the luxury of going there myself.*

---

perspective–*perspective*
être en perspective–*to be in the offing*
Il y a une augmentation des impôts en perspective. *There is a tax rise in the offing.*

---

perte–*loss*
à perte de vue–*as far as the eye can see*
La vaste plaine s'étendait à perte de vue. *The vast plain extended as far as the eye could see.*

en pure perte—*to no avail*
Nous avons discuté avec eux tout ce temps en pure perte. *We argued with them all this time to no avail.*

être en perte de vitesse—*to be losing steam, to be on the skids*
La carrière de cet auteur semble être en perte de vitesse. *That author's career seems to be losing steam (to be on the skids).*

une perte sèche—*a total loss*
Dans l'incendie de son magasin il a subi une perte sèche. *In the fire in his store he sustained a total loss.*

---

peser—*to weigh*

peser le pour et le contre—*to weigh the pros and cons*
Avant d'agir, il faut peser le pour et le contre de la question. *Before acting, we must weigh the pros and cons of the question.*

---

petit—*little, small*

à petit feu—*little by little; over a low flame*
Tu me fais mourir à petit feu avec ton indécision. *You're killing me little by little with your indecisiveness.* Il faut faire cuire ce plat à petit feu. *This dish must be cooked over a low flame.*

au petit bonheur—*in a hit-or-miss fashion*
Il répondait aux questions du professeur au petit bonheur. *He answered the teacher's questions in a hit-or-miss fashion.*

au petit jour—*at daybreak*
Les ouvriers partent à la mine au petit jour. *The workers leave for the mine at daybreak.*

Ce n'est pas de la petite bière!—*It's no small potatoes! It's nothing to be sneezed at!*

Ce n'est pas une petite affaire.—*That's a tall order.*

être aux petits soins pour—*to fall all over, to wait on hand and foot*
L'hôtesse était aux petits soins pour le ministre. *The hostess fell all over the minister (waited on the minister hand and foot).*

être dans ses petits souliers—*to feel cheap (like two cents)*
En écoutant leurs récriminations il était dans ses petits souliers. *Listening to their recriminations, he felt cheap (like two cents).*

faire la petite bouche—*to turn up one's nose*
Si tu as assez faim, tu ne feras pas la petite bouche devant ces tripes. *If you're hungry enough, you won't turn up your nose at this dish of tripe.*

le petit coin—*the john*
Où est le petit coin? *Where is the john?*

le petit monde—*the kiddies*
Taisez-vous, le petit monde! *Be still, kiddies!*

Mon petit doigt me l'a dit.—*A little birdie told me.*

un petit nom—*a first name*
Son petit nom était Jacques. *His first name was James.*

---

pétrin—*kneading-trough*
 être dans le pétrin—*to be in a fix (in a jam, in a mess, in Dutch, in hot water, in the soup)*
 Grâce à ta bêtise, nous voilà dans le pétrin! *Thanks to your stupidity, we're really in a fix (in a jam, in a mess, in Dutch, in hot water, in the soup)!*

---

peu—*little*
 à peu (de chose) près—*just about*
 Nous avons mille dollars, à peu (de chose) près. *We have just about a thousand dollars.*

 C'est peu de chose.—*It isn't much.*

 d'ici peu (sous peu)—*shortly*
 Vous recevrez ma réponse d'ici peu (sous peu). *You will get my answer shortly.*

 faire peu de cas de—*to make little of, to put (to set) no stock in*
 Il fait peu de cas de nos chances de succès. *He makes little of (puts, sets, little stock in) our chances of success.*

 peu après—*soon after*
 Peu après sa lettre d'adieu, il a disparu. *Soon after his farewell letter, he disappeared.*

 peu importe—*no matter*
 Nous avons perdu leur adresse, mais peu importe. *We have lost their address, but no matter.*

 peu s'en faut—*very nearly*
 Ils ont travaillé trente heures, ou peu s'en faut. *They have worked for thirty hours, or very nearly.*

 pour peu que—*if only*
 Pour peu que nous ayons un rayon de soleil, nous ferons notre pique-nique. *If only we have a ray of sunshine, we will have our picnic.*

---

peur—*fear*
 avoir peur de—*to be afraid of*
 Le Petit Chaperon Rouge n'avait pas peur du loup. *Little Red Riding Hood was not afraid of the wolf.*

 avoir une peur bleue—*to be frightened to death, to be scared stiff*
 Il a eu une peur bleue en voyant le gros malabar devant lui. *He was frightened to death (scared stiff) seeing the big bruiser in front of him.*

 faire peur à—*to frighten*
 Ce gros coup de tonnerre nous a fait peur. *That loud thunderclap frightened us.*

Je n'ai pas peur de lui dire.—*I don't mind telling him.*

pied—*foot*

au pied levé—*at the drop of a hat, on the spur of the moment*
Ils étaient prêts à partir au pied levé. *They were ready to leave at the drop of a hat (on the spur of the moment).*

avoir le pied marin—*to have (good) sea legs*
Il est Breton, fils de pêcheurs; il a le pied marin. *He's a Breton, the son of fishermen; he's got (good) sea legs.*

avoir un pied dans la place—*to have a foot in the door*
Maintenant que j'ai un pied dans la place, le reste de la transaction sera facile. *Now that I have a foot in the door, the rest of the transaction will be easy.*

comme un pied—*clumsily*
Ce garçon est gentil, mais il danse comme un pied. *That fellow is nice, but he dances clumsily.*

de pied ferme—*resolutely, steadfastly*
Les soldats attendaient l'ennemi de pied ferme. *The soldiers awaited the enemy resolutely (steadfastly).*

faire le pied de grue—*to cool one's heels*
Au lieu de nous rejoindre, il nous a laissé faire le pied de grue. *Instead of meeting us, he let us cool our heels.*

faire un pied de nez à—*to thumb one's nose at*
Le coquin s'est sauvé en me faisant un pied de nez. *The rascal ran off thumbing his nose at me.*

sur pied—*on the hoof*
Il vendait son bétail sur pied. *He sold his livestock on the hoof.*

un nez en pied de marmite—*a bulbous nose*
Il avait le nez rouge, en pied de marmite. *He had a red, bulbous nose.*

pierre—*rock, stone*

C'est une pierre dans mon jardin.—*That's a dig at me.*

faire d'une pierre deux coups—*to kill two birds with one stone*
Ce nouveau plan a l'avantage de faire d'une pierre deux coups. *This new plan has the advantage of killing two birds with one stone.*

la pierre d'achoppement—*the stumbling block*
L'accord des socialistes sera la pierre d'achoppement pour le passage du projet de loi. *The agreement of the socialists will be the stumbling block to passage of the bill.*

la pierre de touche—*the acid test*
Les chiffres sur l'inflation seront la pierre de touche du succès de leur plan. *The figures on inflation will be the acid test for the success of their plan.*

pile—*battery, pile, tails (of a coin)*

à pile ou face—*heads or tails*
Nous avons joué les consommations à pile ou face. *We played heads or tails for drinks.*

C'est à pile ou face.—*It's a toss-up.*

Il est midi (etc.) pile.—*It's twelve (etc.) on the dot (sharp).*

piquer—*to inject, to prick*

faire piquer—*to put away, to put to sleep (an animal)*
Nous avons dû faire piquer notre vieux chien. *We had to put away our old dog (put our old dog to sleep).*

piquer du nez—*to (do a) nose dive*
L'avion a piqué du nez et s'est écrasé au sol. *The plane did a nose dive (nose dived) and crashed into the ground.*

piquer une colère—*to fly into a rage*
En apprenant qu'on l'avait trompé, il a piqué une colère monstre. *On hearing that he had been fooled, he flew into a towering rage.*

piquer une crise—*to have (to throw) a fit*
Elle a piqué une crise en les voyant revenir. *She had (she threw) a fit when she saw them come back.*

piquer un fard (un soleil)—*to blush*
Il a piqué un fard (un soleil) en parlant à la belle fille. *He blushed while talking to the beautiful girl.*

piquer un roupillon—*to grab (to take) forty winks*
Je vais piquer un roupillon avant dîner. *I'm going to grab (to take) forty winks before dinner.*

se piquer de—*to pride oneself on*
Il se piquait d'être connaisseur de vins. *He prided himself on being a connoisseur of wines.*

pire—*worse, worst*

au pire—*if worse comes to worst*
Au pire, vous devrez payer une petite amende. *If worse comes to worst, you'll have to pay a small fine.*

pistonner—*to back*

se faire pistonner—*to use pull*
Elle s'est fait pistonner par ses relations pour avoir ce poste. *She used her connections' pull to get that job.*

place—*place, room*

être à la place de quelqu'un—*to be in someone's shoes*

Je ne voudrais pas être à sa place en ce moment. *I wouldn't want to be in his shoes right now.*

placer—*to place, to put (down)*

placer un mot—*to get a word in (edgewise)*
Elle était si excitée que je n'ai pas pu placer un mot. *She was so stirred up that I couldn't get a word in (edgewise).*

plaire—*to please*

A Dieu ne plaise!—*God forbid!*

Plaît-il?—*I beg your pardon? What did you say?*

se plaire—*to be happy*
Nous nous plaisons beaucoup à Paris. *We are very happy in Paris.*

plaisanter—*to joke*

en plaisantant—*tongue in cheek*
Ce n'est pas vrai; il a dû le dire en plaisantant. *It's not true; he must have said it tongue in cheek.*

plaisanterie—*joke*

comprendre (entendre) la plaisanterie—*to be able to take a joke*
Attention à ce que vous dites; ce gros type ne comprend pas (n'entend pas) la plaisanterie. *Be careful of what you say; that big lug can't take a joke.*

une plaisanterie de corps de garde—*a locker-room joke*
Il avait le toupet de dire des plaisanteries de corps de garde au pasteur. *He had the nerve to tell locker-room jokes to the minister.*

plaisir—*pleasure*

à plaisir—*without cause*
Elle se tourmente à plaisir. *She torments herself without cause.*

plan—*plan, plane*

en plan—*high and dry*
Malgré ses promesses, il nous a laissés en plan. *Despite his promises, he left us high and dry.*

planche—*board, plank*

faire la planche—*to float on one's back*
Pour se reposer en nageant, elle faisait la planche de temps en temps. *To get rested while swimming, she floated on her back from time to time.*

plancher—*floor*

le plancher des vaches—*dry land*

Les marins avaient perdu l'espoir de retrouver le plancher des vaches. *The sailors had lost hope of getting back to dry land.*

---

planter–*to plant*

planter là–*to walk out on*
Fatiguée de ses caprices, elle l'a planté là. *Tired of his whims, she walked out on him.*

---

plaquer–*to layer, to plate*

plaquer quelqu'un–*to give someone the air*
Il était triste parce que son amie l'avait plaqué. *He was sad because his girl friend had given him the air.*

---

plat–*dull, flat*

à plat ventre–*(flat) on one's stomach*
Les enfants étaient couchés à plat ventre. *The children were lying (flat) on their stomachs.*

être à plat–*to be all in (run down)*
Je n'en peux plus; je suis à plat. *I can't go on; I'm all in (I'm run down).*

faire du plat–*to feed a line, to make a play*
Le garçon du café faisait du plat à une dame. *The waiter was feeding a line to (making a play for) a lady.*

---

plat–*dish, plate*

faire (tout) un plat de–*to make (to stir up) a big fuss about*
Elle a fait (tout) un plat du prix de sa chambre. *She made (she stirred up) a big fuss about the price of her room.*

---

plaisant–*funny, pleasant*

le plaisant de l'affaire–*the funny part of it*
Le plaisant de l'affaire, c'est que nous sommes restés de bons amis. *The funny part of it is that we remained good friends.*

---

plein–*full*

à plein–*fully*
Il respirait enfin à plein l'air de la campagne. *He finally could breathe fully the country air.*

à pleins bords–*to the brim*
Elle goûtait son bonheur à pleins bords. *She enjoyed her good fortune to the brim.*

Donnez pleins gaz!–*Give it the gun!*

en avoir plein les bottes (plein son sac)–*to be fed up, to have had it*
J'en ai plein les bottes (plein mon sac) de son arrogance! *I'm fed up (I've had it) with his arrogance!*

en plein–*(right) in the middle*
Nous mangeons des tomates maintenant en plein hiver. *We eat tomatoes now (right) in the middle of winter.*

en plein air–*in the open (air)*
Ils ont monté le spectacle en plein air. *They produced the show in the open (air).*

en pleine forme–*in the pink*
Elle se sent en pleine forme maintenant. *She is feeling in the pink now.*

en pleine mer–*at (to) sea, on the high seas*
Elle s'est aventurée en pleine mer dans une petite barque. *She ventured out to sea in a little boat.* La bataille a eu lieu en pleine mer. *The battle took place on the high seas.*

en plein jour–*in broad daylight*
Ils ont attaqué la banque en plein jour. *They robbed the bank in broad daylight.*

en plein vent–*(in the) open air*
Elle fait ses courses sur un marché en plein vent. *She does her shopping at an open air market (a market in the open air).*

être plein à craquer–*to be bursting (to bulge) at the seams*
Prenez un autre sac; celui-ci est plein à craquer. *Take another bag; this one is bursting (is bulging) at the seams.*

être plein d'entrain–*to be full of beans*
Il faisait beau et je me sentais plein d'entrain. *It was a beautiful day and I was feeling full of beans.*

faire le plein–*to fill up (the tank)*
On s'est arrêtés à une station service pour faire le plein. *We stopped at a gas station to fill up (the tank).*

---

pleurer–*to cry, to weep*

pleurer comme un veau–*to cry one's eyes (one's heart) out*
En voyant ce film, j'ai pleuré comme un veau. *When I saw that movie, I cried my eyes (my heart) out.*

---

pleuvoir–*to rain*

Il pleut à seaux (des cordes).–*It's pouring. It's raining cats and dogs. The rain is coming down in buckets.*

qu'il pleuve ou qu'il vente–*rain or shine*
Nous irons au match qu'il pleuve ou qu'il vente. *We'll go to the game rain or shine.*

---

pli–*fold, pleat*

Cela ne fait pas un pli.–*It's as good as done. It's smooth sailing.*

plier–*to fold*

plier bagage–*to pack up and go*
Plions bagage avant que le propriétaire arrive. *Let's pack up and go before the landlord comes.*

se plier à–*to adapt to*
Il s'est vite plié à la discipline militaire. *He adapted quickly to military discipline.*

se plier en deux–*to bend over double, to double up*
Il s'est plié en deux à cause de la douleur. *He bent over double because of the pain (he doubled up in pain).*

---

plomb–*lead*

à plomb–*straight down*
Le soleil tombait à plomb sur le désert. *The sun's rays were falling straight down on the desert.*

avoir du plomb dans l'aile–*to be in bad shape*
Il continue à travailler, mais on sent bien qu'il a du plomb dans l'aile. *He goes on working, but you can tell that he is in bad shape.*

n'avoir pas de plomb dans la cervelle (la tête)–*to be scatterbrained*
Cette actrice est jolie mais elle n'a pas de plomb dans la cervelle (la tête). *That actress is pretty but she's scatterbrained.*

---

pluie–*rain*

faire la pluie et le beau temps–*to rule the roost*
C'est lui qui fait la pluie et le beau temps à la maison. *He is the one who rules the roost at home.*

---

plus–*more, most*

avoir plus d'un tour dans son sac–*to have more than one trick up one's sleeve*
Vous croyez l'avoir pris, mais il a plus d'un tour dans son sac. *You think you've got him, but he has more than one trick up his sleeve.*

de plus–*more*
Un mot de plus et je sors. *One word more and I'll leave.*

de plus en plus–*more and more*
Nous gagnons de plus en plus d'argent. *We're earning more and more money.*

Il n'y en a pas plus que de beurre en broche.–*It's as scarce as hens' teeth.*

sans plus–*and that's all, but nothing more*
Il a été correct sans plus. *He was polite and that's all (but nothing more).*

---

poche–*pocket*

avoir la poche bien garnie–*to be on easy street*
Depuis son héritage il a la poche bien garnie. *Since his inheritance he's been on easy street.*

---

pocher—*to poach*

pocher l'œil à quelqu'un—*to give someone a black eye*

Quand il m'a insulté je lui ai poché l'œil. *When he insulted me, I gave him a black eye.*

---

poids—*weight*

avoir du poids—*to carry weight*

Son argument a eu du poids dans la décision. *His argument carried weight in the decision.*

faire le poids—*to be (to come) up to scratch*

Le nouveau directeur ne faisait pas le poids dans ces circonstances difficiles. *The new head wasn't (didn't come) up to scratch in those difficult circumstances.*

---

poil—*(body) hair*

à poil—*in the buff (raw)*

Trouvant un coin isolé, ils se sont baignés à poil. *Finding an isolated spot, they went swimming in the buff (in the raw).*

à un poil près—*by a hair's breadth, by the skin of one's teeth*

Il a été reçu à l'examen à un poil près. *He passed the exam by a hair's breadth (by the skin of his teeth).*

au poil—*terrific*

On a mangé un repas au poil dans ce bistrot. *We ate a terrific meal in that café.*

avoir un poil (dans la main)—*to be a lazy dog*

Ton neveu ne fait rien; il a un poil (dans la main). *Your nephew doesn't do a thing; he's a lazy dog.*

---

point—*period, point*

à point—*well-done*

J'ai commandé un steak à point. *I ordered a well-done steak.*

à point (nommé)—*in the nick of time*

Son chèque est arrivé à point (nommé). *His check arrived in the nick of time.*

au point—*perfected, ready for use*

Sa nouvelle machine est au point maintenant. *His new machine is perfected (ready for use) now.*

au point du jour—*at the crack of dawn*

Les chasseurs se sont levés au point du jour. *The hunters arose at the crack of dawn.*

être sur le point de—*to be about to*

J'étais sur le point de partir quand il est arrivé. *I was about to leave when he arrived.*

faire le point—*to sum up*

La commission a fait le point de la situation. *The committee summed up the situation.*

mettre les points sur les i–*to dot the i's and cross the t's*
Je veux mettre les points sur les i avant que nous nous quittions. *I want to dot the i's and cross the t's before we separate.*

---

pointe–*point, tip*

être à la (en) pointe–*to be in the forefront (on the cutting edge)*
Cet institut est à la (en) pointe des recherches sur le cancer. *This institute is in the forefront (on the cutting edge) of cancer research.*

sur la pointe des pieds–*on tiptoe*
Sa mère est entrée dans sa chambre sur la pointe des pieds. *His mother entered his bedroom on tiptoe.*

---

poire–*pear*

entre la poire et le fromage–*by the end of a meal, over coffee*
Les deux avocats se sont mis d'accord entre la poire et le fromage. *The two lawyers came to an agreement by the end of the meal (over coffee).*

---

poisson–*fish*

Poisson d'avril!–*April fool!*

---

pomme–*apple*

la pomme de discorde–*the bone of contention*
Le salaire est la pomme de discorde dans leurs négociations. *Salary is the bone of contention in their negotiations.*

---

pont–*bridge*

faire le pont–*to take off from work (between two holidays)*
Ils ont fait le pont du jeudi premier mai jusqu'au weekend. *They took off from work between Thursday, May 1, and the weekend.*

faire un pont d'or à quelqu'un–*to give someone an easy out*
On lui fera un pont d'or pour qu'il démissionne sans éclat. *They will give him an easy out so he can resign without a scandal.*

---

portée–*reach*

à portée de la main–*at one's elbow, near at hand, within reach*
Je n'ai pas votre livre à portée de la main. *I don't have your book at my elbow (near at hand, within reach).*

---

porter–*to bring, to carry, to wear*

faire porter sur–*to bring to bear on*
Ils ont fait porter tous leurs efforts sur la reconstruction. *They brought all their efforts to bear on reconstruction.*

ne pas s'en porter plus mal–*to be none the worse for it*

J'ai eu peur, mais je ne m'en porte pas plus mal. *I had a scare, but I'm none the worse for it.*

porter atteinte à—*to strike a blow at (to)*
Cette nouvelle loi porte atteinte à la liberté de la presse. *This new law strikes a blow at (to) freedom of the press.*

porter aux nues—*to praise to the skies*
Ils ont porté aux nues la cuisine du nouveau chef. *They praised the new chef's cooking to the skies.*

porter de l'eau à la rivière—*to carry coals to Newcastle*
Ouvrir un autre restaurant ici, c'est porter de l'eau à la rivière. *Opening another restaurant here is like carrying coals to Newcastle.*

porter la main sur—*to lay a finger on, to raise one's hand to*
Vous n'oserez pas porter la main sur votre père! *You wouldn't dare lay a finger on (raise your hand to) your father!*

porter le nom de—*to be named after*
Elle portait le nom de sa grand'mère. *She was named after her grandmother.*

porter plainte—*to lodge a complaint*
Je vais porter plainte; je me suis fait rouler. *I'm going to lodge a complaint; I got a raw deal.*

porter remède à—*to remedy*
Il faudra d'urgence porter remède à la situation économique. *It is urgent that we remedy the economic situation.*

porter un coup fourré—*to deal (to strike) a backhand blow*
Ils m'ont porté un coup fourré au moment où je ne m'y attendais pas. *They dealt (struck) me a backhand blow when I wasn't expecting it.*

se porter acquéreur (candidat, etc.)—*to come forward as a buyer (candidate, etc.)*
Il s'est porté acquéreur du tableau. *He came forward as a buyer of the picture.*

se porter bien (mal)—*to feel well (ill)*
Depuis son accident il ne se porte plus aussi bien. *Since his accident he hasn't been feeling so well any more.*

se porter comme un charme (comme le Pont-neuf)—*to be as fit as a fiddle (as sound as a dollar)*
Depuis son opération elle se porte comme un charme (comme le Pont-neuf). *Since her operation she has been as fit as a fiddle (as sound as a dollar).*

portrait—*portrait*
    être le portrait craché (tout le portrait) de—*to be the (living, spit and) image of*
    Cet enfant est le portrait craché (tout le portrait) de sa mère. *That child is the (living, spit and) image of her mother.*

poser—*to place, to pose, to put*
    poser pour la galerie—*to make a grandstand play*

Ce qu'il dit n'est pas sincère; il pose pour la galerie. *What he's saying isn't sincere; he's making a grandstand play.*

poser une colle—*to ask a tricky question*
Le professeur nous pose toujours des colles. *The teacher is always asking us tricky questions.*

poser un lapin à quelqu'un—*to stand someone up*
Je l'ai attendu longtemps, mais il m'a posé un lapin. *I waited for him for a long time, but he stood me up.*

se poser—*to land*
L'avion endommagé s'est posé sans incident. *The damaged airplane landed without incident.*

se poser en—*to play the part of*
Pour attirer la pitié, il se pose toujours en victime. *To attract sympathy, he always plays the part of the victim.*

---

possible—*possible*

au possible—*as can be*
Il est gentil au possible. *He is as nice as can be.*

faire (tout) son possible—*to do all one can*
Elle a fait (tout) son possible pour arriver à l'heure. *She did all she could to arrive on time.*

Pas possible!—*You don't say!*

---

pot—*can, jar, pot*

avoir du pot—*to be in luck*
J'ai raté mon permis de conduire; je n'ai pas eu de pot. *I failed my driving test; I was out of luck.*

boire (prendre) un pot—*to have drink*
Allons prendre un pot ensemble au café. *Let's go have a drink together at the café.*

---

pouce—*inch, thumb*

(Dis) pouce!—*Cry (say) uncle!*

et le pouce—*and a bit more*
Il pèse cent kilos—et le pouce! *He weighs two hundred twenty pounds—and a bit more!*

---

poule—*hen*

quand les poules auront des dents—*when hell freezes over*
Il me rendra mon argent quand les poules auront des dents. *He'll pay me back my money when hell freezes over.*

---

pour—*for*

en être pour—*to have nothing to show for*

Ils m'ont trompé et j'en suis pour mon argent. *They tricked me and I have nothing to show for my money.*

pour ainsi dire—*so to speak*

Il n'a pour ainsi dire rien fait de ce qu'on lui avait demandé. *He did nothing, so to speak, of what he had been asked to do.*

pour de bon—*for good, for keeps*

Est-ce que vous nous quittez pour de bon, alors? *Are you leaving us for good (for keeps), then?*

pour en finir—*in short, to make a long story short*

Pour en finir, nous n'avons pas eu de succès. *In short (to make a long story short), we had no success.*

pour un oui, pour un non—*over trifles*

Ils sont toujours prêts à se battre pour un oui, pour un non. *They are always ready to fight over trifles.*

---

pourquoi—*why*

    Pourquoi faire?—*What(ever) for?*

---

pousser—*to grow, to push*

faire pousser (des plantes)—*to grow (plants)*

Je fais pousser des haricots dans mon jardin cette année. *I'm growing beans in my garden this year.*

laisser pousser quelque chose—*to let something grow*

Elle se laisse pousser les cheveux. *She is letting her hair grow.*

pousser à la roue—*to pitch in, to put one's shoulder to the wheel*

Quand nous avons besoin d'aide, il sait pousser à la roue. *When we need help, he knows how to pitch in (to put his shoulder to the wheel).*

pousser dans ses derniers retranchements—*to drive into a corner*

Ses concurrents ont réussi à le pousser dans ses derniers retranchements. *His competitors have managed to drive him into a corner.*

pousser quelqu'un à bout—*to exhaust someone's patience*

Il a fini par me pousser à bout par son insistance. *He ended up by exhausting my patience with his insistence.*

se pousser—*to make one's way; to move over*

Ce jeune homme ambitieux se pousse dans le monde. *That ambitious young man is making his way in society.* Pousse-toi; je veux m'asseoir. *Move over; I want to sit down.*

---

pouvoir—*to be able*

il se peut que—*it is possible that*

Il se peut qu'ils soient déjà partis. *It is possible that they have already gone.*

n'en pouvoir mais—*to be powerless*

Quant à cette affaire, j'avoue que je n'en peux mais. *As for that business, I confess that I'm powerless.*

n'en pouvoir plus—*to have reached the end of one's rope*
J'y renonce; je n'en peux plus. *I give up; I've reached the end of my rope.*

ne pas pouvoir sentir (souffrir) quelqu'un, ne pas pouvoir voir quelqu'un en peinture—*not to be able to stand someone*
Je n'ai pas vu ce film parce que je ne peux pas sentir (souffrir) l'acteur principal (je ne peux pas voir l'acteur principal en peinture). *I didn't see that film because I can't stand the leading actor.*

on ne peut plus—*as can be, ever so*
Cette méthode est on ne peut plus simple. *This method is as simple as can be (ever so simple).*

Tu peux te fouiller!—*Fat chance!*

---

prêcher—*to preach*

prêcher dans le désert—*to talk to deaf ears*
Parler raison à ces gens butés, c'est prêcher dans le désert. *Trying to reason with those obstinate people is like talking to deaf ears.*

prêcher d'exemple—*to set an example*
Pour prêcher d'exemple, l'officier s'élança vers les lignes ennemies. *To set an example, the officer dashed toward the enemy lines.*

prêcher pour son saint—*to have an axe to grind*
Dans cette commission, chaque député prêche pour son saint. *In that committee, every congressman has an axe to grind.*

---

premier—*first*

à la première heure—*first thing in the morning*
Je le ferai demain à la première heure. *I'll do it first thing in the morning tomorrow.*

au premier chef—*preeminently*
Ce projet s'impose au premier chef. *This project is preeminently necessary.*

de premier ordre—*first-rate, tops, top-notch*
Son nouveau secrétaire est de premier ordre. *Her new secretary is first-rate (tops, top-notch).*

du premier jet—*on the first try*
Il l'a réussi du premier jet, contre toute attente. *He got it right on the first try, against all expectations.*

en premier lieu—*for one thing*
Il ne pourra pas le faire; en premier lieu, il ne sait pas conduire. *He won't be able to do it; for one thing, he doesn't know how to drive.*

faire le premier pas—*to make the first move*
J'attends qu'ils fassent le premier pas avant de me déclarer. *I'm waiting for them to make the first move before declaring myself.*

prendre—*to catch, to take*

à tout prendre—*all in all, on the whole*

A tout prendre, nous l'avons échappé belle dans cette affaire. *All in all (on the whole), we had a narrow escape in this business.*

Ce n'est pas à prendre même avec des pincettes!—*I wouldn't touch it with a ten-foot pole!*

en prendre à son aise—*to do as one likes*

Quoi qu'on lui dise, il n'en prend qu'à son aise. *Whatever you tell him, he just does as he likes.*

en prendre de la graine—*to follow someone's example*

Votre sœur a réussi; prenez-en de la graine. *Your sister has succeeded; follow her example.*

être pris—*to be tied up*

Je ne peux pas déjeuner avec vous; je suis pris. *I can't go out to lunch with you; I'm tied up.*

faire prendre des vessies pour des lanternes—*to give a cock-and-bull story*

Ne le croyez pas; il veut nous faire prendre des vessies pour des lanternes. *Don't believe him; he's trying to give us a cock-and-bull story.*

je prendrais volontiers...—*I could do with...*

Je n'ai pas faim mais je prendrais volontiers un verre d'eau. *I'm not hungry but I could do with a glass of water.*

ne pas prendre de gants—*not to mince words*

Il n'a pas pris de gants pour leur dire ce qu'il pensait. *He didn't mince words in telling them what he thought.*

Pour qui te prends-tu?—*Who do you think you are?*

Prenez garde!—*Watch out!*

prendre à l'écart—*to take aside*

Elle m'a pris à l'écart pour me dire son avis. *She took me aside to tell me her opinion.*

prendre à tâche de—*to make it one's duty to*

Il a pris à tâche d'achever l'œuvre de son père. *He made it his duty to finish his father's work.*

prendre au dépourvu—*to catch off guard, to take unawares*

Votre nouvelle demande nous a pris au dépourvu. *Your new request caught us off guard (took us unawares).*

prendre au sérieux—*to take seriously*

Vous ne prenez pas cette histoire farfelue au sérieux! *You don't take that silly story seriously!*

prendre de court—*to catch by surprise*

Leur décision inattendue nous a pris de court. *Their unexpected decision caught us by surprise.*

prendre de grands airs–*to put on airs*
Ce n'est pas la peine de prendre de grands airs avec moi; je te connais. *Don't bother putting on airs for me; I know you.*

prendre des gants avec–*to handle with kid gloves*
Elle est sensible; il faut prendre des gants avec elle. *She is sensitive; you have to handle her with kid gloves.*

prendre des mesures–*to take action (steps)*
Ils vont nous forcer à prendre des mesures sévères. *They are going to force us to take drastic action (steps).*

prendre des risques–*to take chances*
Soyez prudents; ne prenez pas de risques! *Be careful; don't take chances!*

prendre du bon côté–*to take in good part*
Il a pris notre plaisanterie du bon côté, heureusement. *He took our joke in good part, fortunately.*

prendre du champ–*to give oneself room*
Prenez du champ avant de sauter. *Give yourself room before you jump.*

prendre (du poids)–*to gain (weight)*
J'ai pris cinq kilos pendant les vacances. *I gained eleven pounds during the vacation.*

prendre du ventre–*to get a paunch (a pot belly)*
Avec l'âge il prend du ventre. *As he gets older, he's getting a paunch (a pot belly).*

prendre en bonne (mauvaise) part–*to take well (badly)*
Elle a pris en bonne (mauvaise) part ce que vous lui avez dit. *She took what you told her well (badly).*

prendre en écharpe–*to sideswipe*
Les deux voitures se sont prises en écharpe. *The two cars sideswiped each other.*

prendre en grippe–*to take a dislike to*
Je sens que notre directeur m'a pris en grippe dès le départ. *I sense that our director took a dislike to me right from the start.*

prendre en main–*to get the feel of; to take charge of*
Je commence à prendre cette nouvelle voiture en main. *I'm beginning to get the feel of this new car.* Elle a tout de suite pris l'opération en main. *She immediately took charge of the operation.*

prendre fait et cause pour–*to go to bat for, to stand up for*
Je ne peux pas oublier qu'il a pris fait et cause pour moi autrefois. *I can't forget that he went to bat (he stood up) for me in the past.*

prendre feu–*to burst into flames*
La maison a pris feu au milieu de la nuit. *The house burst into flames in the middle of the night.*

prendre fin–*to come to an end*
Le spectacle prendra fin vers trois heures. *The show will come to an end around three o'clock.*

prendre goût à–*to take (a fancy) to*
J'ai pris goût à la cuisine vietnamienne. *I've taken (a fancy) to Vietnamese cooking.*

prendre la clé des champs–*to run away*
Au lieu de rentrer au pensionnat, l'enfant a pris la clé des champs. *Instead of returning to boarding school, the child ran away.*

prendre l'air–*to get a breath of (fresh) air*
J'ai la tête lourde; allons prendre l'air un instant. *My head is stuffy; let's go and get a breath of (fresh) air.*

prendre la mer–*to put out to sea*
Le bateau a pris la mer au coucher du soleil. *The boat put out to sea at sunset.*

prendre la mouche–*to fly off the handle*
Si vous prenez la mouche à chaque instant, nous ne nous entendrons jamais. *If you fly off the handle every moment, we'll never reach an agreement.*

prendre la parole–*to take the floor*
Le délégué chinois a pris la parole pour protester. *The Chinese delegate took the floor to protest.*

prendre la poudre d'escampette–*to fly the coop*
Pendant l'absence des gardiens, le prisonnier a pris la poudre d'escampette. *During the guards' absence, the prisoner flew the coop.*

prendre la tête–*to take the lead*
C'est vous qui devez prendre la tête de cette enquête. *You are the one who has to take the lead in this investigation.*

prendre le frais–*to get a breath of fresh air*
J'ai la tête lourde; allons prendre le frais un instant. *My head is stuffy; let's go and get a breath of fresh air.*

prendre le large–*to clear out, to go out to sea*
Quand on l'a recherché, le bandit avait pris le large. *When they searched for him, the bandit had cleared out (gone out to sea).*

prendre le parti de–*to speak up for*
Qui prendra le parti des pauvres dans ce débat? *Who will speak up for the poor in this debate?*

prendre les devants–*to make the first move*
Je crois que c'est lui qui devrait prendre les devants. *I think he is the one who ought to make the first move.*

prendre ombrage de–*to take offense at*
Je ne comprends pas pourquoi il a pris ombrage de ces propos. *I don't understand why he took offense at those words.*

prendre parti pour–*to side with*
Il prenait toujours parti pour les plus faibles. *He would always side with the underdogs.*

prendre position–*to make (to take) a stand*

Peu de députés osent prendre position sur cette question controversée. *Few congressmen dare make (take) a stand on this controversial issue.*

prendre pour argent comptant—*to take as gospel truth (at face value)*
Ne prenez pas tout ce qu'il dit pour argent comptant. *Don't take everything he says as gospel truth (at face value).*

prendre quelque chose sous son bonnet—*to take a matter into one's own hands*
Il a pris sous son bonnet de réorganiser l'entreprise. *He took it into his own hands to reorganize the company.*

prendre quelqu'un à partie—*to attack someone, to jump on someone*
Au cours du débat, le candidat a été pris à partie violemment. *During the debate, the candidate was attacked (jumped on) violently.*

prendre quelqu'un à rebrousse-poil—*to rub someone the wrong way*
Il se fait du tort parce qu'il prend les gens à rebrousse-poil. *He hurts himself because he rubs people the wrong way.*

prendre quelqu'un la main dans le sac—*to catch someone red-handed*
La police a pris l'employé malhonnête la main dans le sac. *The police caught the dishonest employee red-handed.*

prendre quelqu'un sans vert—*to catch someone napping*
Ils ne m'attendaient pas et je les ai pris sans vert. *They weren't expecting me and I caught them napping.*

prendre quelqu'un sur le fait—*to catch someone flat-footed*
La police a pris le cambrioleur sur le fait. *The police caught the burglar flat-footed.*

prendre sa retraite—*to go into retirement*
Quand comptez-vous prendre votre retraite? *When do you plan on going into retirement?*

prendre ses jambes à son cou—*to take to one's heels*
A l'approche du propriétaire, les vandales ont pris leurs jambes à leur cou. *At the landlord's approach, the vandals took to their heels.*

prendre son élan—*to get (to take) a running start*
Il faut prendre votre élan avant de sauter. *You have to get (to take) a running start before you jump.*

prendre son parti de—*to resign oneself to*
L'inégalité existera toujours; il faut en prendre son parti. *Inequality will always exist; you have to resign yourself to it.*

prendre un billet de parterre—*to take a spill*
En courant pour attraper son bus, il a pris un billet de parterre. *While running to catch his bus, he took a spill.*

prendre une culotte—*to lose a fortune, to take a beating*
Ce soir-là il a pris une culotte au casino. *That night he lost a fortune (he took a beating) at the casino.*

s'en prendre à–*to pick on*
Ce n'est pas de ma faute; pourquoi vous en prenez-vous à moi? *It isn't my fault; why are you picking on me?*

se prendre d'amitié pour–*to make friends with, to take up with*
Il s'est pris d'amitié pour le fils des voisins. *He made friends with (took up with) the neighbors' son.*

se prendre de sympathie pour–*to warm up to*
Il s'est enfin pris de sympathie pour la famille de sa femme. *He finally warmed up to his wife's family.*

s'y prendre bien (mal)–*to do a good (a bad) job*
Il s'y est mal pris pour gagner notre confiance. *He did a bad job of gaining our confidence.*

---

près–*near*

à cela près que–*except that, with the exception that*
Ils se ressemblent à cela près que l'un a les yeux bleus. *They look alike except (with the exception) that one has blue eyes.*

à . . . près–*within*
Cela fait le poids, à trois grammes près. *It's within three grams of making the weight.*

être près de ses sous–*to be tightfisted*
Malgré sa richesse, elle est près de ses sous. *In spite of her wealth, she is tightfisted.*

ne pas être près de–*to be a long way from, not to be about to*
Je ne suis pas près de recommencer. *I'm a long way from doing that again (I'm not about to do that again).*

---

présenter–*to introduce, to present*

présenter (se présenter à) un concours (un examen)–*to take an exam*
Il a présenté le concours (il s'est présenté au concours) de Polytechnique. *He took the exam to enter the Polytechnic Institute.*

présenter ses respects–*to pay one's respects*
Nous voulions présenter nos respects au nouveau commandant. *We wanted to pay our respects to the new commander.*

se présenter à–*to be up for; to report to*
Le sénateur se représente aux élections. *The senator is up again for election.* Vous devrez vous présenter au commissariat de police demain. *You have to report to the police station tomorrow.*

se présenter sous son plus beau jour–*to put one's best foot forward*
Les candidats essaient tous de se présenter sous leur plus beau jour. *The applicants are all trying to put their best foot forward.*

presser–*to hasten, to press*

Cela ne presse pas (rien ne presse).–*There is no (great) rush.*

presser quelqu'un comme un citron–*to squeeze someone dry*
Ils l'ont pressé comme un citron et puis ils l'ont abandonné. *They squeezed him dry and then they abandoned him.*

se presser–*to throng*
La foule se pressait aux portes du théâtre. *The crowd thronged the doors of the theater.*

Si on lui pressait le nez, il en sortirait du lait.–*He's not dry behind the ears.*

---

pression–*pressure*

faire pression sur quelqu'un–*to pressure (to work on) someone*
Je vais faire pression sur eux jusqu'à ce qu'ils acceptent notre projet. *I'm going to pressure (to work on) them until they accept our plan.*

---

prêter–*to lend*

prêter à–*to give rise to, to invite*
Ces règlements compliqués prêtent à des abus. *These complicated rules give rise to (invite) abuse.*

prêter à la petite semaine–*to be a loan shark*
Il a amassé une fortune en prêtant à la petite semaine. *He made a fortune by being a loan shark.*

prêter attention à–*to pay attention to*
Sur le moment je n'ai pas prêté attention à ce qu'elle disait. *At the time I didn't pay attention to what she was saying.*

prêter le flanc à–*to lay oneself open to*
Le gouverneur a prêté le flanc à la critique par ses actes irréfléchis. *The governor has laid himself open to criticism by his thoughtless actions.*

se prêter à–*to (let oneself) be a party to, to go along with*
Je refuse de me prêter à cette intrigue. *I refuse to (let myself) be a party to that plot (to go along with that plot).*

---

preuve–*proof*

faire preuve de–*to display*
Il a fait preuve d'un grand courage dans ces circonstances. *He displayed great courage in those circumstances.*

faire ses preuves–*to be time-tested*
Ce remède populaire a fait ses preuves. *This folk remedy is time-tested.*

---

prévaloir–*prevail*

se prévaloir de son grade–*to pull (one's) rank*

Il s'est fait servir le premier en se prévalant de son rang. *He got served first by pulling (his) rank.*

---

prier–*to beg, to pray*
Je vous en prie.–*Please. You're welcome.*

se faire prier–*to play hard-to-get*
Elle s'est fait prier avant de jouer du piano. *She played hard-to-get before she played the piano.*

---

prise–*capture, catch*
avoir prise sur–*to swing weight with*
Les compliments n'ont pas prise sur lui. *Compliments don't swing any weight with him.*

avoir une prise de bec avec–*to have a run-in with*
Il a eu une prise de bec avec son surveillant. *He had a run-in with his supervisor.*

être aux prises avec–*to be struggling against*
Il était aux prises avec des difficultés insurmontables. *He was struggling against insuperable difficulties.*

---

prix–*price, prize*
à prix d'or–*for a fortune*
Ils ont vendu leur maison à prix d'or. *They sold their house for a fortune.*

au prix coûtant–*at cost*
Il a accepté de me vendre la calculatrice au prix coûtant. *He agreed to sell me the calculator at cost.*

au prix de–*by dint of*
Il a réussi au prix d'un immense effort. *He succeeded by dint of a tremendous effort.*

de prix–*costly, valuable*
Ce sont des meubles de prix. *These are costly (valuable) pieces of furniture.*

---

procès–*lawsuit, trial*
faire le procès de–*to condemn, to criticize*
L'opposition a fait le procès du nouveau projet de loi. *The opposition condemned (criticized) the new bill.*

---

proche–*near(by)*
les plus proches parents–*the next of kin*
Nous devrions prévenir les plus proches parents de sa mort. *We ought to notify the next of kin of his death.*

---

produire–*to produce*
se produire–*to occur, to take place*

Où l'accident s'est-il produit? *Where did the accident occur (take place)?*

promenade–*stroll, walk*

faire une promenade (à pied)–*to go for (to take) a walk*
Nous avons décidé de faire une promenade (à pied) après dîner. *We decided to go for (to take) a walk after dinner.*

faire une promenade (en voiture)–*to go for a (car) ride*
Le dimanche la famille fait souvent une promenade (en voiture). *On Sundays the family often goes for a (car) ride.*

promener–*to lead, to walk*

envoyer promener quelqu'un–*to send someone packing*
Il nous ennuie; envoyons-le promener! *He's annoying us; let's send him packing!*

promener son regard sur–*to cast one's eyes over*
L'orateur promena son regard sur la foule à ses pieds. *The speaker cast his eyes over the crowd at his feet.*

se promener (à cheval, en voiture, etc.)–*to go for a (horseback, car) ride*
Nous nous sommes promenés (à cheval, en voiture) dans le parc. *We went for a (horseback, car) ride in the park.*

promettre–*to promise*

promettre monts et merveilles à–*to promise the moon*
Le candidat promettait monts et merveilles à ses électeurs. *The candidate was promising the moon to his constituents.*

promettre plus de beurre que de pain–*to promise pie in the sky*
Toutes ces publicités promettent plus de beurre que de pain. *All these commercials promise pie in the sky.*

prompt–*prompt*

être prompt à la détente–*to be quick on the trigger*
Essayez de le calmer; il est prompt à la détente. *Try to calm him down; he's quick on the trigger.*

prononcer–*to pronounce*

se prononcer–*to reach a decision (a verdict)*
Le jury n'a pas pu se prononcer après de longues délibérations. *The jury couldn't reach a decision (a verdict) after long deliberation.*

propos–*purpose, talk*

à ce propos–*in this (that) connection*
Je dois dire, à ce propos, qu'il s'est trompé. *I must say, in this (that) connection, that he was wrong.*

à propos–*at the right time; by the way; to the point*

Son offre d'aide tombe à propos. *His offer of help comes at the right time.* A propos, avez-vous vu ce nouveau film? *By the way, have you seen that new film?* Ce que vous avez dit était vraiment à propos. *What you said was really to the point.*

à propos de bottes—*of this and that*
Pour passer le temps, nous avons parlé à propos de bottes. *To pass the time, we talked of this and that.*

---

propre—*clean, own, proper*

C'est du propre!—*That's a fine thing!*

de son propre chef—*on one's own (authority)*
Il a pris la décision de partir de son propre chef. *He made the decision to leave on his own (authority).*

Me voilà propre!—*I'm in a nice fix (mess)!*

par ses propres moyens—*under one's own power (steam)*
J'ai réussi à rentrer chez moi par mes propres moyens. *I managed to get home under my own power (steam).*

propre comme un sou neuf—*as clean as a whistle*
Son auto est toujours propre comme un sou neuf. *His car is always as clean as a whistle.*

---

protester—*to protest*

protester comme tous les diables—*to blow up (to kick up, to raise) a storm*
Ils ont protesté comme tous les diables en entendant la décision du jury. *They blew up (kicked up, raised) a storm when they heard the jury's decision.*

---

prouver—*to prove*

prouver par a plus b—*to prove beyond the shadow of a doubt*
Il a prouvé par a plus b que la direction avait raison. *He proved beyond the shadow of a doubt that the management was right.*

---

prune—*plum*

pour des prunes—*for nothing, without reason*
Ce n'est pas pour des prunes qu'il a été choisi comme chef. *It's not for nothing (without reason) that he was chosen as chief.*

---

prunelle—*(eye)ball, plum*

(cher) comme la prunelle de ses yeux—*the apple of one's eye*
Elle leur est (chère) comme la prunelle de leurs yeux. *She is the apple of their eye.*

---

puissance—*power*

en puissance—*potential(ly)*
C'est un grand artiste en puissance. *He is potentially a great artist.*

puits—*well*

un puits de science—*a fount of knowledge*
Le professeur Dupont est un puits de science; demandez-lui. *Professor Dupont is a fount of knowledge; ask him.*

punir—*to punish*

Il est puni par où il a péché.—*He is reaping what he sowed.*

pur—*pure*

en pure perte—*to no purpose*
Je regrette mais on a tout fait en pure perte. *I'm sorry but we've done everything to no purpose.*

Q

qualité—*quality*

avoir qualité pour—*to be empowered to*
Avez-vous qualité pour signer ce document? *Are you empowered to sign this document?*

en qualité de—*as, in one's capacity as*
En qualité de médecin, il vous a interdit de sortir. *(In his capacity) as a physician, he forbade you to go out.*

quand—*when*

quand le diable y serait—*come hell or high water*
J'irai au match quand le diable y serait. *I'll go to the game come hell or high water.*

quartier—*neighborhood, quarter*

avoir (donner) quartier libre—*to have (to give) time off*
Le samedi après-midi vous aurez (on vous donnera) quartier libre. *Saturday afternoons you will have (you will be given) time off.*

faire quartier—*to give quarter*
Les soldats ennemis n'ont pas fait de quartier. *The enemy soldiers gave no quarter.*

quatre—*four*

à quatre pattes—*on all fours, on one's hands and knees*
Les enfants s'amusaient à aller à quatre pattes. *The children played at crawling on all fours (on their hands and knees).*

faire les quatre cents coups—*to kick up one's heels, to run wild*
Malgré sa dignité actuelle, il a fait les quatre cents coups pendant sa jeunesse. *For all his present dignity, he kicked up his heels (he ran wild) during his youth.*

faire les quatre volontés de quelqu'un—*to dance to somebody's tune*

Elle est très docile et fait toujours les quatre volontés de son père. *She is very submissive and always dances to her father's tune.*

quel–*what, which*

Quel bon vent vous amène?–*To what do we owe the pleasure of your company?*

quelque–*some*

. . .et quelques–. . .odd
Il y avait cinquante et quelques personnes à la réunion. *There were fifty-odd people at the meeting.*

être quelque peu–*to be something (somewhat) of a*
On dit que le nouveau président est quelque peu conservateur. *They say that the new president is something (somewhat) of a conservative.*

avoir quelque chose qui vous trotte par la tête–*to have something on one's mind*
J'ai quelque chose qui me trotte par la tête qu'il faut que je vous dise. *I have something on my mind that I have to tell you.*

question–*question*

Là n'est pas la question.–*That's neither here nor there.*

Pas question!–*Nothing doing!*

quête–*quest, search*

en quête de bonnes fortunes–*on the make*
Cet homme est toujours en quête de bonnes fortunes. *That man is always on the make.*

queue–*tail*

à la queue leu leu–*one after another*
Les enfants sont partis à la queue leu leu. *The children went off one after another.*

être à la queue de– *to be at the bottom of*
Il était toujours à la queue de sa classe. *He was always at the bottom of his class.*

faire la queue–*to line up, to stand in line*
Une centaine de personnes faisaient la queue au guichet. *A hundred people or so were lined up (were standing in line) at the box office.*

faire une queue de poisson–*to cut in front (of a car)*
Ce chauffard m'a fait une queue de poisson. *That reckless driver cut in front of my car.*

qui–*which, who*

et qui plus est–*what is more*
C'est un athlète; et qui plus est, c'est un champion. *He's an athlete; what is more, he is a champion.*

quitte–*quits*

en être quitte à bon compte–*to get off cheap*
Vue la gravité de l'affaire, ils en ont été quittes à bon compte. *Given the gravity of the affair, they got off cheap.*

en être quitte pour–*to get off with*
Heureusement, j'en ai été quitte pour un avertissement. *Luckily, I got off with a warning.*

quitte à–*even if it means*
Nous partirons très tôt, quitte à les attendre à l'arrivée. *We'll leave very early, even if it means waiting for them on our arrival.*

quitter–*to leave*

Ne quittez pas!–*Don't hang up! Hold the wire!*

quoi–*what*

A quoi bon?–*What's the use?*

avoir de quoi–*to have the means*
Il a de quoi bien vivre. *He has the means to live well.*

Il n'y a pas de quoi.–*Don't mention it. You're welcome.*

Il n'y a pas de quoi fouetter un chat.–*There's nothing to it. There's nothing to make a fuss about.*

Il n'y a pas de quoi le crier sur les toits.–*It's nothing to write home about.*

quoi que (qui)–*no matter what*
Quoi qui arrive, vous pouvez compter sur moi. *No matter what happens, you can count on me.*

R

rabattre–*to fold back*

en rabattre–*to back down*
Attends un peu; tu verras qu'il en rabattra malgré ses menaces. *Wait a minute; you'll see that he'll back down despite his threats.*

rabattre le caquet à quelqu'un–*to make someone eat crow*
Ma réponse a rabattu le caquet à ce prétentieux. *My answer made that pretentious fellow eat crow.*

raconter–*to recount, to tell*

en raconter–*to tell (tall) tales*
Le pêcheur n'arrêtait pas d'en raconter. *The fisherman went on and on telling (tall) tales.*

rage–*rage*

faire rage–*to be (all) the rage; to rage*
Les robes décolletées font rage cette année. *Low-cut dresses are (all) the rage this year.* La tempête faisait rage dehors. *The storm was raging outside.*

raide–*stiff*

Ça, c'est raide! (Elle est raide, celle-là!)–*That's hard to swallow!*

raison–*reason*

à raison de–*at the rate of*
Les lettres arrivaient à raison de cinquante par semaine. *The letters came at a rate of fifty per week.*

avoir raison–*to be right*
Je sais que j'ai raison dans cette histoire. *I know I'm right in this matter.*

avoir raison de–*to get the better of*
Elle a fini par avoir raison de sa résistance. *She ended up by getting the better of his resistance.*

en raison de–*on account of*
En raison des grèves, les trains seront retardés aujourd'hui. *On account of the strikes, the trains will be delayed today.*

ramasser–*to pick up*

à ramasser à la petite cuiller–*ready to be carted away*
Après l'examen, les étudiants étaient à ramasser à la petite cuiller. *After the test, the students were ready to be carted away.*

ramasser péniblement–*to scrape together*
Nous avons ramassé péniblement l'argent nécessaire. *We scraped together the necessary money.*

ramasser une gamelle (une poêle)–*to take a spill*
La piste était si glacée qu'elle a ramassé une gamelle (une poêle). *The trail was so icy that she took a spill.*

rang–*rank, row*

au rang de–*among*
Je le compte au rang de mes meilleurs amis. *I count him among my best friends.*

en rang d'oignons–*all in a row*
Les enfants attendaient à la porte en rang d'oignons. *The children were waiting all in a row at the door.*

ranger–*to arrange, to put in order*

se ranger–*to settle down; to step aside*
Il s'est marié pour se ranger. *He got married to settle down.* Je me suis rangé pour

laisser passer les autres. *I stepped aside to let the others pass.*

se ranger à un avis—*to come around to a way of thinking*
Je vois qu'à la fin tu te ranges à mon avis. *I see you're finally coming around to my way of thinking.*

---

rapport—*relation(ship), report*

en rapport avec—*in touch with*
Mettez-vous tout de suite en rapport avec votre ambassade. *Get in touch with your embassy right away.*

par rapport à—*as against, in comparison with*
Il faut regarder leurs bénéfices par rapport à leur production globale. *You have to look at their profits as against (in comparison with) their overall production.*

sous le rapport de—*with respect to*
Cet avion est remarquable sous le rapport de la maniabilité. *This plane is remarkable with respect to its handling.*

---

rapporter—*to bring back*

s'en rapporter à—*to count on*
Je m'en rapporte à vous pour la livraison. *I'm counting on you for the delivery.*

---

rare—*rare, scarce*

se faire rare—*to be (quite) a stranger*
Vous vous faites rare ces temps-ci. *You've been (quite) a stranger recently.*

---

ras—*cut close, level*

à (au) ras de—*at the level of*
Les hirondelles volaient à (au) ras du sol. *The swallows were flying at ground level.*

en avoir ras le bol—*to be fed up with*
Les lycéens criaient qu'ils en avaient ras le bol de la discipline. *The students were shouting that they were fed up with discipline.*

---

rassembler—*to call together*

rassembler ses esprits (ses forces)—*to pull oneself together*
Rassemblons nos esprits (nos forces) pour un dernier effort. *Let's pull ourselves together for a final effort.*

---

rate—*spleen*

désopiler (dilater, épanouir) la rate de quelqu'un—*to tickle someone*
Cette histoire va vous désopiler (dilater, épanouir) la rate. *This story is going to tickle you.*

---

rater—*to miss*

rater le coche—*to miss the boat*

C'était une belle occasion mais vous avez raté le coche. *It was a fine opportunity but you missed the boat.*

rattraper—*to catch*

rattraper quelqu'un—*to get even with someone*
Tu m'as eu mais je te rattraperai un jour ou l'autre. *You put one over on me but I'll get even with you some day.*

rayer—*to cross out*

rayer de ses tablettes—*to give up for lost*
C'est fini entre nous; tu peux rayer mon amitié de tes tablettes. *It's all over between us; you can give up my friendship for lost.*

rayon—*ray, shelf*

C'est mon rayon.—*That's just my cup of tea.*

rebattre—*to beat again*

rebattre les oreilles à quelqu'un—*to chew someone's ear off*
Elle m'a rebattu les oreilles de ses revendications. *She chewed my ear off with her complaints.*

rebrousser—*to brush up, to rub up*

rebrousser chemin—*to go back (the way one came)*
C'était un cul de sac et nous avons dû rebrousser chemin. *It was a dead end and we had to go back (the way we came).*

recette—*recipe, returns*

faire recette—*to go over well; to sell well*
Son idée a fait recette. *His idea went over well.* Son livre a fait recette. *His book sold well.*

recevoir—*to receive*

être reçu (à un examen, etc.)—*to pass (an exam, etc.)*
Il a été reçu docteur l'année dernière. *He passed his doctoral exams last year.*

Il a reçu une ovation triomphale.—*He got a standing ovation.*

J'ai été reçu comme un chien dans un jeu de quilles.—*I was given the cold shoulder.*

réclamer—*to complain, to lay claim to*

se réclamer de quelqu'un—*to give someone as a reference*
Je me suis réclamé de vous pour avoir le poste de directeur. *I gave you as a reference to get the job as director.*

reconnaître–*to recognize*

Je vous reconnais là.–*That's just like you.*

ne pas s'y reconnaître–*not to know one's way around*
Je ne m'y reconnais pas dans cette partie de la ville. *I don't know my way around in this part of the city.*

recueillir–*to gather (up), to take in*
se recueillir–*to meditate*
Il se recueillit un moment avant de donner sa réponse. *He meditated for a moment before giving his answer.*

reculer–*to move back, to recoil*
reculer devant–*to balk (to stop) at*
Il ne reculera devant rien pour avoir ce qu'il veut. *He will balk (stop) at nothing to have what he wants.*

réduire–*to reduce*
On les a réduits à la portion congrue.–*They have been reduced to a bare minimum.*

réduire à l'échelle–*to scale down*
Ils ont réduit à l'échelle leur projet initial. *They scaled down their original project.*

réduire à zéro–*to wipe out*
La nouvelle administration a juré de réduire la misère à zéro. *The new administration has sworn to wipe out poverty.*

réduire son train de vie–*to trim one's sails*
A cause de la récession, nous devons réduire notre train de vie. *Because of the recession, we have to trim our sails.*

refiler–*to pay out, to run out again*
refiler quelque chose à quelqu'un–*to palm something off on someone*
Le vendeur a essayé de leur refiler un vieux tacot. *The salesman tried to palm off an old jalopy on them.*

réfléchir–*to reflect*
C'est (tout) réfléchi.–*My mind is made up.*

y réfléchir–*to think it over*
Réfléchissez-y avant de donner votre réponse. *Think it over before giving your answer.*

refus–*refusal*
Ce n'est pas de refus.–*I (You) can't say no to that.*

refuser—*to refuse*

refuser de marcher—*to draw the line*
Quand ils ont suggéré la trahison, nous avons refusé de marcher. *When they suggested treachery, we drew the line.*

se refuser—*to deny oneself*
Il ne se refuse jamais rien. *He never denies himself anything.*

---

régal—*treat*

un régal pour les yeux—*a sight for sore eyes*
Après ce long voyage, notre maison était un régal pour les yeux. *After that long trip, our house was a sight for sore eyes.*

---

regarder—*to look (at)*

Cela ne vous regarde pas.—*That's none of your business.*

regarder à—*to keep an eye (a close eye) on*
L'avare regardait toujours à la dépense. *The miser always kept an eye (a close eye) on expenses.*

regarder de travers—*to give a dirty look*
Quand j'ai dit cela, il m'a regardé de travers. *When I said that, he gave me a dirty look.*

se regarder en chiens de faïence—*to glare at one another*
A travers la barrière les deux voisins se regardaient en chiens de faïence. *The two neighbors glared at each other through the fence.*

y regarder à deux fois—*to think twice*
Il vaut mieux y regarder à deux fois avant d'acheter cette auto. *You'd better think twice before buying that car.*

---

règle—*rule, ruler*

être en règle—*to be in order*
Tous vos papiers sont en règle, monsieur. *All your papers are in order, sir.*

---

règlement—*regulation, ruling*

un règlement de comptes—*a (gangland) settling of accounts*
Il a été tué dans un règlement de comptes. *He was killed in a (gangland) settling of accounts.*

---

régler—*to rule, to settle*

réglé comme du papier à musique—*as regular as clockwork*
Il est comme un robot; sa vie est réglée comme du papier à musique. *He is like a robot; his life is as regular as clockwork.*

régler ses comptes avec—*to get square with*
Je veux régler mes comptes avec mes créanciers avant de penser à autre chose. *I want to get square with my creditors before thinking of anything else.*

regret–*nostalgia, regret*

à regret–*reluctantly*
Elle nous a quittés à regret. *She left us reluctantly.*

être au regret de–*to regret*
La directrice est au regret de ne pas pouvoir vous recevoir. *The headmistress regrets that she is unable to receive you.*

---

rein–*kidney, small of the back*

avoir les reins solides–*to be able to take it*
Cette entreprise résistera à la crise; elle a les reins solides. *This business will weather the crisis; it can take it.*

---

relancer–*to throw (back) again*

relancer quelqu'un–*to hound someone*
Sa première femme venait le relancer jusque dans son bureau. *His first wife came and hounded him even at his office.*

---

relation–*connection, relation*

avoir des relations–*to have connections, to know the right people*
Pour réussir dans les affaires, il faut avoir des relations. *To succeed in business, you have to have connections (to know the right people).*

entrer (se mettre) en relation avec–*to get in touch with*
Vous aurez avantage à entrer (à vous mettre) en relation avec le consul. *It will be to your advantage to get in touch with the consul.*

---

relever–*to raise, to relieve*

relever de–*to be just getting over; to fall within the domain of*
Elle relève d'une grippe. *She is just getting over the flu.* Ce cas relève du psychiatre. *This case falls within the domain of the psychiatrist.*

relever de maladie–*to be up and about (around)*
Mon grand-père relève enfin de maladie. *My grandfather is finally up and about (around).*

relever le moral à–*to give a boost to*
Sa gentillesse m'a vraiment relevé le moral. *His kindness really gave me a boost.*

se relever–*to be looking (picking) up*
Après la crise, les affaires commencent juste de se relever. *After the crisis, business is just beginning to look (to pick) up.*

se relever de–*to recover from*
Il ne se relèvera jamais de ce choc. *He will never recover from that shock.*

---

remarquer–*to notice, to remark*

faire remarquer à quelqu'un–*to call someone's attention to*
Je vous fais remarquer que nos prix sont très modestes. *I call your attention to the fact that our prices are very low.*

se faire remarquer—*to attract attention*
Il se fait remarquer partout où il va. *He attracts attention wherever he goes.*

---

remède—*cure, remedy*

Il n'y a pas de remède à cela.—*That can't be helped.*

un remède de bonne femme—*an old wives' remedy*
Jamais vous ne guérirez avec ce remède de bonne femme. *You will never get better with this old wives' remedy.*

un remède de cheval—*a drastic remedy*
Le chômage est un remède de cheval pour combattre l'inflation! *Unemployment is a drastic remedy to fight inflation!*

---

remettre—*to put back, to put off*

en remettre—*to stretch things*
Quand il raconte une histoire, il en remet toujours. *When he tells a story, he always stretches things.*

Ne remettez plus les pieds ici!—*Don't show your face around here again!*

remettre les choses au point—*to set the record straight*
Il a convoqué une conférence de presse pour remettre les choses au point. *He called a press conference to set the record straight.*

remettre quelqu' un—*to place someone*
Dites-moi encore votre nom; je ne vous remets pas. *Tell me your name again; I can't place you.*

remettre quelqu'un à sa place—*to cut someone down to size*
Il se vante mais nous allons le remettre à sa place. *He talks big but we're going to cut him down to size.*

s'en remettre à—*to rely on*
Je m'en remets à votre générosité. *I'm relying on your generosity.*

se remettre à—*to start again*
Il s'est remis à pleuvoir. *It has started raining again.*

se remettre de—*to get over*
Je ne peux pas me remettre de mon étonnement de les voir ici. *I can't get over my surprise at seeing them here.*

---

remonter—*to go back (up), to take up again*

remonter à—*to date back to*
Cette mode remonte au début du siècle. *That fashion dates back to the turn of the century.*

remonter (à bloc)—*to wind up*
J'ai remonté ma montre (à bloc) avant de me coucher. *I wound my watch up before going to bed.*

remonter (le moral) de quelqu'un–*to cheer someone up*
La visite de mes parents m'a remonté (le moral). *My parents' visit cheered me up.*

remorque–*trailer*
à la remorque–*in tow*
Dès son entrée dans le salon, l'hôtesse l'a pris à la remorque. *As soon as he entered the salon, the hostess took him in tow.*

remporter–*to carry off*
remporter la palme–*to carry off the honors*
Son travail soigné remportait toujours la palme. *His careful work always carried off the honors.*

remuer–*to move, to stir*
Remuez-vous un peu!–*Get a move on!*

rencontre–*encounter, meeting*
aller à la rencontre de–*to (go and) meet*
J'irai à sa rencontre s'il pleut. *I'll (go and) meet him if it rains.*
faire la rencontre de–*to encounter by chance*
Nous avons fait la rencontre de Pierre dans la rue. *We encountered Peter by chance on the street.*

rendre–*to give back, to render, to turn in*
On vous le rend bien.–*The feeling is mutual.*
rendre compte de–*to report on*
Le journal n'a pas encore rendu compte de leur congrès. *The newspaper has not yet reported on their convention.*
rendre gorge–*to cough up*
Les contributions directes lui ont fait rendre gorge. *The income tax service made him cough up.*
rendre l'âme–*to give up the ghost*
Après une longue maladie, il a rendu l'âme. *After a long illness, he gave up the ghost.*
rendre la monnaie de sa pièce à quelqu'un–*to get back at someone, to give someone a taste of his own medicine, to pay someone back (in his own coin)*
Il m'a trompé mais je lui ai rendu la monnaie de sa pièce. *He deceived me but I got back at him (gave him a taste of his own medicine, paid him back in his own coin).*
rendre la pareille à–*to get even with, to give his just deserts to, to settle the score with*
Les victimes de l'aggresseur lui ont enfin rendu la pareille. *The aggressor's victims finally got even with him (gave him his just deserts, settled the score with him).*

rendre quelqu'un (quelque chose) + *adj.*–*to make someone (something)* + *adj.*
Cette bonne nouvelle nous a rendus tous heureux. *That good news made us all happy.*

rendre service–*to do a favor*
Elle leur a rendu un grand service en gardant les enfants pendant leur absence. *She did them a great favor by keeping the children during their absence.*

se rendre–*to surrender*
La ville s'est rendue sans combat. *The city surrendered without a battle.*

se rendre compte de–*to realize*
Je ne me rendais pas compte de la gravité de la situation. *I didn't realize the gravity of the situation.*

se rendre (quelque part)–*to go (somewhere)*
Il s'est rendu à l'hôpital en toute hâte. *He went to the hospital in a great hurry.*

Vous vous rendez compte?–*Can you imagine?*

---

rengainer–*to put back in a sheath*
  rengainer son orgueil–*to swallow one's pride*
  Il a dû rengainer son orgueil et accepter l'inévitable. *He had to swallow his pride and accept the inevitable.*

---

rentrer–*to go back, to return*
  faire rentrer les paroles dans la gorge à quelqu'un–*to make someone eat his words*
  Il m'a appelé menteur mais je lui ferai rentrer les paroles dans la gorge. *He called me a liar but I'll make him eat his words.*

  rentrer dans les décors–*to run off the road*
  Elle a perdu le contrôle de sa voiture et elle est rentrée dans les décors. *She lost control of her car and she ran off the road.*

  rentrer dans son argent (ses frais)–*to break even, to get one's money (expenses) back*
  Il n'a pas fait de bénéfices mais il est rentré dans ses frais. *He didn't make a profit but he broke even (he got his expenses back).*

  rentrer dedans à–*to pile (to pitch, to run) into*
  S'il continue à m'insulter, je vais lui rentrer dedans. *If he keeps on insulting me, I'm going to pile (to pitch) into him.* Le camion m'est rentré dedans. *The truck ran into me.*

---

renverser–*to overturn*
  se renverser–*to lean (to sit) back*
  Il se renversa dans son fauteuil et écouta la musique. *He leaned (sat) back in his armchair and listened to the music.*

---

renvoyer–*to dismiss, to send back*

renvoyer aux calendes grecques–*to put off till the cows come home*
Etant trop pris, il renvoyait notre rendez-vous aux calendes grecques. *Since he was too busy, he kept putting our appointment off till the cows came home.*

renvoyer la balle–*to keep the ball rolling*
Pourquoi est-ce que tu te tais au lieu de me renvoyer la balle? *Why do you keep still instead of keeping the ball rolling with me?*

renvoyer quelqu'un de Caïphe à Pilate–*to drive someone from pillar to post*
Les fonctionnaires renvoyaient le pauvre homme de Caïphe à Pilate. *The administrators drove the poor man from pillar to post.*

répandre–*to spill, to spread*

se répandre comme une traînée de poudre–*to spread like wildfire*
La nouvelle s'est répandue comme une traînée de poudre. *The news spread like wildfire.*

se répandre en–*to burst into*
Il se répandit en compliments exagérés. *He burst into exaggerated compliments.*

répéter–*to rehearse, to repeat*

se faire répéter–*to have to be told twice*
Il ne se le fit pas répéter; il partit tout de suite. *He didn't have to be told twice; he left right away.*

répondre–*to answer*

ne plus répondre aux commandes–*to go out of control*
L'avion endommagé ne répondait plus aux commandes. *The damaged plane went out of control.*

répondre à côté de la question–*to miss the point*
Mais vous avez répondu à côté de la question; viendra-t-elle? *But you have missed the point; will she come?*

répondre à l'attente de–*to live up to the expectations of*
Son succès a répondu à l'attente de sa famille. *His success lived up to his family's expectations.*

répondre de–*to vouch for*
Ne vous inquiétez pas; je réponds de son intégrité. *Don't worry; I can vouch for his integrity.*

répondre en Normand–*to give an evasive answer*
A toutes nos questions il répondait en Normand: peut-être bien que oui. *He gave an evasive answer to all our questions: maybe so.*

répondre (insolemment)–*to talk back*
Elle a défendu à ses enfants de répondre (insolemment). *She forbade her children to talk back.*

reposer–*to rest*

se reposer sur–*to rely on*
Vous pouvez vous reposer sur moi pour ce service. *You can rely on me for that service.*

reprendre–*to blame, to regain, to take back*

On ne m'y reprendra plus!–*You won't catch me doing that again!*

reprendre du poil de la bête–*to buck up, to snap out of it*
Il faut que tu reprennes du poil de la bête, et que tu fasses quelque chose. *You have to buck up (to snap out of it) and do something.*

reprendre haleine–*to get one's second wind*
Il s'est remis à courir après avoir repris haleine. *He started running again when he had gotten his second wind.*

reprendre le collier–*to get back in harness*
Malgré son âge, il a fallu qu'il reprenne le collier pour gagner sa vie. *In spite of his age, he had to get back in harness in order to earn his living.*

s'y reprendre à plusieurs fois–*to make several tries*
Nous nous y sommes repris à quatre fois sans réussir à attraper la balle. *We made four tries without managing to catch the ball.*

représentation–*performance, representation*

faire des représentations–*to remonstrate*
On lui a fait des représentations sur sa mauvaise conduite. *He was remonstrated for his bad conduct.*

représenter–*to represent*

représenter une pièce–*to perform a play*
La troupe a représenté *L'Avare* de Molière. *The company performed Molière's The Miser.*

reprise–*mending, recovery, taking up again*

à deux (à plusieurs, etc.) reprises–*two (several, etc.) times*
Je lui ai dit cela à plusieurs reprises. *I told him that several times.*

réserve–*reservation, reserve*

faire des réserves sur–*to have mixed feelings about*
Je fais toujours des réserves sur la valeur de son projet. *I still have mixed feelings about the validity of his project.*

sous réserve de–*subject to*
Votre demande sera acceptée, sous réserve de l'approbation du chef. *Your request will be accepted, subject to the approval of the director.*

sous toutes réserves–*without any guarantees*

Je vous donne le renseignement sous toutes réserves. *I give you the information without any guarantees.*

réserver—*to reserve*

réserver quelque chose à—*to have something in store for*
Je lui réserve une grande surprise. *I have a big surprise in store for him.*

résoudre—*to resolve, to solve*

se résoudre à—*to make up one's mind to*
Devant leur opposition, il s'est résolu à donner sa démission. *Confronted with their opposition, he made up his mind to resign.*

respect—*respect*

sauf votre respect—*with all due respect*
Sauf votre respect, monsieur, votre associé est un fainéant. *With all due respect, sir, your partner is a good-for-nothing.*

respirer—*to breathe*

respirer la santé—*to be the picture of health*
Elle est belle et fraîche, et elle respire la santé. *She is beautiful and fresh, and she is the picture of health.*

ressembler—*to resemble*

Ils se ressemblent comme deux gouttes d'eau.—*They are as alike as two peas in a pod.*

ressortir—*to come (to go) out again, to stand out*

faire ressortir—*to bring out, to set off*
Cette couleur fait bien ressortir vos meubles. *This color brings out (sets off) your furniture nicely.*

reste—*remainder, rest*

au (du) reste—*besides, moreover*
Il ne vient pas; au (du) reste, je ne l'ai pas invité. *He isn't coming; besides (moreover), I didn't invite him.*

de reste—*left over*
J'ai de l'argent de reste que je vais placer. *I have some money left over that I am going to invest.*

en reste—*in arrears*
Je ne voulais pas être en reste envers eux. *I didn't want to be in arrears with them.*

être en reste—*to be at a loss for words*
Quand on lui posait une question, il n'était jamais en reste pour répondre. *When he was asked a question, he was never at a loss for words to reply.*

rester–*to remain, to stay*

en rester là–*to leave it at that*
Si vous n'acceptez pas mon offre, restons-en là. *If you won't accept my offer, let's leave it at that.*

ne pas rester sur un refus–*not to take no for an answer*
Il faut venir parce que nous ne resterons pas sur un refus. *You have to come because we won't take no for an answer.*

rester au-dessous de–*to fall short of*
Les résultats sont restés au-dessous de notre attente. *The results fell short of our expectations.*

rester bouche cousue–*to zip (up) one's lip*
N'oubliez pas, s'ils vous posent des questions, restez bouche cousue. *Don't forget, if they ask any questions, zip (up) your lip.*

rester debout (à attendre)–*to wait up (for)*
Ils sont restés debout toute la nuit à attendre la rentrée de leur fille. *They stayed up all night waiting for their daughter's return.*

rester en panne devant–*to be stymied by*
Ils sont tous restés en panne devant le problème. *They were all stymied by the problem.*

rester en place–*to stay put*
Restez en place jusqu'à ce qu'on vous appelle. *Stay put until you are called.*

rester le bec dans l'eau–*to be left holding the bag*
Ses camarades ont abandonné et lui est resté le bec dans l'eau. *His comrades gave up and he was left holding the bag.*

rester les bras croisés–*to sit back*
Ils sont restés les bras croisés pendant que l'ennemi envahissait leur pays. *They sat back while the enemy invaded their country.*

rester sur le qui-vive–*to keep (to stay) on one's toes*
Nous devrons rester sur le qui-vive pour éviter des ennuis. *We will have to keep (to stay) on our toes to avoid trouble.*

rester sur sa faim–*to go away (to remain) unsatisfied*
Comme le musée avait fermé les salles des impressionnistes, il a dû rester sur sa faim. *Since the museum had closed the impressionist wing, he had to go away (to remain) unsatisfied.*

---

retard–*delay*

en retard–*late*
Vous êtes en retard de dix minutes pour la réunion. *You're ten minutes late for the meeting.*

en retard sur l'horaire–*behind schedule*
A cause de la grève, le train set en retard sur l'horaire. *Because of the strike, the train is behind schedule.*

retenir–*to hold back, to reserve, to retain*

être retenu–*to be spoken for*
Je regrette, mais cet appartement a déjà été retenu. *I'm sorry, but that apartment has already been spoken for.*

Je vous retiens.–*I won't forget this easily.*

se retenir de–*to help, to keep from*
Il était si comique que je n'ai pas pu me retenir de rire. *He was so comical that I couldn't help (keep from) laughing.*

---

retirer–*to withdraw*

se retirer le pain de la bouche pour–*to sacrifice everything for*
Cette mère se retire le pain de la bouche pour ses enfants. *This mother sacrifices everything for her children.*

---

retomber–*to fall back*

être retombé en enfance–*to be in one's second childhood*
Son grand-père est retombé en enfance; il faut s'occuper de lui tout le temps. *His grandfather is in his second childhood; he has to be taken care of all the time.*

faire retomber la faute sur–*to lay the blame on*
Ils ont essayé de faire retomber la faute sur moi, qui n'y étais pour rien. *They tried to lay the blame on me, although I had no part in it.*

retomber sur ses pattes–*to come out unscathed*
C'est un débrouillard qui réussit toujours à retomber sur ses pattes. *He's a shrewd operator who always manages to come out unscathed.*

---

retour–*return*

être de retour–*to be back*
Je ne savais pas que vous étiez déjà de retour de votre voyage. *I didn't know you were already back from your trip.*

être sur le retour–*to be past one's prime*
C'était un grand acteur, mais il est sur le retour maintenant. *He was a great actor, but he is past his prime now.*

faire un retour sur soi-même–*to examine one's (own) conscience*
Avant d'accuser les autres, faites un retour sur vous-même. *Before you accuse others, examine your (own) conscience.*

sans retour–*for good and all*
Votre argent est perdu sans retour. *Your money is lost for good and all.*

---

retourner–*to go back, to return, to turn over*

de quoi il retourne–*what it's all about*
Je n'arrive pas à comprendre de quoi il retourne. *I can't manage to understand what it's all about.*

retourner le fer dans la plaie–*to rub it in*
J'ai compris mon erreur; ne retournez pas le fer dans la plaie. *I've understood my mistake; don't rub it in.*

retourner la situation–*to turn the tables*
Maintenant la situation est retournée et c'est lui qui mène le jeu. *Now the tables are turned and he is the one who is calling the plays.*

retourner quelqu'un comme une crêpe–*to make someone change his mind at will*
Elle sait retourner cette grosse brute comme une crêpe. *She can make that big bruiser change his mind at will.*

retourner sa veste–*to (be a) turncoat*
Ce libéral a retourné sa veste et a voté avec les conservateurs. *That liberal was a turncoat (turned coat) and voted with the conservatives.*

se retourner–*to turn around*
Les hommes se retournent sur son passage pour la regarder. *Men turn around to look at her when she goes by.*

---

rétracter–*to retract*
    se rétracter–*to eat (to swallow) one's words*
Il ment et nous l'obligerons à se rétracter. *He is lying and we'll make him eat (swallow) his words.*

---

retrouver–*to find (again), to meet (again), to regain*
    avoir retrouvé ses forces–*to be back to one's old self again*
Je me suis remis de ma maladie et j'ai retrouvé mes forces. *I've recovered from my illness and I'm back to my old self again.*

    s'y retrouver–*to know where one is (at); to make up for it*
Lui seul sait s'y retrouver dans ce désordre. *He is the only one who knows where he is (at) in this mess.* Le boucher ne gagne pas grand'chose sur le veau, mais il s'y retrouve sur le bœuf. *The butcher doesn't make much on veal, but he makes up for it on beef.*

---

réussir–*to succeed*
    réussir à quelqu'un–*to turn out well for someone*
Tout ce qu'il entreprend lui réussit. *Everything he undertakes turns out well for him.*

---

revanche–*revenge*
    en revanche–*on the other hand*
Il n'est pas brillant, mais en revanche il est travailleur. *He isn't brilliant, but on the other hand he is hardworking.*

---

revenir–*to come back, to return*
    Cela revient à dire que . . . .–*That amounts to saying . . .*

en revenir à–*to come back to*
J'en reviens toujours à ce que je disais avant. *I keep coming back to what I said before.*

faire revenir–*to brown*
Faites revenir l'oignon dans du beurre. *Brown the onion in butter.*

revenir à–*to amount (to come) to*
La réparation revient à trois cents dollars. *The repairs amount (come) to three hundred dollars.*

revenir à la charge–*to keep harping on something*
Nous voulions éviter cette question, mais il revenait toujour à la charge. *We wanted to avoid that question, but he kept on harping on it.*

revenir à quelqu'un–*to appeal to someone*
Il est peut-être gentil, mais sa tête ne me revient pas. *Maybe he's nice, but his face doesn't appeal to me.*

revenir à la raison (à soi)–*to come to (one's senses)*
Quand il est revenu à la raison (à lui), il était déjà trop tard. *When he came to (his senses), it was already too late.*

revenir de–*to get over*
Il est revenu de son engouement. *He has gotten over his infatuation.* Je n'en reviens pas! *I can't get over it!*

revenir de loin–*to have had a close call*
Nous revenons de loin; la bombe était armée. *We had a close call; the bomb was set to go off.*

revenir sur–*to go back on; to go back over*
Il est revenu sur sa promesse. *He went back on his promise.* Ne revenons pas sur cette question éternellement. *Let's not keep on going back over that question.*

revenir sur le tapis–*to come (to crop) up*
La question des impôts est revenue de nouveau sur le tapis. *The question of taxes came (cropped) up again.*

revenir sur son idée–*to think better of it*
Après quelque réflexion, je suis revenu sur mon idée. *After some reflection, I thought better of it.*

---

revers–*back, reverse*
   le revers de la médaille–*the other side of the coin*
   C'est une belle situation, mais le revers de la médaille c'est qu'il faut déménager. *It's a fine job, but the other side of the coin is that we have to move.*

---

rien–*nothing*
   Cela ne fait rien.–*It doesn't matter.*
   Comme si de rien n'était.–*As if nothing had happened.*
   De rien.–*Don't mention it. You're welcome.*

en un rien de temps—*in no time at all, in short order*
Nous avons fini le travail en un rien de temps. *We finished the job in no time at all (in short order).*

n'avoir rien à se mettre sur le dos—*not to have a thing to wear*
Elle dit toujours qu'elle n'a rien à se mettre sur le dos. *She always says that she doesn't have a thing to wear.*

n'avoir rien à voir avec—*to have nothing to do with*
Ce film n'a rien à voir avec le roman du même titre. *This film has nothing to do with the novel of the same title.*

pour rien au monde—*for the world*
Je ne ferais cela pour rien au monde. *I wouldn't do that for the world.*

rien moins que—*anything but; nothing short of*
La maison n'est rien moins que confortable. *The house is anything but comfortable.*
Ce ne serait rien moins que malhonnête. *That would be nothing short of dishonest.*

rien ne sert de—*it's no use*
Rien ne sert d'essayer d'éviter cette responsabilité. *It's no use trying to avoid this responsibility.*

rien que d'y songer—*at the mere (very) thought of it*
Je tremble rien que d'y songer. *I shudder at the mere (very) thought of it.*

un rien de—*a hint (a shade) of*
J'ai senti un rien de regret dans sa lettre. *I sensed a hint (a shade) of regret in his letter.*

---

rigueur—*rigor, strictness*

à la rigueur—*if need be*
Vous pouvez à la rigueur arriver plus tard. *If need be, you may arrive later.*

être de rigueur—*to be a must, to be obligatory*
La tenue de soirée est de rigueur pour cette réception. *Evening dress is a must (is obligatory) for that reception.*

---

rimer—*to rhyme, to versify*

Cela ne rime à rien.—*That doesn't make sense. That has no rhyme or reason.*

---

rincer—*to rinse*

se rincer la dalle—*to wet one's whistle*
Je suis allé au bar pour me rincer la dalle avant d'aller au travail. *I went to the bar to wet my whistle before going to work.*

---

rire—*to laugh*

pour rire—*as a joke, for fun*
Ne t'en fais pas; j'ai dit cela pour rire. *Don't get upset; I said that as a joke (for fun).*

rire à gorge déployée (aux éclats, aux larmes, comme un bossu)—*to laugh one's head off, to roar with laughter*
Ce film comique m'a fait rire aux éclats. *That comic film made me laugh my head off (roar with laughter).*

rire à ventre déboutonné—*to have a belly laugh*
En entendant son histoire folle, nous avons ri à ventre déboutonné. *On hearing his crazy story, we had a belly laugh.*

rire dans sa barbe—*to laugh up one's sleeve*
Il riait dans sa barbe en voyant les ennuis que nous nous étions attirés. *He laughed up his sleeve, seeing the trouble we had gotten ourselves into.*

rire jaune—*to give a sickly smile, to laugh on the other side of one's face*
Mon rival a ri jaune en apprenant mon succès. *My rival gave a sickly smile (laughed on the other side of his face) on learning of my success.*

se rire de—*to make light of*
Elle se rit des difficultés que nous prévoyons. *She makes light of the difficulties which we foresee.*

Vous voulez rire!—*You're joking!*

---

risque—*risk*

aux risques et périls de—*at one's own risk*
Vous empruntez cette route en construction à vos risques et périls. *You take this road under construction at your own risk.*

---

risquer—*to risk*

risquer le coup—*to shoot the works, to take a chance*
N'ayez pas peur; allez-y, risquez le coup. *Don't be afraid; go ahead and shoot the works (take a chance).*

risquer le paquet—*to stake everything*
C'est ma dernière chance; je vais risquer le paquet sur ce cheval. *It's my last chance; I'm going to stake everything on that horse.*

risquer sa vie—*to take one's life in one's hands*
Vous risquez votre vie en traversant la rue dans notre ville. *You take your life in your hands when you cross the street in our city.*

---

rogner—*to clip, to pare*

rogner les dépenses—*to cut corners*
A cause du programme d'austérité, il nous faudra rogner les dépenses. *Because of the austerity program, we will have to cut corners.*

---

roi—*king*

de roi—*fit for a king*
Le tournedos est un morceau de roi. *The filet mignon is a piece fit for a king.*

Le roi n'est pas son cousin.–*He's sitting on top of the world. The world is his oyster.*

---

rompre–*to break*

rompre en visière avec–*to break publicly with*
Il a rompu en visière avec ses anciens collègues. *He broke publicly with his former colleagues.*

rompu à–*experienced in*
Ce n'est pas un débutant; il est rompu à la politique. *He is no beginner; he is experienced in politics.*

---

rond–*round*

être rond en affaires–*to be a square dealer*
J'aime bien traiter avec lui car il est rond en affaires. *I like to do business with him because he is a square dealer.*

---

ronde–*round*

à la ronde–*within (a radius of)*
Il n'y a pas un motel à dix kilomètres à la ronde. *There isn't a motel within (a radius of) ten kilometers.*

---

ronger–*to erode, to gnaw*

ronger son frein–*to chafe at the bit*
Le nouveau directeur rongeait son frein en attendant le début de la saison. *The new director was chafing at the bit, waiting for the season to begin.*

se ronger les sangs–*to eat one's heart out*
Ils se rongeaient les sangs de dépit. *They were eating their heart out with spite.*

---

roue–*wheel*

faire la roue–*to strut and preen*
Ce fat faisait la roue devant les dames au salon. *That fop strutted and preened before the ladies in the salon.*

---

rouler–*to roll*

rouler pleins gaz–*to go top speed*
L'auto roulait pleins gaz pour les rattraper. *The car was going top speed to catch them.*

rouler quelqu'un–*to sell someone a bill of goods*
J'ai cru à votre promesse et vous m'avez roulé. *I took you at your word and you sold me a bill of goods.*

rouler sa bosse–*to be around, to knock about*
Il a roulé sa bosse à travers le monde. *He has been around (has knocked about) all over the world.*

rouler sur l'or–*to be filthy rich*
Sa fiancée n'est pas belle mais elle roule sur l'or. *His fiancée isn't beautiful but she is filthy rich.*

roulette–*roulette, wheel*

comme sur des roulettes–*in apple-pie order, like clockwork*
L'opération a marché comme sur des roulettes. *The operation went off in apple-pie order (like clockwork).*

route–*road, way*

En route!–*All aboard! Let's get going!*

en route pour–*on one's (the) way to*
Nous étions déjà en route pour Paris quand il nous a rattrapés. *We were already on our (on the) way to Paris when he caught up with us.*

routine–*routine*

s'encroûter (s'enliser) dans la routine–*to get into a rut*
Nous nous encroûtons (enlisons) de plus en plus dans la routine de ce poste. *We are getting further and further into a rut in this job.*

rue–*street*

Les rues en sont pavées.–*It's (they're) a dime a dozen.*

ruer–*to kick, to rear up*

ruer dans les brancards–*to kick over the traces*
Après des années de besogne, il rue dans les brancards. *After years of hard work, he's kicking over the traces.*

S

sage–*good, wise*

sage comme une image–*as good as can be (as gold)*
Son bébé est toujours sage comme une image. *Her baby is always as good as can be (as good as gold).*

saigner–*to bleed*

saigner à blanc–*to drain dry*
Elle l'a saigné à blanc, puis l'a abandonné. *She drained him dry, then left him.*

se saigner aux quatre veines–*to bleed oneself white*
Pour envoyer leurs enfants en pensionnat, ils se sont saignés aux quatre veines. *To send their children to boarding school, they bled themselves white.*

sain—*healthy, sound*

sain et sauf—*safe and sound*
Malgré la tempête, ils sont arrivés sain et sauf. *Despite the storm, they arrived safe and sound.*

---

saint—*saint*

à la saint-glinglin—*till the cows come home*
Il continue à remettre ce projet à la saint-glinglin. *He keeps putting this project off till the cows come home.*

C'est une sainte-nitouche.—*Butter wouldn't melt in her mouth.*

---

saisir—*to grasp, to seize*

saisir la balle au bond—*to grab an opportunity*
Voyant le moment venu, il a saisi la balle au bond. *Seeing the right time had come, he grabbed the opportunity.*

saisir une occasion au vol—*to leap at an opportunity*
Ils ont saisi au vol l'occasion de faire des bénéfices. *They leaped at the opportunity to make a profit.*

---

salaire—*salary, wages*

un salaire de famine—*starvation wages*
Pour un si gros travail on lui payait un salaire de famine. *For such a hard job he was paid starvation wages.*

un salaire de misère—*a pittance*
Le vieillard travaillait sans répit pour un salaire de misère. *The old man worked without respite for a pittance.*

---

sang—*blood*

avoir du sang dans les veines—*to be red-blooded*
''Donnez-moi quatre hommes qui aient du sang dans les veines!'' cria le général. *''Give me four red-blooded men!'' cried the general.*

Bon sang!—*Hang it!*

le sang-froid—*cool(ness)*
Il ne perd jamais son sang-froid, quel que soit le danger. *He never loses his cool(ness), whatever the danger may be.*

Mon sang n'a fait qu'un tour.—*My heart leaped into my throat.*

---

sans—*without*

sans arrêt—*over and over (again)*
Il répétait la même histoire sans arrêt. *He kept telling the same story over and over (again).*

sans aucun doute—*without a doubt*

Le bateau arrivera sans aucun doute demain. *The boat will arrive tomorrow without a doubt.*

sans autre cérémonie—*without further ado*
Ils ont quitté la réunion sans autre cérémonie. *They left the meeting without further ado.*

sans autre forme de procès—*without further ceremony*
Il m'a mis à la porte sans autre forme de procès. *He threw me out without further ceremony.*

sans ça (sans quoi)—*otherwise*
Il était malade; sans ça (sans quoi) nous l'aurions vu au match. *He was ill; otherwise we would have seen him at the game.*

sans compter—*let alone*
Nous ne pouvons pas payer les impôts, sans compter le loyer. *We can't pay the taxes, let alone the rent.*

sans doute—*probably*
Il nous a sans doute oubliés. *He has probably forgotten us.*

sans faute—*without fail*
Je vous rendrai le livre demain sans faute. *I'll give you back the book tomorrow without fail.*

sans gêne—*free and easy*
Il est gentil, mais je le trouve un peu trop sans gêne. *He is nice, but I find him a little too free and easy.*

sans le sou—*down and out*
Il m'a aidé quand j'étais sans le sou. *He helped me when I was down and out.*

sans oublier—*last but not least, not to mention*
Sans oublier notre entraîneur, qui a rendu notre victoire possible. *And last but not least (not to mention) our coach, who made victory possible.*

Sans rancune!—*No hard feelings!*

---

santé—*health*

boire à (porter) la santé de—*to drink (a toast) to*
A la fin du repas on a bu à (porté) la santé de l'hôte. *After dinner a toast was drunk (they drank) to the host.*

---

saut—*jump, leap*

au saut du lit—*just as one is getting up*
Il est venu me trouver au saut du lit. *He came to see me just as I was getting up.*

il n'y a qu'un saut—*it's only a stone's throw*
D'ici au centre ville il n'y a qu'un saut. *It's only a stone's throw from here downtown.*

sauter—*to jump, to leap*

Cela saute aux yeux.—*That's as plain as the nose on your face.*

faire sauter—*to blow up, to burst open*
Les rebelles ont fait sauter le pont. *The rebels blew up the bridge.* Le cambrioleur a dû faire sauter la serrure. *The burglar must have burst open the lock.*

que ça saute—*snap to it*
Nettoyez cette chambre et que ça saute! *Clean this room up and snap to it!*

sauter au cou à—*to throw one's arms around*
En me voyant, elle m'a sauté au cou. *When she saw me, she threw her arms around me.*

sauter au plafond—*to blow one's top (to blow up), to hit (to raise) the roof*
Son père a sauté au plafond quand elle a échoué à l'examen. *Her father blew his top (blew up, hit the roof, raised the roof) when she failed her exam.*

sauter du coq à l'âne—*to jump from one topic to another*
Ce conférencier minable n'a fait que sauter du coq à l'âne. *That awful speaker did nothing but jump from one topic to another.*

sauter le pas—*to take the plunge*
Il a hésité longtemps avant de sauter le pas et d'adhérer au parti. *He hesitated for a long time before taking the plunge and joining the party.*

se faire sauter la cervelle—*to blow one's brains out*
En voyant le cours de la bourse si bas, il s'est fait sauter la cervelle. *Seeing the stock market index so low, he blew his brains out.*

---

sauver—*to rescue, to save*

Sauve-qui-peut!—*Every man for himself!*

sauver les apparences—*to keep up appearances*
Ils tenaient toujours leur salon du jeudi pour sauver les apparences. *They still kept their Thursday salon to keep up appearances.*

se sauver—*to be off, to run; to run away*
Au revoir; il faut que je me sauve. *So long; I have to be off (to run).* L'enfant s'était sauvé mais on l'a retrouvé. *The child had run away but he was found again.*

---

savoir—*to know*

à savoir—*namely, to wit*
Nous avons du bétail à vendre, à savoir des bœufs, des chevaux, et des moutons. *We have cattle for sale, namely (to wit) oxen, horses, and sheep.*

en savoir long sur—*to know a thing or two about*
L'inspecteur en sait long sur cette affaire mystérieuse. *The inspector knows a thing or two about that mysterious business.*

Je sais ce qu'il vaut.—*I have his measure.*

Je saurai vous retrouver.—*I'll get even with you.*

le savoir-faire–*know-how*
Il a le savoir-faire qu'il faut pour accomplir cette tâche. *He has the necessary know-how to get this job done.*

ne pas savoir à quel saint se vouer–*to be at one's wit's end*
Elle avait tout essayé sans succès et ne savait pas à quel saint se vouer. *She had tried everything unsuccessfully and was at her wit's end.*

ne pas savoir à quoi s'en tenir–*not to know what to think*
Je ne sais plus à quoi m'en tenir dans cette histoire. *I no longer know what to think about this business.*

ne pas savoir où donner de la tête (sur quel pied danser)–*not to know which way to turn*
Il était débordé et ne savait plus où donner de la tête (sur quel pied danser). *He was overwhelmed and no longer knew which way to turn.*

ne savoir ni a ni b–*not to know the first thing*
Ne l'écoute pas; il ne sait ni a ni b dans ces choses. *Don't listen to him; he doesn't know the first thing about these matters.*

savoir ce que quelqu'un a dans le ventre–*to see what someone has on his mind*
Je veux d'abord savoir ce que nos adversaires ont dans le ventre. *First I want to see what our opponents have on their minds.*

savoir ce que parler veut dire–*to know what one is talking about*
Vous pouvez le croire; il sait ce que parler veut dire. *You can believe him; he knows what he is talking about.*

savoir de quoi il retourne–*to know what's what*
Vous pouvez compter sur moi; je sais de quoi il retourne. *You can depend on me; I know what's what.*

savoir d'où vient le vent–*to know which side one's bread is buttered on*
Cet homme fera ce que nous voulons parce qu'il sait d'où vient le vent. *This man will do what we want because he knows which side his bread is buttered on.*

savoir gré à–*to be grateful to*
Je lui sais gré de sa discrétion dans cette affaire. *I am grateful to him for his discretion in this matter.*

savoir gré à quelqu'un de–*to thank someone to*
Je vous saurai gré de ne plus recommencer. *I will thank you not to do that again.*

savoir pertinemment–*to know for a fact*
Je sais pertinemment qu'il y était, quoi qu'il dise. *I know for a fact that he was there, no matter what he says.*

savoir se débrouiller–*to know one's way around*
Il est jeune mais il sait déjà se débrouiller. *He is young but he already knows his way around.*

savoir s'y prendre avec–*to have a way with*
Mon frère sait s'y prendre avec les chiens. *My brother has a way with dogs.*

un je ne sais quoi–*(a certain) something or other*
Elle a un je ne sais quoi qui rend tous les hommes fous. *She has (a certain) something or other that drives all men crazy.*

---

scie–*saw*

Quelle scie!–*What a nuisance!*

---

scier–*to saw*

scier le dos à–*to bore stiff*
Tu me scies le dos avec tes histoires sans fin. *You bore me stiff with your endless
stories.*

---

séance–*meeting, session*

séance tenante–*on the spot*
Nous avons dû prendre la décision séance tenante. *We had to make the decision on
the spot.*

---

sec–*dry*

être à sec–*to be flat broke*
J'ai tout dépensé et maintenant je suis à sec. *I've spent everything and now I'm flat
broke.*

sec comme un coup de trique–*skinny as a rail*
Il est grand et sec comme un coup de trique. *He is tall and skinny as a rail.*

---

sécher–*to dry (out)*

sécher sur pied–*to wither on the vine*
Son ami, en partant, l'a laissée à sécher sur pied. *Her friend, in leaving, has left
her to wither on the vine.*

sécher un cours–*to cut a class*
Il a séché son cours d'algèbre à cause du match. *He cut his algebra class because
of the game.*

---

secouer–*to shake*

secouer les puces à quelqu'un–*to shake someone up*
En lui parlant comme cela, elle lui a secoué les puces. *By talking to him that way,
she shook him up.*

se secouer–*to pull oneself together*
Secouez-vous un peu; ce n'est pas la fin du monde! *Pull yourself together a little;
it's not the end of the world!*

---

secret–*secret*

C'est le secret de Polichinelle.–*It's an open secret.*

sein–*bosom, breast, womb*

au sein de–*in the lap of; within*
Il vit au sein du luxe. *He is living in the lap of luxury.* Il n'y a pas d'unanimité au sein de la commission. *There is no agreement within the committee.*

selle–*saddle, stool*

aller à la selle–*to have a bowel movement*
Le malade est-il allé à la selle aujourd'hui? *Did the patient have a bowel movement today?*

sellette–*stool*

être sur la sellette–*to be on the hot seat (on the spot)*
Le procureur a mis le témoin de la défense sur la sellette. *The prosecutor put the defense witness on the hot seat (on the spot).*

selon–*according to*

selon le cas–*as the case may be*
Je serai prêt pour vous lundi ou mardi, selon le cas. *I'll be ready for you Monday or Tuesday, as the case may be.*

selon toute apparence–*in all likelihood (probability)*
Le président démissionnera demain, selon toute apparence. *The president will resign tomorrow, in all likelihood (probability).*

semaine–*week*

en semaine–*during the week*
Il n'est jamais libre en semaine; il faut venir dimanche. *He is never free during the week; you have to come Sunday.*

être de semaine–*to be on duty (for the week)*
Je serai de semaine à la fin du mois. *I'll be on duty (for the week) at the end of the month.*

faire la semaine anglaise–*to have Saturdays off*
Dans son entreprise on fait la semaine anglaise. *In his company they have Saturdays off.*

la semaine des quatre jeudis–*when the cows come home*
Vous reverrez votre argent la semaine des quatre jeudis. *You'll see your money again when the cows come home.*

semblant–*appearance, pretense*

faire semblant (de)–*to pretend (to)*
Il fait semblant de dormir mais il est éveillé. *He is pretending to sleep but he is awake.*

ne faire semblant de rien–*to act as if nothing has happened*

Quand la police est arrivée il n'a fait semblant de rien. *When the police arrived he acted as if nothing had happened.*

---

sembler – *to seem*

Que vous (en) semble-t-il? – *What do you think (of it)?*

---

semer – *to sow*

semer quelqu'un – *to ditch (to get rid of) someone*
J'ai eu du mal à semer ce casse-pied. *I had a hard time ditching (getting rid of) that bore.*

---

sens – *direction, sense*

au sens de quelqu'un – *in someone's opinion*
A mon sens, c'est un faux problème. *In my opinion, it's not a real problem.*

dans le sens de – *-wise*
Coupez les planches dans le sens de la longueur. *Cut the planks lengthwise.*

sens dessus-dessous – *topsy-turvy, upside down*
Tout est sens dessus-dessous dans sa chambre: quelle pagaille! *Everything is topsy-turvy (upside-down) in his room: what a mess!*

---

sensation – *sensation, sense*

faire sensation – *to steal (to stop) the show*
Le nouveau danseur a fait sensation. *The new dancer stole (stopped) the show.*

---

sensé – *sensible, wise*

être (très) sensé – *to make (a lot of) sense*
Ce qu'il a dit est (très) sensé, n'est-ce pas? *What he said makes (a lot of) sense, doesn't it?*

---

sentir – *to feel, to sense, to smell*

ne pas se sentir dans son élément – *to feel like a fish out of water*
Dans ce groupe je ne me sentais pas dans mon élément. *In that group I felt like a fish out of water.*

ne pas se sentir de colère (de joie, etc.) – *to be beside oneself with anger (joy, etc.)*
Je ne me sens pas de colère, après tous les cadeaux qu'ils ont reçu de moi! *I'm beside myself with anger, after all the presents they've received from me!*

sentir le cadavre – *to smell blood*
Tous ses créanciers, sentant le cadavre, cherchaient à se faire payer tout de suite. *All his creditors, smelling blood, were asking to be paid right away.*

sentir le fagot – *to smack of heresy*
Le curé lui a dit que ses idées sentaient le fagot. *The priest told him that his ideas smacked of heresy.*

sentir le sapin–*to be at death's door*
Les gens du village disaient que le père Michel sentait le sapin. *The people in the village said that old man Michel was at death's door.*

se sentir de force (de taille) à–*to feel equal (up) to*
Je ne me sens pas de force (de taille) à entreprendre ce travail. *I don't feel equal (up) to taking on that job.*

se sentir tout chose (tout drôle)–*to feel funny*
Après la piqûre je me sentais tout chose (tout drôle). *After the injection I felt funny.*

---

séparer–*to separate*

se séparer de–*to part with*
Cela m'ennuie de me séparer de ce tableau. *I hate to part with this picture.*

---

septième–*seventh*

être au septième ciel–*to be on cloud nine, to be walking on air*
Depuis qu'il a rencontré cette fille, il est au septième ciel. *Since he met that girl, he's been on cloud nine (walking on air).*

---

serrement–*tightening*

avoir un serrement de cœur–*to have one's heart in one's mouth*
J'avais un serrement de cœur en les voyant partir. *I had my heart in my mouth watching them leave.*

---

serrer–*to press, to tighten*

serrer de près–*to press hard*
Il fallait faire un effort parce que son concurrent le serrait de près. *He had to make an effort because his competitor was pressing him hard.*

serrer la main à quelqu'un–*to shake someone's hand*
A la fin de la discussion, je lui ai serré la main cordialement. *At the end of our discussion, I shook his hand cordially.*

serrer la vis à quelqu'un–*to put the heat (the screws) on someone*
Nous devrons lui serrer la vis pour qu'il termine le travail à temps. *We'll have to put the heat (the screws) on him so he'll finish the job in time.*

serrer le cœur à quelqu'un–*to stir someone's heart*
Le récit de ses malheurs m'a serré le cœur. *The story of his misfortunes stirred my heart.*

serrer les dents–*to grit one's teeth, to keep a stiff upper lip*
Il faut que nous serrions les dents devant cette nouvelle difficulté. *We have to grit our teeth (keep a stiff upper lip) in the face of this new difficulty.*

serrer les rangs (se serrer les coudes)–*to close ranks*
En face du danger, tout le monde a serré les rangs (s'est serré les coudes). *In the face of danger, everyone closed ranks.*

se serrer la ceinture–*to take a notch in (to tighten) one's belt*
Pendant la crise il faudra que nous nous serrions la ceinture. *During the crisis we will have to take a notch in (to tighten) our belts.*

---

service–*favor, service*

A votre service!–*You're welcome!*

être de service–*to be on duty*
Je suis de service un samedi sur deux. *I am on duty every other Saturday.*

faire le service entre–*to run between*
Il y a un car qui fait le service entre la gare et l'aéroport. *There is a bus which runs between the station and the airport.*

---

servir–*to serve*

servir à–*to be used for*
Cette machine compliquée sert à fabriquer des boulons. *This complicated machine is used for making bolts.*

servir de–*to be used as, to serve as*
Cette église a servi d'entrepôt pendant la révolution. *This church was used as (served as) a storehouse during the revolution.*

servir de leçon à quelqu'un–*to teach someone a lesson*
Cette mauvaise expérience leur servira de leçon. *That bad experience will teach them a lesson.*

se servir de–*to use*
Puis-je me servir de votre téléphone pour appeler mon frère? *May I use your telephone to call my brother?*

---

seul–*alone, only, sole*

comme un seul homme–*with one accord*
Quand elle a fini son discours, tous se sont levés comme un seul homme. *When she finished her speech, everyone rose with one accord.*

seul à seul–*alone together*
Nous en reparlerons plus tard seul à seul. *We'll talk of it again later when we're alone together.*

---

si–*if*

et si–*what if*
Et si tes parents rentraient tout à coup? *What if your parents came home all of a sudden?*

si nous. . .(si l'on. . ., etc.)–*how about*
Si nous faisions (si l'on faisait) une promenade avant dîner? *How about going for a walk before dinner?*

---

siècle—*century*

le siècle des lumières—*the Enlightenment*
Diderot était un des grands auteurs du siècle des lumières. *Diderot was one of the great authors of the Enlightenment.*

sien—*one's*

les siens—*one's (own) flesh and blood*
Je ne m'attendais pas à une telle indifférence de la part des miens. *I didn't expect such indifference from my (own) flesh and blood.*

signe—*sign*

faire signe à—*to signal to, to wave to*
Il m'a fait signe d'avancer lentement. *He signaled me (waved to me) to come forward slowly.*

faire signe du doigt à—*to beckon (to)*
Il m'a fait signe du doigt depuis l'autre côté de la barrière. *He beckoned (to) me from the other side of the fence.*

faire un signe de (la) tête—*to nod*
Elle n'a pas répondu un mot, mais elle a fait un signe de (la) tête. *She didn't say a word in reply, but she nodded.*

simple—*simple, single*

C'est simple comme bonjour.—*It's as easy as pie.*

dans le plus simple appareil—*in the altogether*
Entrant soudain, il la trouva dans le plus simple appareil. *Entering suddenly, he found her in the altogether.*

singe—*ape, monkey*

faire le singe—*to play the fool*
Il faisait le singe pour amuser la galerie. *He was playing the fool to get a laugh.*

sitôt—*as soon (as)*

pas de sitôt—*not for a long while*
Vous n'aurez pas votre argent de sitôt. *You won't get your money for a long while.*

Sitôt dit, sitôt fait.—*No sooner said than done.*

soi—*oneself*

Cela va de soi.—*That goes without saying.*

soi-disant—*of sorts, so-called, some sort of*
C'est un soi-disant guérisseur. *He is a healer of sorts (a so-called healer, some sort of healer).*

somme–*sum*

somme toute–*all in all, in sum*
Somme toute, nous n'avons pas perdu grand'chose. *All in all (in sum), we haven't lost much.*

sommeil–*sleep*

avoir sommeil–*to be sleepy*
Couchons l'enfant; il a sommeil. *Let's put the child to bed; he's sleepy.*

sonder–*to sound*

sonder le terrain–*to see the way the land lies*
Avant de prendre position, le candidat voulait sonder le terrain. *Before taking a position, the candidate wanted to see the way the land lay.*

songer–*to (day) dream, to think*

sans songer à mal (à malice)–*with no ill intent, without thinking*
Elle a dit cela sans songer à mal (à malice). *She said that with no ill intent (without thinking).*

sonner–*to ring, to sound*

avoir. . .ans (bien) sonnés–*to be (well) past. . .*
Bien qu'il ait l'air jeune, il a cinquante ans (bien) sonnés. *Although he seems young, he is (well) past fifty.*

ne pas sonner mot–*not to say (to utter) a word*
Quand je l'ai vue, elle ne m'a pas sonné mot de son accident. *When I saw her, she didn't say (utter) a word to me about her accident.*

sonner juste (faux)–*(not) to ring true*
Je trouve que son explication de l'affaire sonne juste (faux). *I think his explanation of the matter rings (doesn't ring) true.*

sorcier–*sorcerer*

Ce n'est pas sorcier.–*There's nothing so hard about that.*

sort–*fate, lot*

faire un sort à–*to finish up*
Nous avons fait un sort à la dernière bouteille de vin. *We finished up the last bottle of wine.*

Le sort en est jeté.–*The die is cast.*

sortie–*exit, way out*

à la sortie de–*upon leaving*
A sa sortie de l'école, il a trouvé un bon poste. *Upon leaving school, he found a good job.*

faire une sortie contre—*to lash out at*
Le député conservateur a fait une sortie contre les lois sur l'avortement. *The conservative congressman lashed out at the laws on abortion.*

---

sortir—*to go out, to take out*

Cela m'est sorti de l'esprit.—*It slipped my mind.*

D'où sortez-vous?—*Where have you been (not to know that)?*

être sorti de l'auberge—*to be out of the woods*
Le chirurgien dit que le malade n'est pas encore sorti de l'auberge. *The surgeon says that the patient isn't out of the woods yet.*

Je sors d'en prendre!—*I've been through that already! I've had it!*

ne pas sortir de là—*to stick to one's guns*
Il explique sa guérison comme un miracle et ne veut pas sortir de là. *He explains his cure as a miracle and insists on sticking to his guns.*

s'en sortir—*to get out of difficulty, to manage*
Pourrez-vous vous en sortir avec trois mille francs? *Will you be able to get out of difficulty (to manage) with three thousand francs?*

sortir de l'ordinaire—*to be out of the ordinary*
C'est un cas curieux et qui sort de l'ordinaire. *It's a curious case and one that is out of the ordinary.*

sortir de ses gonds—*to blow a fuse, to blow (to flip) one's lid, to fly off the handle*
En entendant cette injure, il est sorti de ses gonds. *On hearing that insult, he blew a fuse (he blew, he flipped his lid, he flew off the handle).*

sortir toujours avec—*to go steady (to keep steady company) with*
Mon frère sort toujours avec ta sœur; pensent-ils se marier? *My brother is going steady (keeping steady company) with your sister; are they thinking of getting married?*

---

sou—*cent, penny*

n'avoir ni sou ni maille (n'avoir pas le sou, pas un sou vaillant)—*to be penniless*
Il était beau et noble mais il n'avait ni sou ni maille (pas le sou, pas un sou vaillant). *He was handsome and noble but he was penniless.*

pas pour un sou (deux sous)—*not in the least*
Il n'est pas fier pour un sou (deux sous), malgré sa célébrité. *He's not in the least proud, despite his celebrity.*

---

souffle—*breath*

en avoir le souffle coupé—*to be left aghast*
L'accident a été si soudain que j'en ai eu le souffle coupé. *The accident was so sudden that I was left aghast.*

---

souffler—*to blow, to breathe*

souffler à l'oreille à quelqu'un—*to whisper in someone's ear*
Elle m'a soufflé la bonne résponse à l'oreille. *She whispered the right answer in my ear.*

souffler son rôle à quelqu'un—*to prompt someone*
L'acteur était si ému qu'il a fallu lui souffler son rôle. *The actor was so nervous that he had to be prompted.*

souffrance—*suffering*

    en souffrance—*in abeyance*
Le projet est resté en souffrance faute de crédits. *The project was left in abeyance for lack of funds.*

souhait—*wish*

    à souhait—*to a tee*
A ce grand hôtel, nous avons été servis à souhait. *At that grand hotel, we were waited on to a tee.*

    A vos souhaits!—*Bless you! Gesundheit!*

soulever—*to lift, to raise*

    être soulevé d'enthousiasme—*to be swept off one's feet*
Quand elle a chanté, la foule a été soulevée d'enthousiasme. *When she sang, the crowd was swept off its feet.*

    soulever le cœur à quelqu'un—*to turn someone's stomach*
La vue de cette destruction m'a soulevé le cœur. *The sight of that destruction turned my stomach.*

soupe—*soup*

    être soupe au lait (s'emporter comme une soupe au lait)—*to fly off the handle (easily)*
Il a un cœur d'or mais il est soupe au lait (il s'emporte comme une soupe au lait). *He has a heart of gold but he flies off the handle (easily).*

souple—*flexible, supple*

    souple comme un gant—*(very) easygoing*
Elle ne vous fera pas d'histoires; elle est souple comme un gant. *She won't make any problems for you; she is (very) easygoing.*

sourd—*deaf*

    faire la sourde oreille—*to turn a deaf ear*
Elle a fait la sourde oreille quand ses locataires se sont plaints. *She turned a deaf ear when her tenants complained.*

    sourd comme un pot—*stone deaf*
Parlez-lui très fort; il est sourd comme un pot! *Speak very loudly to him; he's stone deaf!*

sourire–*to smile*

ne pas sourire à–*not to appeal to*
Cette perspective ne me sourit guère. *That prospect doesn't appeal much to me.*

sous–*under*

sous le boisseau–*under wraps*
Ils gardent les nouveaux modèles sous le boisseau avant le Salon. *They are keeping the new models under wraps before the show.*

soustraire–*to subtract, to withdraw*

se soustraire à–*to back out of*
Il essaie toujours de se soustraire à ses obligations. *He always tries to back out of his obligations.*

soutenir–*to sustain, to withstand*

soutenir la comparaison avec–*to compare (well) with; to stack up against*
Leur nouveau modèle soutient la comparaison avec tous les concurrents. *Their new model compares (well) with all the competitors.* Comment soutient-il la comparaison avec les autres de sa classe? *How does he stack up against the others in his class?*

souvent–*often*

le plus souvent–*as often as not, more often than not*
Le plus souvent il devait se coucher sans souper. *As often as not (more often than not) he had to go to bed without supper.*

succès–*success*

avoir un succès fou–*to be a smash hit, to go over with a bang*
Leur spectacle a eu un succès fou. *Their show was a smash hit (went over with a bang).*

sucer–*to suck*

sucer jusqu'à la moelle–*to bleed dry*
Quand ses créanciers l'auront sucé jusqu'à la moelle, ils le lâcheront. *When his creditors have bled him dry, they will let him go.*

sucrer–*to sweeten*

se sucrer–*to help oneself to more than one's share*
Le partage n'est pas juste; le chef s'est sucré. *The portions aren't fair; the boss helped himself to more than his share.*

suer–*to sweat*

faire suer–*to give a pain in the neck*
Il nous fait suer avec ses histoires de pêche. *He gives us a pain in the neck with his fish stories.*

faire suer le burnous–*to exploit the natives*
Ce colon a fait fortune en faisant suer le burnous. *That settler made a fortune by exploiting the natives.*

suer la misère (l'ennui, etc.)–*to reek of poverty (boredom, etc.)*
Ce quartier de la ville sue la misère. *This part of the city reeks of poverty.*

suer sang et eau–*to sweat blood*
Il a sué sang et eau pour établir cette entreprise. *He has sweated blood to establish this business.*

---

suite–*consequence, rest, sequel, sequence*

à la suite de–*following*
De fortes inondations sont venues à la suite de la tempête. *Heavy flooding came following the storm.*

avoir de la suite dans les idées–*to follow through on one's ideas*
Elle ne laisse pas tomber ses projets; elle a de la suite dans les idées. *She doesn't drop her projects; she follows through on her ideas.*

dans (par) la suite–*later on*
J'ai appris dans (par) la suite qu'elle s'était mariée. *I learned later on that she had married.*

de suite–*in a row; on end*
Il a avalé trois verres de cognac de suite. *He downed three glasses of cognac in a row.* Ils ont travaillé douze heures de suite. *They worked for twelve hours on end.*

donner suite à–*to follow up on*
Il a promis de donner suite à ma demande. *He promised to follow up on my request.*

par suite de–*as the result of*
Par suite d'une erreur, nous vous avons payé trop d'intérêts. *As the result of an error, we paid you too much interest.*

Suite à votre lettre. . .–*Referring to your letter. . .*

(tout) de suite–*right away, right now*
Je veux que tu fasses tes devoirs (tout) de suite! *I want you to do your homework right away (right now)!*

---

suivre–*to attend, to follow*

A suivre.–*To be continued.*

Au suivant!–*(Who's) next?*

faire suivre–*to forward*
Je vous prie de faire suivre cette lettre. *I would be grateful if you forwarded this letter.*

suivre la pente–*to let oneself go*
Au lieu de s'appliquer, il suit la pente de son plaisir. *Instead of applying himself, he lets himself go the way pleasure leads him.*

suivre le droit chemin—*to walk the straight and narrow (path)*
Dorénavant j'ai résolu de suivre le droit chemin. *From now on I've resolved to walk the straight and narrow (path).*

suivre le mouvement—*to jump on the bandwagon*
En voyant son succès, tout le monde a suivi le mouvement. *Seeing his success, everyone jumped on the bandwagon.*

suivre un cours—*to take a class*
Elle a suivi un cours de phonétique à l'Institut britannique. *She took a phonetics course at the British Institute.*

suivre un régime—*to be on a diet*
J'ai beaucoup maigri depuis que je suis ce régime. *I've lost a lot of weight since I've been on this diet.*

---

supporter—*to bear, to tolerate*
supporter l'alcool (la boisson)—*to hold one's liquor*
Il ne supporte pas l'alcool (la boisson) et il s'enivre facilement. *He can't hold his liquor and he gets drunk easily.*

---

sûr—*safe, sure*
bien sûr—*of course*
Tu as oublié d'aller chez le dentiste, bien sûr. *You forgot to go to the dentist's, of course.*

être sûr—*to rest assured*
Soyez sûr que je ferai tout mon possible, monsieur. *Rest assured that I will do everything in my power, sir.*

---

sursauter—*to jump, to start*
sursauter de frayeur—*to jump out of one's skin*
J'ai sursauté de frayeur en les voyant dans leurs costumes. *I jumped out of my skin when I saw them in their disguise.*

---

suspendre—*to hang, to suspend*
être suspendu aux jupes de sa mère—*to be tied to one's mother's apron strings*
Son fiancé était encore suspendu aux jupes de sa mère et ne pouvait pas prendre de décisions. *Her fiancé was still tied to his mother's apron strings and could not make any decisions.*

T

table—*table*
faire table rase—*to do away with*
Il a voulu faire table rase de toute idée acquise. *He tried to do away with all accepted ideas.*

table ouverte—*open house*
Lorsqu'ils étaient riches, ils tenaient toujours table ouverte. *When they were rich, they always kept open house.*

tache—*spot, stain*
faire tache—*to stick out*
Ses vieux vêtements faisaient tache dans cette société élégante. *His old clothes stuck out in that elegant company.*
faire tache d'huile—*to be contagious, to spread*
La démagogie fait tache d'huile dans cette ambiance politique. *Demagogy is contagious (is spreading) in this political atmosphere.*

taille—*cut, size, waist*
avoir la taille bien prise—*to have a good figure*
Cette femme est grande et elle a la taille bien prise. *That woman is tall and she has a good figure.*
de taille—*massive, weighty*
Le chômage est un problème économique de taille. *Unemployment is a massive (weighty) economic problem.*
être de taille à—*to be big (strong) enough to*
Son chien était de taille à tuer un homme. *His dog was big (strong) enough to kill a man.*

tailler—*to cut, to hack*
se tailler—*to skip out*
Il s'est taillé sans payer la note. *He skipped out without paying the bill.*
tailler une bavette—*to chew the fat (the rag), to shoot the breeze*
Nous avons arrêté de travailler un instant pour tailler une bavette. *We stopped working for a while to chew the fat (to chew the rag, to shoot the breeze).*

tambour—*drum*
sans tambour ni trompette—*without fuss*
Il est parti tout d'un coup, sans tambour ni trompette. *He left all of a sudden, without fuss.*

tant—*so much*
en tant que—*in the capacity of; insofar as*
Il est à Rio en tant qu'ambassadeur. *He is in Rio in the capacity of ambassador.* Il nous aide en tant que nous pouvons lui être utile. *He helps us insofar as we can be useful to him.*
tant bien que mal—*after a fashion, somehow or other*
Faute de temps, le menuisier a terminé le meuble tant bien que mal. *For lack of time, the cabinetmaker finished the piece of furniture after a fashion (somehow or other).*

tant et si bien que—*with the result that*
Il a bavardé sans regarder l'heure, tant et si bien qu'il est arrivé en retard. *He chatted without looking at the time, with the result that he arrived late.*

Tant mieux!—*Fine! So much the better!*

Tant pis!—*So what! Too bad!*

tant que—*as (so) long as*
Je resterai ici tant que vous continuerez à m'aider. *I'll stay here as (so) long as you continue to help me.*

tant s'en faut que—*far be it from*
Tant s'en faut que j'en dise du mal. *Far be it from me to speak ill of it.*

(un) tant soit peu—*just a bit*
Il est (un) tant soit peu affecté. *He is just a bit affected.*

---

taper—*to hit, to strike*

se taper quelque chose—*to treat oneself to something*
Pour célébrer, je vais me taper un verre de cognac. *To celebrate, I'm going to treat myself to a glass of brandy.*

taper à côté—*to be off the mark*
Elle essayait de deviner mais elle tapait toujours à côté. *She tried to guess but she was always off the mark.*

taper dans le tas—*to grab a handful; to strike out at random*
Nous avons des kilos de pommes; vous n'avez qu'à taper dans le tas. *We have kilos of apples; just grab a handful.* Au cours de la mêlée avec les manifestants, la police tapait dans le tas. *During the scuffle with the demonstrators, the police struck out at random.*

taper dans l'œil à quelqu'un—*to strike someone's fancy*
Cette robe rouge m'a tapé dans l'œil. *That red dress has struck my fancy.*

taper sur—*to beat up*
Cette bande de voyous a tapé sur mon petit frère. *That gang of hoodlums beat up my little brother.*

taper sur les nerfs à quelqu'un—*to get in someone's hair, to get on someone's nerves, to get under someone's skin*
Elle a des manies qui me tapent sur les nerfs. *She has habits that get in my hair (get on my nerves, get under my skin).*

---

tapisserie—*tapestry, wallpaper*

faire tapisserie—*to be a wallflower*
Elle n'est pas allée au bal de crainte de faire tapisserie. *She didn't go to the dance for fear of being a wallflower.*

---

taquiner—*to tease*

taquiner la muse—*to dabble in poetry*

M. Durand taquine la muse à ses moments perdus. *Mr. Durand dabbles in poetry in his spare time.*

---

tard—*late*

Il se fait tard.—*It's getting late.*

pas plus tard qu'hier—*just (only) yesterday*
Elle est toujours là; je l'ai vue pas plus tard qu'hier. *She is still here; I saw her just (only) yesterday.*

sur le tard—*late in life*
Il a épousé sa femme actuelle sur le tard. *He married his present wife late in life.*

---

tarder—*to delay*

il lui (etc.) tarde de—*he (etc.) can't wait to*
Il nous tarde de revoir notre pays. *We can't wait to see our country again.*

tarder à—*to be slow in*
La fin de l'inflation tarde à venir. *The end of inflation is slow in coming.*

---

tas—*pile*

sur le tas—*on the job*
Au lieu d'aller à un lycée technique, il a appris son métier sur le tas. *Instead of going to a vocational school, he learned his trade on the job.*

un tas de—*a whole lot of*
Il n'a pas un tas d'argent. *He doesn't have a whole lot of money.*

---

tâter—*to feel, to touch*

tâter de—*to try one's hand at*
Au cours de sa vie professionnelle, il a tâté de tous les métiers. *During his professional life, he has tried his hand at every trade.*

tâter le terrain—*to get the lay of the land, to see how the land lies*
Je vais leur poser quelques questions afin de tâter le terrain. *I'm going to ask them a few questions to get the lay of the land (to see how the land lies).*

---

tel—*such*

M. un Tel—*Mr. So-and-so.*

tel quel—*as is*
Ils me l'ont vendu tel quel, à un prix réduit. *They sold it to me as is, at a reduced price.*

---

tempête—*storm*

C'est la tempête dans un verre d'eau.—*It's a tempest in a teapot.*

---

temps—*time, weather*

avec le temps—*as time goes by, in time*

Je suis sûr qu'elle m'oubliera avec le temps. *I am sure she will forget me as time goes by (in time).*

de temps à autre (en temps)–*from time to time, once in a while*
Nous nous voyons de temps à autre (de temps en temps). *We see each other from time to time (once in a while).*

en temps utile (voulu)–*in due time*
Vous recevrez votre permis en temps utile (voulu). *You will get your license in due time.*

le temps de–*as soon as, by the time*
Le temps de me coiffer, je serai prêt. *As soon as (by the time) I've combed my hair, I'll be ready.*

le temps de se retourner–*time to get one's bearings*
Donnez-moi le temps de me retourner avant de commencer. *Give me time to get my bearings before beginning.*

Le temps me pèse.–*Time lies (weighs) heavy on my hands.*

par le temps qui court–*as things go today*
Par le temps qui court, cela ne sert à rien d'économiser son argent. *As things go today, it's no use saving your money.*

pas mal de temps (un certain temps)–*(quite) a while*
Ils sont là depuis pas mal de temps (un certain temps) déjà. *They have been here for (quite) a while already.*

un temps mort–*a break, a pause*
Au cours de sa conférence, il y a eu plusieurs temps morts gênants. *During his lecture there were several embarrassing breaks (pauses).*

---

tendre–*to stretch (out)*

tendre la main–*to beg; to hold out a hand*
Il en est réduit maintenant à tendre la main. *He is reduced now to begging.* Elle m'a tendu la main cordialement. *She held out her hand to me cordially.*

tendre la perche à quelqu'un–*to lend someone a helping hand*
Je leur suis reconnaissant parce qu'ils m'ont tendu la perche lorsque j'avais des ennuis. *I'm grateful to them because they lent me a helping hand when I was in trouble.*

tendre le dos–*to hunch one's back (for a blow)*
S'attendant à être battu, l'homme tendit le dos. *Expecting to be beaten, the man hunched his back.*

tendre l'oreille–*to prick up one's ears*
Le chien tendait l'oreille au moindre bruit. *The dog pricked up its ears at the slightest noise.*

tendre un piège–*to set a trap*
Tout à coup il comprit qu'on lui avait tendu un piège. *All of a sudden he understood that a trap had been set for him.*

tendu de–*decked in (with)*
L'église est tendue de blanc pour la fête. *The church is decked in (with) white for the celebration.*

---

tenir–*to hold, to keep*

avoir de qui tenir–*to be a chip off the old block*
Son fils est grand et maigre; il a de qui tenir. *His son is tall and skinny; he's a chip off the old block.*

il ne tient qu'à–*it's up to*
Il ne tient qu'à vous de réussir. *It's up to you to succeed.*

Je le tiens de bonne source.–*It's straight from the horse's mouth.*

ne tenir qu'à un fil (un souffle)–*to hang by a thread*
Après l'opération, sa vie ne tenait qu'à un fil (à un souffle). *After the operation, his life hung by a thread.*

n'y plus tenir–*not to be able to stand it any longer*
Je pars tout de suite; je n'y tiens plus. *I'm leaving right away; I can't stand it any longer.*

Qu'à cela ne tienne.–*Never mind that. That's no problem.*

se le tenir pour dit–*to let it be said once and for all*
Tenez-vous le pour dit; je suis des vôtres. *Let it be said once and for all; I'm on your side.*

se tenir–*to behave; to be held, to take place*
Tenez-vous bien, les enfants. *Behave properly, children.* Le concert se tiendra dans l'église. *The concert will be held (will take place) in the church.*

se tenir à carreau–*to play (it) safe*
Se sachant surveillé, il se tenait à carreau. *Knowing he was being watched, he played (it) safe.*

se tenir au courant de–*to keep pace with, to keep posted on, to keep up with*
Nous n'arrivons plus à nous tenir au courant des progrès de la science. *We can no longer manage to keep pace with (to keep posted on, to keep up with) scientific progress.*

se tenir aux écoutes–*to keep one's ears open*
Nous avons besoin de renseignements; tenez-vous donc aux écoutes. *We need information so keep your ears open.*

se tenir coi–*to lie low*
Vous feriez mieux de vous tenir coi pendant quelque temps. *You would do better to lie low for a while.*

se tenir les côtes–*to split one's sides*
Le public se tenait les côtes de rire. *The audience split its sides laughing.*

se tenir sur la réserve–*to be on one's guard*

Je me tiens sur la réserve en attendant de voir ce qu'ils feront. *I am on my guard until I see what they are going to do.*

Tenez bon la rampe!–*Hold on to your hat!*

tenir à–*to insist on; to prize; to result from*
Malgré ce que vous dites, je tiens à aller le voir. *Despite what you say, I insist on going to see him.* Elle tient à ces vieux meubles. *She prizes these old pieces of furniture.* A quoi cette situation défavorable tient-elle? *What does this unfavorable situation result from?*

tenir à distance–*to keep at arm's length*
Il est triste parce que son collègue le tient à distance. *He is sad because his colleague keeps him at arm's length.*

tenir à quelque chose (à quelqu'un) comme à la prunelle de ses yeux–*to cherish something (someone) like the apple of one's eye*
Prenez soin de ce vase; j'y tiens comme à la prunelle de mes yeux. *Take good care of this vase; I cherish it like the apple of my eye.*

tenir bon–*to hold one's ground (one's own), to stand fast (one's ground)*
Malgré leurs assauts répétés, il a tenu bon. *Despite their repeated attacks, he held his ground (his own, he stood fast, he stood his ground).*

tenir compte de–*to allow (to make allowances) for, to take into account*
Ne vous inquiétez pas; nous tiendrons compte de votre manque d'expérience. *Don't worry; we will allow for (make allowances for, take into account) your lack of experience.*

tenir de–*to take after*
L'enfant tient plus de sa mère que de son père. *The child takes after his mother more than his father.*

tenir debout–*to hold up (hold water); to remain standing*
Ce raisonnement est ridicule; il ne tient pas debout. *That reasoning is ridiculous; it doesn't hold up (hold water).* Je ne tiens plus debout; je suis trop fatigué. *I can't remain standing any longer; I'm too tired.*

tenir de court–*to keep a tight rein on*
Il empêche sa fille de sortir et la tient de court. *He prevents his daughter from going out and keeps a tight rein on her.*

tenir de la place–*to take up room*
Ce piano à queue tient trop de place dans l'appartement. *This grand piano takes up too much room in the apartment.*

tenir en haleine–*to hold (to keep) in suspense*
Cette histoire passionnante nous a tenus en haleine. *That exciting story held (kept) us in suspense.*

tenir jusqu'au bout–*to stick it out (to the end)*
Malgré la difficulté de la tâche, il a tenu jusqu'au bout. *Despite the difficulty of the task, he stuck it out (to the end).*

tenir la dragée haute à quelqu'un—to make someone dance to one's tune
Depuis leur mariage elle lui tient la dragée haute. *Since their marriage she has made him dance to her tune.*

tenir l'affiche—to stay on the bill
La pièce a tenu l'affiche pendant plusieurs semaines. *The play stayed on the bill for several weeks.*

tenir la jambe à—to buttonhole
Ce casse-pieds m'a tenu la jambe pendant une bonne heure. *That bore buttonholed me for a solid hour.*

tenir la queue de la poêle—to run the show
C'est la secrétaire du patron qui tient vraiment la queue de la poêle. *It's the boss's secretary who really runs the show.*

tenir le bon bout—to have the matter (well) in hand
Ce n'est pas le moment de faiblir parce que nous tenons le bon bout. *This isn't the time to weaken because we have the matter (well) in hand.*

tenir le coup—to hold out (up), to weather the storm
Je ne sais pas si je vais pouvoir tenir le coup encore longtemps. *I don't know if I'm going to be able to hold out (to hold up, to weather the storm) much longer.*

tenir le haut du pavé—to be (the) cock of the walk
Depuis son succès de librairie, ce romancier tient le haut du pavé. *Since his book became a best-seller, that novelist is (the) cock of the walk.*

tenir le premier rôle—to play the lead
Cet acteur a tenu le premier rôle de *L'Avare*. *That actor played the lead in* The Miser.

tenir parole—to be as good as one's word
Il a dit qu'il viendrait et il a tenu parole. *He said he would come and he was as good as his word.*

tenir quelque chose de quelqu'un—to have heard something from someone
Je tiens ce renseignement d'un journaliste. *I heard this information from a journalist.*

tenir quelqu'un à l'écart—to keep someone out of the way
Ses collègues se méfient de lui et le tiennent à l'écart. *His colleagues mistrust him and keep him out of the way.*

tenir rigueur à quelqu'un de quelque chose—to hold something against someone
Il me tient rigueur de mes absences trop fréquentes. *He holds my too frequent absences against me.*

tenir sa droite (sa gauche)—to keep to one's right (left)
Tenez votre droite en arrivant au carrefour. *Keep to your right when you arrive at the intersection.*

tenir sa langue—to hold one's peace
Vous feriez mieux de tenir votre langue au lieu de dire des sottises. *You would do better to hold your peace instead of saying foolish things.*

tenir tête à–*to stand up to*
Maintenant qu'il a dix-huit ans, il commence à tenir tête à son père. *Now that he is eighteen, he is beginning to stand up to his father.*

tenir tête à l'orage–*to face the music*
On est pris et maintenant il faudra tenir tête à l'orage. *We're caught and now we'll have to face the music.*

tenir un discours (des propos)–*to make remarks*
Il nous a tenu un discours désobligeant (des propos désobligeants). *He made unflattering remarks to us.*

---

tenter–*to attempt, to tempt*

tenter l'aventure–*to risk it*
Malgré le danger, il a décidé de tenter l'aventure. *Despite the danger, he decided to risk it.*

tenter le coup–*to have (to take) a shot at it*
C'est difficile mais ça vaut la peine de tenter le coup. *It's difficult but it's worth the trouble to have (to take) a shot at it.*

---

tenue–*behavior, dress*

avoir de la tenue–*to behave (properly)*
Ayez de la tenue, les enfants; le directeur arrive. *Behave (properly), children; the principal is arriving.*

---

terminer–*to end, to finish*

terminer une émission–*to sign off (on a radio program)*
Chers auditeurs; je termine notre émission pour aujourd'hui. *Good-bye, listeners; I am signing off for today.*

---

terre–*earth, land, soil*

à terre–*ashore; to the floor, to the ground*
Les marins étaient heureux d'être à terre. *The sailors were happy to be ashore.* Le crayon est tombé à terre. *The pencil fell to the floor (to the ground).*

par terre–*on the floor, on the ground*
En entendant les balles, il s'est couché par terre. *Upon hearing the bullets, he lay down on the floor (on the ground).*

terre-à-terre–*down-to-earth, no-nonsense*
Ce médecin a une manière terre-à-terre qui rassure. *That doctor has a down-to-earth (no-nonsense) manner which is reassuring.*

---

tête–*head, mind*

à tête reposée–*at one's leisure*
J'examinerai cette question à tête reposée. *I'll examine this question at my leisure.*

avoir la tête de—*to look the part of*
Cet acteur a vraiment la tête d'un diplomate. *That actor really looks the part of a diplomat.*

avoir la tête près du bonnet—*to be hotheaded*
Ne le taquinez pas; il a la tête près du bonnet. *Don't tease him; he's hotheaded.*

avoir la tête qui tourne—*to feel dizzy*
En haut de l'échelle, j'ai eu soudain la tête qui tournait. *Atop the ladder, I suddenly felt dizzy.*

être tête d'affiche—*to have top billing*
Charles était tête d'affiche du spectacle. *Charles had top billing in the show.*

faire la tête à—*to be in the sulks with*
Elle me fait la tête depuis notre discussion hier. *She has been in the sulks with me since our argument yesterday.*

tête baissée—*recklessly*
Il s'est jeté tête baissée dans l'affaire. *He jumped into the business recklessly.*

tête de. . .—*you. . .*
Tête de cochon! *You pig!*

une tête de Turc—*a butt, a scapegoat*
Je refuse de servir de tête de Turc à leur propagande. *I refuse to serve as a butt (scapegoat) for their propaganda.*

---

tiers—*third*

être en tiers—*to be a third party*
J'étais en tiers à leur rendez-vous. *I was a third party at their meeting.*

---

tirer—*to draw, to pull, to shoot*

(Après ça) il n'y a plus qu'à tirer l'échelle.—*That beats all. That's the finish.*

à tire d'aile—*swiftly*
Les oiseaux se sont envolés à tire d'aile. *The birds flew swiftly away.*

Cela ne tire pas à conséquence.—*That's of no importance.*

laisser quelqu'un se tirer d'affaire—*to leave someone to his own devices*
Puisqu'il ne voulait pas d'aide, on l'a laissé se tirer d'affaire. *Since he didn't want help, we left him to his own devices.*

On tire sur nous de tous les côtés.—*It's open season on us.*

se faire tirer l'oreille—*to drag one's heels*
Cet étudiant se fait tirer l'oreille pour remettre son travail. *That student is dragging his heels about handing in his work.*

s'en tirer—*to pull through*
Le médecin croit que vous allez vous en tirer. *The doctor thinks you're going to pull through.*

s'en tirer à bon compte—*to get off easy*

Vue la gravité de l'offense, ils s'en sont tirés à bon compte. *Given the gravity of the offense, they got off easy.*

s'en tirer avec–*to get away (off) with*

Je ne sais pas comment il s'en est tiré avec un simple avertissement. *I don't know how he got away (off) with just a warning.*

s'en tirer haut la main–*to come through with flying colors*

L'épreuve était difficile mais il s'en est tiré haut la main. *The test was difficult but he came through with flying colors.*

se tirer d'affaire–*to get by*

Ils se tirent d'affaire avec ce qu'il gagne. *They get by with what he earns.*

tiré à quatre épingles–*dressed to kill, spick-and-span*

Elle est toujours tirée à quatre épingles. *She is always dressed to kill (spick-and-span).*

tiré par les cheveux–*farfetched*

Son explication de l'affaire était tirée par les cheveux. *His explanation of the matter was farfetched.*

tirer à hue et à dia–*to pull and tug in opposite directions*

Ses soi-disant collaborateurs tiraient à hue et à dia. *His so-called collaborators were pulling and tugging in opposite directions.*

tirer à la courte paille–*to draw straws*

On a tiré à la courte paille pour voir qui irait. *They drew straws to see who would go.*

tirer à sa fin–*to draw to an end; to run low*

Le spectacle tire à sa fin. *The show is drawing to an end.* Les provisions commencent à tirer à leur fin. *Supplies are starting to run low.*

tirer au clair–*to clear up*

Il faut tirer au clair cette histoire mystérieuse. *This mysterious business has to be cleared up.*

tirer au flanc–*to goldbrick*

Arrête de tirer au flanc et viens nous aider. *Stop goldbricking and come and help us.*

tirer au petit bonheur sur–*to take potshots at*

Les journalistes tiraient au petit bonheur sur le ministre. *The journalists were taking potshots at the minister.*

tirer au sort–*to draw lots*

On a tiré au sort pour voir qui irait. *They drew lots to see who would go.*

tirer la couverture à soi–*to take the lion's share (of the credit)*

Je n'aime pas collaborer avec Jean parce qu'il tire toujours la couverture à lui. *I don't like to work with John because he always takes the lion's share (of the credit).*

tirer la langue–*to stick out one's tongue*

En me voyant, la petite fille m'a tiré la langue. *On seeing me, the little girl stuck out her tongue at me.*

tirer la manche à quelqu'un–*to twist someone's arm*
On n'a pas eu besoin de lui tirer la manche pour qu'il accepte. *We didn't have to twist his arm for him to accept.*

tirer le diable par la queue–*to be hard up, to live from hand to mouth*
Pendant la Dépression ils ont tiré le diable par la queue. *During the Depression they were hard up (they lived from hand to mouth).*

tirer le meilleur parti de–*to make the best of*
Tâchez de tirer le meilleur parti d'une mauvaise situation. *Try to make the best of a bad situation.*

tirer les cartes–*to read (someone's fortune in) the cards*
Une gitane m'a tiré les cartes à la foire. *A gypsy read (my fortune in) the cards for me at the fair.*

tirer les conclusions qui s'imposent–*to put two and two together*
Si vous tirez les conclusions qui s'imposent, vous verrez qu'ils se trompent. *If you put two and two together, you'll see that they are wrong.*

tirer les marrons du feu pour quelqu'un–*to pull someone's irons from the fire*
Qu'il se débrouille lui-même; j'en ai assez de tirer les marrons du feu pour lui. *Let him manage by himself; I'm tired of pulling his irons from the fire.*

tirer les vers du nez à–*to worm secrets out of*
Tu essaies de me tirer les vers du nez, mais je ne dirai rien. *You're trying to worm secrets out of me, but I won't say a thing.*

tirer parti de–*to make something of*
Ma couturière sait tirer parti du moindre chiffon. *My dressmaker can make something of the least scrap of material.*

tirer quelqu'un d'affaire (d'embarras)–*to get someone out of difficulty (trouble)*
Je lui suis reconnaissant, car il m'a souvent tiré d'affaire (d'embarras). *I'm grateful to him, for he has often gotten me out of difficulty (out of trouble).*

tirer sa révérence–*to bow out*
Plutôt que d'accepter leur proposition, j'ai tiré ma révérence. *Rather than accept their proposal, I bowed out.*

tirer son chapeau–*to tip one's hat*
Ils ont du courage; je leur tire mon chapeau. *They have guts; I tip my hat to them.*

tirer son épingle du jeu–*to get out while the getting is good*
Son associé, qui est astucieux, a tiré son épingle du jeu. *His partner, who is shrewd, got out while the getting was good.*

---

titre–*title*

à titre confidentiel–*off the record*
N'écrivez rien; je dis ceci à titre confidentiel. *Don't write anything down; I'm saying this off the record.*

à titre de–*as, in the capacity of*

Je te donne ce conseil à titre d'ami. *I give you this advice as (in the capacity of) a friend.*

---

toilette–*dress, toilet*

faire sa toilette–*to wash up (and dress)*
Le temps de faire ma toilette et je suis à vous. *Let me just get washed up (and dressed) and I'll be right with you.*

---

toit–*roof*

sous les toits–*in a garret*
Avant de se faire connaître, le romancier habitait sous les toits. *Before becoming well known, the novelist lived in a garret.*

---

tomber–*to fall*

Il tombe des hallebardes.–*It's raining cats and dogs.*

tomber à la renverse (de surprise)–*to do a double take*
En l'y voyant, elle est tombée à la renverse (de surprise). *On seeing him there, she did a double take.*

tomber à l'eau–*to go down the drain*
Faute de crédits, tous nos projets sont tombés à l'eau. *For lack of funds, all our plans went down the drain.*

tomber amoureux de–*to fall for, to fall in love with*
Elle a quitté son fiancé parce qu'elle était tombée amoureuse d'un marin. *She left her fiancé because she had fallen for (fallen in love with) a sailor.*

tomber à plat ventre–*to fall flat on one's face*
J'ai glissé et je suis tombé à plat ventre. *I slipped and fell flat on my face.*

tomber bien (juste)–*to come (just) at the right time*
Ce chèque de mon père tombe bien (tombe juste). *This check from my father comes (just) at the right time.*

tomber dans les pommes–*to pass out (cold)*
La vue du sang l'a fait tomber dans les pommes. *The sight of blood made him pass out (cold).*

tomber dans un guêpier–*to stir up a hornet's nest*
Il ne se rendait pas compte en posant la question qu'il allait tomber dans un guêpier. *He didn't realize in asking the question that he was going to stir up a hornet's nest.*

tomber de fatigue–*to be dead tired*
Arrêtons de marcher maintenant; je tombe de fatigue. *Let's stop walking now; I'm dead tired.*

tomber de haut–*to be taken aback*
En apprenant leur échec, je suis tombé de haut. *Upon learning of their failure, I was taken aback.*

tomber des nues–*to come out of a clear blue sky (out of the blue); to be thunderstruck*

Cette nouvelle tombait des nues. *That news came out of a clear blue sky (out of the blue).* Moi, je tombais des nues; je ne m'y attendais pas du tout. *As for me, I was thunderstruck; I didn't expect it at all.*

tomber du ciel–*to come out of a clear blue sky (out of the blue)*

Cette nouvelle tombait du ciel. *That news came out of a clear blue sky (out of the blue).*

tomber en panne–*to break down*

Ils auraient gagné mais leur auto est tombée en panne. *They would have won but their car broke down.*

tomber en pièces–*to fall apart*

La vieille machine tombait en pièces. *The old machine was falling apart.*

tomber en ruine–*to go to (rack and) ruin*

Faute de réparations, sa maison est tombée en ruine. *For lack of repairs, his house has gone to (rack and) ruin.*

tomber les quatre fers en l'air–*to fall flat on one's back (head over heels)*

J'ai perdu l'équilibre et je suis tombé les quatre fers en l'air. *I lost my balance and fell flat on my back (head over heels).*

tomber malade–*to be taken (to take) ill*

Après leur longue promenade sous la pluie, il est tombé malade. *After their long walk in the rain, he was taken (he took) ill.*

tomber raide mort–*to fall dead on the spot*

Foudroyé par la nouvelle de la catastrophe, il est tombé raide mort. *Stricken by the news of the disaster, he fell dead on the spot.*

tomber sous le sens–*to be self-evident*

Ce n'est pas la peine d'en discuter; cela tombe sous le sens. *It's not worth discussing; it is self-evident.*

tomber sur–*to fall in with, to happen upon, to run into; to light into; to run across*

En me promenant, je suis tombé sur mon vieil ami Paul. *While walking, I fell in with (I happened upon, I ran into) my old friend Paul.* Les deux soldats sont tombés sur la sentinelle. *The two soldiers lit into the sentry.* Je suis tombé sur cette référence dans le journal. *I ran across this reference in the newspaper.*

tomber sur un bec–*to come up against (to hit) a snag*

Au bout de trois heures de recherches, il est tombé sur un bec. *After three hours of searching, he came up against (he hit) a snag.*

tondre–*to clip, to mow*

Il tondrait sur un œuf.–*He is a skinflint.*

tonnerre–*thunder*

du tonnerre–*a whale of, terrific*

C'est un pilote de course du tonnerre! *He's a whale of a (a terrific) race driver!*

Tonnerre de Brest!–*Shiver my timbers!*

---

torchon–*dish towel*

    Le torchon brûle.–*Things aren't going well between them.*

---

tordre–*to twist, to wring*

    se tordre (de rire)–*to be rolling in the aisles*

    Le public se tordait (de rire). *The audience was rolling in the aisles.*

---

tort–*fault, wrong*

    à tort–*wrongfully*

    Il m'accusait à tort d'avoir volé le tableau. *He wrongfully accused me of having stolen the picture.*

    à tort et à travers–*without rhyme or reason*

    Elle a parlé du livre à tort et à travers. *She spoke without rhyme or reason about the book.*

    avoir tort–*to be wrong*

    J'ai eu tort de ne pas vous en parler plus tôt. *I was wrong not to speak to you of it earlier.*

    dans son tort–*in the wrong*

    L'autre chauffeur était dans son tort. *The other driver was in the wrong.*

---

toucher–*to cash, to touch*

    toucher de près–*to be of intimate concern to*

    Je m'occupe de cette question parce qu'elle me touche de près. *I'm taking care of this matter because it is of intimate concern to me.*

    toucher du bois–*to keep one's fingers crossed, to knock (on) wood*

    Touchons du bois et espérons un bon résultat. *Let's keep our fingers crossed (knock on wood) and hope for a good result.*

    toucher du doigt–*to get to the heart of, to put one's finger on*

    Là, vous touchez du doigt le problème essentiel. *There, you're getting to the heart of (putting your finger on) the basic problem.*

    toucher le point sensible–*to touch to the quick*

    Il a cédé parce que vous avez su toucher le point sensible. *He gave in because you managed to touch him to the quick.*

    toucher un mot–*to drop a hint*

    Je lui ai touché un mot sur ses absences fréquentes. *I dropped him a hint about his frequent absences.*

    toucher un salaire de–*to make (a salary of)*

    Cet employé touche un salaire de cinq mille francs. *This employee makes (a salary of) five thousand francs.*

Touchez-lui-en un mot.—*Say a few words to him about it.*

---

toujours—*always, still*

C'est toujours cela.—*At least it's something.*

C'est toujours la même chanson.—*It's always the same old story.*

toujours est-il que—*the fact remains that*
Toujours est-il que nous n'avons pas l'argent nécessaire. *The fact remains that we don't have the required money.*

---

toupet—*toupee, tuft of hair*

Quel toupet!—*What a nerve (he has)!*

---

tour—*lathe, trick, trip, turn*

à tour de bras—*with all one's might*
Ils l'ont frappé à tour de bras. *They hit him with all their might.*

à tour de rôle—*by turns, taking turns*
Pendant la longue route, nous avons conduit à tour de rôle. *During the long trip, we drove by turns (we drove taking turns).*

avoir. . .de tour—*to be. . .around*
Sa propriété a trois kilomètres de tour. *His property is three kilometers around.*

en un tour de main (un tournemain)—*in a jiffy*
Ne vous impatientez pas; ce travail sera fait en un tour de main (un tournemain). *Don't get impatient; this job will be done in a jiffy.*

faire le tour du cadran—*to sleep around the clock*
Après sa longue veillée, il a fait le tour du cadran. *After his long watch, he slept around the clock.*

faire le tour d'une question—*to look at a question from all sides*
Faisons d'abord le tour de cette question; puis nous examinerons les possibilités. *Let's first look at this question from all sides; then we'll go into the possibilities.*

faire un tour de passe-passe—*to pull a rabbit out of one's hat*
Il devra faire un tour de passe-passe pour résoudre ce problème. *He'll have to pull a rabbit out of his hat to solve this problem.*

faire un tour (à bicyclette, en auto, etc.)—*to go for a walk, a ride (on a bicycle, in a car, etc.)*
Nous avons fait un petit tour (en auto) avant dîner. *We went for a little walk (for a little ride in our car) before dinner.*

le tour de main—*the knack*
Je ne peux plus le faire parce que j'ai perdu le tour de main. *I can't do it any more because I've lost the knack.*

tour à tour—*in turn*
Ils ont tous parlé tour à tour. *They all spoke in turn.*

un tour de force–*a feat of bravura*
Son exécution de la sonate était un tour de force. *His performance of the sonata was a feat of bravura.*

---

tourner–*to stir, to turn*

faire tourner la tête à quelqu'un–*to make someone's head spin (swim)*
Leurs questions sans fin me faisaient tourner la tête. *Their endless questions made my head spin (swim).*

faire tourner quelqu'un en bourrique–*to drive someone crazy (up a wall), to have someone running around in circles*
Son amie le fait tourner en bourrique avec ses caprices. *His girl friend drives him crazy (up a wall, has him running around in circles) with her whims.*

ne pas tourner rond–*to be off one's rocker*
Si ton copain croit cela, c'est qu'il ne tourne pas rond. *If your pal believes that, it's because he's off his rocker.*

se (re)tourner–*to turn around*
Il se (re)tournait constamment pour voir s'il était suivi. *He kept turning around to see if he was being followed.*

se tourner les pouces–*to twiddle one's thumbs*
Viens nous aider an lieu de te tourner les pouces. *Come and help us instead of twiddling your thumbs.*

tourner autour du pot–*to beat around the bush*
Quand tu auras fini de tourner autour du pot, nous pourrons en discuter sérieusement. *When you've stopped beating around the bush, we'll be able to discuss it seriously.*

tourner bride–*to turn back*
Les soldats, voyant l'embuscade, ont tourné bride. *The soldiers, seeing the ambush, turned back.*

tourner casaque–*to make an about-face, to turn coat*
Au moment des élections, plusieurs des députés ont tourné casaque. *At election time, several of the congressmen made an about-face (turned coat).*

tourner de l'œil–*to faint dead away*
En voyant la souris, elle a tourné de l'œil. *On seeing the mouse, she fainted dead away.*

tourner en eau de boudin–*to die (to wither) on the vine*
Tous leurs beaux projets ont tourné en eau de boudin. *All their fine plans died (withered) on the vine.*

tourner en ridicule–*to make a fool of*
Son adversaire n'a pas eu de mal à le tourner en ridicule. *His opponent had no trouble making a fool of him.*

tourner les talons–*to turn tail*

Ils ont tourné les talons et se sont enfuis. *They turned tail and fled.*

tourner rond—*to run (to work) smoothly*
Leur système est bien rôdé et il tourne rond. *Their system is well broken-in and it runs (works) smoothly.*

tourner un film—*to shoot a film*
N'y entrez pas; on est en train de tourner un film. *Don't go in there; they're shooting a film now.*

---

tout—*all, every, quite*

accommoder (mettre) à toutes les sauces—*to arrange every which way*
Il raconte toujours la même histoire, qu'il accommode (qu'il met) à toutes les sauces. *He always tells the same story, which he arranges every which way.*

à tous crins—*out-and-out*
C'est un républicain à tous crins. *He is an out-and-out republican.*

à tous les coups—*at every shot (try)*
Quelle chance! Il gagne à tous les coups. *What luck! He wins at every shot (try).*

A tout à l'heure!—*See you later! So long!*

à tout bout de champ—*at every turn*
Elle cite Marx à tout bout de champ. *She quotes Marx at every turn.*

à tout casser—*at most*
A tout casser ils gagnent dix mille dollars par an. *At most they earn ten thousand dollars a year.*

à toute allure—*full blast, top speed*
Le train roulait à toute allure. *The train was going full blast (top speed).*

à toutes fins utiles—*for whatever it may be worth, for whatever purpose it may serve*
Je vous l'offre à toutes fins utiles. *I offer it to you for whatever it may be worth (for whatever purpose it may serve).*

à toutes jambes—*at top speed*
Il s'est sauvé à toutes jambes en nous voyant. *He ran away at top speed when he saw us.*

à tout hasard—*on an off chance*
Je lui ai posé la question à tout hasard. *I asked him the question on an off chance.*

à tout instant—*at all times*
Il faut que nous soyons prêts à tout instant. *We must be ready at all times.*

à tout moment—*all the time*
Cet enfant vient me déranger à tout moment. *This child comes and disturbs me all the time.*

à tout prendre—*in the main, on the whole*
A tout prendre, leur entreprise est très solide. *In the main (On the whole), their business is very sound.*

à tout prix—*at any cost, in the worst way*
Elle veut une nouvelle robe à tout prix. *She wants a new dress at any cost (in the worst way).*

à tout propos—*at every opportunity*
Il vient m'interrompre à tout propos. *He comes and interrupts me at every opportunity.*

C'est du tout cuit.—*It's in the bag.*

C'est tout un.—*It comes to the same thing.*

C'est toute une histoire!—*If you only knew (the half of it)!*

comme tout un chacun—*like everybody else*
Je veux faire ce que je veux, comme tout un chacun. *I want to do as I wish, like everybody else.*

dans tous ses états—*in a state (a stew)*
Mon frère était dans tous ses états à cause de ses examens. *My brother was in a state (in a stew) because of his exams.*

de tous (les) côtés—*from all quarters*
Des volontaires sont venus de tous (les) côtés. *Volunteers came from all quarters.*

de tous les temps—*all-time*
L'inflation a atteint le record de tous les temps. *Inflation has hit an all-time high.*

de toute façon—*in any case*
De toute façon, nous n'y pouvons rien. *In any case, we can't do anything about it.*

de toutes les conditions—*from all walks of life*
Des gens de toutes les conditions la consultent. *People from all walks of life consult her.*

de toutes pièces—*from whole cloth, total(ly)*
C'est une histoire fabriquée de toutes pièces. *It's a story fabricated from whole cloth (a totally fabricated story).*

de toutes ses forces—*for all one's worth, with all one's might*
Travaillez à ce projet de toutes vos forces. *Work on this project for all you're worth (with all your might).*

du tout—*a bit, at all*
Cela ne m'a pas fait mal du tout. *That didn't hurt me a bit (at all).*

en tout bien tout honneur—*with only the highest intentions*
Je vous le dis en tout bien tout honneur. *I tell you this with only the highest intentions.*

en tout cas—*at all events (in any event), at any rate*
En tout cas vous nous verrez la semaine prochaine. *At all events (in any event, at any rate), you'll see us next week.*

en toutes lettres—*in all (full) details*

La vérité sur ses actions y était écrite en toutes lettres. *The truth about his actions was written out there in all (in full) details.*

être tout feu tout flamme–*to be a ball of fire*
Au début du travail, elle était tout feu tout flamme. *At the beginning of the job, she was a ball of fire.*

être toute une affaire–*to be quite a job*
Corriger ce texte, c'est toute une affaire. *Correcting this text is quite a job.*

pour tout l'or du monde–*for love or money, for the world*
Je ne vous le donnerais pas pour tout l'or du monde. *I wouldn't give it to you for love or money (for the world).*

sous tous (les) rapports–*in every way*
Son travail est très bien sous tous (les) rapports. *Her work is very good in every way.*

sous toutes les faces–*from all angles*
Etudions le problème sous toutes les faces. *Let's study the problem from all angles.*

sur tous les tableaux–*across the board*
Ils ont misé sur tous les tableaux pour être sûrs de gagner. *They bet across the board to be sure of winning.*

sur tous les tons–*in every possible way*
J'ai essayé sur tous les tons de le lui faire comprendre. *I tried in every possible way to make him understand it.*

tous les deux jours (mois, etc.)–*every other day (month, etc.)*
Je le vois tous les deux jours. *I see him every other day.*

tous les trente-six du mois–*once in a blue moon*
Nous nous parlons tous les trente-six du mois. *We talk with each other once in a blue moon.*

Tous mes voeux vous accompagnent.–*I'll be pulling for you.*

Tous tant que nous sommes.–*Every blessed (last) one of us.*

tout à coup (tout d'un coup)–*all of a sudden*
Il a cessé de pleuvoir tout à coup (tout d'un coup). *It stopped raining all of a sudden.*

tout + adj. + que–*for all one may*
Tout riche qu'il soit, il ne donne rien aux pauvres. *For all he may be rich, he gives nothing to the poor.*

tout à l'heure–*a little while ago; by and by, in a while*
Je l'ai vu passer tout à l'heure. *I saw him go by a little while ago.* Je suis sûr que nous le reverrons tout à l'heure. *I'm sure we'll see him again by and by (in a while).*

tout au moins–*at the very least*
Vous pourriez tout au moins leur dire bonjour. *You might at the very least say hello to them.*

tout au plus–*at the outside, at (the very) most*
Le programme peut accepter douze candidats tout au plus. *The program can accept twelve applicants at the outside (at most, at the very most).*

tout compte fait–*all told*
Nous avons gagné cinq cents dollars tout compte fait. *We made five hundred dollars all told.*

tout de go–*straight off*
Il a accepté notre offre tout de go. *He accepted our offer straight off.*

tout fait–*cut-and-dried*
Ses opinions sur tout sont toutes faites. *His opinions on everything are cut-and-dried.*

toute la baraque (la boutique)–*the whole business (shebang)*
Il a laissé tomber notre affaire et toute la baraque (toute la boutique). *He dropped our deal and the whole business (the whole shebang).*

toute l'année–*(all) the year round*
L'hôtel reste ouvert toute l'année. *The hotel remains open (all) the year round.*

toute la sainte journée–*all (the whole) day long*
Je suis si fatigué que je veux dormir toute la sainte journée. *I'm so tired that I want to sleep all (the whole) day long.*

toute proportion gardée–*allowing for the difference (in size, etc.)*
Toute proportion gardée, son château est aussi beau que Versailles. *Allowing for the difference in size, his castle is as fine as Versailles.*

toute réflexion faite–*all things considered*
Toute réflexion faite, je crois qu'il vaut mieux accepter. *All things considered, I think we ought to accept.*

toutes voiles dehors–*under full sail*
Le bateau voguait toutes voiles dehors. *The boat was going under full sail.*

tout juste–*(just) barely*
Elle a tout juste quinze ans. *She is (just) barely fifteen.*

tout le bataclan–*the whole kit and caboodle*
Ils ont essayé de fourrer tout le bataclan dans leur voiture. *They tried to fit the whole kit and caboodle into their car.*

tout le fourbi–*the whole works*
Ils ont acheté tout le fourbi sans marchander. *They bought the whole works without bargaining.*

---

traduire–*to translate*

se traduire par–*to be revealed by*
Son émotion se traduisait par un léger tremblement. *His emotion was revealed by a slight trembling.*

---

train—*train*

de ce train—*at this rate*
De ce train il nous faudra trois jours pour y arriver. *At this rate it will take us three days to get there.*

en train—*in (good) shape; under way*
Vous avez l'air en train aujourd'hui. *You look in (good) shape today.* L'opération est déjà en train. *The operation is already under way.*

être en train de—*to be (in the midst of)*
Quand tu es entré, j'étais en train de faire mes devoirs. *When you came in, I was (in the midst of) doing my homework.*

---

traîner—*to drag, to draw*

faire traîner en longueur—*to drag (to spin) out*
Ne faites pas traîner votre histoire en longueur; venez-en au fait. *Don't drag (spin) out your story; get to the point.*

traîner dans la boue—*to throw dirt (mud) at*
Il n'y a aucune raison de traîner votre adversaire dans la boue. *There is no reason to throw dirt (mud) at your opponent.*

---

trait—*line, trait*

avoir trait à—*to be concerned with*
Il s'intéresse à tout ce qui a trait à l'électronique. *He is interested in everything which is concerned with electronics.*

(tout) d'un trait—*in one gulp*
Il a avalé sa bière (tout) d'un trait. *He swallowed his beer in one gulp.*

un trait de génie—*a stroke of genius*
Cette idée est vraiment un trait de génie. *That idea is really a stroke of genius.*

---

traiter—*to deal, to treat, to use*

traiter comme le dernier des derniers—*to treat like dirt*
Malgré sa gentillesse, ils le traitent comme le dernier des derniers. *Despite his kindness, they treat him like dirt.*

traiter de haut—*to look down on*
Elle prend des airs et traite tout le monde de haut. *She puts on airs and looks down on everyone.*

traiter quelqu'un de—*to call someone a(n)*
Elle l'a traité d'imbécile. *She called him an idiot.*

traiter quelqu'un de tous les noms—*to call someone names*
Elle s'est fâchée et m'a traité de tous les noms. *She got angry and called me names.*

---

tranquille—*calm, quiet*
Soyez tranquille (vous pouvez être tranquille).—*Don't worry. Leave it to me.*

travail–*job, work*

le travail noir–*moonlighting*
Pour payer ses dettes il s'est mis à faire du travail noir. *To pay his debts he began moonlighting.*

---

travailler–*to work*

Ça le travaille.–*That nags at him.*

Il travaille du chapeau.–*He has a screw loose.*

travailler à la tâche–*to do piecework*
Ils se fatiguent beaucoup plus depuis qu'ils travaillent à la tâche. *They get a lot more tired since they have been doing piecework.*

travailler comme quatre–*to work up a storm*
Il a travaillé comme quatre pour finir avant la tombée de la nuit. *He worked up a storm to finish before nightfall.*

travailler d'arrache-pied–*to keep one's nose to the grindstone*
J'ai travaillé d'arrache-pied toutes ces années pour rien. *I've kept my nose to the grindstone all these years for nothing.*

travailler l'esprit de quelqu'un–*to prey on someone's mind*
Ce souci m'a travaillé l'esprit toute la nuit. *That worry preyed on my mind all night long.*

travailler pour le roi de Prusse–*to work for nothing (for peanuts)*
J'ai démissionné, ne voulant pas travailler pour le roi de Prusse. *I resigned, since I didn't want to work for nothing (for peanuts).*

---

travers–*breadth, fault*

à travers–*across, through*
Nous sommes partis à travers champs. *We set out across (through) the fields.*

au travers de–*through*
Au travers des arbres, on apercevait la mer. *Through the trees, you could see the ocean.*

de travers–*crooked, dirty; the wrong way*
Elle m'a regardé de travers. *She gave me a crooked (dirty) look.* J'ai avalé de travers. *I swallowed the wrong way.*

en travers de–*across, athwart*
Il s'est mis en travers du chemin. *He set himself across (athwart) the path.*

---

tremper–*to dip, to soak, to temper*

La soupe est trempée!–*Soup's on!*

Trempé jusqu'aux os (comme une soupe)–*soaked to the skin*
Surpris par la pluie, ils sont rentrés trempés jusqu'aux os (comme une soupe). *Caught in the rain, they came home soaked to the skin.*

tremper dans une affaire–*to be involved (to have a hand) in a deal*
On dit qu'il a trempé dans cette affaire louche. *People say that he was involved (had a hand) in that shady deal.*

trente–*thirty*

Il n'y a pas trente-six façons de le faire.–*There's only one way to do it.*

trier–*to select, to sort*

triés sur le volet–*a select few*
Les soldats de ce régiment sont triés sur le volet. *The soldiers in this regiment are a select few.*

triste–*sad*

faire triste figure–*to cut a sorry figure*
Il faisait triste figure dans cette affaire. *He cut a sorry figure in that affair.*

faire triste mine à–*to give a cold reception to*
Après sa longue absence, son amie lui a fait triste mine. *After his long absence, his girl friend gave him a cold reception.*

triste comme un bonnet de nuit–*as dull as dishwater*
Son mari est riche mais il est triste comme un bonnet de nuit. *Her husband is rich but he's as dull as dishwater.*

tromper–*to deceive, to fool*

C'est à s'y tromper.–*They're as alike as (two) peas in a pod.*

se tromper–*to be wrong, to make a mistake*
Si vous croyez tout ce qu'il dit, vous vous trompez. *If you believe everything he says, you're wrong (you're making a mistake).*

se tromper d'adresse (de numéro, etc.)–*to have the wrong address (number, etc.); to be barking up the wrong tree*
Je n'ai pas trouvé le bureau parce que je me suis trompé d'étage. *I didn't find the office because I had the wrong floor.* Si vous pensez que je vais vous donner de l'argent, vous vous trompez d'adresse. *If you think I'm going to give you money, you're barking up the wrong tree.*

tromper l'attente de–*not to live up to the expectations of*
Il a trompé l'attente de sa famille. *He didn't live up to his family's expectations.*

tromper le trompeur–*to outfox someone*
Malgré ses astuces, ses adversaires ont trompé le trompeur. *Despite his tricks, his opponents outfoxed him.*

trop–*too, too many, too much*

C'en est trop!–*That's the last straw!*

de (en) trop–*to spare*

Prêtez-moi du sucre si vous en avez de (en) trop. *Lend me some sugar if you have any to spare.*

être de trop—*to be out of place*

Je sentais que j'étais de trop dans cette société. *I felt that I was out of place in that company.*

Je ne sais pas trop.—*I don't know exactly.*

trou—*hole*

avoir un trou—*to be in the hole*

J'ai un trou de cent dollars dans mes comptes. *I'm a hundred dollars in the hole in my accounts.*

faire son trou—*to find one's place (in the world)*

D'une façon ou d'une autre, je veux faire mon trou. *One way or another, I want to find my place (in the world).*

faire un trou pour en boucher un autre—*to rob Peter to pay Paul*

Cette solution, c'est faire un trou pour en boucher un autre. *That solution is just robbing Peter to pay Paul.*

trousse—*bundle, kit*

avoir à ses trousses—*to be just a (one) step ahead of*

Le cambrioleur avait la police à ses trousses. *The burglar was just a (one) step ahead of the police.*

être aux trousses de—*to be hot on the heels of*

Il courait vite mais l'agent était à ses trousses. *He was running fast but the policeman was hot on his heels.*

trouver—*to find*

aller trouver—*to go and see*

Allez trouver le directeur pour cette question. *Go and see the director about that question.*

avoir trouvé le filon—*to have it made*

Après des années d'efforts, ils ont trouvé le filon maintenant. *After years of effort, they have it made now.*

C'est bien trouvé.—*That's a good one.*

il se trouve que—*it (so) happens that*

Il se trouve que je n'étais pas là ce jour-là. *It (so) happens I was not there that day.*

ne pas se trouver dans le pas d'un cheval—*to be few and far between (in short supply)*

Des hommes totalement honnêtes, ça ne se trouve pas dans le pas d'un cheval. *Completely honest men are few and far between (in short supply).*

ne pas trouver amateur—*to go begging*

Il y a de beaux terrains qui ne trouvent toujours pas amateur. *There are beautiful lots which are still going begging.*

se trouver—*to be; to be (situated)*
Comment vous trouvez-vous maintenant? *How are you now?* La villa se trouve au bord d'un lac. *The cottage is (situated) on a lakeshore.*

trouver à qui parler—*to meet one's match*
Après quelques victoires faciles, le champion a enfin trouvé à qui parler. *After a few easy victories, the champion finally met his match.*

trouver à redire à—*to find fault with, to take exception to*
Ce client trouve à redire à tout ce qu'on lui offre. *This customer finds fault with (takes exception to) everything we offer him.*

trouver bon de—*to see fit to*
Le professeur a trouvé bon de recommencer la leçon. *The teacher saw fit to start the lesson over.*

trouver chaussure à son pied—*to find one's proper match (mate)*
Il ne s'est jamais marié, n'ayant jamais trouvé chaussure à son pied. *He never married, never having found a proper match (mate).*

trouver la mort—*to lose one's life*
Il a trouvé la mort dans un accident d'auto. *He lost his life in an automobile accident.*

trouver le joint de—*to get a handle on*
Je n'arrive pas à trouver le joint de ce problème. *I can't manage to get a handle on this problem.*

trouver l'Eldorado—*to strike it rich (strike oil)*
Avec leur nouveau magasin ils ont trouvé l'Eldorado. *With their new store they've struck it rich (struck oil).*

trouver le temps—*to work it in*
Je réparerai votre auto si je peux trouver le temps. *I'll repair your car if I can work it in.*

trouver une échappatoire—*to find an out*
Nous n'irons pas si nous trouvons une échappatoire. *We won't go if we find an out.*

---

tu—*thou, you*

être à tu et à toi—*to be on a first-name basis (on familiar terms)*
Ils se connaissent depuis peu mais ils sont déjà à tu et à toi. *They have known each other only a short time but they're already on a first-name basis (on familiar terms).*

---

tuer—*to kill*

à tue-tête—*at the top of one's lungs*
Tous les galopins criaient à tue-tête. *All the kids were screaming at the top of their lungs.*

chanter (jouer) une chanson à tue-tête—*to belt out a song*
Tous les musiciens chantaient (jouaient) la chanson à tue-tête. *All the musicians were belting out the song.*

se tuer—*to be (to get) killed*
Ses parents se sont tués dans une avalanche. *His parents were (got) killed in an avalanche.*

Tuer la poule aux œufs d'or.—*To kill the goose that lays the golden eggs.*

tuer quelqu'un à la tâche—*to work someone to death*
Ce patron veut nous tuer à la tâche. *This boss wants to work us to death.*

turc—*Turkish*

à la turque—*cross-legged*
Tous les enfants étaient assis à la turque, en lisant. *All the children were sitting cross-legged, reading.*

tuyau—*pipe*

avoir (donner) des tuyaux—*to have (to give) an inside lead (track)*
Il a eu ce poste parce qu'il avait (on lui avait donné) des tuyaux. *He got this job because he had (he was given) an inside lead (track).*

type—*guy, type*
C'est un chic (un sale) type.—*He's a good (a bad) egg.*

U

un—*a, an, one*

à la une—*on the front page*
Donnez cinq colonnes à la une à ce titre. *Give this headline five columns on the front page.*

C'est d'un bête (d'un drôle, etc.).—*It's so stupid (funny, etc.).*

comme pas un—*like nobody's business*
Elle fait ce travail comme pas un. *She does this work like nobody's business.*

Et d'un(e)!—*One down!*

l'un dans l'autre—*all in all*
L'un dans l'autre, ils gagnent dix mille dollars par an. *All in all, they make ten thousand dollars a year.*

un de ces quatre matins—*one of these days*
Un de ces quatre matins il va vous quitter. *One of these days he's going to leave you.*

usage–*custom, use, wear*

avoir l'usage du monde–*to be worldly-wise, to know one's way around*
Grâce à son expérience, il a l'usage du monde. *Thanks to his experience, he is worldly-wise (he knows his way around).*

d'usage–*customary*
Il était d'usage de porter le deuil des membres de la famille pendant un an. *It was customary to wear mourning for family members for a year.*

faire de l'usage–*to wear (well)*
Ces vêtements nous ont fait beaucoup d'usage. *These clothes have worn very well for us.*

user–*to use, to wear out*

en user avec quelqu'un–*to treat someone*
Elle en a très mal usé avec lui. *She has treated him very badly.*

usé jusqu'à la corde–*threadbare*
Son manteau était usé jusqu'à la corde. *His coat was threadbare.*

utile–*useful*

être utile à quelqu'un–*to be of service to someone*
Dites-moi si je peux vous être utile. *Tell me if I can be of service to you.*

V

vaisselle–*crockery*

faire la vaisselle–*to do (to wash) the dishes*
C'est votre tour de faire la vaisselle ce soir. *It's your turn to do (to wash) the dishes this evening.*

valoir–*to be worth*

Ça ne vaut pas un clou.–*It isn't worth a plugged (a wooden) nickel.*

Cela ne vaut pas les quatre fers d'un chien.–*It's not worth a hill of beans (a tinker's damn).*

faire valoir–*to do justice to, to make the most of*
Cette photo ne fait pas valoir sa beauté réelle. *This picture doesn't do justice to (make the most of) her real beauty.*

faire valoir ses droits–*to stand on one's rights*
Il tenait à faire valoir ses droits dans cette affaire devant un tribunal. *He insisted on standing on his rights in this matter before a court.*

ne pas valoir cher–*not to be much good*
Il ne vaut pas cher comme cuisinier. *He isn't much good as a cook.*

ne valoir rien à–*not to agree with*

Les concombres ne me valent rien, alors j'évite de les manger. *Cucumbers don't agree with me, so I avoid eating them.*

se faire valoir—*to blow one's own horn*
Quand le patron est là, Jean essaie toujours de se faire valoir. *When the boss is there, John always tries to blow his own horn.*

vaille que vaille—*come what may*
Je vais tenter le coup vaille que vaille. *I'm going to give it a try, come what may.*

valoir la peine—*to be worthwhile*
Cela vaut la peine de lui demander. *It's worthwhile asking him.*

valoir le coup—*to be worth the trouble*
Ça ne vaut pas le coup de vous fatiguer pour si peu de chose. *It isn't worth the trouble to get yourself tired for so little.*

valoir mieux—*to be better*
Il vaut mieux que vous essayiez de la calmer. *It's better for you to try to calm her.*

---

vase—*receptacle, vase*
en vase clos—*in a vacuum, in isolation*
Les étudiants se plaignent de vivre en vase clos. *The students complain of living in a vacuum (in isolation).*

---

veau—*calf, veal*
faire le veau—*to lie around*
Cesse de faire le veau et mets-toi au travail. *Stop lying around and start working.*

---

vedette—*star, vedette*
être en vedette—*to be in the limelight*
Avec la crise, les économistes sont en vedette actuellement. *With the crisis, economists are in the limelight at present.*

---

veiller—*to keep watch, to stay awake*
veiller à ce que—*to see to it that*
Veillez à ce que tout reste tranquille pendant mon absence. *See to it that everything remains quiet during my absence.*

---

vendre—*to sell*
vendre aux enchères—*to auction off, to put under the hammer*
Après leur faillite, tous leurs biens ont été vendus aux enchères. *After their bankruptcy, all their possessions were auctioned off (were put under the hammer).*

vendre la peau de l'ours—*to count one's chickens before they are hatched*
En fêtant si tôt son élection, il vendait la peau de l'ours. *In celebrating his election so soon, he was counting his chickens before they were hatched.*

---

venir—*to come*

en venir aux mains—*to come to blows*
Après s'être injuriés, ils en sont venus aux mains. *After insulting each other, they came to blows.*

faire venir—*to send for*
Nous avons fait venir le médecin. *We sent for the doctor.*

faire venir l'eau à la bouche à quelqu'un—*to make someone's mouth water*
Ce bon ragoût me fait venir l'eau à la bouche. *This good stew makes my mouth water.*

faire venir l'eau à son moulin—*to bring grist to one's (own) mill*
Si cet égoïste vous aide, c'est pour faire venir l'eau à son moulin. *If that selfish fellow helps you, it's in order to bring grist to his (own) mill.*

Venez(-en) au fait!—*Come (get) to the point!*

venir à bout de—*to cope with; to overcome, to wear down*
Je ne pourrai jamais venir à bout de ce travail tout seul. *I'll never be able to cope with this job myself.* Son obstination est venue à bout de notre résistance. *Her stubbornness overcame (wore down) our resistance.*

venir à manquer—*to give out*
Les provisions vinrent à manquer au bout de quinze jours. *Supplies gave out after two weeks.*

venir chercher—*to call for, to come and get*
Attendez-moi; je viendrai vous chercher à huit heures ce soir. *Wait for me; I'll call for (I'll come and get) you at eight o'clock this evening.*

venir comme un cheveu sur la soupe—*to come when least needed*
Son offre d'aide venait comme un cheveu sur la soupe. *His offer of help came when least needed.*

venir de—*to have just*
Ils venaient de rentrer quand je les ai vus. *They had just returned when I saw them.*

vent—*wind*

avoir le vent en poupe—*to have things going one's way*
Après son grand succès, cet acteur a le vent en poupe. *Following his great success, that actor has things going his way.*

avoir vent de—*to get wind of*
J'ai eu vent de cette transaction avant les autres. *I got wind of that deal before the others did.*

contre vents et marées—*through thick and thin*
Elle m'a soutenu contre vents et marées. *She has stayed with me through thick and thin.*

dans le vent—*in the swim*

Malgré son âge, il reste toujours dans le vent. *Despite his age, he still remains in the swim.*

Il fait un vent à écorner les bœufs.—*It's windy enough to blow you over.*

Il y a du vent dans les voiles.—*He's loaded to the gills.*

ventre—*belly, stomach*

ventre à terre—*at full gallop*
Le cavalier est parti ventre à terre. *The horseman went off at full gallop.*

verbe—*verb, word*

avoir le verbe haut—*to be a loudmouth*
Même après sa défaite, il avait toujours le verbe haut. *Even after his defeat, he was still a loudmouth.*

verre—*glass*

avoir un verre dans le nez—*to have had a drop too much*
Il avait un verre dans le nez et titubait en marchant. *He had had a drop too much and staggered as he walked.*

boire (prendre) un verre—*to have a drink*
Allons boire (prendre) un verre ensemble au café. *Let's go have a drink together at the café.*

vert—*green*

Ils (les raisins) sont trop verts.—*Sour grapes.*

vertu—*virtue*

en vertu de—*on the strength of*
Je l'ai fait en vertu de ce que vous m'aviez dit. *I did it on the strength of what you had told me.*

veste—*coat*

prendre (ramasser, remporter) une veste—*to take a beating (a licking)*
Le candidat républicain a pris (a ramassé, a remporté) une veste aux élections. *The republican candidate took a beating (a licking) in the elections.*

vider—*to empty*

vider les lieux—*to clear out, to vacate the premises*
La police lui a intimé l'ordre de vider les lieux immédiatement. *The police ordered him to clear out (to vacate the premises) immediately.*

vider son sac—*to get it (things) off one's chest, to make a clean breast of it*
Ne pouvant plus garder le silence sur cette affaire, il a décidé de vider son sac. *Unable to remain silent about that affair any longer, he decided to get it (things) off his chest (to make a clean breast of it).*

vider un différend (une querelle)–*to settle an argument (a dispute)*
Le seul moyen de vider notre différend (notre querelle), c'est de couper la poire en deux. *The only way to settle our argument (our dispute) is to split the difference.*

vie–*life*

avoir la vie dure–*to die hard*
Cette vieille superstition a la vie dure. *That old superstition dies hard.*

faire la vie–*to live it up*
Depuis la mort de sa femme, il fait la vie. *Since his wife's death, he's been living it up.*

Jamais de la vie!–*Not on your life!*

mener (rendre) la vie dure à–*to give a hard time to, to make life hard for*
Le directeur menait (rendait) la vie dure à ses employés. *The director gave a hard time to (made life hard for) his employees.*

sur ma vie–*for the life of me*
Je ne saurais vous répondre, sur ma vie. *I couldn't answer you, for the life of me.*

vieux–*old*

vieux comme Hérode (les chemins, le monde, les rues)–*as old as the hills*
Cette idée n'est pas originale; elle est vieille comme Hérode (comme les chemins, le monde, les rues). *That idea isn't original; it's as old as the hills.*

vieux jeu–*old hat*
Votre notion de la politesse est vieux jeu. *Your idea of courtesy is old hat.*

vif–*alive, lively, quick*

sur le vif–*from life*
On voit bien que ce tableau a été peint sur le vif. *You can see that this picture was painted from life.*

vigne–*vine, vineyard*

être dans les vignes du Seigneur–*to be in one's cups*
A la fin de la fête, les hommes du village étaient tous dans les vignes du Seigneur. *At the end of the celebration, the men of the village were all in their cups.*

vigueur–*vigor*

en vigueur–*in force*
Ce vieux règlement est toujours en vigueur. *This old regulation is still in force.*

vilain–*bad, naughty, ugly*

un vilain moineau (oiseau)–*a bad egg, an ugly customer*
Evitez de le déranger; c'est un vilain moineau (oiseau). *Avoid bothering him; he's a bad egg (an ugly customer).*

Il y a eu du vilain.—*There was trouble.*

vin—*wine*

avoir le vin gai (mauvais, triste)—*to be a cheerful (nasty, sad) drunk*
Ne lui donnez plus à boire; il a le vin mauvais. *Don't give him any more to drink; he's a nasty drunk.*

le vin bouché—*bottled (one's best) wine*
En l'honneur de notre visite, ils ont sorti du vin bouché. *In honor of our visit, they brought out some bottled (their best) wine.*

violon—*violin*

le violon d'Ingres—*the hobby*
La peinture était le violon d'Ingres de Winston Churchill. *Painting was Winston Churchill's hobby.*

visible—*visible*

être visible—*to be available, to receive visitors*
Madame Dupont regrette, mais elle ne sera pas visible aujourd'hui. *Mrs. Dupont regrets that she will not be available (receiving visitors) today.*

vision—*sight, vision*

avoir des visions—*to see things*
Il ne pouvait pas être là. Vous deviez avoir des visions! *He couldn't have been there. You must have been seeing things!*

visiter—*to visit*

visiter les curiosités—*to see the sights, to sightsee*
Nos invités étrangers voulaient visiter les curiosités de la ville. *Our foreign guests wanted to see the sights of the city (to sightsee in the city).*

vite—*quickly*

aller plus vite que les violons—*to move ahead too fast*
Doucement; nous ne voulons pas aller plus vite que les violons. *Take it easy; we don't want to move ahead too fast.*

vitesse—*gear, speed*

à toute vitesse (en quatrième vitesse, en vitesse)—*at top speed*
Quand on les a appelés, ils sont venus à toute vitesse (en quatrième vitesse, en vitesse). *When they were called, they came at top speed.*

gagner (prendre) de vitesse—*to outstrip; to steal a march on*
Son cheval a gagné (a pris) le favori de vitesse. *His horse outstripped the favorite.*
Sa compagnie a gagné (a pris) ses concurrents de vitesse avec ce brevet. *His company stole a march on its competitors with this patent.*

vivre—*to live*

du vivant de—*during the lifetime of*
Du vivant de mon père, ce n'était pas ainsi. *During my father's lifetime, it wasn't like that.*

Vive . . . !—*Long live . . . !*

vivre au jour le jour—*to live from day to day*
Au lieu de penser à l'avenir, il préfère vivre au jour le jour. *Instead of thinking of the future, he prefers to live from day to day.*

vivre aux crochets de—*to live off, to sponge off*
Elle vit aux crochets de sa famille depuis dix ans. *She has been living (sponging) off her family for ten years.*

vivre comme un coq en pâte—*to live in clover (off the fat of the land)*
Depuis qu'il a fait son invention, il vit comme un coq en pâte. *Since he made his invention, he has been living in clover (off the fat of the land).*

vivre d'amour et d'eau fraîche—*to live on love alone*
Il vous faut de l'argent; vous ne pouvez pas vivre d'amour et d'eau fraîche. *You need money; you can't live on love alone.*

vivre d'expédients—*to live by one's wits*
Etant sans fortune, il devait vivre d'expédients. *Having no fortune, he had to live by his wits.*

vivre en bonne intelligence—*to get along well*
Malgré leurs différences, ils ont réussi à vivre en bonne intelligence. *Despite their differences, they have managed to get along well.*

---

voie—*track, way*

en voie de—*nearing, on one's way to*
Les baleines semblent être en voie de disparition. *The whales seem to be nearing (on their way to) extinction.*

en voie de guérison—*on the mend*
Le malade est en voie de guérison maintenant. *The patient is on the mend now.*

les voies de fait—*acts of violence*
Désespérant de la justice, il en est venu aux voies de fait. *Despairing of justice, he was reduced to acts of violence.*

---

voilà—*there (is, are)*
Voilà le hic.—*There's the rub.*

---

voir—*to see*

Allez voir ailleurs (là-bas) si j'y suis!—*Go fly a kite!*

au vu et au su de tous—*to everybody's knowledge*
Ils vivent ensemble au vu et au su de tous. *They are living together, to everybody's knowledge.*

en faire voir (de belles, de toutes les couleurs) à–*to give a hard time to*
Elle en fait voir (de belles, de toutes les couleurs) à son mari. *She gives her husband a hard time.*

en voir de dures–*to have it rough*
Ils en ont vu de dures pendant leur enfance. *They had it rough during their childhood.*

faire voir–*to show*
Fais voir tes mains avant d'aller à table. *Show (me) your hands before you sit down to eat.*

faire voir de quel bois on se chauffe–*to show the stuff (to show what) one is made of*
Essaie de me tromper et je te ferai voir de quel bois je me chauffe. *Try and cheat me and I'll show you the stuff (what) I'm made of.*

faire voir du pays à–*to give a hard time to*
Les anciens du bureau faisaient voir du pays au nouveau venu. *The senior office workers gave a hard time to the newcomer.*

faire voir trente-six chandelles à–*to knock the daylights out of (to make someone see stars)*
Le coup lui a fait voir trente-six chandelles. *The blow knocked the daylights out of him (made him see stars).*

Il faut voir le dessous des cartes.–*There's more to it than meets the eye.*

Je ne te vois pas blanc.–*You're no angel (in this business).*

laisser voir–*to give away, to reveal*
Son expression laissait voir sa crainte. *His expression gave his fear away (revealed his fear).*

ne pas voir les choses du même œil–*not to see eye-to-eye*
Les deux associés ne voient pas toujours les choses du même œil. *The two partners don't always see eye-to-eye.*

Ni vu ni connu!–*Mum's the word!*

n'y voir que du bleu (feu)–*not to be able to make head or tail of it*
On avait falsifié les chiffres mais les actionnaires n'y voyaient que du bleu (du feu). *The figures had been doctored but the stockholders couldn't make head or tail of them.*

se faire bien (mal) voir de–*to get into the good (bad) books of*
Il s'est fait mal voir du proviseur en séchant ses cours. *He got into the principal's bad books by skipping classes.*

se voir faire quelque chose–*to have visions of doing something*
Il se voyait devenir président. *He had visions of becoming president.*

voir du pays–*to get around*
Je vois que vous avez vu du pays pendant vos vacances. *I see that you've gotten around during your vacation.*

voir la vie en rose—*to see life through rose-colored glasses*
Elle est optimiste; elle voit toujours la vie en rose. *She is an optimist; she always sees life through rose-colored glasses.*

voir où quelqu'un veut en venir—*to see what someone is driving at*
Je veux voir où il veut en venir avant de lui répondre. *I want to see what he is driving at before I answer him.*

voir trouble—*to have blurred vision*
Depuis son accident d'auto il voit trouble. *Since his automobile accident he has had blurred vision.*

voir venir quelqu'un (avec ses gros sabots)—*to see through someone*
N'essayez pas de me tromper; je vous vois venir (avec vos gros sabots). *Don't try to fool me; I can see through you.*

Vous voyez le tableau?—*You get the picture?*

y voir—*to (be able to) see*
Je n'y vois goutte parce qu'il fait trop noir. *I don't (can't) see a thing because it's too dark.*

y voir clair—*to see the light*
Je n'avais pas compris leurs mobiles mais je commence à y voir clair. *I hadn't understood their motives but I'm beginning to see the light.*

---

voix—*voice*

à mi-voix—*in an undertone, under one's breath*
Elle m'a dit à mi-voix de me taire. *She told me to keep still in an undertone (under her breath).*

avoir voix au chapitre—*to have a say in things*
C'est seulement grâce à son argent qu'il a voix au chapitre. *It's only thanks to his money that he has a say in things.*

de vive voix—*orally*
Il a donné sa démission de vive voix, non par écrit. *He tendered his resignation orally, not in writing.*

---

vol—*flight, robbery*

au vol—*in flight, on the wing*
Il a atteint l'oiseau au vol. *He shot the bird in flight (on the wing).*

à vol d'oiseau—*as the crow flies*
Le lac est à trois kilomètres d'ici à vol d'oiseau. *The lake is three kilometers from here as the crow flies.*

---

voler—*to fly, to steal*

Tu ne l'as pas volé!—*You asked for it!*

voler de ses propres ailes—*to fend for oneself, to stand on one's own two feet*

Tu es grand maintenant; tu peux voler de tes propres ailes. *You're a big boy now; you can fend for yourself (stand on your own two feet).*

voler en éclats—*to be shattered (to fly) to pieces*
A cause du grand vent, la vitrine a volé en éclats. *Because of the high wind, the shop window was shattered (flew) to pieces.*

---

vouloir—*to want, to wish*

En veux-tu, en voilà.—*As much as you like.*

en vouloir à quelqu'un—*to have it in for (to hold it against) someone*
Je sais qu'il m'en veut toujours de mon refus. *I know that he still has it in for (holds it against) me because I refused.*

ne rien vouloir savoir—*not to want to hear of it*
Il n'a rien voulu savoir quand on lui a demandé d'y participer. *He wouldn't hear of it when he was asked to take part.*

Que voulez-vous?—*What do you expect?*

vouloir bien—*to be willing*
Elle nous a dit qu'elle voulait bien venir avec nous. *She told us that she was willing to come with us.*

vouloir dire—*to mean*
Savez-vous ce que veut dire son silence? *Do you know what his silence means?*

vouloir le beurre et l'argent du beurre—*to have one's cake and eat it, too*
Sois raisonnable; il ne faut pas vouloir le beurre et l'argent du beurre. *Be reasonable; you can't have your cake and eat it, too.*

vouloir prendre la lune avec ses dents—*to reach for the moon*
C'est un rêveur; il veut prendre la lune avec ses dents. *He is a dreamer; he wants to reach for the moon.*

---

vous—*you*

de vous à moi—*between you and me*
De vous à moi, il ne faut pas la croire. *Between you and me, you shouldn't believe her.*

---

voyager—*to travel, to voyage*

voyager sans bagages—*to travel light*
Monsieur Tati aime voyager sans bagages quand il est en vacances. *Mr. Tati likes to travel light when on vacation.*

---

vrai—*true*

à vrai dire (à dire vrai)—*to tell the truth*
A vrai dire (à dire vrai), la musique populaire m'ennuie. *To tell the truth, popular music bores me.*

être dans le vrai–*to be right*

Vous êtes dans le vrai en le traitant de vaurien. *You're right in calling him a good-for-nothing.*

Pas vrai?–*Isn't it? O.K.? Right?*

pour de vrai–*for real, really*

Un jour il va le faire pour de vrai. *Someday he'll do it for real.*

sous son vrai jour–*in its (one's) true light*

On a enfin vu le tricheur sous son vrai jour. *The cheater was at last seen in his true light.*

vrai de vrai!–*honest (I will), no fooling!*

Je t'écrirai souvent, maman, vrai de vrai! *I'll write to you often, mom, honest (I will, no fooling)!*

---

vue–*sight, view*

avoir des vues sur–*to have designs on*

Il est évident que cet homme a des vues sur votre terrain. *It's obvious that this man has designs on your land.*

à vue de nez–*at a rough guess, by rule of thumb*

A vue de nez, vous devez avoir dix mètres de tissu ici. *At a rough guess (by rule of thumb), you must have ten meters of cloth here.*

à vue d'œil–*visibly*

Cet homme vieillit à vue d'œil. *That man is aging visibly.*

être en vue–*to be in the public eye*

Cette actrice est très en vue en ce moment. *That actress is very much in the public eye right now.*

PART II
ENGLISH-FRENCH
SECONDE PARTIE
ANGLAIS-FRANÇAIS

Foreword

Words do not live alone; they are closely knit together; they are interdependent. Words form natural clusters of speech called, more or less synonymously, expressions, locutions, phrases or idioms. These are not usually understandable from the meanings of the successive words. Most students know that the worst thing they can do is to translate an English sentence word for word into French. The result will be "fractured" French, which occasionally is funny, but usually inaccurate and incorrect. There are some expressions, of course, which can be translated literally from one language to the other, such as: Don't put all your eggs in the same basket./ Il ne faut pas mettre tous ses oeufs dans le même panier. For lack of space, such expressions have been omitted from the present dictionary, whose aim is to give as many idioms as possible, with their natural, exact equivalents in the other language, English or French.

Generally speaking, it is not a simple task to find these idioms in the long, compact columns of desk dictionaries under high-frequency entries like *avoir, être, dire, faire,* etc. The pocket dictionaries pack in as many separate words as they can, and leave little room for locutions. By presenting only the most current idiomatic phrases and expressions, this dictionary is handier, easier to consult than the desk size, and much more idiomatically complete than the pocket size. The examples are conversational, modern, up-to-date. Colloquialisms are represented, but slang and vulgarity have been ruled out. Expressions are illustrated with complete sentences, so that the student may use this dictionary as a stylistic guide for translations, compositions, letters, etc. The dictionary is intended for both high school and college students, as well as for the general public and especially the American traveler in France and French-speaking countries.

The basis for the French selection has been the innumerable lists of high-frequency words and idioms published in the last fifty years, beginning with the still reliable Vander Beke's. Among the most recent and recognized ones is *Le Français fondamental,* by Gougenheim and Rivenc. However, the author of the present dictionary has drawn mostly from his own lists. He has been a member of the group of linguists who, as early as 1943, turned out a bilingual series of beginners' books for use in the American Armed Forces. During his long career of teaching English in France, and French in Scotland and the United States, he has published half a dozen textbooks for use in the first four years of French. From his vocabularies he has selected 2000 French words, each of them from the nucleus, core and kernel of a widely used and forceful idiom. For the selection of the English "core" words, he has retained the equivalents from the French-English half, and checked them with C. K. Ogden's *Basic English*, many "service lists" of Great Britain, and textbooks for the teaching of English in American schools and colleges.

In each entry, the order is the alphabetical one of the first key word in the phrase or sentence. Each entry contains a complete sentence of a functional content. The entry word is followed by its principal equivalents in the other language. Alternate readings appear in parentheses.

The magic formula for the acquisition of a second language, as well as any other skill, is none other than hard work. It is assumed that the student has already been through a first-year French course. He has memorized conversations in the classroom and laboratory. He knows the essentials of grammar and composition. What he most lacks is knowledge of the exceptions to these rules, and particularly of the turns of phrase peculiar to French. Suppose that he has a short story, a scene from a play, a chapter or a few columns from a newspaper or magazine as reading assignment. Footnotes, a vocabulary and probably a pocket dictionary are at hand. So far, so good; but the time comes when he finds them inadequate. That is where this dictionary will be most useful. The idiom that the student comes across in reading or listening, or the sentence that he thinks up in English and wants to put into French, will be located easily with their equivalents.

François Denoeu
Professor of French, Emeritus
Dartmouth College

Revisers' Note

We undertook the task of revising and completing the manuscript of this dictionary, following François Denoeu's death, at the request of his family, who were concerned to see this project come to fruition, among several other last monuments to Professor Denoeu's long and prolific career as a scholar. It was also, for us, a labor of love, since François had been teacher, colleague and friend to both of us, during our years at Dartmouth College. Our primary hope is that we have managed to remain faithful to the spirit and the intention, as well as to the long process of research and meditation, underlying the manuscript which Professor Denoeu did not have time to shape into its final form.

Our revisions are mainly of two sorts: 1) a careful pruning of the manuscript to eliminate technical or professional language (unless it is of a general application and usage), idioms whose resemblance in the two languages rendered translation unnecessary, and some of the more ephemeral popular expressions which Professor Denoeu had collected over his lengthy career; and 2) the addition of illustrative sentences in the considerable number of cases where they were lacking.

David and Jacqueline B. Sices
Dartmouth College

French Idioms (Idiotismes Français)

A

a(n)—*un, une*

a day (a month, etc.)—*par jour (par mois, etc.)*
Take this medicine three times a day. *Prenez ce médicament trois fois par jour.*

a pound (a kilo, etc.)—*la livre (le kilo, etc.)*
This meat costs three dollars a pound. *Cette viande coûte trois dollars la livre.*

---

about—*au sujet de; presque*

to be about to—*être sur le point de*
I was about to leave when you called. *J'étais sur le point de partir quand vous avez téléphoné.*

it's about time—*il était grand temps*
It's about time you did your work. *Il était grand temps que vous fassiez votre travail.*

---

above—*au-dessus (de)*

above all—*avant tout*
Above all, don't forget to write us. *N'oubliez pas avant tout de nous écrire.*

---

according (to)—*selon*

according to one's whim—*à son bon plaisir*
That teacher gives out grades according to his whim. *Ce professeur distribue les notes à son bon plaisir.*

---

account—*le compte*

on account of—*à cause de, en raison de*
On account of the strike, the trains will be delayed today. *A cause (en raison) de la grève, les trains seront retardés aujourd'hui.*

---

to account—*rendre compte*

There's no accounting for taste.—*Chacun son goût.*

---

ace—*l'as*

to have an ace in the hole—*avoir un atout en réserve*
Luckily for him, he had an ace in the hole. *Heureusement pour lui, il avait un atout en réserve.*

within an ace of—*à deux doigts de*
We were within an ace of catastrophe. *Nous avons été à deux doigts de la catastrophe.*

---

accustomed–*habitué*

to be accustomed to–*avoir l'habitude de*
I'm accustomed to taking a nap in the afternoon. *J'ai l'habitude de faire un somme l'après-midi.*

---

acid–*l'acide*

the acid test–*la pierre de touche*
The figures on inflation will be the acid test of their plan. *Les chiffres sur l'inflation seront la pierre de touche de leur plan.*

---

to acknowledge–*reconnaître*

to acknowledge receipt of–*accuser réception de*
They acknowledged receipt of our letter yesterday. *Ils ont accusé réception de notre lettre hier.*

---

to acquaint–*faire connaître*

to be acquainted with–*connaître*
I am well acquainted with this city. *Je connais très bien cette ville.*

---

across–*à travers*

across the board–*sur tous les tableaux*
In the negotiations, the workers won across the board. *Dans les négociations, les ouvriers ont gagné sur tous les tableaux.*

across the street–*de l'autre côté de la rue, en face*
The house across the street is for rent. *La maison de l'autre côté de la rue (d'en face) est à louer.*

---

act–*l'acte*

acts of violence–*les voies de fait*
Despairing of justice, they were reduced to acts of violence. *Désespérant de la justice, ils en sont venus aux voies de fait.*

an act of God–*une cause naturelle*
The fire was due to an act of God. *L'incendie était dû à une cause naturelle.*

in the act–*en flagrant délit*
We caught the burglars in the act. *Nous avons pris les cambrioleurs en flagrant délit.*

---

to act–*agir*

to act as–*faire fonction (office) de*
She acted as president for the meeting. *Elle a fait fonction (office) de président à la réunion.*

to act as if nothing has happened–*faire semblant de rien*

When the police arrived, he acted as if nothing had happened. *Quand la police est arrivée, il a fait semblant de rien.*

to act fussy–*faire le difficile*
Stop acting fussy and accept their offer. *Ne fais plus le difficile et accepte leur offre.*

to act in the best interests of–*agir au mieux des intérêts de*
We always acted in your best interests while you were gone. *Nous avons toujours agi au mieux de vos intérêts pendant votre absence.*

to act silly–*faire la bête*
He is acting silly because he has drunk too much. *Il fait la bête parce qu'il a trop bu.*

to act underhandedly–*agir en dessous*
Instead of talking frankly of it to me, they acted underhandedly. *Au lieu de m'en parler franchement, ils ont agi en dessous.*

to act up–*se conduire mal*
Your children are acting up again. *Vos enfants se conduisent mal de nouveau.*

not to act big–*ne pas en mener large*
Once he stood before the police, he didn't act big. *Une fois devant les agents, il n'en menait pas large.*

---

to adapt–*(s')adapter*

to adapt to–*se plier à*
He adapted quickly to military discipline. *Il s'est vite plié à la discipline militaire.*

---

to add–*additionner, ajouter*

He added insult to injury.–*Il a doublé ses torts d'un affront.*

---

to address–*adresser*

to address as–*donner du*
They addressed him as Monsignor. *Ils lui ont donné du Monseigneur.*

---

to admit–*admettre, avouer*

I (you) have to admit.–*Il n'y a pas à dire.*

one must admit–*n'empêche que*
You must admit, she caused you problems. *N'empêche qu'elle vous a causé des ennuis.*

---

ado–*l'agitation*

Much ado about nothing.–*Beaucoup de bruit pour rien.*

---

advantage–*l'avantage*

to be to someone's advantage to–*avoir intérêt à*

It would be to your advantage to remain here. *Vous auriez intérêt à rester ici.*

afraid—*effrayé, peureux*

to be afraid—*avoir peur*
Little Red Riding Hood was not afraid of the wolf. *Le Petit Chaperon rouge n'avait pas peur du loup.*

after—*après*

after the event (the fact)—*après coup*
He changed his answer after the event (the fact). *Il a changé sa réponse après coup.*

to be after something—*chercher quelque chose*
I finally understood what he was after. *J'ai enfin compris ce qu'il cherchait.*

against—*contre*

against all comers—*envers et contre tous*
He upholds his idea against all comers. *Il soutient son idée envers et contre tous.*

against one's will—*à son corps défendant*
I'll do it, but against my will. *Je le ferai, mais à mon corps défendant.*

against the grain—*à contre-courant*
You'll never get anywhere by always going against the grain. *Vous n'y arriverez jamais en allant toujours à contre-courant.*

as against—*par rapport à*
You have to look at their profits as against their total production. *Il faut regarder leurs bénéfices par rapport à leur production globale.*

age—*l'âge*

Act (be) your age.—*Ne faites pas l'enfant.*

to agree—*consentir*

to agree with—*être d'accord avec*
I agree entirely with your plans. *Je suis entièrement d'accord avec vos projets.*

not to agree with—*ne valoir rien à*
Cucumbers don't agree with me. *Les concombres ne me valent rien.*

agreement—*l'accord*

to be completely in agreement with—*abonder dans le sens de*
All the participants were completely in agreement with him. *Tous les participants ont abondé dans son sens.*

ahead—*en avant*

to get ahead of—*prendre de l'avance sur*
Let's run to get ahead of them. *Courons pour prendre de l'avance sur eux.*

to go ahead with–*persévérer dans*
We went ahead with our plans despite their opposition. *Nous avons persévéré dans nos projets malgré leur opposition.*

aid–*l'aide*

with the aid of–*à l'aide de*
He reached the picture with the aid of a stepladder. *Il a atteint le tableau à l'aide d'un escabeau.*

to aim–*viser*

to aim one's gun at–*coucher (mettre, tenir) en joue*
The sentry aimed his gun at the scout who was approaching. *La sentinelle a couché (mis, tenu) en joue l'éclaireur qui s'approchait.*

aimless–*sans but*

aimlessly–*à l'aventure*
The three boys wandered aimlessly through the woods. *Les trois garçons erraient à l'aventure à travers les bois.*

to air–*aérer*

to air one's views–*exposer ses idées*
We were seeking an opportunity to air our views. *Nous cherchions l'occasion d'exposer nos idées.*

alike–*semblable*

They are as alike as peas in a pod.–*C'est à s'y tromper. Ils se ressemblent comme deux gouttes d'eau.*

alive–*vivant*

alive and kicking–*plein de vie*
Despite his years, he was still alive and kicking. *Malgré son âge, il était toujours plein de vie.*

to be alive with–*fourmiller de*
The mud was alive with bugs. *La vase fourmillait d'insectes.*

all–*tout*

All aboard!–*En route! En voiture!*

all along–*tout ce temps-là*
He was fooling us all along. *Il nous faisait marcher tout ce temps-là.*

all and sundry–*le ban et l'arrière-ban*
All and sundry had been summoned for the family reunion. *On avait convoqué le ban et l'arrière-ban pour la réunion de famille.*

all in all–*l'un dans l'autre, somme toute*

All in all, we have lost nothing in our attempt. *L'un dans l'autre (somme toute), nous n'avons rien perdu par notre tentative.*

all in a row—*en rang (d'oignons)*
The children were waiting all in a row at the door. *Les enfants attendaient en rang (d'oignons) à la porte.*

all of a sudden—*tout à coup, tout d'un coup*
All of a sudden it began to pour. *Tout à coup (tout d'un coup) il a commencé à pleuvoir à verse.*

all over—*à tout bout de champ, partout; (tout) fini*
You hear that kind of reasoning all over. *On entend ce genre de raisonnement à tout bout de champ (partout).* The game must be all over now. *Le match doit être (tout) fini maintenant.*

all right—*(très) bien*
He is all right now. *Il va (très) bien maintenant.*

all the better (the less, the more)—*d'autant mieux (moins, plus)*
I understand his attitude all the better in that I know he has an interest in the case. *Je comprends d'autant mieux son attitude que je sais qu'il est intéressé à l'affaire.*

all the better (the worse)—*tant mieux (pis)*
All the better (the worse) if he can come. *Tant mieux (tant pis) s'il peut venir.*

all the more (since)—*à plus forte raison (que)*
You ought all the more to have stayed, since you weren't ready. *Tu aurais dû rester à plus forte raison que tu n'étais pas prêt.*

all the time—*à tout moment*
He comes and disturbs me all the time. *Il vient me déranger à tout moment.*

all things considered—*toute réflexion faite*
All things considered, we had better accept. *Toute réflexion faite, il vaut mieux accepter.*

all told—*tout compte fait*
We made five hundred dollars all told. *Nous avons gagné cinq cents dollars tout compte fait.*

an all-time high—*le record de tous les temps*
Inflation has hit an all-time high. *L'inflation a atteint le record de tous les temps.*

and that's all—*sans plus*
He was polite, and that's all. *Il a été poli, sans plus.*

at all times—*à tout instant*
We must be prepared at all times. *Il faut que nous soyons préparés à tout instant.*

to be all ears—*écouter de toutes ses oreilles*
During his speech, the audience was all ears. *Pendant son discours, le public écoutait de toutes ses oreilles.*

to be all for—*ne demander qu'à*

Our guests are all for staying here another night. *Nos invités ne demandent qu'à rester ici encore une nuit.*

to be all in—*être à bout (à plat)*
I won't go any farther because I'm all in. *Je ne vais pas plus loin parce que je suis à bout (à plat).*

to be all set—*être fin prêt*
I am all set now; we can leave. *Je suis fin prêt maintenant; on peut partir.*

to be all thumbs—*être maladroit (de ses mains)*
Don't ask him to do the job; he's all thumbs. *Ne lui demandez pas de faire le travail; il est maladroit (de ses mains).*

to do all one can—*faire (tout) son possible*
She did all she could to arrive on time. *Elle a fait (tout) son possible pour arriver à l'heure.*

for all one's worth—*de toutes ses forces*
Work on it for all you're worth. *Travaillez-y de toutes vos forces.*

for all the world—*pour rien au monde*
I wouldn't take that job for all the world. *Je n'accepterais ce poste pour rien au monde.*

from all quarters—*de tous (les) côtés*
Volunteers came from all quarters. *Des volontaires sont venus de tous (les) côtés.*

from all walks of life—*de toutes les conditions*
People from all walks of life consult her. *Des gens de toutes les conditions la consultent.*

I'm all at sea.—*Je n'y comprends goutte. Je n'y suis pas du tout.*

in all details—*en toutes lettres*
The truth about his actions was written out in all details. *La vérité sur ses actions était écrite en toutes lettres.*

in all probability—*selon toute apparence*
The president will resign tomorrow, in all probability. *Le président démissionnera demain, selon toute apparence.*

It's all Greek (to me).—*C'est de l'algèbre (du chinois).*

It's all in a day's work.—*Cela fait partie du métier.*

It's all over but the shouting.—*C'est une affaire classée.*

not to be all there—*être un peu timbré*
Sometimes I think our teacher is not all there. *Je crois parfois que notre professeur est un peu timbré.*

Of all things!—*Par exemple!*

on all fours—*à quatre pattes*
The children were playing on all fours. *Les enfants jouaient à quatre pattes.*

That's all right.—*Cela ne fait rien.*

That's all there is to it!—*Ce n'est pas plus malin que ça!*

to all intents and purposes—*en gros*
The matter is settled, to all intents and purposes. *La question est résolue, en gros.*

to allow—*laisser, permettre*

to allow (to make allowances) for—*tenir compte de*
The boss will allow (will make allowances) for your lack of experience. *Le patron tiendra compte de votre manque d'expérience.*

allowing for differences—*toute proportion gardée*
Allowing for differences, his castle is as fine as Versailles. *Toute proportion gardée, son château est aussi beau que Versailles.*

almost—*presque*

almost to do—*manquer (de) faire*
I almost fell down the stairs. *J'ai manqué (de) tomber dans l'escalier.*

alone—*seul*

alone together—*seul à seul*
We'll talk of it again when we're alone together. *Nous en reparlerons seul à seul.*

to leave (to let) alone—*laisser tranquille*
Leave (let) them alone; they're working. *Laissez-les tranquilles; ils travaillent.*

let alone—*sans parler de*
We can't pay the taxes, let alone the rent. *Nous ne pouvons pas payer les impôts, sans parler du loyer.*

along—*le long*

(all) along—*(tout) le long de*
There were cars parked (all) along the curb. *Il y avait des voitures garées (tout) le long du trottoir.*

altogether—*bel et bien, tout à fait*

in the altogether—*dans le plus simple appareil*
Entering suddenly, he found her in the altogether. *Entrant soudain, il l'a trouvée dans le plus simple appareil.*

among—*parmi*

among the living—*de ce monde*
The poor man is no longer among the living. *Le pauvre homme n'est plus de ce monde.*

to amount—*(se) monter*

It doesn't amount to a hill (a row) of beans.—*Cela ne vaut pas les quatre fers d'un chien.*

That amounts to saying. . .–*Cela revient à dire que. . .*

---

angel–*l'ange*

You're no angel.–*Je ne te vois pas blanc.*

---

angle–*l'angle*

from all angles–*sous toutes les faces*
Let's study the problem from all angles. *Etudions le problème sous toutes les faces.*

---

angry–*fâché*

to get angry–*se fâcher, se mettre en colère*
He always got angry if someone interrupted his nap. *Il se fâchait toujours (se mettait toujours en colère) si on troublait sa sieste.*

---

ant–*la fourmi*

to have ants in one's pants–*avoir la bougeotte*
He couldn't stay put; he had ants in his pants. *Il ne pouvait pas rester en place; il avait la bougeotte.*

---

anxious–*inquiet*

to be anxious to–*tenir à*
I am anxious to meet your friend. *Je tiens à faire la connaissance de votre ami.*

---

any–*aucun*

any minute now–*d'un moment à l'autre*
We expect him to arrive any minute now. *Nous attendons son arrivée d'un moment à l'autre.*

anyone (any time, any way, anywhere, etc.) at all–*n'importe qui (quand, comment, où, etc.)*
Ask anyone to do it any time at all. *Demande à n'importe qui de le faire n'importe quand.*

It's anybody's guess.–*Personne ne sait au juste.*

---

anything–*n'importe quoi, quelque chose*

anything but–*rien moins que*
The house is anything but comfortable. *La maison n'est rien moins que confortable.*

(Do you want) anything else, sir?–*Et avec cela, Monsieur?*

---

apart–*de côté*

apart from–*en dehors de*
I didn't find anything apart from that. *Je n'ai rien trouvé en dehors de cela.*

---

to apologize–*s'excuser*

He apologized all over himself.–*Il s'est confondu en excuses.*

to appeal–*faire appel*

to appeal to someone–*en appeler à quelqu'un; revenir à quelqu'un*
I tried to appeal to his sense of justice. *J'ai essayé d'en appeler à son sens de la justice.* Maybe he's nice, but his face doesn't appeal to me. *Il est peut-être gentil, mais sa tête ne me revient pas.*

It doesn't appeal to me.–*Ça ne me dit rien.*

not to appeal to someone–*ne pas sourire à quelqu'un*
That prospect doesn't appeal much to me. *Cette perspective ne me sourit guère.*

to appear–*apparaître, sembler*

to appear to–*avoir l'air de*
She appears to believe what he says. *Elle a l'air de croire à ce qu'il dit.*

without appearing to–*(sans faire) mine de rien*
Without appearing to, she put together a fortune. *(Sans faire) mine de rien, elle a amassé une fortune.*

appetite–*l'appétit*

with an appetite–*à belles dents*
He bit into the apple with an appetite. *Il a croqué la pomme à belles dents.*

apple–*la pomme*

an apple-polisher–*un lèche-bottes*
That apple-polisher is always trying to get in good with the boss. *Ce lèche-bottes essaie toujours de se faire bien voir du patron.*

in apple-pie order–*bien rangé; comme sur des roulettes*
The house was always in apple-pie order. *La maison était toujours bien rangée.*
Everything went off in apple-pie order. *Tout a marché comme sur des roulettes.*

the apple of one's eye–*(cher) comme la prunelle de ses yeux*
Their daughter is the apple of their eye. *Leur fille leur est (chère) comme la prunelle de leurs yeux.*

approval–*l'approbation*

on approval–*à l'essai*
Please send me this item on approval. *Veuillez m'envoyer cet article à l'essai.*

April–*avril*

April fool!–*Poisson d'avril!*

arm–*le bras*

arm in arm–*bras dessus, bras dessous*

They walked along the river bank arm in arm. *Ils se promenaient le long de la rivière bras dessus, bras dessous.*

---

around–*autour (de)*

to have been around–*avoir roulé sa bosse*
She knows a lot about life because she's been around. *Elle connaît bien la vie parce qu'elle a roulé sa bosse.*

---

to arouse–*réveiller*

to arouse (the suspicions of) somebody–*donner l'éveil à quelqu'un; mettre la puce à l'oreille à quelqu'un*
His hesitation aroused the guards' (suspicions). *Son hésitation a donné l'éveil aux gardiens.* His employee's frequent absences aroused his suspicions. *Les absences fréquentes de son employé lui ont mis la puce à l'oreille.*

---

to arrange–*arranger*

to arrange every which way–*accommoder (mettre) à toutes les sauces*
He always tells the same story, which he arranges every which way. *Il raconte toujours la même histoire qu'il accommode (met) à toutes les sauces.*

---

as–*comme, tel*

as can be–*au possible, on ne peut plus*
This problem is as simple as can be. *Ce problème est simple au possible (on ne peut plus simple).*

as for–*quant à*
As for you, you're fired! *Quant à vous, je vous mets à la porte!*

as is–*tel quel*
They sold it to me as is, at a reduced price. *Ils me l'ont vendu tel quel, à un prix réduit.*

as it should be–*comme il se doit*
We showed our respect, as it should be. *Nous avons montré notre respect, comme il se doit.*

as it were–*pour ainsi dire*
He is a Bohemian, as it were. *C'est un bohémien, pour ainsi dire.*

as of–*à compter (à partir) de*
The office will be open as of July 1. *Le bureau sera ouvert à compter (à partir) du premier juillet.*

as things stand (now)–*dans l'état actuel des choses*
As things stand (now), you don't have a chance of winning. *Dans l'état actuel des choses, vous n'avez aucune chance de gagner.*

(just) as–*ainsi que*
(Just) as I had foreseen, he resigned. *Ainsi que je l'avais prévu, il a démissionné.*

(proportionally) as–*(au fur et) à mesure que*
The minimum wage increases (proportionally) as the cost of living goes up. *Le salaire minimum augmente (au fur et) à mesure que le coût de la vie monte.*

---

ashamed–*honteux*

to be ashamed–*avoir honte*
I am ashamed of my ignorance in these matters. *J'ai honte de mon ignorance dans ces questions.*

---

aside–*de côté*

aside from–*à part*
Aside from her family, everyone was satisfied. *A part sa famille, tout le monde était satisfait.*

---

to ask–*demander*

to ask a tricky question–*poser une colle*
This student always asks the math teacher tricky questions. *Cet étudiant pose toujours des colles au professeur de maths.*

to ask nothing better than to–*ne demander qu'à, ne pas demander mieux que de*
They ask nothing better than to stay here. *Ils ne demandent qu'à (ils ne demandent pas mieux que de) rester ici.*

to ask out–*inviter à sortir*
He has asked her out for Saturday. *Il l'a invitée à sortir samedi.*

to ask someone to do something–*demander à quelqu'un de faire quelque chose*
I'm going to ask my mother to go out. *Je vais demander à ma mère de sortir.*

to ask (to be allowed) to do something–*demander à faire quelque chose*
I'm going to ask my mother (to be allowed) to go out. *Je vais demander à sortir à ma mère.*

to be asking for trouble–*aller (courir) au-devant des ennuis, chercher des ennuis*
If you buy that car, you're asking for trouble. *Si vous achetez cette voiture, vous allez (vous courez) au-devant des ennuis (vous cherchez des ennuis).*

You asked for it!–*Tu ne l'as pas volé!*

---

asleep–*endormi*

My foot is asleep.–*J'ai des fourmis dans le pied.*

---

at–*à*

at all–*du tout*
I don't like that at all. *Je n'aime pas du tout cela.*

at times–*par moments*
At times you can imagine you are in another country. *On imagine par moments qu'on est dans un autre pays.*

to be at it–*y être*

He is still at it after four hours of work. *Il y est encore après quatre heures de travail.*

to attend–*assister*

to attend to–*s'occuper de*

The mechanic will attend to your car right away. *Le mécanicien s'occupera de votre voiture tout de suite.*

attention–*l'attention*

Attention!–*Garde à vous!*

to attract–*attirer*

to attract attention–*se faire remarquer*

That man attracts attention wherever he goes. *Cet homme se fait remarquer partout où il va.*

to attract notice–*s'afficher*

The young woman attracted notice everywhere with her rich lover. *La jeune femme s'affichait partout avec son riche amant.*

authority–*l'autorité*

on good authority–*à bonnes enseignes*

I learned the news on good authority. *J'ai appris la nouvelle à bonnes enseignes.*

to avail–*servir*

to avail oneself of–*profiter de*

I availed myself of the opportunity to see them. *J'ai profité de l'occasion pour les voir.*

to no avail–*en pure perte*

We have argued all this time to no avail. *Nous avons discuté tout ce temps en pure perte.*

available–*disponible*

the available means–*les moyens du bord*

He managed to get out of trouble by using the available means. *Il a réussi à sortir d'embarras en employant les moyens du bord.*

aware–*conscient*

to be (well) aware that–*ne pas ignorer que*

You are certainly (well) aware that his father is French. *Vous n'ignorez certainement pas que son père est Français.*

away–*absent, au loin*

to do away with–*faire table rase de*

He tried to do away with all accepted ideas. *Il a voulu faire table rase de toute idée acquise.*

---

awful–*horrible, terrible*

That's awful!–*Quelle horreur!*

---

awkward–*maladroit*

the awkward age–*l'âge ingrat*
He was still at the awkward age, but he already showed promise of becoming a handsome young man. *Il était encore à l'âge ingrat, mais il s'annonçait déjà beau garçon.*

---

axe–*la hache*

to have an axe to grind–*prêcher pour son saint*
On this committee, every congressman has his own axe to grind. *Dans cette commission, chaque député prêche pour son saint.*

B

babe–*le bébé*

They are babes in the woods.–*Ils sont innocents (inexpérimentés) comme l'agneau qui vient de naître.*

---

back–*de derrière, en arrière*

back and forth–*de long en large*
He walked back and forth ceaselessly. *Il se promenait de long en large sans arrêt.*

to be back–*être de retour*
You're already back from your trip? *Vous êtes déjà de retour de votre voyage?*

to be back to one's old self again–*avoir retrouvé ses forces*
I'm back to my old self again, after the operation. *J'ai retrouvé de nouveau mes forces, après l'opération.*

to get back in harness–*reprendre le collier*
Despite his age, financial problems made him get back in harness. *Malgré son âge, des ennuis financiers lui ont fait reprendre le collier.*

to go back a long way–*dater de loin*
Their friendship goes back a long way. *Leur amitié date de loin.*

to go back (the way one came)–*rebrousser chemin*
It was a dead end, so we had to go back (the way we came). *C'était un cul-de-sac; on a donc dû rebrousser chemin.*

Let's get back to (the) business (at hand).–*Revenons à nos moutons.*

No back talk!-*Pas de réplique (d'insolence)!*

back-*l'arrière, le dos*

to arch the back-*faire le gros dos*
The cat was arching its back. *Le chat faisait le gros dos.*

to have something in the back of one's mind-*avoir quelque chose derrière la tête*
Watch out; he has something in the back of his mind when he asks that question. *Méfiez-vous; il a quelque chose derrière la tête en posant cette question.*

to back-*épauler, reculer*

to back down-*en rabattre*
Wait a minute; you'll see that he'll back down despite his threats. *Attendez un peu; vous verrez qu'il en rabattra malgré ses menaces.*

to back out-*lâcher*
We were counting on their support, but they backed out. *Nous comptions sur leur soutien, mais ils ont lâché.*

to back out of-*se soustraire à*
He always backs out of his responsibilities. *Il se soustrait toujours à ses responsabilités.*

to back up-*faire marche arrière*
We backed up into a path in order to turn around. *Nous avons fait marche arrière dans un sentier pour faire demi-tour.*

bad-*mauvais*

a bad deal-*un marché de dupes*
I don't accept your offer because it's a bad deal. *Je n'accepte pas votre offre parce que c'est un marché de dupes.*

a bad egg-*un vilain oiseau*
I avoid dealing with him because he's a bad egg. *J'évite d'avoir affaire à lui parce que c'est un vilain oiseau.*

to be in a bad way-*filer un mauvais coton*
The patient is in a bad way, despite the operation. *Le malade file un mauvais coton, malgré l'opération.*

to be in bad shape-*avoir du plomb dans l'aile*
He goes on working, but you can tell that he's in bad shape. *Il continue à travailler, mais on voit bien qu'il a du plomb dans l'aile.*

to be on bad terms with-*être mal avec*
She was on bad terms with all her neighbors. *Elle était mal avec tous ses voisins.*

to have a bad break-*avoir de la déveine*
I was about to succeed, but I had a bad break. *J'allais réussir, mais j'ai eu de la déveine.*

in bad straits—*dans une mauvaise passe*
The negotiations with the management are in bad straits. *Les négociations avec la direction sont dans une mauvaise passe.*

It's bad form.—*Cela ne se fait pas. C'est un manque de goût (de tact).*

---

bag—*le sac*

It's in the bag.—*C'est du tout cuit. L'affaire est dans le sac.*

---

baker—*le boulanger, le pâtissier*

(in) baker's dozens—*treize à la douzaine*
These items come in baker's dozens today. *Ces articles se vendent treize à la douzaine aujourd'hui.*

---

bald—*chauve*

He's a bald-faced liar.—*Il ment comme un arracheur de dents (comme une épitaphe, comme il respire).*

---

to balk—*se dérober*

to balk at—*reculer devant*
He balked at the effort required to finish the job. *Il a reculé devant l'effort nécessaire pour finir le travail.*

---

ball—*la balle, le ballon*

to be a ball of fire—*être tout feu, tout flamme*
When she started this project, she was a ball of fire. *Quand elle a commencé ce projet, elle était tout feu, tout flamme.*

to be (to have a lot) on the ball—*être débrouillard*
Your new assistant is a great help; he is (he has a lot) on the ball. *Votre nouvel assistant est d'une grande aide; il est débrouillard.*

to keep the ball rolling—*renvoyer la balle*
Why did you remain silent, instead of keeping the ball rolling? *Pourquoi vous taisiez-vous, au lieu de renvoyer la balle?*

to play ball—*entrer dans le jeu, jouer le jeu*
If you play ball with us, we'll get along well. *Si vous entrez dans le jeu (jouez le jeu) avec nous, nous nous entrendrons bien.*

to start the ball rolling—*ouvrir le bal*
I'll make an offer to start the ball rolling. *Je vais faire une offre pour ouvrir le bal.*

---

ball—*le bal*

to have a ball—*se payer une bosse*
He had a ball when he learned of his promotion. *Il s'est payé une bosse quand il a appris sa promotion.*

band–*la musique, l'orchestre*

> **to get (to jump) on the bandwagon**–*suivre le mouvement*
> Seeing the candidate's success, everyone got (jumped) on the bandwagon. *En voyant le succès du candidat, tout le monde a suivi le mouvement.*

to bank–*mettre en banque*

> **to bank on**–*compter sur*
> You can bank on their support. *Vous pouvez compter sur leur soutien.*

bargain–*le marché, l'occasion*

> **He made a poor bargain.**–*Il a changé son pain blanc en pain bis.*
>
> **into the bargain**–*par-dessus le marché*
> He insults me and then he wants me to apologize into the bargain! *Il m'insulte et puis par-dessus le marché il veut que je m'excuse!*
>
> **That's a bargain!**–*C'est donné!*

bark–*l'aboiement*

> **His bark is worse than his bite.**–*Il fait plus de bruit que de mal. Il n'est pas si méchant qu'il en a l'air.*

to bark–*aboyer*

> **to bark at**–*aboyer après*
> All the dogs in the neighborhood were barking at us. *Tous les chiens du quartier aboyaient après nous.*
>
> **to be barking up the wrong tree**–*se tromper d'adresse*
> If you expect me to give you money, you're barking up the wrong tree. *Si vous vous attendez à ce que je vous donne de l'argent, vous vous trompez d'adresse.*

barrel–*le tonneau*

> **to be a barrel of fun**–*être rigolo*
> This new game is a barrel of fun. *Ce nouveau jeu est rigolo.*

bat–*la batte*

> **to go to bat for**–*prendre fait et cause pour*
> I can't forget that he went to bat for me in the past when I needed him. *Je ne peux pas oublier qu'il a pris fait et cause pour moi autrefois quand j'avais besoin de lui.*

bat–*la chauve-souris*

> **to have bats in one's (the) belfry**–*avoir une araignée dans le plafond*
> If you believe that lie, you have bats in your (in the) belfry. *Si vous croyez ce mensonge, vous avez une araignée dans le plafond.*

to bat—*cligner*

without batting an eye—*sans sourciller*
He paid the whole bill without batting an eye. *Il a réglé le compte en entier sans sourciller.*

to bathe—*baigner*

to be bathed in perspiration (sweat)—*être en nage*
At the end of the race, the runner was bathed in perspiration (sweat). *A la fin de la course, l'athlète était en nage.*

to bawl—*brailler, hurler*

to bawl out—*crier après, passer un savon à*
When we came home late, mother really bawled us out. *Quand nous sommes rentrés en retard, maman nous a vraiment crié après (nous a vraiment passé un savon).*

to be—*être*

-to-be—*futur*
This is my bride-to-be. *Voici ma future épouse.*

to be a stickler for discipline—*être à cheval sur la discipline*
Our teacher is very interesting, but he is a stickler for discipline. *Notre professeur est très intéressant, mais il est à cheval sur la discipline.*

to be cold (hot)—*avoir froid (chaud)*
If you are too cold (hot), adjust the thermostat. *Si vous avez trop froid (chaud), réglez le thermostat.*

to be expensive—*coûter cher*
Meat is more and more expensive. *La viande coûte de plus en plus cher.*

to be. . .high (long, wide, etc.)—*avoir. . .de haut (de long, de large, etc.)*
The wall is three meters high (long, wide). *Le mur a trois mètres de haut (de long, de large).*

to be in a fix—*être dans de beaux draps*
Thanks to your foolishness, we're in a fix! *Grâce à ta bêtise, nous sommes dans de beaux draps!*

to be in cahoots—*être de mèche*
The two employees were in cahoots to swindle him. *Les deux employés étaient de mèche pour le voler.*

to be on a diet—*suivre un régime*
I've lost a lot of weight since I've been on this diet. *J'ai beaucoup maigri depuis que je suis ce régime.*

to be on (a team, etc.)—*faire partie de (l'équipe, etc.)*
My brother is on the soccer team. *Mon frère fait partie de l'équipe de football.*

to be (situated)—*se trouver*

The cottage is (situated) on a lakeshore. *La villa se trouve au bord d'un lac.*

to be stymied–*rester en panne*
They were stymied by that problem. *Ils sont restés en panne devant ce problème.*

to be to–*devoir*
My uncle was to arrive this morning. *Mon oncle devait arriver ce matin.*

to be unequalled–*ne pas avoir son pareil*
He is unequalled at entertaining people. *Il n'a pas son pareil pour amuser le monde.*

to be willing–*vouloir bien*
She said she was willing to come with us. *Elle a dit qu'elle voulait bien venir avec nous.*

How are you?–*Comment allez-vous?*

how is it that. . .?–*comment se fait-il que. . .?*
How is it that you are here so late? *Comment se fait-il que vous soyez ici si tard?*

It is bad weather (cold, hot, sunny, windy, etc.)–*Il fait mauvais (froid, chaud, du soleil, du vent, etc.).*

So be it.–*Ainsi soit-il.*

that is (to say)–*c'est-à-dire*
He is rich, that is (to say) his family is. *Il est riche, c'est-à-dire que sa famille l'est.*

---

beam–*le rayon*

on the beam–*sur la bonne voie*
Now you're on the beam; you can't miss it. *Vous voilà sur la bonne voie; vous ne pouvez pas le manquer.*

---

to bear–*porter, soutenir*

to bear in mind–*ne pas oublier*
Bear in mind that he is a beginner. *N'oubliez pas qu'il est débutant.*

to bear the brunt (of)–*soutenir tout le poids (de)*
As for that failure, I have borne the brunt of it. *Quant à cet échec, j'en ai soutenu tout le poids.*

to bear the mark of–*être frappé (marqué) au coin de*
He bears the mark of his father's wit. *Il est frappé (marqué) au coin de l'esprit de son père.*

Bear to the left (right).–*Serrez à gauche (à droite).*

to bear with–*être indulgent pour*
We ask you to bear with us for a moment. *Nous vous prions d'être indulgents pour nous un instant.*

---

to beat–*battre*

to beat a retreat–*battre en retraite*

When our tanks approached, the enemy beat a hasty retreat. *Quand nos chars se sont approchés, l'ennemi a battu en retraite précipitamment.*

to beat around the bush—*tourner autour du pot, y aller par quatre chemins*
He didn't beat around the bush in giving them the bad news. *Il n'a pas tourné autour du pot (il n'y est pas allé par quatre chemins) pour leur annoncer la mauvaise nouvelle.*

to beat hands down (hollow)—*battre à plate couture*
Their team beat us hands down (hollow). *Leur équipe nous a battus à plate couture.*

to beat hell (the devil, the living daylights) out of—*ficher une raclée à*
The gang of hoodlums beat hell (the devil, the living daylights) out of him. *La bande de voyous lui a fichu une raclée.*

Beat it!—*Fiche(z) le camp!*

to beat someone at his own game—*battre quelqu'un avec ses propres armes*
The incumbent mayor waged a vigorous campaign, but he was beaten at his own game. *Le maire sortant a mené une campagne vigoureuse, mais il a été battu avec ses propres armes.*

to beat to a pulp—*battre comme plâtre*
Don't pick a fight with him; he'll beat you to a pulp. *Ne lui cherchez pas querelle; il vous battra comme plâtre.*

to beat up—*taper sur*
That big brute beat up my little brother. *Cette grosse brute a tapé sur mon petit frère.*

That beats all!—*(Après ça,) il n'y a qu'à tirer l'échelle! C'est le bouquet!*

That beats me!—*Je n'y comprends rien!*

beck—*signe*

to be at someone's beck and call—*obéir à quelqu'un au doigt et à l'oeil*
That big bruiser is at his mother's beck and call. *Ce gros malabar obéit au doigt et à l'oeil à sa mère.*

to become—*devenir*

to become a way of life—*entrer dans les moeurs*
Weekends in the country have become a way of life. *Les weekends à la campagne sont entrés dans les moeurs.*

What's become of him?—*Qu'est-ce qu'il est devenu?*

bee—*l'abeille*

to have a bee in one's bonnet—*avoir marotte en tête*
The old man had a bee in his bonnet and there was no way of reasoning with him. *Le vieillard avait marotte en tête et il n'y avait pas moyen de le raisonner.*

to make a beeline for—*se précipiter sur*

The guests all made a beeline for the drinks. *Les invités se sont précipités sur les boissons.*

---

to beg–*mendier, prier*

to beg the question–*faire une pétition de principe*
Their reply really begged the question. *Leur réponse faisait vraiment une pétition de principe.*

to go begging–*ne pas trouver amateur*
There are beautiful lots which are going begging. *Il y a de beaux terrains qui ne trouvent pas amateur.*

I beg your pardon.–*Pardon. Plaît-il?*

---

to begin–*commencer*

to begin to–*se mettre à*
Let's run; it's beginning to rain. *Courons; il se met à pleuvoir.*

---

beginning–*le commencement, le début*

since the beginning of time–*depuis que le monde est monde*
Since the beginning of time, children have known more than their parents. *Depuis que le monde est monde, les enfants en savent plus long que leurs parents.*

---

to behave–*se conduire*

to behave (properly)–*avoir de la tenue*
Behave (properly), children; the inspector is arriving. *Ayez de la tenue, les enfants; l'inspecteur arrive.*

---

behind–*derrière, en arrière*

behind schedule–*en retard sur l'horaire*
Because of the strike, the train is behind schedule. *A cause de la grève, le train est en retard sur l'horaire.*

behind the eight ball–*dans une mauvaise passe*
I give in; you have me behind the eight ball. *Je me rends; vous m'avez dans une mauvaise passe.*

behind the scenes–*dans les coulisses*
She is the one who controls everything behind the scenes. *C'est elle qui dirige tout dans les coulisses.*

---

to belabor–*rouer de coups*

to belabor the obvious–*enfoncer une porte ouverte*
To attack Prohibition as a means of controlling alcoholism is to belabor the obvious. *Attaquer la prohibition comme moyen de combattre l'alcoolisme, c'est enfoncer une porte ouverte.*

---

belly–*le ventre*

to have a belly laugh–*rire à ventre déboutonné*
On hearing his crazy story we had a belly laugh. *En entendant son récit loufoque nous avons ri à ventre déboutonné.*

---

to belong–*appartenir*

to belong to–*être à; faire partie de*
This car belongs to me. *Cette voiture est à moi.* My brother belongs to the athletic club. *Mon frère fait partie du cercle sportif.*

not to belong–*ne pas être à sa place*
That man doesn't belong in this group. *Cet homme n'est pas à sa place dans ce groupe.*

---

to belt–*fustiger*

to belt out (a song)–*chanter (une chanson) à tue-tête*
To end the show, they all belted out a popular song. *Pour terminer le spectacle, ils ont tous chanté une chanson populaire à tue-tête.*

---

to bend–*courber, plier*

to be bent on–*être résolu à*
He is bent on winning the first prize. *Il est résolu à gagner le grand prix.*

to bend over backward–*se mettre en quatre*
We bent over backward to welcome them. *Nous nous sommes mis en quatre pour les accueillir.*

to bend the elbow–*lever le coude*
You could see him at the bar every evening, bending the elbow. *On pouvait le voir tous les soirs au café, qui levait le coude.*

---

beneath–*sous*

beneath contempt–*au-dessous de tout*
His lack of solidarity is beneath contempt. *Son manque de solidarité est au-dessous de tout.*

---

beside–*à côté de*

to be beside oneself (with anger)–*être hors de soi*
On learning of his attack, I was beside myself (with anger). *En entendant parler de son attaque, j'étais hors de moi.*

to be beside oneself (with anger, with joy)–*ne pas se sentir (de colère, de joie)*
After I read her letter, I was beside myself (with anger, with joy). *Après avoir lu sa lettre, je ne me sentais pas (de colère, de joie).*

beside the point–*à côté de la question*
But that argument is beside the point. *Mais cet argument est à côté de la question.*

best–*le meilleur, le mieux*

to be the best thing one can do–*être ce qu'on a de mieux à faire*
That is the best thing she can do under the circumstances. *C'est ce qu'elle a de mieux à faire dans les circonstances.*

It's your best bet.–*C'est ce que vous pouvez espérer (trouver) de mieux.*

to bet–*parier*

to bet double or nothing–*jouer à quitte ou double*
He bet his last few dollars double or nothing, and he lost. *Il a joué ses derniers dollars à quitte ou double, et il a perdu.*

to bet on a sure thing–*jouer sur le velours*
You have nothing to lose; you're betting on a sure thing. *Tu n'as rien à perdre; tu joues sur le velours.*

to bet (on) both sides–*miser sur deux tableaux*
As a precaution, he always bet on both sides. *Par précaution il misait toujours sur les deux tableaux.*

You bet (your life)!–*Et comment! Tu parles!*

better–*meilleur, mieux*

to be no better off–*ne pas être plus avancé*
I saw him, but I'm no better off for that. *Je l'ai vu, mais je n'en suis pas plus avancé.*

better than–*plus de*
We had hoped to spend better than two years there. *Nous avions espéré y passer plus de deux ans.*

to get the better of–*avoir raison de, l'emporter sur*
The conservatives got the better of the opposition. *Les conservateurs ont eu raison de (l'ont emporté sur) l'opposition.*

it is better–*il vaut mieux, mieux vaut*
It is better to try to calm her. *Il vaut mieux (mieux vaut) essayer de la calmer.*

one had better–*on ferait mieux de*
You had better stop doing that right away. *Vous feriez mieux d'arrêter de faire cela tout de suite.*

only better–*en mieux*
She is like her sister, only better. *C'est sa soeur, en mieux.*

That couldn't be better.–*C'est on ne peut mieux.*

between–*entre*

between you and me (you, me and the lamp post)–*de vous à moi, entre nous*
Between you and me (you, me and the lamp post), that man is crazy. *De vous à moi (entre nous), cet homme est fou.*

to beware—*se méfier*
  Beware of the dog.—*Chien méchant.*

---

beyond—*au delà*
  to be beyond (all) question (suspicion)—*ne pas faire de doute*
  Their loyalty is beyond (all) question (suspicion). *Leur fidélité ne fait pas de doute.*

  to be beyond shame—*avoir toute honte bue*
  I was beyond shame, so I accepted their offer. *J'avais toute honte bue, alors j'ai accepté leur offre.*

  beyond repair—*irréparablement abîmé*
  This machine is beyond repair and must be replaced. *Cette machine est irréparablement abîmée et doit être remplacée.*

  It's beyond me!—*Cela me dépasse! Je n'y comprends rien!*

---

big—*grand, gros*
  a big oaf—*un ours mal léché*
  He's a big oaf, but his heart is in the right place. *C'est un ours mal léché, mais il a bon coeur.*

  a big shot (wheel, wig)—*une grosse légume, un gros bonnet*
  It's the big shots (wheels, wigs) who decided that. *Ce sont les grosses légumes (les gros bonnets) qui ont décidé de cela.*

  to act the big shot (to talk big)—*faire l'important*
  He acts the big shot (he talks big), but he is just a clerk. *Il fait l'important, mais ce n'est qu'un petit employé.*

  (a size) too big—*à l'avantage*
  His mother always buys his clothes (a size) too big. *Sa mère lui achète toujours ses vêtements à l'avantage.*

  to be big-hearted—*avoir le coeur sur la main*
  He will always help you out because he is big-hearted. *Il vous aidera toujours parce qu'il a le coeur sur la main.*

  to be too big for one's breeches (hat)—*se croire sorti de la cuisse de Jupiter*
  That pretentious fellow is too big for his breeches (hat). *Ce prétentieux se croit sorti de la cuisse de Jupiter.*

  Big deal!—*La belle affaire!*

  It's not such a big deal (job).—*Ce n'est pas la mer à boire.*

  to make a big deal out of—*faire tout un drame (un plat) de*
  She made a big deal out of our absence from the meeting. *Elle a fait tout un drame (un plat) de notre absence de la réunion.*

---

bill—*la facture, la note*
  to foot the bill—*payer la note*

When they left, I had to foot the bill. *Quand ils sont partis, c'est moi qui ai dû payer la note.*

bind—*la ligature*

to be in a bind—*être dans les choux*
Come and help me; I'm in a bind. *Viens m'aider; je suis dans les choux.*

bird—*l'oiseau*

a funny (strange) bird—*un drôle de coco*
Everyone says your brother is a funny (strange) bird. *Tout le monde dit que ton frère est un drôle de coco.*

A little bird told me.—*Mon petit doigt me l'a dit.*

for the birds—*bon pour les chiens*
This meal is for the birds. *Ce repas est bon pour les chiens.*

bit—*le morceau*

a good bit (quite a bit)—*pas mal*
He has a good bit (quite a bit) of money. *Il a pas mal d'argent.*

bit by bit—*petit à petit, peu à peu*
We finished the job bit by bit. *Nous avons fini le travail petit à petit (peu à peu).*

not a bit—*pas du tout*
That didn't hurt a bit. *Cela n'a pas fait mal du tout.*

bite—*la bouchée, la morsure*

to grab (to have) a bite—*casser la croûte, manger un morceau*
They stopped working for a while to grab (to have) a bite. *Ils ont arrêté de travailler un instant pour casser la croûte (manger un morceau).*

I've got a bite!—*Ça mord!*

to bite—*mordre*

to bite off more than one can chew—*trop entreprendre*
He was biting off more than he could chew with that job. *Il entreprenait trop avec ce travail.*

to bite someone's head off—*passer un savon à quelqu'un*
When we returned late, the coach really bit our heads off. *Quand nous sommes rentrés en retard, l'entraîneur nous a vraiment passé un savon.*

to bite the bullet—*avaler le morceau*
The president had to bite the bullet and sign the bill. *Le président a dû avaler le morceau et signer le projet de loi.*

bitter—*amer*

to the bitter end—*jusqu'au bout*

The soldiers fought to the bitter end. *Les soldats se sont battus jusqu'au bout.*

black-*noir*

a black eye-*un œil au beurre noir*
He got a black eye in the brawl. *Il a eu un oeil au beurre noir dans la bagarre.*

to be in the black-*faire des bénéfices*
We are in the black for the first time this year. *Nous faisons des bénéfices pour la première fois cette année.*

black and blue-*couvert de bleus*
After the game he was black and blue. *Après le match il était couvert de bleus.*

black coffee-*café nature*
Do you drink your coffee black? *Vous prenez votre café nature?*

in black and white-*par écrit*
I want the agreement to be put in black and white. *Je veux qu'on mette l'accord par écrit.*

to blaze-*marquer*

to blaze a trail-*frayer un chemin, poser des jalons*
His work has blazed a trail for future research. *Son travail a frayé le chemin (posé des jalons) pour des recherches futures.*

to bleed-*saigner*

to bleed dry-*sucer jusqu'à la moelle*
When his creditors have bled him dry, they will let him go. *Quand ses créanciers l'auront sucé jusqu'à la moelle, ils le lâcheront.*

to bleed oneself white-*se saigner aux quatre veines*
To send their children to boarding school they had to bleed themselves white. *Pour envoyer leurs enfants en pensionnat ils ont dû se saigner aux quatre veines.*

to bless-*bénir*

Bless you!-*A vos souhaits!*

blood-*le sang*

That makes my blood boil!-*Cela me fait bouillir (enrager)!*

to blow-*souffler*

to blow it-*le rater*
Too bad, boys; we blew it! *Tant pis, les gars; nous l'avons raté!*

to blow one's brains out-*se brûler (se faire sauter) la cervelle*
Seeing the stock market index so low, he blew his brains out. *En voyant le cours de la Bourse si bas, il s'est brûlé (s'est fait sauter) la cervelle.*

to blow one's (own) horn-*chanter ses propres louanges*

When the boss is around, that clerk always blows his (own) horn. *Quand le patron est là, ce commis chante toujours ses propres louanges.*

to blow one's stack (top)–*sauter au plafond, sortir de ses gonds*
He blew his stack (his top) on receiving the bad news. *Il a sauté au plafond (il est sorti de ses gonds) en recevant la mauvaise nouvelle.*

to blow out–*crever; souffler*
The tire blew out. *Le pneu a crevé.* She blew the candles out. *Elle a soufflé les bougies.*

to blow over–*se calmer*
After an hour the storm blew over. *Au bout d'une heure la tempête s'est calmée.*

to blow the whistle on–*mettre le holà à*
There was so much corruption that the government had to blow the whistle on it. *Il y avait tant de corruption que le gouvernement a dû y mettre le holà.*

to blow up–*(faire) sauter*
The bridge blew up. (The rebels blew up the bridge.) *Le pont a sauté. (Les rebelles ont fait sauter le pont.)*

to blow up (a photo)–*agrandir (une photo)*
We blew up his picture to make the poster. *Nous avons agrandi sa photo pour faire l'affiche.*

to blow up the importance of–*monter à l'épingle (en épingle)*
Why did you blow up the importance of that business? *Pourquoi avez-vous monté cette affaire à l'épingle (en épingle)?*

---

to blubber–*pleurer, pleurnicher*

to blubber like a baby–*pleurer comme un veau*
When I saw that sentimental movie, I blubbered like a baby. *En voyant ce film sentimental, j'ai pleuré comme un veau.*

---

blue–*bleu*

to be blue (to have the blues)–*avoir le cafard, broyer du noir*
I'm blue (I have the blues) today because it's raining. *J'ai le cafard (je broie du noir) aujourd'hui parce qu'il pleut.*

---

board–*le bord*

on board–*à bord (de)*
There was no one on board (the ship). *Il n'y avait personne à bord (du bateau).*

overboard–*par-dessus bord*
We have to throw the entire cargo overboard! *Il faut jeter toute la cargaison par-dessus bord!*

---

body–*le corps*

in a body–*en groupe, en masse*

To protest, the entire audience left in a body. *Pour protester, tout le public est parti en groupe (en masse).*

to boil–*(faire) bouillir*

to boil down to–*se réduire à*
The story boils down to this. *L'histoire se réduit à ceci.*

to get boiling mad–*se fâcher tout rouge*
She would get boiling mad when I kidded her. *Elle se fâchait tout rouge quand je la taquinais.*

bone–*l'os*

to have a bone to pick–*avoir maille à partir*
I had a bone to pick with that fellow. *J'ai eu maille à partir avec cet individu.*

to make no bones about–*ne pas se gêner pour*
I made no bones about telling him what I thought. *Je ne me suis pas gêné pour lui dire ce que je pensais.*

the bone of contention–*la pomme de discorde*
Salary is the bone of contention. *C'est le salaire qui est la pomme de discorde.*

book–*le livre*

to be in the good books of–*être dans les petits papiers de*
I'm not in my teacher's good books because I skipped class. *Je ne suis pas dans les petits papiers de mon professeur parce que j'ai séché des cours.*

in one's book–*à son avis*
His activities are criminal in my book. *Ses activités sont criminelles à mon avis.*

to boost–*(re)hausser*

to boost (a product)–*faire l'article pour*
The salesman was boosting his can openers. *Le vendeur faisait l'article pour ses ouvre-boîtes.*

to bore–*ennuyer*

to be bored stiff (to death)–*mourir d'ennui, s'ennuyer ferme*
We were bored stiff (to death) at that concert. *Nous sommes morts d'ennui (nous nous sommes ennuyés ferme) à ce concert.*

to bore stiff (to death)–*scier (le dos à)*
You bore me stiff (to death) with your stories. *Tu me scies (le dos) avec tes histoires.*

born–*né*

to be born under a lucky star–*être né sous une bonne étoile*
She seems to have been born under a lucky star. *Elle semble être née sous une bonne étoile.*

to be born with a silver spoon in one's mouth–*naître coiffé*
She was born with a silver spoon in her mouth, but she knows how to work. *Elle est née coiffée, mais elle sait travailler.*

to boss–*diriger*

    to boss around–*mener à la baguette*
    His wife bosses him around. *Sa femme le mène à la baguette.*

to bother–*ennuyer*

    Don't bother!–*Ne vous dérangez pas! Ne vous en faites pas!*

bottom–*du bas*

    to bet one's bottom dollar–*parier son dernier sou*
    I'll bet my bottom dollar that you're wrong. *Je parie mon dernier sou que tu te trompes.*

bottom–*le fond*

    to be at the bottom (end) of–*être à la queue de*
    He was always at the bottom (end) of the class. *Il était toujours à la queue de la classe.*

    Bottoms up!–*Cul sec!*

    The bottom has fallen out!–*C'est la fin des haricots (la fin de tout)!*

    the bottom of the barrel–*le fond du panier*
    We were forced to pick the bottom of the barrel. *Nous avons été obligés de prendre le fond du panier.*

bound–*lié, obligé*

    It was bound to happen.–*Cela devait arriver. C'était fatal.*

    one is bound to–*il est sûr que (je, tu, etc.)*
    You are bound to be disappointed, I know. *Il est sûr que vous serez déçu, je le sais.*

to bow–*s'incliner, saluer*

    to bow out–*tirer sa révérence*
    Rather than accept such a proposal, I bowed out. *Plutôt que d'accepter une telle proposition, j'ai tiré ma révérence.*

bowel–*le boyau*

    to have a bowel movement–*aller à la selle*
    Did the patient have a bowel movement today? *Le malade est-il allé à la selle aujourd'hui?*

brain–*la cervelle, le cerveau*

to have something on the brain–*ne penser qu'à quelque chose*
That man has politics on the brain. *Cet homme ne pense qu'à la politique.*

---

breach–*l'infraction*

a breach of confidence–*un abus de confiance*
He was sued for breach of confidence. *On lui a intenté un procès pour abus de confiance.*

---

bread–*le pain*

on bread and water–*au pain sec*
He was put on bread and water for punishment. *On l'a mis au pain sec pour le punir.*

one's bread and butter–*son moyen de subsistance*
Used car sales are their bread and butter. *La vente des voitures d'occasion c'est leur moyen de subsistance.*

---

to break–*casser, rompre*

to be broke–*être fauché*
I can't lend you any money because I'm broke. *Je ne peux pas te prêter d'argent parce que je suis fauché.*

to break down–*abattre; décomposer; tomber en panne*
We had to break down the door. *Il nous a fallu abattre la porte.* This acid breaks down fats. *Cet acide décompose les matières grasses.* They would have won, but their car broke down. *Ils auraient gagné, mais leur auto est tombée en panne.*

to break even–*rentrer dans ses frais*
Far from making a profit, he only managed to break even. *Loin de faire des bénéfices, il n'a réussi qu'à rentrer dans ses frais.*

to break in (a car)–*rôder (une voiture)*
It takes a thousand miles to break in this car. *Il faut faire mille milles pour rôder cette voiture.*

to break in(to)–*entrer par effraction dans*
Thieves broke in(to) their house. *Des voleurs sont entrés par effraction dans leur maison.*

to break one's neck (trying)–*se mettre en quatre*
I broke my neck (trying) to find what she wanted. *Je me suis mis en quatre pour lui trouver ce qu'elle voulait.*

to break one's promise–*manquer à sa promesse*
They said they would come, but they broke their promise. *Ils ont dit qu'ils allaient venir, mais ils ont manqué à leur promesse.*

to break out–*éclater, se déclarer*
Suddenly war broke out in the East. *Soudain la guerre a éclaté en Orient.* A fire broke out on the second floor. *Un incendie s'est déclaré au premier étage.*

to break publicly with–*rompre en visière avec*
He broke publicly with his former colleagues. *Il a rompu en visière avec ses anciens collègues.*

to break somebody (somebody's back)–*casser les reins à quelqu'un*
The coup d'état broke (the back of) the opposition. *Le coup d'état a cassé les reins à l'opposition.*

to break the law–*enfreindre la loi*
You are breaking the law by entering here. *Vous enfreignez la loi en entrant ici.*

to break the news–*annoncer la nouvelle*
We don't dare break the news to him. *Nous n'osons pas lui annoncer la nouvelle.*

It breaks my heart.–*Cela me fend le cœur (l'âme).*

not to break one's back–*ne pas se fouler*
He didn't break his back finishing the job. *Il ne s'est pas foulé pour finir le travail.*

---

breath–*l'haleine, le souffle*

to get a breath of (fresh) air–*prendre l'air (le frais)*
My head is stuffy; let's go get a breath of (fresh) air. *J'ai la tête lourde; allons prendre l'air (le frais).*

to save (not to waste) one's breath–*épargner sa salive*
Save (don't waste) your breath; we don't believe you. *Epargnez votre salive; nous ne vous croyons pas.*

---

to breed–*engendrer*

It's bred in the bone.–*C'est dans le sang.*

---

breeze–*la brise*

It's a breeze!–*C'est du gâteau!*

---

to breeze–*fraîchir*

to breeze in–*arriver en coup de vent*
Suddenly my brother breezed in. *Mon frère est entré soudain en coup de vent.*

---

brim–*le bord*

to the brim–*à pleins bords*
She filled the glasses to the brim. *Elle a rempli les verres à pleins bords.*

---

to bring–*amener, apporter*

to bring about–*effectuer*
They brought about a reconciliation between the enemies. *Ils ont effectué une réconciliation entre les ennemis.*

to bring down the house–*applaudir à tout rompre*
At the end of that performance, the audience brought down the house. *A la fin de cette exécution, le public a applaudi à tout rompre.*

to bring home the bacon–*faire bouillir la marmite*
She works evenings to bring home the bacon. *Elle travaille le soir pour faire bouillir la marmite.*

to bring out–*faire ressortir, mettre en valeur*
The spices bring out its flavor. *Les épices font ressortir sa saveur (mettent sa saveur en valeur).*

to bring someone to his senses–*mettre quelqu'un à la raison*
The admonitions of his friends brought him to his senses. *Les admonitions de ses amis l'ont mis à la raison.*

to bring to a close (an end)–*mettre fin à*
That brings this question to a close (an end). *Cela met fin à cette histoire.*

to bring to bear–*faire porter*
They brought all their efforts to bear on the reconstruction. *Ils ont fait porter tous leurs efforts sur la reconstruction.*

to bring to light–*mettre au grand jour*
Their plot was finally brought to light. *On a enfin mis leur complot au grand jour.*

to bring up–*élever*
We have brought up our children to respect the law. *Nous avons élevé nos enfants à respecter la loi.*

to bring up a sticky point–*lever un lièvre*
In the middle of the meeting, Mr. Dupont brought up a sticky point. *Au milieu de la réunion, M. Dupont a levé un lièvre.*

to bring up (for consideration)–*mettre sur le tapis*
At the last meeting the question of finances was brought up (for consideration). *A la dernière réunion, on a mis la question des finances sur le tapis.*

to bring up the rear–*fermer la marche*
After the tanks, the veterans brought up the rear. *Après les chars, les anciens combattants fermaient la marche.*

broad–*large*

in broad daylight–*en plein jour*
They robbed the bank in broad daylight. *Ils ont attaqué la banque en plein jour.*

to brush–*brosser*

to brush up (on)–*rafraîchir (par l'étude)*
Now is the time to brush up (on) your French. *C'est le moment de rafraîchir votre français (par l'étude).*

to bud–*bourgeonner*

budding–*en herbe*
Her son is a budding novelist. *Son fils est un romancier en herbe.*

buff–*le cuir, la peau*

  in the buff–*à poil*
  We went swimming in the buff. *On s'est baignés à poil.*

---

bug–*l'insecte, le microbe*

  What's bugging you?–*Quelle mouche te pique?*

---

to build–*bâtir, construire*

  to build castles in air–*bâtir des châteaux en Espagne*
  Try working instead of building castles in air. *Tâche de travailler au lieu de bâtir des châteaux en Espagne.*

---

to bulge–*gonfler*

  bulging at the seams–*plein à craquer*
  Take another bag; this one is bulging at the seams. *Prenez un autre sac; celui-ci est plein à craquer.*

---

to bump–*cogner, heurter*

  to bump off–*faire son affaire à*
  People in the underworld bumped the witness off. *Les gens du milieu ont fait son affaire au témoin.*

  to bump (one's head) into–*donner de la tête contre*
  He bumped (his head) into the windowsill. *Il a donné de la tête contre le rebord de la fenêtre.*

---

to burn–*brûler*

  to burn one's bridges behind one–*couper ses ponts*
  Now that they have left the company, they have burned their bridges behind them. *Maintenant qu'ils ont quitté la compagnie, ils ont coupé leurs ponts.*

  to burn the midnight oil–*travailler fort avant dans la nuit*
  Preparing for his exams, he burned the midnight oil. *En préparant ses examens, il travaillait fort avant dans la nuit.*

  Money burns a hole in his pocket.–*L'argent lui fond dans les mains.*

  That burns me up!–*Ça me fait bondir!*

---

to burst–*éclater*

  to burst (forth) into–*se répandre en*
  He burst (forth) into exaggerated compliments. *Il s'est répandu en compliments exagérés.*

  to burst into flames–*prendre feu*
  The old house burst into flames. *La vieille maison prit feu.*

butter—*le beurre*

Butter wouldn't melt in her mouth.—*C'est une sainte nitouche.*

to have butter fingers—*avoir des mains de beurre*
Don't let him carry that; he has butterfingers. *Ne lui laisse pas porter cela; il a des mains de beurre.*

---

to butter—*beurrer*

to butter someone up—*passer la main dans le dos à quelqu'un*
When he says those nice things, he's just trying to butter you up. *Quand il te dit ces gentillesses, il veut seulement te passer la main dans le dos.*

---

to button—*boutonner*

to buttonhole—*tenir la jambe à*
He buttonholed me for an hour. *Il m'a tenu la jambe pendant une heure.*

Button your lip!—*Bouche cousue!*

---

to buy—*acheter*

to buy a pig in a poke—*acheter chat en poche*
You're trying to make me buy a pig in a poke. *Vous essayez de me faire acheter chat en poche.*

to buy sight unseen—*acheter les yeux fermés*
He bought that consignment sight unseen. *Il a acheté ce lot les yeux fermés.*

to buy someone off—*acheter (la conscience de) quelqu'un*
To avoid a fight, he bought his opponent off. *Pour éviter le combat, il a acheté (la conscience) de son concurrent.*

I don't buy that!—*Je ne suis pas client!*

---

by—*par, près (de)*

by and by—*tout à l'heure*
We'll see them again by and by. *Nous les reverrons tout à l'heure.*

by and large—*en gros*
The matter is settled, by and large. *La question est résolue, en gros.*

C

call—*l'appel*

It was a close call.—*Il était moins cinq.*

on call—*de garde, de service*
Who is the doctor on call today? *Quel est le médecin de garde (de service) aujourd'hui?*

to call—*appeler*

to be called—*s'appeler*
What is this dish called? *Comment s'appelle ce plat?*

to call a spade a spade—*appeler un chat un chat, dire le mot et la chose*
In their circle, they always insist on calling a spade a spade. *Dans leur société, on insiste toujours pour appeler un chat un chat (pour dire le mot et la chose).*

to call down—*réprimander*
Learning of our escapades, the principal called us all down. *En apprenant nos escapades, le principal nous a tous réprimandés.*

to call for—*demander; venir chercher*
The chairman called for a vote. *Le président a demandé la mise aux voix.* I'll call for you at eight p.m. *Je viendrai te chercher à huit heures du soir.*

to call it a day—*abandonner la partie, arrêter le travail*
Feeling very tired, they decided to call it a day. *Se sentant très fatigués, ils ont décidé d'abandonner la partie (d'arrêter le travail).*

to call off—*annuler*
They called the game off because of rain. *Ils ont annulé le match à cause de la pluie.*

to call on—*rendre visite à; sommer*
Our neighbors called on us yesterday. *Nos voisins nous ont rendu visite hier.* They called on us to answer the question. *Ils nous ont sommés de répondre à la question.*

to call on the carpet—*mettre sur la sellette*
His boss called him on the carpet. *Son patron l'a mis sur la sellette.*

to call someone. . .—*traiter quelqu'un de. . .*
She called her colleague an idiot. *Elle a traité son collègue d'imbécile.*

to call someone's attention to something—*attirer l'attention de quelqu'un sur quelque chose; faire remarquer quelque chose à quelqu'un*
He called the authorities' attention to the problem. *Il a attiré l'attention des autorités sur le problème.* I call your attention to the fact that our prices are very low. *Je vous fais remarquer que nos prix sont très bas.*

to call the roll—*faire l'appel*
She was absent when the teacher called the roll. *Elle était absente quand le professeur a fait l'appel.*

to call the shots—*être aux commandes*
He is the one who calls the shots in this operation. *C'est lui qui est aux commandes de cette opération.*

to call to account—*demander des comptes à*
She will surely call them to account for their actions. *Elle leur demandera sûrement des comptes de leurs actes.*

to call to order—*ouvrir*
The vice-president called the meeting to order. *Le vice-président a ouvert la séance.*

to call upon for help–*mettre à contribution*
They called upon all their friends for help. *Ils ont mis tous leurs amis à contribution.*

to call upon someone to do something–*mettre quelqu'un en demeure de faire quelque chose*
I called upon him to answer our question. *Je l'ai mis en demeure de répondre à notre question.*

That calls for a celebration (a drink)!–*Cela s'arrose!*

That's what I call. . .–*Voilà qui s'appelle. . .*

---

capable–*capable*

to be capable of (doing something bad)–*être fichu de (faire quelque chose de mauvais)*
That man is capable of playing a dirty trick on us. *Cet homme est fichu de nous faire un sale coup.*

a capable woman–*une femme de tête*
The headmistress is a capable woman. *La directrice est une femme de tête.*

---

capacity–*la capacité, la contenance*

in one's capacity as–*en qualité de, en tant que.*
He was at the reception in his capacity as consul. *Il était à la réception en qualité de (en tant que) consul.*

to capacity–*à craquer*
The hall was filled to capacity. *La salle était pleine à craquer.*

---

card–*la carte*

It's in the cards.–*C'était écrit (fatal).*

The cards are stacked against me.–*La fortune m'est contraire. Je pars vaincu.*

---

to care–*se soucier*

I couldn't care less (I don't care).–*Ça m'est égal. C'est le cadet de mes soucis. Je m'en moque.*

I don't care one way or the other.–*Ça ne me fait ni chaud ni froid.*

if you care to–*si cela vous chante*
Come with us, if you care to. *Venez avec nous si cela vous chante.*

(in) care of–*aux bons soins de*
Send him the letter (in) care of his mother. *Envoyez-lui la lettre aux bons soins de sa mère.*

not to care for–*ne pas aimer*
He doesn't care much for spinach. *Il n'aime pas beaucoup les épinards.*

Who cares?–*Qu'est-ce que ça peut faire?*

to carry—*porter*

to be carried—*être voté*
The motion is carried. *La motion est votée.*

to carry coals to Newcastle—*porter de l'eau à la rivière*
Opening another restaurant here is like carrying coals to Newcastle. *Ouvrir un autre restaurant ici, c'est porter de l'eau à la rivière.*

to carry (not to carry) a tune—*chanter juste (faux)*
She likes music, but she can't carry a tune. *Elle aime la musique, mais elle chante faux.*

to carry off the honors—*remporter la palme*
His meticulous work always carried off the honors. *Son travail méticuleux remportait toujours la palme.*

to carry on—*faire des scènes; persévérer*
She carried on terribly in public. *Elle faisait des scènes abominables en public.*
Carry on with that task until you have finished. *Persévérez dans cette tâche jusqu'à ce que vous ayez fini.*

to carry on simultaneously—*mener de front*
He shouldn't have carried on his studies and work simultaneously. *Il n'aurait pas dû mener de front ses études et son travail.*

to carry out (through)—*mener à bien*
They managed to carry the thing out (through) despite the difficulty. *Ils ont réussi à mener l'affaire à bien malgré la difficulté.*

to carry over—*reporter*
We will carry that question over until the next meeting. *Nous reporterons cette question à la prochaine réunion.*

to carry the ball for—*être le bras droit de*
I can count on Peter; he carries the ball for me. *Je peux compter sur Pierre; c'est mon bras droit.*

to carry the day—*remporter la victoire*
At the end of the struggle, his team carried the day. *Au bout de la lutte, son équipe a remporté la victoire.*

to carry weight—*avoir du poids*
His argument carried weight in the decision. *Son argument a eu du poids dans la décision.*

---

case—*le cas*

as the case may be—*selon le cas*
I will be ready for you Monday or Tuesday, as the case may be. *Je serai prêt pour vous lundi ou mardi, selon le cas.*

in any case—*de toute façon (manière)*

In any case, they have left and there is nothing to do. *De toute façon (manière), ils sont partis et il n'y a rien à faire.*

(just) in case–*au cas où*
I'll take a raincoat, (just) in case it should rain. *Je prends mon imperméable, au cas où il pleuvrait.*

You have a case.–*Votre cas (raison) est valable.*

---

to cash–*encaisser, toucher*

    to cash in on–*tirer profit de*
    They decided to cash in on their advantage. *Ils ont décidé de tirer profit de leur avantage.*

    to cash in one's chips–*passer l'arme à gauche*
    The old man cashed in his chips. *Le vieil homme a passé l'arme à gauche.*

---

to cast–*jeter*

    to cast about (around) for–*chercher partout*
    The candidate cast about (around) for funds. *Le candidat a cherché de l'argent partout.*

    to cast a pall over–*jeter un froid sur*
    Her arrival cast a pall over the company. *Son arrivée a jeté un froid sur la société.*

    to cast a spell–*jeter un sort*
    He accused the old woman of casting a spell over his cow. *Il a accusé la vieille femme d'avoir jeté un sort sur sa vache.*

    to cast doubt on–*mettre en doute*
    The senators cast doubt on the candidate's honesty. *Les sénateurs ont mis en doute l'honnêteté du candidat.*

    to cast in one's lot for–*partager le sort de*
    He decided to cast in his lot for the poor. *Il a décidé de partager le sort des pauvres.*

    to cast one's eyes over–*promener son regard sur*
    The speaker cast his eyes over the audience. *Le conférencier promena son regard sur le public.*

    to cast one's vote for–*voter pour*
    They all cast their vote for the socialist candidate. *Ils ont tous voté pour le candidat socialiste.*

---

catch–*le hic, la prise*

    There's a catch to it.–*Il y a anguille sous roche.*

    What's the catch?–*La mariée est trop belle!*

    with a catch in one's voice–*d'une voix entrecoupée*
    She said farewell with a catch in her voice. *Elle a dit adieu d'une voix entrecoupée.*

---

to catch—*attraper*

to catch a chill—*attraper un chaud et froid*
You'll catch a chill if you stay in that draft. *Vous allez attraper un chaud et froid si vous restez dans ce courant d'air.*

to catch flat-footed—*prendre sur le fait*
The police caught the burglar flat-footed. *La police a pris le cambrioleur sur le fait.*

to catch hold of—*saisir*
They tried to catch hold of the rope. *Ils ont essayé de saisir la corde.*

to catch hold of an opportunity—*saisir la balle au bond*
Seeing that the right time had come, he caught hold of the opportunity. *Voyant le moment venu, il a saisi la balle au bond.*

to catch on—*comprendre; avoir du succès*
The new employee caught on fast. *Le nouvel employé a vite compris.* Her song caught on right away. *Sa chanson a eu du succès tout de suite.*

to catch sight of—*apercevoir*
We caught sight of her down the street. *Nous l'avons aperçue au bout de la rue.*

to catch someone—*avoir quelqu'un*
There, I've caught you! *Voilà, je t'ai eu!*

to catch someone napping—*prendre quelqu'un sans vert*
They didn't expect me, so I caught them napping. *Ils ne m'attendaient pas, alors je les ai pris sans vert.*

to catch someone off guard (unawares)—*prendre quelqu'un au dépourvu*
Your new request caught me off guard (unawares). *Votre nouvelle demande m'a pris au dépourvu.*

to catch someone red-handed—*prendre quelqu'un la main dans le sac*
The boss caught the employee red-handed. *Le patron a pris l'employé la main dans le sac.*

to catch the eye of—*attirer l'attention de*
Try to catch the waiter's eye. *Essayez d'attirer l'attention du garçon.*

to get caught in a hornets' nest—*se jeter (tomber) dans la gueule du loup*
In asking a simple question, he got caught in a hornets' nest. *En posant une question innocente, il s'est jeté (il est tombé) dans la gueule du loup.*

You won't catch me doing that again!—*On ne m'y reprendra plus!*

to cause—*causer, occasionner*

to cause a commotion—*provoquer un grand branle-bas*
Their arrival caused a commotion in the audience. *Leur arrivée a provoqué un grand branle-bas parmi le public.*

to caution—*avertir*

to caution against—*mettre en garde contre*

They cautioned us against the danger of theft. *Ils nous ont mis en garde contre le danger de vol.*

---

to celebrate—*célébrer, fêter*

to celebrate a promotion (one's stripes, etc.)—*arroser une promotion (ses galons, etc.)*
Let's go to the café and celebrate your promotion. *Allons au café arroser ta promotion.*

---

cent—*le centime, le sou*

not to have a cent to one's name—*ne pas avoir un sou vaillant*
By the end of vacation he no longer had a cent to his name. *A la fin des vacances il n'avait plus un sou vaillant.*

---

certain—*certain, sûr*

with certain exceptions—*sauf exception*
We always do it this way, with certain exceptions. *Nous le faisons toujours ainsi, sauf exception.*

---

to chafe—*écorcher, irriter*

to chafe at the bit—*ronger son frein*
The new manager was chafing at the bit, waiting for the new season to begin. *Le nouveau directeur rongeait son frein en attendant le début de la nouvelle saison.*

---

to challenge—*défier*

to challenge (to a duel)—*demander satisfaction à*
The lieutenant challenged the captain (to a duel) for his insult. *Le lieutenant a demandé satisfaction de son injure au capitaine.*

to challenge (to do something)—*mettre au défi (de faire quelque chose)*
I challenge you to find a better product. *Je vous mets au défi de trouver un meilleur produit.*

---

chance—*le hasard, l'occasion*

chances are that—*il y a de fortes chances que*
Chances are that she won't come. *Il y a de fortes chances qu'elle ne viendra pas.*

Not a chance!—*Pas de danger!*

to take a chance—*risquer le coup*
Go ahead; it's better to take a chance. *Allez-y; il vaut mieux risquer le coup.*

to take chances—*prendre des risques*
Drive slowly; don't take chances. *Roulez lentement; ne prenez pas de risques.*

---

change—*le changement*

for a change—*pour une fois*

You are on time for a change! *Vous êtes à l'heure pour une fois!*

---

to change–*changer*

to change one's mind–*changer d'idée*
They won't buy the house because they have changed their minds. *Ils ne vont pas acheter la maison parce qu'ils ont changé d'idée.*

to change one's tune–*changer de langage*
When they hear our reasons, they'll change their tune. *Quand ils auront entendu nos raisons, ils changeront de langage.*

---

channel–*le canal*

to go through channels–*passer par la filière*
You must go through channels in this matter. *Il faut passer par la filière dans cette démarche.*

---

character–*le caractère, le personnage*

to be (quite) a character–*être un original*
My uncle is (quite) a character. *Mon oncle est un original.*

It's out of character (for him, for her, etc.).–*Cela ne cadre pas avec sa personnalité (son rôle).*

---

charge–*la charge, le prix*

to be in charge–*être responsable*
Who is in charge here? *Qui est responsable ici?*

---

to chase–*chasser, poursuivre*

to chase after rainbows–*courir après des chimères*
He is always chasing after rainbows instead of making serious plans. *Il court toujours après des chimères au lieu de faire des projets sérieux.*

to chase skirts–*courir le cotillon (le jupon)*
Despite his age, he still is chasing skirts. *Malgré son âge, il court toujours le cotillon (le jupon).*

Go chase yourself!–*Tu peux toujours courir!*

---

to check–*arrêter, vérifier*

to check in (to a hotel)–*prendre une chambre (à un hôtel)*
On arriving, we checked in at the hotel. *En arrivant, nous avons pris une chambre à l'hôtel.*

to check out–*quitter l'hôtel*
That couple checked out at eleven a.m. *Ce couple a quitté l'hôtel à onze heures du matin.*

to check up on–*vérifier*
I'll check up on what she said. *Je vais vérifier ce qu'elle a dit.*

to check with–*consulter*
You had better check with the boss before doing that. *Vous feriez mieux de consulter le patron avant de faire cela.*

to cheer–*encourager*

to cheer someone up–*remonter (le moral à) quelqu'un*
My parents' visit cheered me up. *La visite de mes parents m'a remonté (le moral).*

to cherish–*chérir*

to cherish someone (something) like the apple of one's eye–*tenir à quelqu'un (quelque chose) comme à la prunelle de ses yeux*
Take good care of this vase; I cherish it like the apple of my eye. *Prenez soin de ce vase; j'y tiens comme à la prunelle de mes yeux.*

to chew–*mâcher, mastiquer*

to chew someone's ears off–*rebattre les oreilles à quelqu'un*
She chewed my ears off with her constant complaints. *Elle m'a rebattu les oreilles avec ses plaintes incessantes.*

to chew the fat (the rag)–*tailler une bavette*
We stopped working for a while to chew the fat (the rag). *Nous avons arrêté de travailler un moment pour tailler une bavette.*

child–*l'enfant*

to act like a child–*faire l'enfant*
Stop acting like a child; the situation is serious. *Cesse de faire l'enfant; la situation est grave.*

to be with child–*être enceinte*
He learned that his wife was with child. *Il a appris que sa femme était enceinte.*

It's child's play!–*C'est l'enfance de l'art!*

chin–*le menton*

(Keep your) chin up!–*Courage! Haut les cœurs!*

chip–*le copeau, l'éclat, le jeton*

to be a chip off the old block–*avoir de qui tenir*
His son is an athlete; he's a chip off the old block. *Son fils est athlète; il a de qui tenir.*

to have a chip on one's shoulder–*chercher (toujours) bagarre*
Watch out for him; he has a chip on his shoulder. *Méfiez-vous de lui; il cherche (toujours) bagarre.*

The chips are down.–*Les jeux sont faits.*

class–*la classe*

in a class by itself (oneself)–*hors ligne*
He is a runner in a class by himself. *C'est un coureur hors ligne.*

clean–*net, propre*

as clean as a whistle–*propre comme un sou neuf*
His car is always as clean as a whistle. *Son auto est toujours propre comme un sou neuf.*

to come clean–*se mettre à table*
The suspect finally came clean. *Le suspect a fini par se mettre à table.*

to clean–*nettoyer*

to clean out–*débarrasser, nettoyer*
Let's clean out the closets. *Débarrassons (nettoyons) les placards.*

to clean up–*(re)mettre tout en ordre; gagner gros*
Don't forget to clean up when you have finished playing. *N'oubliez pas de (re)mettre tout en ordre quand vous aurez fini de jouer.* They cleaned up at the races. *Ils ont gagné gros aux courses.*

clear–*clair, net*

clear as crystal–*clair comme de l'eau de roche*
His intentions were as clear as crystal. *Ses intentions étaient claires comme de l'eau de roche.*

It's as clear as mud.–*C'est la bouteille à l'encre.*

to make oneself clear–*se faire comprendre*
I want to make myself absolutely clear. *Je veux me faire comprendre parfaitement.*

clear–*dégagé, loin*

to keep (to steer) clear of–*se tenir à distance de*
I try to keep (to steer) clear of those hoodlums. *J'essaie de me tenir à distance de ces voyous.*

to clear–*dégager, éclaircir*

to clear a path (a way, etc.)–*se frayer un chemin (un passage, etc.)*
She cleared a way for herself through the crowd of spectators. *Elle s'est frayé un passage à travers la foule des spectateurs.*

to clear out–*débarrasser le plancher, vider les lieux; prendre la poudre d'escampette*
I order you to clear out immediately! *Je vous ordonne de débarrasser le plancher (de vider les lieux) immédiatement!* They packed their bags without saying anything and they cleared out. *Ils ont fait leurs valises sans rien dire et ils ont pris la poudre d'escampette*

to clear the air–*dissiper les malentendus*
Your frank answer has cleared the air. *Votre réponse franche a dissipé les malentendus.*

to clear up–*percer (à jour), tirer au clair; se mettre au beau*
They finally cleared up the mystery of her disappearance. *Ils ont enfin percé (à jour; tiré au clair) le mystère de sa disparition.* The weather is starting to clear up. *Le temps commence à se mettre au beau.*

to climb–*grimper*
Go climb a tree!–*Va te faire pendre ailleurs!*

to cling–*coller*
to cling to–*épouser la forme de*
This dress clings to your body. *Cette robe épouse la forme de votre corps.*

clock–*l'horloge, la pendule*
It's three (six, etc.) o'clock.–*Il est trois (six, etc.) heures.*

like clockwork–*comme sur des roulettes*
The operation went like clockwork. *L'opération a marché comme sur des roulettes.*

close–*étroit, près*
at close quarters–*corps à corps*
The soldiers were fighting at close quarters. *Les soldats se battaient corps à corps.*

close-lipped–*bouche cousue, muet comme une carpe*
He remained close-lipped in the face of all our questions. *Il est resté bouche cousue (muet comme une carpe) devant toutes nos questions.*

to have a close call–*l'échapper belle, avoir chaud*
We had a close call that time! *Nous avons eu chaud (nous l'avons échappé belle) cette fois-là!*

to have had a close call–*revenir de loin*
We have had a close call because the bomb was set to go off. *Nous revenons de loin parce que la bombe était armée.*

to close–*fermer*
to close in on–*cerner*
The enemy was gradually closing in on them. *L'ennemi les cernait peu à peu.*

to close off a door–*condamner une porte*
To save oil, they closed off the main door. *Pour conserver le mazout, ils ont condamné la porte principale.*

to close ranks–*se serrer les coudes, serrer les rangs*
In the face of danger, people often close ranks. *En face du danger, les gens se serrent souvent les coudes (serrent souvent les rangs).*

cloud–*le nuage*

to be on cloud nine–*être au septième ciel*
Since I met this girl, I'm on cloud nine. *Depuis que j'ai rencontré cette fille, je suis au septième ciel.*

to be (up) in the clouds–*être dans la lune*
Their teenage son is always (up) on the clouds. *Leur fils adolescent est toujours dans la lune.*

to cloud–*couvrir, obscurcir*

to cloud the issue–*brouiller les cartes*
Your explanation just clouds the issue. *Votre explication ne fait que brouiller les cartes.*

It is clouding up.–*Le ciel se couvre.*

clover–*le trèfle*

to be (living) in clover–*être comme un coq en pâte*
With his new job he is really (living) in clover. *Dans sa nouvelle situation il est vraiment comme un coq en pâte.*

coal–*le charbon*

to haul (to rake) over the coals–*mettre sur la sellette*
His boss hauled (raked) him over the coals for his mistake. *Son patron l'a mis sur la sellette à cause de son erreur.*

coast–*la côte*

The coast is clear.–*Le champ est libre.*

coat–*le manteau*

to turn (one's) coat–*retourner sa veste, tourner casaque*
Just before the elections he turned (his) coat. *Juste avant les élections il a retourné sa veste (il a tourné casaque).*

cock–*le coq, le cran*

to be cock of the walk–*tenir le haut du pavé*
Since his book became a best-seller, that novelist is the cock of the walk. *Depuis son succès, ce romancier tient le haut du pavé.*

a cock-and-bull story–*une histoire à dormir debout*
His explanation was a cock-and-bull story. *Son explication était une histoire à dormir debout.*

cold–*froid*

to be a cold fish–*être un glaçon*
That banker is a cold fish. *Ce banquier est un glaçon.*

to be cold comfort–*être une maigre consolation*
His opponents' failure was cold comfort to him. *L'échec de ses adversaires était une maigre consolation pour lui.*

to have cold feet–*avoir les foies*
I know you won't do it because you'll have cold feet. *Je sais que tu ne le feras pas parce que tu auras les foies.*

It (the weather) is cold.–*Il fait froid.*

It will be a cold day in Hell!–*(On verra ça) quand les poules auront des dents!*

---

collusion–*la collusion*

to be in collusion–*être d'intelligence*
They were in collusion in that plot. *Ils étaient d'intelligence dans ce complot.*

---

combat–*le combat*

to go into combat–*aller au feu*
The soldiers were going into combat for the first time. *Les soldats allaient au feu pour la première fois.*

---

to come–*venir*

to come about–*arriver, se passer*
The events came about in the following way. *Les événements sont arrivés (se sont passés) de la façon suivante.*

to come across–*rencontrer (par hasard)*
We came across John on our way to the station. *Nous avons rencontré Jean (par hasard) en allant à la gare.*

Come along!–*Allez-y! Venez donc!*

to come apart–*se défaire*
His repair came apart. *Sa réparation s'est défaite.*

to come around to a way of thinking–*se ranger à un avis*
I see that you are finally coming around to my way of thinking. *Je vois que vous vous rangez enfin à mon avis.*

to come back down to earth–*revenir à la réalité*
You had better come back down to earth if you want to succeed. *Vous feriez mieux de revenir à la réalité si vous voulez réussir.*

to come back to–*en revenir à*
I keep coming back to what we were saying before. *J'en reviens toujours à ce que nous disions avant.*

to come down a notch (a peg; to come down from one's high horse)–*descendre d'un cran*
Now that he has lost the election, he'll have to come down a notch (a peg; down from his high horse). *Maintenant qu'il a perdu l'élection il devra descendre d'un cran.*

to come down with–*attraper*
After his walk he came down with a cold. *Après sa promenade il a attrapé un rhume.*

to come forward as–*se porter*
He came forward as a candidate for the election. *Il s'est porté candidat aux élections.*

come hell or high water–*quand le diable y serait*
I'll go there come hell or high water! *J'irai quand le diable y serait!*

to come in handy–*pouvoir servir*
This money will come in handy for me. *Cet argent pourra me servir.*

to come just at the right time–*tomber bien (juste)*
My father's check comes just at the right time. *Le chèque de mon père tombe bien (tombe juste).*

to come of age–*atteindre sa majorité*
He came of age during the war. *Il a atteint sa majorité pendant la guerre.*

Come on!–*Allez-y! Allons donc! Venez!*

to come out ahead–*sortir gagnant*
They came out ahead in the contest. *Ils sont sortis gagnants du concours.*

to come out of a clear blue sky (out of the blue)–*arriver inopinément, tomber du ciel*
Their offer came out of a clear blue sky (out of the blue). *Leur offre arrivait inopinément (tombait du ciel).*

to come out on top–*avoir le dessus*
He came out on top in their struggle. *Il a eu le dessus dans leur combat.*

to come through with flying colors–*s'en tirer haut la main*
The test was difficult, but he came through with flying colors. *L'épreuve était difficile, mais il s'en est tiré haut la main.*

to come to–*revenir à, se monter à*
How much does the bill come to? *A combien revient (se monte) la facture?*

to come to a dead stop–*s'arrêter pile*
The taxi came to a dead stop at the intersection. *Le taxi s'est arrêté pile au carrefour.*

to come to a head–*en arriver au point décisif*
The situation has come to a head now. *La situation en est arrivée au point décisif maintenant.*

to come to an end–*prendre fin*
The show will come to an end around three o'clock. *Le spectacle prendra fin vers trois heures.*

to come to blows–*en venir aux mains*
After insulting each other, they came to blows. *Après s'être injuriés, ils en sont venus aux mains.*

to come to grips with–*affronter*
You must come to grips with the problem. *Il faut que vous affrontiez le problème.*

to come to (one's senses)–*revenir à la raison (à soi)*
When he came to (his senses), it was already too late. *Quand ils est revenu à la raison (à lui), il était déjà trop tard.*

to come to rest–*s'immobiliser*
The glider came to rest at the end of the runway. *Le planeur s'est immobilisé au bout de la piste.*

to come to the end of the line–*arriver au bout de ses ressources*
Our political party has come to the end of the line. *Notre parti politique est arrivé au bout de ses ressources.*

come to think of it–*maintenant que j'y pense*
Come to think of it, I left my keys in my room. *Maintenant que j'y pense, j'ai laissé mes clés dans ma chambre.*

to come to this–*en arriver là*
It's sad for our friendship to have come to this. *C'est triste que notre amitié en soit arrivée là.*

to come up–*venir sur le tapis*
That question came up again in our discussion. *Cette question est revenue sur le tapis pendant notre discussion.*

to come up against–*se heurter à*
We have come up against insuperable problems. *Nous nous sommes heurtés à des obstacles insurmontables.*

to come up against a snag–*tomber sur un bec*
After three hours of searching, he came up against a snag. *Au bout de trois heures de recherches, il est tombé sur un bec.*

to come up the hard way–*faire son chemin à la force des poignets*
The director came up the hard way, and it shows. *Le directeur a fait son chemin à la force des poignets, et ça se voit.*

to come up to scratch–*faire le poids*
They fired the new chairman because he didn't come up to scratch. *Ils ont limogé le nouveau président parce qu'il ne faisait pas le poids.*

to come up with–*trouver*
John came up with a good idea for an article. *Jean a trouvé une bonne idée pour un article.*

come what may–*advienne que pourra, vaille que vaille*
I'm going to give it a try, come what may. *Je vais tenter le coup, advienne que pourra (vaille que vaille).*

to come when least needed–*venir comme un cheveu sur la soupe*
His belated offer of help came when least needed. *Son offre tardive d'aide venait comme un cheveu sur la soupe.*

He had it coming to him!–*Ça lui pendait au nez!*

How come?–*Comment cela se fait-il?*

It's coming out of my ears!–*J'en ai plein le dos! J'en ai soupé!*

not to come (to mind)–*faire défaut*
The exact expression doesn't come to me (to mind). *L'expression juste me fait défaut.*

What came over you?–*Qu'est-ce qui vous a pris?*

when it comes to–*quand il s'agit de*
When it comes to working, he leaves. *Quand il s'agit de travailler, il s'en va.*

---

comfortable–*confortable*

to be comfortable–*être à l'aise; se sentir bien*
With their two incomes, they were very comfortable. *Avec leurs deux revenus, ils étaient très à l'aise.* I'm comfortable in this room. *Je me sens bien dans cette chambre.*

---

command–*le commandement*

at one's command–*dont on dispose*
I will give him all the money at my command. *Je lui donnerai tout l'argent dont je dispose.*

---

commission–*la commission*

out of commission–*hors de combat*
The enemy had put the airplane out of commission. *L'ennemi avait mis l'avion hors de combat.*

---

to commit–*commettre*

to commit a blunder–*faire un pas de clerc*
Trying to do the right thing, he committed a blunder instead. *Voulant faire du bien, il a fait plutôt un pas de clerc.*

---

common–*commun*

to be common knowledge–*courir les rues*
That scandalous story is common knowledge. *Cette histoire scandaleuse court les rues.*

to be commonplace–*être monnaie courante*
This kind of reasoning, though false, is commonplace. *Ce genre de raisonnement, bien que faux, est monnaie courante.*

the common run–*le commun*
This poetry is not appreciated by the common run of mankind. *Cette poésie n'est pas appréciée du commun des mortels.*

common sense–*le bon sens*

Common sense is the most widely shared thing in the world. *Le bon sens est la chose le mieux partagée du monde.*

---

company—*la compagnie, la société*

to have company—*avoir du monde (chez soi)*
We have company for dinner tonight. *Nous avons du monde (chez nous) à dîner ce soir.*

---

to compare—*comparer*

to compare notes on—*échanger ses impressions de*
Let's compare notes on his lecture afterward. *Echangeons nos impressions de sa conférence après.*

to compare well with—*soutenir la comparaison avec*
Their new model compares well with the competition. *Leur nouveau modèle soutient la comparaison avec la concurrence.*

---

comparison—*la comparaison*

in comparison with—*par rapport à*
You must look at their profits in comparison with their total production. *Il faut regarder leurs bénéfices par rapport à leur production globale.*

It's beyond (all) comparison.—*C'est sans comparaison.*

---

to concern—*intéresser*

as far as . . . is concerned—*quant à*
As far as money is concerned, you needn't worry. *Quant à l'argent, vous n'avez pas besoin de vous en inquiéter.*

to be concerned with—*avoir trait à*
He is interested in everything which is concerned with electronics. *Il s'intéresse à tout ce qui a trait à l'électronique.*

To whom it may concern.—*A qui de droit.*

---

to confide—*se fier*

to confide in—*s'ouvrir à*
I am sorry I confided in that gossip. *Je regrette de m'être confié à ce bavard.*

---

confident—*confiant*

to be confident one can—*se faire fort de*
I am confident I can persuade them. *Je me fais fort de les persuader.*

---

to connect—*joindre, relier*

He is well-connected.—*Il a des relations.*

---

connection—*la connexion, le rapport*

to have connections–*avoir des relations*
To succeed in this country, you have to have connections. *Pour réussir dans ce pays, il faut avoir des relations.*

in this connection–*à ce propos (sujet)*
I must say, in this connection, that he is wrong. *Je dois dire, à ce propos (sujet), qu'il se trompe.*

conscience–*la conscience*

upon my conscience–*la main sur la conscience*
Upon my conscience, that is the truth. *La main sur la conscience, c'est la vérité.*

consideration–*la considération*

for a consideration–*moyennant compensation*
He will do you this favor for a consideration. *Il vous rendra ce service moyennant compensation.*

in consideration of–*eu égard à*
In consideration of their age, he let them go free. *Eu égard à leur âge, il les a relâchés.*

into consideration–*en ligne de compte*
Those questions don't enter into consideration. *Ces questions n'entrent pas en ligne de compte.*

conspicuous–*évident*

to be conspicuous by one's absence–*briller par son absence*
While the work was at its height, the chief was conspicuous by his absence. *Pendant le gros du travail, le chef brillait par son absence.*

to continue–*continuer*

To be continued.–*A suivre.*

contract–*le contrat*

to enter into (to sign) a contract–*passer contrat*
She entered into (she signed) a contract with a new publisher. *Elle a passé contrat avec un nouvel éditeur.*

control–*la direction, la maîtrise*

to be in (to have) control of–*être maître de*
The army is in (has) control of the situation. *L'armée est maître de la situation.*
to be under control–*être (rentrer) dans l'ordre*
Everything is under control now. *Tout est (est rentré) dans l'ordre maintenant.*

convenience–*la commodité*

The house has all the modern conveniences–*La maison a le confort moderne.*

to cook–*(faire) cuire*

    to cook a meal–*préparer un repas*
Mother was cooking dinner when I got home. *Maman préparait le dîner quand je suis rentré.*

    to cook up–*combiner*
He is always cooking up schemes. *Il est toujours en train de combiner des projets.*

    What's cooking?–*Qu'est-ce qui se mijote?*

cool–*frais*

    to be as cool as a cucumber–*garder un sang-froid imperturbable*
During the debate he was as cool as a cucumber. *Pendant le débat il a gardé un sang-froid imperturbable.*

    to be cool toward–*battre froid à*
She has been cool toward me for some time. *Elle me bat froid depuis quelque temps.*

    Cool it (keep your cool)!–*Gardez votre sang-froid! Restez calme!*

to cool–*rafraîchir*

    to cool one's heels–*faire le pied de grue*
Instead of meeting us, he let us cool our heels. *Au lieu de nous retrouver, il nous a laissé faire le pied de grue.*

corner–*l'angle, le coin*

    to have a corner on–*accaparer*
They have got a corner on the market. *Ils ont accaparé le marché.*

    (just) around the corner–*tout près*
The movie house is (just) around the corner. *Le cinéma est tout près.*

cost–*le coût, le prix*

    at all costs (at any cost)–*coûte que coûte*
It must be done at all costs (at any cost). *Il faut que ce soit fait coûte que coûte.*

    at cost–*au prix coûtant*
He agreed to sell me the car at cost. *Il a accepté de me vendre l'auto au prix coûtant.*

    to one's cost–*à ses dépens*
I learned that to my cost. *J'ai appris cela à mes dépens.*

to cost–*coûter*

    to cost an arm and a leg (a pretty penny)–*coûter les yeux de la tête*
This painting cost me an arm and a leg (a pretty penny). *Ce tableau m'a coûté les yeux de la tête.*

to cough–*tousser*

Cough it up!–*Crache! Paie!*

to cough up–*rendre gorge*
The Internal Revenue Service made him cough up. *Les contributions directes lui ont fait rendre gorge.*

---

to count–*compter*

Count me out.–*Ne comptez pas sur moi.*

to count on–*s'en rapporter à*
I'll count on you for the delivery. *Je m'en rapporte à vous pour la livraison.*

to count one's chickens before they are hatched–*vendre la peau de l'ours*
By celebrating his election so early, he was counting his chickens before they were hatched. *En fêtant si tôt son élection, il vendait la peau de l'ours.*

Don't count on that.–*Otez (rayez) cela de vos papiers.*

---

couple–*le couple*

a couple of–*deux ou trois*
I have a couple of things to do first. *J'ai deux ou trois choses à faire d'abord.*

a young couple–*un jeune ménage*
They rented their apartment to a young couple. *Ils ont loué leur appartement à un jeune ménage.*

---

course–*le cours*

of course–*bien entendu (sûr)*
Of course we will go to see them. *Bien entendu (sûr), nous irons les voir.*

Of course (not)!–*Mais oui (non)!*

---

court–*la cour, le tribunal*

out of court–*à l'amiable*
They settled their dispute out of court. *Ils ont réglé leur différend à l'amiable.*

---

to court–*faire la cour à*

to court disaster–*courir au désastre*
If you continue this way, you are courting disaster. *Si vous continuez ainsi, vous courez au désastre.*

---

cover–*la couverture*

from cover to cover–*d'un bout à l'autre*
I read the book from cover to cover. *J'ai lu le livre d'un bout à l'autre.*

to seek (to take) cover–*se mettre à l'abri*
They all sought (took) cover from the storm. *Ils se sont tous mis à l'abri de l'orage.*

under cover of–*à la faveur de*
They escaped under cover of darkness. *Ils se sont évadés à la faveur de l'obscurité.*

to cover–*couvrir*

to be covered–*être à couvert*
I'm not afraid; I'm covered in the transaction. *Je n'ai pas peur; je suis à couvert dans la transaction.*

cow–*la vache*

when the cows come home–*la semaine des quatre jeudis*
You'll see your money again when the cows come home. *Vous reverrez votre argent la semaine des quatre jeudis.*

crack–*le craquement, la fente*

at the crack of dawn–*au point du jour*
The hunters arose at the crack of dawn. *Les chasseurs se sont levés au point du jour.*

to have (to take) a crack at–*tenter sa chance à*
I'd like to have (to take) a crack at that job. *Je voudrais tenter ma chance à ce poste.*

to crack–*casser, fendre*

to crack a book–*ouvrir un livre*
He never cracks a book before a test. *Il n'ouvre jamais un livre avant un examen.*

to crack a joke–*dire (lancer) une plaisanterie*
Stop cracking jokes and answer us seriously. *Cessez de dire (de lancer) des plaisanteries et répondez-nous sérieusement.*

to crack a smile–*sourire*
She never cracked a smile. *Elle ne souriait jamais.*

to crack down on–*sévir contre*
The governor has decided to crack down on crime. *Le gouverneur a décidé de sévir contre a criminalité.*

to crack up–*s'écraser; éclater de rire*
The plane cracked up on takeoff. *L'avion s'est écrasé au décollage.* That story made me crack up. *Cette histoire m'a fait éclater de rire.*

He's cracked.–*Il a le timbre fêlé.*

He's (it's) not all he's (it's) cracked up to be.–*Sa réputation est surfaite.*

to cramp–*gêner*

to be cramped (for space)–*être à l'étroit*
We can't work here because we're too cramped (for space). *Nous ne pouvons pas travailler ici parce que nous sommes trop à l'étroit.*

to cramp someone's style–*enlever ses moyens à quelqu'un*
I couldn't do the job properly because he cramped my style. *Je n'ai pas pu faire le travail correctement parce qu'il m'enlevait mes moyens.*

to crash–*(s')écraser*
    to crash the gate–*resquiller*
    Half the crowd had crashed the gate to enter. *La moitié de la foule était entrée en resquillant.*

to crawl–*ramper*
    to crawl into bed–*tomber dans son lit*
    After our long journey we crawled into bed. *Après notre long voyage, nous sommes tombés dans nos lits.*

crazy–*fou*
    to be boy- (girl-) crazy–*ne penser qu'aux garçons (aux filles)*
    Our adolescent son is girl-crazy. *Notre fils adolescent ne pense qu'aux filles.*
    to be crazy about–*raffoler de*
    I am crazy about Chinese cooking. *Je raffole de la cuisine chinoise.*
    He's as crazy as a loon.–*Il est fou à lier.*

to create–*créer*
    to create a stir–*faire un éclat*
    Leave right away without creating a stir. *Partez tout de suite sans faire d'éclat.*

credit–*le crédit*
    to be a credit to–*faire honneur à*
    He is a credit to the profession. *Il fait honneur à la profession.*
    to one's credit–*à son actif*
    He has three wins to his credit. *Il a trois victoires à son actif.*

crime–*le crime*
    It's a crime!–*C'est une honte!*

crooked–*malhonnête, tordu*
    He's as crooked as a snake.–*C'est un faux jeton.*

to crop–*pousser, tondre*
    to crop up–*revenir sur le tapis*
    The question of taxes cropped up again. *La question des impots est revenue de nouveau sur le tapis.*

to cross–*croiser, traverser*
    Cross my heart!–*La main sur la conscience!*

to cross out—*rayer*
Cross out the inapplicable statements. *Rayez les mentions inutiles.*

to cross up—*contrarier les desseins de*
Don't try to cross me up. *N'essayez pas de contrarier mes desseins.*

---

crow—*le corbeau*

as the crow flies—*à vol d'oiseau*
The lake is three kilometers from here as the crow flies. *Le lac est à trois kilomètres d'ici à vol d'oiseau.*

---

crowd—*la foule*

What a crowd!—*Que de monde!*

the whole crowd—*le ban et l'arrière-ban*
The whole crowd had been summoned for the family reunion. *On avait convoqué le ban et l'arrière-ban pour la réunion de famille.*

---

to crown—*couronner*

to crown it all—*pour comble de malheur*
To crown it all, their car broke down. *Pour comble de malheur, leur auto est tombée en panne.*

---

crush—*l'écrasement, la presse*

to have a crush on—*avoir le béguin pour*
She had a crush on her teacher. *Elle avait le béguin pour son professeur.*

There was a crush at the gates.—*On s'écrasait aux portes.*

---

to cry—*crier, pleurer*

to cry from the rooftops—*annoncer à tous les échos*
The gossips cried his troubles from the rooftops. *Les mauvaises langues ont annoncé ses ennuis à tous les échos.*

to cry oneself to sleep—*s'endormir à force de pleurer*
After her failure, she cried herself to sleep. *Après son échec, elle s'est endormie à force de pleurer.*

to cry one's eyes (heart) out—*pleurer comme un veau*
When I saw that sentimental movie, I cried my eyes (heart) out. *En voyant ce film sentimental, j'ai pleuré comme un veau.*

---

cuff—*la manchette, le poignet*

off the cuff—*impromptu*
The president gave a speech off the cuff. *Le président a fait un discours impromptu.*

---

cup—*la coupe, la tasse*

to be in one's cups—*être dans les vignes du Seigneur*

At the end of the celebration, all the men of the village were in their cups. *A la fin de la fête, tous les hommes du village étaient dans les vignes du Seigneur.*

That's (just) my cup of tea!—*C'est mon fait (mon rayon)!*

to curl—*friser, rouler*

to curl up—*se pelotonner*
I curled up in bed with a good book. *Je me suis pelotonné dans mon lit avec un bon livre.*

custom—*la coutume*

custom-made—*fait sur mesure*
He bought a custom-made suit. *Il a acheté un complet fait sur mesure.*

customer—*le client*

He's a rough (a tough) customer.—*C'est un fameux (un rude) lapin.*

to cut—*couper*

to be cut out for (to be)—*avoir l'étoffe de*
He is cut out for (to be) a leader. *Il a l'étoffe d'un chef.*

to cut a class—*sécher un cours*
He cut his algebra class because of the game. *Il a séché son cours d'algèbre à cause du match.*

to cut a good (a sorry) figure—*faire bonne (piètre, triste) figure*
He cut a good (a sorry) figure in his formal suit. *Il faisait bonne (piètre, triste) figure dans son habit.*

cut and dried—*tout fait*
His opinions are cut and dried. *Ses opinions sont toute faites.*

to cut back—*mettre en veilleuse*
During the war, the luxury industry's production was cut back. *Pendant la guerre, on a mis l'industrie de luxe en veilleuse.*

to cut back on—*réduire*
They are trying to cut back on spending. *Ils essaient de réduire les dépenses.*

to cut corners—*rogner les dépenses*
To make ends meet, we will have to cut corners. *Pour joindre les deux bouts, il nous faudra rogner les dépenses.*

to cut down—*abattre*
The woodsmen cut down the oak tree. *Les bûcherons ont abattu le chêne.*

to cut in front of (in on, off)—*couper la route à, faire une queue de poisson à*
A wild driver cut in front of us (cut in on us, cut us off). *Un chauffard nous a coupé la route (nous a fait une queue de poisson).*

Cut it out!—*Arrêtez! Finissez!*

to cut no ice–*ne pas impressionner*
That reasoning cuts no ice with me. *Ce raisonnement ne m'impressionne pas.*

to cut off one's nose to spite one's face–*faire quelque chose par dépit*
If you refuse to go, they'll think you are cutting off your nose to spite your face. *Si tu refuses d'y aller, ils penseront que tu le fais par dépit.*

to cut off relations–*couper les ponts*
I have cut off relations with him since his betrayal. *J'ai coupé les ponts avec lui depuis sa trahison.*

to cut off without a cent–*laisser sans le sou*
He cut his son off without a cent. *Il a laissé son fils sans le sou.*

to cut one's losses–*faire la part du feu*
They decided it was better to cut their losses. *Ils ont décidé qu'il valait mieux faire la part du feu.*

to cut someone down to size–*remettre quelqu'un à sa place*
He talks big but we'll cut him down to size. *Il se vante mais nous allons le remettre à sa place.*

to cut the ground from under–*couper l'herbe sous le pied à*
His premature initiative cut the ground from under me. *Son initiative prématurée m'a coupé l'herbe sous le pied.*

to cut to ribbons–*mettre (tailler) en pièces*
Their artillery cut our defense to ribbons. *Leur artillerie a mis (a taillé) nos défenses en pièces.*

to cut to the quick–*blesser au vif*
Your thoughtless remark cut him to the quick. *Votre remarque irréfléchie l'a blessé au vif.*

to cut up–*couper en morceaux*
The butcher cut the meat up. *Le boucher a coupé la viande en morceaux.*

They are cut from the same cloth.–*Ils sont du même acabit.*

You cut your own throat.–*Tu l'as cherché (voulu).*

D

to damn–*(con)damner*

    to damn with faint praise–*assommer avec des fleurs*
    The critics damned him with faint praise. *Les critiques l'ont assommé avec des fleurs.*

to dance–*danser*

    to dance attendance on–*s'empresser auprès de*
    He is always dancing attendance on his boss. *Il s'empresse toujours auprès de son patron.*

to dance the night away–*passer la nuit à danser*
Forgetting their troubles, they danced the night away. *Oubliant leurs ennuis, ils ont passé la nuit à danser.*

to dance to somebody's tune–*faire les quatre volontés de quelqu'un*
She is very submissive and always dances to her father's tune. *Elle est très soumise et fait toujours les quatre volontés de son père.*

to make someone dance to one's tune–*tenir la dragée haute à quelqu'un*
Since their marriage, she has been making him dance to her tune. *Depuis leur mariage, elle lui tient la dragée haute.*

---

dark–*foncé, obscur, sombre*

to be dark (out)–*faire noir*
It was dark (out) and you couldn't see a thing. *Il faisait noir et on n'y voyait rien.*

to be in the dark about–*ne pas être instruit de*
We were in the dark about his motives. *Nous n'étions pas instruits de ses mobiles.*

a dark horse–*un outsider*
The Republican candidate was a dark horse. *Le candidat républicain était un outsider.*

---

to darken–*obscurcir*

Never darken my door again!–*Ne remettez plus les pieds chez moi!*

---

darn–*un juron*

to do one's darnedest–*se décarcasser*
I did my darnedest to help him. *Je me suis décarcassé pour l'aider.*

I'll be darned!–*Ça alors!*

---

date–*la date*

out of date–*démodé*
This model is out of date. *Ce modèle est démodé.*

---

to date–*dater*

to date back to–*remonter à*
These fashions date back to the turn of the century. *Ces modes remontent au début du siècle.*

That's dated.–*Ça date.*

---

day–*le jour*

at daybreak–*au petit jour, au point du jour*
The workers leave for the mine at daybreak. *Les ouvriers partent pour la mine au petit jour (au point du jour).*

to daydream–*rêvasser*
Stop daydreaming and start working. *Arrête de rêvasser et commence à travailler.*

day in, day out–*sans arrêt, tout le temps*
It rained day in, day out. *Il pleuvait sans arrêt (tout le temps).*

day-to-day–*de tous les jours*
The day-to-day work is not hard. *Le travail de tous les jours n'est pas difficile.*

---

dead–*mort*

to be dead tired–*tomber de fatigue*
Let's stop walking now because I'm dead tired. *Arrêtons de marcher maintenant parce que je tombe de fatigue.*

dead set against–*absolument opposé à*
He is dead set against the proposal. *Il est absolument opposé à la proposition.*

dead to the world–*profondément endormi*
In a few moments, the exhausted man was dead to the world. *Au bout de quelques instants, l'homme épuisé était profondément endormi.*

He's a dead duck.–*Son compte est bon.*

in the dead of the night–*au plus profond de la nuit*
The thieves must have come in the dead of the night. *Les voleurs ont dû venir au plus profond de la nuit.*

Over my dead body!–*Il faudrait d'abord me passer sur le corps!*

---

deal–*l'affaire, le marché*

to clinch a deal–*boucler une affaire*
The two executives clinched the deal over a good dinner. *Les deux directeurs ont bouclé l'affaire au cours d'un bon dîner.*

a good (a great) deal–*pas mal*
There were a good (a great) deal of customers in the store. *Il y avait pas mal de clients dans le magasin.*

It's a deal!–*Affaire conclue! Tope-là!*

---

to deal–*distribuer, donner*

to deal a backhand blow–*porter un coup fourré*
Instead of acting openly, my enemies have dealt me a backhand blow. *Au lieu d'agir ouvertement, mes ennemis m'ont porté un coup fourré.*

to have to deal with someone–*avoir affaire à quelqu'un*
If you keep doing that, you will have to deal with me. *Si vous continuez à faire cela, vous aurez affaire à moi.*

---

death–*la mort*

to be at death's door–*être à l'article de la mort*
The villagers said that old man Michel was at death's door. *Les gens du village disaient que le père Michel était à l'article de la mort.*

the death blow–*le coup de grâce*

His friends' abandonment of him was the death blow. *La défection de ses amis était le coup de grâce.*

You will be the death of me!–*Tu me feras mourir (de fatigue, de rire, etc.)!*

to deck–*décorer*

decked in (with)–*tendu de*
The church is decked in (with) white for the celebrations. *L'église est tendue de blanc pour les fêtes.*

deep–*profond*

deep down–*dans son for intérieur*
Deep down, I believe he is right. *Dans mon for intérieur, je crois qu'il a raison.*

in the deep, dark past–*dans la nuit des temps*
The origins of this tradition are lost in the deep, dark past. *Les origines de cette tradition se perdent dans la nuit des temps.*

defense–*la défense*

in defense of–*à la décharge de*
It must be said in his defense that he had not been forewarned. *Il faut dire à sa décharge qu'on ne l'avait pas prévenu.*

defiance–*le défi*

in defiance of–*en dépit de*
He acted in defiance of all common sense. *Il a agi en dépit de tout bon sens.*

delighted–*ravi*

to be (just) delighted–*être aux anges, être fort aise*
Their competitor was (just) delighted on hearing of their problems. *Leur concurrent était aux anges (fort aise) en apprenant leurs ennuis.*

You'll be delighted with it!–*Vous m'en direz des nouvelles!*

to deny–*nier*

to deny oneself something–*se refuser quelque chose*
He never denies himself anything. *Il ne se refuse jamais rien.*

to depend–*dépendre*

depending on (upon)–*selon*
I will go to London or Paris, depending on (upon) the circumstances. *J'irai à Londres ou à Paris, selon les circonstances.*

to depend on (upon) someone–*compter sur quelqu'un*
You can depend on (upon) her because she is reliable. *Vous pouvez comptez sur elle parce qu'elle est sérieuse.*

depth—*la profondeur*

    the depths of—*le fin fond de*
I found it in the depths of the warehouse. *Je l'ai trouvé au fin fond de l'entrepôt.*

    to get out of (to go beyond) one's depth—*perdre pied*
He got out of (went beyond) his depth and panicked. *Il a perdu pied et a été pris de panique.*

to deserve—*mériter*

    to deserve credit for—*mériter qu'on tienne compte de*
You deserve credit for your sincerity. *Vous méritez qu'on tienne compte de votre sincérité.*

design—*le dessein, le dessin*

    to have designs on—*avoir des vues sur*
It is obvious that he has designs on your property. *Il est évident qu'il a des vues sur vos biens.*

desperation—*le désespoir*

    in desperation—*en désespoir de cause*
He finally gave up in desperation. *Il a enfin abandonné en désespoir de cause.*

to detest—*détester*

    to (just) detest—*avoir horreur de*
I (just) detest detective movies. *J'ai horreur des films policiers.*

devil—*le diable*

    between the devil and the deep blue sea—*entre le marteau et l'enclume*
What a dilemma! He found himself between the devil and the deep blue sea. *Quel dilemme! Il se trouvait entre le marteau et l'enclume.*

    There will be the devil to pay!—*Ça va barder!*

to devour—*dévorer*

    to devour someone with one's eyes—*couver quelqu'un des yeux*
The mother devoured her son with her eyes. *La mère couvait son fils des yeux.*

diamond—*le diamant*

    He is a diamond in the rough.—*Il est mal dégrossi.*

dice—*les dés*

    No dice!—*Des clous! Impossible!*

die—*le dé*

    The die is cast.—*Le sort en est jeté.*

to die—*mourir*

to be dying to—*brûler (mourir) d'envie de*
She is dying to get invited to their house. *Elle brûle (elle meurt) d'envie de se faire inviter chez eux.*

to die hard—*avoir la vie dure*
That old superstition dies hard. *Cette vieille superstition a la vie dure.*

to die of old age—*mourir de sa belle mort*
Despite all his ailments, he died of old age. *Malgré toutes ses maladies, il mourut de sa belle mort.*

to die out—*s'éteindre (peu à peu)*
The old customs are dying out. *Les vieux usages s'éteignent (peu à peu).*

to die with one's boots on—*mourir à la tâche*
The old explorer died with his boots on. *Le vieil explorateur est mort à la tâche.*

Never say die!—*Il ne faut jamais désespérer! Impossible n'est pas français!*

difference—*la différence*

It makes no difference.—*Cela ne fait rien.*

What difference does it make? (What's the difference?)—*A quoi bon? Qu'est-ce que ça peut faire? Qu'importe?*

dig—*le coup de bêche, la fouille*

That's a dig at me.—*C'est une pierre dans mon jardin.*

to dig—*creuser*

to dig in (one's heels)—*s'accrocher à ses positions*
Under the pressure of their demands, he dug in (his heels). *Sous la pression de leurs exigences, il s'accrochait à ses positions.*

to dig up—*déterrer*
You are digging up a lot of old complaints. *Vous déterrez un tas de vieux griefs.*

dime—*la pièce de dix cents*

It's (they're) a dime a dozen.—*Les rues en sont pavées.*

to dine—*dîner*

to dine out—*dîner en ville*
My parents are dining out this evening. *Mes parents dînent en ville ce soir.*

direction—*la direction, le sens*

in the direction of—*du côté de*
They left in the direction of Swann's house. *Ils sont partis du côté de chez Swann.*

dirt—*la saleté, la terre*

dirt cheap—*pour rien*
They got that picture dirt cheap. *Ils ont eu ce tableau pour rien.*

---

dirty—*sale*

a dirty trick—*un sale tour, un tour de cochon*
That joker played a dirty trick on me. *Ce farceur m'a joué un sale tour (un tour de cochon).*

---

disgrace—*la disgrâce*

It's a disgrace!—*C'est honteux!*

---

dish—*l'assiette, le plat*

to do (to wash) the dishes—*faire la vaisselle*
It's your turn to do (to wash) the dishes. *C'est votre tour de faire la vaisselle.*

---

distance—*la distance*

in the distance—*au loin*
I saw her in the distance, at the end of the street. *Je l'ai aperçue au loin, au bout de la rue.*

---

ditch—*le fossé*

to the last ditch—*jusqu'au bout*
We will resist them to the last ditch. *Nous leur résisterons jusqu'au bout.*

---

to do—*faire*

to do a favor—*rendre un service*
She did them a great favor by keeping the children. *Elle leur a rendu un grand service en gardant les enfants.*

to do as one likes—*en prendre à son aise*
Whatever you tell him, he only does as he likes. *Quoi qu'on lui dise, il n'en prend qu'à son aise.*

to do away with—*supprimer*
They have done away with bus service. *Ils ont supprimé le service d'autocars.*

to do duty for—*remplacer*
This used tire will do duty for the punctured one. *Ce pneu d'occasion remplacera celui qui est crevé.*

to do one's bit—*faire sa part*
During the crisis, everyone must do his bit. *Pendant la crise, chacun doit faire sa part.*

to do oneself proud—*se faire honneur*
You can be satisfied because you have done yourself proud with this job. *Vous pouvez être satisfait parce que vous vous êtes fait honneur avec ce travail.*

to do one's hair–*se coiffer*
She was doing her hair when I came in. *Elle se coiffait quand je suis entré.*

to do one's (level) best–*faire de son mieux*
It's a difficult task but I'll do my (level) best. *C'est une tâche difficile mais je ferai de mon mieux.*

to do something drastic–*faire un malheur*
Stop him before he does something drastic! *Arrêtez-le avant qu'il fasse un malheur!*

to do without–*se passer de*
In time, you'll learn to do without my help. *Avec le temps, tu apprendras à te passer de mon aide.*

to have to do with–*s'agir de*
This novel has to do with the Revolution. *Dans ce roman il s'agit de la Révolution.*

How are you doing?–*Comment ça va-t-il?*

How do you do?–*Comment allez-vous? Enchanté.*

I could do with–*je prendrais volontiers*
I could do with a glass of water. *Je prendrais volontiers un verre d'eau.*

That should do it.–*Cela devrait faire l'affaire.*

That will do!–*C'est bon!*

What's to be done?–*Comment faire?*

---

dog–*le chien*

to be in the doghouse–*être en disgrâce*
Since he came home late he's been in the doghouse. *Depuis qu'il est rentré tard il est en disgrâce.*

---

doll–*la poupée*

He (she) is a doll!–*C'est un amour!*

---

dollar–*le dollar*

it's dollars to doughnuts that–*il y a mille à parier contre un que*
It's dollars to doughnuts that they won't come. *Il y a mille à parier contre un qu'ils ne viendront pas.*

---

done–*fait*

to be done–*avoir fini*
I'm done; we can leave now. *J'ai fini; nous pouvons partir maintenant.*

He's done for.–*Son compte est bon.*

---

dot–*le point, le pois*

on the dot–*pile*
We must arrive at twelve o'clock on the dot. *Il faut que nous arrivions à midi pile.*

to dot–*pointiller*

> **to dot the i's and cross the t's**–*mettre les points sur les i*
> We'll leave it up to the lawyers to dot the i's and cross the t's. *Nous laisserons les avocats mettre les points sur les i.*

double–*double*

> **to do a double take**–*tomber à la renverse (de surprise)*
> Seeing him there, she did a double take. *En le voyant là, elle est tombée à la renverse (de surprise).*
>
> **a double-dealer**–*un faux jeton*
> Don't trust him; he's a double-dealer. *Ne lui faites pas confiance; c'est un faux jeton.*
>
> **to double lock**–*fermer à double tour*
> Double lock the door when you go out. *Fermez la porte à double tour en sortant.*

to double–*doubler*

> **to double in brass**–*jouer plusieurs rôles*
> Because of his many talents, he was able to double in brass in our company. *A cause de ses talents divers, il a pu jouer plusieurs rôles dans notre compagnie.*
>
> **to double up**–*se mettre à deux; se plier en deux*
> They had to double up in the rooms. *Il a fallu qu'ils se mettent à deux dans les chambres.* He doubled up in pain. *Il s'est plié en deux, de douleur.*

doubt–*le doute*

> **when in doubt**–*dans le doute*
> When in doubt, don't do anything. *Dans le doute, abstiens-toi.*
>
> **without a doubt**–*sans aucun doute*
> We will arrive tomorrow, without a doubt. *Nous arriverons demain, sans aucun doute.*

down–*en bas*

> **to be down in the dumps**–*avoir le cafard, broyer du noir*
> He was down in the dumps because of his team's defeat. *Il avait le cafard (il broyait du noir) à cause de la défaite de son équipe.*
>
> **to be going downhill**–*être sur une mauvaise pente*
> This student is going downhill. *Cet élève est sur une mauvaise pente.*
>
> **down and out**–*sans le sou, sur la paille*
> He helped me when I was down and out. *Il m'a aidé quand j'étais sans le sou (sur la paille).*
>
> **down at the heels**–*dans la dèche*
> The former owner of this castle is down at the heels now. *L'ancien propriétaire de ce château est dans la dèche maintenant.*

down in the mouth–*découragé*
I was feeling down in the mouth because of my problems. *Je me sentais découragé à cause de mes ennuis.*

downstairs–*en bas*
I heard a noise downstairs. *J'ai entendu un bruit en bas.*

down-to-earth–*terre à terre*
This doctor has a down-to-earth manner which is reassuring. *Ce médecin a une manière terre à terre qui rassure.*

downtown–*au centre-ville*
We are going downtown to do some shopping. *Nous allons au centre-ville pour faire des courses.*

down with–*à bas*
They were shouting "Down with tyranny!" *Ils criaient "A bas la tyrannie!"*

to drag–*traîner*

to drag one's heels–*se faire tirer l'oreille*
This student is dragging his heels about handing in his homework. *Cet étudiant se fait tirer l'oreille pour remettre son devoir.*

to drain–*sécher, vidanger*

to drain dry–*saigner à blanc*
She drained him dry, then left him. *Elle l'a saigné à blanc, puis l'a abandonné.*

drastic–*draconien*

a drastic remedy–*un remède de cheval*
Unemployment is a drastic remedy to fight inflation. *Le chômage est un remède de cheval pour combattre l'inflation.*

to draw–*dessiner, tirer*

to draw a blank–*faire chou blanc*
We tried to find him but we drew a blank. *Nous avons essayé de le trouver mais nous avons fait chou blanc.*

to draw lots–*tirer à la courte paille (au sort)*
They drew lots to see who would go. *Il ont tiré à la courte paille (au sort) pour voir qui irait.*

to draw the line–*refuser de marcher*
When they suggested treachery, we finally drew the line. *Quand ils ont suggéré la trahison, nous avons enfin refusé de marcher.*

to dream–*rêver*

I wouldn't dream of it!–*Jamais l'idée ne me viendrait (à l'esprit)!*

to dress–*(s')habiller, préparer*

to be dressed to kill—*être tiré à quatre épingles, s'être mis sur son trente-et-un*
She was dressed to kill for the dance. *Elle était tirée à quatre épingles (elle s'était mise sur son trente-et-un) pour le bal.*

to dress (to give a dressing) down—*laver la tête à*
His mother dressed him (gave him a dressing) down when she saw him coming in late. *Sa mère lui a lavé la tête en le voyant rentrer en retard.*

to dress up—*se couvrir*
Don't forget to dress up; the weather is getting cold. *N'oubliez pas de vous couvrir; il commence à faire froid.*

She's dressed like a slob.—*Elle est fichue comme l'as de pique.*

well-dressed—*bien mis*
He is poor but he is always well-dressed. *Il est pauvre mais il est toujours bien mis.*

---

to drink—*boire*

to drink a toast to—*boire à la santé de*
After dinner a toast was drunk to the queen. *Après dîner, on a bu à la santé de la reine.*

to drink by oneself—*boire en suisse*
Come sit down with me; I don't like to drink by myself. *Viens t'asseoir avec moi; je n'aime pas boire en suisse.*

to drink hard—*boire sec*
During his short life he ate well and drank hard. *Pendant sa courte vie il a bien mangé et il a bu sec.*

to drink it in (up)—*boire du lait*
Upon hearing those flattering words, his audience drank it in (up). *En entendant ces mots flatteurs, son public buvait du lait.*

to drink like a fish—*boire comme un trou*
Since his accident, he has started to drink like a fish. *Depuis son accident, il s'est mis à boire comme un trou.*

---

to drive—*conduire, enfoncer*

to drive a hard bargain—*être dur en affaires*
That merchant drives a hard bargain. *Ce commerçant est dur en affaires.*

to drive into a corner—*pousser dans ses dernier retranchements*
His competitors have managed to drive him into a corner. *Ses concurrents ont réussi à le pousser dans ses derniers retranchements.*

to drive someone crazy (up a wall)—*faire tourner quelqu'un en bourrique, rendre quelqu'un fou; casser (rompre) les oreilles à quelqu'un*
His girl friend drives him crazy (up a wall) with her whims. *Son amie le fait tourner en bourrique (le rend fou) avec ses caprices.* You're driving me crazy (up a wall) with your questions. *Tu me casses (me romps) les oreilles avec tes questions.*

to drive someone from pillar to post–*renvoyer quelqu'un de Caïphe à Pilate*
The bureaucrats drove us from pillar to post. *Les bureaucrates nous ont renvoyés de Caïphe à Pilate.*

to see what someone is driving at–*voir où quelqu'un veut en venir*
You can't fool me; I see what you're driving at. *Vous ne me trompez pas; je vois où vous voulez en venir.*

drop–*la chute, la goutte*

a drop in the bucket–*une goutte d'eau à la mer*
His contribution would be just a drop in the bucket. *Sa contribution ne serait qu'une goutte d'eau à la mer.*

a drop of–*une larme de*
May I pour you a drop of brandy? *Puis-je vous verser une larme de cognac?*

at the drop of a hat–*au pied levé*
He was ready to leave at the drop of a hat. *Il était prêt à partir au pied levé.*

to have had a drop too much–*avoir un verre dans le nez*
He had had a drop too much and was staggering. *Il avait un verre dans le nez et titubait.*

to drop–*(laisser) tomber*

to drop a brick–*faire une gaffe*
You dropped a brick in talking about her former husband. *Tu as fait une gaffe en parlant de son ex-mari.*

to drop a hint–*toucher un mot*
I dropped him a hint concerning his absences. *Je lui ai touché un mot sur ses absences.*

to drop a line–*envoyer un mot*
Drop me a line when you arrive. *Envoyez-moi un mot en arrivant.*

to drop in on someone–*entrer chez quelqu'un en passant*
My in-laws dropped in on us. *Mes beaux-parents sont entrés chez nous en passant.*

to drop off (to sleep)–*s'endormir*
She dropped off (to sleep) around ten o'clock. *Elle s'est endormie vers dix heures.*

to drop out (of)–*abandonner*
Their son has dropped out of school. *Leur fils a abandonné les études.*

to drop someone off–*déposer quelqu'un*
I'll drop you off at the corner. *Je vous déposerai au coin de la rue.*

to drop something in the lap of someone–*se débarrasser de quelque chose sur quelqu'un*
My boss dropped the problem in my lap. *Mon patron s'est débarrassé du problème sur moi.*

drunk–*l'ivrogne*

to be a cheerful (nasty, sad) drunk–*avoir le vin gai (mauvais, triste)*
Don't give him any more to drink; he's a nasty drunk. *Ne lui donnez rien d'autre à boire; il a le vin mauvais.*

dry–*sec*

dry land–*le plancher des vaches*
The sailors had lost all hope of getting back to dry land. *Les matelots avaient perdu tout espoir de retrouver le plancher des vaches.*

He's not dry behind the ears.–*Si on lui pressait le nez il en sortirait du lait.*

due–*dû*

after due consideration–*après mûre réflexion*
After due consideration, I must refuse your offer. *Après mûre réflexion, je dois refuser votre offre.*

in due course (time)–*en temps utile (voulu)*
You will get your license in due course (time). *Vous recevrez votre permis en temps utile (voulu).*

with all due respect–*sauf votre respect*
With all due respect, sir, your partner is a crook. *Sauf votre respect, monsieur, votre associé est un escroc.*

dull–*ennuyeux, lent*

as dull as dishwater (ditchwater)–*triste comme un bonnet de nuit*
Her husband is rich but he's as dull as dishwater (ditchwater). *Son mari est riche mais il est triste comme un bonnet de nuit.*

dumb–*muet, stupide*

I'm dumbfounded!–*Les bras m'en tombent!*

during–*pendant*

during the lifetime of–*du vivant de*
During my father's lifetime, it wasn't like this. *Du vivant de mon père, ce n'était pas ainsi.*

Dutch–*hollandais*

to be in Dutch–*être dans le pétrin*
I'm in Dutch because I forgot to bring my ticket. *Je suis dans le pétrin parce que j'ai oublié d'apporter mon billet.*

duty–*le devoir*

on duty–*de garde, de service*
Who is the doctor on duty today? *Quel médecin est de garde (de service) aujourd'hui?*

to dye—*teindre*

dyed-in-the-wool—*bon teint*
He is a dyed-in-the-wool Republican. *C'est un républicain bon teint.*

E

each—*chacun, chaque*

To each his own.—*Chacun son goût.*

eager—*empressé*

to be eager to—*brûler de*
I am eager to begin this job. *Je brûle de commencer ce travail.*

ear—*l'oreille*

to be up to one's ears in something—*être dans quelque chose jusqu'au cou*
I'm up to my ears in paperwork. *Je suis dans la paperasserie jusqu'au cou.*

to catch (to get) an earful—*en entendre de toutes les couleurs*
When he finally got home, he got an earful. *Quand il est enfin rentré chez lui, il en a entendu de toutes les couleurs.*

to have an ear for music—*avoir de l'oreille*
Since he has an ear for music, they are going to give him singing lessons. *Puisqu'il a de l'oreille, on va lui donner des leçons de chant.*

He's up to his ears in debt.—*Il est criblé de dettes.*

early—*matinal, premier, prochain*

at one's earliest convenience—*dès que possible*
Please answer this letter at your earliest convenience. *Veuillez répondre à cette lettre dès que possible.*

early in the morning—*de bon matin*
I get up early in the morning to go to work. *Je me lève de bon matin pour aller au travail.*

to earn—*gagner, mériter*

to earn one's keep—*gagner de quoi vivre*
He isn't old enough to earn his keep. *Il n'a pas encore l'âge de gagner de quoi vivre.*

earth—*la terre*

what on earth—*que diable*
What on earth are you doing here? *Que diable faites-vous là?*

to ease–*faciliter, soulager*

to ease one's conscience–*par acquit de conscience*
I called my mother to ease my conscience. *J'ai téléphoné à ma mère par acquit de conscience.*

---

easy–*facile*

to be an easy first (an easy winner)–*arriver bon premier*
His horse was an easy first (an easy winner) in the race. *Son cheval est arrivé bon premier de la course.*

to be on easy street–*avoir la poche bien garnie*
Since his inheritance he has been on easy street. *Depuis son héritage il a la poche bien garnie.*

Easy does it (take it easy)!–*(Allez-y) doucement!*

easy to see through–*cousu de fil blanc*
His story is easy to see through. *Son histoire est cousue de fil blanc.*

to give an easy (way) out to–*faire un pont d'or à*
They will give him an easy (way) out so he can resign without a scandal. *On lui fera un pont d'or pour qu'il démissionne sans éclat.*

to go easy on (with)–*y aller doucement avec*
Go easy on the whisky; you've drunk enough. *Vas-y doucement avec le whisky; tu as assez bu.*

to have (to take) it easy–*se la couler douce*
She wants to get rich so she can have (can take) it easy afterward. *Elle veut devenir riche pour se la couler douce après.*

He isn't easy to get along with.–*Il n'est pas facile à vivre.*

It's as easy as pie!–*C'est bête comme chou (c'est du gâteau, c'est simple comme bonjour)!*

That's easy to understand.–*Cela se comprend (cela se conçoit).*

---

to eat–*manger*

to eat like a bird–*manger comme un moineau*
She ate like a bird in order to stay trim. *Elle mangeait comme un moineau pour garder sa ligne.*

to eat like a horse–*manger comme quatre (comme un ogre)*
On his return from boarding school, he always eats like a horse. *En rentrant de pensionnat, il mange toujours comme quatre (comme un ogre).*

to eat meat–*faire (manger) gras*
Her family didn't eat meat on Fridays. *Sa famille ne faisait (ne mangeait) pas gras le vendredi.*

to eat one's cake first–*manger son pain blanc le premier*
He is impatient and always wants to eat his cake first. *Il est impatient et veut toujours manger son pain blanc le premier.*

to eat one's fill–*manger à sa faim*
People don't eat their fill every day in this country. *Les gens ne mangent pas toujours à leur faim dans ce pays.*

to eat one's heart out–*se ronger les sangs*
They ate their hearts out with envy. *Ils se rongeaient les sangs d'envie.*

to eat one's words–*se rétracter*
We'll make that braggart eat his words. *Nous obligerons ce vantard à se rétracter.*

to eat out–*manger en ville*
We eat out once a week. *Nous mangeons en ville une fois par semaine.*

to eat someone out of house and home–*mettre quelqu'un sur la paille (à force de manger)*
My family will end up by eating me out of house and home. *Ma famille finira par me mettre sur la paille (à force de manger).*

to eat to one's heart's content–*faire bonne chère*
After a long trip, we ate to our heart's content at the inn. *Après un long voyage, nous avons fait bonne chère à l'auberge.*

I'll eat my hat!–*J'en mettrais ma main au feu!*

to make someone eat crow–*rabattre le caquet à quelqu'un*
Despite his claims, we made him eat crow. *Malgré ses prétensions, nous lui avons rabattu le caquet.*

What's eating you?–*Quelle mouche te pique?*

---

edge–*le bord, le fil*

to get (to have) an edge on someone–*avoir barre sur quelqu'un*
If we make this offer quickly, we'll have an edge on them. *Si nous faisons vite cette offre, nous aurons barre sur eux.*

on edge–*à cran*
He is on edge because he is afraid of missing his appointment. *Il est à cran parce qu'il a peur de manquer son rendez-vous.*

---

effect–*l'effet*

to carry (to put) into effect–*appliquer*
They haven't yet managed to carry (to put) the new program into effect. *Ils n'ont pas encore réussi à appliquer le nouveau programme.*

to go into (to take) effect–*entrer en vigueur*
The new law goes into (takes) effect on Tuesday. *La nouvelle loi entre en vigueur mardi.*

---

egg–*l'œuf*

He's a good (a bad) egg.–*C'est un chic (un sale) type.*

elbow–*le coude*

at one's elbow–*à portée de la main*
I don't have your book at my elbow right now. *Je n'ai pas votre livre à portée de la main en ce moment.*

---

to empty–*(se) vider*

to empty into–*se jeter dans*
The Seine empties into the English Channel. *La Seine se jette dans la Manche.*

---

end–*le bout, le but, la fin*

to be at the end of one's rope (one's tether)–*être au bout de son rouleau*
He was at the end of his rope (his tether) and didn't know what to do any more. *Il était au bout de son rouleau et ne savait plus quoi faire.*

no end of–*à n'en plus finir*
He caused us no end of trouble. *Il nous a donné des ennuis à n'en plus finir.*

on end–*d'affilée, de suite*
They worked twelve hours on end. *Ils ont travaillé douze heures d'affilée (de suite).*

to that end–*à cet effet*
They wanted to win and strove solely to that end. *Ils voulaient gagner et tendaient tous leurs efforts à cet effet.*

---

to end–*finir, terminer*

to end up (by)–*finir par*
They ended up (by) accepting our offer. *Ils ont fini par accepter notre offre.*

---

to enjoy–*jouir de, prendre plaisir à*

to enjoy oneself–*s'amuser*
We enjoyed ourselves a great deal at the show. *Nous nous sommes beaucoup amusés au spectacle.*

---

enough–*assez*

to be big (strong) enough to–*être de taille à*
His dog was big (strong) enough to kill a man. *Son chien était de taille à tuer un homme.*

enough to go around–*assez pour tout le monde*
We don't have enough food to go around. *Nous n'avons pas assez à manger pour tout le monde.*

strangely (surprisingly, etc.) enough–*chose curieuse (étonnante, etc.)*
Strangely enough, he didn't ask for his change. *Chose curieuse, il n'a pas demandé sa monnaie.*

---

to entitle–*intituler*

to entitle to–*donner droit à*
This card entitles you to three free admissions. *Cette carte vous donne droit à trois entrées gratuites.*

---

equal–*égal*

as an equal–*d'égal à égal*
Despite their difference in age, she treated him as an equal. *Malgré leur différence d'âge, elle le traitait d'égal à égal.*

to be equal to–*être à la hauteur (au niveau) de*
The director was not equal to his responsibilities. *Le directeur n'était pas à la hauteur (au niveau) de ses responsabilités.*

to feel equal to–*se sentir de force (de taille) à*
I don't feel equal to doing that job. *Je ne me sens pas de force (de taille) à faire ce travail.*

without equal–*hors de pair*
He is a chef without equal. *C'est un chef hors de pair.*

---

even–*égal, uni*

even-steven–*donnant donnant*
It's even-steven, your watch for my necklace. *C'est donnant donnant, ta montre contre mon collier.*

even with (the surface of)–*à fleur de*
The dragonfly was gliding even with (the surface of) the water. *La libellule planait à fleur d'eau.*

We're even!–*Nous sommes quittes!*

---

even–*même*

And even then!–*Et encore!*

even if it means–*quitte à*
We will leave early, even if it means not sleeping tonight. *Nous partirons tôt, quitte à ne pas dormir cette nuit.*

even though–*lors même que*
Even though you didn't want to, you would have to accept. *Lors même que vous ne le voudriez pas, il faudrait accepter.*

---

event–*l'événement*

at all events (in any event)–*en tout cas*
At all events (in any event), you'll see us next week. *En tout cas, vous nous verrez la semaine prochaine.*

in the event that–*au cas où*

In the event that you miss the train, write us. *Au cas où vous rateriez le train, écrivez-nous.*

---

ever–*déjà, jamais, toujours*

Did you ever!–*Je vous demande un peu!*

ever so–*on ne peut plus*
The comedian was ever so funny. *Le comédien était on ne peut plus drôle.*

for ever (and ever)–*à (tout) jamais*
I am giving it up for ever (and ever). *J'y renonce à (tout) jamais.*

---

every–*chaque, tout*

at every opportunity–*à tout propos*
He comes and bothers me at every opportunity. *Il vient me déranger à tout propos.*

at every try–*à tous les coups*
What luck! He wins at every try. *Quelle veine! Il gagne à tous les coups.*

Every last one of us.–*Tous tant que nous sommes.*

Every little bit helps.–*Ça peut toujours servir.*

Every man for himself!–*Chacun pour soi! Sauve-qui-peut!*

every now and then (so often)–*de loin en loin, de temps en temps*
He comes to see us every now and then (so often). *Il vient nous voir de loin en loin (de temps en temps).*

every other–*tous les deux*
Take this medicine every other day. *Prenez ce médicament tous les deux jours.*

in every way–*sous tous (les) rapports*
Her work is good in every way. *Son travail est bon sous tous (les) rapports.*

---

everybody–*tous, tout le monde*

like everybody else–*comme tout un chacun*
I want to do as I wish, like everybody else. *Je veux faire ce que je veux, comme tout un chacun.*

to everybody's knowledge–*au vu et au su de tous*
They are living together, to everybody's knowledge. *Ils vivent ensemble au vu et au su de tous.*

---

everything–*tout*

Everything's coming up roses.–*Tout marche comme sur des roulettes.*

---

evil–*mauvais, méchant*

the evil genius–*le mauvais ange*
People said that the president's secretary was his evil genius. *On disait que le secrétaire du président était son mauvais ange.*

to have an evil mind–*avoir l'esprit mal tourné*
You misunderstood what I said because you have an evil mind. *Vous avez mal compris ce que j'ai dit parce que vous avez l'esprit mal tourné.*

---

to examine–*examiner*

to examine one's (own) conscience–*faire un retour sur soi-même*
Before accusing others, examine your (own) conscience. *Avant d'accuser les autres, faites un retour sur vous-même.*

---

excellent–*excellent*

to be on excellent terms with–*être au mieux (le mieux du monde) avec*
We have always been on excellent terms with our neighbors. *Nous avons toujours été au mieux (le mieux du monde) avec nos voisins.*

---

exception–*l'exception*

to be an exception to the rule–*faire exception à la règle*
This case alone is an exception to the rule. *Ce cas seul fait exception à la règle.*

---

excited–*excité, passionné*

to get excited–*s'échauffer, s'énerver*
Don't get excited at such a little thing! *Ne vous échauffez (énervez) pas pour si peu!*

---

to exhaust–*épuiser*

to exhaust someone's patience–*pousser quelqu'un à bout*
That man is really exhausting my patience with his questions. *Cet homme me pousse vraiment à bout avec ses questions.*

---

to expect–*attendre, s'attendre à*

as (it) might be expected–*comme de juste*
As (it) might be expected, his team has won. *Comme de juste, son équipe a gagné.*

to be expecting–*attendre un bébé (un heureux événement)*
Her sister is expecting. *Sa sœur attend un bébé (un heureux événement).*

What do you expect?–*Que voulez-vous?*

---

expense–*le coût, la dépense*

at the expense of–*aux dépens de*
He is having a good time at our expense. *Il s'amuse bien à nos dépens.*

---

eye–*l'œil*

to have an eye (a good eye) for–*s'y connaître en*
He has an eye (a good eye) for clothing. *Il s'y connaît en vêtements.*

with an eye to–*dans le but de*

We bought that house with an eye to renting it out. *Nous avons acheté cette maison dans le but de la mettre en location.*

F

face—*la figure, le visage*

Don't show your face around here again!—*Ne remettez plus les pieds ici!*

in the face of—*devant, en dépit de*
The soldiers resisted in the face of fierce attacks. *Les soldats ont résisté devant des attaques (en dépit d'attaques) acharnées.*

on the face of it—*d'après les apparences*
The problem is simple, on the face of it. *Le problème est facile, d'après les apparences.*

to face—*affronter, donner sur*

to be faced with—*être (se trouver) menacé de*
They are faced with bankruptcy. *Ils sont (se trouvent) menacés de faillite.*

to face the music—*tenir tête à l'orage*
We're caught and now we'll have to face the music. *On est pris et maintenant il faudra tenir tête à l'orage.*

to face up to—*faire face (front) à*
You have to face up to this difficulty. *Vous devez faire face (front) à cette difficulté.*

facing—*en face (de); face à*
The post office is facing the station. *Le bureau de poste est en face de la gare.* We rented a house facing the sea. *Nous avons loué une maison face à la mer.*

fact—*le fait*

the fact remains that—*toujours est-il que*
The fact remains that we don't have the required money. *Toujours est-il que nous n'avons pas l'argent nécessaire.*

to fade—*se faner, passer*

to fade away—*s'éteindre*
The memory of their visit has faded away. *Le souvenir de leur visite s'est éteint.*

to fade out of the picture—*s'éclipser*
There is nothing left for me but to fade out of the picture. *Il ne me reste plus qu'à m'éclipser.*

fail—*la faute*

without fail—*à coup sûr*
He told me he would come without fail. *Il m'a dit qu'il viendrait à coup sûr.*

to fail–*échouer, faillir*

Don't fail to do it.–*N'y manquez pas.*

to faint–*s'évanouir*

   to faint dead away–*tourner de l'œil*
   On hearing those words she fainted dead away. *En entendant ces mots elle a tourné de l'œil.*

fair–*égal, juste*

   to be in a fair way to–*être en passe de*
   The union is in a fair way to lose all the benefits it won. *Le syndicat est en passe de perdre tous les avantages qu'il a obtenus.*

   fair game–*la proie idéale*
   The corrupt police chief was fair game for the newspapers. *Le chef de la police corrompu était devenu la proie idéale des journaux.*

   It's not fair.–*Ce n'est pas de jeu.*

   It's fair play.–*C'est de bonne guerre.*

to fall–*tomber*

   to fall all over–*combler d'attentions*
   The hostess fell all over her husband's boss. *L'hôtesse comblait d'attentions le patron de son mari.*

   to fall apart–*tomber en pièces*
   Their old car was falling apart. *Leur vieille voiture tombait en pièces.*

   to fall asleep–*s'endormir*
   He fell asleep while reading. *Il s'est endormi en lisant.*

   to fall back on–*avoir recours à*
   We had to fall back on our reserves. *Il a fallu que nous ayons recours à nos réserves.*

   to fall behind–*avoir du retard*
   They fell behind in paying the rent. *Ils avaient du retard pour payer le loyer.*

   to fall dead on the spot–*tomber raide mort*
   Upon learning of the catastrophe, he fell dead on the spot. *En apprenant la catastrophe, il tomba raide mort.*

   to fall flat–*faire un four*
   His new play fell flat. *Sa nouvelle pièce a fait un four.*

   to fall flat on one's back (head over heels)–*tomber les quatre fers en l'air*
   The two dancers fell flat on their backs (head over heels). *Les deux danseurs sont tombés les quatre fers en l'air.*

   to fall flat on one's face–*tomber à plat ventre*
   I slipped and fell flat on my face. *J'ai glissé, et je suis tombé à plat ventre.*

to fall for—*se laisser prendre à*
Did you fall for that old trick? *Vous êtes-vous laissé prendre à ce vieux manège?*

to fall for (in love with)—*tomber amoureux de*
She fell for (in love with) a sailor. *Elle est tombée amoureuse d'un marin.*

to fall into—*donner dans*
I fell into their trap. *J'ai donné dans leur piège.*

to fall into step with—*emboîter le pas à*
Encountering him in the street, his colleague fell into step with him. *L'ayant rencontré dans la rue, son collègue lui a emboîté le pas.*

to fall in with—*tomber sur*
While walking, I fell in with my friend Paul. *En me promenant, je suis tombé sur mon ami Paul.*

to fall out with—*se disputer avec*
He fell out with his partner. *Il s'est disputé avec son associé.*

to fall short of—*rester au-dessous de*
The results fell short of our expectations. *Les résultats sont restés au-dessous de notre attente.*

to fall through—*tomber à l'eau*
All our plans fell through at the last minute. *Tous nos projets sont tombés à l'eau au dernier moment.*

His face fell.—*Son visage s'est allongé.*

---

false—*faux*

to have a false ring—*sonner faux*
His story seemed to me to have a false ring. *Il me semblait que son histoire sonnait faux.*

---

familiar—*familier*

to be on familiar terms—*être à tu et à toi*
They've only known each other for a short time, but they're already on familiar terms. *Ils se connaissent depuis peu, mais ils sont déjà à tu et à toi.*

on familiar ground—*en pays de connaissance*
When I do math, I feel I'm on familiar ground. *Quand je fais des maths, je me sens en pays de connaissance.*

---

famished—*affamé*

I'm famished.—*J'ai le ventre creux. J'ai une faim de loup.*

---

fancy—*la fantaisie*

to strike (to take) someone's fancy—*taper dans l'œil à quelqu'un*
That dress struck (took) her fancy. *Cette robe lui a tapé dans l'œil.*

far–*distant, loin(tain)*

as far as–*autant que; jusqu'à*

As far as I know, he has left. *Autant que je sache, il est parti.* We only go as far as Denver. *Nous n'allons que jusqu'à Denver.*

as far as the eye can see–*à perte de vue*

The vast plain extends as far as the eye can see. *La vaste plaine s'étend à perte de vue.*

as far back as–*du plus loin que*

As far back as I remember, they always lived there. *Du plus loin que je me rappelle, ils ont toujours habité là.*

by far (far and away)–*de beaucoup, de loin*

He was by far (far and away) the best racer on the team. *C'était de beaucoup (de loin) le meilleur coureur de l'équipe.*

far be it from–*n'avoir garde de, tant s'en faut que*

Far be it from me to do what he forbids. *Je n'ai garde de faire (tant s'en faut que je fasse) ce qu'il interdit.*

farfetched–*tiré par les cheveux*

He gave us a farfetched explanation. *Il nous a donné une explication tirée par les cheveux.*

far from it–*il s'en faut de beaucoup*

We are not millionaires, far from it. *Nous ne sommes pas millionnaires, il s'en faut de beaucoup.*

how far–*à quelle distance*

How far is Paris from here? *A quelle distance d'ici est Paris?*

How far (along) have you got?–*Où en êtes-vous?*

in so far as–*dans la mesure où*

I will help you in so far as I can. *Je vous aiderai dans la mesure où je le pourrai.*

So far so good.–*Jusqu'ici ça va.*

so (thus) far–*jusqu'ici*

We haven't caught any fish so (thus) far. *Nous n'avons pas attrapé de poissons jusqu'ici.*

That's going a bit (too) far.–*C'est beaucoup dire. C'est un peu beaucoup.*

---

fashion–*la façon, la mode*

after a fashion–*tant bien que mal*

For lack of time, he did the job after a fashion. *Faute de temps, il a fait le travail tant bien que mal.*

---

fast–*rapide*

to be five minutes (ten minutes, etc.) fast–*avancer de cinq (de dix, etc.) minutes*

Your watch is three minutes fast. *Votre montre avance de trois minutes.*

fat–*gros*

    Fat chance!–*Tu peux te fouiller (il peut se fouiller, etc.)!*

---

fat–*la graisse*

    The fat is in the fire.–*Le feu est aux poudres.*

---

fault–*la faute*

    to a fault–*à l'excès*
    She is generous to a fault. *Elle est généreuse à l'excès.*

---

favor–*la faveur, le service*

    to be in favor of–*être d'avis de*
    The majority were in favor of refusing the offer. *La majorité était d'avis de refuser l'offre.*

    to enjoy favor–*être bien en cour*
    He enjoys favor thanks to his connections. *Il est bien en cour grâce à ses relations.*

---

feather–*la plume*

    It's a feather in your cap.–*C'est un fleuron à votre couronne.*

---

to feather–*emplumer, garnir de plumes*

    to feather one's nest–*mettre du foin dans ses bottes*
    Having feathered his nest, he wants to retire now. *Ayant mis du foin dans ses bottes, il veut prendre sa retraite maintenant.*

---

to feed–*nourrir*

    to be fed up–*en avoir marre (par-dessus la tête, plein le dos, plein le sac, ras le bol, soupé)*
    I'm fed up with his arrogance! *J'en ai marre (par-dessus la tête, plein le dos, plein le sac, ras le bol, soupé) de son arrogance!*

    to feed a line–*faire du plat à*
    Are you being sincere or are you feeding me a line? *Etes-vous sincère ou est-ce que vous me faites du plat?*

---

to feel–*(se) sentir*

    to feel cheap (like two cents, small)–*être dans ses petits souliers, ne pas en mener large*
    Listening to their recriminations, he felt cheap (like two cents, small). *En entendant leurs récriminations, il était dans ses petits souliers (il n'en menait pas large).*

    to feel cold (hot)–*avoir froid (chaud)*
    If you feel too cold (too hot), adjust the thermostat. *Si tu as trop froid (trop chaud), règle le thermostat.*

    to feel dizzy–*avoir la tête qui tourne*

Atop the ladder, I suddenly felt dizzy. *En haut de l'échelle, j'ai eu soudain la tête qui tournait.*

to feel free to—*ne pas hésiter à*
Feel free to visit us any time. *N'hésitez pas à venir nous voir n'importe quand.*

to feel funny—*se sentir tout chose (drôle)*
I felt funny after the injection. *Je me suis senti tout chose (tout drôle) après la piqûre.*

to feel ill (well)—*se porter mal (bien)*
Since his accident he hasn't been feeling very well. *Depuis son accident il ne se porte plus très bien.*

to feel it in one's bones—*en avoir le pressentiment*
We're going to fail; I feel it in my bones. *Nous allons échouer; j'en ai le pressentiment.*

to feel like—*avoir envie de*
I feel like sleeping now. *J'ai envie de dormir maintenant.*

to feel one's way—*avancer à tâtons*
We felt our way along the wall. *Nous avancions à tâtons le long du mur.*

if you feel like it—*si ça vous chante, si le coeur vous en dit*
Go and have a good time if you feel like it. *Allez vous amuser si ça vous chante (si le cœur vous en dit).*

it feels like—*on dirait que*
It feels like it is going to rain. *On dirait qu'il va pleuvoir.*

---

feeling—*la sensation, le sentiment*
The feeling is mutual.—*On vous le rend bien.*

---

to fend—*parer*
to fend for oneself—*voler de ses propres ailes*
You're a big boy now; you must fend for yourself. *Tu es un grand garçon maintenant; tu dois voler de tes propres ailes.*

---

few—*peu (nombreux)*
to be few and far between—*ne pas se trouver dans le pas d'un cheval*
Opportunities like this are few and far between. *De telles occasions ne se trouvent pas dans le pas d'un cheval.*

---

field—*le champ*
to have a field day—*remporter un grand succès*
His horses had a field day at the races. *Ses chevaux ont remporté un grand succès aux courses.*

---

to fight—*se battre*

to fight tooth and nail–*lutter bec et ongles*
After fighting tooth and nail, they finally made up. *Après avoir lutté bec et ongles, ils ont enfin fait la paix.*

to have a fighting chance–*avoir une chance sur dix*
They have a fighting chance to win. *Ils ont une chance sur dix de gagner.*

to figure–*calculer*

to figure on–*compter sur*
She didn't figure on our coming. *Elle ne comptait pas sur notre présence.*

to figure out–*comprendre, deviner*
They haven't figured out our trick. *Ils n'ont pas compris (deviné) notre astuce.*

to figure up–*calculer*
Let me figure up their debt. *Laissez-moi calculer leur dette.*

fill–*le plein*

to have had one's fill–*en avoir soupé*
I've had my fill of their promises. *J'en ai soupé de leurs promesses.*

one's fill–*tout son soûl*
He ate and drank his fill. *Il a mangé et bu tout son soûl.*

to fill–*remplir*

to fill someone's shoes–*remplacer quelqu'un*
No one can fill her shoes because she is extraordinary. *Personne ne peut la remplacer parce qu'elle est extraordinaire.*

to fill the bill–*faire l'affaire*
I think this washer will fill the bill. *Je crois que cette rondelle fera l'affaire.*

to fill up (the tank)–*faire le plein*
We stopped at a gas station to fill up (the tank). *Nous nous sommes arrêtés à une station service pour faire le plein.*

filthy–*sale*

to be filthy rich–*être cousu d'or*
His fiancée isn't beautiful, but she is filthy rich. *Sa fiancée n'est pas belle, mais elle est cousue d'or.*

final–*final*

And that's final!–*C'est mon dernier mot! Et qu'on n'en parle plus!*

the final blow–*le coup de grâce*
My friends' abandonment was the final blow for me. *La défection de mes amis était le coup de grâce pour moi.*

in the final analysis–*au bout du (en fin de) compte*
In the final analysis, it doesn't matter to me. *Au bout du (en fin de) compte, cela m'est égal.*

to find–*découvrir, trouver*

to find an out (a way out)–*trouver une échappatoire*
I won't go if I can find an out (a way out). *Je n'irai pas si j'arrive à trouver une échappatoire.*

to find fault with–*trouver à redire à*
That customer finds fault with everything. *Ce client trouve à redire à tout.*

to find guilty–*déclarer coupable*
After a long trial, the accused was found guilty. *Au bout d'un long procès, l'accusé a été déclaré coupable.*

to find one's mate (one's proper match)–*trouver chaussure à son pied*
He never married, since he didn't find his mate (his proper match). *Il ne s'est jamais marié, n'ayant pas trouvé chaussure à son pied.*

to find one's niche (one's place in the world)–*faire son trou*
One way or another, I hoped to find my niche (my place in the world). *D'une façon ou d'une autre, j'espérais faire mon trou.*

to find out–*(aller) voir*
Find out if everything is all right. *Allez voir (voyez) si tout va bien.*

fine–*beau, fin*

It (the weather) is fine.–*Il fait beau.*

It's fine with me.–*Je suis d'accord.*

That's a fine thing!–*C'est du propre!*

finger–*le doigt*

to have a finger in the pie–*avoir part au gâteau*
Your partner always seems to have a finger in the pie. *Votre associé semble toujours avoir part au gâteau.*

to have the facts at one's fingertips–*connaître les faits sur le bout du doigt*
Their adviser has the facts at his fingertips. *Leur conseiller connaît les faits sur le bout du doigt.*

finish–*la fin*

That's the finish!–*(Après ça) il n'y a plus qu'à tirer l'échelle!*

to finish–*finir*

to finish something up–*faire un sort à quelque chose*
We finished up the last bottle of wine. *Nous avons fait un sort à la dernière bouteille de vin.*

to put the finishing touches on–*mettre le comble à*
That puts the finishing touches on his ruin. *Cela met le comble à sa ruine.*

to fire–*tirer*

to fire a shot–*faire partir (tirer) un coup*
People wondered who had fired the first shot. *On se demandait qui avait fait partir (tiré) le premier coup.*

Fire away!–*Allez-y! Dites-le!*

to fire someone–*donner son congé à quelqu'un, mettre quelqu'un à la porte*
He was fired after fifteen years of service. *On lui a donné son congé (on l'a mis à la porte) après quinze ans de service.*

first–*premier*

at first sight–*au premier abord*
At first sight the house seemed quite small. *Au premier abord la maison paraissait assez petite.*

to be on a first-name basis–*être à tu et à toi*
They have only known each other for a short time, but they are already on a first-name basis. *Ils ne se connaissent que depuis peu, mais ils sont déjà à tu et à toi.*

first of all (in the first place)–*tout d'abord*
First of all (in the first place), you have to finish your homework. *Tout d'abord, il faut que tu finisses tes devoirs.*

(at) first–*d'abord*
(At) first, I didn't know anyone there. *D'abord je n'y connaissais personne.*

first-rate–*de premier ordre*
His wife is a first-rate pilot. *Sa femme est un pilote de premier ordre.*

first thing in the morning–*à la première heure*
I'll do it first thing in the morning tomorrow. *Je le ferai demain à la première heure.*

First things first.–*Parons au plus pressé.*

to make the first move–*faire le premier pas*
We are waiting for them to make the first move. *Nous attendons qu'ils fassent le premier pas.*

of the first water–*de bonne trempe*
He is an aristocrat of the first water. *C'est un aristocrate de bonne trempe.*

(on) the first of the week (the month)–*au début de la semaine (du mois)*
I'll see him (on) the first of the week (the month). *Je le verrai au début de la semaine (du mois).*

on the first shot (try)–*du premier coup (jet)*
He got it right on the first shot (try). *Il l'a réussi du premier coup (jet).*

fish–*le poisson*

It's neither fish nor fowl.–*Ce n'est ni chair ni poisson.*

fit–*convenable, disposé*

to be as fit as a fiddle–*se porter comme un charme*
Since the operation she has been as fit as a fiddle. *Depuis l'opération elle se porte comme un charme.*

fit for a king–*de roi*
The filet mignon is a piece fit for a king. *Le tournedos est un morceau de roi.*

fit–*l'accès*

by fits and starts–*par à-coups*
The new program is working by fits and starts. *Le nouveau programme marche par à-coups.*

to have (to throw) a fit–*piquer une crise*
She had (she threw) a fit when she saw how dirty they were. *Elle a piqué une crise en voyant combien ils étaient sales.*

---

to fit–*convenir*

to fit into the picture–*jouer un rôle*
I don't see how they fit into the picture in this business. *Je ne vois pas quel rôle ils jouent dans cette affaire.*

to fit someone–*aller à quelqu'un*
His new coat fits him very badly. *Sa nouvelle veste lui va très mal.*

That fits.–*Ça colle.*

---

to fizzle–*grésiller, pétiller*

to fizzle out–*faire long feu, finir en queue de poisson*
Their fine plans all fizzled out. *Leurs beaux projets ont tous fait long feu (fini en queue de poisson).*

---

flash–*l'éclair*

a flash in the pan–*un feu de paille*
His great love turned out to be only a flash in the pan. *Son grand amour s'est révélé n'être qu'un feu de paille.*

---

flat–*plat*

to have a flat (tire)–*avoir une crevaison*
We had a flat (tire) on the way to our vacation. *Nous avons eu une crevaison en partant en vacances.*

---

flesh–*la chair*

in flesh and blood (in the flesh)–*en chair et en os*
We saw the President in flesh and blood (in the flesh). *Nous avons vu le Président en chair et en os.*

one's (own) flesh and blood–*les siens, sa famille*

I didn't expect such indifference from my (own) flesh and blood. *Je ne m'attendais pas à une telle indifférence de la part des miens (de ma famille).*

to float—*flotter*

to float on one's back—*faire la planche*
To rest up, she would float on her back from time to time. *Pour se reposer, elle faisait la planche de temps en temps.*

to float something (again)—*(re)mettre quelque chose à flot*
They had a hard time floating the business again after its failure. *Ils ont eu du mal à remettre l'entreprise à flot après sa faillite.*

flock—*le troupeau*

like a flock of sheep—*comme les moutons de Panurge*
Against all common sense, they followed their leader like a flock of sheep. *En dépit de tout bons sens, ils suivaient leur chef comme les moutons de Panurge.*

floor—*l'étage, le plancher*

on the floor—*par terre*
Upon hearing the shots, he lay down on the floor. *En entendant les coups de feu, il s'est couché par terre.*

to the floor—*à terre*
The pencil fell to the floor. *Le crayon est tombé à terre.*

to flow—*couler*

to flow freely as water—*couler de source*
This novelist's style flows freely as water. *Le style de ce romancier coule de source.*

fly—*la mouche*

a fly in the ointment—*une ombre au tableau*
The only fly in the ointment is the low selling price of grains. *La seule ombre au tableau est la mévente des grains.*

to fly—*(faire) voler, fuir*

to fly a (the) flag—*battre pavillon*
The freighter is flying the Dutch flag. *Le cargo bat pavillon hollandais.*

to fly by—*filer*
The days seemed to fly by. *Les journées semblaient filer.*

fly-by-night—*éphémère*
It was a fly-by-night organization. *C'était une organisation éphémère.*

to fly off the handle—*être (s'emporter comme une) soupe au lait; prendre la mouche, sortir de ses gonds*
He has a heart of gold but he flies off the handle. *Il a un cœur d'or mais il est (il s'emporte comme une) soupe au lait.* If you fly off the handle at every remark,

we'll never reach an agreement. *Si vous prenez la mouche (si vous sortez de vos gonds) à chaque observation, nous ne nous entendrons jamais.*

to fly the coop–*décamper, prendre la poudre d'escampette*
During the guards' absence, the prisoner flew the coop. *Pendant l'absence des gardes, le prisonnier a décampé (a pris la poudre d'escampette).*

to fold–*plier*

to fold (up)–*fermer boutique*
He decided to fold (up) and try another trade. *Il a décidé de fermer boutique et d'essayer un autre métier.*

to follow–*suivre*

to follow suit–*en faire autant*
Since they had already left, we followed suit. *Puisqu'ils étaient déjà partis, nous en avons fait autant.*

to follow through on one's ideas–*avoir de la suite dans les idées*
She doesn't drop her plans; she follows through on her ideas. *Elle ne laisse pas tomber ses projets; elle a de la suite dans les idées.*

to follow up on–*donner suite à*
He promised to follow up on my request. *Il a promis de donner suite à ma demande.*

fool–*la dupe, le sot*

foolproof–*infaillible*
This is a foolproof method. *C'est une méthode infaillible.*

to fool–*tromper*

to fool around–*perdre son temps*
Stop fooling around and come and help us. *Cessez de perdre votre temps et venez nous aider.*

foot–*le pied*

to have a foot in the door–*avoir un pied dans la place*
Now that we have a foot in the door, the rest will be easy. *Maintenant que nous avons un pied dans la place, le reste sera facile.*

for–*pendant, pour*

for (the benefit of)–*à l'intention de*
I know he said that for me (for my benefit). *Je sais qu'il a dit cela à mon intention.*

(bound, leaving) for–*à destination de*
The train (bound, leaving) for Lyons is in the station. *Le train à destination de Lyon est à quai.*

What(ever) for?–*A quoi bon? Pourquoi faire?*

to forbid–*défendre, interdire*
God forbid!–*A Dieu ne plaise!*

force–*la force*
    by force of circumstances–*par la force des choses*
    They were bound to fail by force of circumstances. *Ils devaient échouer par la force des choses.*

    in force–*en vigueur*
    This old regulation is still in force. *Ce vieux règlement est toujours en vigueur.*

to force–*obliger*
    one was forced to–*force lui fut de*
    He was forced to give up his ambitions. *Force lui fut de renoncer à ses ambitions.*

fore–*l'avant*
    in the forefront–*à la pointe*
    This institute is in the forefront of cancer research. *Cet institut est à la pointe des recherches sur le cancer.*

to forget–*oublier*
    Forget it!–*Laissez tomber!*

    a forgotten person–*un laissé pour compte*
    The elderly seemed to be the forgotten people of modern society. *Les vieux semblaient être les laissés pour compte de la société moderne.*

    I won't forget this easily.–*Je vous retiens.*

to form–*former*
    to form a gauntlet–*faire la haie*
    The students formed a gauntlet for the faculty's entrance. *Les étudiants ont fait la haie pour l'entrée des professeurs.*

fortune–*la fortune*
    for a fortune–*à prix d'or*
    They sold their old house for a fortune. *Ils ont vendu leur vieille maison à prix d'or.*

    to tell fortunes–*dire la bonne aventure*
    A gypsy told his fortune at the fair. *Une gitane lui a dit la bonne aventure à la foire.*

forty–*quarante*
    to grab (to take) forty winks–*piquer un roupillon*

I'm going to grab (to take) forty winks before dinner. *Je vais piquer un roupillon avant dîner.*

---

fount—*la fontaine, la source*

   a fount of knowledge—*un puits de science*

   Professor Dupont is a fount of knowledge. *Le professeur Dupont est un puits de science.*

---

four—*quatre*

   a four-letter word—*un mot de cinq lettres*

   He told me what he really thought in a four-letter word. *Il m'a dit le fond de sa pensée avec un mot de cinq lettres.*

---

to fox—*jouer au plus fin*

   to outfox—*tromper (le trompeur)*

   His opponents outfoxed him. *Ses adversaires l'ont trompé (ont trompé le trompeur).*

---

free—*gratuit, libre*

   (for) free—*gratis*

   We got this book (for) free. *Nous avons eu ce livre gratis.*

   free and easy—*sans gêne*

   He is nice but I find his manner a little too free and easy. *Il est gentil mais je trouve sa manière en peu trop sans gêne.*

   a free-for-all—*une mêlée générale*

   The game ended in a free-for-all. *Le match s'est terminé par une mêlée générale.*

   free rein (scope)—*libre carrière*

   She gave free rein (scope) to her imagination in this poem. *Elle a donné libre carrière à son imagination dans ce poème.*

   to give (to have) a free hand—*donner (avoir) carte blanche*

   The president gives you (you have) a free hand in this matter. *Le président vous donne (vous avez) carte blanche dans cette affaire.*

---

freeze—*le gel*

   to give someone the deep freeze (to put the freeze on someone)—*battre froid à quelqu'un*

   When she saw her ex-boyfriend, she gave him the deep freeze (she put the freeze on him). *Quand elle a vu son ancien ami, elle lui a battu froid.*

---

to freeze—*geler*

   It's freezing cold out.—*Il gèle à pierre fendre.*

---

fresh—*frais*

   fresh out of—*frais émoulu de*

He is a young man fresh out of school. *C'est un jeune homme frais émoulu de l'école.*

to frighten–*effrayer*

to be frightened to death–*être mort de peur*
I was frightened to death on hearing those chains rattle. *J'étais mort de peur en entendant grincer ces chaînes.*

frog–*la grenouille*

I have a frog in my throat.–*J'ai un chat dans la gorge.*

from–*de*

from afar–*de loin*
He was yelling so as to be heard from afar. *Il criait pour se faire entendre de loin.*

from . . . on–*à partir de*
From today on, I won't smoke any more. *A partir d'aujourd'hui, je ne fume plus.*

from what–*à ce que*
From what I can see, she has not understood. *A ce que je vois, elle n'a pas compris.*

front–*de devant*

on the front page–*à la une*
Give this headline five columns on the front page. *Donnez cinq colonnes à la une à ce titre.*

full–*plein*

at full gallop (speed)–*à bride abattue, ventre à terre*
The horseman went off at full gallop (speed). *Le cavalier est parti à bride abattue (ventre à terre).*

to be full of beans–*être plein d'entrain*
The old man was feeling full of beans that day. *Le vieux se sentait plein d'entrain ce jour-là.*

to be full of fight–*être (se sentir) d'attaque*
I was full of fight as soon as I woke up. *J'étais (je me sentais) d'attaque dès mon réveil.*

to be in full swing–*battre son plein*
The fair was in full swing when we arrived. *La fête battait son plein quand nous sommes arrivés.*

full blast–*à toute allure*
The train was going full blast. *Le train marchait à toute allure.*

full of fun–*très amusant (drôle)*
My uncle is full of fun. *Mon oncle est très amusant (drôle).*

in full career–*en pleine course*
They stopped the horse in full career. *Ils ont arrêté le cheval en pleine course.*

in full dress (regalia)–*en grande tenue*
The soldiers paraded in full dress (regalia). *Les soldats ont défilé en grande tenue.*

with full understanding (of the consequences)–*en connaissance de cause*
He made his decision to stay with full understanding (of the consequences). *Il a pris sa décision de rester en connaissance de cause.*

fun–*le plaisir*

for (in) fun–*pour rire*
Don't get upset; we did it for (in) fun. *Ne t'en fais pas; nous l'avons fait pour rire.*

to have fun–*s'amuser*
The children had a lot of fun at the sailing club. *Les enfants se sont bien amusés au club de voile.*

to have the fun of breaking in (a new situation)–*essuyer les plâtres*
It is you who will have the fun of breaking in the new reform laws. *C'est vous qui allez essuyer les plâtres de la nouvelle réforme.*

to make fun of (to poke fun at) someone–*mettre quelqu'un en boîte, se moquer de quelqu'un*
She keeps on making fun of (poking fun at) me and I'm sick of it! *Elle ne cesse de me mettre en boîte (de se moquer de moi) et j'en ai marre!*

funny–*comique, drôle*

the funny part (of it) is–*le plaisant de l'affaire est*
The funny part (of it) is that we're still good friends. *Le plaisant de l'affaire est que nous sommes toujours bons amis.*

fur–*la fourrure*

to make the fur fly–*se crêper le chignon*
The two irate women made the fur fly. *Les deux femmes en colère se sont crêpé le chignon.*

fuss–*le bruit, l'embarras*

to make (to stir up) a big fuss about–*faire tout en plat de*
She made (she stirred up) a big fuss about the price of her room. *Elle a fait tout un plat du prix de sa chambre.*

without fuss–*sans tambour ni trompette*
He left the company without fuss. *Il a quitté la compagnie sans tambour ni trompette.*

G

to gain–*gagner, obtenir*

to gain ground–*faire son chemin*
That idea is beginning to gain ground. *Cette idée commence à faire son chemin.*

to gain (weight)–*prendre (du poids)*
I gained five kilos on vacation. *J'ai pris cinq kilos pendant les vacances.*

game–*le jeu, le match*
His (our, your, etc.) game is up.–*C'en est fait de lui (de nous, de vous, etc.).*
The game is up.–*Les jeux sont faits.*

to gather–*cueillir*
to gather dust–*dormir dans les cartons (les fichiers)*
The committee's report is gathering dust. *Le rapport de la commission dort dans les cartons (les fichiers).*

genius–*le génie*
He's no genius.–*Ce n'est pas une lumière.*

to get–*devenir, obtenir*
to be getting along (in years)–*se faire vieux*
Her grandmother is getting along (in years). *Sa grand'mère se fait vieille.*

to be getting up in the world–*faire son chemin*
Despite his humble origins, he is getting up in the world. *Malgré ses origines modestes, il fait son chemin.*

to be just getting over–*relever de*
She is just getting over the flu. *Elle relève d'une grippe.*

to get a break–*avoir un coup de veine*
After years of failure, they finally got a break. *Après des années d'échec, ils ont enfin eu un coup de veine.*

to get across–*passer la rampe; traverser*
Despite its flaws, the play really got across. *En dépit de ses défauts, la pièce passait vraiment la rampe.* How can we get across the river? *Comment pouvons-nous traverser la rivière?*

to get a grip on oneself–*reprendre courage, se ressaisir*
Try to get a grip on yourself! *Essayez de reprendre courage (de vous ressaisir)!*

to get a handle on–*trouver le joint de*
I can't seem to get a handle on this problem. *Je n'arrive pas à trouver le joint pour résoudre ce problème.*

to get all dolled up–*se mettre sur son trente et un*
She got all dolled up to go dancing. *Elle s'est mise sur son trente et un pour aller danser.*

to get along–*se débrouiller*
We always manage to get along somehow. *Nous arrivons toujours à nous débrouiller d'une façon ou d'une autre.*

to get along with–*s'entendre avec*

He gets along well with his in-laws. *Il s'entend bien avec ses beaux-parents.*

to get along well–*vivre en bonne intelligence*
Despite their differences, they have managed to get along well. *Malgré leurs différences, ils ont réussi à vivre en bonne intelligence.*

to get along without–*se passer de*
I can get along without meat. *Je peux me passer de viande.*

Get a move on!–*Grouillez-vous! Remuez-vous un peu!*

to get a raw deal–*se faire rouler*
I'm going to lodge a complaint because I got a raw deal. *Je vais porter plainte parce que je me suis fait rouler.*

to get a rise out of–*faire marcher*
I couldn't get a rise out of him, despite all my efforts. *Je n'ai pas pu le faire marcher, malgré tous mes efforts.*

to get around–*voir du pays*
We have gotten around during our vacation trip. *Nous avons vu du pays pendant notre voyage de vacances.*

to get around someone–*entortiller quelqu'un*
He always tries to get around her. *Il essaie toujours de l'entortiller.*

to get around to doing–*trouver le temps de faire*
I'll get around to doing that tomorrow. *Je trouverai le temps de faire cela demain.*

to get away–*s'enfuir*
The robbers all got away unscathed. *Les voleurs se sont tous enfuis indemnes.*

to get away (off) with–*s'en tirer avec*
I don't know how he got away (off) with just a warning. *Je ne sais pas comment il s'en est tiré avec un simple avertissement.*

to get away with murder–*s'en tirer à très bon compte*
They got away with murder in that business. *Ils s'en sont tirés à très bon compte dans cette histoire.*

to get a word in edgewise–*placer un mot*
She was so excited that I couldn't get a word in edgewise. *Elle était si émue que je n'ai pas pu placer un mot.*

to get back at someone–*rendre à quelqu'un la monnaie de sa pièce*
We'll get back at them another time. *Nous leur rendrons la monnaie de leur pièce une autre fois.*

to get back to–*retourner à*
Now let's get back to our reading. *Retournons maintenant à notre lecture.*

to get by–*se tirer d'affaire*
They get by with what she earns. *Ils se tirent d'affaire avec ce qu'elle gagne.*

to get down to brass tacks (to business)–*en venir à l'essentiel (au fait)*
The negotiators are finally getting down to brass tacks (to business). *Les négociateurs en viennent enfin à l'essentiel (au fait).*

to get even with someone–*rattraper quelqu'un*
I'll get even with you someday. *Je te rattraperai un jour ou l'autre.*

to get flustered–*se laisser démonter*
He didn't get flustered at their hostility. *Il ne s'est pas laissé démonter devant leur hostilité.*

to get going–*se mettre en route*
It's late; you had better get going. *Il est tard; vous devriez vous mettre en route.*

to get hell–*se faire laver la tête*
We got hell because of our carelessness. *Nous nous sommes fait laver la tête à cause de notre négligence.*

to get in–*arriver, rentrer*
When do you think they are going to get in? *Quand pensez-vous qu'ils arrivent (qu'ils rentrent)?*

to get in (on, on board) a car (a boat, a plane, a train)–*monter dans une auto (un bateau, un avion, un train)*
We got on (board) the plane right away. *Nous sommes montés tout de suite dans l'avion.*

to get in bad with someone–*se mettre quelqu'un à dos*
By his provocations, he got in bad with them. *Par ses provocations, il se les est mis à dos.*

to get in someone's hair–*porter (taper) sur les nerfs à quelqu'un*
Go outside; you're getting in my hair. *Sors; tu me portes (tapes) sur les nerfs.*

to get into a rut–*s'encroûter (s'enliser) dans la routine*
We are getting further and further into a rut in this job. *Nous nous encroûtons (enlisons) de plus en plus dans la routine de ce poste.*

to get into the swing (of things)–*se mettre au courant*
She took a while to get into the swing (of things). *Elle a mis quelque temps à se mettre au courant.*

to get it in the neck–*écoper*
I know that it's you who will end up getting it in the neck. *Je sais que c'est vous qui finirez par écoper.*

to get it (things) off one's chest–*vider son sac*
Unable to remain silent any longer, he decided to get it (things) off his chest. *Ne pouvant plus garder le silence, il a décidé de vider son sac.*

to get killed–*se tuer*
Their parents got killed in an avalanche. *Leurs parents se sont tués dans une avalanche.*

to get lost–*se perdre*
We got lost in the forest. *Nous nous sommes perdus dans la forêt.*

to get off–*descendre*
I get off at the next stop. *Je descends au prochain arrêt.*

to get off cheap (easy)–*en être quitte (s'en tirer) à bon compte*
Given the gravity of the affair, they got off cheap (easy). *Vu la gravité de l'affaire, ils en ont été quittes (ils s'en sont tirés) à bon compte.*

to get off with–*en être quitte pour*
Luckily, they got off with a warning. *Heureusement, ils en ont été quittes pour un avertissement.*

to get one's expenses (one's money) back–*rentrer dans ses frais (dans son argent)*
He didn't make a profit but he got his expenses (his money) back. *Il n'a pas fait de bénéfices mais il est rentré dans ses frais (son argent).*

to get one's money's worth–*en avoir pour son argent*
It cost us a lot but we got our money's worth. *Cela nous a coûté cher mais nous en avons eu pour notre argent.*

to get one's second wind–*reprendre haleine*
He started to run again when he had gotten his second wind. *Il s'est remis à courir après avoir repris haleine.*

to get on someone's nerves–*porter (taper) sur les nerfs à quelqu'un, taper sur le système à quelqu'un*
Stop making that noise; it's getting on my nerves! *Cesse de faire ce bruit; il me porte (il me tape) sur les nerfs (il me tape sur le système)!*

to get on the right side–*se mettre du côté du manche*
In times of crisis he always managed to get on the right side. *En temps de crise il arrivait toujours à se mettre du côté du manche.*

to get on the right side of someone–*se faire bien voir de quelqu'un*
She is very shrewd and has gotten on the right side of her boss. *Elle est très habile et elle s'est fait bien voir de son patron.*

Get out!–*Hors d'ici! Sortez!*

to get out–*sortir*
What time do they get out of work? *A quelle heure sortent-ils du travail?*

to get out of difficulty–*s'en sortir*
Will you be able to get out of difficulty with three thousand francs? *Pourrez-vous vous en sortir avec trois mille francs?*

to get out of one's system–*se débarrasser de*
I can't get that feeling out of my system. *Je n'arrive pas à me débarrasser de ce sentiment.*

to get out when the getting is good–*tirer son épingle du jeu*
His partner got out when the getting was good. *Son associé a tiré son épingle du jeu.*

to get over–*se remettre de*
He has gotten over his initial surprise. *Il s'est remis de son étonnement initial.*

to get rid of–*se débarrasser (se défaire) de; semer*
She finally got rid of her old car. *Elle s'est enfin débarrassée (défaite) de sa vieille*

voiture. I had a hard time getting rid of that bore. *J'ai eu du mal à semer ce casse-pieds.*

to get someone–*avoir quelqu'un*
I got you! *Je t'ai eu!*

to get someone in trouble (in wrong)–*causer des ennuis à quelqu'un*
He is always trying to get me in trouble (in wrong). *Il essaie toujours de me causer des ennuis.*

to get someone out of a scrape (difficulty, trouble)–*tirer quelqu'un d'affaire (d'embarras)*
I am grateful to him, for he has often gotten me out of a scrape (difficulty, trouble). *Je lui suis reconnaissant, car il m'a souvent tiré d'affaire (d'embarras).*

to get someone worked up–*monter la tête à quelqu'un*
I see by your attitude that he has gotten you worked up against me. *Je vois par votre attitude qu'il vous a monté la tête contre moi.*

to get something in(to)–*faire entrer quelque chose*
I can't get it in(to) the package. *Je n'arrive pas à le faire entrer dans le colis.*

to get something under way–*mettre quelque chose en train*
She is the one who got the magazine under way. *C'est elle qui a mis la revue en train.*

to get sore–*se mettre en boule*
He got sore when I told him what you said. *Il s'est mis en boule quand je lui ai dit ce que tu avais dit.*

to get the axe (the boot, the sack)–*être limogé, se faire mettre à la porte*
After thirty years of service, he got the axe (the boot, the sack). *Après trente ans de service, il a été limogé (il s'est fait mettre à la porte).*

to get the best of–*avoir le dessus de, l'emporter sur*
We managed to get the best of our opposition. *Nous avons réussi à avoir le dessus de (l'emporter sur) nos concurrents.*

to get the feel of–*prendre en main*
I'm beginning to get the feel of this car. *Je commence à prendre cette voiture en main.*

to get the hang (the knack) of–*attraper le coup*
I think you're quickly going to get the hang (the knack) of playing this game. *Je crois que vous allez vite attraper le coup pour jouer ce jeu.*

to get the lay of the land–*tâter le terrain*
I'm going to ask them a few questions in order to get the lay of the land. *Je vais leur poser quelques questions pour tâter le terrain.*

to get the short end of the stick–*ne pas recevoir son dû, se faire avoir*
If they only paid you fifty francs, you got the short end of the stick. *Si l'on ne vous a payé que cinquante francs vous n'avez pas reçu votre dû (vous vous êtes fait avoir).*

to get through to–*avoir la communication avec*
We can't get through to the airport right now. *Nous n'arrivons pas à avoir la communication avec l'aéroport en ce moment.*

to get to do something–*avoir l'occasion de faire quelque chose*
When will we get to see them? *Quand aurons-nous l'occasion de les voir?*

to get to first base–*franchir la première étape*
I can't even get to first base with her. *Je n'arrive même pas à franchir la première étape avec elle.*

to get together–*se réunir*
The alumni get together every five years or so. *Les anciens élèves se réunissent à peu près tous les cinq ans.*

to get to the bottom of something–*en avoir le cœur net*
There has been a misunderstanding and I want to get to the bottom of it. *Il y a eu malentendu et je veux en avoir le cœur net.*

to get to the heart of the matter (the question)–*entrer dans le vif du sujet (de la question)*
The journalists wanted to get right to the heart of the matter (the question). *Les journalistes ont voulu entrer tout de suite dans le vif du sujet (de la question).*

to get under someone's skin–*taper sur les nerfs à quelqu'un*
Her habits get under my skin. *Ses manies me tapent sur les nerfs.*

to get up–*se lever*
I hate to get up early in the morning. *Je déteste me lever tôt le matin.*

to get up on one's high horse–*monter sur ses grands chevaux*
When you criticize his actions, he always gets up on his high horse. *Quand on critique ses actions, il monte toujours sur ses grands chevaux.*

to get up on the wrong side of bed–*se lever du pied gauche*
Laura is sulking; she got up on the wrong side of bed today. *Laura boude; elle s'est levée du pied gauche ce matin.*

to get upset–*s'en faire*
Don't get upset; it's nothing serious. *Ne t'en fais pas; ce n'est rien de grave.*

to get used to–*se faire à*
She is slowly getting used to her new job. *Elle se fait lentement à sa nouvelle situation.*

to get what one wants–*arriver (parvenir) à ses fins*
He will do anything to get what he wants. *Il ferait n'importe quoi pour arriver (parvenir) à ses fins.*

to get wind of–*avoir vent de*
I got wind of the deal before the others. *J'ai eu vent de la transaction avant les autres.*

He gets along (all right).–*Il se défend.*
I can't get over it!–*Je n'en reviens pas!*

I don't get it.—*Je n'y suis pas.*

It's getting late.—*Il se fait tard.*

It's getting worse and worse!—*Ça ne fait que croître et embellir!*

I've got it!—*Ça y est! J'y suis!*

That gets my back up!—*Ça me met en rogne!*

That's got 'em!—*C'est envoyé!*

You get the picture?—*Vous voyez le tableau?*

You've got it.—*C'est cela.*

What's got(ten) into him?—*Qu'est-ce qui le prend?*

---

ghost—*le fantôme, l'ombre*

not to have a ghost of a chance—*ne pas avoir l'ombre d'une chance*
He doesn't have a ghost of a chance to get elected. *Il n'a pas l'ombre d'une chance de se faire élire.*

---

gift—*le cadeau, le don*

to have a gift for—*avoir la bosse de*
She has a gift for music. *Elle a la bosse de la musique.*

to have the gift of gab—*avoir du bagou*
She isn't brilliant but she has the gift of gab. *Elle n'est pas brillante mais elle a du bagou.*

---

to give—*donner*

to give a big hand to—*applaudir chaleureusement*
The audience gave a big hand to the star. *Le public a applaudi la vedette chaleureusement.*

to give a black eye to—*ficher un œil au beurre noir à, pocher l'œil à*
She gave her husband a black eye. *Elle a fichu un œil au beurre noir (elle a poché l'œil) à son mari.*

to give a boost to—*relever le moral à*
You're saying those nice things just to give me a boost. *Vous dites ces gentillesses seulement pour me relever le moral.*

to give a boost (a hand up, a leg up) to—*faire la courte échelle à*
Give me a boost (a hand up, a leg up) so I can pick that apple. *Fais-moi la courte échelle, que je cueille cette pomme.*

to give a cold reception to—*faire triste mine à*
After his long absence, she gave him a cold reception. *Après sa longue absence, elle lui a fait triste mine.*

to give a dirty look—*regarder de travers*
When I said my name, he gave me a dirty look. *Quand j'ai dit mon nom, il m'a regardé de travers.*

to give a dressing down (hell) to—*passer un savon à*
His mother gave him a dressing down (hell) when she saw him come in late. *Sa mère lui a passé un savon en le voyant rentrer tard.*

to give a fair (a square) deal to—*agir loyalement envers*
You are not giving a fair (a square) deal to the public. *Vous n'agissez pas loyalement envers le public.*

to give a going-over—*passer à tabac*
The police caught the suspect and gave him a going-over. *La police a attrapé le suspect et l'a passé à tabac.*

to give a good account of oneself—*se défendre bien*
Before being beaten his team gave a good account of itself. *Avant de se faire battre, son équipe s'est bien défendue.*

to give a hard time (a lot of trouble)—*donner du fil à retordre à*
Before leaving him, she gave him a hard time (a lot of trouble). *Avant de le quitter, elle lui a donné du fil à retordre.*

to give a lecture to—*faire la morale à, sermonner*
She gave me a lecture about my conduct. *Elle m'a fait la morale (m'a sermonné) à propos de ma conduite.*

to give a nudge—*donner un coup de pouce*
They had to give him a nudge for him to pass the exam. *On a dû lui donner un coup de pouce pour qu'il réussisse à l'examen.*

to give a pain in the neck—*faire suer*
You give us a pain in the neck with your fish stories! *Tu nous fais suer avec tes histoires de pêche!*

to give a ring—*donner un coup de fil*
Give me a ring when you get to Paris. *Donnez-moi un coup de fil en arrivant à Paris.*

to give away—*faire cadeau de; laisser voir*
They are giving away all their furniture. *Ils font cadeau de tous leurs meubles.* His expression gave away his fear clearly. *Son expression laissait voir clairement sa peur.*

to give a wide berth to—*se tenir à distance de*
Give those people a wide berth. *Tenez-vous à distance de ces gens-là.*

to give back—*rendre*
Give me back my book right away. *Rendez-moi mon livre tout de suite.*

to give birth to—*mettre au monde*
She gave birth to fine twin boys. *Elle a mis au monde de beaux jumeaux.*

to give food for thought—*donner à réfléchir*
His unexpected silence gave us food for thought. *Son silence inattendu nous a donné à réfléchir.*

to give free rein—*donner libre cours*

She finally could give free rein to her feelings. *Elle pouvait enfin donner libre cours à ses sentiments.*

to give in to–*céder à; passer*
I won't give in to their blackmail. *Je ne céderai pas à leur chantage.* His mother gives in to all his whims. *Sa mère lui passe tous ses caprices.*

to give in (up)–*se rendre*
Don't fire; we give in (up). *Ne tirez pas; nous nous rendons.*

to give it one's all–*y mettre le paquet*
He gave it his all and he won. *Il y a mis le paquet et il a gagné.*

Give it the gun!–*Donnez pleins gaz!*

to give it to someone straight from the shoulder–*parler sans ambages à quelqu'un*
Their adviser gave it to them straight from the shoulder. *Leur conseiller leur a parlé sans ambages.*

to give notice–*donner avis, prévenir*
I give you notice that I'm leaving for good. *Je vous donne avis (préviens) que je pars pour de bon.*

to give off–*émettre*
This apparatus gives off harmful radiation. *Cet appareil émet des radiations nocives.*

to give offense–*porter ombrage*
It's your success that gives them offense. *C'est votre succès qui leur porte ombrage.*

to give one's right arm–*se couper en quatre*
I'd give my right arm for her to get well. *Je me couperais en quatre pour qu'elle guérisse.*

to give out–*distribuer; venir à manquer*
He was giving out leaflets on the street. *Il distribuait des pamphlets dans la rue.* The supplies gave out after two weeks. *Les provisions vinrent à manquer après quinze jours.*

to give quarter–*faire quartier*
The enemy soldiers gave no quarter. *Les soldats ennemis n'ont pas fait quartier.*

to give rise to–*donner lieu à, prêter à*
The new laws gave rise to abuse. *Les nouvelles lois ont donné lieu (ont prêté) à des abus.*

to give someone a cock-and-bull story–*raconter une histoire à dormir debout, vouloir faire prendre des vessies pour des lanternes*
Don't believe him; he's giving us a cock-and-bull story. *Ne le croyez pas; il nous raconte une histoire à dormir debout (il veut nous faire prendre des vessies pour des lanternes).*

to give someone a dose of his own medicine (his just deserts)–*rendre la monnaie de sa pièce (la pareille) à quelqu'un*

His victims finally gave him a dose of his own medicine (his just deserts). *Ses victimes lui ont enfin rendu la monnaie de sa pièce (la pareille).*

to give someone a licking–*frotter les oreilles à quelqu'un*
They fought and Pierre gave him a licking. *Ils se sont battus et Pierre lui a frotté les oreilles.*

to give someone a lift (a ride)–*emmener quelqu'un, laisser monter quelqu'un*
Will you give me a lift to the station? *Voulez-vous m'emmener (laisser monter) jusqu'à la gare?*

to give someone a piece of one's mind (the devil)–*dire ses quatre vérités à quelqu'un, secouer les puces à quelqu'un*
When I see him again, I'll give him a piece of my mind (the devil). *Quand je le reverrai, je vais lui dire ses quatre vérités (je vais lui secouer les puces).*

to give someone a run for his money–*en faire baver à quelqu'un*
Their team gave us a run for our money before losing. *Leur équipe nous en a fait baver avant de perdre.*

to give someone a smack–*allonger une claque à quelqu'un*
He gave me a smack as he passed by. *Il m'a allongé une claque en passant.*

to give someone a song and dance–*raconter toute une histoire à quelqu'un*
She gave me a song and dance about her absence. *Elle m'a raconté toute une histoire à propos de son absence.*

to give someone the air–*plaquer quelqu'un*
She gave her boyfriend the air. *Elle a plaqué son ami.*

to give someone the bird–*huer, siffler quelqu'un*
The audience gave the singer the bird. *Le public a hué (sifflé) le chanteur.*

to give someone the brush-off–*se débarrasser de quelqu'un*
We finally managed to give that bore the brush-off. *Nous avons enfin réussi à nous débarrasser de ce casse-pieds.*

to give someone the cold shoulder–*battre quelqu'un froid, recevoir quelqu'un comme un chien dans un jeu de quilles*
When I saw her at the party, she gave me the cold shoulder. *Quand je l'ai vue à la fête, elle m'a battu froid (elle m'a reçu comme un chien dans un jeu de quilles).*

to give someone the eye–*faire de l'œil à quelqu'un*
I tell you that guy was giving you the eye! *Je te dis que ce type te faisait de l'œil!*

to give someone the gate–*mettre quelqu'un à la porte*
The party crasher was given the gate. *On a mis le resquilleur à la porte.*

to give someone the red carpet treatment–*recevoir quelqu'un royalement*
The people at the hotel gave him the red carpet treatment. *Les gens de l'hôtel l'ont reçu royalement.*

to give someone the run-around–*faire courir quelqu'un pour rien*
I'm tired of being given the run-around. *J'en ai assez qu'on me fasse courir pour rien.*

to give someone the slip–*fausser compagnie à quelqu'un*
He gave us the slip in the crowd. *Il nous a faussé compagnie dans la foule.*

to give someone the word–*mettre quelqu'un au courant*
You had better give him the word, so he doesn't put his foot in his mouth. *Vous devriez le mettre au courant, pour qu'il ne mette pas les pieds dans le plat.*

to give someone the works–*passer quelqu'un à tabac*
The police gave him the works to make him talk. *La police l'a passé à tabac pour le faire parler.*

Give the devil his due.–*A tout seigneur tout honneur. Il faut faire la part du diable.*

to give the nod to–*donner le feu vert à, sélectionner*
The panel gave him the nod for that task. *Le jury lui a donné le feu vert (l'a sélectionné) pour cette tâche.*

to give the once-over–*jeter un coup d'œil sur*
He gave our work the once-over. *Il a jeté un coup d'oeil sur notre travail.*

to give to understand–*laisser entendre*
He gave me to understand that I would have the final word. *Il m'a laissé entendre que j'aurais le dernier mot.*

to give up–*abandonner*
They will not give up the captured territory. *Ils ne veulent pas abandonner le territoire conquis.*

to give up for lost–*en faire son deuil*
As far as that promotion is concerned, you may as well give it up for lost. *Quant à cette promotion, tu peux en faire ton deuil.*

to give up (guessing)–*donner sa langue au(x) chat(s)*
I give up (guessing); tell me what the answer is. *Je donne ma langue au(x) chat(s); dis-moi la réponse.*

to give up (hope of)–*faire son deuil de*
As for that job, you may as well give up (hope of it). *Quant à ce poste, tu peux en faire ton deuil.*

to give up the ghost–*rendre l'âme*
After a long illness, he gave up the ghost. *Après une longue maladie, il rendit l'âme.*

to give voice to–*exprimer*
Many who were there gave voice to their worries. *Beaucoup de ceux qui y assistaient ont exprimé leur inquiétude.*

I don't give a damn (a darn).–*Je m'en bats l'œil. Je m'en fiche. Je m'en moque.*

not to give an inch–*ne pas reculer d'une semelle*
The union head refused to give an inch to the management. *Le secrétaire du syndicat n'a pas voulu reculer d'une semelle devant la direction.*

glad–*heureux*

    the glad hand–*un accueil cordial*
They gave their visitor the glad hand. *Ils ont réservé un accueil cordial à leur invité.*

---

to glance–*jeter un regard*

    to glance at–*jeter un coup d'œil à (sur)*
He only glanced at my letter. *Il n'a fait que jeter un coup d'œil à (sur) ma lettre.*

---

to glare–*jeter un regard furieux*

    to glare at–*faire les gros yeux à*
When I squirmed during the sermon, my mother would glare at me. *Quand je bougeais pendant le prêche, ma mère me faisait les gros yeux.*

    to glare at one another–*se regarder en chiens de faïence*
They glared at one another over the fence. *Ils se regardaient en chiens de faïence par-dessus la barrière.*

---

to gloat–*couver, glousser*

    to gloat over–*faire des gorges chaudes de*
He was gloating over our defeat. *Il faisait des gorges chaudes de notre défaite.*

---

to go–*aller*

    as the saying goes–*comme on dit*
I've been taken, as the saying goes. *Je me suis fait avoir, comme on dit.*

    to be going downhill–*être en baisse*
His business has been going downhill for some time. *Ses affaires sont en baisse depuis quelque temps.*

    to go–*à emporter*
I'd like two sandwiches to go. *Je voudrais deux sandwichs à emporter.*

    to go about it–*s'y prendre, y aller*
He goes about it without pulling his punches. *Il s'y prend (il y va) sans mettre de gants.*

    to go about it openly–*y aller de franc jeu*
He is an opportunist but at least he goes about it openly. *C'est un opportuniste mais au moins il y va de franc jeu.*

    Go ahead!–*Allez de l'avant! Allez-y! Continuez!*

    to go all out (whole hog)–*y mettre le paquet*
He decided to go all out (whole hog) and he won. *Il a décidé d'y mettre le paquet et il a gagné.*

    to go along with–*appuyer, se prêter à*
I refuse to go along with their plans. *Je refuse d'appuyer (de me prêter à) leurs desseins.*

to go along with the crowd–*hurler avec les loups*
He is a conformist; he always goes along with the crowd. *C'est un conformiste; il hurle toujours avec les loups.*

to go (and) get–*aller chercher (trouver)*
Go (and) get your brother right away. *Va chercher (trouver) ton frère tout de suite.*

to go (and) meet–*aller au devant de*
We went (and) met our guests who were arriving. *Nous sommes allés au devant de nos invités qui arrivaient.*

to go at it hammer and tongs–*ne pas y aller de main morte*
They were fighting and they went at it hammer and tongs. *Ils se battaient et ils n'y allaient pas de main morte.*

to go away–*s'en aller*
Go away; you're bothering me! *Va-t'en; tu me déranges!*

to go away unsatisfied–*rester sur sa faim*
Since the museum had closed, we went away unsatisfied. *Puisque le musée avait fermé, nous sommes restés sur notre faim.*

to go back–*retourner*
I went back to see him the next day. *Je suis retourné le voir le lendemain.*

to go back on–*revenir sur*
He went back on his promise. *Il est revenu sur sa promesse.*

to go back over–*revenir sur*
Let's not go back over that same question. *Ne revenons pas sur cette même question.*

to go bad–*tourner*
The milk has gone bad. *Le lait a tourné.*

to go beyond–*doubler le cap de*
This composer has finally gone beyond his ninth symphony. *Ce compositeur a enfin doublé le cap de sa neuvième symphonie.*

to go broke (under)–*boire un bouillon, faire faillite*
Despite the loans which were made to him, he went broke (under). *Malgré les prêts qu'on lui a faits, il a bu un bouillon (il a fait faillite).*

to go by–*(se) passer*
The vacation went by quickly. *Les vacances se sont vite passées (ont passé vite).*

to go by the book–*appliquer le règlement*
Our sergeant always goes by the book. *Notre sergent applique toujours le règlement.*

to go crazy–*devenir fou*
He was going crazy trying to answer their questions. *Il devenait fou à essayer de répondre à leurs questions.*

to go down the drain–*tomber à l'eau*
All our plans went down the drain. *Tous nos projets sont tombés à l'eau.*

to go down to defeat—*se faire battre*
After a hard struggle, our team went down to defeat. *Après une lutte serrée, notre équipe s'est fait battre.*

to go Dutch (treat)—*payer chacun sa part.*
We went to the restaurant Dutch (treat). *Chacun a payé sa part au restaurant.*

Go fly a kite (jump in the lake)!—*Va te faire cuire un œuf! Va voir ailleurs (là-bas) si j'y suis!*

to go for—*avoir un penchant pour*
We go for classical music. *Nous avons un penchant pour la musique classique.*

to go for a dip—*aller se baigner*
Let's go for a dip this afternoon. *Allons nous baigner cet après-midi.*

to go for a ride (a walk)—*faire une promenade (un tour)*
We went for a ride (a walk) before dinner. *Nous avons fait une promenade (un tour) avant dîner.*

to go from rags to riches—*faire fortune en partant de rien*
His father went from rags to riches. *Son père a fait fortune en partant de rien.*

to go hungry (without supper)—*danser devant le buffet*
They were so poor they often went hungry (without supper). *Ils étaient si pauvres qu'ils dansaient souvent devant le buffet.*

to go in for—*s'adonner à, pratiquer*
He goes in for meditation. *Il s'adonne à (il pratique) la méditation.*

going strong—*d'attaque*
She is eighty and still going strong. *Elle a quatre-vingts ans et elle est toujours d'attaque.*

to go into retirement—*prendre sa retraite*
When do you plan on going into retirement? *Quand comptez-vous prendre votre retraite?*

to go it alone—*faire bande à part, faire cavalier seul*
Since he couldn't work with others, he would always go it alone. *Ne pouvant travailler avec les autres, il faisait toujours bande à part (cavalier seul).*

to go like a bat out of hell—*partir comme un bolide*
The motorcycle went like a bat out of hell. *La moto est partie comme un bolide.*

to go meatless—*faire maigre*
Catholics used to go meatless on Friday. *Les Catholiques faisaient maigre le vendredi autrefois.*

to go off—*sauter*
The bomb went off while they were working on it. *La bombe a sauté pendant qu'ils y travaillaient.*

to go off half-cocked—*agir avec trop de hâte*
We don't want to go off half-cocked in this matter. *Nous ne voulons pas agir avec trop de hâte dans cette affaire.*

to go off like clockwork–*marcher comme sur des roulettes*
The operation went off like clockwork. *L'opération a marché comme sur des roulettes.*

to go off the deep end–*perdre la boule*
He's behaving strangely; I think he's gone off the deep end. *Il agit bizarrement; je crois qu'il a perdu la boule.*

to go on–*continuer*
Go on talking; I'm listening to you. *Continuez de parler; je vous écoute.*

to go on a wild goose chase–*courir après le vent*
You made us go on a wild goose chase. *Vous nous avez fait courir après le vent.*

to go one better–*damer le pion à*
They tried to go us one better by producing an automatic machine. *Ils ont voulu nous damer le pion en fabriquant une machine automatique.*

Go on; I'm not interested!–*Cause toujours!*

to go on record–*se déclarer publiquement*
He went on record in favor of the reform. *Il s'est déclaré publiquement en faveur de la réforme.*

to go on the stage–*monter sur les planches*
She had wanted to go on the stage since childhood. *Elle désirait depuis son enfance monter sur les planches.*

to go out of control–*ne plus répondre aux commandes*
The plane went out of control. *L'avion ne répondait plus aux commandes.*

to go out of fashion–*se démoder*
Short dresses have gone out of fashion again. *Les robes courtes se sont démodées encore une fois.*

to go out of one's way to–*se donner la peine de*
He went out of his way to help me. *Il s'est donné la peine de m'aider.*

to go out on a limb–*se hasarder*
I'll go out on a limb and say that the economy will improve. *Je me hasarderai à dire que l'économie va s'améliorer.*

to go out to pasture–*aller planter ses choux*
My career is finished; I can just go out to pasture. *Ma carrière est terminée; je n'ai qu'à aller planter mes choux.*

to go over–*dépasser, mordre sur; être reçu*
His car went over the yellow line. *Sa voiture a dépassé (a mordu sur) la bande jaune.* How did the show go over? *Comment le spectacle a-t-il été reçu?*

to go over big–*avoir un grand succès*
Their idea went over big. *Leur idée a eu un grand succès.*

to go overboard–*exagérer*
I don't think I'm going overboard when I say she's terrific. *Je ne crois pas exagérer en disant qu'elle est formidable.*

to go over to the enemy–*passer à l'ennemi*
Several of our soldiers went over to the enemy. *Plusieurs de nos soldats sont passés à l'ennemi.*

to go over with a big bang–*avoir un succès fou*
The new play went over with a bang. *La nouvelle pièce a eu un succès fou.*

to go places–*faire son chemin; voyager*
I am sure that young man is going to go places. *Je suis sûr que ce jeune homme fera son chemin.* He wants to go places and see things. *Il veut voyager et voir du pays.*

Go right ahead.–*Libre à vous. Ne vous gênez pas.*

to go shopping–*courir les magasins; faire les courses*
She often goes shopping on Saturdays. *Elle court souvent les magasins le samedi.* She went shopping this morning before leaving for work. *Elle a fait les courses ce matin avant de partir au travail.*

to go stag–*aller sans cavalière*
He went stag to the dance. *Il est allé au bal sans cavalière.*

to go straight–*s'acheter une conduite*
Since that incident with the police, he has gone straight. *Depuis cette histoire avec la police, il s'est acheté une conduite.*

to go straight to the point–*aller droit au but*
Let's stop playing around and go straight to the point. *Cessons de tourner en rond et allons droit au but.*

to go through–*être approuvé; subir*
The bill went through without difficulty. *Le projet de loi a été approuvé sans difficulté.* I am tired after all I have gone through. *Je suis fatigué après tout ce que j'ai subi.*

to go through easily–*passer comme une lettre à la poste*
Our proposal went through easily. *Notre proposition a passé comme une lettre à la poste.*

to go through the motions of doing something–*faire quelque chose pour la forme*
They went through the motions of applying for a job. *Ils ont fait une demande d'emploi pour la forme.*

to go through with–*aller jusqu'au bout de; en passer par là, y passer*
He wouldn't dare go through with his plan. *Il n'oserait pas aller jusqu'au bout de son projet.* Resign yourself; you'll have to go through with it. *Résignez-vous; il faudra en passer par là (y passer).*

to go through with a fine-tooth comb–*passer au crible*
The manuscript was gone through with a fine-tooth comb. *On a passé le manuscrit au crible.*

to go to any lengths to–*faire n'importe quoi pour*
He will go to any lengths to win. *Il fera n'importe quoi pour gagner.*

to go to (a university)–*faire ses études à*
She went to Harvard. *Elle a fait ses études à Harvard.*

to go to one's head–*monter au cerveau à*
Success went to his head. *Le succès lui est monté au cerveau.*

to go to pieces–*s'effondrer*
She went to pieces after her father's death. *Elle s'est effondrée après la mort de son père.*

to go to pot–*s'en aller à la dérive*
You mustn't let him go to pot this way. *Il ne faut pas le laisser s'en aller à la dérive ainsi.*

to go to (rack and) ruin–*se délabrer, tomber en ruine*
His house has gone to (rack and) ruin. *Sa maison s'est délabrée (est tombée en ruine).*

to go to sleep–*s'endormir*
We went to sleep while watching television. *Nous nous sommes endormis en regardant la télévision.*

to go to the country–*se mettre au vert*
After this long year of studying, you should go to the country. *Après cette longue année d'étude, vous devriez vous mettre au vert.*

to go to the dogs–*aller à vau-l'eau*
Their company is going to the dogs. *Leur entreprise va à vau-l'eau.*

to go to waste–*être gaspillé*
All her talent is going to waste because of her inactivity. *Tout son talent est gaspillé à cause de son inactivité.*

to go wild over–*applaudir à tout rompre*
The audience went wild over his songs. *Le public a applaudi ses chansons à tout rompre.*

to go wrong–*se gâter*
After a while, everything started to go wrong. *Au bout de quelque temps, tout a commencé à se gâter.*

to have a go at–*essayer, tenter sa chance à*
I would like to have a go at that. *Je voudrais essayer (tenter ma chance à) cela.*

it goes without saying that–*il va sans dire (inutile de dire) que*
It goes without saying that we will pay. *Il va sans dire (inutile de dire) que c'est nous qui payons.*

It's all going down the drain.–*Ça s'en va en eau de boudin.*

It (that) goes without saying.–*Cela s'entend. Cela va de soi.*

Let's go!–*Allons-y! En avant!*

on the go–*sur la brèche*
Our congressman is always on the go. *Notre député est toujours sur la brèche.*

That's going a bit (too) far.–*Cela dépasse la mesure. C'est beaucoup dire. C'est un peu beaucoup. Il y a de l'abus.*
You may go now.–*Vous pouvez disposer.*

---

goat–*la chèvre*

to be the goat–*être le dindon de la farce*
Why am I always the goat? *Pourquoi est-ce toujours moi le dindon de la farce?*

---

gold–*l'or*

to goldbrick–*tirer au flanc*
Stop goldbricking and come help us. *Arrête de tirer au flanc et viens nous aider.*
It's a gold mine!–*C'est de l'or en barre!*

---

good–*bon*

as good as–*comme si*
It's as good as done. *C'est comme si c'était fait.*

as good as can be (as gold)–*sage comme une image*
Her baby is as good as can be (as gold). *Son bébé est sage comme une image.*

to be a good sport–*comprendre la plaisanterie*
You can tease her; she's a good sport. *On peut la taquiner; elle comprend la plaisanterie.*

to be as good as one's word–*tenir parole*
He said he would come and he was as good as his word. *Il a dit qu'il viendrait et il a tenu parole.*

to be in good hands–*être à bonne école*
He is in good hands to learn how to behave properly. *Il est à bonne école pour apprendre à se conduire comme il faut.*

to be in someone's good books–*être dans les petits papiers de quelqu'un*
He ought to have chosen me but I'm not in his good books. *Il aurait dû me choisir mais je ne suis pas dans ses petits papiers.*

to be pretty good at something–*ne pas être manchot*
When it came to cutting wood, he was pretty good at it. *Quand il s'agissait de couper du bois, il n'était pas manchot.*

to be so good as to–*avoir l'obligeance de*
Will you be so good as to change places with me? *Voulez-vous avoir l'obligeance de changer de place avec moi?*

to be . . . to the good–*avoir un bénéfice de*
I'm a hundred francs to the good on that deal. *J'ai un bénéfice de cent francs dans cette affaire.*

for good–*pour de bon*
Are you leaving us for good? *Nous quittez-vous pour de bon?*

for good and all–*sans retour*
Your money is lost for good and all. *Votre argent est perdu sans retour.*

good and–*tout à fait*
I'll leave when I'm good and ready. *Je partirai quand je serai tout à fait prêt.*

good at–*fort en*
She is good at math. *Elle est forte en maths.*

a good man (good people)–*un homme (des gens) de bien*
I address this request to all good people. *J'adresse cette requête à tous les gens de bien.*

Good riddance!–*Bon débarras!*

to have a good command of–*bien posséder*
She had a good command of French. *Elle possédait bien le français.*

to have a good figure–*avoir de la ligne, avoir la taille bien prise*
She isn't beautiful but she has a good figure. *Elle n'est pas belle mais elle a de la ligne (elle a la taille bien prise).*

to have a good time–*s'amuser*
Did you have a good time at the party? *Vous êtes-vous amusés à la fête?*

It's a good thing!–*Ce n'est pas malheureux!*

It's too good to be true!–*La mariée est trop belle!*

not to be on good terms–*être en froid*
They're not on good terms now. *Ils sont en froid maintenant.*

That's a good one!–*C'est bien trouvé! Elle est bonne, celle-là!*

What good does that do me?–*A quoi cela m'avance-t-il?*

With (good) reason!–*Et pour cause!*

---

goods–*les biens, la marchandise*

to have the goods on–*avoir des preuves contre*
The police had the goods on the head of the gang. *La police avait des preuves contre le chef de la bande.*

---

goose–*l'oie*

gooseflesh (pimples)–*la chair de poule*
That detective story gave me gooseflesh (pimples). *Ce roman policier m'a donné la chair de poule.*

---

gossip–*le bavard*

a (nasty) gossip–*une mauvaise langue*
Watch out for her; she is a (nasty) gossip. *Méfiez-vous d'elle; c'est une mauvaise langue.*

---

to grab–*saisir*

to grab a bite–*manger sur le pouce*
For lack of time we grabbed a bite. *Faute de temps nous avons mangé sur le pouce.*

to grab a handful–*taper dans le tas*
We have kilos of apples; just grab a handful. *Nous avons des kilos de pommes; vous n'avez qu'à taper dans le tas.*

to grab an opportunity–*saisir la balle au bond*
Seeing the right time had come, he grabbed the opportunity. *Voyant le moment venu, il a saisi la balle au bond.*

---

grateful–*reconnaissant*

to be grateful to–*savoir gré à*
I am grateful to him for his discretion. *Je lui sais gré de sa discrétion.*

---

gravy–*la sauce*

to get a little gravy–*mettre du beurre dans les épinards*
With his work on the side, he is starting to get a little gravy. *Avec le travail supplémentaire, il commence à mettre du beurre dans les épinards.*

---

great–*grand*

the greater part–*le plus clair*
He spends the greater part of his time dreaming. *Il passe le plus clair de son temps à songer.*

He (it, she) is in great demand.–*On se l'arrache.*

He's (she's) no great shakes.–*Ce n'est pas un aigle. Il (elle) ne casse rien.*

It's no great catch.–*Ce n'est pas le Pérou.*

to make great strides–*faire de grands progrès*
Medicine has made great strides in the past four hundred years. *La médecine a fait de grands progrès au cours des quatre cents dernières années.*

---

green–*vert*

to be green around the gills–*avoir mauvaise mine*
After the airplane ride he was green around the gills. *Après la promenade en avion il avait mauvaise mine.*

to be green as grass (a greenhorn)–*être naïf (un bleu)*
The newcomer was green as grass (a greenhorn). *Le nouveau-venu était naïf (un bleu).*

to have a green thumb–*avoir le don du jardinage*
Her roses are always splendid because she has a green thumb. *Ses roses sont toujours splendides parce qu'elle a le don du jardinage.*

---

to grieve–*se lamenter*

It grieves me to have to say it.–*Il m'en coûte de le dire.*

to grin–*sourire*

Grin and bear it!–*Faites contre mauvaise fortune bon cœur!*

to grin and bear it–*prendre son mal en patience*
Since he can't do anything about it, he has to grin and bear it. *Puisqu'il n'y peut rien, il faut qu'il prenne son mal en patience.*

to grit–*grincer*

to grit one's teeth–*serrer les dents*
We must grit our teeth in the face of this difficulty. *Il faut que nous serrions les dents devant cette difficulté.*

to grovel–*ramper*

to grovel before–*s'aplatir devant*
Don't grovel before that arrogant fellow. *Ne t'aplatis pas devant cet arrogant.*

to grow–*devenir, grandir, pousser*

grownups–*les grandes personnes*
You can't do everything grownups do, my child. *Tu ne peux pas faire tout ce que font les grandes personnes, mon enfant.*

to grow on someone–*gagner à être connu*
He seems dull at first but he grows on you. *Il semble ennuyeux au premier abord mais il gagne à être connu.*

to grow out of–*devenir trop grand pour*
She has grown out of her clothes. *Elle est devenue trop grande pour ses vêtements.*

to grow (plants)–*faire pousser (des plantes)*
We are growing beans this year. *Nous faisons pousser des haricots cette année.*

grudge–*la rancune*

to have a grudge against–*en avoir après, en vouloir à*
He still has a grudge against me because I refused. *Il en a toujours après moi (il m'en veut toujours) parce que j'ai refusé.*

guarantee–*la garantie*

without any guarantees–*sous toutes réserves*
I give you this information without any guarantees. *Je vous donne ce renseignement sous toutes réserves.*

guard–*la garde, le gardien*

to be (to remain) on one's guard–*se tenir sur la réserve*
The general is (is remaining) on his guard until the situation becomes clearer. *Le général se tient sur la réserve en attendant que la situation s'éclaircisse.*

guess–*la supposition*

It's anybody's guess.—*Personne ne sait au juste.*

to guess—*deviner*

> **to guess one can**—*croire pouvoir*
> I guess I can do this job. *Je crois pouvoir faire ce travail.*

gusto—*l'appétit*

> **with gusto**—*à belles dents*
> The critics tore the play apart with gusto. *Les critiques ont déchiré la pièce à belles dents.*

gut—*le boyau, l'entraille*

> **to have guts**—*avoir de l'estomac, avoir du cœur au ventre, avoir du cran*
> He must have had guts to fight alone against ten men. *Il devait avoir de l'estomac (du cœur au ventre, du cran) pour lutter seul contre dix hommes.*

gutter—*la gouttière, le ruisseau*

> **in the gutter**—*sur le pavé*
> During the Depression, many people found themselves in the gutter. *Pendant la Dépression, beaucoup de gens se sont trouvés sur le pavé.*

H

hair—*le cheveu, le poil*

> **It was just a hair's breadth away.**—*Il s'en est fallu d'un cheveu.*

half—*à moitié*

> **at half mast**—*en berne*
> The flag is at half mast because of the senator's death. *Le drapeau est en berne en raison de la mort du sénateur.*

> **to be half sober**—*être entre deux vins*
> When I saw him, he was half sober. *Quand je l'ai vu, il était entre deux vins.*

> **to be only half listening**—*n'écouter que d'une oreille*
> Her child was only half listening to her. *Son enfant ne l'écoutait que d'une oreille.*

> **half sad, half pleased**—*mi-figue, mi raisin*
> He looked at me with a half sad, half pleased expression. *Il m'a regardé d'un air mi-figue, mi raisin.*

> **half way**—*à mi-chemin*
> He stopped running half way to the finish. *Il a arrêté de courir à mi-chemin du but.*

hammer—*le marteau*

> **to come (to go) under the hammer**—*être vendu aux enchères*

After their bankruptcy, all their possessions came (went) under the hammer. *Après leur faillite, tous leurs biens ont été vendus aux enchères.*

---

hand–*la main*

to act hand in hand–*agir de conserve*
The two men acted hand in hand in the conspiracy. *Les deux hommes ont agi de conserve dans la conspiration.*

at hand–*sous la main*
I don't have his file at hand. *Je n'ai pas son dossier sous la main.*

to be hand in glove–*être comme les deux doigts de la main, être deux têtes sous le même bonnet*
The two politicians are hand in glove. *Les deux hommes politiques sont comme les deux doigts de la main (sont deux têtes sous le même bonnet).*

to give (to lend) a (helping) hand–*donner un coup d'épaule (de main) à*
The neighbors gave (lent) us a (helping) hand with the work. *Les voisins nous ont donné un coup d'épaule (de main) pour finir le travail.*

Hands up!–*Haut les mains!*

to have a hand in–*tremper dans*
People say he had a hand in that shady deal. *Les gens disent qu'il a trempé dans cette affaire louche.*

to have one's hands full–*avoir fort à faire*
The police had their hands full holding the crowd back. *La police avait fort à faire pour retenir la foule.*

to have someone on one's hands–*avoir quelqu'un sur les bras*
Since my brother's divorce, I have had him on my hands. *Depuis le divorce de mon frère, je l'ai sur les bras.*

(near) at hand–*à portée de la main*
I like to keep my tools (near) at hand. *J'aime garder mes outils à portée de la main.*

on hand–*disponible*
That is all the money I have on hand. *C'est tout l'argent disponible que j'ai.*

---

to hand–*passer*

You have to hand it to him.–*Il n'a pas son pareil.*

What's that you're handing me?–*Qu'est-ce que tu me chantes là?*

---

to handle–*manier, traiter*

to handle one's affairs right–*bien conduire (mener) sa barque*
If you handle your affairs right, you'll get rich. *Si tu conduis (tu mènes) bien ta barque, tu seras riche.*

to handle with kid gloves–*prendre des gants avec*

She is sensitive; you have to handle her with kid gloves. *Elle est sensible; il faut prendre des gants avec elle.*

---

to hang–*accrocher, pendre*

Don't hang up (the telephone)!–*Ne quittez pas!*

to hang around–*traîner*
His friends hang around the streets all day. *Ses camarades traînent dans les rues toute la journée.*

to hang around gaping–*gober des mouches*
Instead of working, they hung around gaping. *Au lieu de travailler, ils gobaient des mouches.*

to hang by a thread–*ne tenir qu'à un cheveu (un fil, un souffle)*
The patient's life was hanging by a thread. *La vie du malade ne tenait qu'à un cheveu (un fil, un souffle).*

to hang fire–*être en suspens*
For the moment, their plans are hanging fire. *Pour l'instant, leurs projets sont en suspens.*

Hang it!–*Bon sang!*

to hang on for dear life–*se cramponner désespérément*
He hung on to the boat for dear life. *Il s'est cramponné désespérément au bateau.*

to hang up–*raccrocher*
The operator told me to hang up. *L'opératrice m'a dit de raccrocher.*

to have a hangover–*avoir la gueule de bois, avoir mal aux cheveux*
The morning after the party he had a hangover. *Le lendemain de la fête il avait la gueule de bois (mal aux cheveux).*

Time hangs heavy on my hands.–*Le temps me pèse.*

---

to happen–*arriver, se passer*

to happen upon–*tomber sur*
I happened upon this reference in the newspaper. *Je suis tombé sur cette référence dans le journal.*

it (so) happens that (one happens to)–*il se trouve que*
It (so) happens that I was gone (I happened to be gone) that day. *Il se trouve que j'étais parti ce jour-là.*

---

happy–*content, heureux*

to be happy (in a place)–*se plaire (à un endroit)*
We were very happy in Paris. *Nous nous plaisions beaucoup à Paris.*

the happy medium–*le juste milieu*
She always goes from one extreme to another; there is no happy medium. *Elle va toujours du blanc au noir; il n'y a pas de juste milieu.*

---

hard–*difficile, dur*

to be hard put to (to have a hard time)–*avoir du mal à*
I would be hard put to answer (I would have a hard time answering) that question.
J'aurais du mal à répondre à cette question.

to be hard to get rid of–*être collant*
Your little brother really is hard to get rid of! *Ton petit frère est vraiment collant!*

to be hard up–*être dans la gêne, tirer le diable par la queue*
During the Depression they were hard up. *Pendant la Dépression ils étaient dans la gêne (ils tiraient le diable par la queue).*

hard to get along with–*difficile à vivre, un mauvais coucheur*
Don't take Robert with you; he's hard to get along with. *N'emmenez pas Robert; il est difficile à vivre (c'est un mauvais coucheur).*

the hard way–*à ses (propres) dépens*
I learned that the hard way. *J'ai appris cela à mes (propres) dépens.*

to have had a hard life–*en avoir vu de dures*
He has had a hard life during his career. *Il en a vu de dures pendant sa carrière.*

That's hard to swallow!–*Elle est raide, celle-là!*

What's so hard about that?–*Ce n'est pas sorcier!*

---

harm–*le mal*

to do more harm than good–*avoir la main malheureuse*
Despite his good intentions, he did more harm than good. *Malgré ses bonnes intentions, il avait la main malheureuse.*

There's no harm in waiting.–*Il n'y a pas péril en la demeure.*

---

hat–*le chapeau*

to be high-hat–*être snob*
Our new neighbors are very high-hat. *Nos nouveaux voisins sont très snobs.*

Hats off!–*Chapeau bas!*

---

to have–*avoir*

to be had–*se faire avoir*
If you paid that much, you've been had. *Si tu as payé autant que cela, tu t'es fait avoir.*

to have (a cub, a kitten, etc.)–*mettre bas*
The cat had her litter during the night. *La chatte a mis bas ses petits pendant la nuit.*

to have an ache (a pain)–*avoir mal à*
If you have a headache, take an aspirin. *Si vous avez mal à la tête, prenez un cachet d'aspirine.*

to have got someone under one's skin–*avoir quelqu'un dans la peau*

She'd gotten him under her skin and couldn't forget him. *Elle l'avait sous la peau et ne pouvait l'oublier.*

to have had it–*en avoir assez (marre, jusque là, plein les bottes)*
I've had it with his insolence! *J'en ai assez (marre, jusque là, plein les bottes) de son insolence!*

to have had its (one's) day–*avoir fait son temps*
Let's forget about that idea; it has had its day. *Laissons tomber cette idée; elle a fait son temps.*

to have it in for–*en avoir après, en vouloir à*
She has it in for him because he was late. *Elle en a après lui (elle lui en veut) à cause de son retard.*

to have it made–*avoir son pain cuit*
With his inheritance, he has it made. *Avec son héritage, il a son pain cuit.*

to have it out with–*avoir une explication avec*
The dissatisfied worker had it out with his supervisor. *L'ouvrier insatisfait a eu une explication avec son contremaître.*

to have just–*venir de*
They had just arrived when I saw them. *Ils venaient d'arriver quand je les ai vus.*

to have no use for–*n'avoir que faire de*
I have no use for such belated help. *Je n'ai que faire d'une aide si tardive.*

to have on–*porter*
He has his best shoes on. *Il porte ses plus belles chaussures.*

to have one's cake and eat it too–*vouloir le beurre et l'argent du beurre*
You have to choose; you can't have your cake and eat it too. *Il faut choisir; on ne peut vouloir le beurre et l'argent du beurre.*

to have one's own way–*n'en faire qu'à sa tête*
It's no use arguing with her; she'll have her own way. *Ce n'est pas la peine de discuter avec elle; elle n'en fera qu'à sa tête.*

to have pluck–*ne pas avoir froid aux yeux*
To make those long voyages, the Norsemen must have had pluck. *Pour faire ces longs voyages, les Normands ne devaient pas avoir froid aux yeux.*

to have someone do something (to have something done by someone)–*faire faire quelque chose à quelqu'un*
I had him wash the car (I had the car washed by him). *Je lui ai fait laver l'auto.*

to have the blues–*avoir le cafard, broyer du noir*
He had the blues because his girl friend hadn't written to him. *Il avait le cafard (il broyait du noir) parce que son amie ne lui avait pas écrit.*

to have what it takes–*avoir ce qu'il faut*
She definitely has what it takes to be a star. *Elle a certainement ce qu'il faut pour être une vedette.*

He's (they've, etc.) had it.–*C'en est fait de lui (d'eux, etc.).*

He (you, etc.) had it coming.–*Ça lui (vous, etc.) pendait au nez.*

I won't have it!–*Je ne le permettrai pas!*

not to have a cent to one's name (a red cent)–*loger le diable dans sa bourse, n'avoir ni sou ni maille (n'avoir pas le sou, pas un sou vaillant)*
I would help you out but I don't have a red cent. *Je t'aiderais bien mais je loge le diable dans ma bourse (je n'ai ni sou ni maille, pas le sou, pas un sou vaillant).*

---

head–*le chef, la tête*

to be (to stand) head and shoulders above–*dépasser du tout au tout*
Our team is (stands) head and shoulder above all the others. *Notre équipe dépasse les autres du tout au tout.*

head on–*de face (de front)*
The two trucks collided head on. *Les deux camions se sont heurtés de face (de front).*

head over heels in love–*amoureux fou*
My brother is head over heels in love with the girl next door. *Mon frère est amoureux fou de la fille des voisins.*

to make someone's head spin–*faire tourner la tête à quelqu'un*
All their questions made my head spin. *Toutes leurs questions me faisaient tourner la tête.*

not to be able to make head or tail of–*n'y voir que du feu, y perdre son latin*
He explained his theory to me but I couldn't make head or tail of it. *Il m'a expliqué sa théorie mais je n'y voyais que du feu (j'y perdais mon latin).*

---

to hear–*entendre*

to have heard something from someone–*tenir quelque chose de quelqu'un*
I have heard this information from their lawyer. *Je tiens ce renseignement de leur notaire.*

to hear about (of)–*entendre parler de*
I have never heard about (of) that incident. *Je n'ai jamais entendu parler de cet incident.*

to hear from–*avoir (recevoir) des nouvelles de*
Have you heard from your son yet? *Avez-vous déjà eu (reçu) des nouvelles de votre fils?*

to hear (it said) that–*entendre (se laisser) dire que*
I heard (it said) that we would have a visit from the President. *J'ai entendu (je me suis laissé) dire que nous aurions la visite du Président.*

not to hear of it–*ne rien vouloir savoir*
We asked him to take part but he wouldn't hear of it. *Nous lui avons demandé de participer mais il n'a rien voulu savoir.*

We haven't heard the last of it.–*Tout n'est pas dit.*

heart–*le coeur, le fond*

at heart–*au fond, dans le fond*
He's a good fellow at heart. *C'est un brave garçon au fond (dans le fond).*

to get to the heart of–*toucher du doigt*
Now you're getting to the heart of the problem. *Maintenant vous touchez du doigt le problème.*

to have one's heart in one's mouth–*avoir un serrement de cœur*
I had my heart in my mouth while watching his acrobatic feats. *J'avais un serrement de coeur en regardant ses tours d'acrobatie.*

to have one's heart in one's work–*avoir le feu sacré*
He doesn't have much training but he has his heart in his work. *Il n'a pas beaucoup d'entraînement mais il a le feu sacré.*

to have one's heart set on–*avoir à cœur*
The child had his heart set on seeing the Grand Canyon. *L'enfant avait à coeur de voir le Grand Canyon.*

a heart of stone–*un cœur sec*
Don't try to move him; he has a heart of stone. *N'essayez pas de l'émouvoir; c'est un coeur sec.*

His heart is in the right place.–*Il a bon coeur.*

in one's heart–*à part soi*
I voted for the bill but in my heart I had misgivings. *J'ai voté pour le projet de loi mais à part moi je m'en défiais.*

My heart leapt into my throat.–*Mon sang n'a fait qu'un tour.*

to one's heart's content–*à cœur joie*
We sang and danced to our heart's content. *Nous avons chanté et dansé à cœur joie.*

to heave–*jeter, soulever*

to heave a sigh–*pousser un soupir*
We heaved a sigh of relief when we saw them leave. *Nous avons poussé un soupir de soulagement en les voyant partir.*

heavy–*lourd*

in heavy weather–*par gros temps*
The trawler left the port in heavy weather. *Le chalutier a quitté le port par gros temps.*

height–*la hauteur*

to be at its (the) height–*battre son plein*

The celebration was at its (the) height when we arrived. *La fête battait son plein quand nous sommes arrivés.*

hell–*l'enfer*

There will be hell to pay!–*Ça va barder!*

when hell freezes over–*quand les poules auront des dents*
He'll pay you back when hell freezes over! *Il te rendra ton argent quand les poules auront des dents!*

help–*l'aide, le secours*

There's no help for it.–*Il n'y a pas de remède à ça.*

to help–*aider*

to help doing something–*se défendre (s'empêcher, se retenir) de faire quelque chose*
She couldn't help laughing when she thought of it. *Elle ne pouvait pas se défendre (s'empêcher, se retenir) de rire en y pensant.*

to help oneself to more than one's share–*se tailler la part du lion*
The portions aren't fair; you helped yourself to more than your share. *Le partage n'est pas juste; tu t'es taillé la part du lion.*

Help yourself.–*Servez-vous.*

I can't help it.–*C'est plus fort que moi.*

May I help you? (in a store)–*Vous désirez?*

Not if I can help it!–*Pas si bête!*

That can't be helped.–*Cela ne se commande pas. Il n'y a pas de remède (Il n'y a rien à faire) à cela.*

here–*ici*

here and there–*à droite et à gauche, de côté et d'autre; par endroits*
They picked up things here and there as they walked. *Ils ramassaient des choses à droite et à gauche (de côté et d'autre) en se promenant.* The grass was wet here and there. *L'herbe était mouillée par endroits.*

here on earth–*ici-bas*
Nothing can be perfect here on earth. *Rien ne peut être parfait ici-bas.*

It's here to stay.–*C'est là pour de bon.*

hide–*la peau*

hidebound–*dur à cuire*
Napoleon counted on the hidebound veterans of his army. *Napoléon comptait sur les durs à cuire de son armée.*

high–*haut*

high and dry—*en plan(t)*
Despite his promises, he left us high and dry. *Malgré ses promesses, il nous a laissés en plan(t).*

a high fever—*une fièvre de cheval*
Don't go out today; you're running a high fever! *Ne sors pas aujourd'hui; tu as une fièvre de cheval!*

in high quarters—*en haut lieu*
A cease-fire has been announced in high quarters. *Un cessez-le-feu a été annoncé en haut lieu.*

It's high time!—*Il était grand temps!*

on the high seas—*en pleine mer*
The battle took place on the high seas. *La bataille a eu lieu en pleine mer.*

---

hint—*l'allusion, la suggestion*

a hint of—*un rien (un soupçon) de*
I felt a hint of regret in his letter. *J'ai senti un rien (un soupçon) de regret dans sa lettre.*

---

to hit—*frapper*

a hit-and-run driver—*un chauffard*
He got run over by a hit-and-run driver. *Il s'est fait écraser par un chauffard.*

to hit it off—*sympathiser*
The two boys hit it off right away. *Les deux garçons ont sympathisé tout de suite.*

to hit one's stride—*trouver son rythme*
He'll finish the job quickly now that he's hit his stride. *Il finira le travail rapidement maintenant qu'il a trouvé son rythme.*

to hit the ceiling (the roof)—*bondir (de colère)*
Her father hit the ceiling (the roof) when he got the bill. *Son père a bondi (de colère) quand il a reçu la facture.*

to hit the hay (the sack)—*se pieuter*
I'm exhausted and I'm going to hit the hay (the sack) right away. *Je suis fourbu et je vais me pieuter tout de suite.*

to hit the jackpot—*gagner le gros lot*
What luck! You've hit the jackpot! *Quelle chance! Vous avez gagné le gros lot!*

to hit the nail on the head—*mettre (en plein) dans le mille, mettre le doigt dessus*
What you say is absolutely right; you've hit the nail on the head. *Ce que vous dites est absolument juste; vous avez mis (en plein) dans le mille (vous avez mis le doigt dessus).*

to hit the road—*se mettre en route*
We'll have to hit the road early tomorrow morning. *Nous devrons nous mettre en route de bonne heure demain matin.*

to hit the spot–*être ce qu'il faut*
That glass of cold water really hit the spot. *Ce verre d'eau fraîche était juste ce qu'il me fallait.*

---

to hold–*tenir*

to be held–*avoir lieu, se tenir*
The meeting will be held in the church. *La réunion aura lieu (se tiendra) dans l'église.*

to hold down a job–*occuper un emploi*
You can't hold down two full-time jobs at once. *Vous ne pouvez pas occuper deux emplois à plein temps à la fois.*

to hold in suspense–*tenir en haleine*
The story of his adventures held us in suspense. *L'histoire de ses aventures nous a tenus en haleine.*

Hold it!–*Attendez! Ne bougez pas!*

to hold (it) against someone–*en vouloir (tenir rigueur) à quelqu'un*
He still holds it against me that I refused to help. *Il m'en veut (il me tient rigueur) toujours de mon refus d'aider.*

to hold one's ground (one's own)–*tenir bon*
He held his ground (his own), despite increasing pressure. *Il a tenu bon, malgré une pression croissante.*

to hold one's liquor–*supporter l'alcool (la boisson)*
He shouldn't drink; he can't hold his liquor. *Il ne devrait pas boire; il ne supporte pas l'alcool (la boisson).*

to hold one's peace (one's tongue)–*tenir sa langue*
Instead of talking foolishly, you would do better to hold your peace (your tongue). *Au lieu de dire des sottises, vous feriez mieux de tenir votre langue.*

Hold on to your hat!–*Tenez bon la rampe!*

to hold out–*tendre; tenir le coup*
He held out his hand to me. *Il m'a tendu la main.* I don't know whether we'll be able to hold out much longer. *Je ne sais pas si nous pourrons tenir le coup encore longtemps.*

to hold over–*prolonger*
They are holding the exhibition over for another week. *Ils vont prolonger l'exposition d'une semaine.*

to hold someone (something) off–*tenir quelqu'un (quelque chose) en respect*
He held the dog off with a stick. *Il a tenu le chien en respect avec un bâton.*

Hold the wire!–*Ne quittez pas!*

to hold tight–*s'accrocher*
He tried to hold tight to the door handle. *Il a essayé de s'accrocher à la poignée de la porte.*

to hold up–*arrêter; attaquer à main armée; soutenir; tenir le coup*
What is holding up this line? *Qu'est-ce qui arrête cette queue?* Two bandits held up the bank. *Deux bandits ont attaqué la banque à main armée.* There is nothing holding up this ceiling! *Il n'y a rien qui soutienne ce plafond!* This paint didn't hold up very well. *Cette peinture n'a pas très bien tenu le coup.*

to hold up (to hold water)–*tenir debout*
Your reasoning doesn't hold up (doesn't hold water). *Votre raisonnement ne tient pas debout.*

Hold your horses!–*Ne vous emballez pas!*

not to hold a candle to–*ne pas arriver à la cheville de*
This writer doesn't hold a candle to Henry James. *Cet écrivain n'arrive pas à la cheville de Henry James.*

---

hole–*le trou*

to be in the hole–*avoir un trou*
I'm $100 in the hole in my accounts. *J'ai un trou de $100 dans mes comptes.*

---

holy–*sacré, saint*

Holy cow!–*Nom d'un chien!*

---

home–*le foyer, la maison*

(at) home–*chez soi*
My aunt is staying (at) home today. *Ma tante reste chez elle aujourd'hui.*

to be homesick–*avoir le mal du pays*
He has been homesick since his arrival in Europe. *Il a le mal du pays depuis son arrivée en Europe.*

to hit (to strike) home–*faire mouche*
His reply hit (struck) home. *Sa réplique a fait mouche.*

the home office–*la maison mère*
The home office of this business is located in Lille. *La maison mère de cette entreprise se trouve à Lille.*

---

honest–*honnête, loyal*

honest (I will)!–*vrai de vrai!*
I'll write you every day, honest (I will)! *Je t'écrirai tous les jours, vrai de vrai!*

---

hook–*le crochet*

by hook or by crook–*d'une manière ou d'une autre*
We'll get that money by hook or by crook. *Nous aurons cet argent d'une manière ou d'une autre.*

---

hopeless–*désespéré, sans espoir*

to be hopeless at–*n'avoir aucun talent pour*

I am hopeless at sports. *Je n'ai aucun talent pour les sports.*

---

horse—*le cheval*

    That's a horse of a different color.—*C'est une autre paire de manches.*

---

hot—*chaud*

    to be hotheaded—*avoir la tête près du bonnet*
    Don't tease him; he's awfully hotheaded! *Ne le taquinez pas; il a la tête très près du bonnet!*

    to be hot on the heels of—*être aux trousses de*
    The police were hot on the heels of the robber. *La police était aux trousses du voleur.*

    to be on the hot seat—*être sur la sellette*
    The accused employee was on the hot seat. *L'employé accusé était sur la sellette.*

    to be (to get) hot under the collar—*s'échauffer (la bile)*
    Don't be (don't get) hot under the collar; we were joking. *Ne vous échauffez pas (la bile); nous plaisantions.*

    He's (she's, etc.) not so hot.—*Ce n'est pas un as.*

    It's not so hot.—*Ce n'est pas brillant.*

    That's (a lot of) hot air!—*Ce sont des paroles en l'air! C'est de la blague!*

    Things are getting (starting to get) hot!—*Ça chauffe!*

---

to hound—*poursuivre*

    to hound someone—*relancer quelqu'un*
    His former wife came and hounded him even at the office. *Son ancienne femme venait le relancer jusque dans son bureau.*

---

hour—*l'heure*

    after hours—*après la fermeture (le travail)*
    You'll have to come see me after hours. *Il faudra que vous veniez me voir après la fermeture (le travail).*

    for hours on end—*pendant des heures*
    The lecturer talked for hours on end. *Le conférencier a parlé pendant des heures.*

    hour by hour—*d'heure en heure*
    His condition gets worse hour by hour. *Son état empire d'heure en heure.*

    in the small (wee) hours of the morning—*au petit matin*
    They returned home in the small (wee) hours of the morning. *Ils sont rentrés chez eux au petit matin.*

---

house—*la maison*

to have a housewarming–*pendre la crémaillère*
They invited all their friends to have a housewarming. *Ils ont invité tous leurs amis à pendre la crémaillère.*

It's on the house.–*C'est la maison qui paie.*

open house–*table ouverte*
When they were rich, they always kept open house. *Quand ils étaient riches, ils tenaient toujours table ouverte.*

---

how–*comment*

how about . . .–*si nous (si l'on, etc.) . . .*
How about going for a walk? *Si nous faisions (si l'on faisait, etc.) une promenade?*

How about that!–*Qu'est-ce que vous dites de cela? Vous m'en direz tant!*

That's how things stand.–*Les choses en sont là.*

---

hue–*haro*

a hue and cry–*une levée de boucliers*
The court's harsh sentences provoked a hue and cry. *Les jugements sévères de la cour ont provoqué une levée de boucliers.*

with hue and cry–*à cor et à cri*
They demanded repayment with hue and cry. *Ils ont réclamé le remboursement à cor et à cri.*

---

to hunch–*arrondir*

to hunch one's back–*tendre le dos*
Expecting to be beaten, the criminal hunched his back. *S'attendant à être battu, le criminel tendait le dos.*

---

hungry–*affamé*

to be hungry–*avoir faim*
We were hungry because we hadn't eaten all day. *Nous avions faim parce que nous n'avions pas mangé de toute la journée.*

to be hungry as a bear (very hungry)–*avoir l'estomac dans les talons, avoir une faim de loup*
Let's go have dinner right away; I'm hungry as a bear (very hungry). *Allons dîner tout de suite; j'ai l'estomac dans les talons (j'ai une faim de loup).*

---

to hurt–*blesser, faire mal à*

to hurt someone (someone's feelings)–*faire de la peine à quelqu'un*
It hurt me (my feelings) to see them leave so early. *Cela m'a fait de la peine de les voir partir si tôt.*

I

idiot–*idiot*

> **It's idiots' delight!**–*C'est la foire aux cancres!*

---

if–*si*

> **if only**–*pour peu que*
> If only we get a ray of sunlight, we'll have our picnic. *Pour peu que nous ayons un rayon de soleil, nous ferons notre pique-nique.*
>
> **if only (at least)**–*si encore*
> If only (at least) he was willing to help us! *Si encore il voulait bien nous aider!*
>
> **if that!**–*et encore!*
> He earns ten thousand dollars a year, if that! *Il gagne dix mille dollars par an, et encore!*

---

ill–*mal, malade*

> **to be (to feel) ill**–*aller mal*
> My grandfather is (feels) ill today. *Mon grand-père va mal aujourd'hui.*
>
> **to be taken (to take) ill**–*tomber malade*
> After their walk in the rain, she was taken (she took) ill. *Après leur promenade sous la pluie, elle est tombée malade.*
>
> **with no ill intent**–*sans songer à mal (à malice)*
> She said it without thinking, with no ill intent. *Elle l'a dit par mégarde, sans songer à mal (à malice).*

---

image–*l'image*

> **to be the (living, spit and) image of**–*être tout le portrait (le portrait craché) de*
> That child is the (living, spit and) image of his mother. *Cet enfant est tout le portrait (le portrait craché) de sa mère.*

---

to imagine–*imaginer, se figurer*

> **Can you imagine?**–*Vous vous rendez compte?*
>
> **to imagine things**–*se faire des idées*
> It's not true; you're imagining things! *Ce n'est pas vrai; tu te fais des idées!*
>
> **You can't imagine!**–*On n'a pas idée de ça!*

---

impatient–*impatient*

> **to be impatient to**–*avoir hâte de*
> I'm impatient to get home again. *J'ai hâte de rentrer à la maison.*

---

to improve–*(s') améliorer*

> **to improve on acquaintance**–*gagner à être connu*

He seems dull at first but he improves on acquaintance. *Il a l'air ennuyeux au premier abord mais il gagne à être connu.*

in–*chez soi, dans, dedans*

to be in (fashion)–*être à la mode*
Jeans are in (fashion) everywhere this year. *Les blue-jeans sont à la mode partout cette année.*

to be in on it–*être de la fête*
Don't ask me; I'm not in on it. *Ne me demande pas; je ne suis pas de la fête.*

He isn't (they aren't, etc.) in.–*Il n'est pas (ils ne sont pas, etc.) là.*

He's (I'm, etc.) in for it!–*Il est (je suis, etc.) frais! Le voilà (me voilà, etc.) frais! Son compte (mon compte, etc.) est bon!*

the ins and outs–*les coins et recoins*
He knows the ins and outs of the university. *Il connaît les coins et recoins de l'université.*

insofar as–*en tant que*
He helps us insofar as we can be useful to him. *Il nous aide en tant que nous pouvons lui être utiles.*

to include–*comprendre, inclure*

including–*y compris*
That costs fifty francs, including tax. *Cela coûte cinquante francs, y compris la taxe.*

to indulge–*(se) permettre*

to indulge in–*s'adonner à*
He indulges too much in drinking. *Il s'adonne trop à la boisson.*

to inform–*informer, renseigner*

to inform of–*faire savoir*
Inform me of the time of your arrival. *Faites-moi savoir l'heure de votre arrivée.*

inside–*(à) l'intérieur*

to blow (to turn) inside out–*retourner*
The wind blew (turned) my umbrella inside out. *Le vent a retourné mon parapluie.*

to get inside a part (a role)–*se mettre dans la peau d'un personnage*
That actress manages to get inside all the parts (the roles) she plays. *Cette actrice réussit à se mettre dans la peau de tous les personnages qu'elle joue.*

to have an inside lead (track)–*avoir des tuyaux*
He got this job because he had an inside lead (track). *Il a eu ce poste parce qu'il avait des tuyaux.*

He has inside information.–*Il connaît tous les dessous.*

inside out–*à l'envers*

I put my sweater on inside out. *J'ai mis mon pullover à l'envers.*

to insist—*insister*

to insist on—*tenir à*
I insist on going to see him right away. *Je tiens à aller le voir tout de suite.*

to intend—*destiner*

to intend to—*avoir l'intention de*
I intend to have dinner here. *J'ai l'intention de dîner ici.*

intention—*l'intention*

His (her) intentions are good.—*Cela part d'un bon cœur.*

with only the highest intentions—*en tout bien tout honneur*
I'm telling you these things with only the highest intentions. *Je vous dis ces choses en tout bien tout honneur.*

intimate—*intime*

to be of intimate concern—*toucher de près*
I am taking care of this matter; it is of intimate concern to me. *Je m'occupe de cette question; elle me touche de près.*

to involve—*engager, enrouler*

to be involved—*être de moitié*
It was clear that he was involved in their deal. *Il était évident qu'il était de moitié dans leur affaire.*

iron—*le fer*

to have several irons in the fire—*manger à deux (à plusieurs) râteliers*
To take care of his growing needs, he had to have several irons in the fire. *Pour subvenir à ses besoins croissants, il devait manger à deux (à plusieurs) râteliers.*

to iron—*presser, repasser*

to iron out—*aplanir*
We'll iron out that difficulty later. *Nous aplanirons cette difficulté plus tard.*

isolation—*l'isolement*

in isolation (from reality)—*en vase clos*
The students in the new campus complain of living in isolation (from reality). *Les étudiants du nouveau campus se plaignent de vivre en vase clos.*

J

to jack—*soulever (avec un cric)*

to jack up—*augmenter*

The wholesalers have jacked up their prices. *Les grossistes ont augmenté leurs prix.*

jam—*la cohue, la confiture*

to be in a jam—*être dans le pétrin*
I'm in a jam because I forgot to warn them. *Je suis dans le pétrin parce que j'ai oublié de les prévenir.*

job—*l'emploi, le travail*

to do a bad (a good) job of—*s'y prendre mal (bien) pour*
He did a bad (a good) job of making friends with us. *Il s'y est mal (bien) pris pour gagner notre amitié.*

to do the job—*faire l'affaire*
I think this new part will do the job. *Je crois que cette nouvelle pièce fera l'affaire.*

on the job—*sur le tas; vigilant*
He learned his trade as a machinist on the job. *Il a appris son métier de machiniste sur le tas.* Fortunately, the police were on the job. *Heureusement, la police était vigilante.*

You have a nice (a soft) job.—*Vous avez un bon fromage.*

Johnny—*Jeannot*

He's a Johnny-come-lately.—*C'est un nouveau venu.*

He was Johnny-on-the-spot.—*Il est arrivé à point nommé.*

to join—*adhérer à, (se) joindre (à)*

to join the ranks—*grossir les rangs*
He went and joined the ranks of the unemployed. *Il est allé grossir les rangs des chômeurs.*

joke—*la plaisanterie*

as a joke—*pour rire*
Don't get upset; I said that as a joke! *Ne t'en fais pas; j'ai dit ça pour rire!*

That's no joke!—*Il n'y a pas de quoi rire!*

You're joking.—*Vous plaisantez. Vous voulez rire.*

jump—*le saut*

to be a (one) jump ahead of—*avoir une longueur d'avance sur*
Our opponents are a (one) jump ahead of us. *Nos adversaires ont une longueur d'avance sur nous.*

to get (to have) the jump on someone—*avoir barre sur quelqu'un*
By making this offer we'll get (we'll have) the jump on him. *En faisant cette offre nous aurons barre sur lui.*

to jump–*sauter*

to jump down someone's throat–*rabrouer quelqu'un*
He jumped down my throat for a minor error. *Il m'a rabroué pour une petite erreur.*

to jump from one subject (topic) to another–*sauter du coq à l'âne*
I can't follow you if you jump from one subject (topic) to another. *Je ne peux pas vous suivre si vous sautez du coq à l'âne.*

to jump on someone–*prendre quelqu'un à partie*
During the debate, the candidate was jumped on violently. *Pendant le débat, le candidat a été violemment pris à partie.*

to jump out of one's skin–*sursauter de frayeur*
I jumped out of my skin when I saw them appear. *J'ai sursauté de frayeur en les voyant apparaître.*

to jump the gun–*partir avant le signal*
All the runners jumped the gun. *Tous les coureurs sont partis avant le signal.*

to jump the rent–*déménager à la cloche de bois*
Being without money, they were obliged to jump the rent. *Etant sans argent, ils ont été obligés de déménager à la cloche de bois.*

to jump to conclusions–*juger à la légère*
You are jumping to conclusions in this matter. *Vous jugez à la légère dans cette affaire.*

---

just–*juste, seulement*

to do just as someone wishes–*faire les quatre volontés de quelqu'un*
She is very submissive and always does just as her father wishes. *Elle est très soumise et fait toujours les quatre volontés de son père.*

to do (etc.) just the same–*ne pas laisser de*
His work is difficult but it pleases him just the same. *Son travail est difficile mais ne laisse pas de lui plaire.*

just a bit–*un tant soit peu*
He is just a bit affected. *Il est un tant soit peu affecté.*

just about–*à peu (de chose) près*
We have just about a thousand dollars. *Nous avons à peu près mille dollars (mille dollars, à peu de chose près).*

just a moment (a second)–*un instant, un moment*
Just a moment (a second), sir; I'm calling him. *Un instant (un moment), monsieur; je l'appelle.*

just (a moment ago)–*à l'instant*
I just learned (a moment ago) that he has gone out. *J'apprends à l'instant qu'il est sorti.*

just as one is getting up–*au saut du lit*

He came to see me just as I was getting up this morning. *Il est venu me trouver au saut du lit ce matin.*

just barely—*de justesse*
They just barely caught the last train. *Ils ont attrapé le dernier train de justesse.*

just right—*à la perfection*
Congratulations; you did that just right! *Félicitations; vous avez fait cela à la perfection!*

just the same—*ce n'est pas pour dire, mais, tout de même*
Just the same, I prefer to leave right away. *Ce n'est pas pour dire, mais (tout de même,) je préfère partir tout de suite.*

just the thing (just what) someone needs—*l'affaire de quelqu'un*
If you're looking for a bargain, I have just the thing (just what) you need. *Si vous cherchez une bonne occasion, j'ai votre affaire.*

just to—*histoire de*
I went outside just to get some air. *Je suis sorti histoire de respirer un peu.*

justice—*la justice*

to do justice to—*avantager, faire valoir*
This photo doesn't do justice to you. *Cette photo ne vous avantage pas (ne vous fait pas valoir).*

K

keep—*l'entretien*

for keeps—*pour de bon*
Are you leaving us for keeps? *Est-ce que vous nous quittez pour de bon?*

to keep—*garder*

to be kept standing (waiting)—*faire le pied de grue*
I was there for our appointment but she kept me standing (waiting). *J'étais au rendez-vous mais elle m'a fait faire le pied de grue.*

to keep abreast of—*se tenir au courant de*
We try to keep abreast of the news every day. *Nous essayons de nous tenir au courant des nouvelles tous les jours.*

to keep an eye (a close eye) on—*regarder à*
He is not a miser but he keeps an eye (a close eye) on expenses. *Ce n'est pas un avare mais il regarde à la dépense.*

to keep a stiff upper lip—*serrer les dents*
We must keep a stiff upper lip in the face of this difficulty. *Il faut que nous serrions les dents devant cette difficulté.*

to keep a straight face—*garder son sérieux*
The speech was so ridiculous that I had trouble keeping a straight face. *Le discours était si ridicule que j'ai eu du mal à garder mon sérieux.*

to keep at arm's length—*tenir à distance*
Since she didn't trust him, she kept him at arm's length. *Ne lui faisant pas confiance, elle le gardait à distance.*

to keep a tight rein on someone—*tenir quelqu'un de court*
He keeps a tight rein on his daughter and won't let her go out. *Il tient sa fille de court et ne veut pas la laisser sortir.*

Keep at it (keep it up)!—*Continuez (comme ça)!*

to keep away from—*éviter*
You must keep away from sweets. *Il faut que vous évitiez les sucreries.*

to keep body and soul together—*joindre les deux bouts, ne pas crever de faim*
That salary is just enough to keep body and soul together. *Ce salaire est juste de quoi joindre les deux bouts (ne pas crever de faim).*

to keep busy (with)—*s'occuper à*
In his spare time, he keeps busy (with) painting. *A ses heures perdues, il s'occupe à peindre.*

to keep harping on something—*revenir à la charge*
We wanted to avoid that question but he kept harping on it. *Nous voulions éviter cette question mais il revenait à la charge.*

to keep in mind (keep sight of)—*garder présent à l'esprit*
Let's keep our real goal in mind (keep sight of our real goal). *Gardons notre but véritable présent à l'esprit.*

Keep it under your hat!—*Bouche cousue! Gardez cela pour vous!*

to keep on—*ne pas arrêter de*
They kept on knocking at the door. *Ils n'arrêtaient pas de frapper à la porte.*

to keep on course—*suivre le cap*
According to our radar, the missile is keeping on course. *Selon notre radar, le missile suit le cap.*

to keep one's end up—*faire sa part*
I'll try to keep my end up, but you'll have to help, too. *Je tâcherai de faire ma part, mais il faudra que vous m'aidiez aussi.*

to keep one's eye on—*avoir à l'œil*
Watch out; I'm keeping my eye on you! *Attention; je vous ai à l'œil!*

to keep one's eyes open—*ne pas avoir les yeux dans sa poche*
That child notices everything; he keeps his eyes open. *Cet enfant remarque tout; il n'a pas les yeux dans sa poche.*

to keep one's figure—*garder sa ligne*
She eats like a bird in order to keep her figure. *Elle mange comme un moineau pour garder sa ligne.*

to keep one's fingers crossed–*toucher du bois*
Let's keep our fingers crossed while waiting for the results. *Touchons du bois en attendant les résultats.*

to keep one's hand in–*s'entretenir la main*
I try to work at it every day to keep my hand in. *J'essaie d'y travailler tous les jours pour m'entretenir la main.*

to keep one's head (one's wits about one)–*garder son sang-froid*
Try to keep your head (your wits about you) despite the danger. *Tâchez de garder votre sang-froid malgré le danger.*

to keep (one's nose) out of–*ne pas se mêler de*
Keep (your nose) out of their business. *Ne vous mêlez pas de leurs affaires.*

to keep one's nose to the grindstone–*travailler d'arrache-pied*
I have kept my nose to the grindstone all these years for nothing. *J'ai travaillé d'arrache-pied pendant toutes ces années pour rien.*

Keep out!–*Défense d'entrer!*

to keep pace (to keep up) with–*avancer au même rhythme (du même pas) que; se tenir au courant de*
I couldn't keep pace (keep up) with the old man. *Je n'ai pas pu avancer au même rhythme (du même pas) que le vieillard.* We no longer can keep pace (keep up) with scientific progress. *Nous n'arrivons plus à nous tenir au courant des progrès de la science.*

to keep someone at a distance–*prendre ses distances avec quelqu'un, tenir quelqu'un à distance*
Since their argument, she has been keeping him at a distance. *Depuis leur dispute, elle prend ses distances avec lui (elle le tient à distance).*

to keep someone guessing–*laisser quelqu'un dans le doute*
She always tries to keep her admirers guessing. *Elle essaie toujours de laisser ses amoureux dans le doute.*

to keep someone in line–*avoir quelqu'un en main*
We will win if you manage to keep your supporters in line. *Nous gagnerons si vous réussissez à avoir vos partisans en main.*

to keep someone out of the way–*tenir quelqu'un à l'écart*
He complains that his colleagues keep him out of the way. *Il se plaint de ce que ses collègues le tiennent à l'écart.*

to keep something for a rainy day–*garder une poire pour la soif*
She put the money back in the drawer in order to keep something for a rainy day. *Elle a remis l'argent dans le tiroir afin de garder une poire pour la soif.*

to keep something going–*faire marcher quelque chose*
These investments keep business going. *Ces investissements font marcher le commerce.*

to keep tabs on–*avoir à l'œil*

You must keep tabs on those new workers. *Il faut avoir ces nouveaux ouvriers à l'oeil.*

to keep the crowd entertained–*amuser la galerie*
He tried to keep the crowd entertained by doing magic tricks. *Il a essayé d'amuser la galerie en faisant des tours de magie.*

to keep the peace–*maintenir l'ordre public*
The militia was sent out to keep the peace. *On a envoyé la milice maintenir l'ordre public.*

to keep the pot boiling–*faire bouillir la marmite*
He had an evening job to keep the pot boiling. *Il travaillait le soir pour faire bouillir la marmite.*

to keep the wolf from the door–*se mettre à l'abri du besoin*
She had to work long hours to keep the wolf from the door. *Elle devait travailler de longues heures pour se mettre à l'abri du besoin.*

to keep to one's left (one's right)–*tenir sa gauche (sa droite)*
Keep to your left (your right) at the intersection. *Tenez votre gauche (votre droite) au carrefour.*

to keep track of–*ne pas perdre de vue*
Always try to keep track of your old friends. *Essayez toujours de ne pas perdre de vue vos vieux amis.*

to keep up appearances–*sauver les apparences*
They still had their Thursday salon to keep up appearances. *Ils tenaient toujours leur salon du jeudi pour sauver les apparences.*

to keep up with the Joneses–*rivaliser avec les (riches) voisins*
They bought a new car just to keep up with the Joneses. *Ils ont acheté une voiture neuve juste pour rivaliser avec leurs (riches) voisins.*

Keep your eyes open (peeled; Keep your weather eye open)!–*Ouvrez l'œil (et le bon)!*

Keep your shirt on!–*Ne vous emballez pas!*

not to keep one's word–*manquer à sa parole*
Daddy didn't keep his word; he forgot to take us along. *Papa a manqué à sa parole; il ne nous a pas emmenés.*

---

key–*la clé (clef)*
to be (all) keyed up–*être gonflé à bloc*
The team was (all) keyed up for the game. *L'équipe était gonflée à bloc pour le match.*

---

kick–*le coup de pied*
for kicks–*histoire de rire*
They said that they did it for kicks. *Ils disent qu'ils l'ont fait histoire de rire.*

---

to kick–*donner un coup de pied*

He was kicked upstairs.–*On s'est débarrassé de lui en lui donnant de l'avancement.*

a kickback–*un pot de vin*
The official was fired for taking kickbacks. *On a mis le fonctionnaire à la porte pour avoir accepté des pots de vin.*

to kick in–*avancer*
My parents kicked in half of the money I needed. *Mes parents ont avancé la moitié de l'argent qu'il me fallait.*

to kick oneself for something–*s'en mordre les doigts*
I didn't listen to them and I could kick myself for it. *Je ne les ai pas écoutés et je m'en mords les doigts.*

to kick out–*ficher à la porte*
The bartender kicked the drunkard out. *Le barman a fichu l'ivrogne à la porte.*

to kick over the traces–*ruer dans les brancards*
After years of docility, he is kicking over the traces. *Après des années de docilité, il rue dans les brancards.*

to kick the bucket–*casser sa pipe, passer l'arme à gauche*
Old man Michel kicked the bucket. *Le père Michel a cassé sa pipe (a passé l'arme à gauche).*

to kick up a row (a rumpus)–*faire du boucan (du foin, le diable à quatre)*
They kicked up a row (a rumpus) when we made them leave. *Ils ont fait du boucan (du foin, le diable à quatre) quand nous les avons fait sortir.*

to kick up one's heels–*faire les quatre cents coups*
For all his apparent dignity, he kicked up his heels during his youth. *Malgré son air de dignité, il a fait les quatre cents coups pendant sa jeunesse.*

---

kid–*le chevreau, le gosse*

kid brother–*le petit frère*
My kid brother plays the piano very well. *Mon petit frère joue très bien du piano.*

---

to kid–*taquiner*

to kid oneself–*se bercer d'illusions*
You're kidding yourself if you think he will come. *Vous vous bercez d'illusions si vous croyez qu'il viendra.*

No kidding (you're kidding)!–*Sans blague!*

---

to kill–*tuer*

My feet are killing me!–*Mes pieds me font un mal de chien!*

to kill the goose that lays the golden eggs–*tuer la poule aux œufs d'or*
If you vote against this proposal, you're killing the goose that lays the golden eggs. *Si vous votez contre cette proposition, vous tuez la poule aux œufs d'or.*

to kill two birds with one stone–*faire coup double, faire d'une pierre deux coups*
This new plan has the advantage of killing two birds with one stone. *Ce nouveau projet a l'avantage de faire coup double (faire d'une pierre deux coups).*

---

kind–*l'espèce, la sorte*

kind of–*plutôt*
She's nice, but she's kind of strange. *Elle est gentille, mais elle est plutôt bizarre.*

in kind–*en nature*
Not having any ready cash, the farmer paid us in kind. *N'ayant pas d'argent liquide, le fermier nous a payés en nature.*

to pay back (to repay) in kind–*rendre la pareille à*
His victims finally paid him back (repaid him) in kind. *Ses victimes lui ont enfin rendu la pareille.*

---

knee–*le genou*

knee-high to a grasshopper–*haut comme trois pommes*
I knew that man when he was knee-high to a grasshopper. *Je connaissais cet homme quand il était haut comme trois pommes.*

---

knife–*le couteau*

to go under the knife–*monter (passer) sur le billard*
He avoided going to see the doctor for fear of having to go under the knife. *Il évitait d'aller voir le docteur de peur d'avoir à monter (passer) sur le billard.*

---

to knit–*tricoter*

close-knit–*(très) uni*
They are a close-knit family. *C'est une famille (très) unie.*

to knit one's brow–*froncer les sourcils*
Excessive worry makes him knit his brow. *L'excès des soucis lui fait froncer les sourcils.*

Stick (tend) to your knitting!–*Occupez-vous de vos oignons!*

---

knock–*le coup*

There is a knock at the door.–*On frappe.*

---

to knock–*frapper*

to knock about–*rouler sa bosse*
He has knocked about all over the world. *Il a roulé sa bosse à travers le monde.*

to knock for a loop–*flanquer par terre*
The news knocked me for a loop! *La nouvelle m'a flanqué par terre!*

to knock into a cocked hat–*pulvériser les arguments de*
His opponent in the debate knocked him into a cocked hat. *Son adversaire dans le débat a pulvérisé ses arguments.*

Knock it off!–*Arrêtez! Ça suffit!*

to knock off (the price)–*rabattre (du prix)*
I'll knock a hundred francs off (the price). *Je vais rabattre cent francs (du prix).*

to knock off (work)–*débrayer*
The laborers knocked off (work) at five. *Les travailleurs ont débrayé à cinq heures.*

Knock (on) wood!–*Touchez du bois!*

to knock out (cold)–*étendre raide*
The blow knocked him out (cold). *Le coup l'a étendu raide.*

to knock out of commission–*mettre hors de combat*
Our attack has knocked their battleship out of commission. *Notre attaque a mis leur cuirassé hors de combat.*

to knock someone off–*faire passer le goût du pain à quelqu'un*
They say it's his wife who knocked him off. *On dit que c'est sa femme qui lui a fait passer le goût du pain.*

to knock someone's block off (to knock someone silly)–*casser la figure à quelqu'un*
Keep your hands off my brother, or I'll knock your block off! (I'll knock you silly!) *Si tu touches à mon frère, je te casse la figure!*

to knock the daylights out of–*faire voir trente-six chandelles à*
The blow knocked the daylights out of him. *Le coup lui a fait voir trente-six chandelles.*

---

to know–*connaître, savoir*

to be in the know–*être à la page (dans le bain); être au courant*
I'm sorry about that mistake; I'm not yet really in the know. *Je m'excuse de cette gaffe; je ne suis pas encore vraiment à la page (dans le bain).* We tried to find out if he was in the know about their activities. *Nous avons essayé de savoir s'il était au courant de leurs activités.*

Don't I know it!–*Vous ne m'apprenez rien!*

He's known all over (far and wide).–*Il est connu comme le loup blanc.*

If you only knew (the half of it)!–*C'est toute une histoire!*

to know all the angles (the score)–*connaître les ficelles*
His accountant knew all the angles (the score). *Son comptable connaissait les ficelles.*

to know all the answers–*être une fine mouche*
Don't try to fool him; he knows all the answers. *N'essayez pas de le tromper; c'est une fine mouche.*

to know a lot about–*avoir des lumières sur*
Professor Dupont knows a lot about that subject. *Le professeur Dupont a des lumières sur ce sujet.*

to know better than to–*savoir qu'on ne doit pas*

He ought to know better than to eat so much. *Il devrait savoir qu'on ne doit pas tant manger.*

to know for a fact that—*savoir pertinemment que*
We know for a fact that he was at the meeting. *Nous savons pertinemment qu'il était à la réunion.*

know-how—*le savoir-faire*
He has the know-how it takes to get this job done. *Il a le savoir-faire qu'il faut pour accomplir cette tâche.*

to know how to do things the right way—*y mettre la manière*
When our boss entertains, he knows how to do things the right way. *Quand notre patron invite, il y met la manière.*

to know like the back of one's hand—*connaître comme sa poche*
I was born in Paris; I know it like the back of my hand. *Je suis né à Paris; je le connais comme ma poche.*

to know one's place—*savoir se tenir à sa place*
The old lady said that young people didn't know their place any more. *La vieille dame disait que les jeunes ne savaient plus se tenir à leur place.*

to know one's stuff—*connaître son métier*
That mechanic knows his stuff! *Ce mécanicien connaît son métier!*

to know one's way around—*savoir se débrouiller*
He is young but he already knows his way around. *Il est jeune mais il sait déjà se débrouiller.*

to know the right people—*avoir des relations*
To succeed in this business, you have to know the right people. *Pour réussir dans ce commerce, il faut avoir des relations.*

to know the ropes—*être à la coule*
He already knows the ropes in his new job. *Il est déjà à la coule dans son nouveau travail.*

to know what's what—*savoir de quoi il retourne*
You can depend on him; he knows what's what. *Vous pouvez compter sur lui; il sait de quoi il retourne.*

to know where one is (at)—*savoir s'y retrouver*
He is the only one who knows where he is (at) in this mess. *Lui seul sait s'y retrouver dans ce désordre.*

to know where one stands—*savoir à quoi s'en tenir*
Thanks to your frankness I know where I stand. *Grâce à votre franchise je sais à quoi m'en tenir.*

to know which side one's bread is buttered on—*savoir de quel côté se trouve la manne*
He'll do us this favor because he knows which side his bread is buttered on. *Il nous rendra ce service parce qu'il sait de quel côté se trouve la manne.*

not to know beans (the first thing) about—*ignorer le premier mot de, ne savoir ni a ni b en*
He doesn't know beans (the first thing) about chemistry. *Il ignore le premier mot de la (il ne sait ni a ni b en) chimie.*

not to know one's way around—*ne pas s'y reconnaître*
I don't know my way around this part of the city. *Je ne m'y reconnais pas dans cette partie de la ville.*

not to know which way to turn—*ne pas savoir où donner de la tête*
He was overwhelmed with work and didn't know which way to turn. *Il était débordé de travail et ne savait pas où donner de la tête.*

What do you know!—*Pas possible!*

L

lack—*le manque*

for lack of—*faute de*
For lack of something better, I watched television. *Faute de mieux, j'ai regardé la télévision.*

lady—*la dame*

a ladies' man—*un homme à bonnes fortunes*
He's a fortune-seeker and a ladies' man. *C'est un aventurier et un homme à bonnes fortunes.*

land—*la terre*

to do a land-office business—*faire des affaires d'or*
The first few days they did a land-office business. *Les premiers jours ils ont fait des affaires d'or.*

lap—*l'étape, le giron*

in (on) one's lap—*sur les genoux*
She held the child in (on) her lap. *Elle tenait l'enfant sur les genoux.*

in the lap of luxury—*au sein du (dans le) luxe*
Thanks to his success, he's living in the lap of luxury. *Grâce à ses succès, il vit au sein du (dans le) luxe.*

lark—*l'alouette*

to have a lark—*bien rigoler*
We had a lark on our day off. *Nous avons bien rigolé le jour de notre congé.*

to lash—*cingler*

to lash out at—*faire une sortie contre*

The conservative congressman lashed out at the laws on abortion. *Le député conservateur a fait une sortie contre les lois sur l'avortement.*

---

last–*dernier*

to be at one's last gasp–*avoir le coup de pompe*
Upon arriving at the top of the hill, the cyclist was at his last gasp. *En arrivant en haut de la côte, le cycliste a eu le coup de pompe.*

to be on one's last legs–*battre de l'aile*
His business is in bad shape and it's on its last legs. *Son affaire est en mauvais état et elle bat de l'aile.*

to have the last laugh (word)–*avoir le dernier mot*
He thought he had won but we had the last laugh (word). *Il pensait avoir gagné mais c'est nous qui avons eu le dernier mot.*

It's my last hope.–*C'est ma dernière planche de salut.*

It's the last word.–*C'est le dernier cri.*

last but not least–*sans oublier*
And last but not least, our coach, who made our victory possible. *Sans oublier notre entraîneur, qui a rendu notre victoire possible.*

That's the last straw!–*Cela dépasse les bornes! C'en est trop! C'est le comble! Il ne manquait plus que ça!*

---

last–*le dernier, la fin*

at last–*enfin*
At last we are alone. *Nous voilà enfin seuls.*

That's the (we've seen the) last of him.–*Il est parti pour de bon. Nous voilà débarrassés de lui.*

---

late–*en retard, tard; récent*

to be in one's late thirties (forties, etc.)–*friser la quarantaine (la cinquantaine, etc.)*
My aunt is in her late thirties but she just got married. *Ma tante frise la quarantaine mais elle vient de se marier.*

It's the latest thing.–*C'est le dernier cri.*

late in life–*sur le tard*
He married his wife late in life. *Il a épousé sa femme sur le tard.*

later on–*dans (par) la suite*
I learned later on that she had left her husband. *J'ai appris dans (par) la suite qu'elle avait quitté son mari.*

of late–*dernièrement*
My memory has been bad of late. *Ma mémoire s'est affaiblie dernièrement.*

---

to laugh–*rire*

to laugh in someone's face–*rire au nez à quelqu'un*

When I ordered a glass of water, the waitress laughed in my face. *Quand j'ai commandé un verre d'eau, la serveuse m'a ri au nez.*

to laugh one's head off–*rire à gorge déployée (aux larmes, à ventre déboutonné, comme un bossu)*

That comic film made me laugh my head off. *Ce film comique m'a fait rire à gorge déployée (aux larmes, à ventre déboutonné, comme un bossu).*

to laugh on the other side of one's face–*rire jaune*

My rival laughed on the other side of his face when he learned of my success. *Mon rival a ri jaune en apprenant mon succès.*

to laugh up one's sleeve–*rire dans sa barbe*

Seeing the trouble they had gotten themselves into, he laughed up his sleeve. *En voyant les ennuis qu'ils s'étaient attirés, il riait dans sa barbe.*

You'll laugh yourself sick!–*C'est à mourir de rire!*

---

to lay–*pondre, poser*

to lay a finger on–*porter la main sur*

Don't you dare lay a finger on him! *N'essayez pas de porter la main sur lui!*

to lay an egg–*faire un four*

That dramatist's latest play laid an egg. *La dernière pièce de ce dramaturge a fait un four.*

to lay at someone's door–*mettre sur le dos de quelqu'un*

Don't lay your problems at my door. *Ne me mettez pas vos problèmes sur le dos.*

to lay down–*déposer, mettre bas*

The soldiers surrendered and laid down their arms. *Les soldats en se rendant ont déposé (ont mis bas) leurs armes.*

to lay down the law–*faire la loi*

It's the father who lays down the law in their family. *C'est le père qui fait la loi dans leur famille.*

to lay (false) claim to–*se parer*

He lays (false) claim to the title of count. *Il se pare du titre de comte.*

Lay off!–*Finissez!*

to lay off–*licencier*

The factory had to lay off twenty workers. *L'usine a dû licencier vingt ouvriers.*

to lay oneself open to–*prêter le flanc à*

The candidate has laid himself open to criticism. *Le candidat a prêté le flanc à la critique.*

to lay one's plans–*dresser ses batteries*

He laid his plans while waiting for his opponents to speak. *Il a dressé ses batteries en attendant que ses adversaires parlent.*

to lay the blame on–*faire retomber la faute sur*

They tried to lay the blame on us. *Ils ont essayé de faire retomber la faute sur nous.*

to lay waste to—*ravager*
The barbarians had laid waste to the whole country. *Les barbares avaient ravagé le pays entier.*

---

lazy—*paresseux*

to be a lazy dog—*avoir un poil (dans la main)*
Your nephew doesn't do a thing; he's a lazy dog. *Ton neveu ne fiche rien; il a un poil (dans la main).*

---

lead—*la conduite*

to have a lead on—*avoir des tuyaux sur*
I have a lead on their plans. *J'ai des tuyaux sur leurs projets.*

---

to lead—*conduire, mener*

to lead a cat and dog life—*s'entendre comme chien et chat*
She and her husband lead a cat and dog life. *Elle et son mari s'entendent comme chien et chat.*

to lead by the nose—*mener par le bout du nez*
She leads her husband by the nose. *Elle mène son mari par le bout du nez.*

to lead someone on—*faire marcher quelqu'un*
She was leading me on and I thought she was sincere. *Elle me faisait marcher et je la croyais sincère.*

Lead on! (Lead the way!)—*Montrez le chemin!*

to lead with a firm hand—*mener tambour battant*
That woman leads her family with a firm hand. *Cette femme mène sa famille tambour battant.*

---

league—*la ligue*

not to be in the same league with—*ne pas arriver à la cheville de*
That novelist writes well but he is not in the same league with Hemingway. *Ce romancier écrit bien mais il n'arrive pas à la cheville de Hemingway.*

---

to lean—*s'appuyer, se pencher*

to lean back—*se renverser*
He leaned back in his chair and thought. *Il se renversa dans son fauteuil et songea.*

to lean over backwards—*se mettre en quatre*
They are leaning over backwards to help you. *Ils se mettent en quatre pour vous aider.*

---

leap—*le bond, le saut*

by leaps and bounds—*à pas de géant*

The economy is improving by leaps and bounds. *L'économie progresse à pas de géant.*

---

to leap–*sauter*

to leap at an opportunity–*saisir une occasion au vol, sauter sur une occasion*
They leapt at the opportunity to make a quick profit. *Ils ont saisi au vol (ont sauté sur) l'occasion de faire un bénéfice rapide.*

---

to learn–*apprendre*

to have learned one's trade–*avoir du métier*
You can see by this fine work that he has learned his trade. *On peut voir par ce beau travail qu'il a du métier.*

to have learned the hard way–*être payé pour le savoir*
Competition is ruthless in this business, as I've learned the hard way. *La concurrence est acharnée dans ce commerce; je suis payé pour le savoir.*

---

learning–*la connaissance, l'érudition*

to be a person of (some) learning–*avoir des connaissances*
He is a farmer but he is a man of (some) learning. *C'est un paysan mais il a des connaissances.*

---

lease–*le bail*

That gives me a new lease on life.–*Cela me donne un regain de vie.*

---

least–*moindre*

at least–*au moins; du moins*
Her family has at least three cars. *Sa famille a au moins trois voitures.* John has gone out; at least I think so. *Jean est sorti; du moins je le crois.*

at least an hour (a day, etc.)–*une bonne heure (journée, etc.)*
It will take me at least an hour (a day, etc.) to repair your bicycle. *Il me faudra une bonne heure (une bonne journée, etc.) pour réparer votre bicyclette.*

At least it's something!–*C'est toujours cela!*

not in the least–*pas le moins du monde, pas pour un sou*
He's not in the least proud. *Il n'est pas le moins du monde fier. (Il n'est pas fier pour un sou.)*

---

to leave–*laisser, partir, quitter*

to be left–*rester*
Three candidates for the position are left. *Il reste trois candidats pour le poste.*

to be left aghast–*en avoir le souffle coupé*
The accident was so sudden that I was left aghast. *L'accident a été si soudain que j'en ai eu le souffle coupé.*

to be left at the post–*manquer le départ*

Because he wasn't attentive, he was left at the post. *Par suite de son inattention, il a manqué le départ.*

to be left holding the bag–*rester le bec dans l'eau*
The others gave up and he was left holding the bag. *Les autres ont abandonné et lui est resté le bec dans l'eau.*

to be left out in the cold–*rester en plan*
Her friends were taken along and she was left out in the cold. *On a emmené ses amies et elle est restée en plan.*

to leave in the lurch–*faire faux bond à*
I waited a long time but he left me in the lurch. *J'ai attendu longtemps mais il m'a fait faux bond.*

to leave it at that–*en rester là*
If you won't accept my offer, let's leave it at that. *Si vous ne voulez pas accepter mon offre, restons-en là.*

Leave it to me!–*C'est mon affaire! Soyez tranquille!*

Leave me alone!–*Fiche-moi la paix! Laissez-moi tranquille!*

to leave much to be desired–*laisser à désirer*
Our new secretary's work leaves much to be desired. *Le travail de notre nouveau secrétaire laisse à désirer.*

to leave no stone unturned–*remuer ciel et terre*
He vowed to leave no stone unturned until he found them. *Il a juré de remuer ciel et terre pour les retrouver.*

to leave oneself a way out–*se ménager une porte de sortie*
He offered his support but left himself a way out. *Il a offert son soutien mais s'est ménagé une porte de sortie.*

to leave out–*omettre, sauter*
You left out several names on the list. *Vous avez omis (sauté) plusieurs noms de la liste.*

to leave someone sadder but wiser–*désabuser quelqu'un*
This bad experience left her sadder but wiser. *Cette mauvaise expérience l'a désabusée.*

to leave someone speechless–*couper le sifflet à quelqu'un*
My unexpected accusation left him speechless. *Mon accusation inattendue lui a coupé le souffle.*

to leave someone to his own devices–*laisser quelqu'un se tirer d'affaire*
Since she didn't want help, we left her to her own devices. *Puisqu'elle ne voulait pas d'aide, nous l'avons laissé se tirer d'affaire.*

Leave well enough alone.–*Le mieux est l'ennemi du bien.*

left over–*de reste*
I have money left over that I am going to invest. *J'ai de l'argent de reste que je vais placer.*

leg—*la jambe*

> **Give me a leg up.**—*Faites-moi la courte échelle.*

> **not to have a leg to stand on**—*être à bout d'arguments valables (de ressources)*
> They are still arguing but they don't have a leg to stand on. *Ils continuent à discuter mais ils sont à bout d'arguments valables (de ressources).*

leisure—*le loisir*

> **at one's leisure**—*à tête reposée*
> I prefer to write this letter at my leisure. *Je préfère écrire cette lettre à tête reposée.*

to lend—*prêter*

> **to lend someone a helping hand**—*tendre la perche à quelqu'un*
> I am grateful to them for lending me a hand when I was in trouble. *Je leur suis reconnaissant parce qu'ils m'ont tendu la perche lorsque j'avais des ennuis.*

length—*la longueur*

> **at (some) length**—*en détail*
> She told me the story at (some) length. *Elle m'a raconté l'histoire en détail.*

less—*moins*

> **for less (cause) than that**—*à moins*
> What you're doing is annoying; one might get angry for less (cause) than that. *Ce que tu fais est ennuyeux; on s'en fâcherait à moins.*

> **less than an hour**—*une petite heure*
> It will take me less than an hour to do the job. *Il me faudra une petite heure pour faire le travail.*

to let—*laisser, permettre*

> **let alone**—*sans parler de*
> We can't pay the interest, let alone the principal. *Nous ne pouvons pas payer les intérêts, sans parler du principal.*

> **to let down**—*laisser en panne*
> We were counting on you but you let us down. *Nous comptions sur vous mais vous nous avez laissés en panne.*

> **to let down one's hair**—*se déboutonner*
> After his initial reserve, he finally let down his hair with me. *Après sa réserve initiale, il a fini par se déboutonner avec moi.*

> **to let go of**—*lâcher*
> Let go of that rope right away. *Lâchez cette corde tout de suite.*

> **Let him be!**—*Laissez-le tranquille!*

> **to let on**—*avouer, laisser savoir*
> He didn't want to let on that he knew us. *Il ne voulait pas avouer (laisser savoir) qu'il nous connaissait.*

to let oneself be fleeced—*se laisser manger (tondre) la laine sur le dos*
Instead of asking questions, he let himself be fleeced! *Au lieu de poser des questions, il s'est laissé manger (tondre) la laine sur le dos!*

to let oneself go—*suivre la pente*
Instead of applying himself, he lets himself go according to his whim. *Au lieu de s'appliquer, il suit la pente de son instinct.*

to let someone do as he likes—*laisser faire quelqu'un*
Let the children do as they like! *Laissez faire les enfants!*

to let someone in—*ouvrir à quelqu'un*
When I knocked, it was Paul who let me in. *Quand j'ai frappé, c'est Paul qui m'a ouvert.*

to let someone in on the secret—*mettre quelqu'un dans le secret*
We have to let him in on the secret so he can help us. *Il faut le mettre dans le secret pour qu'il puisse nous aider.*

to let the cat out of the bag—*éventer (vendre) la mèche*
The surprise was about to come off when you let the cat out of the bag. *La surprise allait réussir quand vous avez éventé (vendu) la mèche.*

to let the grass grow under one's feet—*se laisser moisir*
I didn't succeed in business by letting the grass grow under my feet. *Je n'ai pas réussi dans les affaires en me laissant moisir.*

to let up—*diminuer*
The rain has let up a bit. *La pluie a un peu diminué.*

level—*le niveau*

at the level of—*à fleur de*
The dragonfly was flying at the level of the water. *La libellule volait à fleur d'eau.*

to do one's level best—*faire de son mieux*
I did my level best but it was impossible. *J'ai fait de mon mieux mais c'était impossible.*

on the level—*de bonne foi*
His offer is interesting but is he on the level? *Son offre est intéressante mais est-il de bonne foi?*

lick—*le coup de langue*

to give oneself a lick and a promise—*faire un brin de toilette*
He gave himself a lick and a promise before hurrying out. *Il a fait un brin de toilette avant de sortir en hâte.*

not to do a lick of work—*ne pas en ficher une secousse (une rame)*
I won't pay you because you didn't do a lick of work. *Je ne vous payerai pas puisque vous n'en avez pas fichu une secousse (une rame).*

lid—*le couvercle*

to blow (to flip) one's lid–*sortir de ses gonds*
Your father will blow (will flip) his lid when he hears of what you've done. *Ton père sortira de ses gonds quand il saura ce que tu as fait.*

---

lie–*le mensonge*

to give the lie to–*donner un démenti à*
His success gave the lie to those who predicted failure. *Son succès a donné un démenti à tous ceux qui prévoyaient l'échec.*

---

to lie–*mentir*

to lie like a trooper–*mentir comme on respire (comme un arracheur de dents, comme une épitaphe)*
Don't listen to that man; he is lying like a trooper. *N'écoutez pas cet homme; il ment comme il respire (comme un arracheur de dents, comme une épitaphe).*

---

to lie–*être couché, se trouver*

to lie about–*traîner*
There were magazines and newspapers lying about all over. *Il y avait des magazines et des journaux qui traînaient partout.*

to lie around–*faire le veau*
Stop lying around and come help me. *Cesse de faire le veau et viens m'aider.*

to lie down–*se coucher*
You're tired; lie down and rest a while. *Vous êtes fatigué; couchez-vous et reposez-vous un peu.*

to lie low–*se tenir coi*
They are looking for you; you had better lie low for a while. *Ils te recherchent; tu ferais mieux de te tenir coi pendant un temps.*

---

life–*la vie*

for the life of me–*sur ma vie*
I don't know, for the life of me. *Je ne le sais pas, sur ma vie.*

from life–*sur le vif*
You can see that this picture was painted from life. *On voit bien que ce tableau a été peint sur le vif.*

to have as many lives as a cat–*avoir l'âme chevillée au corps*
We thought we were rid of him, but he has as many lives as a cat. *Nous croyions nous être débarrassées de lui, mais il a l'âme chevillée au corps.*

the life of the party–*le boute-en-train*
John is always the life of the party. *C'est toujours Jean le boute-en-train.*

to make life hard (miserable) for–*empoisonner l'existence à, faire des misères à*
Her little brother makes life hard (miserable) for her. *Son petit frère lui empoisonne l'existence (lui fait des misères).*

Not on your life!—*Jamais de la vie!*

---

light—*le jour, la lumière*

to have a light—*avoir du feu*
Excuse me, sir, do you have a light? *Pardon, monsieur, avez-vous du feu?*

---

to light—*allumer*

to light into—*tomber sur*
The two soldiers lit into the enemy sentinel. *Les deux soldats sont tombés sur la sentinelle ennemie.*

---

like—*comme*

That's just like you.—*C'est bien (de) vous. Je vous reconnais là.*

What is he (she, etc.) like?—*Comment est-il (est-elle, etc.)?*

---

to like—*aimer*

As you like (it).—*Comme il vous plaira. Comme vous voulez (voudrez).*

How do you like him (it)?—*Comment le trouvez-vous?*

to like good food—*aimer la table*
He may seem austere but he likes good food. *Il a peut-être l'air austère mais il aime la table.*

---

likely—*probable*

it's likely to—*il y a de bonnes chances que*
It's likely to rain today. *Il y a de bonnes chances qu'il pleuve aujourd'hui.*

---

limelight—*les feux de la rampe*

to be in the limelight—*être en vedette*
With inflation, economists are in the limelight now. *Avec l'inflation, les économistes sont en vedette actuellement.*

to have the limelight—*avoir le beau rôle*
She was the one who had the limelight and I did the work. *C'est elle qui avait le beau rôle et moi qui travaillais.*

limit–*la limite*

>**That's the limit!**–*Cela dépasse les bornes! C'est le bouquet!*
>
>**You're the limit!**–*Vous êtes impayable!*

---

line–*la ligne, le trait*

>**to fall (to get) into line**–*s'aligner*
>They will end up by falling (getting) into line with the others. *Ils finiront par s'aligner aux autres.*
>
>**in line for**–*bien placé pour obtenir*
>He is in line for his superior's job. *Il est bien placé pour obtenir le poste de son supérieur.*
>
>**in that line of thought**–*dans cet ordre d'idées*
>It is better not to go any further in that line of thought. *Il vaut mieux ne pas allez plus loin dans cet ordre d'idées.*
>
>**to lay (to put) it on the line**–*parler franchement*
>I'm going to lay (to put) it on the line to you. *Je vais vous parler franchement.*
>
>**to stand in line (to line up)**–*faire la queue*
>A hundred people or so were standing in line (were lined up) at the box office. *Une centaine de personnes faisaient la queue au guichet.*
>
>**What's your line (of work)?**–*Quel est votre métier (votre profession)?*
>
>**Who is on the line?**–*Qui est à l'appareil?*

---

lip–*la lèvre*

>**to give (to pay) lip service to**–*approuver des lèvres mais non du cœur*
>He gives (he pays) lip service to tax reform. *Il approuve la réforme fiscale des lèvres, mais non du cœur.*
>
>**None of your lip!**–*Pas d'insolences!*

---

to listen–*écouter*

>**to listen with half an ear**–*n'écouter que d'une oreille*
>She was busy and listened to his story with half an ear. *Elle était occupée et n'écoutait son récit que d'une oreille.*

---

little–*(le) peu*

>**a little while ago**–*tout à l'heure*
>I saw him here a little while ago. *Je l'ai vu ici tout à l'heure.*
>
>**in a little while**–*tout à l'heure*
>He will be here in a little while. *Il sera là tout à l'heure.*
>
>**little by little**–*à petit feu, peu à peu*
>Your nervous tics are driving me crazy little by little! *Tes tics nerveux me rendent fou à petit feu (peu à peu)!*

little did one think that—*on ne pensait guère que*
Little did I think that he would believe my story. *Je ne pensais guère qu'il croirait mon histoire.*

---

to live—*habiter, vivre*

to be living in clover (off the fat of the land)—*vivre comme un coq en pâte*
Since he married that heiress, he's been living in clover (off the fat of the land). *Depuis qu'il a épousé cette héritière, il vit comme un coq en pâte.*

to be living on borrowed time—*ne plus en avoir pour longtemps à vivre*
The doctor said that the patient is living on borrowed time. *Le docteur a dit que le malade n'en a plus pour longtemps à vivre.*

to live a fast life—*mener une vie de bâton de chaise*
Aren't you tired of this fast life you are living? *N'êtes-vous pas fatigué de cette vie de bâton de chaise que vous menez?*

to live by one's wits—*vivre d'expédients*
Having no fortune, he had to live by his wits. *Etant sans fortune, il devait vivre d'expédients.*

to live down—*faire oublier*
You must try to live down your bad reputation. *Il faut que vous tâchiez de faire oublier votre mauvaise réputation.*

to live from day to day—*vivre au jour le jour*
Rather than worry about the future, I prefer to live from day to day. *Plutôt que de me soucier de l'avenir, je préfère vivre au jour le jour.*

to live from hand to mouth—*tirer le diable par la queue*
During the Depression they lived from hand to mouth. *Pendant la Dépression ils ont tiré le diable par la queue.*

to live high on the hog (in style)—*mener grand train*
Since their business started doing well, they have been living high on the hog (in style). *Depuis que leurs affaires marchent bien, ils mènent grand train.*

to live high, wide and handsome (to live it up)—*faire la noce (la vie)*
As long as his money held out, he lived high, wide and handsome (he lived it up). *Tant que son argent a duré, il a fait la noce (la vie).*

to live on love alone—*vivre d'amour et d'eau fraîche*
You need money; you can't live on love alone. *Il faut de l'argent; on ne peut pas vivre d'amour et d'eau fraîche.*

to live the life of Riley (the life of luxury)—*mener la vie de château*
Now that she is rich, she is living the life of Riley (the life of luxury). *Maintenant qu'elle est riche, elle mène la vie de château.*

to live to a ripe old age—*faire de vieux os; mourir de sa belle mort.*
If you keep up that pace, you won't live to a ripe old age. *A ce rhythme-là, vous ne ferez pas de vieux os.* Despite all his ailments, he lived to a ripe old age. *Malgré toutes ses maladies, il mourut de sa belle mort.*

to live (not to live) up to the expectations of—*répondre à (tromper) l'attente de*
That promising young man lived (did not live) up to his family's expectations. *Ce garçon prometteur a répondu à (a trompé) l'attente de sa famille.*

long live—*vive*
Long live the king! *Vive le roi!*

load—*la charge*

a load of—*un tas de*
I have a load of things to do before leaving. *J'ai un tas de choses à faire avant de partir.*

to get a load off one's mind—*égrener son chapelet*
I let him talk, seeing that he had to get a load off his mind. *Je l'ai laissé parler, voyant qu'il lui fallait égrener son chapelet.*

to have a load of work to do—*avoir du pain sur la planche*
I have no free time; I have a load of work to do. *Je n'ai pas de temps libre; j'ai du pain sur la planche.*

to load—*charger*

He is loaded (to the gills).—*Il a du vent dans les voiles.*

lock—*la serrure*

lock, stock and barrel—*tout le bazar*
They sold everything, lock, stock and barrel. *Ils ont vendu tout le bazar.*

under lock and key—*sous clé*
You must keep these documents under lock and key. *Il faut garder ces documents sous clé.*

to lock—*fermer (à clé)*

to lock someone up—*enfermer quelqu'un, mettre quelqu'un en prison*
If you continue to behave that way, I'm going to have you locked up. *Si vous continuez à agir de la sorte, je vais vous faire enfermer à clé (mettre en prison).*

locker—*le vestiaire*

a locker-room joke—*une plaisanterie de corps de garde*
He had the nerve to tell locker-room jokes to the countess. *Il avait le toupet de dire des plaisanteries de corps de garde à la comtesse.*

to lodge—*déposer, loger*

to lodge a complaint—*porter plainte*
I am going to lodge a complaint against that dishonest merchant. *Je vais porter plainte contre ce commerçant malhonnête.*

long—*long*

as long as–*du moment que*
As long as you take it like that, I'm leaving. *Du moment que vous le prenez comme ça, je m'en vais.*

as long as a month of Sundays–*long comme un jour sans pain*
His speech seemed as long as a month of Sundays. *Son discours semblait long come un jour sans pain.*

as long as (so long as)–*pourvu que, tant que*
I'll stay here as (so) long as you need me. *Je resterai ici pourvu que vous ayez besoin de moi (tant que vous aurez besoin de moi).*

to be a long way from–*ne pas être près de*
I'm a long way from finishing this article. *Je ne suis pas près de finir cet article.*

before long–*avant peu, d'ici peu*
We'll surely see him again before long. *Nous le reverrons certainement avant peu (d'ici peu).*

to be long in coming–*se faire attendre (désirer)*
The candidate of our dreams is long in coming. *Le candidat rêvé se fait attendre (désirer).*

to be long in the tooth–*ne plus être de la première fraîcheur*
Say, your girl friend is a bit long in the tooth! *Dis donc, ton amie n'est plus de la première fraîcheur!*

for a long while–*de longtemps*
You won't see that again for a long while. *Vous ne reverrez plus cela de longtemps.*

to have a long row to hoe (a long way to go)–*avoir du pain sur la planche*
You haven't finished; you still have a long row to hoe (a long way to go). *Vous n'avez pas fini; vous avez encore du pain sur la planche.*

in the long run–*à la fin, à la longue, en définitive*
In the long run, you won't regret your decision. *A la fin (à la longue, en définitive), vous ne regretterez pas votre décision.*

It's been a long, long while.–*Il y a belle lurette.*

the long and the short of it is (to make a long story short)–*enfin, bref*
The long and the short of it is (to make a long story short), we're broke. *Enfin, bref, nous sommes fauchés.*

long enough to–*le temps de*
Give me long enough to get ready and I'll go with you. *Donne-moi le temps de me préparer et je t'accompagne.*

long-standing–*de longue date*
There is a long-standing rivalry between them. *Il y a une rivalité de longue date entre eux.*

long-term–*de longue haleine*
This is a long-term project. *C'est un projet de longue haleine.*

the long way (around)–*le chemin des écoliers*
They must have taken the long way (around) coming home. *Ils ont dû prendre le chemin des écoliers pour rentrer.*

not by a long shot–*pas le moins du monde*
I know they won't win, not by a long shot. *Je sais qu'ils ne gagneront pas, pas le moins du monde.*

not for a long while–*pas de sitôt*
You won't get your money back for a long while. *Vous n'aurez pas votre argent de sitôt.*

to pull a long face–*faire la tête*
Why are you pulling such a long face at me? *Pourquoi me fais-tu la tête ainsi?*

So long!–*A bientôt! Au revoir!*

look–*le regard*

to have (to take) a look at–*donner un coup d'œil à, jeter un coup d'œil sur*
Have (take) a look at this new book. *Donnez un coup d'œil à (jetez un coup d'œil sur) ce nouveau livre.*

to look–*regarder, sembler*

to be looking up–*se relever*
Business is beginning to look up now. *Les affaires commencent à se relever maintenant.*

it looks like–*on dirait (que)*
What a funny dog; it looks like a big sheep! *Quel drôle de chien; on dirait un gros mouton!* It looks like it's going to rain. *On dirait qu'il va pleuvoir.*

to look after–*s'occuper de, veiller sur*
Don't worry; I'll look after your interests in your absence. *Ne vous inquiétez pas; je m'occuperai de (je veillerai sur) vos intérêts pendant votre absence.*

to look at from all sides–*faire le tour de*
Let's look at this question from all sides before we act. *Faisons le tour de cette question avant d'agir.*

to look away–*détourner le regard*
He had to look away from that sad sight. *Il a dû détourner le regard de ce triste spectacle.*

to look down on (down one's nose at)–*traiter de haut*
She puts on airs and looks down on (down her nose at) everybody. *Elle prend des airs et traite tout le monde de haut.*

to look for–*chercher*
He looked all over for his coat. *Il a cherché son manteau partout.*

to look forward to–*attendre avec impatience, se faire une fête (une joie) de*
I am looking forward to having them come. *J'attends avec impatience (je me fais une fête, une joie) de les recevoir.*

Look here!—*Eh là! Voyons!*

to look high and low for—*chercher de la cave au grenier (partout)*
We looked high and low for your book. *Nous avons cherché votre livre de la cave au grenier (partout).*

to look into—*examiner*
You ought to look into his credentials. *Vous devriez examiner ses titres.*

to look like—*ressembler à*
She looks exactly like her father. *Elle ressemble exactement à son père.*

to look like the dickens—*être fichu comme l'as de pique*
That woman you came with looks like the dickens! *Cette femme avec laquelle vous êtes venu est fichue comme l'as de pique!*

to look one's age—*accuser son âge*
That actor is beginning to look his age. *Cet acteur commence à accuser son âge.*

Look out!—*Attention! Gare à vous!*

to look out on—*donner sur*
His windows looked out on the forest. *Ses fenêtres donnaient sur la forêt.*

to look over—*jeter un coup d'œil sur, parcourir*
I only wanted to look over these figures. *Je voulais seulement jeter un coup d'œil sur (parcourir) ces chiffres.*

to look promising—*s'annoncer bien*
The harvest looks promising this year. *La récolte s'annonce bien cette année.*

to look the part of—*avoir la tête de*
That actor really looks the part of this character. *Cet acteur a vraiment la tête de ce personnage.*

to look terrible on—*aller comme un tablier à une vache à*
His dinner jacket looks terrible on him. *Son smoking lui va comme un tablier à une vache.*

to look up—*chercher, vérifier*
If you're not sure, look it up in the dictionary. *Si vous n'êtes pas sûr, cherchez-le (vérifiez-le) dans un dictionnaire.*

to look up to—*admirer, regarder avec admiration*
All the children look up to their older sister. *Tous les enfants admirent leur sœur aînée (regardent leur sœur aînée avec admiration).*

to look well—*avoir bonne mine*
After her vacation in the South, she looked well. *Après ses vacances dans le Midi, elle avait bonne mine.*

not to look like much—*ne pas payer de mine*
This restaurant does not look like much but the food is good. *Ce restaurant ne paie pas de mine mais on y mange bien.*

loose—*détaché, lâche*

to be at loose ends–*perdre le nord*
Since his brother's departure, he seems to be at loose ends. *Depuis le départ de son frère, il semble avoir perdu le nord.*

on the loose–*en liberté*
There was a wild tiger on the loose. *Il y avait un tigre sauvage en liberté.*

to lose–*perdre*

to be losing steam–*être en perte de vitesse*
That author's career seems to be losing steam. *La carrière de cet auteur semble être en perte de vitesse.*

He is losing his grip (his influence).–*Ses actions sont en baisse.*

to lose ground (out) to–*perdre sur*
His company is losing ground (out) to its competitors. *Sa compagnie perd sur ses concurrents.*

to lose one's bearings–*perdre la boussole (le nord)*
Since his brother's departure, he seems to have lost his bearings. *Depuis le départ de son frère, il semble avoir perdu la boussole (le nord).*

to lose one's life–*trouver la mort*
His parents lost their lives in a car accident. *Ses parents ont trouvé la mort dans un accident de voiture.*

to lose one's marbles–*perdre la boule*
He's behaving strangely; I think he's lost his marbles. *Il agit bizarrement; je crois qu'il a perdu la boule.*

to lose one's shirt–*perdre jusqu'à son dernier sou, prendre une culotte*
He lost his shirt gambling. *Il a perdu jusqu'à son dernier sou (il a pris une culotte) au jeu.*

to lose one's touch–*perdre la main (le coup de main)*
The old craftsman seems not to have lost his touch. *Le vieil artisan ne semble pas avoir perdu la main (le coup de main).*

loss–*la perte*

to be at a loss–*être embarrassé*
When you ask him a question, he is never at a loss to reply. *Quand on lui pose une question, il n'est jamais embarrassé pour répondre.*

lost–*perdu*

to be lost on–*être peine perdue sur*
Your kindness is lost on those boors! *Votre gentillesse est peine perdue sur ces rustres!*

Get lost!–*Fiche le camp! Va te coucher!*

to get lost–*se perdre*
We got lost in the woods. *Nous nous sommes perdus dans les bois.*

like a lost soul–*comme une âme en peine*
When I found him, he was wandering like a lost soul. *Quand je l'ai trouvé, il errait comme une âme en peine.*

There is no love lost between them!–*Ils ne peuvent pas se sentir!*

lot–*le lot*

A lot of good that will do!–*La belle avance!*

to have a lot going for one–*avoir beaucoup en sa faveur*
The job will be difficult but you have a lot going for you. *La tâche sera difficile mais avez beaucoup en votre faveur.*

to have a lot of brass (gall, nerve)–*avoir du culot (du toupet)*
You have a lot of brass (gall, nerve) to say that! *Vous avez du culot (du toupet) pour dire cela!*

to have a lot to get off one's chest–*en avoir gros sur le cœur*
I have to talk to you; I have a lot to get off my chest. *Il faut que je te parle; j'en ai gros sur le cœur.*

a lot of–*beaucoup de*
There were a lot of people at the meeting. *Il y avait beaucoup de gens à la réunion.*

That's a lot of bunk!–*C'est de la blague (des histoires)!*

a whole lot–*un tas*
We really have had a whole lot of problems. *Nous avons vraiment eu un tas de problèmes.*

loud–*fort, haut*

to be a loudmouth–*avoir le verbe haut*
Even after his defeat, he was still a loudmouth. *Même après sa défaite, il avait toujours le verbe haut.*

love–*l'amour*

to be (to fall) in love with–*être (tomber) amoureux de*
My sister is (has fallen) in love with your brother. *Ma sœur est (est tombée) amoureuse de ton frère.*

for love–*pour la gloire*
He worked at it for love, since he didn't make a cent for it. *Il y travaillait pour la gloire, puisqu'il n'y gagnait pas un sou.*

for love or money–*pour tout l'or du monde*
I wouldn't do that for love or money. *Je ne ferais pas cela pour tout l'or du monde.*

It was love at first sight.–*Ça a été le coup de foudre.*

to love–*aimer*

to love to distraction–*aimer à la folie*

He loved her to distraction and couldn't think of anything else. *Il l'aimait à la folie et ne pouvait penser à rien d'autre.*

low–*bas*

He's the lowest of the low!–*C'est le dernier des derniers (le dernier des hommes)!*

low-slung–*court sur pattes*
His dog is low-slung. *Son chien est court sur pattes.*

over low heat–*à feu doux*
This dish must be cooked over low heat. *Il faut faire cuire ce plat à feu doux.*

to reach (to strike) an all-time low (a new low)–*tomber au niveau le plus bas*
The stock exchange reached (struck) an all-time low (a new low) today. *Le cours de la Bourse est tombé au niveau le plus bas aujourd'hui.*

to lower–*baisser*

to lower one's sights–*mettre de l'eau dans son vin*
Because of the bad economic situation, we will all have to lower our sights. *A cause de la mauvaise conjoncture économique, nous devrons tous mettre de l'eau dans notre vin.*

to lower one's voice–*baisser le ton*
In the patient's presence, the doctors lowered their voices. *Devant le malade, les médecins baissaient le ton.*

to lower the boom–*montrer les dents*
The only way to make them behave properly is to lower the boom. *La seule façon de les réduire à l'ordre est de montrer les dents.*

luck–*la chance*

as luck would have it–*par un coup de chance*
As luck would have it, he was at home when we arrived. *Par un coup de chance, il était chez lui quand nous sommes arrivés.*

lump–*le morceau*

to have a lump in one's throat–*avoir la gorge serrée*
At his departure, everyone had a lump in his throat. *A son départ, tout le monde avait la gorge serrée.*

to lump together–*mettre dans le même sac*
You mustn't lump all those different categories together. *Il ne faut pas mettre toutes ces catégories différentes dans le même sac.*

M

mad–*fou, furieux*
    mad at–*en colère après*

There's no reason to get mad at me. *Il n'y a aucune raison de te mettre en colère après moi.*

What a madhouse!–*C'est la foire!*

---

main–*principal*

to be the main attraction–*être le clou du spectacle*
The great Italian tenor was the main attraction. *Le grand ténor italien était le clou du spectacle.*

in the main–*à tout prendre*
In the main, I think you can count on them. *A tout prendre, je crois que vous pouvez compter sur eux.*

---

make–*la facture, la marque*

to be on the make–*être en quête de bonnes fortunes, poursuivre un but intéressé*
That man is always on the make. *Cet homme est toujours en quête de bonnes fortunes (poursuit toujours un but intéressé).*

---

to make–*faire*

Don't make trouble!–*Pas d'histoires!*

to have it made–*avoir trouvé le filon*
After years of effort, they have it made now. *Après des années d'efforts, ils ont trouvé le filon maintenant.*

How are you making out?–*Comment ça marche?*

It makes my flesh creep!–*Cela me donne la chair de poule!*

made out of–*à base de*
It is a product made out of petroleum. *C'est un produit à base de pétrole.*

to make a bad (a good) impression–*marquer mal (bien)*
The applicant is bright but he makes a bad impression. *Le candidat est intelligent mais il marque mal.*

to make a clean breast of it–*vider son sac*
Unable to remain silent any longer, he decided to make a clean breast of it. *Ne pouvant plus garder le silence, il a décidé de vider son sac.*

to make a clean sweep of–*rafler*
Their team made a clean sweep of the prizes. *Leur équipe a raflé les prix.*

to make a date with–*donner rendez-vous à*
I made a date with him for Thursday. *Je lui ai donné rendez-vous pour jeudi.*

to make a detour through–*faire un crochet par*
On our way to Italy, we made a detour through Nice. *En route pour l'Italie, nous avons fait un crochet par Nice.*

to make a fast buck (dollar)–*faire un profit rapide*
He will do anything to make a fast buck (dollar). *Il fera n'importe quoi pour faire un profit rapide.*

to make a federal case out of—*faire toute une histoire (tout un plat) de*
Don't make a federal case out of our being absent. *Ne fais pas toute une histoire (tout un plat) de ce que nous étions absents.*

to make a fool of—*tourner en ridicule*
His opponent made a fool of him at the meeting. *Son adversaire l'a tourné en ridicule à la réunion.*

to make a fool of oneself—*se rendre ridicule*
You'll make a fool of yourself in that costume. *Vous vous rendrez ridicule dans ce costume.*

to make a fresh start—*(re)partir à zéro*
After the elections we will be able to make a fresh start. *Après les élections nous pourrons (re)partir à zéro.*

to make a grandstand play—*poser pour la galerie*
That braggart is always making grandstand plays. *Ce vantard pose toujours pour la galerie.*

to make a hit (with)—*avoir du succès (auprès de)*
Your new dress really made a hit with the guests. *Ta nouvelle robe a eu vraiment du succès auprès des invités.*

to make a killing—*faire une affaire d'or*
He made a killing recently on the stock exchange. *Il a fait une affaire d'or récemment à la Bourse.*

to make allowances for—*tenir compte de*
When you make that garment, don't forget to make allowances for shrinkage. *En faisant ce vêtement, n'oubliez pas de tenir compte du rétrécissement.*

to make (a lot of) sense—*être (très) sensé*
What he has to say makes (a lot of) sense. *Ce qu'il a à dire est (très) sensé.*

to make a mint—*gagner des sommes folles*
He made a mint selling oil stocks. *Il a gagné des sommes folles en vendant des actions pétrolières.*

to make an about-face—*tourner casaque*
The two congressmen made an about-face after the election. *Les deux députés ont tourné casaque après les élections.*

to make a name for oneself—*se faire un (grand) nom*
She will make a name for herself in the world of sports. *Elle se fera un (grand) nom dans le monde des sports.*

to make an issue of—*dramatiser*
Let's not make an issue of their refusal to help us. *Ne dramatisons pas leur refus de nous aider.*

to make a pass at—*faire des avances à*
Stop making passes at my girl friend. *Cesse de faire des avances à mon amie.*

to make a (one's) pile—*faire son beurre*

Now that he's made a (his) pile, he takes it easy. *Maintenant qu'il a fait son beurre, il se la coule douce.*

to make a play for–*faire de l'œil à*
The man at the next table was making a play for her. *L'homme assis à la table à côté lui faisait de l'œil.*

to make a point of–*se faire un devoir de*
He makes a point of visiting his grandmother. *Il se fait un devoir de rendre visite à sa grand'mère.*

to make (a salary of)–*toucher un salaire de*
This employee makes (a salary of) five thousand francs. *Cet employé touche un salaire de cinq mille francs.*

to make as if to–*faire mine de*
She made as if to leave. *Elle a fait mine de sortir.*

to make a spectacle of oneself–*se donner en spectacle*
Stop making a spectacle of yourself; you're embarrassing me. *Cesse de te donner en spectacle; tu me gênes.*

to make a stand–*prendre position*
We will have to make a stand on this issue sooner or later. *Il nous faudra prendre position sur cette question tôt ou tard.*

to make believe–*faire semblant*
The children made believe they were grownups. *Les enfants faisaient semblant d'être des adultes.*

to make bold to–*prendre la liberté de*
May I make bold to invite you to the dance? *Puis-je prendre la liberté de vous inviter au bal?*

to make (both) ends meet–*joindre les deux bouts*
What with inflation, they can't manage to make (both) ends meet. *Avec l'inflation, ils n'arrivent pas à joindre les deux bouts.*

to make certain of–*s'assurer de*
I'll make certain of his participation. *Je vais m'assurer de sa participation.*

to make do–*s'arranger, se débrouiller*
We don't have enough to eat but we'll have to make do. *Nous n'avons pas assez à manger mais nous devrons nous arranger (nous débrouiller).*

to make excuses for–*inventer (trouver) des prétextes pour*
Stop trying to make excuses for your absence. *Cesse d'essayer d'inventer (de trouver) des prétextes pour ton absence.*

to make eyes at–*faire de l'œil à*
I tell you that guy was making eyes at you! *Je te dis que ce type te faisait de l'œil!*

to make faces at–*faire des grimaces à*
Our children were making faces at the neighbors. *Nos enfants faisaient des grimaces aux voisins.*

to make for–*se diriger vers*
Seeing the storm approach, they made for the lighthouse. *Voyant venir la tempête, ils se sont dirigés vers le phare.*

to make friends with–*se lier avec, se prendre d'amitié pour*
Our son made friends with the neighbors' son. *Notre fils s'est lié avec (s'est pris d'amitié pour) le fils des voisins.*

to make fun of–*se payer la tête de*
Is that true, or are you making fun of me? *Est-ce vrai, ou est-ce que tu te paies ma tête?*

to make good–*rembourser; réussir*
I am sure that he will make good his debts. *Je suis sûr qu'il remboursera ce qu'il doit.* They have vowed to make good within a year. *Ils ont juré de réussir d'ici un an.*

to make good time–*bien marcher (rouler)*
We made good time coming here, because there was no traffic. *Nous avons bien marché (roulé) en venant ici, parce qu'il n'y avait pas de circulation.*

to make it–*y aller; (y) réussir*
I don't think I can make it Tuesday. *Je ne crois pas pouvoir y aller mardi.* If we all try our best, I think we'll make it. *Si nous faisons tous de notre mieux, je crois que nous (y) réussirons.*

to make it (things) hot for–*rendre la vie intenable pour*
We are going to make it (things) hot for cheaters. *Nous allons rendre la vie intenable pour les tricheurs.*

to make it up to–*dédommager*
How can I make it up to you for your trouble? *Comment puis-je vous dédommager de vos peines?*

to make life hard for–*mener (rendre) la vie dure à*
The boss made life hard for his employees. *Le patron menait (rendait) la vie dure à ses employés.*

to make light of–*prendre à la légère, se rire de*
She makes light of all the difficulties which we foresee. *Elle prend à la légère (se rit de) toutes les difficultés que nous prévoyons.*

to make little of–*faire peu de cas de*
He made little of our chances for success. *Il a fait peu des cas de nos chances de succès.*

to make money hand over fist–*gagner de l'argent à la pelle*
Thanks to his foresightedness, he is making money hand over fist. *Grâce à sa prévoyance, il gagne de l'argent à la pelle.*

to make off–*filer*
The accountant made off with all our money. *Le comptable a filé avec tout notre argent.*

to make oneself conspicuous—*se singulariser*
She tries to make herself conspicuous by her clothing. *Elle essaie de se singulariser par son habillement.*

to make oneself inconspicuous—*se faire tout petit*
Since he felt out of place, he tried to make himself inconspicuous. *Se sentant de trop, il essayait de se faire tout petit.*

to make oneself scarce—*filer, se tenir à l'écart*
After his defeat in the elections, he made himself scarce. *Après sa défaite aux élections, il a filé (il s'est tenu à l'écart).*

to make one's point—*avoir gain de cause*
Your opponent was eloquent but you made your point. *Votre adversaire était éloquent mais vous avez eu gain de cause.*

to make one's way—*se pousser*
That young man is making his way in society. *Ce jeune homme se pousse dans le monde.*

to make out—*apercevoir; remplir; se débrouiller*
I thought I could make out a sail in the distance. *J'ai cru pouvoir apercevoir une voile au loin.* Make out this form and then hand it back to me. *Remplissez ce formulaire et puis rendez-le-moi.* He made out all right in the contest. *Il s'est assez bien débrouillé au concours.*

to make ready to—*se disposer à*
They are making ready to leave. *Ils se disposent à partir.*

to make remarks—*tenir des propos*
He made unflattering remarks to me. *Il m'a tenu des propos désobligeants.*

to make several tries—*s'y reprendre à plusieurs fois*
We made four tries, without managing to catch it. *Nous nous y sommes repris à quatre fois, sans réussir à l'attraper.*

makeshift—*de fortune*
We built a makeshift shelter for the night. *Nous avons bâti un abri de fortune pour la nuit.*

to make slashes—*faire des coupes sombres*
They made slashes in his budget. *On a fait des coupes sombres dans son budget.*

to make someone ashamed—*faire honte à quelqu'un*
His ridiculous behavior made me ashamed. *Sa conduite ridicule m'a fait honte.*

to make someone eat crow—*faire avaler des couleuvres à quelqu'un, rabattre le caquet à quelqu'un*
Despite his boasts, his adversary made him eat crow. *Malgré ses vanteries, son adversaire lui a fait avaler des couleuvres (lui a rabattu le caquet).*

to make someone eat his words—*faire rentrer les paroles dans la gorge à quelqu'un*

He called me a liar but I'll make him eat his words. *Il m'a appelé menteur mais je lui ferai rentrer les paroles dans la gorge.*

to make someone fall in step—*mettre quelqu'un au pas*
The judge swore he would make the troublemakers fall in step. *Le juge a juré de mettre les trouble-fête au pas.*

to make someone (something) + adj.—*rendre quelqu'un (quelque chose) + adj.*
That good news made him happy. *Cette bonne nouvelle l'a rendu heureux.*

to make something (the best, the most) of—*tirer (le meilleur) parti de*
My dressmaker knows how to make something (the best, the most) of the least scrap of material. *Ma couturière sait tirer (le meilleur) parti du moindre chiffon.*

to make sure that—*s'assurer que*
Before entering, we made sure that they had left. *Avant d'entrer, nous nous sommes assurés qu'ils étaient partis.*

to make the first move—*faire les premiers pas*
It's up to him to make the first move. *C'est à lui de faire les premiers pas.*

to make the grade—*réussir*
After failing twice, he finally made the grade. *Après avoir échoué deux fois, il a enfin réussi.*

to make too much of—*se faire une montagne (un monde) de*
It's only a little test; don't make too much of it. *Ce n'est qu'une petite épreuve; ne t'en fais pas une montagne (un monde).*

to make tracks—*ficher le camp*
They had made tracks before the police arrived. *Ils avaient fichu le camp avant que la police n'arrive.*

to make up—*composer; fabriquer de toutes pièces; se maquiller*
The team is made up of young players. *L'équipe se compose de jeunes joueurs.* I'm sure you made up that story. *Je suis sûr que vous avez fabriqué cette histoire de toutes pièces.* She made up before returning downstairs. *Elle s'est maquillée avant de redescendre.*

to make up for it—*s'y retrouver*
The butcher doesn't make much on beef but he makes up for it on delicatessen. *Le boucher ne gagne pas grand'chose sur le bœuf mais il s'y retrouve sur la charcuterie.*

to make up one's mind to—*se résoudre à*
Faced with their opposition, the minister made up his mind to resign. *Devant leur opposition, le ministre s'est résolu à démissionner.*

to make up with—*se réconcilier avec*
After a long quarrel, he made up with his brother. *Après une longue querelle, il s'est réconcilié avec son frère.*

to make witty remarks—*faire des mots*

The guests felt obliged to make witty remarks. *Les invités se croyaient obligés de faire des mots.*

Make yourself right at home! (iron.)–*Ne vous gênez pas!*

That doesn't make sense!–*Cela ne rime à rien!*

That makes two of us!–*Et moi de même!*

---

man–*l'homme*

to be one's own man–*être fils de ses œuvres, être maître de soi*
I am free and independent because I'm my own man. *Je suis libre et indépendant parce que je suis fils de mes œuvres (je suis maître de moi).*

the man in the street–*l'homme moyen*
What does the man in the street think of this question? *Que pense l'homme moyen de cette question?*

to a man–*sans exception, à l'unanimité*
When the proposal was put to a vote, the members accepted it to a man. *Quand on a mis la proposition aux voix, les membres l'ont acceptée sans exception (à l'unanimité).*

---

to manage–*diriger, gérer*

to manage to do something–*arriver (réussir) à faire quelque chose*
We didn't manage to resolve that problem. *Nous ne sommes pas arrivés (nous n'avons pas réussi) à résoudre ce problème.*

---

many–*beaucoup de, maint*

Many happy returns!–*Je vous souhaite bien d'autres heureux anniversaires!*

---

mark–*la marque, la trace*

to make one's mark–*se faire un nom*
He will make his mark in the world of sports. *Il se fera un nom dans le monde des sports.*

up to the mark–*à la hauteur*
The new director wasn't up to the mark so he was replaced. *Le nouveau directeur n'était pas à la hauteur; on l'a donc remplacé.*

---

to mark–*marquer*

That will mark an era.–*Cela fera date.*

---

master–*le maître*

with a master's touch–*de main de maître*
This table was finished with a master's touch. *Cette table a été finie de main de maître.*

---

match–*le pareil*

to be a match for–*être de force à lutter avec*

Our runner was no match for his opponent. *Notre coureur n'était pas de force à lutter avec son adversaire.*

---

matter–*l'affaire, la matière, la question*

as a matter of course–*d'office*

The secretary sends this form as a matter of course to all applicants. *La secrétaire envoie cet imprimé d'office à tous les candidats.*

as a matter of fact–*en fait*

As a matter of fact, the experts' opinion proved to be wrong. *En fait, l'avis des experts s'est révélé faux.*

as a matter of form–*pour la forme*

They asked me to take the examination as a matter of form. *Ils m'ont demandé de passer l'examen pour la forme.*

to confuse matters–*brouiller les cartes.*

He is telling us the opposite of what he thinks to confuse matters. *Il nous dit le contraire de ce qu'il pense pour brouiller les cartes.*

to have the matter in hand–*tenir le bon bout*

This is no time to weaken; we have the matter in hand now. *Ce n'est pas le moment de faiblir; nous tenons le bon bout maintenant.*

in a matter of–*en quelques*

He was able to arrive in a matter of minutes. *Il a pu arriver en quelques minutes.*

no matter how (much) one does something–*avoir beau faire quelque chose*

No matter how (much) he denies it, I know it is true. *Il a beau le nier; je sais que c'est vrai.*

no matter what–*peu importe ce que (qui), quoi que (qui)*

No matter what you say, I will do it anyway. *Peu importe ce que vous dites (quoi que vous disiez), je le ferai quand même.*

What's the matter?–*Qu'est-ce qui se passe? Qu'y a-t-il donc?*

What's the matter with you?–*Qu'est-ce que vous avez?*

---

to matter–*importer*

It doesn't matter.–*Cela ne fait rien.*

It doesn't much matter.–*Peu importe.*

---

mean–*méchant, vilain*

to be mean to–*être rosse avec*

Her teacher was mean to her; he failed her. *Son professeur a été rosse avec elle; il l'a fait échouer.*

as mean as the devil–*mauvais comme la gale*

They say her husband is as mean as the devil. *On dit que son mari est mauvais comme la gale.*

to mean–*signifier, vouloir dire*

   to mean business–*ne pas plaisanter*
   Watch out; that policeman means business. *Attention; cet agent ne plaisante pas.*

   to mean well–*avoir de bonnes intentions*
   She means well but she can't do the job. *Elle a de bonnes intentions mais elle n'est pas capable de faire le travail.*

means–*le moyen*

   By all means!–*Mais certainement!*

   by no means–*en aucune façon; pas le moins du monde*
   By no means will we do that. *Nous ne ferons cela en aucune façon.* She is by no means stupid. *Elle n'est pas le moins du monde stupide.*

   to have the means to–*avoir de quoi*
   He has the means to live well. *Il a de quoi bien vivre.*

meant–*à l'intention de*

   to be meant for–*être fait pour*
   It is obvious they were meant for each other. *Il est évident qu'ils sont faits l'un pour l'autre.*

measure–*la mesure*

   I have his measure.–*Je sais ce qu'il vaut.*

to measure–*mesurer*

   to measure up to–*être à la hauteur de, être au niveau de*
   The coach didn't measure up to his responsibilities. *L'entraîneur n'était pas à la hauteur de (au niveau de) ses responsabilités.*

meat–*la viande*

   That's my meat!–*Ça me connaît! Je m'y connais!*
   That's not my meat.–*Ce n'est pas mes oignons.*

medicine–*la médecine, le médicament*

   He got a dose (a taste) of his own medicine!–*On lui a rendu la monnaie de sa pièce!*

to meet–*rencontrer, retrouver*

   to (go and) meet–*aller à la rencontre de*
   I'll (go and) meet him if it rains. *J'irai à sa rencontre s'il pleut.*

   I'll meet you half-way.–*Coupons la poire en deux.*

   to meet one's match–*trouver à qui parler*
   After a few easy victories, he finally met his match. *Après quelques victoires faciles, il a enfin trouvé à qui parler.*

not to meet costs (expenses)–*ne pas faire (rentrer dans) ses frais*
The business will fail, since it doesn't meet costs (expenses). *L'entreprise fera faillite, puisqu'elle ne fait pas (ne rentre pas dans) ses frais.*

There's more to it than meets the eye.–*Il faut voir le dessous des cartes.*

mend–*la guérison*

on the mend–*en voie de guérison*
The doctor says the patient is on the mend. *Le médecin dit que le malade est en voie de guérison.*

to mend–*raccommoder, réparer*

to mend one's fences–*se réconcilier avec ses rivaux*
After his victory, the President wanted to mend his fences. *Après sa victoire, le Président voulait se réconcilier avec ses rivaux.*

to mend one's ways–*changer de conduite*
There is still time, if you mend your ways. *Il est encore temps, si vous changez de conduite.*

to mention–*mentionner*

Don't mention it!–*Il n'y a pas de quoi!*

to make no mention of–*passer sous silence*
They preferred to make no mention of his misbehavior. *Ils ont préféré passer ses incartades sous silence.*

not to mention–*sans compter*
Those who fought were French and British, not to mention many from the rest of Europe. *Ceux qui se sont battus étaient Français et Britanniques, sans compter beaucoup venus du reste de l'Europe.*

mercy–*la miséricorde*

at the mercy of–*au gré de*
The boat was wallowing at the mercy of the waves. *Le bateau roulait au gré des vagues.*

to beg (to cry) for mercy–*demander (crier) grâce*
After a brief struggle, he had to beg (to cry) for mercy. *Après une courte lutte, il a dû demander (crier) grâce.*

merry–*joyeux*

to make merry–*se réjouir*
Let's make merry; it's Christmas. *Réjouissons-nous; c'est Noël.*

mess–*la pagaille, la saleté*

to get into a mess–*s'attirer des ennuis*
I'm afraid we've really gotten into a mess this time. *J'ai peur que nous ne nous soyons vraiment attiré des ennuis cette fois-ci.*

to make a mess of—*faire un beau gâchis de*
Those clumsy people made a mess of the job. *Ces maladroits ont fait un beau gâchis du travail.*

message—*le message*
I get the message!—*J'ai compris (pigé)!*

middle—*moyen*
middle-aged—*d'un certain âge*
The young actress was accompanied by an unknown middle-aged man. *La jeune actrice était accompagnée d'un homme inconnu d'un certain âge.*

middle—*le milieu*
in the middle of nowhere—*au bout du monde, dans la brousse*
Their country house was out in the middle of nowhere. *Leur maison de campagne se trouvait au bout du monde (dans la brousse).*

(right) in the middle of—*en plein*
We eat tomatoes now (right) in the middle of winter. *Nous mangeons des tomates maintenant en plein hiver.*

midst—*le milieu*
to be in the midst of—*être en train de*
When you came in, I was in the midst of packing. *Quand tu es entré, j'étais en train de faire mes valises.*

mill—*le moulin, l'usine*
to have been through the mill—*en avoir vu de toutes les couleurs*
He has been through the mill during his political career. *Il en a vu de toutes les couleurs pendant sa carrière politique.*

to mince—*émincer*
not to mince words—*ne pas prendre de gants*
He didn't mince words in telling them what he thought. *Il n'a pas pris de gants pour leur dire ce qu'il pensait.*

mind—*l'esprit*
to be out of (not in one's right) mind—*avoir perdu la raison*
Don't listen to that man; he's out of (he's not in his right) mind. *N'écoutez pas cet homme; il a perdu la raison.*

to have a mind of one's own—*savoir ce qu'on veut*
She is sweet but she has a mind of her own. *Elle est gentille mais elle sait ce qu'elle veut.*

to have a mind to—*avoir bien envie de*

I have a mind to refuse to attend. *J'ai bien envie de refuser d'y assister.*

His mind is a million miles away.—*Il est dans la lune.*

My mind is made up.—*C'est (tout) réfléchi.*

to my mind—*à mon avis, (il) m'est avis que*
To my mind, the battle is already lost. *A mon avis (il m'est avis que) la bataille est déjà perdue.*

What do you have in mind?—*Qu'est-ce que vous pensez faire? Qu'est-ce que vous cherchez exactement?*

What's on your mind?—*A quoi pensez-vous?*

---

to mind—*faire attention à*

do you mind. . .?—*cela vous ennuie-t-il de. . .?*
Do you mind waiting here a minute? *Cela vous ennuie-t-il d'attendre ici un moment?*

I don't mind.—*Cela ne me gêne pas.*

I don't mind telling him.—*Je n'ai pas peur de lui dire.*

to mind one's own business—*se mêler (s'occuper) de ses affaires (ses oignons)*
What I'm doing doesn't concern you; mind your own business. *Ce que je fais ne vous regarde pas; mêlez-vous (occupez-vous) de vos affaires (de vos oignons).*

Never mind.—*Cela ne fait rien. N'importe. Qu'à cela ne tienne.*

---

mischief—*l'espièglerie, le mal*

to get into mischief—*faire des bêtises*
I'm afraid the children have gotten into mischief in our absence. *J'ai peur que les enfants aient fait des bêtises pendant notre absence.*

---

to miss—*manquer*

to be missed by someone—*manquer à quelqu'un*
I miss my girl friend terribly. *Mon amie me manque terriblement.*

to miss out on—*laisser passer*
You have missed out on a splendid opportunity. *Vous avez laissé passer une belle occasion.*

to miss someone (something)—*s'ennuyer de quelqu'un (de quelque chose)*
During my trip I missed you all. *Pendant mon voyage je m'ennuyais de vous tous.*

to miss the boat—*rater le coche*
It's too late to change your mind; you've missed the boat. *Il est trop tard pour changer d'avis; vous avez raté le coche.*

to miss the point—*répondre à côté (de la question)*
You have missed the point; can we trust them? *Vous avez répondu à côté (de la question); pouvons-nous leur faire confiance?*

to mistake—*méprendre*

> **to mistake for**—*confondre avec*
> I mistook you for your brother. *Je vous ai confondu avec votre frère.*

to mix—*mélanger, mêler*

> **Don't get mixed up in it.**—*Ne vous y frottez pas.*
>
> **to get (all) mixed up**—*s'y perdre*
> This plot is so complicated that you get (all) mixed up reading the story. *Cette intrigue est si compliquée qu'on s'y perd en lisant l'histoire.*
>
> **to have mixed feelings about**—*faire des réserves sur*
> I have mixed feelings about his new plan. *Je fais des réserves sur son nouveau projet.*

money—*l'argent, la monnaie*

> **to be in the money (made of money)**—*rouler sur l'or*
> Since they found oil on his land, he's in the money (made of money). *Depuis qu'on a trouvé du pétrole sur ses terres, il roule sur l'or.*
>
> **for my money**—*à mon avis*
> For my money, you're making a mistake. *A mon avis, vous faites erreur.*

mood—*l'état d'esprit*

> **to be in a bad (a good) mood**—*être de mauvais (de bon) poil, être de mauvaise (de bonne) humeur*
> Don't go see him now; he is in a very bad mood. *N'allez pas le voir maintenant; il est de très mauvais poil (mauvaise humeur).*
>
> **He's in a foul mood!**—*Il est d'une humeur de chien!*
>
> **not to be in the mood to**—*ne pas avoir envie de*
> Leave me alone; I'm not in the mood to talk. *Laissez-moi tranquille; je n'ai pas envie de parler.*

moon—*la lune*

> **the moonlight**—*le clair de lune*
> In the moonlight you could see as if it were broad daylight. *Au clair de lune on y voyait comme en plein jour.*
>
> **moonlighting**—*le travail noir*
> To pay his debts, he began moonlighting on weekends. *Pour payer ses dettes, il s'est mis à faire du travail noir le weekend.*

more—*plus*

> **to have more than one trick up one's sleeve**—*avoir plus d'un tour dans son sac*
> You think you've got him but he's got more than one trick up his sleeve. *Vous croyez l'avoir pris mais il a plus d'un tour dans son sac.*

more and more—*de plus en plus*
He is beginning to make more and more money. *Il commence à gagner de plus en plus d'argent.*

more than ever—*de plus belle*
It began to rain more than ever. *Il a commencé à pleuvoir de plus belle.*

most—*le plus*

at most—*à tout casser*
He has fifty francs left at most. *Il lui reste cinquante francs à tout casser.*

at (the very) most—*tout au plus*
You'll get fifty thousand dollars at (the very) most for your house. *Vous aurez cinquante mille dollars tout au plus pour votre maison.*

mountain—*la montagne*

to make a mountain out of a molehill—*être dépassé par les événements, se noyer dans un verre d'eau*
Don't expect him to do that; he'll make a mountain out of a molehill. *Ne vous attendez pas à ce qu'il fasse cela; il est toujours dépassé par les événements (il se noie dans un verre d'eau).*

mouth—*la bouche*

to have a big (to shoot off one's) mouth—*parler à tort et à travers (sans réfléchir)*
Don't listen to him; he has a big (he shoots off his) mouth. *Ne l'écoutez pas; il parle à tort et à travers (sans réfléchir).*

to make someone's mouth water—*faire venir l'eau à la bouche à quelqu'un*
The smell of this stew makes my mouth water. *Le fumet de ce ragoût me fait venir l'eau à la bouche.*

to move—*déménager, (se) déplacer*

to move ahead too fast—*aller plus vite que les violons*
Take it easy; you don't want to move ahead too fast! *Doucement; vous ne voulez pas aller plus vite que les violons!*

to move in on—*avancer sur*
The enemy is starting to move in on us. *L'ennemi commence à avancer sur nous.*

to move over—*se pousser*
Move over. I want to sit down. *Pousse-toi. Je veux m'asseoir.*

much—*beaucoup*

As much as you like.—*En veux-tu, en voilà.*

I don't think much of that.—*Cela ne me dit pas grand'chose.*

It's not (very) much.—*C'est peu de chose.*

to make much of—*faire grand cas de*

He made much of his ancestors' importance. *Il faisait grand cas de l'importance de ses ancêtres.*

not to be much good—*ne pas valoir cher*
He's not much good as a cook. *Il ne vaut pas cher comme cuisinier.*

not much—*pas grand'chose*
This picture isn't worth much. *Ce tableau ne vaut pas grand'chose.*

That's a bit (too) much!—*Elle est bonne, celle-là!*

---

mud—*la boue*

Here's mud in your eye!—*A la vôtre!*

Your name is mud!—*Vous êtes perdu de réputation!*

---

mum—*chut*

Mum's the word!—*Bouche cousue!*

---

must—*le devoir*

It's a must!—*C'est de rigueur!*

N

to nag—*harceler*

That nags at him.—*Cela le travaille.*

---

to name—*appeler*

to be named—*s'appeler*
What is your name? *Comment vous appelez-vous?*

to be named after—*porter le nom de*
She was named after her grandmother. *Elle portait le nom de sa grand'mère.*

---

narrow—*étroit*

to be narrow-minded—*avoir l'esprit de clocher*
He is too narrow-minded to be a senator. *Il a trop l'esprit de clocher pour être sénateur.*

---

naughty—*méchant*

a naughty word—*un gros mot*
Mommy, Johnny said a naughty word! *Maman, Jeannot a dit un gros mot!*

---

near—*proche*

It was a near miss—*Il s'en est fallu de peu.*

---

necessary–*nécessaire*

if necessary–*s'il y a lieu*
Come back and see me if necessary. *Revenez me voir s'il y a lieu.*

neck–*le cou*

neck and neck–*manche à manche*
The opponents are neck and neck in the campaign. *Les adversaires sont manche à manche dans la campagne électorale.*

need–*le besoin*

if need be–*à la limite; au besoin, le cas échéant*
If need be, we could have him arrested. *A la limite, nous pourrions le faire arrêter.*
We could come and reinforce you, if need be. *Nous pourrions au besoin venir vous renforcer (venir vous renforcer, le cas échéant).*

to need–*avoir besoin de*

I (he, etc.) need–*il me (lui, etc.) faut*
They need a hundred dollars by Monday. *Il leur faut cent dollars d'ici lundi.*
Need I tell you?–*Est-il besoin de vous dire?*

neighborhood–*le quartier, le voisinage*

in the neighborhood of–*dans les*
This car will cost you in the neighborhood of fifty thousand francs. *Cette voiture vous coûtera dans les cinquante mille francs.*

neither–*ni*

That's neither here nor there.–*Là n'est pas la question.*

nerve–*le nerf*

to be all nerves–*être sur les dents*
He has so much left to do that he is all nerves. *Il a tant qui lui reste à faire qu'il est sur les dents.*

to have a lot of nerve–*avoir du culot (du toupet)*
He has a lot of nerve to tell me that! *Il en a du culot (du toupet), de me dire ça!*

to have nerve–*avoir de l'estomac*
He must have nerve to try to accomplish such a difficult feat. *Il doit avoir de l'estomac pour essayer d'accomplir un tel coup.*

to have the nerve to–*avoir le front de*
You have the nerve to accuse me of such a thing? *Vous avez le front de m'accuser d'une telle chose?*

never–*jamais*

never ever–*au grand jamais*

I'll never ever return there again! *Je n'y retournerai plus au grand jamais!*

Never in the world!—*Jamais de la vie!*

Never mind.—*Laissez tomber.*

never mind—*passe encore de*
Never mind your being late, but you should have called me. *Passe encore d'être en retard, mais vous auriez dû m'appeler.*

Well, I never!—*Par exemple!*

---

next—*prochain*

the next best thing—*à défaut de cela, le mieux*
The next best thing would be to eat in the other restaurant. *A défaut de cela, le mieux serait de manger dans l'autre restaurant.*

next door (to)—*à côté (de)*
Their family lives next door to our friends. *Leur famille habite à côté de nos amis.*

the next moment—*l'instant d'après*
I saw him; then the next moment he was gone. *Je l'ai vu; puis l'instant d'après il était parti.*

the next of kin—*les (plus) proches parents*
We ought to notify the next of kin of his death. *Nous devrions prévenir ses (plus) proches parents de sa mort.*

next to—*presque*
The job turned out to be next to impossible. *Il s'est trouvé que le travail était presque impossible.*

(Who is) next?—*A qui le tour? Au suivant!*

---

nice—*gentil*

He's a nice guy (she's a nice woman).—*C'est un brave type (une brave femme).*

I'm in a nice fix!—*Me voilà propre (dans de beaux draps)!*

That's a nice state of affairs!—*C'est du joli!*

---

nick—*l'entaille*

in the nick of time—*à point (nommé)*
His check arrived in the nick of time. *Son chèque est arrivé à point (nommé).*

---

night—*la nuit*

to make a night of it—*faire la bombe (la nouba)*
On receiving his paycheck, he decided to make a night of it. *En recevant sa paie, il a décidé de faire la bombe (la nouba).*

---

to nip—*pincer*

It's nip and tuck!—*C'est à un cheveu près!*

to nip in the bud–*écraser (étouffer, tuer) dans l'œuf*
The secret police nipped the plot in the bud. *La police secrète a écrasé (étouffé, tué) le complot dans l'œuf.*

no–*nul, pas*

to be of no account–*ne pas avoir d'importance*
What they said is of no account. *Ce qu'ils ont dit n'a pas d'importance.*

no fooling (kidding)–*sans blague, sans mentir*
No fooling (kidding), this coat fits you like a glove! *Sans blague (sans mentir), cette veste vous va comme un gant!*

on no account–*sous aucun prétexte*
On no account should the children go there. *Les enfants ne devraient y aller sous aucun prétexte.*

nobody–*personne*

like nobody's business–*comme pas un*
She does this kind of work like nobody's business. *Elle fait ce genre de travail comme pas un.*

to nod–*donner un signe de tête*

to be nodding acquaintances–*se connaître de vue*
We are nodding acquaintances, nothing more. *Nous nous connaissons de vue, rien de plus.*

none–*aucun*

to be none the worse for it–*ne pas s'en porter plus mal*
I had a scare but I'm none the worse for it. *J'ai eu peur mais je ne m'en porte pas plus mal.*

to have none of it–*ne pas marcher*
I told them I would have none of it. *Je leur ai dit que je ne marchais pas.*

It's none of your business!–*Cela ne vous regarde pas!*

nonsense–*la sottise*

no-nonsense–*direct*
That doctor has a no-nonsense manner which is reassuring. *Ce médecin a une manière directe qui rassure.*

nose–*le nez*

to blow one's nose–*se moucher*
Teach your child to blow his nose. *Apprenez à votre enfant à se moucher.*

to (do a) nose dive–*piquer du nez*
The airplane did a nose dive (nose-dived) and crashed into the ground. *L'avion a piqué du nez et s'est écrasé au sol.*

to have a (good) nose–*avoir du flair*
He has a (good) nose for finding scandal. *Il a du flair pour trouver le scandale.*

on the nose–*dans le mille, exact(ement)*
They figured the cost on the nose. *Ils ont calculé le prix dans le mille (exactement).*

to note–*noter*

duly noted–*dont acte*
The management promises a raise soon: duly noted. *La direction promet une prochaine augmentation: dont acte.*

---

nothing–*rien*

as if nothing happened–*comme si de rien n'était*
When I finally found him, he was standing there as if nothing had happened. *Quand je l'ai enfin trouvé, il s'y tenait comme si de rien n'était.*

but nothing more–*sans plus*
His welcome was polite but nothing more. *Son accueil était poli sans plus.*

for nothing–*à l'œil, gratuitement; pour des prunes*
I had no money but they gave it to me for nothing. *Je n'avais pas d'argent mais ils me l'ont donné à l'œil (gratuitement).* It's not for nothing that he was chosen as leader. *Ce n'est pas pour des prunes qu'on l'a choisi comme chef.*

to have nothing to do with–*n'avoir rien à voir avec*
This movie has nothing to do with the novel of the same title. *Ce film n'a rien à voir avec le roman du même titre.*

to have nothing to show for–*en être pour*
They tricked me and I have nothing to show for my money. *Ils m'ont trompé et j'en suis pour mon argent.*

It's nothing much.–*C'est peu de chose. Ce n'est pas grand'chose.*

It's nothing to write home about.–*Il n'y a pas de quoi le crier sur les toits.*

to make (to think) nothing of–*n'attacher aucune importance à*
They made (they thought) nothing of our warning. *Ils n'ont attaché aucune importance à notre avertissement.*

Nothing doing!–*Je ne marche pas! Pas question!*

Nothing of the sort!–*Il n'en est rien!*

nothing short of–*rien moins que*
That would be nothing short of dishonest. *Ce ne serait rien moins que malhonnête.*

There's nothing to it.–*Ce n'est pas une affaire. Il n'y a pas de quoi fouetter un chat.*

---

notice–*l'attention, l'avis*

to take great (little) notice of–*faire grand (peu de) cas de*

The minister takes little notice of your opposition. *Le ministre fait peu de cas de votre opposition.*

---

now—*maintenant*

from now on—*désormais*
From now on I'm the boss of this business. *Désormais c'est moi le patron de cette entreprise.*

nowadays—*de nos jours*
That is no longer being done nowadays. *Cela ne se fait plus de nos jours.*

now and again (now and then)—*de temps à autre, de temps en temps*
We still see them now and again (now and then). *Nous les voyons encore de temps à autre (de temps en temps).*

---

number— *le chiffre, le nombre, le numéro*

His number is up.—*Son affaire est faite.*

I've got your number.—*Je te vois venir avec tes gros sabots.*

---

nut—*la noisette*

to be nuts—*avoir eu un coup de marteau, être marteau*
If you paid a hundred francs for that, you're nuts! *Si tu as payé ça cent francs, tu as eu un coup de marteau (tu es marteau)!*

It's a hard (tough) nut to crack.—*Ça nous donne du fil à retordre.*

O

oat—*l'avoine*

to be feeling one's oats—*se sentir gaillard*
He is feeling his oats because of his success. *Il se sent gaillard à cause de ses succès.*

to sow one's wild oats—*faire des fredaines, jeter sa gourme*
Let him sow his wild oats while he is still young. *Qu'il fasse des fredaines (qu'il jette sa gourme) pendant qu'il est encore jeune.*

---

occasion—*le cas, la circonstance*

to be equal (to rise) to the occasion—*se montrer à la hauteur des circonstances*
Despite our misgivings, the new mayor was equal to (rose to) the occasion. *Malgré nos doutes, le nouveau maire s'est montré à la hauteur des circonstances.*

---

to occur—*arriver*

to occur to someone—*venir à l'idée à quelqu'un*
It never occured to me that she had already left. *Il ne m'est jamais venu à l'idée qu'elle était déjà partie.*

odd–*impair*

. . .odd–. . .*et quelques*
There were fifty odd people at the meeting. *Il y avait cinquante et quelques person-nes à la réunion.*

---

odds–*l'avantage, les chances*

to be at odds with–*ne pas être d'accord avec, ne pas s'entendre avec*
He is at odds with his partner. *Il n'est pas d'accord avec (il ne s'entend pas avec) son associé.*

the odds are–*il y a gros à parier*
The odds are that she won't come. *Il y a gros à parier qu'elle ne viendra pas.*

---

off–*au loin (de), en dehors (de)*

to be off–*se sauver*
Good-bye; I must be off right away. *Au revoir; il faut que je me sauve tout de suite.*

to be off bag and baggage–*plier bagage*
In a twinkling they were off bag and baggage. *En un clin d'œil ils avaient plié bagage.*

to be off duty–*ne pas être de service*
The doorkeeper is off duty this evening. *Le concierge n'est pas de service ce soir.*

to be (way) off base–*se mettre le doigt dans l'œil*
You're way off base if you think that. *Tu te mets le doigt dans l'œil si tu penses cela.*

to be off the mark (the target)–*taper à côté*
She tried to guess but she was always off the mark (the target). *Elle a essayé de deviner, mais elle tapait toujours à côté.*

off and on–*par instants*
He comes back here off and on, and then he leaves again. *Il revient ici par instants, et puis il repart.*

offhand–*de chic, désinvolte*
He drew this picture offhand. *Il a dessiné ce tableau de chic.* I don't like that offhand manner he affects. *Je n'aime pas cette manière désinvolte qu'il affecte.*

off target–*à côté*
Your remark is really off target. *Votre remarque tombe vraiment à côté.*

on the off chance–*à tout hasard*
I asked him that difficult question on the off chance. *Je lui ai posé cette question difficile à tout hasard.*

They're off!–*Les voilà partis!*

---

to offer–*offrir*

to offer no resistance–*ne pas résister, se laisser faire*

The demonstrators had decided to offer no resistance. *Les manifestants avaient décidé de ne pas résister (de se laisser faire).*

official—*officiel*

in one's official capacity—*dans l'exercice de ses fonctions*
The mayor was present at the ceremony in his official capacity. *Le maire assistait à la cérémonie dans l'exercice de ses fonctions.*

offing—*la distance*

to be in the offing—*être en perspective*
There seems to be a tax rise in the offing. *Il semble y avoir une augmentation des impôts en perspective.*

often—*souvent*

as often as (more often than) not—*le plus souvent*
As often as (more often than) not he would have to go to bed without supper. *Le plus souvent il devait se coucher sans souper.*

How often?—*Combien de fois? Tous les combien?*

old—*vieux*

as old as the hills—*vieux comme les chemins (Hérode, le monde, les rues, etc.)*
That idea isn't original; it's as old as the hills. *Cette idée n'est pas originale; elle est vieille comme les chemins (Hérode, le monde, les rues, etc.).*

to be an old hand at—*être un vieux renard de*
He is an old hand at politics; he can manage. *C'est un vieux renard de la politique; il sait se débrouiller.*

to be an old-timer—*avoir (pris) de la bouteille*
This worker is an old-timer already. *Cet ouvrier a déjà (pris) de la bouteille.*

How old are you?—*Quel âge avez-vous?*

How old do you think I am?—*Quel âge me donnez-vous?*

It's an old wives' tale.—*C'est un conte à dormir debout.*

an old flame—*un(e) ancien(ne)*
She is an old flame of his. *C'est une de ses anciennes.*

old hat—*vieux jeu*
Your idea of courtesy is old hat now. *Votre notion de la courtoisie est vieux jeu maintenant.*

old lady. . .—*la mère. . .*
It's old lady Michel who has lost her cat. *C'est la mère Michel qui a perdu son chat.*

old man. . .—*le père. . .*
Old man Lustucru answered her, "No, old lady Michel, your cat isn't lost." *Le père Lustucru lui a répondu: mais non, la mère Michel, votre chat n'est pas perdu.*

an old saw–*un cheval de bataille*
He keeps harping on his old saw, the right to work. *Il revient toujours à son cheval de bataille, le droit au travail.*

an old wives' remedy–*un remède de bonne femme*
You'll never get better taking that old wives' remedy! *Jamais vous ne guérirez en prenant ce remède de bonne femme!*

You're as old as you feel.–*On a l'âge de ses artères.*

on–*de l'avant, dessus*

to be on to–*connaître les ficelles de*
He can't fool us; we're on to him now. *Il ne nous trompe plus; nous connaissons ses ficelles maintenant.*

on and on–*sans relâche*
The speaker talked on and on. *Le conférencier a parlé sans relâche.*

on the quiet (the Q.T.)–*en douce*
They had their meeting on the quiet (the Q.T.) because of the police. *Ils ont fait leur réunion en douce à cause de la police.*

once–*autrefois, une fois*

at once–*à la fois; tout de suite*
You are trying to do too many things at once. *Vous essayez de faire trop de choses à la fois.* You must come down here at once! *Il faut que vous descendiez ici tout de suite!*

once again–*encore une fois*
Repeat that once again, please. *Répétez cela encore une fois, s'il vous plaît.*

once and for all–*une (bonne) fois pour toutes*
I'm telling you this once and for all: be careful. *Je vous dis ceci une (bonne) fois pour toutes: faites attention.*

once in a blue moon–*tous les trente-six du mois*
We see each other once in a blue moon. *Nous nous voyons tous les trente-six du mois.*

once in a while–*de temps à autre, de temps en temps*
We try to visit our cousins in Europe once in a while. *Nous essayons de rendre visite à nos cousins d'Europe de temps à autre (de temps en temps).*

once upon a time–*une fois*
Once upon a time there was a beautiful princess. . . *Il y avait une fois une belle princesse. . .*

one–*on, un*

for one thing–*en premier lieu*
He can't do it; for one thing, he doesn't know how to drive. *Il ne peut pas le faire; en premier lieu, il ne sait pas conduire.*

to have a one-track mind–*ne penser qu'à une chose à la fois*
Let him finish what he is doing; he has a one-track mind. *Laissez-le finir ce qu'il fait; il ne pense qu'à une chose à la fois.*

in one gulp–*(tout) d'un trait*
He downed his beer in one gulp. *Il a avalé sa bière (tout) d'un trait.*

It's one and the same thing.–*C'est du pareil au même.*

(it's) one way or the other–*de deux choses l'une*
(It's) one way or the other; either he leaves, or he gets arrested. *De deux choses l'une; ou il s'en va ou il se fait arrêter.*

one after another–*à la queue leu leu*
The children went off one after another. *Les enfants sont partis à la queue leu leu.*

one and all–*tous sans exception*
I welcome you one and all. *Vous êtes les bienvenus, tous sans exception.*

One down. . .–*Et d'un(e). . .*

one of these days–*un de ces quatre matins*
One of these days I know he's going to leave you. *Un de ces quatre matins je sais qu'il va vous quitter.*

with one accord–*comme un seul homme*
When she entered, they arose with one accord. *Quand elle est entrée, ils se sont levés comme un seul homme.*

---

only–*seulement*

only yesterday–*pas plus tard qu'hier*
She is still here; I saw her only yesterday. *Elle est toujours là; je l'ai vue pas plus tard qu'hier.*

There's only one way to do it.–*Il n'y a pas trente-six façons de le faire.*

---

open–*ouvert*

in the open–*à ciel ouvert*
This is a mine which is worked in the open. *C'est une mine qu'on exploite à ciel ouvert.*

(in the) open air–*au grand air; en plein air (vent)*
They dried the towels in the open air. *Ils ont séché les serviettes au grand air.* She does her shopping at an open-air market (at a market in the open air). *Elle fait ses courses à un marché en plein air (vent).*

It's an open secret.–*C'est le secret de Polichinelle.*

open to question–*discutable*
The applicant's ability is open to question. *Les capacités du candidat sont discutables.*

---

to open–*ouvrir*

to open out on–*donner sur*

His windows opened out on the forest. *Ses fenêtres donnaient sur la forêt.*

---

operation–*l' opération*

to be in operation–*fonctionner*
The plant is in operation now. *L' usine fonctionne maintenant.*

---

opportunity–*l' occasion*

as soon as (when) the opportunity arises–*à l' occasion, à la première occasion*
I'll tell him about this as soon as (when) the opportunity arises. *Je lui parlerai de cela à l' occasion (à la première occasion).*

---

order–*la commande, l' ordre*

to be in order–*être en règle*
Your papers seem to be in order, sir. *Vos papiers ont l' air d' être en règle, monsieur.*

in order that–*afin que*
I called you in order that we may discuss the matter. *Je vous ai appelé afin que nous puissions examiner la question.*

in order to–*afin de, pour*
We stopped in order to check the oil. *Nous nous sommes arrêtés afin de (pour) vérifier l' huile.*

It's a large (a tall) order.–*Ce n' est pas une petite affaire.*

---

to order–*commander, ordonner*

to order around–*mener à la baguette*
She orders her husband around. *Elle mène son mari à la baguette.*

---

other–*autre*

to have other fish to fry–*avoir d' autres chats à fouetter*
If you're not interested, I have other fish to fry. *Si cela ne vous intéresse pas, j' ai d' autres chats à fouetter.*

on the other hand–*d' autre part, en revanche, par contre*
He isn't brilliant but on the other hand he is hard-working. *Il n' est pas brillant mais d' autre part (en revanche, par contre) il est travailleur.*

the other side of the coin–*le revers de la médaille*
It's a fine job but the other side of the coin is that we have to move. *C' est une belle situation mais le revers de la médaille c' est qu' il faut déménager.*

---

out–*dehors*

to be out for oneself–*rechercher son propre intérêt*
He never thinks of others; he's always out for himself. *Il ne pense jamais aux autres; il recherche toujours son propre intérêt.*

to be out in front–*être en flèche*

His company has been out in front for quite a while. *Sa compagnie est en flèche depuis un bon moment.*

to be out of fashion (style)–*être passé de mode*

You would think sometimes that courtesy was out of fashion (style). *On dirait parfois que la politesse était passée de mode.*

to be out of luck–*jouer de malheur, manquer de veine*

I went to his apartment three times without finding him; I was out of luck. *Je suis allé trois fois à son appartement sans le trouver; j'ai joué de malheur (j'ai manqué de veine).*

to be out of one's mind (wits)–*avoir perdu la tête, perdre la raison*

Going out in this weather without a coat; why you're out of your mind (wits)! *Sortir par un pareil temps sans manteau; mais vous avez perdu la tête (vous perdez la raison)!*

to be out of pocket–*en être pour son argent*

You profited by it and I was the one who was out of pocket. *Vous en avez profité et c'est moi qui en étais pour mon argent.*

to be out of print (stock)–*être épuisé*

That book is out of print (stock) now. *Ce livre est épuisé maintenant.*

to be out of the ordinary–*sortir de l'ordinaire*

This is a curious case, one that is out of the ordinary. *C'est un cas curieux, et qui sort de l'ordinaire.*

to be out of the woods–*être hors d'affaire, être sorti de l'auberge*

The doctor says that his patient isn't out of the woods yet. *Le médecin dit que le malade n'est pas encore hors d'affaire (sorti de l'auberge).*

to get (to put) someone out of the way–*se débarrasser de quelqu'un*

If he interferes, we'll have to get (to put) him out of the way. *S'il nous gêne, il faudra que nous nous débarrassions de lui.*

It's out of character (for him).–*Ce n'est pas son genre.*

out-and-out–*à tous crins*

He is an out-and-out Republican. *C'est un républicain à tous crins.*

out in the fresh air–*au grand air*

They dried the towels out in the fresh air. *Ils ont séché les serviettes au grand air.*

out in the open–*au grand jour*

The scandal finally came out in the open. *Le scandale a fini par s'étaler au grand jour.*

out of gas–*en panne sèche*

Our car ran out of gas way out in the country. *Notre auto est tombée en panne sèche en pleine campagne.*

out of order–*en panne*

The elevator is out of order; use the stairs. *L'ascenseur est en panne; prenez l'escalier.*

out of place—*de trop; hors de saison*
I feel out of place in this company. *Je me sens de trop dans cette société.* That sort of joke is really out of place. *Ce genre de plaisanterie est vraiment hors de saison.*

out of sorts—*mal en train*
I'm feeling out of sorts this morning. *Je me sens mal en train ce matin.*

out of the way—*écarté*
The village where they live is rather out of the way. *Le village où ils habitent est assez écarté.*

out of this world—*fantastique*
Your hairdo is out of this world! *Votre coiffure est fantastique!*

out of work—*en chômage*
Because of the recession, many were out of work. *A cause de la récession, beaucoup de gens étaient en chômage.*

to outstrip—*gagner (prendre) de vitesse*
His horse outstripped the favorite. *Son cheval a gagné (pris) le favori de vitesse.*

to outwit—*damer le pion à*
They tried to outwit us by buying up all the available lots. *Ils ont voulu nous damer le pion en achetant tous les terrains disponibles.*

way out (in the sticks)—*au diable (vert, vauvert)*
He lives way out (in the sticks). *Il habite au diable (vert, vauvert).*

---

outside—*l'extérieur*

at the outside—*tout au plus*
The program can accept twelve people at the outside. *Le programme peut accepter douze personnes tout au plus.*

---

over—*au-dessus (de)*

to be over—*être fini*
When the game is over, we'll go have a drink. *Quand le match sera fini, nous irons prendre un verre.*

to be (to come) right over—*arriver tout de suite*
Wait there; I'll be (I'll come) right over. *Attendez là; j'arrive tout de suite.*

to go over—*être reçu*
How did the show go over? *Comment le spectacle a-t-il été reçu?*

to have someone over a barrel—*avoir quelqu'un à sa merci (sous sa coupe)*
Because of my debts, he has me over a barrel. *A cause de mes dettes, il m'a à sa merci (sous sa coupe).*

It's over my head.—*Cela me dépasse. Je n'y comprends rien.*

over age—*trop âgé*

He is over age for this job. *Il est trop âgé pour cet emploi.*

to overcome–*avoir raison de*
She finally overcame his resistance. *Elle a fini par avoir raison de sa résistance.*

to overdo–*pécher par excès de*
She overdid her scrupulousness. *Elle péchait par excès de scrupule.*

to overdo it–*forcer la note*
He overdid it in praising the lecturer. *Il a forcé la note dans son éloge du conférencier.*

Over my dead body!–*Il faudra d'abord me passer sur le ventre!*

overnight–*du jour au lendemain*
She became a star overnight. *Elle est devenue une vedette du jour au lendemain.*

over the hill–*sur le retour*
That actor is over the hill and can't find any roles. *Cet acteur est sur le retour et ne peut pas trouver de rôles.*

over trifles–*pour un oui, pour un non*
They are always ready to fight over trifles. *Ils sont toujours prêts à se battre pour un oui, pour un non.*

---

own–*propre*

to be one's own man–*ne dépendre que de soi-même*
He refused all offers of help because he wanted to be his own man. *Il refusait toutes les offres d'aide parce qu'il ne voulait dépendre que de lui-même.*

to be on one's own–*être indépendant*
We'll see what you can do when you're on your own. *Nous verrons ce dont vous serez capable quand vous serez indépendant.*

of one's own–*à soi*
They want to have a house of their own. *Ils veulent avoir une maison à eux.*

of one's own (invention)–*de son cru*
He told jokes of his own (invention). *Il racontait des plaisanteries de son cru.*

of one's own making–*de sa façon*
She served us a liquor of her own making. *Elle nous a servi un alcool de sa façon.*

on one's own (authority)–*de son propre chef*
He made that decision on his own (authority). *Il a pris cette décision de son propre chef.*

under one's own power–*par ses propres moyens*
I managed to get back home under my own power. *J'ai réussi à rentrer chez moi par mes propres moyens.*

---

to own–*avoir, posséder*

to own up to–*admettre, reconnaître*
Faced by the evidence, he owned up to his guilt. *Devant les preuves, il a admis (reconnu) sa culpabilité.*

P

to pace–*aller (parcourir) au pas*

to pace the floor–*marcher de long en large*
He paced the floor, waiting for news. *Il marchait de long en large, en attendant des nouvelles.*

to pace up and down–*faire les cent pas*
The anxious father paced up and down the hospital corridor. *Le père inquiet faisait les cent pas dans le couloir de l'hôpital.*

---

to pack–*emballer*

to pack a mean punch–*avoir un coup de poing sensationnel*
For his weight, this boxer packs a mean punch. *Pour son poids, ce boxeur a un coup de poing sensationnel.*

to pack it up–*faire son (ses) paquet(s)*
He was quite ill and he prepared to pack it up. *Il était bien malade et s'apprêtait à faire son paquet (ses paquets).*

to pack off–*expédier*
He packed his family off to the country. *Il a expédié sa famille à la campagne.*

to pack (one's bags)–*faire ses bagages*
I'm going to pack (my bags) just before leaving. *Je vais faire mes bagages juste avant de partir.*

to pack up and go–*plier bagage*
The policemen ordered me to pack up and go. *Les agents m'ont intimé l'ordre de plier bagage.*

---

to pad–*rembourrer*

to pad the bill (for a housekeeper)–*faire danser l'anse du panier*
They no longer sent their cook shopping because she padded the bill. *Ils n'envoyaient plus leur cuisinière au marché, parce qu'elle faisait danser l'anse du panier.*

---

to paddle–*pagayer*

to paddle one's own canoe–*voler de ses propres ailes*
You'll have to paddle your own canoe after I'm gone. *Il vous faudra voler de vos propres ailes après mon départ.*

---

pain–*la douleur, le mal*

to be a pain in the neck–*casser les pieds à quelqu'un*
Get out; you're a pain in the neck with your complaints! *Va-t'en; tu me casses les pieds avec tes plaintes!*

to take pains to–*se donner du mal pour*

He took great pains to finish the work right. *Il s'est donné beaucoup de mal pour bien finir le travail.*
What a pain in the neck!–*La barbe!*

---

palm–*la paume*

to have someone in the palm of one's hand–*mettre quelqu'un dans sa poche*
He can't resist; you've got him in the palm of your hand. *Il ne peut pas résister; vous l'avez mis dans votre poche.*

---

to palm–*manier*

to palm something off on someone–*refiler quelque chose à quelqu'un*
The salesman tried to palm off an old jalopy on them. *Le vendeur a essayé de leur refiler un vieux tacot.*

---

to pan–*laver à la batée*

to pan out–*réussir*
Their project didn't pan out. *Leur projet n'a pas réussi.*

---

part–*la partie*

to be part and parcel of–*faire partie intégrante de*
His group is part and parcel of the opposition. *Son groupe fait partie intégrante de l'opposition.*
for one's part–*de son côté*
For my part, I'll invite the Durands. *De mon côté, j'inviterai les Durand.*
in these parts–*dans ces parages*
We don't often see foreigners in these parts. *Nous ne voyons pas souvent d'étrangers dans ces parages.*

---

to part–*partir, séparer*

to part one's hair–*porter la raie*
She parts her hair in the middle. *Elle porte la raie au milieu.*
to part with–*se défaire de*
I hate to part with this picture. *Cela m'ennuie de me défaire de ce tableau.*

---

party–*la fête, le parti*

I'm no party to it.–*Je n'y suis pour rien.*
to (let oneself) be a party to–*se prêter à*
I won't (let myself) be a party to this plot. *Je ne me prêterai pas à cette intrigue.*

---

password–*la consigne*

to have the password–*montrer patte blanche*
To go into that club, you have to have the password. *Pour entrer dans ce club, il faut montrer patte blanche.*

to pass–*passer*

to pass (an examination, etc.)–*être reçu à (un examen, etc.)*
He passed his final examinations. *Il a été reçu à ses examens de fin de cours.*

to pass away (to pass on)–*décéder*
His grandfather passed away (passed on) last week. *Son grand-père est décédé la semaine dernière.*

to pass by (to pass over)–*passer à côté de*
He was passed by (passed over) when it came time for promotions. *On est passé à côté de lui au moment des promotions.*

to pass oneself off as–*se faire passer pour*
She tried to pass herself off as a model. *Elle essayait de se faire passer pour un mannequin.*

to pass out–*distribuer*
A group of people were passing out leaflets on the street. *Un groupe de gens distribuait des pamphlets dans la rue.*

to pass out (cold)–*tomber dans les pommes*
The sight of blood made him pass out (cold). *La vue du sang l'a fait tomber dans les pommes.*

to pass someone right by–*passer sous le nez à quelqu'un*
That opportunity passed me right by. *Cette occasion m'est passée sous le nez.*

to pass the buck to–*mettre l'affaire sur le dos à*
To avoid the responsibility, he passed the buck to me. *Pour éviter la responsabilité, il m'a mis l'affaire sur le dos.*

to pass up–*laisser passer*
You have passed up a splendid opportunity which you'll regret. *Vous avez laissé passer une belle occasion que vous regretterez.*

to pass upon–*juger*
I refuse to pass upon their qualifications. *Je refuse de juger leurs qualifications.*

---

past–*au delà*

to be (well) past. . .–*avoir . . . ans (bien) sonnés*
Although he seems young, he is (well) past fifty. *Bien qu'il ait l'air jeune, il a cinquante ans (bien) sonnés.*

to be past one's prime–*être sur le retour*
He was a great actor but he's past his prime. *C'était un grand acteur mais il est sur le retour.*

---

to pat–*caresser, flatter*

to pat on the back–*féliciter*
I must pat her on the back for her deed. *Il faut que je la félicite pour son acte.*

patience–*la patience*

   My patience is wearing thin.–*Ma patience est à bout.*

---

paunch–*la panse*

   to get a paunch–*prendre du ventre*
   As he gets older, he's getting a paunch. *Avec l'âge il prend du ventre.*

---

to pave–*goudronner, paver*

   to pave the way for–*ouvrir (préparer) le chemin à*
   His experiments paved the way for my invention. *Ses expériences ont ouvert (préparé) le chemin à mon invention.*

---

pay–*la paie*

   pay dirt–*un filon (d'or)*
   After years of effort, they have finally hit pay dirt. *Après des années d'efforts, ils ont enfin découvert le filon (d'or).*

---

to pay–*payer*

   I'll make him pay for that!–*Il me le payera cher!*

   to pay attention–*faire (prêter) attention*
   At the time I didn't pay attention to what she was saying. *Sur le moment je n'ai pas fait (prêté) attention à ce qu'elle disait.*

   to pay cash (on the barrel, on the line)–*payer argent comptant (rubis sur l'ongle)*
   This customer doesn't like debts, so he always pays cash (on the barrel, on the line). *Ce client n'aime pas les dettes; il paie donc toujours argent comptant (rubis sur l'ongle).*

   to pay down–*verser des arrhes*
   I paid fifty dollars down and I'll pay the rest in twelve months. *J'ai versé cinquante dollars d'arrhes et je payerai le reste dans douze mois.*

   to pay for the damage–*payer les pots cassés*
   It is always the innocent people who pay for the damage. *Ce sont toujours les innocents qui paient les pots cassés.*

   to pay off–*être couronné de succès*
   After months and months of work, her efforts paid off. *Après des mois de travail, ses efforts ont été couronnés de succès.*

   to pay one's respects–*présenter ses respects*
   We wanted to pay our respects to the new commander. *Nous voulions présenter nos respects au nouveau commandant.*

   to pay someone back (in his own coin)–*rendre la monnaie de sa pièce à quelqu'un*
   He deceived me but I paid him back (in his own coin). *Il m'a trompé mais je lui ai rendu la monnaie de sa pièce.*

to pay the piper–*payer les violons*
You had a good time; now you have to pay the piper. *Tu t'es amusé; maintenant il faut payer les violons.*

to pay through the nose for–*acheter à prix d'or*
They paid through the nose for their Louis XV desk. *Ils ont acheté leur secrétaire Louis XV à prix d'or.*

to pay up–*régler, solder*
Their account is paid up. *Leur note est réglée (soldée).*

---

pen–*la plume, le stylo*

a pen-pusher–*un gratte-papier*
He is a pen-pusher in a government office. *C'est un gratte-papier dans un bureau de l'administration.*

---

penny–*le centime, le sou*

to be penniless–*n'avoir ni sou ni maille, n'avoir pas le sou (pas un sou vaillant), être sans le sou*
He was handsome and noble but he was penniless. *Il était beau et noble mais il n'avait ni sou ni maille (il n'avait pas le sou, pas un sou vaillant; il était sans le sou).*

to pinch pennies–*être grippe-sou*
Although he has millions, he still pinches pennies. *Bien qu'il ait des millions, il est néanmoins grippe-sou.*

---

to perform–*exécuter*

to perform a play–*représenter une piéce*
The company performed Moliére's *The Miser*. *La troupe a représenté L'Avare de Molière.*

---

permission–*la permission*

With your permission!–*Ne vous (en) déplaise!*

---

pet–*domestiqué, préféré*

pet peeve–*la bête noire*
Math is her pet peeve. *Les maths sont sa bête noire.*

Peter–*Pierre*

to rob Peter to pay Paul–*faire un trou pour en boucher un autre*
The solution which you propose is robbing Peter to pay Paul. *La solution que vous proposez, c'est faire un trou pour en boucher un autre.*

---

pick–*le choix, la sélection*

the pick of the crop (pack)–*le dessus du panier*

We were able to take the pick of the crop (pack) because we arrived first. *Nous avons pu prendre le dessus du panier parce que nous sommes arrivés les premiers.*

---

to pick—*choisir, cueillir*

to pick a fight—*chercher querelle*
He's a troublemaker; he picks fights with everyone. *C'est un mauvais coucheur; il cherche querelle à tout le monde.*

to pick a lock—*crocheter une serrure*
The thieves entered by picking the lock. *Les voleurs sont entrés en crochetant la serrure.*

to pick at one's food—*manger du bout des dents*
She picked at her food because she wasn't hungry. *Elle mangeait du bout des dents parce qu'elle n'avait pas faim.*

to pick holes—*chercher la petite bête*
Let's stop picking holes and get down to serious business. *Cessons de chercher la petite bête et venons-en aux choses sérieuses.*

to pick on—*s'en prendre à*
It isn't my fault. Why do you pick on me? *Ce n'est pas de ma faute. Pourquoi vous en prenez-vous à moi?*

to pick one's way through—*traverser avec précaution*
We had to pick our way through the rubble. *Il a fallu que nous traversions les débris avec précaution.*

to pick up—*ramasser; se relever*
Pick up your dirty linen before you go out. *Ramasse ton linge sale avant de sortir.*
Business is starting to pick up a bit. *Les affaires commencent à se relever un peu.*

to pick up the tab—*payer pour tout le monde*
He picked up the tab at dinner. *C'est lui qui a payé le dîner pour tout le monde.*

---

picnic—*le pique-nique*

It's no picnic!—*Ce n'est pas une partie de plaisir!*

---

picture—*l'image, le tableau*

to be the picture of health—*respirer la santé*
She is beautiful and fresh, and she is the picture of health. *Elle est belle et fraîche, et elle respire la santé.*

---

piece—*le morceau, la pièce*

to do piecework—*travailler à la tâche*
They get very tired since they have been doing piecework. *Ils se fatiguent beaucoup depuis qu'ils travaillent à la tâche.*

piecemeal—*par bribes*
I learned the whole story piecemeal. *J'ai appris l'histoire entière par bribes.*

pig–*le cochon*

   In a pig's eye!–*Et mon œil!*

---

pile–*le tas*

   to make piles of money–*gagner de l'argent à la pelle*
He made piles of money in the wheat sale. *Il a gagné de l'argent à la pelle dans la vente du blé.*

---

to pile–*entasser*

   to pile into–*rentrer dedans à*
If he keeps insulting me, I'm going to pile into him. *S'il continue à m'insulter, je vais lui rentrer dedans.*

---

pin–*l'épingle*

   to be on pins and needles–*être sur des charbons ardents*
He was on pins and needles waiting for the jury's decision. *Il était sur des charbons ardents en attendant la décision du jury.*

   to have pins and needles–*avoir des fourmis*
I had pins and needles in my legs from sitting. *J'avais des fourmis dans les jambes à force de rester assis.*

---

to pin–*épingler*

   to pin back someone's ears–*frotter les oreilles à quelqu'un*
If you touch me, I'm going to pin back your ears. *Si tu me touches, je vais te frotter les oreilles.*

   to pin one's faith on–*mettre son espoir en*
Don't pin your faith on his good will. *Ne mettez pas votre espoir en sa bonne volonté.*

---

pinch–*la pincée*

   in a pinch–*au besoin*
You can use my car in a pinch. *Vous pouvez vous servir de mon auto au besoin.*

---

pink–*rose*

   in the pink–*en pleine forme*
It was obvious that she was in the pink. *Il était évident qu'elle était en pleine forme.*

---

to pitch–*lancer, ranger*

   to pitch in–*mettre la main à la pâte, pousser à la roue*
When we need help, he knows how to pitch in. *Quand nous avons besoin d'aide, il sait mettre la main à la pâte (pousser à la roue).*

   to pitch into–*rentrer dedans à*
If he keeps insulting me, I'm going to pitch into him. *S'il continue à m'insulter, je vais lui rentrer dedans.*

pity—*la pitié*

For pity's sake!—*De grâce!*

it's a pity—*c'est dommage*
It's a pity you can't come to our party. *C'est dommage que vous ne puissiez pas venir à notre fête.*

---

place—*l'endroit, la place*

at (to) one's place—*chez soi*
I've invited them at (to) my place. *Je les ai invités chez moi.*

to lay (to set) a place—*mettre un couvert*
You had better lay (set) another place at table. *Vous devriez mettre un couvert de plus à table.*

---

to place—*mettre, poser*

Place all bets.—*Faites vos jeux.*

to place an order—*passer une commande*
His government had placed a major order for airplanes. *Son gouvernement avait passé une importante commande d'avions.*

to place in the front rank—*élever sur le pavois*
Victor Hugo's contemporaries placed the poet in the front rank. *Les contemporains de Victor Hugo ont élevé le poète sur le pavois.*

to place someone—*remettre quelqu'un*
Tell me your name; I can't place you. *Dites-moi votre nom; je ne vous remets pas.*

---

plain—*laid, uni*

in plain clothes—*en civil*
There were two policemen in plain clothes at the door. *Il y avait deux agents en civil à la porte.*

He is plainspoken.—*Il a son franc parler.*

That's as plain as the nose on your face.—*Cela saute aux yeux.*

---

to play—*jouer*

to play aboveboard—*jouer cartes sur table (franc jeu)*
I won't continue if they don't play aboveboard. *Je ne continue pas s'ils ne jouent pas cartes sur table (franc jeu).*

to play a draw—*faire match nul*
After four sets they played a draw. *Au bout de quatre sets ils ont fait match nul.*

to play (a game, a sport)—*jouer à*
They played bridge every evening. *Ils jouaient au bridge tous les soirs.*

to play (an instrument)—*jouer de*
She plays the piano and the cello. *Elle joue du piano et du violoncelle.*

to play both ends against the middle (both sides)—*ménager la chèvre et le chou, nager entre deux eaux*
That deputy plays both ends against the middle (both sides) in order to avoid making enemies. *Ce député ménage la chèvre et le chou (nage entre deux eaux) pour éviter de se faire des ennemis.*

to play coy—*faire la bouche en cœur*
She plays coy when people look at her. *Elle fait la bouche en cœur quand on la regarde.*

to play down—*minimiser*
I am trying to play down their role in the matter. *J'essaie de minimiser leur rôle dans l'affaire.*

to play dumb (in order to get what one wants)—*faire l'âne pour avoir du son*
That peasant is just playing dumb (in order to get what he wants). *Ce paysan fait l'âne pour avoir du son.*

to play fast and loose—*jouer double jeu*
You had better not try to play fast and loose with us. *Vous feriez mieux de ne pas essayer de jouer double jeu avec nous.*

to play footsie—*faire du genou*
He was playing footsie with her under the table. *Il lui faisait du genou sous la table.*

to play for high stakes (for keeps)—*jouer gros (jeu)*
He was playing for high stakes (for keeps) and everyone knew it. *Il jouait gros (jeu) et tout le monde le savait.*

to play hard-to-get—*se faire prier*
She played hard-to-get before she would sing for us. *Elle s'est fait prier avant d'accepter de chanter pour nous.*

to play hooky—*faire l'école buissonnière*
The little rascal would often play hooky. *Le petit garnement faisait souvent l'école buissonnière.*

to play into the hands of—*faire le jeu de*
If you continue that way, you'll be playing into your opponents' hands. *Si vous continuez ainsi, vous ferez le jeu de vos adversaires.*

to play it safe—*se tenir à carreau*
Since he knew he was under surveillance, he played it safe. *Se sachant surveillé, il se tenait à carreau.*

to play one's cards close to one's vest—*cacher son jeu*
He is a wily adversary who plays his cards close to his vest. *C'est un adversaire rusé qui cache son jeu.*

to play one's cards right—*bien mener son jeu*
If you play your cards right, you won't have any problems. *Si vous menez bien votre jeu, vous n'aurez pas d'ennuis.*

to play possum–*faire le mort*
The fox played possum while the hunters passed by. *Pendant le passage des chasseurs le renard a fait le mort.*

to play rough–*y aller carrément*
When the other group started to play rough, we did the same. *Quand l'autre groupe a commencé à y aller carrément, nous en avons fait de même.*

to play second fiddle–*jouer en sous-fifre*
He is tired of always playing second fiddle. *Il en a assez de jouer toujours en sous-fifre.*

to play the angles–*être un combinard*
You can't compete with him; he plays the angles. *Vous ne pouvez pas rivaliser avec lui; c'est un combinard.*

to play the fool–*faire l'âne*
Stop playing the fool; we need some serious advice. *Cesse de faire l'âne; nous avons besoin de conseils sérieux.*

to play the lead–*tenir le premier rôle*
He played the lead in *The Doctor in Spite of Himself*. *Il a tenu le premier rôle du Médecin malgré lui.*

to play the part of–*se poser en*
To attract sympathy, he always plays the part of the victim. *Pour attirer la pitié, il se pose toujours en victime.*

to play the patsy (the sucker)–*être le dindon de la farce*
I refuse to play the patsy (the sucker). *Je refuse d'être le dindon de la farce.*

to play to the grandstand–*jouer pour la galerie*
It was obvious that she was playing to the grandstand. *Il était évident qu'elle jouait pour la galerie.*

to play up–*mettre en valeur*
Try to play up the importance of their cooperation. *Tâchez de mettre en valeur l'importance de leur coopération.*

---

pleasant–*agréable*
He is a pleasant person to be with.–*Il est d'un commerce agréable.*

---

to please–*plaire à*
Please yourself.–*Comme vous voulez (voudrez).*

---

plenty–*l'abondance*
plenty of–*assez de, beaucoup de*
We still have plenty of time left. *Nous avons encore assez (beaucoup) de temps qui reste.*

---

point–*le point, la pointe*

Come (get) to the point!–*Venez au fait!*

Here's the point.–*Voici de quoi il s'agit.*

in point of fact–*par le fait*
In point of fact, we know that he was lying. *Par le fait, nous savons qu'il mentait.*

on the point of death–*à la dernière extrémité*
Thinking he was on the point of death, they called for a priest. *Croyant qu'il était à la dernière extrémité, ils ont appelé un prêtre.*

point-blank–*à bout portant; de but en blanc*
He fired at the thief point-blank. *Il a tiré sur le voleur à bout portant.* She asked the question of me point-blank. *Elle m'a posé la question de but en blanc.*

There's no point in staying (going, etc.).–*Il est inutile de rester (partir, etc.).*

to the point–*à propos*
What you said was really to the point. *Ce que vous avez dit était vraiment à propos.*

You've got a point there.–*Il y a du vrai dans ce que vous dites là.*

---

to point–*indiquer*

to point at (to)–*désigner (montrer) du doigt*
The guide pointed at (to) the governor's mansion. *Le guide a désigné (montré) du doigt la maison du gouverneur.*

---

to poke–*pousser*

to poke in the ribs–*donner un coup de coude à*
He gave me a poke in the ribs to make me shut up. *Il m'a donné un coup de coude pour que je me taise.*

to poke one's nose into other people's business–*fourrer son nez partout*
That gossip keeps poking his nose into other people's business. *Ce bavard n'arrête pas de fourrer son nez partout.*

---

to polish–*polir*

to polish off–*expédier*
We polished off three bottles of wine with the meal. *Nous avons expédié trois bouteilles de vin pendant le repas.*

---

polite–*poli*

polite society–*la bonne compagnie*
That isn't done in polite society. *Cela ne se fait pas dans la bonne compagnie.*

---

to pop–*(faire) éclater*

to pop the question–*faire sa déclaration*
Because her father was so rich, he didn't have the nerve to pop the question. *Comme son père était si riche, il n'avait pas le courage de faire sa déclaration.*

position–*la position, la situation*

   to be in a position to–*être à même de, être en mesure de*
We are not yet in a position to help you. *Nous ne sommes pas encore à même (en mesure) de vous aider.*

possible–*possible*

   it is possible that–*il se peut que*
It is possible that he has already left. *Il se peut qu'il soit déjà parti.*

to post–*afficher, mettre à la poste*

   to keep posted–*(se) tenir au courant*
Keep me posted as things develop. *Tenez-moi au courant au fur et à mesure que la situation évoluera.*

   Post no bills.–*Défense d'afficher.*

pot–*la casserole, le pot*

   a pothole–*un nid de poule*
I must have broken a spring driving over a pothole. *J'ai dû casser un ressort en passant sur un nid de poule.*

   pot luck–*à la fortune du pot*
If you come and visit us, you'll have to take pot luck. *Si vous venez nous rendre visite, vous devrez manger à la fortune du pot.*

to pounce–*sauter*

   to pounce on–*fondre sur*
The owl pounced on the mouse. *La chouette a fondu sur la souris.*

to pour–*verser*

   to pour oil on troubled waters–*calmer les passions*
The mediator tried to pour oil on troubled waters. *Le médiateur a essayé de calmer les passions.*

power–*le pouvoir, la puissance*

   More power to you!–*Je vous souhaite bonne chance!*

   to be powerless–*n'en pouvoir mais*
As for that business, I confess I am powerless. *Quant à cette affaire, j'avoue que je n'en peux mais.*

practice–*l'exercice, la pratique*

   to make a practice of–*se faire une habitude (une règle) de*
He makes a practice of never lending money. *Il se fait une habitude (une règle) de ne jamais prêter d'argent.*

to praise–*louer*
to praise to the skies–*porter aux nues*
They praised her cooking to the skies. *Ils portaient sa cuisine aux nues.*

prayer–*la prière*
not to have a prayer–*ne pas avoir la moindre chance*
You don't have a prayer of winning! *Vous n'avez pas la moindre chance de gagner.*

premium–*la prime*
to be at a premium–*être très recherché*
Tickets for the new production are at a premium. *Les places pour la nouvelle production sont très recherchées.*

to press–*pousser, presser*
to press hard–*serrer de près*
He had to make a real effort because his competitor was pressing him hard. *Il fallait faire un effort car son concurrent le serrait de près.*

to press on–*forcer le pas*
We pressed on in order to arrive by nightfall. *Nous avons forcé le pas afin d'arriver avant la tombée de la nuit.*

to pretend–*prétendre*
to pretend to–*faire semblant de*
He is pretending to be asleep but he is awake. *Il fait semblant de dormir mais il est éveillé.*

pretense–*la prétention*
under the pretense of–*sous couleur de*
They invaded the neighboring country under the pretense of protecting it. *Ils ont envahi le pays voisin sous couleur de le protéger.*

pretty–*joli*
Here's a pretty kettle of fish!–*En voilà une affaire!*
She's as pretty as a picture.–*Elle est jolie à croquer.*

to prey–*faire sa proie*
to prey upon one's mind–*travailler l'esprit à*
That worry preyed upon my mind all night long. *Ce souci m'a travaillé l'esprit toute la nuit.*

to prick–*piquer*
to prick up one's ears–*tendre l'oreille*

He pricked up his ears at the slightest sound of steps. *Il tendait l'oreille au moindre bruit de pas.*

---

to pride—*enorgueillir*

    to pride oneself on—*se piquer de*
He prided himself on being a connoisseur of wines. *Il se piquait d'être connaisseur de vins.*

---

prime—*la perfection*

    in the prime of life—*dans la force de l'âge*
He is being made to retire in the prime of life. *On l'oblige à prendre sa retraite dans la force de l'âge.*

    in the prime of youth—*à la fleur de l'âge*
He was in the prime of youth and was beginning to be known. *Il était à la fleur de l'âge et commençait à se faire connaître.*

---

private—*l'intimité*

    in private—*en famille*
You should wash your dirty linen in private. *Il faut laver son linge sale en famille.*

---

prize—*le prix*

    He (she) is no prize package.—*Ce n'est pas une étoile.*

---

to prize—*estimer*

    to prize someone (something)—*tenir à quelqu'un (quelque chose)*
She prizes this old piece of furniture. *Elle tient à ce vieux meuble.*

---

process—*le procédé, le processus*

    in the process of—*en cours de*
The store is in the process of renovation. *Le magasin est en cours de rénovation.*

---

progress—*le progrès*

    in progress—*en cours*
They reported on work in progress. *Ils ont rendu compte du travail en cours.*

---

to promise—*promettre*

    to promise pie in the sky (the moon)—*promettre monts et merveilles (plus de beurre que de pain)*
All the candidates in the election are promising pie in the sky (the moon). *Tous les candidats aux élections promettent monts et merveilles (plus de beurre que de pain).*

---

to prompt—*suggérer*

to prompt someone–*souffler son rôle à quelqu'un*
The actor was so nervous that he had to be prompted constantly. *L'acteur avait un tel trac qu'il a fallu lui souffler son rôle constamment.*

to propose–*proposer*

to propose (marriage)–*faire sa déclaration*
After three years, he finally got up the courage to propose (marriage). *Au bout de trois ans, il a enfin trouvé le courage de faire sa déclaration.*

to prove–*prouver*

to prove beyond the shadow of a doubt–*prouver par a plus b*
He proved beyond the shadow of a doubt that the management was wrong. *Il a prouvé par a plus b que la direction se trompait.*

public–*public*

to be in the public eye–*être en vue*
That actress is very much in the public eye right now. *Cette actrice est très en vue en ce moment.*

pull–*la traction*

to have pull–*avoir le bras long*
He has pull and could help you. *Il a le bras long et pourrait t'aider.*

to pull–*arracher, tirer*

He doesn't pull his punches!–*Il n'y va pas avec le dos de la cuiller (de main morte)!*

I'll (we'll) be pulling for you.–*Tous mes (nos) vœux vous accompagnent.*

to pull a fast one on someone–*avoir quelqu'un*
Those cheaters tried to pull a fast one on me. *Ces tricheurs ont essayé de m'avoir.*

to pull a long face–*faire la mine, faire un drôle de nez (un nez long d'ici là-bas)*
What's the matter with him? He's pulling a long face at us. *Qu'est-ce qu'il a? Il nous fait la mine (il nous fait un drôle de nez, un nez long d'ici là-bas).*

to pull and tug in opposite directions–*tirer à hue et à dia*
We'll never finish if you keep pulling and tugging in opposite directions. *Nous ne finirons jamais si vous continuez à tirer à hue et à dia.*

to pull a rabbit out of one's hat–*faire un tour de passe-passe*
He'll have to pull a rabbit out of his hat to solve this problem. *Il devra faire un tour de passe-passe pour résoudre ce problème.*

to pull a tooth–*arracher une dent*
I had a tooth pulled this morning. *Je me suis fait arracher une dent ce matin.*

to pull into (out of) the station—*entrer en (sortir de la) gare*
The train pulled into (out of) the station on schedule. *Le train est entré en (est sorti de la) gare à l'heure.*

to pull off—*décrocher, réussir*
He pulled off a surprising victory. *Il a décroché (réussi) une victoire étonnante.*

to pull oneself together—*rassembler ses esprits (ses forces); se secouer*
Let's pull ourselves together for the test. *Rassemblons nos esprits (nos forces) pour l'épreuve.* Pull yourself together, man; it's not the end of the world! *Secouez-vous un peu, mon vieux; ce n'est pas la fin du monde.*

to pull (one's) rank (one's weight)—*se prévaloir de son grade*
Don't try to pull (your) rank (your weight) on me. *N'essaie pas de te prévaloir de ton grade avec moi.*

to pull one's weight—*y mettre du sien*
Those of you who aren't pulling their weight will be fired. *Ceux d'entre vous qui n'y mettent pas du vôtre seront mis à la porte.*

to pull someone's leg—*faire marcher quelqu'un*
I see that you were pulling our leg when you said that. *Je vois que vous nous faisiez marcher en disant cela.*

to pull the rug out from under someone—*couper l'herbe sous le pied à quelqu'un*
He pulled the rug out from under me by making that offer. *Il m'a coupé l'herbe sous le pied en faisant cette offre.*

to pull the wool over someone's eyes—*faire prendre des vessies pour des lanternes à quelqu'un*
He always tries to pull the wool over our eyes but he won't succeed. *Il essaie toujours de nous faire prendre des vessies pour des lanternes mais il n'y arrivera pas.*

to pull through—*s'en tirer*
The doctor thinks that you will pull through. *Le médecin croit que vous allez vous en tirer.*

to pull up—*avancer; s'arrêter*
Pull up a chair and sit down. *Avancez une chaise et asseyez-vous.* A car pulled up in front of the store. *Une voiture s'est arrêtée devant le magasin.*

to pull up stakes—*lever le camp*
When we arrived, they had already pulled up stakes. *Quand nous sommes arrivés, ils avaient déjà levé le camp.*

---

to punch—*donner un coup de poing, poinçonner*
to punch someone in the nose—*casser la figure à quelqu'un*
Keep your hands off my brother or I'll punch you in the nose. *Si tu touches à mon frère, je te casse la figure.*

to punch the clock–*pointer*
The workers punch the clock morning and evening. *Les ouvriers pointent matin et soir.*

---

purpose–*le but, le propos*

to answer (to serve) the purpose–*faire l'affaire*
I think this tool will answer (will serve) the purpose. *Je crois que cet outil fera l'affaire.*

for whatever purpose it may serve–*à toutes fins utiles*
I offer you the suggestion for whatever purpose it may serve. *Je vous fais cette suggestion à toutes fins utiles.*

on purpose–*à dessein, exprès*
It was no accident; he did it on purpose. *Ce n'était pas un accident; il l'a fait à dessein (exprès).*

to no purpose–*en pure perte*
We have spent all our money to no purpose. *Nous avons dépensé notre argent en pure perte.*

---

to push–*pousser*

to push (a product)–*faire l'article*
The salesman was pushing his can openers. *Le vendeur faisait l'article pour ses ouvre-boîtes.*

to push around–*malmener*
The policemen were pushing the strikers around. *Les agents de police malmenaient les grévistes.*

a pushcart peddler–*un marchand des quatre saisons*
She bought these peaches from a pushcart peddler. *Elle a acheté ces pêches à un marchand des quatre saisons.*

---

to put–*mettre, poser*

Can you put me up (for the night)?–*Pouvez-vous me coucher?*

Don't put yourself out.–*Ne vous dérangez pas.*

It's all put on.–*C'est du bidon.*

I wouldn't put it past him (them, etc.).–*Je l'en (les en, etc.) crois bien capable(s).*

to put a bug in someone's ear–*mettre la puce à l'oreille à quelqu'un*
His employee's frequent absences put a bug in the boss's ear. *Les absences fréquentes de son employé ont mis la puce à l'oreille du patron.*

to put across one's knee–*donner la fessée à*
You're not too old for me to put across my knee. *Tu n'es pas trop grand pour que je te donne la fessée.*

to put an end (a stop) to–*en finir avec, mettre le holà à*

It's time to put an end (a stop) to all these intrigues. *Il est temps d'en finir avec (de mettre le holà à) toutes ces intrigues.*

to put away—*engloutir; ranger*
He put away an enormous meal. *Il a englouti un gros repas.* Don't forget to put away your clothes. *N'oublie pas de ranger tes vêtements.*

to put away (to put to sleep)—*faire piquer*
We had to put away our old dog (put our old dog to sleep). *Nous avons dû faire piquer notre vieux chien.*

to put down—*écraser; poser*
The government put down the revolt. *Le gouvernement a écrasé la révolte.* Put that plate down on the table. *Posez cette assiette sur la table.*

to put in a good word for—*dire (toucher) un mot en faveur de*
I'll put in a good word for you to the boss. *Je dirai (je toucherai) un mot en ta faveur au patron.*

to put in an appearance—*faire acte de présence*
The mayor put in an appearance at the reception. *Le maire a fait acte de présence à la réception.*

to put in one's two cents' worth—*y mettre son grain de sel*
He doesn't know anything. Why does he always put in his two cents' worth? *Il n'en sait rien. Pourquoi y met-il toujours son grain de sel?*

to put it mildly—*sans exagérer*
We have lost a fortune, to put it mildly. *Nous avons perdu une fortune, sans exagérer.*

to put it (something) over on someone—*avoir (faire marcher) quelqu'un*
Don't try to put it (something) over on me. *N'essaie pas de m'avoir (de me faire marcher).*

to put money aside—*faire des économies, mettre de l'argent de côté*
They are living on the money they have put aside for years. *Ils vivent des économies qu'ils ont faites (de l'argent qu'ils ont mis de côté) depuis des années.*

to put off—*remettre*
Let's put our meeting off until Thursday. *Remettons notre réunion à jeudi.*

to put off till the cows come home—*renvoyer aux calendes grecques*
Since he was too busy, he kept putting our appointment off till the cows come home. *Etant trop pris, il renvoyait notre rendez-vous aux calendes grecques.*

to put on a big front (a big show)—*en jeter plein la vue, faire de l'esbroufe*
They always put on a big front (a big show) to impress people. *Ils en jetaient toujours plein la vue (ils faisaient toujours de l'esbroufe) pour impressionner les gens.*

to put on a big spread—*mettre les petits plats dans les grands*
In honor of his visit, they had put on a big spread. *En l'honneur de sa visite, ils avaient mis les petits plats dans les grands.*

to put on airs–*prendre de grands airs, se donner des airs*
You don't have to put on airs for me. *Ce n'est pas la peine de prendre de grands airs (de vous donner des airs) avec moi.*

to put on an act–*jouer la comédie*
You can't believe him; he's putting on an act. *On ne peut pas le croire; il joue la comédie.*

to put one's back into it–*donner un coup de collier*
We'll be finished soon if everyone puts his back into it. *Nous aurons bientôt fini si chacun donne un coup de collier.*

to put one's best foot forward–*se présenter sous son plus beau jour*
All the candidates were trying to put their best foot forward. *Tous les candidats essayaient de se présenter sous leur plus beau jour.*

to put one's foot down–*faire acte d'autorité*
If he insists on arguing, you'll have to put your foot down. *S'il insiste pour discuter, il faudra que vous fassiez acte d'autorité.*

to put one's foot in it (in one's mouth)–*mettre les pieds dans le plat*
Not knowing that she was the boss's girl friend, he put his foot in it (in his mouth). *Ne sachant pas que c'était l'amie du patron, il a mis les pieds dans le plat.*

to put one's shoulder to the wheel–*pousser à la roue*
We'll make it if we all put our shoulders to the wheel. *Nous y arriverons si nous poussons tous à la roue.*

to put on one's list–*mettre sur ses tablettes*
He gave me a lot of help; I'm putting him on my list. *Il m'a beaucoup aidé; je le mets sur mes tablettes.*

to put on the map–*faire connaître partout*
We're planning to put this town on the map. *Nous comptons faire connaître cette ville partout.*

to put out–*éteindre*
The firemen quickly put out the blaze. *Les pompiers ont vite éteint l'incendie.*

to put out the welcome mat–*faire bon accueil*
Our American cousins put out the welcome mat for us. *Nos cousins américains nous ont fait bon accueil.*

to put out to pasture–*mettre à la retraite*
He was put out to pasture at the age of fifty-five. *On l'a mis à la retraite à l'âge de cinquante-cinq ans.*

to put out to sea–*prendre la mer*
The ship put out to sea at sunset. *Le bateau a pris la mer au coucher du soleil.*

to put someone's back against the wall–*mettre quelqu'un au pied du mur*
I'm tired of waiting for his decision; we have to put his back against the wall. *Je suis fatigué d'attendre sa décision; il faut le mettre au pied du mur.*

to put someone through his paces–*voir ce dont quelqu'un est capable*

We are going to put the new workers through their paces. *Nous allons voir ce dont les nouveaux ouvriers sont capables.*

to put someone to shame–*faire honte à quelqu'un*
His great generosity put the rest of us to shame. *Sa grande générosité nous a fait honte à tous.*

to put teeth in–*rendre efficace*
We have to put teeth in the new law. *Il faut que nous rendions la nouvelle loi efficace.*

to put the cart before the horse–*mettre la charrue devant les bœufs*
In proceeding that way, you're putting the cart before the horse. *En procédant ainsi, vous mettez la charrue devant les bœufs.*

to put the finishing touches on (to)–*mettre la dernière main à*
The author has just put the finishing touches on (to) his play. *L'auteur vient de mettre la dernière main à sa pièce.*

to put the heat (the screws) on someone–*mettre l'épée dans les reins à quelqu'un, serrer la vis à quelqu'un*
We'll have to put the heat (the screws) on him so he will finish the job quickly. *Nous devrons lui mettre l'épée dans les reins (lui serrer la vis) pour qu'il finisse le travail rapidement.*

to put to bed (to sleep)–*mettre au lit*
Put the children to bed (to sleep) before you come. *Mettez les enfants au lit avant de venir.*

to put two and two together–*tirer les conclusions qui s'imposent*
If you put two and two together, you'll see he is the guilty one. *Si vous tirez les conclusions qui s'imposent, vous verrez que c'est lui le coupable.*

to put up a good fight–*bien se défendre*
Our team put up a good fight before losing. *Notre équipe s'est bien défendue avant de perdre.*

a put-up job–*un coup monté*
His arrest was obviously a put-up job. *Son arrestation était de toute évidence un coup monté.*

to put up with–*s'accommoder de*
She was forced to put up with a diminished life-style. *Elle a été obligée de s'accommoder d'un train de vie réduit.*

to put words in someone's mouth–*faire dire à quelqu'un ce qu'il ne pense pas*
I didn't say that; don't put words in my mouth. *Je n'ai pas dit cela; ne me fais pas dire ce que je ne pense pas.*

Put your money where your mouth is (put up or shut up).–*Les actes valent mieux que les paroles.*

We put our heads together.–*Nous nous sommes concertés (consultés).*

You're putting me on!–*Vous vous payez ma tête!*

Q

q—*(la lettre) q*

> **on the q.t.**—*en catimini, en douce*
> They left town on the q.t. *Ils ont quitté la ville en catimini (en douce).*

---

queer—*bizarre*

> **What a queer bird (customer)!**—*Quel drôle d'oiseau!*

---

question—*la question*

> **in question**—*en cause*
> His honesty is not at all in question. *Son honnêteté n'est pas du tout en cause.*
>
> **it's a question of**—*il s'agit de*
> It's a question of knowing the rules. *Il s'agit de connaître les règlements.*

---

to question—*interroger*

> **to question something**—*mettre quelque chose en doute*
> The senators questioned the qualifications of the candidate. *Les sénateurs ont mis en doute les qualités du candidat.*

---

quick—*rapide*

> **to be quick on the draw (on the trigger)**—*être prompt à la détente*
> Try to calm him down; he's quick on the draw (on the trigger). *Essayez de le calmer; il est prompt à la détente.*
>
> **to have a quick one**—*prendre un verre rapidement*
> Let's have a quick one before the show. *Prenons un verre rapidement avant le spectacle.*

---

quiet—*calme, silencieux*

> **on the quiet**—*en douce*
> They negotiated the contract on the quiet. *Ils ont négocié le contrat en douce.*

---

quite—*assez, tout à fait*

> **to be quite a job**—*être toute une affaire, ne pas être une petite affaire*
> It will be quite a job to repair this motor. *Ce sera toute une affaire (ce ne sera pas une petite affaire) de réparer ce moteur.*
>
> **It's quite the thing!**—*C'est le dernier cri!*
>
> **quite a bit (a few, a lot of)**—*pas mal de*
> Quite a few (a lot of) people will be at the ceremony. *Pas mal de gens assisteront à la cérémonie.*

R

to rack–*torturer*

    to rack one's brains–*se casser la tête, se creuser la cervelle*
I'm racking my brains to find a solution. *Je me casse la tête (Je me creuse la cervelle) pour trouver une solution.*

rage–*la fureur*

    to be (all) the rage–*faire fureur, faire rage*
That song is (all) the rage this week. *Cette chanson fait fureur (fait rage) cette semaine.*

    He (she, etc.) is all the rage.–*On se l'arrache.*

rain–*la pluie*

    rain or shine–*qu'il pleuve ou qu'il vente*
We will go to the game rain or shine. *Nous irons au match qu'il pleuve ou qu'il vente.*

    to take a rain check–*attendre (le remettre) à la prochaine occasion*
I can't accept your invitation but I'll take a rain check. *Je ne peux pas accepter votre invitation mais j'attendrai (je le remettrai à) la prochaine occasion.*

to raise–*lever, soulever*

    to raise Cain (the devil)–*faire du chahut (un boucan de tous les diables)*
After the game, the fans raised Cain (the devil). *Après le match, les supporters ont fait du chahut (un boucan de tous les diables).*

    to raise one's hand to–*porter la main sur*
You wouldn't dare raise your hand to your father! *Vous n'oseriez pas porter la main sur votre père!*

to rake–*ratisser*

    to rake in the money–*faire des affaires d'or*
Thanks to his shrewd investments, he is raking in the money now. *Grâce à ses placements judicieux, il fait des affaires d'or maintenant.*

rat–*le rat*

    It's a rat race.–*C'est la foire d'empoigne.*

rate–*le tarif, le taux*

    at any rate–*en tout cas*
We will have to pay for it at any rate. *Il faudra que nous le payions en tout cas.*

    at the rate of–*à raison de*
Letters were arriving at the rate of thirty a week. *Les lettres arrivaient à raison de trente par semaine.*

at this rate–*de ce pas, de ce train*

At this rate, it will take us three days to get there. *De ce pas (de ce train), il nous faudra trois jours pour y arriver.*

---

rather–*assez, plutôt*

would rather–*aimer mieux*

I would rather read than watch TV. *J'aime mieux lire que regarder la télé.*

---

to reach–*atteindre*

to have reached the end of one's rope–*être à bout, n'en pouvoir plus*

I give up; I've reached the end of my rope. *J'y renonce; je suis à bout (je n'en peux plus).*

to reach a verdict–*se prononcer*

The jury could not reach a verdict after long deliberation. *Le jury n'a pas pu se prononcer après de longues délibérations.*

to reach for the moon–*vouloir décrocher la lune*

You risk losing everything by reaching for the moon. *Tu risques de tout perdre en voulant décrocher la lune.*

---

to read–*lire*

to be able to read someone like a book–*connaître quelqu'un comme sa poche, voir venir quelqu'un*

Don't try to fool me; I can read you like a book. *N'essaie pas de me tromper; je te connais comme ma poche (je te vois venir).*

to read the cards–*tirer les cartes*

The gypsy read the cards for me. *La gitane m'a tiré les cartes.*

to read up on–*se documenter sur*

You'd better read up on that subject first. *Vous feriez mieux de vous documenter sur ce sujet d'abord.*

---

ready–*prêt*

to be ready with a joke–*avoir le mot pour rire*

Despite his dignity, he's always ready with a joke. *Malgré sa dignité, il a toujours le mot pour rire.*

ready for occupancy–*clefs en main*

What is the price of the house ready for occupancy? *Quel est le prix de la maison clefs en main?*

ready to be carted away–*à ramasser à la petite cuiller*

After that difficult exam, we were ready to be carted away. *Après cet examen difficile, nous étions à ramasser à la petite cuiller.*

---

real–*réel*

for real–*pour de vrai*

He ended up doing it for real. *Il a fini par le faire pour de vrai.*

the real thing—*authentique, garanti d'origine*

This Louis XV chair is the real thing. *Ce fauteuil Louis XV est authentique (garanti d'origine).*

to realize—*réaliser, se rendre compte*

not to realize what's up—*n'y voir que du bleu*

The figures had been doctored but the stockholders didn't realize what was up. *Les chiffres avaient été falsifiés mais les actionnaires n'y ont vu que du bleu.*

reason—*la raison*

And for very good reason!—*Et pour cause!*

for the very reason that—*par cela même que*

We cannot elect him for the very reason that he already has a position of authority. *Nous ne pouvons pas l'élire par cela même qu'il a déjà un poste officiel.*

to have reason to—*avoir lieu de*

I have reason to believe that he is gone. *J'ai lieu de croire qu'il est parti.*

to recognize—*reconnaître*

to recognize someone (at a meeting)—*donner la parole à quelqu'un (dans une réunion)*

The chair recognizes Mr. Dupont, who will speak of the budget. *Je donne la parole à M. Dupont, qui parlera du budget.*

record—*le disque, le record, le registre*

for the record—*pour la publication; pour mémoire*

What I'm going to say is not for the record. *Ce que je vais dire n'est pas pour la publication.* We are sending you this bill just for the record. *Nous vous envoyons cette facture seulement pour mémoire.*

off the record—*à titre confidentiel*

The minister expressed his opinion off the record. *Le ministre a exprimé son avis à titre confidentiel.*

to recover—*récupérer*

to recover from—*se relever de, se remettre de*

He will never recover from that shock. *Il ne se relèvera (ne se remettra) jamais de ce choc.*

red—*rouge*

to be red-blooded—*avoir du sang dans les veines*

"Give me four red-blooded men!" cried the general. *"Donnez-moi quatre hommes qui aient du sang dans les veines!" s'écria le général.*

in the red—*en déficit*

The accounts of their business are still in the red. *Les comptes de leur entreprise sont toujours en déficit.*

red-letter—*marqué d'une pierre blanche*
The anniversary of this discovery will be a red-letter day. *L'anniversaire de cette découverte sera marqué d'une pierre blanche.*

to reduce—*réduire*

They have been reduced to a bare minimum.—*On les a réduits à la portion congrue.*

to refer—*se référer*

Referring to your letter. . .—*Suite à votre lettre . . .*

regard—*l'égard, le regard*

(Give) my regards to . . .—*(Dites) bien des choses de ma part à . . . Mes amitiés à . . .*

regular—*régulier*

as regular as clockwork—*réglé comme du papier à musique*
He is like a robot; his life is as regular as clockwork. *Il est comme un robot; sa vie est réglée comme du papier à musique.*

relief—*le secours, le soulagement*

to be on relief—*recevoir des secours (de l'Etat)*
Because of unemployment, the family is on relief. *A cause du chômage, la famille reçoit des secours (de l'Etat).*

to rely—*s'appuyer*

to rely on—*se reposer sur*
You can rely on me for that service. *Vous pouvez vous reposer sur moi pour ce service.*

rent—*le loyer*

to jump (to skip out on) the rent—*déménager à la cloche de bois*
Being without money, they had to jump (to skip out on) the rent. *Etant sans argent, ils ont dû déménager à la cloche de bois.*

repair—*la réparation*

in bad (good) repair—*en mauvais (bon) état*
His car is in very bad (good) repair. *Sa voiture est en très mauvais (bon) état.*

to report—*rapporter*

to report on—*rendre compte de*
The newspaper has not yet reported on our convention. *Le journal n'a pas encore rendu compte de notre congrès.*

to report to–*être sous l'autorité de; se présenter à*
In our college, the dean reports to the president. *Dans notre université, le doyen est sous l'autorité du recteur.* You must report to the police station tomorrow. *Vous devrez vous présenter au commissariat de police demain.*

to resign–*démissionner, résigner*

to resign oneself–*prendre son parti, se faire une raison*
She doesn't like her job but she has ended up by resigning herself to it. *Elle n'aime pas son travail mais elle a fini par en prendre son parti (par se faire une raison).*

respect–*l'égard, le respect*

With all (due) respect!–*Ne vous (en) déplaise!*

with respect to–*sous le rapport de*
This plane is remarkable with respect to its handling. *Cet avion est remarquable sous le rapport de sa maniabilité.*

to rest–*se reposer*

not to rest until–*n'avoir de cesse que*
She did not rest until the problem was solved. *Elle n'avait de cesse que le problème fût résolu.*

to rest assured–*être sûr*
Rest assured that I will do everything possible. *Soyez sûr que je ferai tout mon possible.*

result–*le résultat*

as a result–*du coup*
It rained and as a result we weren't able to play. *Il a plu et du coup nous n'avons pas pu jouer.*

as a result of–*du fait de, par suite de*
The government fell as a result of her resignation. *Le gouvernement est tombé du fait (par suite) de sa démission.*

with the result that–*tant et si bien que*
He chatted for a long time, with the result that he was late for his appointment. *Il a bavardé longtemps, tant et si bien qu'il a été en retard pour son rendez-vous.*

to result–*découler, résulter*

to result from–*tenir à*
What does that situation result from? *A quoi cette situation tient-elle?*

to reveal–*révéler*

to be revealed by–*se traduire par*
His emotion was revealed by a slight trembling. *Son émotion se traduisait par un léger tremblement.*

rhyme—*la rime*

  without rhyme or reason—*à tort et à travers*

  She spoke about the book without rhyme or reason. *Elle a parlé du livre à tort et à travers.*

---

rich—*riche*

  a rich man's son—*un fils à papa*

  She had always wanted to marry a rich man's son. *Elle avait toujours voulu épouser un fils à papa.*

---

ride—*la course, la promenade*

  to go for (to take) a ride—*faire une promenade*

  We went for (we took) a bicycle ride in the park. *Nous avons fait une promenade à vélo dans le parc.*

  to hitch (to thumb) a ride—*faire de l'auto-stop*

  The two boys hitched (thumbed) a ride to come here. *Les deux garçons ont fait de l'auto-stop pour venir ici.*

---

to ride—*aller (à cheval, en voiture, etc.), rouler*

  to be riding for a fall—*courir à un échec*

  They were too full of confidence and they were riding for a fall. *Ils étaient trop pleins de confiance et ils couraient à un échec.*

  Let it ride!—*Laisse(z) tomber!*

  to ride herd on—*mener à la baguette*

  The director rode herd on his staff. *Le directeur menait ses aides à la baguette.*

  to ride roughshod over—*fouler aux pieds, piétiner*

  Their team rode roughshod over ours. *Leur équipe a foulé la nôtre aux pieds (a piétiné la nôtre).*

---

right—*correct, droit, juste*

  All right.—*D'accord.*

  at the right time—*à propos, au bon moment*

  His offer comes at the right time. *Son offre tombe à propos (au bon moment).*

  to be right—*avoir raison, être dans le vrai*

  I know that I'm right in this matter. *Je sais que j'ai raison (que je suis dans le vrai) dans cette histoire.*

  to have all the right cards—*avoir tous les atouts en main*

  Don't worry; you have all the right cards. *Ne t'inquiète pas; tu as tous les atouts en main.*

  I'll be right with you.—*Je suis à vous.*

  on the right tack (track)—*sur la bonne voie*

  I think we're on the right tack (track) to solve the problem. *Je pense que nous sommes sur la bonne voie pour résoudre le problème.*

  Right?—*Pas vrai?*

right away (right off)–*au bond; sur le moment, tout de suite*
He grasped the idea right away (right off). *Il a saisi l'idée au bond.* I couldn't find an answer right away (right off). *Je n'ai pas su trouver une réponse sur le moment (tout de suite).*

right from–*à même*
He drank right from the bottle. *Il buvait à même la bouteille.*

right now–*tout de suite*
I want you to finish this right now. *Je veux que vous finissiez cela tout de suite.*

right off the bat–*à froid*
I couldn't do it right off the bat. *Je n'ai pas pu le faire à froid.*

right side out–*à l'endroit*
Put your sweater back on right side out. *Remets ton pull à l'endroit.*

right (smack) in the middle–*au beau milieu*
I arrived right (smack) in the middle of the game. *Je suis arrivé au beau milieu du match.*

That's all right with me.–*Je suis d'accord (avec cela).*

That's right up my alley.–*C'est ma partie. C'est mes oignons.*

---

to ring–*sonner*

to ring true–*avoir l'accent de la vérité, sonner juste*
I think that his explanation rings true. *Je trouve que son explication a l'accent de la vérité (sonne juste).*

to ring up–*donner un coup de fil (de téléphone)*
Ring me up when you've arrived. *Donnez-moi un coup de fil (de téléphone) quand vous serez arrivé.*

That rings a bell (for me).–*Cela me dit quelque chose.*

---

to rise–*se lever*

to rise to the occasion–*se montrer à la hauteur des circonstances*
You can always count on him to rise to the occasion. *Vous pouvez toujours compter sur lui pour se montrer à la hauteur des circonstances.*

---

risk–*le risque*

at one's own risk–*à ses risques et périls*
You take this road under construction at your own risk. *Vous empruntez cette route en construction à vos risques et périls.*

---

to risk–*risquer*

to risk it–*tenter l'aventure*
Despite the danger, he decided to risk it. *Malgré le danger, il a décidé de tenter l'aventure.*

---

river–*le fleuve, la rivière*

to send up the river—*mettre à l'ombre*
The district attorney persuaded the jury to send the accused up the river. *Le procureur a persuadé le jury de mettre l'accusé à l'ombre.*

road—*le chemin, la route*

one for the road—*le coup de l'étrier*
Let's have one for the road before the bar closes. *Prenons le coup de l'étrier avant la fermeture du bar.*

to roar—*rugir*

to roar with laughter—*rire aux éclats*
The audience roared with laughter at his jokes. *Le public riait aux éclats de ses plaisanteries.*

rock—*le caillou, la pierre*

to be on the rocks—*être à la côte*
Because of the economic crisis, his business is on the rocks. *A cause de la crise de l'économie, son entreprise est à la côte.*

to have rocks in one's head—*être cinglé*
She must have rocks in her head to propose that. *Elle doit être cinglée pour proposer cela.*

made of solid rock—*bâti à chaux et à sable*
This new political grouping is made of solid rock. *Ce nouveau groupement politique est bâti à chaux et à sable.*

on the rocks—*avec un glaçon*
I'll take my whiskey on the rocks. *Je prends mon whisky avec un glaçon.*

to rock—*faire balancer*

to rock the boat—*jouer les trouble-fête*
We will never get this bill passed if you rock the boat. *Nous ne ferons jamais accepter ce projet de loi si vous jouez les trouble-fête.*

to roll—*rouler*

to be rolling in the aisles—*se tordre (de rire)*
The comedian was so funny that the audience was rolling in the aisles. *Le comique était si drôle que le public se tordait (de rire).*

to roll with the punches—*amortir les coups*
You must learn to roll with the punches if you are going to survive. *Vous devez apprendre à amortir les coups si vous voulez survivre.*

roof—*le toit*

to hit (to raise) the roof—*sauter au plafond*
Her father hit (raised) the roof when she failed her exam. *Son père a sauté au plafond quand elle a échoué à son examen.*

room–*la chambre, la pièce, la place*

    to give oneself room–*prendre du champ*
    Give yourself room before you jump. *Prenez du champ avant de sauter.*

    There's room for improvement.–*Cela laisse à désirer.*

---

rough–*approximatif, rude*

    at a rough guess–*à vue de nez*
    At a rough guess, I would say you were forty. *A vue de nez, je dirais que vous avez quarante ans.*

    to have it rough–*en voir de dures*
    They had it rough during their childhood. *Ils en ont vu de dures pendant leur enfance.*

    roughly speaking–*à vue de nez*
    You need three yards of material, roughly speaking. *Il vous faut trois mètres de tissu, à vue de nez.*

---

routine–*la routine*

    according to routine–*dans les formes*
    Your request must be made according to routine. *Il faut faire votre demande dans les formes.*

---

row–*le rang, la rangée*

    in a row–*de suite*
    He downed three glasses of liquor in a row. *Il a avalé trois verres d'alcool de suite.*

---

rub–*le frottement*

    There's the rub.–*Voilà le hic. C'est là où le bât blesse.*

---

to rub–*frotter*

    Don't rub it in.–*Ne retournez pas le fer dans la plaie.*

    to rub elbows (shoulders) with–*coudoyer*
    This is a place where you can rub elbows (shoulders) with all kinds of people. *C'est un endroit où l'on peut coudoyer toutes sortes de gens.*

    to rub someone the wrong way–*prendre quelqu'un à rebrousse-poil*
    He causes trouble for himself because he rubs people the wrong way. *Il se fait du tort parce qu'il prend les gens à rebrousse-poil.*

---

rule–*la règle, le règlement*

    by rule of thumb–*à vue de nez*
    Given the lack of time, I can only evaluate this by rule of thumb. *Etant donné le manque de temps, je ne peux évaluer ceci qu'à vue de nez.*

---

to rule–*régler, régner*

to rule out–*exclure*
The police have not ruled out the possibility of murder. *La police n'a pas exclu la possibilité du meurtre.*

to rule the roost–*faire la loi (la pluie et le beau temps)*
Her husband rules the roost in their house. *Son mari fait la loi (la pluie et le beau temps) chez eux.*

to rule with an iron hand–*faire marcher à la baguette*
The director ruled his staff with an iron hand. *Le directeur faisait marcher ses aides à la baguette.*

---

rumor–*le bruit*
rumor has it that–*le bruit court que*
Rumor has it that they have gotten married. *Le bruit court qu'ils se sont mariés.*

---

run–*la course*
to be on the run–*être en fuite*
The newspapers claim that the enemy is on the run. *Les journaux prétendent que l'ennemi est en fuite.*

---

to run–*courir*
to be run down–*être à plat*
He was run down after his long illness. *Il était à plat après sa longue maladie.*

to get (to take) a running start–*prendre son élan*
You ought to get (to take) a running start before you jump. *Vous devriez prendre votre élan avant de sauter.*

to get run over–*se faire écraser*
He got run over by a hit-and-run driver. *Il s'est fait écraser par un chauffard.*

to have someone running around in circles–*faire tourner quelqu'un en bourrique*
His girlfriend has him running around in circles. *Son amie le fait tourner en bourrique.*

It runs in the family.–*C'est (cela tient) de famille.*

to run across–*tomber sur*
I ran across this reference in the newspaper. *Je suis tombé sur cette référence dans le journal.*

to run a red light–*brûler un feu rouge*
The ambulance ran all the red lights on its way to the hospital. *L'ambulance a brûlé tous les feux rouges en se rendant à l'hôpital.*

to run a temperature–*avoir de la fièvre*
The patient is running a high temperature. *Le malade a une forte fièvre.*

to run away–*faire une fugue, prendre la clé des champs, se sauver*
The child had run away but the police brought him back home. *L'enfant avait fait une fugue (avait pris la clé des champs, s'était sauvé) mais la police l'a ramené à la maison.*

to run between–*faire le service entre*

There is a bus which runs between the station and the airport. *Il y a un car qui fait le service entre la gare et l'aéroport.*

to run counter to–*aller à l'encontre de*

What you say runs counter to what I had heard. *Ce que vous dites va à l'encontre de ce que j'avais entendu dire.*

run-down–*délabré*

This house is too run-down to be repaired. *Cette maison est trop délabrée pour être réparée.*

to run down–*réussir à trouver; se décharger*

I want to run down the source of that rumor. *Je veux réussir à trouver la source de cette rumeur.* I think your battery has run down. *Je crois que votre batterie s'est déchargée.*

to run down (over)–*écraser*

Crossing the street, he was run down (he was run over) by a truck. *En traversant la rue, il a été écrasé par un camion.*

to run down someone behind his back–*casser du sucre sur le dos (la tête) de quelqu'un*

She runs down her daughter-in-law behind her back. *Elle casse du sucre sur le dos (la tête) de sa belle-fille.*

a run-in–*une prise de bec*

They had a run-in about the budget. *Ils ont eu une prise de bec au sujet du budget.*

to run into–*rentrer dedans à*

All of a sudden the car ran into me. *Tout d'un coup la voiture m'est rentrée dedans.*

to run into (up against)–*rencontrer*

His patrol ran into (up against) opposition. *Sa patrouille a rencontré de l'opposition.*

to run like mad–*courir comme un dératé*

He ran like mad after his hat. *Il a couru comme un dératé après son chapeau.*

to run low–*baisser, tirer à sa fin*

Supplies are starting to run low. *Les provisions commencent à baisser (à tirer à leur fin).*

to run off at the mouth–*parler pour ne rien dire*

I won't listen to you if you run off at the mouth. *Je ne vous écoute pas si vous parlez pour ne rien dire.*

to run off the road–*quitter la route, rentrer dans le décor*

She lost control of her car and ran off the road. *Elle a perdu le contrôle de sa voiture et elle a quitté la route (elle est rentrée dans le décor).*

to run out of (short of)–*être à bout (à court) de*

We are running out of (short of) ideas. *Nous sommes à bout (à court) d'idées.*

to run out of steam–*perdre son élan, s'essouffler*

The rebellion is running out of steam for lack of victories. *La révolte perd son élan (s'essouffle) faute de victoires.*

to run scared–*lutter avec l'énergie du désespoir*
After seeing the polls, the candidate began to run scared. *Après avoir vu les sondages, le candidat s'est mis à lutter avec l'énergie du désespoir.*

to run someone ragged–*épuiser (éreinter) quelqu'un*
She ran me ragged with her shopping. *Elle m'a épuisé (éreinté) par ses courses.*

to run the show–*tenir la queue de la poêle*
It's the boss's secretary who really runs the show. *C'est la secrétaire du patron qui tient vraiment la queue de la poêle.*

to run water–*faire couler l'eau*
Run the water for your bath. *Fais couler l'eau pour ton bain.*

to run wild–*faire les quatre cents coups*
They say he ran wild during his childhood. *On dit qu'il a fait les quatre cents coups pendant sa jeunesse.*

running–*la course*
    to be in (out of) the running–*avoir des (ne pas avoir de) chances d'arriver*
    It looks to me as if your horse is still in (is already out of) the running. *Il me semble que votre cheval a encore des (n'a déjà plus de) chances d'arriver.*

rush–*la hâte, la précipitation*
    rush hour–*les heures d'affluence (de pointe)*
    Try not to take the subway during rush hour. *Essayez d'éviter le métro aux heures d'affluence (de pointe).*

    There's no rush.–*Cela ne presse pas. Rien ne presse.*

S

to sacrifice–*sacrifier*
    to sacrifice everything for–*se retirer le pain de la bouche pour*
    Their mother sacrificed everything for her children. *Leur mère se retirait le pain de la bouche pour ses enfants.*

saddle–*la selle*
    to be in the saddle–*être bien en selle, tenir les rênes*
    After a difficult start, the new governor is in the saddle now. *Après des débuts difficiles, le nouveau gouverneur est bien en selle (tient les rênes) maintenant.*

to saddle–*seller*
    to be saddled with–*avoir sur les bras*
    I'm saddled with all my relatives. *J'ai tous mes parents sur les bras.*

safe—*sûr*

safe and sound—*sain et sauf*
Despite the storm, they arrived safe and sound. *Malgré la tempête, ils sont arrivés sain et sauf.*

safety—*la sécurité*

in safety—*à bon port*
We are relieved; our son has arrived in safety. *Nous sommes rassurés; notre fils est arrivé à bon port.*

to sail—*faire de la voile, naviguer*

to sail through—*faire comme en se jouant, passer comme une lettre à la poste*
He sailed through the test. *Il a passé cette épreuve comme en se jouant (il est passé comme une lettre à la poste).*

sake—*la faveur*

for the sake of—*pour l'amour de*
Leave me alone, for God's sake! *Laisse-moi tranquille, pour l'amour de Dieu!*

sale—*la vente*

on sale—*en réclame, en solde; en vente*
These items are on sale at an interesting discount. *Ces articles sont en réclame (en solde) avec des réductions intéressantes.* You can find these items on sale in stores everywhere. *On peut trouver ces articles en vente dans les magasins partout.*

to salt—*saler*

to salt away—*mettre à gauche*
She has salted away a lot of money over the years. *Elle a mis un tas d'argent à gauche au cours des années.*

same—*même*

at the same time—*à la fois, en même temps*
She is nice and irritating at the same time. *Elle est à la fois (en même temps) gentille et agaçante.*

to be in the same boat—*être logés à la même enseigne*
We have to help each other because we are all in the same boat. *Il faut qu'on s'entr'aide parce que nous sommes tous logés à la même enseigne.*

by the same token—*il s'ensuit, par là même*
They are poor; by the same token they have nothing to lose. *Ils sont pauvres; il s'ensuit qu'ils (par là même ils) n'ont rien à perdre.*

It amounts to the same thing.—*C'est tout comme.*

It's the same old grind.—*C'est la routine habituelle.*

of the same ilk (sort)—*de la même farine*

They are all people of the same ilk (sort) and I don't trust them. *Ce sont tous des gens de la même farine et je m'en méfie.*

---

to save–*économiser, sauver*

    to save something for a rainy day–*garder une poire pour la soif*
She put the hundred francs back in the drawer in order to save something for a rainy day. *Elle a remis les cent francs dans le tiroir afin de garder une poire pour la soif.*

---

say–*l'avis, le dire*

    to have a say in things–*avoir voix au chapitre*
It is only thanks to his money that he has a say in things. *C'est seulement grâce à son argent qu'il a voix au chapitre.*

---

to say–*dire*

    as they say–*comme dit l'autre, comme on dit*
A job is a job, as they say. *Il n'y a pas de sot métier, comme dit l'autre (comme on dit).*

    Enough said.–*Brisons là. (C'est) assez causé. C'est bon.*

    I'll say! (I should say so!)–*Et comment! Je crois bien!*

    It (certainly) must be said.–*Il n'y a pas à dire.*

    I (you) can't say no to that.–*Ce n'est pas de refus.*

    to let it be said once and for all–*se le tenir pour dit*
Let it be said once and for all; I'm on your side. *Tenez-le-vous pour dit; je suis des vôtres.*

    not to say a word–*ne pas sonner mot*
When I saw her, she didn't say a word to me about her accident. *Quand je l'ai vue, elle ne m'a pas sonné mot de son accident.*

    Say a few words to him about it.–*Touchez-lui-en un mot.*

    to say awful things about–*dire pis que pendre de*
Since their divorce she has been saying awful things about her husband. *Depuis leur divorce elle dit pis que pendre de son mari.*

    Say uncle!–*Dis pouce!*

    that says a lot about–*cela en dit long sur*
He didn't come; that says a lot about his interest. *Il n'est pas venu; cela en dit long sur son intérêt.*

    You don't say!–*Par exemple! Pas possible!*

    You said it!–*Tu parles!*

---

to scale–*proportionner*

    to scale down–*réduire*
They scaled down their original project. *Ils ont réduit leur projet initial.*

scarce—*rare*

It's as scarce as hens' teeth.—*Il n'y en a pas plus que de beurre en broche.*

to scare—*effrayer*

to be scared stiff (to death)—*avoir une peur bleue*
He was scared stiff (to death) when he saw the crowd approaching. *Il a eu une peur bleue en voyant la foule s'approcher.*

to scatter—*disperser, éparpiller*

to be scatterbrained—*ne pas avoir de plomb dans la cervelle (la tête)*
That actress is pretty but she is scatterbrained. *Cette actrice est jolie mais elle n'a pas de plomb dans la cervelle (la tête).*

schedule—*l'emploi du temps, l'horaire, le programme*

on schedule—*à l'heure*
The train is expected at the station on schedule. *Le train est attendu en gare à l'heure.*

to schedule—*fixer un horaire*

to be scheduled—*figurer au programme*
Arnaud Latour is scheduled to sing this evening. *Le chanteur Arnaud Latour figure au programme ce soir.*

score—*l'entaille, la marque*

to even (to settle) the score with—*rendre la pareille à*
They cheated him and he is trying to even (to settle) the score with them. *Ils l'ont volé et il essaie de leur rendre la pareille.*

on that score—*à cet égard*
There is nothing we can do for you on that score. *Il n'y a rien que nous puissions faire pour vous à cet égard.*

to score—*marquer*

to score a bull's-eye—*donner dans le mille, faire mouche*
You scored a bull's-eye with that answer. *Vous avez donné dans le mille (fait mouche) avec cette réponse.*

to scrape—*gratter*

to scrape along—*tirer le diable par la queue*
They barely manage to scrape along with her salary. *Ils arrivent à peine avec son salaire à tirer le diable par la queue.*

to scrape the bottom of the barrel—*gratter les fonds de tiroir*
They had to scrape the bottom of the barrel to pay their rent. *Ils ont dû gratter les fonds de tiroir pour payer leur loyer.*

to scrape together–*économiser sou à sou*
We finally scraped the necessary money together. *Nous avons enfin économisé sou à sou l'argent nécessaire.*

---

scratch–*le grattement*

to come up to scratch–*faire le poids*
The new director didn't come up to scratch during the crisis. *Le nouveau directeur n'a pas fait le poids pendant la crise.*

---

to scratch–*gratter*

to scratch the surface–*commencer à entrevoir le fond*
We have only scratched the surface of this problem. *Nous commençons seulement à entrevoir le fond de ce problème.*

---

screw–*la vis*

to have a screw loose–*travailler du chapeau*
Don't believe his stories; he has a screw loose. *Ne crois pas à ses histoires; il travaille du chapeau.*

---

sea–*la mer*

at (to) sea–*en pleine mer*
She ventured out at (to) sea in a small boat. *Elle s'est aventurée en pleine mer dans une petite barque.*

to be seasick–*avoir le mal de mer*
While crossing the Channel, we were all seasick. *En traversant la Manche, nous avons tous eu le mal de mer.*

to have (good) sea legs–*avoir le pied marin*
He is a Breton, the son of fishermen; he has (good) sea legs. *Il est Breton, fils de pêcheurs; il a le pied marin.*

---

second–*deuxième, second*

at a secondhand store–*au décrochez-moi-ça*
You would think she bought her clothes at a secondhand store. *On dirait qu'elle achetait ses vêtements au décrochez-moi-ça.*

to be in one's second childhood–*être retombé en enfance*
His father is in his second childhood; he has to be watched all the time. *Son père est retombé en enfance; il faut le surveiller tout le temps.*

to be second to none–*ne le céder à personne*
As far as talent is concerned, he is second to none. *Pour le talent, il ne le cède à personne.*

to have second thoughts–*changer d'avis à la réflexion*
I have had second thoughts on that matter. *J'ai changé d'avis dans cette affaire à la réflexion.*

secondhand–*d'occasion*
Not having enough money, we had to buy a secondhand car. *N'ayant pas assez d'argent, nous avons dû acheter une voiture d'occasion.*

---

to see–*voir*

to (be able to) see–*y voir*
I don't (I can't) see a thing; it's too dark. *Je n'y vois rien; il fait trop noir.*

He (she) is starting to see red.–*La moutarde lui monte au nez.*

if you see fit–*si bon vous semble*
Join our party if you see fit. *Adhérez à notre parti si bon vous semble.*

I saw you coming there!–*Je vous attendais là! Je vous ai vu venir (avec vos gros sabots)!*

to make someone see the light–*éclairer la lanterne à quelqu'un*
His friends finally made him see the light. *Ses amis lui ont enfin éclairé la lanterne.*

not to see eye-to-eye–*ne pas voir les choses du même œil*
The two brothers do not always see eye-to-eye. *Les deux frères ne voient pas toujours les choses du même œil.*

to see fit to–*trouver bon de*
He saw fit to dismiss the employee. *Il a trouvé bon de mettre l'employé à la porte.*

to see life through rose-colored glasses–*voir la vie en rose*
She is an optimist; she always sees life through rose-colored glasses. *Elle est optimiste; elle voit toujours la vie en rose.*

to see one's way clear to–*trouver moyen de*
I don't see my way clear to doing what you ask. *Je ne trouve pas moyen de faire ce que vous demandez.*

to see pink elephants–*avoir des hallucinations*
After a few drinks, he began to see pink elephants. *Après quelques verres, il a commencé à avoir des hallucinations.*

to see someone home–*raccompagner quelqu'un*
I'll see you home after the show. *Je vous raccompagnerai après le spectacle.*

to see someone off–*accompagner quelqu'un (à la gare, etc.)*
We saw our friends off at the airport. *Nous avons accompagné nos amis à l'aéroport.*

to see someone to–*accompagner quelqu'un jusqu'à*
I saw him to his car. *Je l'ai accompagné jusqu'à son auto.*

to see something through–*mener quelque chose à bonne fin*
We will see this job through at all costs. *Nous mènerons ce travail à bonne fin coûte que coûte.*

to see stars–*voir trente-six chandelles*
When that giant hit me, I saw stars. *Quand ce géant m'a frappé, j'ai vu trente-six chandelles.*

to see the light–*comprendre, y voir clair*

After a long argument, he finally saw the light. *Après une longue discussion, il a fini par comprendre (par y voir clair).*

to see the sights–*visiter les curiosités*

Our visitors wanted to see the sights of the city. *Nos invités voulaient visiter les curiosités de la ville.*

to see the way the land lies–*sonder (tâter) le terrain*

Before taking a position, the candidate wanted to see the way the land lay. *Avant de prendre position, le candidat voulait sonder (tâter) le terrain.*

to see things–*avoir des visions*

He couldn't have been there; you must have been seeing things. *Il ne pouvait pas être là; vous avez dû avoir des visions.*

to see through someone–*voir venir quelqu'un (avec ses gros sabots)*

Don't try to fool me; I can see through you. *N'essayez pas de me tromper; je vous vois venir (avec vos gros sabots).*

to see to it that–*faire en sorte que, veiller à ce que*

See to it that everything remains calm. *Fais en sorte que (veille à ce que) tout reste tranquille.*

to see what someone has on his mind–*savoir ce que quelqu'un a derrière la tête*

Before making an offer, I want to see what they have on their minds. *Avant de faire une offre, je veux savoir ce qu'ils ont derrière la tête.*

See you later (soon)!–*A bientôt! A tout à l'heure!*

You can see for yourself.–*Vous pouvez constater.*

---

seed–*la graine, la semence*

to go (to run) to seed–*monter en graine*

Their garden has gone (has run) to seed in their absence. *Leur jardin est monté en graine pendant leur absence.*

---

to seem–*paraître, sembler*

to seem (to)–*avoir l'air (de)*

She seems tired. *Elle a l'air fatiguée.* She seems to believe you. *Elle a l'air de vous croire.*

---

to seize–*saisir*

to seize control of–*s'emparer de*

The generals seized control of the government. *Les généraux se sont emparés du gouvernement.*

---

select–*d'élite, sélectionné*

a select few–*triés sur le volet*

The soldiers in this regiment are a select few. *Les soldats de ce régiment sont triés sur le volet.*

self—*le moi, le même, soi*

to be a self-made man—*être l'artisan de sa fortune, être fils de ses œuvres*
That industrialist is a self-made man. *Cet industriel est l'artisan de sa propre fortune (est fils de ses œuvres).*

to be self-evident—*tomber sous le sens*
It wasn't worth discussing; it was self-evident. *Ce n'était pas la peine d'en discuter; cela tombait sous le sens.*

to sell—*vendre*

to be sold on—*être acquis à*
The director is sold on your new idea. *Le directeur est acquis à votre nouvelle idée.*

to be sold out—*être épuisé*
I'm sorry but that item is sold out. *Je regrette mais cet article est épuisé.*

to sell like hotcakes—*s'enlever (se vendre) comme des petits pains*
His novels sell like hotcakes. *Ses romans s'enlèvent (se vendent) comme des petits pains.*

to sell one's life dearly—*vendre cher sa peau*
The rebels were defeated but they sold their lives dearly. *Les rebelles ont été vaincus mais ils ont vendu cher leur peau.*

to sell someone a bill of goods—*rouler quelqu'un*
I believed what you told me, and you sold me a bill of goods. *J'ai cru ce que vous m'avez dit, et vous m'avez roulé.*

to sell someone out—*dénoncer (donner) quelqu'un*
The burglar sold his accomplice out. *Le cambrioleur a dénoncé (donné) son complice.*

to sell well—*faire recette*
His latest collection of poetry sold well. *Son dernier recueil de poésies a fait recette.*

to a sold-out house—*à bureaux fermés*
His new comedy played every night to sold-out houses. *Sa nouvelle comédie jouait tous les soirs à bureaux fermés.*

to send—*envoyer*

to send (away) for—*commander par correspondance*
My mother has sent away for a new dress. *Ma mère a commandé une nouvelle robe par correspondance.*

to send for someone—*envoyer chercher quelqu'un, faire venir quelqu'un*
We sent for the doctor immediately. *Nous avons envoyé chercher (fait venir) le docteur d'urgence.*

to send someone about his business (on his way, packing)—*envoyer promener quelqu'un, envoyer quelqu'un au bain*

If that pest keeps annoying me, I'm going to send him about his business (on his way, packing). *Si ce casse-pieds persiste à m'ennuyer, je vais l'envoyer promener (l'envoyer au bain).*

to send word to–*faire dire à*
I sent word to my uncle that I was coming. *J'ai fait dire à mon oncle que j'arrivais.*

---

sense–*le sens*

   without any sense of decency–*sans foi ni loi*
   That dictator is a man without any sense of decency. *Ce dictateur est un homme sans foi ni loi.*

---

to separate–*séparer*

   to separate the wheat from the chaff–*séparer le bon grain de l'ivraie*
   The immigration service is trying to separate the wheat from the chaff. *Le service d'immigration essaie de séparer le bon grain de l'ivraie.*

---

to serve–*servir*

   It serves him (her, me, you, etc.) right!–*C'est bien fait pour lui (pour elle, pour moi, pour vous, etc.)! C'est pain bénit!*

   to serve notice that–*faire savoir que*
   She served notice that she would no longer be available to help them. *Elle leur a fait savoir qu'elle ne serait plus disponible pour les aider.*

---

service–*le service*

   to be of service to someone–*être utile à quelqu'un*
   Tell me if I can be of service to you. *Dites-moi si je peux vous être utile.*

   I am at your service.–*Disposez de moi.*

   in(to) the service–*sous les drapeaux*
   My older brother has been called in(to) the service. *Mon frère aîné a été appelé sous les drapeaux.*

   to see service–*faire campagne*
   They saw service in the Pacific during the Second World War. *Ils ont fait campagne dans le Pacifique pendant la Deuxième Guerre Mondiale.*

---

set–*mis, pris*

   to be (dead) set against–*être (absolument) opposé à*
   They were (dead) set against admitting him to the club. *Ils étaient (absolument) opposés à son admission au cercle.*

   to be set in one's ways–*avoir des idées bien arrêtées*
   She will be hard to convince since she is set in her ways. *Elle sera difficile à convaincre puisqu'elle a des idées bien arrêtées.*

---

to set–*mettre, poser*

It set me back a hundred dollars.—*Cela m'a coûté cent dollars.*

not to set much stock in (store by)—*ne pas faire grand cas de*
I don't set much stock in (store by) his promises. *Je ne fais pas grand cas de ses promesses.*

not to set the world on fire—*ne pas avoir inventé la poudre*
The new foreman is nice but he won't set the world on fire. *Le nouveau contre-maître est gentil mais il n'a pas inventé la poudre.*

to set about—*se mettre à*
Let's set about translating this poem. *Mettons-nous à traduire ce poème.*

to set a fast pace for—*mener tambour battant*
He sets a fast pace for his coworkers. *Il mène ses collègues tambour battant.*

to set an example for—*donner l'exemple (prêcher d'exemple) à*
An older brother ought to set an example for the other children. *Un frère aîné devrait donner l'exemple (prêcher d'exemple) aux autres enfants.*

to set a trap—*tendre un piège*
Suddenly he realized that a trap had been set for him. *Tout à coup il s'est rendu compte qu'on lui avait tendu un piège.*

to set down in writing—*coucher par écrit*
I want our agreement to be set down in writing. *Je veux que notre accord soit couché par écrit.*

to set forth—*indiquer*
I asked him to set forth his requirements. *Je lui ai demandé d'indiquer ses exigences.*

to set forth (off, out)—*se mettre en route*
The group of pilgrims set forth (off, out) for Spain. *Le groupe de pélerins s'est mis en route pour l'Espagne.*

to set in motion—*imprimer un mouvement à*
This wheel sets the mechanism in motion. *Cette roue imprime un mouvement au mécanisme.*

to set off—*faire détonner; faire ressortir*
Be careful not to set off the bomb! *Faites attention de ne pas faire détonner la bombe!* This color sets off your furniture nicely. *Cette couleur fait bien ressortir vos meubles.*

to set off the powder keg—*mettre le feu aux poudres*
It was the archduke's assassination which set off the powder keg. *C'est l'assassinat de l'archiduc qui a mis le feu aux poudres.*

to set one's cap for—*jeter son dévolu sur*
Everyone knew that she had set her cap for Michael. *Tout le monde savait qu'elle avait jeté son dévolu sur Michel.*

to set someone straight—*éclairer la lanterne à quelqu'un*
His friends finally set him straight. *Ses amis lui ont enfin éclairé la lanterne.*

to set the record straight–*mettre les choses au point*
The minister called a news conference to set the record straight. *Le ministre a convoqué une conférence de presse pour mettre les choses au point.*

to set the tone–*donner le la*
She is the one who sets the tone at meetings. *C'est elle qui donne le la aux réunions.*

to set up–*mettre debout (sur pied)*
They set up the business in a short time. *Ils ont mis l'affaire debout (sur pied) en peu de temps.*

to set (up) a plot–*monter un coup*
His enemies set (up) a plot against him. *Ses ennemis ont monté un coup contre lui.*

to set up house–*monter son ménage*
After his wedding, his parents helped him to set up house. *Après son mariage, ses parents l'ont aidé à monter son ménage.*

---

to settle–*établir, régler*

to get settled–*s'installer*
Call us once you've gotten settled in your new house. *Téléphonez-nous dès que vous vous serez installés dans votre nouvelle maison.*

I'll settle his hash!–*Je vais lui clouer le bec!*

to settle an argument–*vider un différend (une querelle)*
The only way to settle our argument was to split the difference. *La seule façon de vider notre différend (notre querelle) c'était de couper la poire en deux.*

to settle down–*faire une fin*
He got married in order to settle down. *Il s'est marié pour faire une fin.*

to settle for–*se contenter de, se payer de*
He no longer was willing to settle for fine words; he wanted action. *Il ne voulait plus se contenter (se payer) de belles paroles; il voulait des actes.*

to settle on–*fixer son choix sur*
After looking at several houses, they settled on a bungalow. *Après avoir examiné plusieurs maisons, ils ont fixé leur choix sur une maisonnette.*

---

to sew–*coudre*

It's (the deal is) all sewed up.–*L'affaire est dans le sac.*

---

shade–*l'ombre*

a shade of–*un rien de*
I felt a shade of regret in her letter. *J'ai senti un rien de regret dans sa lettre.*

---

to shake–*secouer*

Shake a leg!–*Dégrouillez-vous! Faites vite!*

to shake hands with–*serrer la main à*

At the end of the discussion, they shook hands cordially. *A la fin de la discussion ils se sont serré la main cordialement.*

to shake someone off—*se débarrasser de quelqu'un*
I had a hard time shaking him off. *J'ai eu du mal à me débarrasser de lui.*

to shake someone up—*secouer les puces à quelqu'un*
With her harsh words, she really shook him up. *Avec ses paroles dures, elle lui a vraiment secoué les puces.*

---

shame—*la honte*

it's a shame—*c'est dommage*
It's a shame you weren't able to come. *C'est dommage que vous n'ayez pas pu venir.*

---

shape—*l'état, la forme*

in (good) shape.—*en forme, en train*
You seem in (good) shape. *Vous avez l'air en forme (en train).*

out of shape—*mal en train*
I can't walk so fast; I'm out of shape. *Je ne peux pas marcher si vite; je suis mal en train.*

---

share—*la part*

to do (to give) one's share—*y mettre du sien*
If everyone does (gives) his share, we'll be finished soon. *Si tout le monde y met du sien, nous aurons bientôt fini.*

---

sharp—*aigu*

to have a sharp tongue—*avoir la dent dure*
I don't like to argue with her; she has a sharp tongue. *Je n'aime pas discuter avec elle; elle a la dent dure.*

It's twelve o'clock sharp.—*Il est midi pile.*

---

to shatter—*éclater, mettre en pièces*

to be shattered (to pieces)—*voler en éclats*
Because of the wind, the shop window was shattered (to pieces). *A cause du vent, la vitrine a volé en éclats.*

---

to shell—*écailler, écosser*

to shell out—*casquer*
We had to shell out ten dollars for the drinks. *Il a fallu casquer dix dollars pour les consommations.*

---

to shift—*changer*

to shift for oneself—*se débrouiller, voler de ses propres ailes*

You will have to learn to shift for yourself now. *Il faudra que tu apprennes à te débrouiller (à voler de tes propres ailes) maintenant.*

shine—*le brillant*

to get a shine—*se faire cirer les souliers*
Be sure to get a shine before going to the office. *N'oublie pas de te faire cirer les souliers avant d'aller au bureau.*

ship—*le bateau*

when one's ship comes in—*quand la fortune sourira*
I'll pay you back when my ship comes in. *Je vous rembourserai quand la fortune me sourira.*

shoe—*la chaussure, le soulier*

to be in someone's shoes—*être à la place de quelqu'un*
I wouldn't like to be in the prime minister's shoes. *Je ne voudrais pas être à la place du premier ministre.*

That's where the shoe pinches.—*C'est là où le bât blesse.*

The shoe is on the other foot.—*Les rieurs sont de l'autre côté.*

to shoot—*tirer*

to shoot a film—*tourner un film*
Don't go in there; they are shooting a film. *N'y entrez pas; ils sont en train de tourner un film.*

to shoot it out with—*échanger des coups de feu avec*
The police shot it out with the gang. *La police a échangé des coups de feu avec la bande.*

to shoot the breeze—*tailler une bavette*
We stopped working for a moment to shoot the breeze. *Nous avons arrêté de travailler un instant pour tailler une bavette.*

Shoot the works!—*Mettez-y le paquet! Risquez le coup!*

to shoot up—*monter en flèche*
Because of the energy crisis, oil stocks shot up. *A cause de la crise de l'énergie, les actions pétrolières sont montées en flèche.*

shopping—*les achats, les courses*

to do the (to go) shopping—*faire les courses*
We did the (We went) shopping this morning. *Nous avons fait les courses ce matin.*

short—*court*

at (on) short notice—*à bref délai*
Our relatives wrote to say they were arriving at (on) short notice. *Nos parents ont écrit pour dire qu'ils arrivaient à bref délai.*

to be (caught) short–*être à découvert*
They asked for repayment at a time when he was (caught) short. *Ils ont demandé le remboursement au moment où il était à découvert.*

in short order–*en un rien de temps*
We managed to get rid of them in short order. *Nous avons réussi à nous en débarrasser en un rien de temps.*

in short (to make a long story short)–*pour en finir*
In short (To make a long story short), our efforts were unsuccessful. *Pour en finir, nos efforts n'ont pas été couronnés de succès.*

It's in short supply.–*Ça ne se trouve pas dans le pas d'un cheval.*

to make short work of–*ne faire qu'une bouchée de*
Their team made short work of its opponents. *Leur équipe n'a fait qu'une bouchée de ses adversaires.*

a shortcut–*un raccourci*
The children took a shortcut through the woods. *Les enfants ont pris un raccourci à travers les bois.*

short-lived–*sans lendemain*
He enjoyed a short-lived celebrity. *Il a joui d'une célébrité sans lendemain.*

short of breath–*essoufflé*
He was short of breath from climbing the stairs. *Il était essoufflé d'avoir monté l'escalier.*

---

shot–*le coup*

to have (to take) a shot at it–*tenter le coup*
It's worth having (taking) a shot at it. *Ça vaut la peine de tenter le coup.*

a shot in the arm–*un coup de fouet*
Your help was the shot in the arm I needed. *Votre aide a été le coup de fouet dont j'avais besoin.*

a shot in the dark–*un coup d'épée dans l'eau*
His attempt to guess was a shot in the dark. *Son effort de deviner était un coup d'épée dans l'eau.*

---

show–*le spectacle*

to steal (to stop) the show–*faire sensation*
The new dancer stole (stopped) the show. *Le nouveau danseur a fait sensation.*

---

to show–*montrer*

Show her (him, them) in.–*Faites-la (-le, -les) entrer.*

to show off–*faire étalage, faire montre; prendre des airs*
He always shows off his learning. *Il fait toujours étalage (montre) de son érudition.*
You don't have to show off for us. *Vous n'avez pas besoin de prendre des airs devant nous.*

to show one belongs–*montrer patte blanche*
To go into that club, you have to show you belong. *Pour entrer dans ce club, il faut montrer patte blanche.*

to show one's hand–*abattre (découvrir) son jeu, dévoiler ses batteries*
If you want to surprise him, don't show your hand too soon. *Si vous voulez le surprendre, n'abattez pas (ne découvrez pas) votre jeu (ne dévoilez pas vos batteries) trop tôt.*

to show the stuff one is made of–*faire voir de quel bois on se chauffe*
Try and beat me, and I'll show you what stuff I'm made of. *Essaie de me battre, et je te ferai voir de quel bois je me chauffe.*

That shows off your figure.–*Cela dégage la taille.*

---

to shuffle–*frotter, traîner*
    to shuffle the cards (the deck)–*battre les cartes*
It's up to the dealer to shuffle the cards (the deck). *C'est à celui qui donne de battre les cartes.*

---

to shut–*fermer*
    to shut someone up–*clouer le bec (rabattre le caquet) à quelqu'un; enfermer quelqu'un*
My reply really shut him up. *Ma réponse lui a vraiment cloué le bec (rabattu le caquet).* His family had him shut up in an asylum. *Sa famille l'a fait enfermer dans un asile.*

    Shut your trap!–*La ferme! Ta gueule!*

    That shut him up!–*Ça lui en a bouché un coin! Ça lui a coupé le sifflet!*

---

sick–*malade*
    to be sick and tired of–*en avoir marre de, en avoir par-dessus la tête de*
I'm sick and tired of this stupid commercial. *J'en ai marre (par-dessus la tête) de cette publicité imbécile.*

    to be (to feel) sick to one's stomach–*avoir mal au cœur*
During the entire crossing she was (she felt) sick to her stomach. *Pendant toute la traversée elle a eu mal au cœur.*

    to make someone sick–*dégoûter quelqu'un*
Their cynical opportunism makes me sick. *Leur arrivisme cynique me dégoûte.*

    sick at heart–*la mort dans l'âme*
Sick at heart, he said farewell to his family. *La mort dans l'âme, il a dit adieu à sa famille.*

---

sickly–*maladif*
    to give a sickly smile–*rire jaune*
My rival gave a sickly smile on learning of my success. *Mon rival a ri jaune en apprenant mon succès.*

sickly sweet–*à l'eau de rose*
This magazine publishes sickly sweet novels. *Ce magazine publie des romans à l'eau de rose.*

side–*le côté*

on both sides–*de côté (de part) et d'autre*
There was wrongdoing on both sides. *Il y a eu abus de côté (de part) et d'autre.*

side by side–*côte à côte*
We were riding our bicycles side by side. *Nous roulions à bicyclette côte à côte.*

to sideswipe–*prendre en écharpe*
The two cars sideswiped each other. *Les deux voitures se sont prises en écharpe.*

to side with–*prendre le parti de, prendre parti pour*
He always sided with the underdog. *Il prenait toujours le parti du (Il prenait toujours parti pour le) plus faible.*

sight–*la vue*

a sight for sore eyes–*un régal pour les yeux*
After our long trip, our house was a sight for sore eyes. *Après notre long voyage, notre maison était un régal pour les yeux.*

to sign–*signer*

to sign off–*terminer (une émission)*
Good-bye, listeners; I'm signing off for today. *Chers auditeurs, je termine (notre émission) pour aujourd'hui.*

to sign up for–*s'inscrire à*
He decided to sign up for the physics course. *Il a décidé de s'inscrire au cours de physique.*

signal–*le signal*

We got our signals crossed.–*Il y a eu malentendu.*

to sing–*chanter*

to sing flat (off-key, out of tune)–*chanter faux*
Several choir members were singing flat (off-key, out of tune). *Plusieurs choristes chantaient faux.*

to sit–*être assis, s'asseoir*

to be sitting pretty–*vivre comme un coq en pâte*
Since he received his inheritance, he's been sitting pretty. *Depuis qu'il a eu son héritage, il vit comme un coq en pâte.*

He's sitting on top of the world.–*Le roi n'est pas son cousin.*

It doesn't sit well with me.–*Cela ne me plaît guère.*

to sit back–*rester les bras croisés; se renverser*

They sat back while their country was invaded. *Ils sont restés les bras croisés pendant qu'on envahissait leur pays.* He sat back in his armchair and listened to the music. *Il s'est renversé dans son fauteuil et il a écouté la musique.*

to sit down to eat—*se mettre à table*
Let's sit down to eat; the meal is ready. *Mettons-nous à table; le repas est prêt.*

to sit in for—*remplacer*
I am sitting in for the other announcer during his vacation. *Je remplace l'autre speaker pendant ses vacances.*

to sit on someone—*museler quelqu'un*
We'll have to sit on him or he'll give us away. *Nous devrons le museler ou il nous trahira.*

to sit on the fence—*ménager la chèvre et le chou*
He would rather sit on the fence than give his real opinion. *Il veut ménager la chèvre et le chou, plutôt que de donner son avis véritable.*

to sit out—*laisser passer*
I'm going to sit out this dance. *Je vais laisser passer cette danse.*

to sit tight—*attendre les événements, ne pas se laisser ébranler*
You would do better to sit tight instead of acting hastily. *Vous feriez mieux d'attendre les événements (de ne pas vous laisser ébranler) au lieu d'agir précipitamment.*

to sit up—*se mettre sur son séant*
On hearing the noise, he sat up suddenly. *En entendant le bruit, il s'est mis brusquement sur son séant.*

to sit up and beg—*faire le beau*
Their dog sits up and begs to get fed. *Leur chien fait le beau pour avoir à manger.*

---

sitting—*assis*

He's a sitting duck.—*C'est une cible facile.*

---

six—*six*

It's six of one and half a dozen of the other.—*C'est bonnet blanc et blanc bonnet. C'est chou vert et vert chou.*

---

to size—*classer par taille*

to size up—*jauger*
He sized up the situation at a glance. *Il a jaugé la situation au premier coup d'oeil.*

---

skid—*la cale, le dérapage*

He is on the skids.—*Il est en perte de vitesse. Il est sur la pente savonneuse.*

---

skin—*la peau*

by the skin of one's teeth—*à un poil près*

He passed the exam by the skin of his teeth. *Il a été reçu à l'examen à un poil près.*

He's a skinflint. *–Il tondrait (sur) un œuf.*

That's no skin off my teeth. *–Je m'en fiche.*

---

skinny *–maigre*

skinny as a rail *–maigre comme un clou*
Thanks to her diet, she stays skinny as a rail. *Grâce à son régime, elle reste maigre comme un clou.*

---

to skip *–sauter, sautiller*

to skip out *–mettre la clé sous la porte, se tailler*
When they tried to find him, he had skipped out. *Quand on a essayé de le trouver, il avait mis la clé sous la porte (il s'était taillé).*

---

to sleep *–dormir*

not to sleep a wink *–ne pas fermer l'œil*
I didn't sleep a wink all night because of the noise. *Je n'ai pas fermé l'œil de la nuit à cause du bruit.*

to sleep around the clock *–faire le tour du cadran*
After his long watch, he slept around the clock. *Après sa longue veillée, il a fait le tour du cadran.*

to sleep in separate rooms *–faire chambre à part*
For the past few years she and her husband have slept in separate rooms. *Depuis quelques années elle et son mari font chambre à part.*

to sleep it off *–cuver son vin*
After the party he went home to sleep it off. *Après la fête il est rentré cuver son vin.*

a sleepless night *–une nuit blanche*
I spent a sleepless night thinking about my absent children. *J'ai passé une nuit blanche à penser à mes enfants absents.*

to sleep like a baby (like a log) *–dormir à poings fermés (comme une souche, sur les deux oreilles)*
Exhausted by his efforts, he slept like a baby (like a log). *Epuisé par ses efforts, il a dormi à poings fermés (comme une souche, sur les deux oreilles).*

Sleep on it. *–La nuit porte conseille.*

to sleep on the ground *–coucher sur la dure*
During our hike we had to sleep on the ground. *Pendant notre balade il a fallu coucher sur la dure.*

to sleep out of doors (out under the stars) *–coucher à la belle étoile*
At camp, the children often sleep out of doors (out under the stars). *A la colonie, les enfants couchent souvent à la belle étoile.*

to sleep soundly–*dormir sur les deux oreilles, en écraser*
He stayed up late last night and he is still sleeping soundly. *Il a veillé tard hier soir et il dort encore sur les deux oreilles (il en écrase encore).*

to sleep with–*coucher avec*
Everyone says she sleeps with the boss. *Tout le monde dit qu'elle couche avec le patron.*

---

sleepy–*somnolent*

to be sleepy–*avoir sommeil*
Let's put the child to bed; he is sleepy. *Couchons l'enfant; il a sommeil.*

---

slip–*la glissade*
I made a slip of the tongue.–*J'ai fait un lapsus. La langue m'a fourché.*

---

to slip–*échapper, glisser*

It slipped my mind.–*Cela m'est sorti de l'esprit.*

to slip on (a garment)–*passer (un vêtement)*
Because of the chill, she slipped on a sweater. *A cause du froid, elle a passé un pull.*

to slip poison to–*donner le bouillon d'onze heures à*
People say she slipped poison to her first husband. *On dit qu'elle a donné le bouillon d'onze heures à son premier mari.*

to slip up–*faire une gaffe, se tromper*
In his haste to finish the job, he slipped up. *Dans sa hâte de finir le travail, il a fait une gaffe (il s'est trompé).*

---

slow–*lent*

to be slow in–*tarder à*
The end of inflation is slow in coming. *La fin de l'inflation tarde à venir.*

to be (to run) slow–*retarder*
My watch is (runs) three minutes slow. *Ma montre retarde de trois minutes.*

---

to slow–*ralentir*
Slow down a minute!–*Tout doux!*

---

sly–*rusé, sournois*

as sly as a fox–*malin comme un singe*
Despite his doltish appearance, he's as sly as a fox. *Malgré son air rustre, il est malin comme un singe.*

on the sly–*en cachette*
He went to see his pals on the sly. *Il allait voir ses copains en cachette.*

a sly devil–*une fine mouche*

Don't try to fool her; she's a sly devil. *N'essaie pas de la tromper; c'est une fine mouche.*

---

to smack–*avoir un goût, sentir*

to smack of heresy–*sentir le fagot*
The priest told him his ideas smacked of heresy. *Le curé lui a dit que ses idées sentaient le fagot.*

---

small–*petit*

He's (it's) no small potatoes.–*Ce n'est pas de la petite bière (une petite affaire).*

to make small talk–*parler de choses et d'autres*
While waiting for the curtain to rise, we made small talk. *En attendant le rideau, nous avons parlé de choses et d'autres.*

---

smart–*fin, intelligent*

That's smart!–*C'est malin!*

---

smash–*le coup écrasant*

It's a smash hit.–*C'est un succès fou.*

---

to smell–*sentir*

I smell a rat.–*Ça ne me dit rien qui vaille. Il y a anguille sous roche.*

I smell trouble.–*(Je sens qu') il va y avoir du grabuge.*

to smell blood–*sentir le cadavre*
All his creditors, smelling blood, asked to be paid immediately. *Tous ses créanciers, sentant le cadavre, ont demandé à être payé tout de suite.*

---

to smite–*frapper*

to be smitten with–*être coiffé de*
He was smitten with the new girl next door and wanted to marry her. *Il était coiffé de la nouvelle voisine et voulait l'épouser.*

---

smooth–*égal, lisse*

It's smooth sailing.–*Cela ne fait pas un pli.*

to run (to work) smoothly–*tourner rond*
Their system is well tested and it runs (it works) smoothly. *Leur système est bien rodé et il tourne rond.*

---

snake–*le serpent*

There's a snake in the grass.–*Il y a anguille sous roche.*

---

to snap–*mordre, (se) casser*

to snap one's fingers at–*se moquer de*

He snaps his fingers at danger. *Il se moque du danger.*

to snap out of it–*reprendre du poil de la bête*
You have to snap out of it and do something useful. *Il faut que tu reprennes du poil de la bête et que tu fasses quelque chose d'utile.*

snap to it–*que ça saute*
Clean up this room and snap to it! *Nettoyez cette pièce et que ça saute!*

to snap up–*rafler*
The customers snapped up all the items on sale. *Les clients ont raflé tous les articles en solde.*

---

to sneak–*aller (faire) furtivement*
   to sneak out–*faire le mur*
   At night the student sneaked out to join his friends. *La nuit le pensionnaire faisait le mur pour aller rejoindre ses camarades.*

---

to sneeze–*éternuer*
   It's nothing to be sneezed at!–*Ce n'est pas de la petite bière! Il ne faut pas cracher dessus!*

---

to snow–*neiger*
   to be snowed under–*être débordé*
   Go without me; I'm snowed under with work. *Allez-y sans moi; je suis débordé de travail.*

   to snowball–*faire boule de neige*
   Her idea was so attractive that it snowballed. *Son idée était si attirante qu'elle a fait boule de neige.*

---

so–*ainsi, aussi, si*
   and so on and so forth–*et ainsi de suite*
   He told us all about his father, his grandfathers, and so on and so forth. *Il nous a dit un tas d'histoires de son père, de ses grands-pères, et ainsi de suite.*

   It is so.–*Il en est ainsi.*

   Maybe so, maybe not.–*Peut-être bien que oui, peut-être bien que non.*

   so-and-so–*chose, un tel*
   We met Mr. So-and-so; I can't remember his name. *Nous avons rencontré M. Chose (un Tel); je ne me souviens pas de son nom.*

   so as to–*afin de, de façon à, pour*
   He turned the piece of furniture so as to hide the defect. *Il a tourné le meuble afin de (de façon à, pour) en cacher le défaut.*

   So be it.–*Ainsi soit-il.*

   So much the better!–*Tant mieux!*

   so-so–*comme ci, comme ça*

She is feeling so-so. *Elle se porte comme ci, comme ça.*

so to speak—*pour ainsi dire*
He did nothing at all, so to speak. *Il n'a pour ainsi dire rien fait du tout.*

So what?—*Et alors? Et après? Tant pis!*

to soak—*tremper*

soaked to the skin—*trempé comme une soupe (jusqu'aux os)*
Caught in the rain, they came home soaked to the skin. *Surpris par la pluie, ils sont rentrés trempés comme une soupe (jusqu'aux os).*

soap—*le savon*

No soap!—*Des clous! Rien à faire!*

soft—*doux, mou*

to have a soft spot (in one's heart) for—*avoir un faible pour*
I forgive him, since I have a soft spot (in my heart) for him. *Je lui pardonne, puisque j'ai un faible pour lui.*

to soft-soap—*passer de la pommade à*
Stop soft-soaping me; I won't do it. *Arrête de me passer de la pommade; je ne le ferai pas.*

to solve—*résoudre*

to solve a mystery—*percer (à jour) un mystère*
They finally solved the mystery of his disappearance. *Ils ont enfin percé (à jour) le mystère de sa disparition.*

some—*quelque(s)*

somehow or other—*tant bien que mal*
For lack of time, he did the job somehow or other. *Faute de temps, il a fait le travail tant bien que mal.*

some (people)—*d'aucuns*
Some (people) claim that he died years ago. *D'aucuns prétendent qu'il est mort il y a des années.*

somewhat—*quelque peu, un tant soit peu*
He was somewhat annoyed to see them there. *Il était quelque peu (un tant soit peu) ennuyé de les y voir.*

That's going some!—*Ça c'est de la vitesse! Ça c'est quelque chose!*

something—*quelque chose*

(a certain) something or other—*un je ne sais quoi*
She has (a certain) something or other that drives men crazy. *Elle a un je ne sais quoi qui rend les hommes fous.*

to be something of a–*être quelque peu*
My brother is something of a conservative. *Mon frère est quelque peu conservateur.*

to have something on one's mind–*avoir quelque chose qui vous trotte par la tête*
I have something on my mind that I must tell you. *J'ai quelque chose qui me trotte par la tête qu'il faut que je vous dise.*

It's really something!–*C'est autre chose!*

---

song–*la chanson, le chant*

for a song–*pour une bouchée (un morceau) de pain*
Thirty years ago he got the house for a song. *Il y a trente ans, il a eu la maison pour une bouchée (un morceau) de pain.*

---

soon–*(bien)tôt*

No sooner said than done.–*Sitôt dit, sitôt fait.*

soon after–*peu après*
Soon after his farewell letter, he disappeared. *Peu après sa lettre d'adieu, il disparut.*

would just as soon–*aimer autant*
I would just as soon leave right away. *J'aime autant partir tout de suite.*

---

sore–*douloureux*

He's a sorehead.–*C'est un rouspéteur.*

---

sorry–*fâché, triste*

to be (to feel) sorry for–*plaindre*
I really am (feel) sorry for that poor woman. *Je plains cette pauvre femme sincèrement.*

You'll be sorry (for that)!–*Il vous en cuira! Vous aurez de mes nouvelles!*

---

sort–*la sorte*

of sorts (some sort of)–*soi-disant, une espèce de*
He's a magician of sorts (some sort of magician). *C'est un soi-disant magicien (une espèce de magicien).*

sort of–*un peu, vaguement*
I was sort of sorry that I had spoken. *Je regrettais un peu (vaguement) d'avoir parlé.*

---

soul–*l'âme*

He (she) is a big-hearted (frail, good) soul.–*C'est une riche (petite, bonne) nature.*

like a lost soul–*comme une âme en peine*
When I found him, he was wandering through the streets like a lost soul. *Quand je l'ai trouvé, il errait dans les rues comme une âme en peine.*

There wasn't a soul.–*Il n'y avait pas un chat.*

---

sound–*sain*

to be sound as a dollar–*se porter comme le Pont-neuf*
That old man is still sound as a dollar. *Ce vieillard se porte toujours comme le Pont-neuf.*

---

to sound–*sonner*

How does it sound to you?–*Qu'est-ce que vous en dites (pensez)?*
to sound bad (good)–*sembler mauvais (bon)*
His idea doesn't sound bad (good) to me. *Son idée ne me semble pas mauvaise (bonne).*

---

soup–*la soupe*

Soup's on!–*La soupe est trempée!*
We're in the soup!–*Nous sommes dans le pétrin!*

---

sour–*acide*

Sour grapes!–*Ils (les raisins) sont trop verts!*

---

spare–*de secours, supplémentaire*

in one's spare time–*à ses heures perdues (moments perdus)*
He paints in his spare time. *Il est peintre à ses heures perdues (à ses moments perdus).*

---

to spare–*épargner, ménager*

to spare–*de (en) trop*
Lend me some sugar, if you have any to spare. *Prêtez-moi du sucre, si vous en avez de (en) trop.*
to spare someone something–*faire grâce de quelque chose à quelqu'un*
He spared us the revolting details. *Il nous a fait grâce des détails révoltants.*

---

to speak–*parler*

to be spoken for–*être retenu*
That apartment has already been spoken for. *Cet appartement a déjà été retenu.*
English- (French-, etc.) speaking–*anglophone (francophone, etc.), d'expression anglaise (française, etc.).*
Representatives of all the French-speaking nations were present. *Les représentants de tous les pays francophones (d'expression française) y assistaient.*
It's nothing to speak of.–*Ce n'est pas grand'chose.*
not to be on speaking terms–*être en froid*
They have not been on speaking terms since they argued. *Ils sont en froid depuis qu'ils se sont disputés.*

so to speak–*comme qui dirait; pour ainsi dire*
He's a Bohemian, so to speak. *C'est comme qui dirait un bohémien.* They are reduced to poverty, so to speak. *Ils sont pour ainsi dire réduits à la misère.*

to speak broken French–*parler français comme une vache espagnole*
Despite all your study, you still speak broken French. *Malgré toutes tes études, tu parles toujours français comme une vache espagnole.*

Speak of the devil!–*Quand on parle du loup on en voit la queue!*

to speak one's mind (one's piece)–*dire ce qu'on a à dire*
Let him speak his mind (his piece) and then you'll decide. *Laissez-le dire ce qu'il a à dire et vous déciderez ensuite.*

to speak out–*dire le fond de sa pensée*
I don't dare speak out in this company. *Je n'ose pas dire le fond de ma pensée dans cette compagnie.*

to speak pidgin (English)–*parler petit-nègre*
That foreigner is an educated man; you mustn't speak pidgin (English) to him! *Cet étranger est un homme cultivé; il ne faut pas lui parler petit-nègre!*

to speak plainly–*parler net*
To speak plainly, you're a crook! *Pour parler net, vous êtes un escroc!*

to speak up–*parler à haute voix, parler fort*
Speak up, John; we can't hear you. *Parlez à haute voix (Parlez fort), Jean; nous ne pouvons pas vous entendre.*

to speak up for–*prendre le parti de*
Who will speak up for the poor in the new government? *Qui prendra le parti des pauvres dans le nouveau gouvernement?*

to speak words of wisdom–*parler d'or*
After so many empty speeches, the senator spoke words of wisdom. *Au bout de tant de discours creux, le sénateur a parlé d'or.*

---

to spell–*épeler*

to spell out–*écrire en toutes lettres, expliquer par le menu*
I asked him to spell out the terms of the agreement. *Je lui ai demandé d'écrire en toutes lettres (d'expliquer par le menu) les termes de l'accord.*

---

to spend–*dépenser*

without spending a cent–*sans bourse délier*
You can get it without spending a cent. *Vous pouvez l'avoir sans bourse délier.*

---

to spill–*répandre, verser*

to spill the beans–*manger le morceau, se mettre à table, vendre la mèche*
At the end of the interrogation, the prisoner finally spilled the beans. *Au bout de l'interrogation, le prisonnier a fini par manger le morceau (se mettre à table, vendre la mèche).*

---

spin–*la rotation*
Give it (take) a spin.–*Essayez-le. Fais-en l'essai.*

to spin–*filer, tourner*
to spin a yarn–*raconter une (longue) histoire*
The old fisherman knew how to spin a yarn. *Le vieux pêcheur savait raconter une (longue) histoire.*

to spin out–*faire traîner en longueur*
Don't spin out your story; get to the point. *Ne faites pas traîner en longueur votre histoire; venez au fait.*

to split–*fendre*
to split hairs–*chercher la petite bête, couper les cheveux en quatre*
Let's stop splitting hairs and come to an agreement. *Cessons de chercher la petite bête (de couper les cheveux en quatre) et mettons-nous d'accord.*

to split one's sides–*se tenir les côtes, se tordre*
The audience split its sides laughing. *Le public se tenait les côtes (se tordait) de rire.*

to split the difference–*couper la poire en deux*
The only way to settle our dispute is to split the difference. *Le seul moyen de vider notre différend est de couper la poire en deux.*

to spoil–*gâcher, gâter*
to be spoiling for–*brûler de*
It was obvious that he was spoiling for a fight. *Il était évident qu'il brûlait de se battre.*

to spoil someone's game–*déjouer les combinaisons de quelqu'un*
They tried to trick us but we spoiled their game. *Ils ont essayé de nous avoir mais nous avons déjoué leurs combinaisons.*

spot–*l'endroit, la tache*
in a spot–*dans l'embarras*
Could you help me? I'm in a spot. *Pourriez-vous m'aider? Je suis dans l'embarras.*

on the spot–*séance tenante, sur-le-champ; sur la sellette*
We had to make the decision on the spot. *Nous avons dû prendre la décision séance tenante (sur-le-champ).* The prosecutor put the witness on the spot. *Le procureur a mis le témoin sur la sellette.*

to spread–*(se) répandre*
to spread like wildfire–*se répandre comme une traînée de poudre*
The news spread like wildfire all over town. *La nouvelle s'est répandue comme une traînée de poudre partout dans la ville.*

spur–*l'éperon*

  on the spur of the moment–*au pied levé, sans réfléchir*
  I don't like to answer on the spur of the moment. *Je n'aime pas répondre au pied levé (sans réfléchir).*

---

square–*carré, honnête*

  to get square with–*régler ses comptes avec*
  I want to get square with my creditors before I leave. *Je veux régler mes comptes avec mes créanciers avant de partir.*

  to have a square meal–*manger à sa faim*
  We haven't had a square meal in days. *Nous n'avons pas mangé à notre faim depuis plusieurs journées.*

  on the square–*loyalement*
  I am sure he did it on the square. *Je suis sûr qu'il l'a fait loyalement.*

---

to squeeze–*presser, serrer*

  to squeeze someone dry–*presser quelqu'un comme un citron*
  They squeezed him dry and then they abandoned him. *Ils l'ont pressé comme un citron et puis ils l'ont abandonné.*

---

stab–*le coup de couteau*

  to have (to make, to take) a stab–*faire un coup d'essai, s'essayer*
  Let me have (make, take) a stab at it first. *Laissez-moi faire un coup d'essai (m'y essayer) d'abord.*

---

to stack–*empiler*

  to stack up against–*soutenir la comparaison avec*
  How does he stack up against his opposition? *Comment soutient-il la comparaison avec ses concurrents?*

---

to stake–*jouer, miser*

  to stake everything–*risquer le paquet*
  It's my last chance; I'm going to stake everything. *C'est ma dernière chance; je vais y risquer le paquet.*

  to stake one's life on it–*en mettre sa main au feu*
  He is the guilty one; I'd stake my life on it. *C'est lui le coupable; j'en mettrais ma main au feu.*

---

to stand–*se tenir debout, supporter*

  to make something stand out–*mettre quelque chose en vedette*
  He was happy to see that his name had been made to stand out. *Il était content de voir qu'on avait mis son nom en vedette.*

  to stand a chance–*avoir une chance*

Our candidate doesn't stand a chance of being elected. *Notre candidat n'a aucune chance d'être élu.*

to stand by someone—*rester fidèle à quelqu'un*
He stood by me during the most difficult times. *Il m'est resté fidèle pendant les moments les plus difficiles.*

to stand for—*signifier; tolérer*
What does that symbol stand for? *Que signifie ce symbole?* I won't stand for this behavior. *Je ne vais pas tolérer une telle conduite.*

to stand on one's own two feet—*voler de ses propres ailes*
Now that you're twenty-one, you must stand on your own two feet. *Maintenant que tu as vingt-et-un ans, il faut voler de tes propres ailes.*

to stand on one's record—*laisser parler ses actes pour soi*
I need no excuses; I'll stand on my record. *Je n'ai pas besoin d'excuses; je laisserai parler mes actes pour moi.*

to stand on one's rights—*faire valoir ses droits*
He insisted on standing on his rights before the court. *Il tenait à faire valoir ses droits devant le tribunal.*

to stand out—*se détacher, se distinguer*
Because of her height, she stood out from the rest of the group. *A cause de sa taille, elle se détachait (se distinguait) du reste du groupe.*

to stand pat—*ne pas en démordre, refuser de bouger*
Despite their protests, the referee stood pat. *Malgré leurs protestations, l'arbitre n'en démordait pas (refusait de bouger).*

to stand someone up—*faire croquer le marmot (faire faux bond, poser un lapin) à quelqu'un*
I waited for her for a long time but she stood me up. *Je l'ai attendue longtemps mais elle m'a fait croquer le marmot (m'a fait faux bond, m'a posé un lapin).*

to stand to—*être en passe de*
The union stands to lose all the benefits it has gained. *Le syndicat est en passe de perdre tous les avantages qu'il a obtenus.*

to stand to reason—*aller de soi*
It stands to reason that they put their money in a bank. *Cela va de soi qu'ils ont mis leur argent à la banque.*

to stand trial—*passer en jugement*
You will have to stand trial before a jury. *Vous devrez passer en jugement devant un jury.*

to stand up—*se mettre debout*
Formerly, students stood up when the teacher entered. *Autrefois, les élèves se mettaient debout quand le professeur entrait.*

to stand up for—*prendre fait et cause pour*

He is always the one who stands up for the oppressed. *C'est toujours lui qui prend fait et cause pour les opprimés.*

to stand up to—*tenir tête à*
Now that he is eighteen, he is beginning to stand up to his father. *Maintenant qu'il a dix-huit ans, il commence à tenir tête à son père.*

---

standing—*debout*
He was given a standing ovation.—*Il a reçu une ovation triomphale.*

---

stark—*raide*
stark naked—*nu comme un ver*
The bathers were stark naked. *Les baigneurs étaient nus comme des vers.*

---

to start—*commencer, se mettre à*
to start (a motor)—*faire partir*
I can't manage to start the motor. *Je n'arrive pas à faire partir le moteur.*

to start from scratch—*(re)partir à zéro*
They have gone far, when you consider that they started from scratch. *Ils sont allés loin, quand on pense qu'ils sont (re)partis à zéro.*

starting—*à partir de*
Starting today, I won't smoke any more. *A partir d'aujourd'hui, je ne fume plus.*

to start off with a bang—*démarrer en flèche*
His electoral campaign started off with a bang. *Sa campagne électorale a démarré en flèche.*

to start (out) on a shoestring—*partir de rien*
This business started (out) on a shoestring. *Cette entreprise est partie de rien.*

to start (up)—*mettre en marche*
Start (up) the machine. *Mettez la machine en marche.*

when one started out—*à ses débuts*
When I started out in business, I lacked capital. *A mes débuts dans les affaires, je manquais de capital.*

---

starvation—*l'inanition*
starvation wages—*un salaire de famine*
For so much labor, he was paid starvation wages. *Pour tant de travail, on lui payait un salaire de famine.*

---

to starve—*priver de nourriture*
to be starving—*avoir l'estomac dans les talons, mourir de faim*
Let's go have dinner; I'm starving! *Allons dîner; j'ai l'estomac dans les talons (je meurs de faim).*

state–*l'état*

to be in a state–*être dans tous ses états*
My sister was in a state about her exams. *Ma soeur était dans tous ses états à cause de ses examens.*

---

to stay–*rester*

to stay away from–*éviter*
My doctor told me to stay away from fats. *Mon médecin m'a dit d'éviter les graisses.*

to stay in bed (in one's room)–*garder le lit (la chambre)*
She had to stay in bed (in her room) during her convalescence. *Elle a dû garder le lit (la chambre) pendant sa convalescence.*

to stay on the bill–*tenir l'affiche*
His new play stayed on the bill for several months. *Sa nouvelle pièce a tenu l'affiche pendant plusieurs mois.*

to stay put–*ne pas bouger, rester en place*
Stay put until we call you. *Ne bougez pas avant que nous vous appelions. (Restez en place jusqu'à ce que nous vous appelions.)*

to stay slim (trim)–*garder sa ligne*
She eats like a bird in order to stay slim (trim). *Elle mange comme un moineau pour garder sa ligne.*

---

steady–*ferme, régulier*

to go steady (to keep steady company) with–*fréquenter*
My brother is going steady (keeping steady company) with John's sister. *Mon frère fréquente la soeur de Jean.*

---

steal–*le vol*

It's a steal!–*C'est donné!*

---

to steal–*voler*

to steal a march on–*gagner (prendre) de vitesse*
His company stole a march on the competitors. *Sa compagnie a gagné (a pris) ses concurrents de vitesse.*

to steal someone's thunder–*couper ses effets à quelqu'un*
By announcing the news prematurely, you stole my thunder. *En annonçant la nouvelle prématurément, vous m'avez coupé mes effets.*

---

steam–*la vapeur*

to blow (to let) off steam–*se défouler*
I yelled like that just to blow (to let) off steam. *J'ai hurlé ainsi histoire de me défouler.*

to stem–*contenir*

    to stem the tide–*endiguer le flot*
Despite its efforts, the government couldn't stem the tide of inflation. *Malgré ses efforts, le gouvernement ne pouvait pas endiguer le flot de l'inflation.*

step–*la marche, la mesure, le pas*

    to be in (out of) step with the times–*être (ne pas être) à la page*
Your father is too strict; he's out of step with the times. *Ton père est trop strict; il n'est pas à la page.*

    to be just a (one) step ahead of–*avoir à ses trousses*
The burglar was just a (one) step ahead of the police. *Le cambrioleur avait la police à ses trousses.*

    to dog the steps of–*s'attacher aux pas de*
The detective dogged the suspect's steps. *Le détective s'attacha aux pas du suspect.*

to step–*marcher (pas à pas)*

    to step aside–*se ranger*
I stepped aside to let the others pass. *Je me suis rangé pour laisser passer les autres.*

    to step down–*démissionner*
The prime minister has decided to step down because of increasing opposition to his policies. *Le premier ministre a décidé de démissionner à cause de l'opposition croissante à sa politique.*

    Step on it!–*Dégrouille-toi!*

    to step out of the picture–*s'effacer*
To put an end to arguments, he stepped out of the picture. *Pour mettre fin aux discussions, il s'est effacé.*

    to step up–*augmenter*
The government has asked us to step up production at all costs. *Le gouvernement nous a demandé d'augmenter la production à tout prix.*

stew–*le ragoût*

    to be in a stew–*être dans tous ses états*
My sister was in a stew about her exams. *Ma sœur était dans tous ses états à cause de ses examens.*

to stew–*(faire) cuire à petit feu*

    to stew about–*s'échauffer (se faire de) la bile pour*
Don't stew about such a small matter! *Ne vous échauffez pas la (ne vous faites pas de) bile pour si peu de chose!*

    to stew in one's own juice–*mariner dans son jus*
If he wants to sulk, let him stew in his own juice. *S'il veut bouder, laisse-le mariner dans son jus.*

to stick–*coller, fourrer*

to be stuck with–*avoir sur les bras*
I'm stuck with this old car and I can't sell it. *J'ai cette vieille voiture sur les bras et je n'arrive pas à la vendre.*

to stick by (to)–*rester fidèle à*
You have to admire him; he sticks by (to) his principles. *Il faut l'admirer; il reste fidèle à ses principes.*

Stick 'em up!–*Haut les mains!*

to stick it out (to the end)–*tenir jusqu'au bout*
Despite the difficulty, he stuck it out (to the end). *Malgré la difficulté, il a tenu jusqu'au bout.*

to stick one's neck out–*se risquer*
None of the candidates wanted to stick his neck out on this issue. *Aucun des candidats ne voulait se risquer à propos de cette question.*

to stick one's oar in–*mettre son grain de sel*
He doesn't know anything about it. Why does he always stick his oar in? *Il n'en sait rien. Pourquoi y met-il toujours son grain de sel?*

to stick out–*dépasser; faire tache*
I cut off the piece that was sticking out. *J'ai coupé le bout qui dépassait.* His old clothes stuck out in that elegant company. *Ses vieux vêtements faisaient tache dans cette société élégante.*

to stick out one's tongue–*tirer la langue*
Upon seeing me, the little girl stuck out her tongue. *En me voyant, la petite fille a tiré la langue.*

to stick to one's guns–*ne pas en démordre, ne pas sortir de là*
Despite proof to the contrary, she insisted on sticking to her guns. *Malgré les preuves contraires, elle n'a pas voulu en démordre (sortir de là).*

stiff–*raide*

stiff-necked–*collet monté*
Don't joke with her; she's very stiff-necked. *Ne plaisante pas avec elle; elle est très collet monté.*

stink–*la puanteur*

to make (to raise) a stink–*faire tout un drame*
He made (He raised) a stink about their absence. *Il a fait tout un drame de leur absence.*

to stir–*remuer*

to stir the heart–*serrer le cœur*
The story of his misfortunes stirred my heart. *Le récit de ses malheurs m'a serré le coeur.*

to stir up a hornet's nest–*tomber dans un guêpier*
He didn't realize he was going to stir up a hornet's nest by saying that. *Il ne se rendait pas compte qu'il allait tomber dans un guêpier en disant cela.*

stock–*l'action, le stock*

His stock is going up.–*Sa cote monte.*

to put (to set) no stock in–*faire peu de cas de*
He puts (he sets) no stock in what the newspapers say. *Il fait peu de cas de ce que disent les journaux.*

stomach–*l'estomac*

(flat) on one's stomach–*à plat ventre*
The soldiers were lying (flat) on their stomachs. *Les soldats étaient couchés à plat ventre.*

stone–*le caillou, la pierre*

stone broke–*à sec, fauché*
I've spent all my money and now I'm stone broke. *J'ai dépensé tout mon argent et maintenant je suis à sec (fauché).*

stone deaf–*sourd comme un pot*
Speak very loud to him; he's stone deaf. *Parlez-lui très fort; il est sourd comme un pot.*

a stone's throw away–*à deux pas, il n'y a qu'un saut*
The school is just a stone's throw away from our house. *L'école n'est qu'à deux pas de notre maison. (Il n'y a qu'un saut de notre maison à l'école.)*

to stop–*arrêter, cesser, terminer*

to stop at–*reculer devant*
He will stop at nothing to get what he wants. *Il ne reculera devant rien pour avoir ce qu'il veut.*

to stop dead (in one's tracks, short)–*s'arrêter net (pile)*
The taxi stopped dead (in its tracks, short) in the middle of the intersection. *Le taxi s'est arrêté net (pile) au milieu du croisement.*

to stop over–*faire escale*
The plane stops over in Dakar. *L'avion fait escale à Dakar.*

store–*le magasin, le stock*

to have something in store for–*ménager (réserver) quelque chose à*
I have a surprise in store for them. *Je leur ménage (réserve) une surprise.*

storm–*la tempête*

to blow up (to kick up, to raise) a storm–*protester comme tous les diables*

They blew up (kicked up, raised) a storm upon hearing the jury's decision. *Ils ont protesté comme tous les diables en entendant la décision du jury.*

---

story – *l'histoire*

It's the same old story. – *C'est toujours la même chanson.*

That's (quite) a different story. – *C'est un autre son de cloches. C'est une autre paire de manches. C'est (tout) autre chose.*

---

straight – *droit*

to be a straight dealer – *être rond en affaires*
I like to do business with him because he is a straight dealer. *J'aime bien traiter avec lui car il est rond en affaires.*

to give (to put) it straight – *parler sans ambages (sans détours)*
I asked the doctor to give (to put) it to me straight. *J'ai demandé au médecin de me parler sans ambages (sans détours).*

It's straight from the horse's mouth. – *Je le tiens de bonne source.*

to put (to set) things straight – *arranger les choses*
I wanted to put (to set) things straight before leaving. *Je voulais arranger les choses avant de partir.*

straight ahead – *tout droit*
Her house is there; you have only to go straight ahead. *Sa maison est là; vous n'avez qu'à aller tout droit.*

straight away – *tout de suite*
Don't forget to come home straight away. *N'oublie pas de rentrer tout de suite.*

straight down – *à plomb*
The sun's rays were falling straight down on the desert. *Les rayons du soleil tombaient à plomb sur le désert.*

straight off – *sur le champ, tout de go*
He accepted our offer straight off. *Il a accepté notre offre sur le champ (tout de go).*

---

stranger – *l'étranger*

to be quite a stranger – *se faire rare*
What's become of you? You've been quite a stranger lately. *Qu'est-ce que vous devenez? Vous vous faites rare ces jours-ci.*

---

straw – *la paille*

It's the straw that broke the camel's back. – *C'est la goutte d'eau qui fait déborder le vase.*

---

streak – *la bande, la raie*

to be on (to have) a winning (a losing) streak – *avoir de la veine (de la déveine)*

I don't want to stop playing while I'm on (I'm having) a winning (a losing) streak. *Je ne veux pas arrêter de jouer pendant que j'ai de la veine (de la déveine).*

---

strength—*la force*

on the strength of—*en vertu de, sur la foi de*
I did it on the strength of what you had told me. *Je l'ai fait en vertu (sur la foi) de ce que vous m'aviez dit.*

---

to stretch—*étirer*

to stretch a point—*faire une concession*
He was willing to stretch a point for the sake of discussion. *Il voulait bien faire une concession afin de faciliter la discussion.*

to stretch things—*en remettre*
When he tells a story he always stretches things. *Quand il raconte une histoire il en remet toujours.*

---

strike—*le coup, la grève*

He has two strikes against him.—*Il est dans une mauvaise passe. Il part battu.*

---

to strike—*battre, frapper*

to strike a bargain—*conclure un marché*
After an hour's discussion, we struck a bargain. *Après une heure de discussion, nous avons conclu un marché.*

to strike a blow to—*porter atteinte à*
This new law strikes a blow to freedom. *Cette nouvelle loi porte atteinte à la liberté.*

to strike it rich (to strike oil)—*trouver l'Eldorado*
With their new store they seem to have struck it rich (to have struck oil). *Avec leur nouveau magasin ils ont l'air d'avoir trouvé l'Eldorado.*

to strike someone's fancy—*taper dans l'œil à quelqu'un*
This red dress struck my fancy. *Cette robe rouge m'a tapé dans l'œil.*

to strike out—*rayer*
Strike out that last sentence and write this. *Rayez cette dernière phrase et écrivez ceci.*

to strike out for—*mettre le cap sur*
Their boat struck out for Panama. *Leur bateau a mis le cap sur Panama.*

to strike someone as funny—*faire rire quelqu'un*
Her way of saying that struck me as funny. *Sa façon de dire cela m'a fait rire.*

to strike speechless—*couper la parole (le souffle) à*
His unexpected remark struck me speechless. *Sa remarque inattendue m'a coupé la parole (le souffle).*

to strike up a conversation—*engager la conversation*
I struck up a conversation with my neighbor. *J'ai engagé la conversation avec mon voisin.*

to strike up an acquaintance—*lier connaissance*
At the hotel they struck up an acquaintance with some Englishmen. *A l'hôtel ils ont lié connaissance avec des Anglais.*

---

string—*la ficelle*

No strings attached.—*Sans obligation (de votre part).*

---

stroke—*le coup*

a stroke of genius—*un trait de génie*
That idea was a stroke of genius. *Cette idée était un trait de génie.*

---

strong—*fort*

to have strong likes and dislikes—*avoir des idées bien arrêtées*
She is hard to convince because she has strong likes and dislikes. *Elle est difficile à convaincre parce qu'elle a des idées bien arrêtées.*

He (she) is strong-minded.—*C'est une forte tête.*

strong as an ox—*fort comme un Turc*
Watch out; that fellow is strong as an ox! *Gare à vous; ce garçon est fort comme un Turc!*

---

study—*l'étude*

under study—*à l'étude*
The new project is under study. *Le nouveau projet est à l'étude.*

---

to study—*étudier*

to study at—*faire ses études à*
She studied at the University of Paris. *Elle a fait ses études à l'Université de Paris.*

to study law (medicine, etc.)—*faire son droit (sa médecine, etc.)*
He studied law at Lyon. *Il a fait son droit à Lyon.*

---

stuff—*la chose, l'étoffe*

That's the stuff!—*Allez-y! C'est ça!*

---

to stumble—*trébucher*

the stumbling block—*la pierre d'achoppement*
Getting our economic plan accepted will be the major stumbling block. *La principale pierre d'achoppement ce sera de faire accepter notre plan économique.*

---

style—*le style*

to have style—*avoir du cachet (du chic)*

It isn't beautiful but it has style. *Il n'est pas beau mais il a du cachet (du chic).*

---

subject—*le sujet*

to be the prime subject of conversation—*faire les frais de la conversation*
The new neighbor was the prime subject of conversation. *La nouvelle voisine faisait les frais de la conversation.*

subject to—*sous réserve de*
Your request will be accepted, subject to the approval of the head. *Votre demande sera acceptée, sous réserve de l'approbation du chef.*

---

to suit—*aller à, convenir à*

to suit the occasion—*de circonstance*
The mayor made a speech to suit the occasion. *Le maire a prononcé un discours de circonstance.*

Suit yourself.—*A votre aise.*

---

to sum—*additionner*

to sum up—*faire le point de*
The committee was asked to sum up the present situation. *On a demandé à la commission de faire le point de la situation actuelle.*

---

to summon—*appeler*

to summon up one's courage—*prendre son courage à deux mains, rassembler son courage*
Summon up your courage and go fight. *Prenez votre courage à deux mains (rassemblez votre courage) et allez vous battre.*

---

sun—*le soleil*

His sun is setting.—*Son étoile commence à pâlir.*

a sunburn—*un coup de soleil*
Get into the shade or you'll get a sunburn. *Mettez-vous à l'ombre ou vous allez attraper un coup de soleil.*

---

to suppose—*supposer*

let's suppose that—*mettons que*
Let's suppose that he is right; what do we do then? *Mettons qu'il ait raison; que faisons-nous alors?*

---

sure—*sûr*

to be a sure thing—*être (une) chose acquise*
The contract is a sure thing now. *Le contrat est (une) chose acquise maintenant.*

to be sure to—*ne pas manquer de*
Be sure to come early. *Ne manquez pas de venir de bonne heure.*

for sure–*exactement*
I don't know for sure how old he is. *Je ne sais pas exactement quel âge il a.*

surefire–*infaillible*
I know a surefire remedy for what you have. *Je connais un remède infaillible à ce que vous avez.*

to swallow–*avaler*

to swallow it (hook, line and sinker)–*monter à l'échelle*
When you tell him a story, he swallows it (hook, line and sinker). *Quand on lui raconte une histoire, il monte à l'échelle.*

to swallow one's pride–*rengainer son orgueil*
She had to swallow her pride and accept their offer. *Elle a dû rengainer son orgueil et accepter leur offre.*

to swallow the bait–*gober la mouche (le morceau)*
That idiot swallowed the bait and believes you. *Cet imbécile a gobé la mouche (le morceau) et te croit.*

to swear–*jurer*

to swear off–*jurer de renoncer à*
When he had a hangover he would swear off liquor. *Quand il avait mal aux cheveux il jurait de renoncer à l'alcool.*

to swear to heaven–*jurer ses grands dieux*
She swore to heaven that she was innocent. *Elle jurait ses grands dieux qu'elle était innocente.*

to sweat–*suer, transpirer*

to sweat a confession out of–*arracher des aveux à*
The police sweated a confession out of him. *La police lui a arraché des aveux.*

to sweat blood–*suer sang et eau*
He had sweated blood to establish this business. *Il avait sué sang et eau pour établir cette entreprise.*

to sweat it out–*passer un mauvais quart d'heure*
We had to sweat it out until help came. *Nous avons dû passer un mauvais quart d'heure en attendant du secours.*

to sweep–*balayer*

to be swept off one's feet–*avoir le coup de foudre; être soulevé d'enthousiasme*
Upon seeing him, she was swept off her feet. *En le voyant, elle a eu le coup de foudre.* When she sang, the crowd was swept off its feet. *Quand elle a chanté, la foule a été soulevée d'enthousiasme.*

to sweep under the carpet–*escamoter*
They tried to sweep the problems under the carpet. *Ils ont essayé d'escamoter les difficultés.*

sweet–*doux, sucré*
　He has a sweet tooth.–*Il aime les gourmandises.*

---

to swell–*enfler, gonfler*
　He has a swelled head.–*Il se gobe.*

---

swim–*la nage*
　in the swim–*dans le bain (le mouvement, le vent)*
　Despite her age, she still remains in the swim. *Malgré son âge, elle reste toujours dans le bain (dans le mouvement, dans le vent).*

---

to swing–*(se) balancer*
　I can swing it.–*Je m'en charge.*

　to swing weight with–*avoir prise sur*
　Compliments don't swing any weight with him. *Les compliments n'ont pas prise sur lui.*

T

t–*(la lettre) t*
　to a t–*à la perfection*
　That dress suits you to a t. *Cette robe te va à la perfection.*

to take–*prendre*
　to be able to take a joke–*comprendre (entendre) la plaisanterie*
　Be careful of what you say; he can't take a joke. *Attention à ce que vous lui dites; il ne comprend pas (il n'entend pas) la plaisanterie.*

　to be able to take it–*avoir bon dos, pouvoir tenir le coup*
　You can tell me the truth; I can take it. *Vous pouvez me dire la vérité; j'ai bon dos (je peux tenir le coup).*

　to be taken aback–*tomber de haut*
　I was taken aback on learning of their failure. *Je suis tombé de haut en apprenant leur échec.*

　to be taken (in)–*se faire avoir, s'en laisser conter*
　If you think that car is worth a thousand dollars, you've been taken (in). *Si tu crois que cette auto vaut mille dollars, tu t'es fait avoir (tu t'en es laissé conter).*

　not to take no for an answer–*ne pas rester sur un refus*
　You must come; we won't take no for an answer. *Il faut que vous veniez; nous ne resterons pas sur un refus.*

　to take a beating (a licking)–*ramasser une veste*
　The Republican candidate took a beating (a licking) in the elections. *Le candidat républicain a ramassé une veste aux élections.*

to take a bow–*recevoir les applaudissements du public*
After the performance, the conductor took a bow. *Après l'exécution, le chef d'orchestre a reçu les applaudissements du public.*

to take a break–*faire la pause*
We'll take a break at ten o'clock this morning. *Nous ferons la pause à dix heures ce matin.*

to take account of (to take into account)–*tenir compte de*
The court took account of the accused man's poverty (took the accused man's poverty into account). *Le tribunal a tenu compte de l'indigence de l'accusé.*

to take (a certain time)–*en avoir pour; être l'affaire de*
I will take an hour to do this job. *J'en ai pour une heure pour faire ce travail.* It will take an hour to repair this motor. *Réparer ce moteur, c'est l'affaire d'une heure.*

to take a course–*suivre un cours*
She took a course in phonetics at the Sorbonne. *Elle a suivi un cours de phonétique à la Sorbonne.*

to take action (steps)–*prendre des mesures*
They are going to force us to take drastic action (steps). *Ils vont nous forcer à prendre des mesures sévères.*

to take a dim view of–*voir sous des couleurs sombres*
This journalist takes a dim view of the present situation. *Ce journaliste voit la situation actuelle sous des couleurs sombres.*

to take a dislike to–*prendre en grippe*
He says his new teacher has taken a dislike to him. *Il dit que son nouveau professeur l'a pris en grippe.*

to take a dive–*faire la culbute*
They claim the boxer took a dive. *Ils prétendent que le boxeur a fait la culbute.*

to take advantage of–*abuser de, profiter de*
They took advantage of our ignorance. *Ils ont abusé (profité) de notre ignorance.*

to take a fancy to–*prendre goût à*
I've taken a fancy to this wine. *J'ai pris goût à ce vin.*

to take after–*tenir de*
The child takes more after his mother than his father. *L'enfant tient plus de sa mère que de son père.*

to take a hand in something–*mettre la main à la pâte*
The work will go faster if everyone takes a hand in it. *Le travail ira plus vite si tout le monde met la main à la pâte.*

to take a hard look at–*examiner sous (sur) toutes les coutures*
We must take a hard look at their proposal. *Il faut que nous examinions leur proposition sous (sur) toutes les coutures.*

to take a heavy toll–*faire bien des victimes*

The flu epidemic has taken a heavy toll. *L'épidémie de grippe a fait bien des victimes.*

to take a hint—*comprendre à demi-mot*
I mentioned my next appointment and he took the hint. *J'ai mentionné mon prochain rendez-vous et il m'a compris à demi-mot.*

Take a leaf from my book.—*Suivez mon exemple.*

to take a loss—*laisser des plumes*
He got rid of his business but he took a loss in doing it. *Il s'est débarrassé de son entreprise mais il y a laissé des plumes.*

to take an exam—*passer (présenter) un examen*
He decided to take the entrance exam for Polytechnique. *Il a décidé de passer (de présenter) le concours de Polytechnique.*

to take a nip—*boire la goutte (un coup)*
He's not a drunkard but he takes a nip now and then. *Ce n'est pas un ivrogne mais il boit la goutte (un coup) de temps à autre.*

to take a notch in one's belt—*se serrer la ceinture*
During the economic crisis we are going to have to take a notch in our belts. *Pendant la crise économique il va falloir que nous nous serrions la ceinture.*

to take a notion to—*se mettre en tête de*
She took a notion to go swimming in the brook. *Elle s'est mis en tête de se baigner dans le ruisseau.*

to take apart—*démonter*
We have to take the engine apart to fix it. *Nous devons démonter le moteur pour le réparer.*

to take a powder—*prendre la poudre d'escampette*
When we returned they had taken a powder. *A notre retour ils avaient pris la poudre d'escampette.*

to take a shine to—*s'amouracher de*
My friend took a shine to my sister. *Mon ami s'est amouraché de ma sœur.*

to take a spill—*prendre un billet de parterre, ramasser une gamelle (une pelle), se casser la figure*
Running to cross the street, he took a spill. *En courant pour traverser la rue, il a pris un billet de parterre (il a ramassé une gamelle, une pelle, il s'est cassé la figure).*

to take a stand—*prendre position*
Few representatives seem to want to take a stand on this issue. *Peu de députés semblent vouloir prendre position sur cette question.*

to take at face value (for gospel truth)—*prendre pour argent comptant*
You mustn't take what he says at face value (for gospel truth). *Il ne faut pas prendre ce qu'il dit pour argent comptant.*

to take a turn for the worse—*aller de mal en pis*

The doctor says his condition is taking a turn for the worse. *Le médecin dit que son état va de mal en pis.*

to take a walk—*faire une promenade (à pied)*
We took a walk after dinner. *Nous avons fait une promenade (à pied) après dîner.*

to take away (off)—*enlever*
Take away (take off) this tablecloth and put on a clean one. *Enlevez cette nappe et mettez-en une propre.*

to take by storm—*prendre d'assaut*
The enemy army took the city by storm. *L'armée ennemie a pris la ville d'assaut.*

to take by surprise—*prendre de court*
Their sudden decision took me by surprise. *Leur décision subite m'a pris de court.*

Take care!—*Attention! Prenez garde!*

to take care not to—*se garder de*
Take care not to make noise when entering. *Gardez-vous de faire du bruit en entrant.*

to take care of—*faire son affaire de, s'occuper de*
Don't worry; I'll take care of it. *Ne vous inquiétez pas; j'en fais mon affaire (je m'en occupe).*

to take care of oneself—*se défendre*
She's a big girl; she can take care of herself. *C'est une grande fille; elle sait se défendre.*

to take charge of—*prendre en main, se charger de*
The vice-president took charge of the operation. *C'est le vice-président qui a pris l'opération en main (qui s'est chargé de l'opération).*

to take credit for—*se donner les gants de*
She took credit for their success. *Elle se donnait les gants de leur succès.*

to take down a notch (a peg)—*rabaisser (rabattre) le caquet à*
That resounding failure took him down a notch (a peg). *Cet échec éclatant lui a rabaissé (rabattu) le caquet.*

to take exception to—*trouver à redire à*
He takes exception to everything people say to him. *Il trouve à redire à tout ce qu'on lui dit.*

to take French leave—*filer à l'anglaise*
While the officer was busy elsewhere, the soldier took French leave. *Pendant que l'officier était occupé ailleurs, le soldat a filé à l'anglaise.*

to take in—*accueillir; fourrer (mettre) dedans*
Their house took in everyone who passed by. *Leur maison accueillait tous ceux qui passaient.* The crook took him in without difficulty. *L'escroc l'a fourré (l'a mis) dedans sans difficulté.*

to take in good part—*prendre du bon côté*

He took our joke in good part. *Il a pris notre plaisanterie du bon côté.*

to take it (life) easy—*se laisser vivre*
I have nothing to do but take it (life) easy. *Je n'ai rien d'autre à faire que de me laisser vivre.*

to take it lying down—*encaisser quelque chose les bras croisés*
I refuse to take that insult lying down. *Je refuse d'encaisser cette injure les bras croisés.*

Take it or leave it.—*C'est mon dernier mot.*

to take it out on—*se venger sur*
He took his defeat out on his associates. *Il s'est vengé de sa défaite sur ses associés.*

to take it upon oneself to—*se charger de*
She took it upon herself to carry the message. *Elle s'est chargée de porter le message.*

to take it up with—*en parler à, s'adresser à*
If you're not satisfied, take it up with the management. *Si vous n'êtes pas satisfait, parlez-en (adressez-vous) à la direction.*

to take leave of one's senses—*perdre la raison*
His actions are so strange that I think he has taken leave of his senses. *Ses actions sont si bizarres que je crois qu'il a perdu la raison.*

to take little notice of—*faire peu de cas de*
The minister took little notice of your opposition. *Le ministre faisait peu de cas de votre opposition.*

to take matters into one's own hands—*prendre quelque chose sous son bonnet*
He has taken matters into his own hands to reorganize the business. *Il a pris sous son bonnet de réorganiser l'entreprise.*

to take money on the side (under the table)—*accepter des dessous de table (des pots de vin)*
They fired that official because he was taking money on the side (under the table). *On a mis ce fonctionnaire à la porte parce qu'il acceptait des dessous de table (des pots de vin).*

to take off—*décoller; lever le pied*
The airplane took off at one forty-five p.m. *L'avion a décollé à treize heures quarante-cinq.* He took off with his wife's fortune. *Il a levé le pied avec la fortune de sa femme.*

to take offense at—*prendre ombrage de*
I don't understand why he took offense at those words. *Je ne comprends pas pourquoi il a pris ombrage de ces propos.*

to take off from work (between two holidays)—*faire le pont*
They took off from work between Thursday, May 1, and the weekend. *Ils ont fait le pont du jeudi premier mai jusqu'au weekend.*

to take office—*entrer en fonctions*

The President will take office officially on January 1. *Le Président entrera en fonctions officiellement le premier janvier.*

to take off one's hat—*se découvrir*
Take off your hats, gentlemen; here is the queen! *Découvrez-vous, messieurs; voilà la reine!*

to take off someone's hands—*débarrasser quelqu'un de*
Can you take this old car off my hands? *Pouvez-vous me débarrasser de cette vieille auto?*

to take one's life into one's hands—*risquer sa vie*
You take your life into your hands when you cross a street in this town. *Vous risquez votre vie en traversant la rue dans cette ville.*

to take one's (own) life—*mettre fin à ses jours, se donner la mort*
In desperation he took his (own) life. *Au désespoir il a mis fin à ses jours (s'est donné la mort).*

to take one's lumps—*encaisser de mauvais coups*
I had to take my lumps in my life before I made it. *J'ai dû encaisser de mauvais coups dans ma vie avant de réussir.*

to take over—*assumer la responsabilité de; occuper*
He took over the store himself. *Il a assumé lui-même la responsabilité du magasin.*
The enemy soldiers took over the city. *Les soldats ennemis ont occupé la ville.*

to take place—*avoir lieu, se produire; se tenir*
Where did the accident take place? *Où l'accident a-t-il eu lieu (s'est-il produit)?*
The concert will take place this evening in the church. *Le concert se tiendra ce soir à l'église.*

to take potshots at—*critiquer, tirer au petit bonheur sur*
The newspapers keep taking potshots at our bills. *Les journaux n'arrêtent pas de critiquer (de tirer au petit bonheur sur) nos projets de loi.*

to take seriously—*prendre au sérieux*
You don't take that silly story seriously! *Vous ne prenez pas cette histoire farfelue au sérieux!*

to take someone for a ride—*enlever quelqu'un (pour lui régler son compte)*
Some gangsters took the witness for a ride. *Des gangsters ont enlevé le témoin (pour lui régler son compte).*

to take someone's breath away—*couper le souffle à quelqu'un*
The beauty of that landscape took our breath away. *La beauté de ce paysage nous a coupé le souffle.*

to take someone's word for it—*en croire quelqu'un*
You can take my word for it; he's broke. *Vous pouvez m'en croire; il est fauché.*

to take something for granted—*croire que quelque chose va de soi*
You mustn't take their goodwill for granted. *Il ne faut pas croire que leur bonne volonté va de soi.*

to take stock of—*faire l'inventaire de*
Now is the time to take stock of our assets. *C'est maintenant le moment de faire l'inventaire de notre actif.*

to take the edge off—*émousser*
Her disappointment had taken the edge off her enthusiasm. *Sa déception avait émoussé son enthousiasme.*

to take the floor—*prendre la parole*
The delegate from China took the floor to criticize the Russians. *Le délégué chinois a pris la parole pour critiquer les Russes.*

to take the law into one's own hands—*s'ériger en justicier*
Since the police wouldn't do anything, they took the law into their own hands. *Puisque la police ne voulait rien faire, ils se sont érigés en justiciers.*

to take the lead—*prendre la tête; tenir le premier rôle*
You must take the lead in this investigation. *Il faut que vous preniez la tête de cette enquête.* He took the lead in *The Miser. Il a tenu le premier rôle de* l'Avare.

to take the part of—*jouer le rôle de*
She took the part of Phaedra. *Elle a joué le rôle de Phèdre.*

to take the plunge—*faire le saut, sauter le pas*
He hesitated a long time before taking the plunge and joining the party. *Il a hésité longtemps avant de faire le saut (sauter le pas) et adhérer au parti.*

to take the stand—*venir à la barre*
The witness took the stand and swore to tell the truth. *Le témoin est venu à la barre et a juré de dire la vérité.*

to take the starch out of—*couper les bras (bras et jambes) à*
The news of his failure took the starch out of him. *La nouvelle de son échec lui a coupé les bras (lui a coupé bras et jambes).*

to take the wind out of one's sails—*couper le souffle à*
His unexpected reply took the wind out of my sails. *Sa réponse inattendue m'a coupé le souffle.*

to take time off—*faire la pause*
Let's take time off for a drink. *Faisons la pause pour prendre un verre.*

to take to—*mordre à; prendre goût à; se prendre d'amitié pour*
She has taken to French marvelously. *Elle a mordu admirablement au français.* I have really taken to this cooking. *J'ai vraiment pris goût à cette cuisine.* They took to each other right away. *Ils se sont pris tout de suite d'amitié l'un pour l'autre.*

to take to one's heels—*prendre ses jambes à son cou*
At the policeman's approach, they took to their heels. *A l'approche de l'agent, ils ont pris leurs jambes à leur cou.*

to take to task—*réprimander*

She took us to task for our laziness. *Elle nous a réprimandés pour notre paresse.*

to take unawares–*prendre au dépourvu (sans vert)*
Your new request took us unawares. *Votre nouvelle demande nous a pris au dépourvu (sans vert).*

to take up residence–*élire domicile*
Leaving the country, they took up residence in Paris. *Quittant la province, ils ont élu domicile à Paris.*

to take up room–*tenir de la place*
This grand piano takes up too much room in the apartment. *Ce piano à queue tient trop de place dans l'appartement.*

to take up with–*se lier avec*
He has taken up with the boss's son. *Il s'est lié avec le fils du patron.*

taking account of–*eu égard à*
Taking account of his age, they lowered his taxes. *Eu égard à son âge, on a réduit ses impôts.*

That takes the cake!–*Ça prend le pompon! Cela dépasse les bornes!*

You have to take it with a grain of salt.–*Il y a à boire et à manger là-dedans.*

You have to take things as they come.–*A la guerre comme à la guerre.*

You took the words right out of my mouth!–*Voilà exactement ce que j'allais dire!*

---

tale–*le conte*

to carry (to tell) tales–*être mauvaise langue*
Don't confide in her; she carries (she tells) tales. *Ne vous confiez pas à elle; elle est mauvaise langue.*

---

talk–*la conversation, le discours*

to be the talk of the town–*défrayer la chronique*
Her escapade was the talk of the town. *Son escapade a défrayé la chronique.*

---

to talk–*parler*

to be talked about–*faire parler de soi*
That actress is talked about a lot because of her affairs. *Cette actrice fait beaucoup parler d'elle à cause de ses aventures.*

He'll talk your ear off!–*Il est bavard comme une pie!*

to talk a blue streak–*être un moulin à paroles*
He talks a blue streak; you can't get a word in edgewise. *C'est un moulin à paroles; on n'arrive pas à placer un mot.*

to talk back–*répondre (insolemment)*
He forbade his children to talk back. *Il défendait à ses enfants de répondre (insolemment).*

to talk of one thing or another (of this and that)–*parler à bâtons rompus (à propos de bottes, de choses et d'autres)*
While waiting for the curtain to rise, they talked of one thing or another (of this and that). *En attendant le lever du rideau, ils parlaient à bâtons rompus (à propos de bottes, de choses et d'autres).*

to talk over–*discuter de*
We'll talk over the problem later. *Nous discuterons du problème plus tard.*

to talk rot–*dire des sottises*
Stop talking rot, man! *Cesse de dire des sottises, mon vieux!*

to talk shop–*parler affaires*
Let's not talk shop this evening. *Ne parlons pas affaires ce soir.*

to talk someone into (out of)–*décider quelqu'un à (dissuader quelqu'un de)*
They talked her into (out of) leaving. *Ils l'ont décidée à (dissuadée de) partir.*

to talk fashion–*parler chiffons*
Those women spend all their time talking fashion. *Ces femmes passent tout leur temps à parler chiffons.*

to talk through one's hat–*débiter des sottises, parler en l'air*
You know nothing about it; you're talking through your hat. *Vous n'en savez rien; vous débitez des sottises (vous parlez en l'air).*

to talk to deaf ears–*parler aux murs, prêcher dans le désert*
Reasoning with those stubborn people was like talking to deaf ears. *Raisonner avec ces gens têtus, c'était parler aux murs (prêcher dans le désert).*

to talk turkey–*en venir au fait*
Let's stop beating about the bush and talk turkey. *Arrêtons de tourner autour du pot et venons-en au fait.*

---

to tar–*goudronner*
They are tarred with the same brush.–*Ils sont du même acabit.*

---

to teach–*apprendre, enseigner*
to teach a lesson to–*apprendre à vivre à, servir de leçon à*
I hope that experience will teach them a lesson. *J'espère que cette expérience leur apprendra à vivre (leur servira de leçon).*

---

to tear–*arracher, déchirer*
to tear along–*filer*
The car was tearing along the country road. *La voiture filait sur la route de campagne.*

to tear down–*démolir*
They are threatening to tear down the old station. *Ils menacent de démolir la vieille gare.*

to tear someone's hair out–*crêper le chignon à quelqu'un*
The two women tore each other's hair out. *Les deux femmes se sont crêpé le chignon.*

---

to tell–*dire, raconter*

to have to be told twice–*se faire répéter*
He didn't have to be told twice; he left right away. *Il ne se l'est pas fait répéter deux fois; il est parti tout de suite.*

I'll tell you what.–*Ecoutez un peu. Je vais vous dire.*

I told him right to his face.–*Je ne le lui ai pas envoyé dire.*

to tell apart (which is which)–*distinguer l'un de l'autre*
I can't tell the twins apart (which is which). *Je n'arrive pas à distinguer les jumeaux l'un de l'autre.*

to tell fortunes–*dire la bonne aventure*
A gypsy told him his fortune at the fair. *Une gitane lui a dit la bonne aventure à la foire.*

to tell off–*réprimander*
The teacher told the lazy students off. *Le professeur a réprimandé les élèves paresseux.*

to tell on–*dénoncer*
I would like to know who told on me. *Je voudrais bien savoir qui m'a dénoncé.*

to tell someone to take it or leave it–*mettre le marché en main à quelqu'un*
After an hour's discussion, I told him to take it or leave it. *Après une heure de discussion, je lui ai mis le marché en main.*

to tell someone (where to get) off–*dire ses quatre vérités à quelqu'un*
One of these days I'm going to tell that pretentious fellow (where to get) off. *Un jour je vais dire ses quatre vérités à ce prétentieux.*

to tell (tall) tales–*en raconter*
The fisherman went on telling (tall) tales. *Le pêcheur n'arrêtait pas d'en raconter.*

to tell the truth–*à dire vrai, à vrai dire*
To tell the truth, cooking bores me. *A dire vrai (à vrai dire), faire la cuisine m'ennuie.*

You're telling me!–*A qui le dites-vous! Je ne le vous fais pas dire!*

---

tempest–*la tempête*

It's a tempest in a teapot.–*C'est la tempête dans un verre d'eau.*

---

to tend–*tendre*

to tend toward–*donner dans*
This author tends toward sentimentality. *Cet auteur donne dans le sentimental.*

---

term–*la condition, le terme*

to bring (to come) to terms–*amener (venir) à composition*
We finally brought them (we finally came) to terms. *Nous les avons enfin amenés (nous sommes enfin venus) à composition.*

thanks–*le remerciement*
   thanks to–*grâce à*
   It's thanks to him that we won. *C'est grâce à lui que nous avons gagné.*

to thank–*remercier*
   Thank God!–*Dieu merci! Grâce à Dieu!*
   to thank someone to–*savoir gré à quelqu'un de*
   I'll thank you to mind your own business. *Je vous saurai gré de vous occuper de vos affaires.*

that–*cela*
   If that's the way it is.–*Si c'est comme ça. S'il en est ainsi.*

then–*alors, ensuite*
   (right) then and there–*sur-le-champ*
   We paid them (right) then and there. *Nous les avons payés sur-le-champ.*

there–*là, y*
   Hey (say) there!–*Dites donc!*
   Hi there!–*Salut!*
   thereupon–*là-dessus*
   Thereupon he came back to see me. *Là-dessus il est revenu me voir.*

thick–*épais*
   He's got a thick skull!–*Il est bouché à l'émeri!*
   in the thick of–*au plus fort de*
   He was always seen in the thick of battle. *On le voyait toujours au plus fort de la bataille.*
   to lay (to pile) it on thick–*charrier*
   I don't believe him; he's laying (piling) it on thick. *Je ne le crois pas; il charrie.*
   That's a bit thick!–*C'est un peu fort!*
   They're thick as thieves.–*Ils s'entendent comme larrons en foire. Ils sont amis comme cochons.*
   through thick and thin–*contre vents et marées*
   She has stayed with me through thick and thin. *Elle m'a soutenu contre vents et marées.*

thin–*mince*
   to be thin-skinned–*avoir la peau (l'épiderme) sensible*

You can't say anything to him; he's so thin-skinned. *On ne peut rien lui dire; tellement il a la peau (l'épiderme) sensible.*

to skate (to walk) on thin ice—*marcher sur des oeufs*
The delegate felt that he was skating (walking) on thin ice in that discussion. *Le délégué sentait qu'il marchait sur des oeufs dans cette discussion.*

thing—*la chose*

as things are (go) today—*par le temps qui court*
As things are (go) today, it's no use saving your money. *Par le temps qui court, ce n'est pas la peine d'économiser son argent.*

to have things going one's way—*avoir le vent en poupe*
Following his success, that actor has things going his way now. *Par suite de son succès, cet acteur a le vent en poupe maintenant.*

one thing leading to another—*de fil en aiguille*
One thing leading to another, we found ourselves married. *De fil en aiguille, on s'est trouvés mariés.*

Things aren't going well between them.—*Le torchon brûle.*

Things will take care of themselves.—*Cela finira par s'arranger.*

to think—*penser*

He thinks a lot (highly) of himself.—*Il ne se mouche pas du pied.*

He thinks he's God Almighty.—*Il se croit sorti de la cuisse de Jupiter.*

I should think so!—*Je comprends! Je crois bien!*

not to think much of something—*ne pas faire grand cas de*
Our coach doesn't think much of your team. *Notre entraîneur ne fait pas grand cas de votre équipe.*

to think better of it—*revenir sur son idée*
After some reflection, I thought better of it. *Après quelque réflexion, je suis revenu sur mon idée.*

to think highly of—*faire grand état de*
His superiors think highly of his talents. *Ses supérieurs font grand état de ses talents.*

to think it over—*y réfléchir*
Think it over before you answer. *Réfléchissez-y avant de répondre.*

to think that—*dire que*
To think that we used to be so happy! *Dire que nous étions si heureux autrefois!*

to think the world of—*penser énormément de bien de*
My mother thinks the world of this doctor. *Ma mère pense énormément de bien de ce médecin.*

to think twice—*y regarder à deux fois*

You ought to think twice before buying that house. *Il faut y regarder à deux fois avant d'acheter cette maison.*

to think up–*imaginer, inventer*
She thinks up all sorts of obstacles to our plans. *Elle imagine (elle invente) toutes sortes d'obstacles à nos projets.*

Who do you think you are?–*Pour qui te prends-tu? Qu'est-ce que tu te crois?*

---

third–*tiers, troisième*

to be a third party–*être en tiers*
I was at their meeting as a third party. *J'étais à leur réunion en tiers.*

to give someone (to put someone to) the third degree–*cuisiner quelqu'un*
The police gave the suspect (put the suspect to) the third degree. *La police a cuisiné le suspect.*

---

thread–*le fil*

threadbare–*usé jusqu'à la corde*
His old coat was threadbare. *Son vieux manteau était usé jusqu'à la corde.*

---

three–*trois*

in three shakes of a lamb's tail–*en cinq secs*
The job will be finished in three shakes of a lamb's tail. *Le travail sera terminé en cinq secs.*

---

through–*à travers, fini*

to be through with–*avoir fini, ne plus avoir besoin de*
I'm through with this book; you can have it. *J'ai fini ce livre (Je n'ai plus besoin de ce livre); vous pouvez l'avoir.*

to carry (to put) through–*mener à bien*
Despite the opposition, they managed to carry (to put) through their plan. *Malgré l'opposition, ils ont réussi à mener leur projet à bien.*

I've been through all that already!–*Je sors d'en prendre!*

through and through–*de part en part; jusqu'au bout des ongles*
The victim was pierced through and through by his opponent's sword. *La victime a été transpercée de part en part par l'épée de son adversaire.* He is an aristocrat through and through. *C'est un aristocrate jusqu'au bout des ongles.*

---

to throw–*jeter, lancer*

She has thrown propriety to the winds.–*Elle a jeté son bonnet par-dessus les moulins.*

to throw a monkey wrench in the works–*mettre des bâtons dans les roues*
If we didn't succeed, it's because he kept throwing a monkey wrench in the works. *Si on n'a pas réussi, c'est parce qu'il mettait toujours des bâtons dans les roues.*

to throw a party–*donner une fête*
Her parents threw a party to celebrate her promotion. *Ses parents ont donné une fête pour arroser sa promotion.*

to throw cold water on–*jeter une douche sur*
He threw cold water on our projects. *Il a jeté une douche sur nos projets.*

to throw dirt (mud) at–*traîner dans la boue*
There is no need to throw dirt (mud) at your opponent. *Il n'y a aucune raison de traîner votre adversaire dans la boue.*

to throw in the cards to–*donner gagné à*
Giving up his opposition, he threw in the cards to us. *Renonçant à son opposition, il nous a donné gagné.*

to throw in the sponge (the towel)–*jeter l'éponge (le manche après la cognée)*
Tired of the stuggle, he decided to throw in the sponge (the towel). *De guerre lasse, il a décidé de jeter l'éponge (le manche après la cognée).*

to throw off the scent–*donner le change à*
His innocent air always threw the customs agents off the scent. *Son air innocent donnait toujours le change aux douaniers.*

to throw one's arms around–*sauter au cou de*
When she saw me, she threw her arms around me. *En me voyant, elle m'a sauté au cou.*

to throw one's hat in the ring–*entrer en lice*
The head of the conservatives decided to throw his hat in the ring. *Le leader des conservateurs a décidé d'entrer en lice.*

to throw one's money away–*jeter l'argent par les fenêtres*
His uncle had left him a tidy sum but he threw his money away. *Son oncle lui avait laissé une somme assez ronde, mais il a jeté l'argent par les fenêtres.*

to throw one's weight around–*faire l'important*
The boss's nephew comes to the office and throws his weight around. *Le neveu du patron vient au bureau et fait l'important.*

to throw out–*jeter*
Throw out the garbage on your way out. *Jetez les ordures en sortant.*

to throw out one's chest–*bomber le torse*
The sergeant threw out his chest as he led his squadron. *Le sergent bombait le torse en menant son peloton.*

to throw someone out–*mettre quelqu'un à la porte*
He was thrown out of school. *On l'a mis à la porte de l'école.*

to throw the book at–*traiter avec sévérité*
The judge, wanting to set an example, threw the book at them. *Le juge, voulant faire un exemple, les a traités avec sévérité.*

to throw the bull–*vouloir en mettre plein la vue*

That's not true; you're throwing the bull at us! *Ce n'est pas vrai; tu veux nous en mettre plein la vue!*

to throw up—*rendre, vomir*
The patient threw up his meal. *Le malade a rendu (vomi) son repas.*

to throw up one's hands—*lever les bras au ciel*
When he saw how bad things were, he threw up his hands. *En voyant le mauvais état des choses, il a levé les bras au ciel.*

---

thumb—*le pouce*

to thumb a ride—*faire du l'auto-stop*
We thumbed a ride to come here. *Nous avons fait de l'auto-stop pour venir ici.*

to thumb one's nose at—*faire un pied de nez à*
She ran off thumbing her nose at me. *Elle s'est sauvée en me faisant un pied de nez.*

---

thunder—*le tonnerre*

to be thunderstruck—*tomber des nues*
As for me, I was thunderstruck; I didn't expect it at all. *Moi, je tombais des nues; je ne m'y attendais pas du tout.*

---

to tickle—*chatouiller*

to be tickled (pink, to death)—*être au comble de la joie*
I was tickled (pink, to death) to learn of her success. *J'étais au comble de la joie en apprenant son succès.*

to tickle someone—*désopiler (dilater, épanouir) la rate de quelqu'un*
This story will tickle you. *C'est une histoire à vous désopiler (dilater, épanouir) la rate.*

---

to tie—*lier, ligoter*

to be tied down (to someone)—*avoir un fil à la patte*
He hasn't been coming to drink with us any more since he's been tied down (to his wife). *Il ne vient plus boire avec nous depuis qu'il a un fil à la patte.*

to be tied to someone's apron strings—*être pendu aux jupes de quelqu'un*
Her fiancé was still tied to his mother's apron strings. *Son fiancé était encore pendu aux jupes de sa mère.*

to be tied up—*être pris*
I can't go out to lunch with you; I'm tied up. *Je ne peux pas sortir déjeuner avec vous; je suis pris.*

---

tight—*serré*

to be in a tight spot—*être dans une mauvaise passe*
The negotiations between the union and management are in a tight spot. *Les négociations entre le syndicat et la direction sont dans une mauvaise passe.*

to be tight (fisted)–*avoir les doigts crochus, être grippe-sous*
She is tight (fisted); she spends as little money as possible. *Elle a les doigts crochus (elle est grippe-sous); elle dépense le moins d'argent possible.*

time–*la fois, l'heure, le temps*

as time goes by (in time)–*avec le temps*
I'm sure you'll forget me as time goes by (in time). *Je suis sûr que tu m'oublieras avec le temps.*

at this (that) time–*en ce moment (à ce moment-là)*
At this (that) time of the year, the offices are swamped. *En ce moment (à ce moment-là) de l'année, les bureaux sont débordés.*

at times (from time to time)–*de temps à autre, par moments*
At times (from time to time) he seems really happy. *De temps à autre (par moments) il a l'air heureux.*

to be time-tested–*avoir fait ses preuves*
This folk remedy is time-tested. *Ce remède de bonne femme a fait ses preuves.*

by the time that–*lorsque*
By the time that you leave, we'll have arrived. *Lorsque vous partirez, nous serons arrivés.*

for the time being–*pour l'instant*
Let's forget our dispute for the time being. *Oublions notre différend pour l'instant.*

to have a good time (the time of one's life)–*s'amuser (follement)*
We had a good time (the time of our lives) at your party. *Nous nous sommes amusés (follement) à votre fête.*

in no time (at all)–*en moins de deux, en un rien de temps*
You can finish it in no time (at all). *Vous pouvez le finir en moins de deux (en un rien de temps).*

in the meantime–*d'ici là*
He'll be back at five and I'm watching the store in the meantime. *Il rentre à cinq heures et je garde le magasin d'ici là.*

It's time (time is up).–*C'est l'heure.*

on time–*à l'heure*
Will the train arrive on time? *Le train arrivera-t-il à l'heure?*

time after time (time and time again)–*maintes et maintes fois*
I've told him not to do that time after time (time and time again). *Je lui ai dit de ne pas faire cela maintes et maintes fois.*

Time hangs heavy on my hands.–*Le temps me pèse.*

time to get one's bearings–*le temps de se retourner*
Give me time to get my bearings before I begin. *Donnez-moi le temps de me retourner avant que je commence.*

What time is it?–*Quelle heure est-il?*

tin–*la boîte, l'étain*

> **to have a tin ear**–*ne pas avoir d'oreille*
> She would like to learn to sing but she has a tin ear. *Elle voudrait apprendre à chanter mais elle n'a pas d'oreille.*

tip–*le bout*

> **on tiptoe**–*sur la pointe des pieds*
> His mother came into his room on tiptoe. *Sa mère est entrée dans sa chambre sur la pointe des pieds.*

to tip–*basculer*

> **to tip one's hat**–*tirer son chapeau*
> They have guts; I tip my hat to them. *Ils ont du courage; je leur tire mon chapeau.*

> **to tip someone off**–*mettre quelqu'un au courant*
> Someone tipped them off that the police were coming. *Quelqu'un les a mis au courant de l'arrivée de la police.*

> **to tip the scales**–*faire pencher la balance*
> His eloquent speech tipped the scales in our favor. *Son discours éloquent a fait pencher la balance en notre faveur.*

toe–*le doigt de pied, l'orteil*

> **to keep (to stay) on one's toes**–*rester sur le qui-vive*
> We'll have to keep (to stay) on our toes to avoid trouble. *Nous devrons rester sur le qui-vive pour éviter des ennuis.*

> **to step (to tread) on someone's toes**–*froisser quelqu'un*
> They are very sensitive and it is hard not to step (to tread) on their toes. *Ils sont très susceptibles et il est difficile de ne pas les froisser.*

to toe–*mettre le doigt du pied sur*

> **to toe the line (the mark)**–*se mettre au pas*
> The fun is over; now you'll have to toe the line (the mark). *Finis les jeux; il faudra maintenant que vous vous mettiez au pas.*

to tone–*accorder, régler*

> **to tone down**–*baisser le ton*
> We made that arrogant man tone down a bit. *Nous avons fait baisser le ton un peu à cet arrogant.*

tongue–*la langue*

> **tongue in cheek**–*en plaisantant*
> It's not true; he must have said it tongue in cheek. *Ce n'est pas vrai; il a dû le dire en plaisantant.*

too—*trop*

to have too much to choose from—*avoir l'embarras du choix*
At the supermarket we had too much to choose from. *Au supermarché on avait l'embarras du choix.*

it's too bad—*c'est dommage*
It's too bad you can't come. *C'est dommage que vous ne puissiez pas venir.*

That's (a bit) too much!—*C'est un peu fort!*

---

top—*maximum, supérieur*

at top speed—*à fond de train, à toute vitesse; à toutes jambes*
The car was coming toward them at top speed. *La voiture venait vers eux à fond de train (à toute vitesse).* He ran away at top speed. *Il s'est sauvé à toutes jambes.*

to be top dog—*avoir le dessus*
He was top dog in their struggle for power. *Il a eu le dessus dans leur lutte pour le pouvoir.*

to have top billing—*être tête d'affiche*
Charles Aznavour had top billing in the show. *Charles Aznavour était tête d'affiche du spectacle.*

---

top—*le haut, le sommet*

at the top of—*en haut de*
He was sitting at the top of the ladder. *Il était assis en haut de l'échelle.*

at the top of one's lungs—*à tue-tête*
All the kids were screaming at the top of their lungs. *Tous les galopins criaient à tue-tête.*

to be tops (top-notch)—*être de premier ordre*
Her new secretary is tops (top-notch). *Son nouveau secrétaire est de premier ordre.*

from top to bottom—*de fond en comble*
They did the house over from top to bottom. *Ils ont refait la maison de fond en comble.*

to top off—*pour comble de*
To top off his misfortune, they fired him. *Pour comble de malheur, ils l'ont mis à la porte.*

---

torrent—*le torrent*

in torrents—*à flots*
The rain was falling in torrents. *La pluie tombait à flots.*

---

to toss—*lancer*

It's a toss-up.—*C'est à pile ou face.*

to toss a salad—*fatiguer (tourner) une salade*

Don't forget to toss the salad before you bring it to the table. *N'oublie pas de fatiguer (de tourner) la salade avant de la porter à table.*

total—*total*

a total loss—*une perte sèche*
In the fire in his store, he sustained a total loss. *Dans l'incendie de son magasin, il a subi une perte sèche.*

to totter—*chanceler*

to be tottering—*branler dans le manche*
Thanks to the economic crisis, the business is tottering. *Grâce à la crise économique, l'entreprise branle dans le manche.*

touch—*le toucher*

in touch with—*en rapport (en relations) avec*
It will be to your advantage to get in touch with the consul. *Vous aurez avantage à vous mettre en rapport (en relations) avec le consul.*

It was touch and go.—*Il était moins cinq.*

to touch—*toucher*

to be (a bit) touched (in the head)—*avoir un grain, être toqué*
I think he's (a bit) touched (in the head). *Je crois qu'il a un grain (qu'il est un peu toqué).*

I wouldn't touch it with a ten-foot pole.—*Ce n'est pas à prendre même avec des pincettes.*

to touch off—*déclancher, provoquer*
His act touched off a wave of revolt. *Son geste a déclanché (provoqué) une vague de révolte.*

to touch to the quick—*toucher le point sensible*
He gave in because you managed to touch him to the quick. *Il a cédé parce que vous avez su toucher le point sensible.*

to touch up—*retoucher*
This picture needs to be touched up. *Cette photo a besoin d'être retouchée.*

town—*la ville*

to do the town (to go on the town, to paint the town red)—*faire la noce*
After the exams were finished, the students did the town (went on the town, painted the town red). *Après la fin des examens, les étudiants ont fait la noce.*

to go to town—*en profiter, s'y mettre*
Seeing their opponents' discouragement, the team went to town and licked them. *Voyant le découragement de ses adversaires, l'équipe en a profité (s'y est mise) et les a écrasés.*

a one-horse town–*un patelin perdu*
As punishment, the official was transferred to a one-horse town. *En guise de sanction, le fonctionnaire a été transféré à un patelin perdu.*

to toy–*jouer*

to toy with an idea–*caresser une idée*
We are toying with the idea of leaving for Florida. *Nous caressons l'idée de partir pour la Floride.*

track–*la piste, la trace, la voie*

to lose (to keep) track of–*perdre (ne pas perdre) de vue*
Try to keep (not to lose) track of your old friends. *Essayez de ne pas perdre de vue vos vieux amis.*

tragedy–*la tragédie*

What a tragedy!–*C'est (tout) un drame! Quel drame!*

tread–*le pas*

with muffled tread–*à pas de velours*
The scout approached with muffled tread. *L'éclaireur s'est approché à pas de velours.*

to tread–*marcher, piétiner*

to tread on delicate ground–*marcher sur des œufs*
Speaking to him about that matter, I felt as if I was treading on delicate ground. *En lui parlant de cette affaire, j'avais l'impression de marcher sur des œufs.*

to tread on someone's territory–*aller sur les brisées de quelqu'un, marcher sur les plates-bandes de quelqu'un*
When you try to sell your merchandise here, you're treading on my territory. *Quand vous essayez de vendre votre marchandise ici, vous allez sur mes brisées (vous marchez sur mes plates-bandes).*

to treat–*traiter*

to treat like dirt–*traiter comme le dernier des derniers*
Despite our kindnesses toward him, he treats us like dirt. *Malgré nos gentillesses envers lui, il nous traite comme les derniers des derniers.*

to treat oneself to–*s'offrir, se payer*
To celebrate, I'm going to treat myself to a good meal. *Pour célébrer, je vais m'offrir (me payer) un bon repas.*

to treat someone–*en user avec quelqu'un*
She has treated him very badly. *Elle en a très mal usé avec lui.*

trial–*l'épreuve, le procès*

a trial shot–*un coup d'essai*
That was only a trial shot to see their reaction. *Ce n'était qu'un coup d'essai pour voir leur réaction.*

trick–*le tour*

to do the trick–*faire l'affaire*
I think this gasket will do the trick. *Je crois que ce joint fera l'affaire.*

to have still some tricks up one's sleeve–*avoir plus d'un tour dans son sac*
He doesn't admit defeat; he still has some tricks up his sleeve. *Il ne se donne pas pour vaincu; il a plus d'un tour dans son sac.*

to trim–*arranger, tailler*

to trim one's sails–*réduire son train de vie*
Business isn't good and we have to trim our sails. *Les affaires ne vont pas bien et il nous faut réduire notre train de vie.*

trouble–*la difficulté, l'ennui*

to be in trouble–*avoir des ennuis*
He is in trouble with the Internal Revenue Service. *Il a des ennuis avec les contributions directes.*

to get someone out of trouble–*tirer quelqu'un d'embarras*
His assistance got me out of trouble. *Son aide m'a tiré d'embarras.*

to go to (to take) the trouble to–*se donner du mal pour (le mal de)*
I went to (I took) the trouble to prepare this complicated dish for you. *Je me suis donné du mal pour (le mal de) te préparer ce plat compliqué.*

to have trouble (in)–*avoir du mal à*
He spoke so quickly that I had trouble (in) understanding him. *Il a parlé si vite que j'ai eu du mal à le comprendre.*

It's a load (a lot) of trouble (it's more trouble than it's worth).–*C'est la croix et la bannière.*

There was trouble.–*Il y a eu du vilain.*

the trouble with–*l'ennuyeux de*
The trouble with that method is that it takes too long. *L'ennuyeux de cette méthode, c'est qu'elle prend trop de temps.*

true–*fidèle, vrai*

in its (one's) true light–*sous son vrai jour*
The cheater was at last seen in his true light. *On a enfin vu le tricheur sous son vrai jour.*

true to life–*conforme à la vérité, réaliste*
This film is quite true to life. *Ce film est très conforme à la vérité (très réaliste).*

trust–*la confiance, la foi*

to have trust in–*faire confiance à*
You can have trust in his honesty. *Vous pouvez faire confiance à son honnêteté.*

---

to try–*éprouver, essayer*

to try on–*essayer*
Try this suit on to see if it fits. *Essayez ce complet pour voir s'il vous va.*

to try one's hand at–*s'essayer à, tâter de*
During his career, he has tried his hand at every trade. *Au cours de sa carrière, il s'est essayé à (il a tâté de) tous les métiers.*

to try out–*essayer*
I want to try the car out before I buy it. *Je veux essayer la voiture avant de l'acheter.*

to try someone's patience–*mettre la patience de quelqu'un à l'épreuve*
Their stubbornness is trying my patience. *Leur obstination met ma patience à l'épreuve.*

to try something (to eat or drink)–*goûter de quelque chose (à manger ou à boire)*
Try our red wine; you'll like it. *Goûtez de notre vin rouge; il vous plaira.*

to try to do two things at once–*courir deux lièvres à la fois*
The trouble with your plan is that you're trying to do two things at once. *L'ennuyeux de votre projet, c'est que vous courez deux lièvres à la fois.*

(You) just try!–*Essayez donc (un peu)!*

---

tune–*l'air (de musique)*

in tune with the times–*dans la note*
Without slavishly following fashion, she managed to stay in tune with the times. *Sans suivre aveuglément la mode, elle savait rester dans la note.*

to the tune of–*au montant de*
They raised their prices to the tune of thirty dollars. *Ils ont augmenté leurs prix au montant de trente dollars.*

---

turn–*le tour, le tournant*

at the turn of the century–*au début du siècle*
This fabric was in style at the turn of the century. *Ce tissu était en vogue au début du siècle.*

to (be a) turncoat–*retourner sa veste*
That liberal turned coat (was a turncoat) and voted with the conservatives. *Ce libéral a retourné sa veste et a voté avec les conservateurs.*

to be the turn of–*être à*
It's your turn to play now. *C'est à vous de jouer maintenant.*

by a turn of fate–*par un coup du hasard*
By a turn of fate, the car he collided with was his friend's. *Par un coup du hasard, l'auto avec laquelle il est entré en collision était celle de son ami.*

in turn–*tour à tour*
They all spoke in turn. *Ils ont tous parlé tour à tour.*

taking turns–*à tour de rôle*
During the long trip, we all took turns driving. *Pendant la longue route, nous avons tous conduit à tour de rôle.*

---

to turn–*tourner*

not to turn a hair–*ne pas broncher*
He didn't turn a hair when I asked him to pay. *Il n'a pas bronché quand je lui ai demandé de payer.*

to turn a deaf ear–*faire la sourde oreille*
She turned a deaf ear to their complaints. *Elle a fait la sourde oreille à leurs plaintes.*

to turn (an age)–*doubler le cap de*
My grandfather has turned eighty. *Mon grand-père a doublé le cap des quatre-vingts ans.*

to turn around–*se (re)tourner*
He kept turning around to see if he was being followed. *Il se (re)tournait constamment pour voir si l'on le suivait.*

to turn away–*renvoyer; se détourner*
The hall was full and they had to turn away hundreds of people. *La salle était comble et il a fallu renvoyer des centaines de personnes.* I turned away in order not to see that sad sight. *Je me suis détourné pour ne pas voir ce triste spectacle.*

to turn back–*rebrousser chemin, tourner bride*
The soldiers, seeing the ambush, turned back. *Les soldats, voyant l'embuscade, ont rebroussé chemin (ont tourné bride).*

to turn down–*baisser; refuser*
Turn down the volume of the radio. *Baissez le son de la radio.* He has turned down all our offers. *Il a refusé toutes nos offres.*

to turn in–*aller se coucher; rendre*
I'm tired; let's turn in early. *Je suis fatigué; allons nous coucher de bonne heure.* I turned in my paper before leaving. *J'ai rendu ma copie avant de sortir.*

to turn in one's badge (spurs)–*passer la main*
The old actor decided to turn in his badge (spurs). *Le vieil acteur a décidé de passer la main.*

to turn into–*devenir, se changer en*
The tadpole turned into a frog. *Le têtard est devenu (s'est changé en) grenouille.*

to turn off–*couper, fermer*
Don't forget to turn off the television. *N'oublie pas de couper (de fermer) la télé.*

to turn oneself in–*se constituer prisonnier*
The suspect turned himself in. *Le suspect s'est constitué prisonnier.*

to turn one's stomach–*soulever le coeur à*
The sight of that senseless destruction turned her stomach. *La vue de cette stupide destruction lui a soulevé le coeur.*

to turn on the ignition–*mettre le contact*
The driver turned on the ignition and started the motor. *Le chauffeur a mis le contact et il a démarré.*

to turn on the light–*allumer (la lumière)*
I turned on the light as I came into the room. *J'ai allumé (la lumière) en entrant dans la pièce.*

to turn out–*produire*
This factory turns out a thousand cars a day. *Cette usine produit mille autos par jour.*

to turn out to be–*se révéler*
She turned out to be an excellent cook. *Elle s'est révélée une excellente cuisinière.*

to turn out well–*réussir*
He is lucky; everything turns out well for him. *Il a de la chance; tout lui réussit.*

to turn over–*confier, rendre; (se) retourner*
Don't forget to turn over your key to the caretaker when you leave. *N'oubliez pas de confier (de rendre) votre clé au concierge en partant.* I turned the book over to read the title. *J'ai retourné le livre pour en lire le titre.*

to turn over a new leaf–*faire peau neuve*
On leaving jail, he resolved to turn over a new leaf. *En quittant la prison, il a résolu de faire peau neuve.*

to turn tail–*tourner les talons*
Being a coward, he turned tail and fled. *Etant lâche, il a tourné les talons et s'est enfui.*

to turn the tables–*retourner la situation*
Now the tables are turned and he is calling the plays. *Maintenant la situation est retournée et c'est lui qui mène le jeu.*

to turn to account–*tirer (le meilleur) parti de*
My dressmaker can turn the least scrap of material to account. *Ma couturière sait tirer (le meilleur) parti du moindre chiffon.*

to turn up–*s'amener; découvrir*
They finally turned up at our house at midnight. *Ils se sont enfin amenés chez nous à minuit.* The police haven't turned up any new clues. *La police n'a pas découvert de nouveaux indices.*

to turn up one's nose–*faire la petite bouche*
If you're hungry enough, you won't turn up your nose at this tripe. *Si tu as assez faim, tu ne feras pas la petite bouche devant ces tripes.*

to twiddle–*tripouiller*

to twiddle one's thumbs—*se tourner les pouces*
Come and help us instead of twiddling your thumbs. *Viens nous aider au lieu de te tourner les pouces.*

---

twinkling—*le scintillement*

in the twinkling of an eye—*en un clin d'œil*
He disappeared in the twinkling of an eye. *Il a disparu en un clin d'œil.*

---

to twist—*tordre, tourner*

to twist around one's little finger—*faire tourner comme une toupie, mener par le bout du nez*
She twists her husband around her little finger. *Elle fait tourner son mari comme une toupie (elle mène son mari par le bout du nez).*

to twist someone's arm—*tirer la manche à quelqu'un*
We didn't have to twist his arm to make him accept our invitation. *On n'a pas eu besoin de lui tirer la manche pour qu'il accepte notre invitation.*

---

two—*deux*

to be in two places at once—*être au four et au moulin*
Wait a minute; I can't be in two places at once. *Attendez un peu, je ne peux pas être au four et au moulin.*

to be of two minds about—*être indécis sur*
I am still of two minds about that question. *Je suis toujours indécis sur cette question.*

to have two left feet—*danser mal, être maladroit*
She doesn't like to go out with him because he has two left feet. *Elle n'aime pas sortir avec lui parce qu'il danse mal (il est maladroit).*

in two stages—*en deux temps*
They had to do the operation in two stages. *Ils ont dû faire l'opération en deux temps.*

They are two of a kind.—*Ils sont du même tonneau. Les deux font la paire.*

a two-time loser—*un cheval de retour*
He's a two-time loser; he'll never stay on the outside. *C'est un cheval de retour; il ne restera jamais en liberté.*

U

ugly—*laid*

an ugly customer—*un vilain moineau*
Avoid disturbing him; he's an ugly customer. *Evitez de le déranger; c'est un vilain moineau.*

---

unable–*incapable*

to be unable to deal with something–*se casser les dents sur quelque chose*
The government has been unable to deal with the problem of housing. *Le gouvernement s'est cassé les dents sur le problème du logement.*

uncle–*l'oncle*

to cry uncle–*crier pouce*
Seeing the game lost, they cried uncle. *Voyant le jeu perdu, ils ont crié pouce.*

under–*sous*

to be under someone's thumb–*être sous la coupe de quelqu'un*
He was under his mother's thumb then. *Il était alors sous la coupe de sa mère.*

to be under the weather–*ne pas être dans son assiette*
Excuse my absence; I was under the weather yesterday. *Excusez mon absence; je n'étais pas dans mon assiette hier.*

in an undertone–*à mi-voix*
She told me to keep still in an undertone. *Elle m'a dit à mi-voix de me taire.*

under age–*mineur*
Her son was still under age. *Son fils était encore mineur.*

under one's own steam–*par ses propres moyens*
I managed to get back home under my own steam. *J'ai réussi à rentrer chez moi par mes propres moyens.*

under someone's very nose–*au nez et à la barbe de quelqu'un*
He stole it under the policeman's very nose. *Il l'a volé au nez et à la barbe de l'agent de police.*

under the counter–*en dessous de table*
I had to pay five hundred dollars under the counter. *J'ai dû payer cinq cents dollars en dessous de table.*

under the wire–*à la dernière minute*
They got their application in under the wire. *Ils ont présenté leur demande à la dernière minute.*

under way–*en route; en train*
The convoy is already under way. *Le convoi est déjà en route.* The project is already under way. *Le projet est déjà en train.*

under wraps–*sous le boisseau*
They are keeping their new model under wraps. *Ils gardent leur nouveau modèle sous le boisseau.*

to understand–*comprendre*

not to understand a thing (a word)–*ne comprendre goutte*
I confess I don't understand a thing (a word) she says. *J'avoue que je ne comprends goutte à ce qu'elle dit.*

to understand that—*croire savoir que*
I understand that there is going to be a rise in gas prices. *Je crois savoir qu'il va y avoir une augmentation du prix de l'essence.*

---

unless—*à moins que*
unless one hears to the contrary—*sauf avis contraire*
Unless you hear to the contrary, the package will be sent Friday. *Sauf avis contraire, le colis sera expédié vendredi.*

unless one is mistaken—*sauf erreur*
Unless I am mistaken, we're there. *Sauf erreur, nous y sommes.*

---

until—*jusqu'à*
until further notice—*jusqu'à nouvel ordre*
This office is closed until further notice. *Ce bureau est fermé jusqu'à nouvel ordre.*

---

up—*debout, en haut*
to be up against it—*être dans une mauvaise passe*
My friends, I'm afraid we're up against it now. *Mes amis, j'ai peur que nous soyons dans une mauvaise passe maintenant.*

to be up and about (around)—*relever de maladie*
The patient is finally up and about (around). *Le malade relève enfin de maladie.*

to be up a tree—*être coincé*
I'm up a tree myself; I can't help you. *Je suis coincé moi-même; je ne peux pas t'aider.*

to be up before—*comparaître devant; être en discussion à*
He is up before the judge today. *Il comparaît devant le juge aujourd'hui.* The bill is up before the House. *Le projet de loi est en discussion à la Chambre.*

to be up for—*se présenter à*
The senator is up for reelection. *Le sénateur se représente aux élections.*

to be up in arms—*se gendarmer*
They were up in arms about the new law. *Ils se gendarmaient contre la nouvelle loi.*

to be up on—*être au courant*
He's not up on the latest developments. *Il n'est pas au courant des derniers progrès.*

to be up to—*être (se sentir) de force à*
I'm not up to finishing this job. *Je ne suis pas (Je ne me sens pas) de force à finir ce travail.*

to be up to fine things—*en faire de belles*
I see you've been up to fine things while I was gone! *Je vois que tu en as fait de belles pendant mon absence!*

to be up to one's old tricks—*faire des siennes*

Despite his resolutions, he has been up to his old tricks again. *Malgré ses résolutions, il a encore fait des siennes.*

to be up to the job (the task)–*faire le poids*
The new director wasn't up to the job (the task) under those difficult circumstances. *Le nouveau directeur n'a pas fait le poids dans ces circonstances difficiles.*

to buck up–*reprendre du poil de la bête*
You have to buck up and do something! *Il faut que tu reprennes du poil de la bête et que tu fasses quelque chose!*

It's all up with them.–*C'en est fait d'eux.*

it's up to–*c'est à; il ne tient qu'à*
It's up to you to make the decision. *C'est à vous de prendre la décision.* It's up to you to succeed. *Il ne tient qu'à vous de réussir.*

keyed up–*gonflé à bloc*
The players are all keyed up. *Les joueurs sont tous gonflés à bloc.*

not to be up to par–*ne pas être dans son assiette*
I don't feel like going; I'm not up to par today. *Je n'ai pas envie d'y aller; je ne suis pas dans mon assiette aujourd'hui.*

on the up-and-up–*licite*
I don't think his activities are on the up-and-up. *Je ne crois pas que ses activités soient licites.*

pumped (tightened, etc.) up hard–*gonflé (serré, etc.) à bloc*
The screw must be tightened up hard. *La vis doit être serrée à bloc.*

up-and-coming–*d'avenir*
He's an up-and-coming young architect. *C'est un jeune architecte d'avenir.*

to up and do something–*faire quelque chose brusquement*
She up and left without warning. *Elle est partie brusquement sans préavis.*

upside down–*à l'envers, sens dessus dessous*
You are holding your book upside down. *Vous tenez votre livre à l'envers (sens dessus dessous).*

upstairs–*en haut*
My mother is upstairs getting dressed. *Ma mère est en haut qui s'habille.*

up to–*jusqu'à*
Up to last week she was enrolled in the course. *Jusqu'à la semaine dernière elle était inscrite au cours.*

up to date–*à jour*
I have brought my study of Freud up to date. *J'ai mis mon étude de Freud à jour.*

up to date on–*au fait de*
I got him up to date on the situation. *Je l'ai mis au fait de la situation.*

up to it–*d'attaque*
Start without me; I don't feel up to it right now. *Commencez sans moi; je ne me sens pas d'attaque en ce moment.*

up-to-the-minute–*de dernière heure*
Here is some up-to-the-minute news. *Voilà des nouvelles de dernière heure.*
What are you up to?–*Qu'est-ce que tu fabriques là? Qu'est-ce que tu mijotes?*
What's up?–*Qu'est-ce qui se passe?*

---

upper–*supérieur*

to get (to have) the upper hand–*prendre (avoir) le dessus*
He finally got (had) the upper hand in his struggle with his opponents. *Il a enfin pris (eu) le dessus dans sa lutte avec ses adversaires.*

the upper crust–*le gratin*
That club accepts only the upper crust of society. *Ce cercle n'admet que le gratin de la société.*

the upper grades–*les grandes classes*
The students in the upper grades had an outing today. *Les élèves des grandes classes ont eu une sortie aujourd'hui.*

---

to upset–*bouleverser, renverser*

to upset the apple-cart–*bouleverser les plans, brouiller les cartes*
Despite our efforts, the minority's reaction upset the apple-cart. *Malgré nos efforts, la réaction de la minorité a bouleversé les plans (a brouillé les cartes).*

---

use–*l'emploi, l'usage*

it's no use–*rien ne sert de*
It's no use avoiding this responsibility. *Rien ne sert d'éviter cette responsabilité.*

---

to use–*employer, habituer*

to be used as–*servir de*
This church was used as a warehouse during the French Revolution. *Cette église a servi d'entrepôt pendant la Révolution française.*

to be used for–*servir à*
These machines are used for making bolts. *Ces machines servent à fabriquer des boulons.*

one used to–*on avait l'habitude de, on faisait*
We used to go there frequently. *Nous avions l'habitude d'y aller (nous y allions) souvent.*

to use a double standard–*avoir deux poids (deux mesures)*
He uses a double standard to judge the rich and the poor. *Il a deux poids (deux mesures) pour juger les riches et les pauvres.*

to use all available means–*faire flèche de tout bois*
Given the state of emergency, we will have to use all available means. *Etant donné l'état d'urgence, il nous faudra faire flèche de tout bois.*

to use pull–*se faire pistonner*

She used her cousin's pull to get that job. *Elle s'est fait pistonner par son cousin pour obtenir ce poste.*

usual – *habituel*

as usual – *comme d'habitude*
As usual, they arrived late for the appointment. *Comme d'habitude, ils sont arrivés en retard au rendez-vous.*

to utter – *émettre, prononcer*

not to utter a word – *ne pas desserrer les dents*
She didn't utter a word all evening. *Elle n'a pas desserré les dents de toute la soirée.*

to utter a cry (a sigh) – *jeter (pousser) un cri (un soupir)*
She uttered a cry (a sigh) of relief. *Elle a jeté (poussé) un cri (un soupir) de soulagement.*

V

to vacate – *quitter*

to vacate the premises – *vider les lieux*
I order you to vacate the premises immediately! *Je vous ordonne de vider les lieux immédiatement!*

vengeance – *la vengeance*

with a vengeance – *et comment*
They made up for their earlier loss with a vengeance! *Ils ont racheté leur défaite précédente, et comment!*

very – *même, très*

at the very least – *au bas mot; tout au moins*
This antique table will cost you five thousand francs at the very least. *Cette table ancienne vous coûtera cinq mille francs au bas mot.* You might at the very least say hello to them. *Vous pourriez tout au moins leur dire bonjour.*

at the very thought of it – *rien que d'y songer*
It was so horrible that I shudder at the very thought of it. *C'était si horrible que je tremble rien que d'y songer.*

very nearly – *peu s'en faut*
They worked for thirty hours, or very nearly. *Ils ont travaillé trente heures, ou peu s'en faut.*

view – *la vue*

in view of the fact that – *dès l'instant que, étant donné que, vu que*

In view of the fact that you refuse, I resign. *Dès l'instant que (étant donné que, vu que) vous refusez, je démissionne.*

on view–*ouvert au public*
The exhibit will be on view all next week. *L'exposition sera ouverte au public toute la semaine prochaine.*

with a view to(ward)–*dans le but de*
We bought this house with a view to(ward) retiring here. *Nous avons acheté cette maison dans le but d'y prendre notre retraite.*

vine–*la vigne*

to die (to wither) on the vine–*tourner en eau de boudin*
All their fine plans died (withered) on the vine. *Tous leurs beaux projets ont tourné en eau de boudin.*

vision–*la vision*

to have visions of doing something–*se voir faire quelque chose*
He had visions of becoming president of his club. *Il se voyait devenir président de son club.*

to vote–*voter*

to vote down–*repousser*
The House voted down his bill. *La Chambre a repoussé son projet de loi.*

to vouch–*affirmer*

to vouch for–*répondre de*
I will vouch for his absolute integrity. *Je répondrai de son intégrité absolue.*

W

wagon–*la charrette*

to be (to go) on the wagon–*s'abstenir d'alcool*
After his liver trouble, he decided to be (to go) on the wagon. *Après sa crise de foie, il a décidé de s'abstenir d'alcool.*

to wait–*attendre*

(he, we, etc.) can't wait to–*être impatient de, il (lui, nous, etc.) tarde de*
I can't wait to see my parents again. *Je suis impatient (Il me tarde) de revoir mes parents.*

Wait and see.–*Attendez voir.*

to wait for–*attendre*
I saw him at the station waiting for the train. *Je l'ai vu à la gare qui attendait le train.*

to wait on–*servir*
No one in this restaurant seems to want to wait on us. *Personne au restaurant ne semble vouloir nous servir.*

to wait on hand and foot–*être aux petits soins pour*
She waits on her husband hand and foot. *Elle est aux petits soins pour son mari.*

to wait up (for)–*rester debout (à attendre)*
They waited up all night for their daughter. *Ils sont restés debout toute la nuit à attendre leur fille.*

---

to walk–*marcher*

to be walking on air–*être au septième ciel*
Now that he is so successful, he is walking on air. *Maintenant qu'il a tant de succès, il est au septième ciel.*

(Please) walk in.–*Entrez sans frapper.*

to walk a tightrope–*être sur la corde raide*
I realized that I was walking a tightrope in that debate. *Je me rendais bien compte que j'étais sur la corde raide dans ce débat.*

to walk away (off) with–*décamper avec; enlever*
Their supposed friend walked away (off) with all their money. *Leur soi-disant ami a décampé avec tout leur argent.* His team walked away (off) with all the prizes. *Son équipe a enlevé tous les prix.*

to walk on all fours–*marcher à quatre pattes*
The baby is walking on all fours now. *Le bébé marche à quatre pattes maintenant.*

to walk out on–*planter là, plaquer*
Tired of his whims, she walked out on him. *Fatiguée de ses caprices, elle l'a planté là (elle l'a plaqué).*

to walk the floor (up and down)–*faire les cent pas*
Her husband walked the floor (walked up and down) waiting for the birth of their child. *Son mari faisait les cent pas en attendant la naissance de leur enfant.*

to walk the straight and narrow (path)–*suivre le droit chemin*
From now on I promise I'm going to walk the straight and narrow (path). *Dorénavant je promets de suivre le droit chemin.*

to walk (up and down) the streets–*battre le pavé*
They walked (up and down) the streets all day looking for work. *Ils ont battu le pavé toute la journée à la recherche d'un travail.*

---

wall–*le mur*

to be a wallflower–*faire tapisserie*
She didn't go to the dance for fear of being a wallflower. *Elle n'est pas allée au bal de crainte de faire tapisserie.*

---

to wallow—*se rouler, se vautrer*

to be wallowing in wealth—*nager dans l'abondance*
Thanks to their investments, they are wallowing in wealth now. *Grâce à leurs placements, ils nagent dans l'abondance maintenant.*

want—*le besoin, le désir*

for want of—*faute de*
The project failed for want of sufficient funds. *Le projet a échoué faute de crédits suffisants.*

to want—*désirer, vouloir*

someone is wanted—*on demande quelqu'un*
You are wanted on the telephone. *On vous demande au téléphone.*

to want in—*vouloir participer*
He wants in on the deal. *Il veut participer à l'affaire.*

to want out—*vouloir lâcher*
She wants out of our association. *Elle veut lâcher notre association.*

warm—*chaud, tiède*

to be warm—*avoir chaud*
I am too warm in these clothes. *J'ai trop chaud dans ces vêtements.*

to be (getting) warm—*brûler, chauffer*
That's not quite it but you're (getting) warm. *Ça n'y est pas encore mais tu brûles (tu chauffes).*

in a warm place—*au chaud*
I have my feet in a nice, warm place. *J'ai les pieds bien au chaud.*

It's warm (out).—*Il fait chaud.*

to warm—*chauffer*

to warm up—*s'échauffer*
The players are warming up for the game. *Les joueurs s'échauffent avant le match.*

to warm up to—*se prendre de sympathie pour*
Our neighbors have finally warmed up to us. *Nos voisins se sont enfin pris de sympathie envers nous.*

wary—*circonspect, prudent*

to be wary—*se tenir sur la réserve*
The general is being wary until the situation becomes clearer. *Le général se tient sur la réserve en attendant que la situation s'éclaircisse.*

to wash—*laver*

to be (all) washed up—*être fichu (fini)*

After the failure of his last film, he is (all) washed up. *Après l'échec de son dernier film, il est fichu (fini).*

to be a washout—*faire un four*
The play's premiere was a total washout. *La première de la pièce a fait un four complet.*

Don't wash your dirty linen in public.—*Il faut laver son linge sale en famille.*

to wash up—*faire un brin de toilette*
Don't forget to wash up before you come down to dinner. *N'oublie pas de faire un brin de toilette avant de descendre dîner.*

to wash up (and dress)—*faire sa toilette*
Let me just get washed up (and dressed) and I'll be right with you. *Le temps de faire ma toilette et je suis à vous.*

---

to waste—*gaspiller, perdre*

to have wasted one's time and money—*en être pour ses frais*
I wasted my time and money on your harebrained schemes. *J'en ai été pour mes frais dans tes projets stupides.*

to waste away—*dépérir*
After his master's departure, the dog wasted away. *Après le départ de son maître, le chien a dépéri.*

to waste one's breath—*perdre sa salive*
Don't bother arguing with them; you're wasting your breath. *N'essaie pas de discuter avec eux; tu perds ta salive.*

to waste one's time—*perdre sa peine*
He is too stubborn; you're wasting your time trying to persuade him. *Il est trop têtu; tu perds ta peine à essayer de le persuader.*

---

to watch—*regarder, veiller*

to watch one's step—*être sur ses gardes, filer doux*
You'll have to watch your step when the boss is here. *Il faudra être sur vos gardes (filer doux) quand le patron sera là.*

Watch out!—*Attention! Gare à vous!*

to watch out for—*être sur ses gardes avec, se méfier de*
You should always watch out for him; he's sly. *Vous devriez toujours être sur vos gardes avec (vous méfier de) lui; il est sournois.*

to watch out for oneself—*se défendre*
Don't worry; she can watch out for herself. *Ne vous inquiétez pas; elle sait se défendre.*

Watch your step!—*Attention à la marche! Prenez garde!*

---

water—*l'eau*

to be in hot water—*être dans les choux (dans le pétrin)*

You went too far and now we're in hot water! *Tu es allé trop loin et maintenant on est dans les choux (dans le pétrin)!*

It's like water off a duck's back.—*Autant cracher en l'air. Ça n'a aucun effet.*

---

to water—*arroser*

to water down—*atténuer, diluer*
They had to water down the provisions of the law. *Il a fallu qu'ils atténuent (qu'ils diluent) les dispositions de la loi.*

---

way—*le chemin, le côté, la manière, la voie*

along (on) the way—*chemin faisant, en cours de route*
Along (On) the way, we talked about one thing and another. *Chemin faisant (En cours de route), nous avons bavardé de choses et d'autres.*

to be in someone's way—*empêcher quelqu'un de passer, gêner quelqu'un*
Move; you're in my way. *Poussez-vous; vous m'empêchez de passer (vous me gênez).*

to be on one's way—*être en route*
Your replacement is already on his way. *Votre remplaçant est déjà en route.*

to be on one's way to—*être en voie de*
The whale seems on its way to extinction. *La baleine semble être en voie de disparition.*

by the way—*à propos, au fait*
By the way, what did you think of the show? *A propos (au fait) qu'avez-vous pensé du spectacle?*

by way of—*en manière de; par*
He sent us flowers by way of an apology. *Il nous a envoyé des fleurs en manière d'excuse.* We went to New York by way of Providence. *Nous sommes allés à New York par Providence.*

to get (to have) one's way—*n'en faire qu'à sa tête*
He is spoiled; he always gets (has) his way. *Il est gâté; il n'en fait jamais qu'à sa tête.*

to give way—*céder; céder le pas*
We had to give way to their demands. *Il a fallu que nous cédions à leurs exigences.* Motorists must give way to pedestrians at the entrance. *Les automobilistes doivent céder le pas aux piétons à l'entrée.*

to have a way with—*savoir s'y prendre avec*
My brother has a way with dogs. *Mon frère sait s'y prendre avec les chiens.*

(over) this way—*par ici*
Come (over) this way, ladies and gentlemen. *Venez par ici, mesdames et messieurs.*

That's the way to do it!—*C'est envoyé!*

What a way to act!—*En voilà des manières!*

to wear–*porter, user*

to wear away (off, out)–*s'user*
The paint on our car is beginning to wear away (off, out). *La peinture de notre auto commence à s'user.*

to wear down–*user; venir à bout de*
The wind has worn down the rock here. *Le vent a usé le rocher ici.* Her insistence wore down our resistance. *Son obstination est venue à bout de notre résistance.*

to wear off–*se dissiper*
The effect of the medicine is wearing off. *L'effet du médicament se dissipe.*

to wear one's heart on one's sleeve–*avoir le cœur sur les lèvres*
Poor Roger is so vulnerable because he wears his heart on his sleeve. *Ce pauvre Roger est si vulnérable parce qu'il a le cœur sur les lèvres.*

to wear out–*épuiser*
This child's activity is wearing me out! *L'activité de cet enfant m'épuise!*

to wear well–*faire de l'usage*
These clothes have worn very well for us. *Ces vêtements nous ont fait beaucoup d'usage.*

---

to weather–*s'élever au vent de*

to weather the storm–*résister (à la tempête), tenir le coup*
The worst is over and we have weathered the storm. *Le pire est passé et nous avons résisté (à la tempête, nous avons tenu le coup).*

---

welcome–*bienvenu*

to be as welcome as the flowers of spring–*arriver (tomber) comme mars en carême*
Their offer of help was as welcome as the flowers of spring. *Leur offre d'aider arrivait (tombait) comme mars en carême.*

You're welcome.–*Il n'y a pas de quoi. Je vous en prie.*

You're welcome to it.–*C'est à votre disposition. Grand bien vous fasse!*

---

well–*bien*

as well–*aussi, en plus*
She is rich and she is intelligent as well. *Elle est riche et elle est intelligente aussi (en plus).*

to be (to feel) well–*aller (se porter) bien*
His grandmother is (feels) very well today. *Sa grand'mère va (se porte) très bien aujourd'hui.*

to be well off–*être à l'aise*
With their two incomes, they were well off. *Avec leurs deux revenus, ils étaient à l'aise.*

to get well–*se rétablir*
I hope you'll get well soon. *J'espère que vous allez vous rétablir bientôt.*

he (you, etc.) did well to–*bien lui (vous, etc.) en a pris de*
You did well to obey me. *Bien vous en a pris de m'obéir.*

one (you) might as well–*autant (+ inf.)*
One (you) might as well be talking to a deaf man! *Autant parler à un sourd!*

well-done–*à point*
I ordered a well-done steak. *J'ai commandé un steak à point.*

Well and good!–*A la bonne heure! Tant mieux!*

well on in years–*d'un âge avancé*
Her mother is in good health, although she is well on in years. *Sa mère se porte bien, quoiqu'elle soit d'un âge avancé.*

---

wet–*humide, mouillé*

to be all wet–*se mettre le doigt dans l'oeil*
You're all wet if you believe their lies. *Tu te mets le doigt dans l'oeil si tu crois à leurs mensonges.*

He's (she's) a wet blanket.–*C'est un empêcheur (une empêcheuse) de tourner en rond (un rabat-joie).*

---

to wet–*mouiller*

to wet one's whistle–*se rincer la dalle*
I went to the bar to wet my whistle before starting work. *Je suis allé au bar me rincer la dalle avant de commencer le travail.*

---

whale–*la baleine*

a whale of–*du tonnerre*
He's a whale of a race driver. *C'est un pilote de course du tonnerre.*

---

what–*ce que (qui), quel, quoi*

and what have you–*et ainsi de suite*

To what do we owe the pleasure of your company?–*Quel bon vent vous amène?*

what a–*quel*
What a hard time we had! *Quelle difficulté nous avons eue!*

what about–*et*
What about your sister—is she coming? *Et votre sœur, vient-elle?*

What a nuisance!–*Quelle scie!*

what if–*et si*
What if your parents arrived suddenly? *Et si tes parents arrivaient tout d'un coup?*

what it's all about–*ce dont il s'agit, de quoi il retourne*
I can't manage to find out what it's all about. *Je n'arrive pas à savoir ce dont il s'agit (de quoi il retourne).*

what's more–*et qui plus est*
He's an athlete; what's more, he's a champion. *C'est un athlète; et qui plus est, c'est un champion.*

What's the use?–*A quoi bon?*

what with–*étant donné*
What with all the competition, we don't stand a chance. *Etant donné toute la concurrence, nous n'avons aucune chance.*

to wheel–*brouetter, pousser, tourner*

to wheel and deal–*brasser des affaires*
He was an active man, always wheeling and dealing. *C'était un homme actif, qui brassait toujours des affaires.*

where–*où*

Where have you been all this time (that you don't know that)?–*D'où sortez-vous?*

where in the world–*où diable*
Where in the world did you find this? *Où diable avez-vous trouvé cela?*

whether–*si*

whether one wants to or not–*bon gré mal gré, de gré ou de force*
I tell you he'll do it whether he wants to or not. *Je vous dis qu'il le fera bon gré mal gré (de gré ou de force).*

which–*lequel, quel*

which way–*par où*
Which way did they go? *Par où sont-ils partis?*

while–*le temps*

(quite) a while–*pas mal de (un certain) temps*
They have spent (quite) a while in Europe. *Ils ont passé pas mal de temps (un certain temps) en Europe.*

whip–*le fouet*

to have the whip hand–*avoir la haute main*
Since the elections, the socialists have the whip hand over the president. *Depuis les élections, les socialistes ont la haute main sur le président.*

to whip–*fouetter*

to whip up–*improviser; rallier*
I'm going to whip up a quick meal for everyone. *Je vais improviser un repas rapide pour tout le monde.* He tried to whip up the support of his friends. *Il a essayé de rallier le soutien de ses amis.*

to whisper–*chuchoter, murmurer*

  to whisper in someone's ear–*souffler à l'oreille de quelqu'un*
  She whispered the answer in my ear. *Elle m'a soufflé la reponse à l'oreille.*

to whistle–*siffler*

  You can whistle for it!–*Tu peux te fouiller! Tu peux toujours courir!*

who–*qui*

  Who is calling?–*C'est de la part de qui?*

whole–*complet, entier*

  on the whole–*à tout prendre, dans l'ensemble*
  On the whole, their business is quite sound. *A tout prendre (dans l'ensemble), leur entreprise est très solide.*

  the whole day long–*toute la sainte journée*
  I'm so tired that I want to sleep the whole day long. *Je suis si fatigué que je veux dormir toute la sainte journée.*

  the whole kit and caboodle (shebang, works)–*tout le bataclan (le fourbi)*
  They tried to fit the whole kit and caboodle (shebang, works) into my car. *Ils ont essayé de fourrer tout le bataclan (le fourbi) dans ma voiture.*

  a whole lot–*des masses, un tas*
  He doesn't have a whole lot of money. *Il n'a pas des masses (un tas) d'argent.*

wide–*large*

  It's wide open; anyone can get in.–*On y entre comme dans un moulin.*

  wide awake–*éveillé*
  She remained wide awake all night. *Elle est restée éveillée toute la nuit.*

  wide of the mark–*loin de compte*
  Their guesses all fell wide of the mark. *Leurs conjectures sont toutes tombées loin de compte.*

  wide open–*grand ouvert*
  Despite the cold, the door was wide open. *Malgré le froid, la porte était grande ouverte.*

  the wide-open spaces–*les grands espaces*
  The old cowboy longed for the wide-open spaces of the West. *Le vieux cowboy soupirait après les grands espaces du Far West.*

wig–*la perruque*

  He's a bigwig.–*C'est une grosse légume.*

wild–*fou, sauvage*

  like wildfire–*comme une traînée de poudre*

The story spread like wildfire. *L'histoire s'est répandue comme une traînée de poudre.*

will–*la volonté*

willy-nilly–*bon gré mal gré, de gré ou de force*
He will have to do it willy-nilly. *Il devra le faire bon gré mal gré (de gré ou de force).*

to win–*gagner, vaincre*

to win hands down–*arriver dans un fauteuil*
His team was so much better that it won hands down. *Son équipe était tellement supérieure qu'elle est arrivée dans un fauteuil.*

to win one's case–*avoir gain de cause*
Your opponent was eloquent but you won your case. *Votre adversaire était éloquent mais vous avez eu gain de cause.*

to win out–*emporter le morceau*
The warmth of his personality finally won out. *La chaleur de sa personnalité a fini par emporter le morceau.*

to win out over–*l'emporter sur*
The conservatives won out over the opposition in the final vote. *Les conservateurs l'ont emporté sur l'opposition dans le vote final.*

to win over–*gagner à sa cause*
Her eloquence won over the skeptics. *Son éloquence a gagné les sceptiques à sa cause.*

wind–*le vent*

in the wind–*dans l'air*
There's something mysterious in the wind. *Il y a quelque chose de mystérieux dans l'air.*

It's windy enough to blow you over!–*Il fait un vent à écorner les bœufs!*

a windbag–*un moulin à paroles*
He's a windbag; you can't get a word in edgewise. *C'est un moulin à paroles; on n'arrive pas à placer un mot.*

to wind–*enrouler*

to wind someone around one's little finger–*faire tourner quelqu'un comme une toupie, mener quelqu'un par le bout du nez*
She winds that big brute around her little finger. *Elle fait tourner cette grosse brute comme une toupie (elle mène cette grosse brute par le bout du nez).*

to wind up–*remonter (à bloc); terminer*
I wound up my watch before going to bed. *J'ai remonté ma montre (à bloc) avant de me coucher.* It's time to wind up the program. *C'est l'heure de terminer l'émission.*

to wind up by–*finir par*
We wound up by going to a restaurant for dinner. *Nous avons fini par aller dîner au restaurant.*

window–*la fenêtre, la vitrine*
window-shopping–*le lèche-vitrine*
They spent the morning window-shopping. *Elles ont passé la matinée à faire du lèche-vitrine.*

wing–*l'aile*
on the wing–*au vol*
The hunter shot the bird on the wing. *Le chasseur a tiré l'oiseau au vol.*

to wipe–*essuyer*
to wipe out–*éliminer, réduire à zéro*
We must all work to wipe out poverty. *Nous devons tous œuvrer à éliminer (à réduire à zéro) la misère.*

wire–*le fil (métallique)*
to have one's wires crossed–*se méprendre*
If you think that, you have your wires crossed. *Si vous pensez cela, vous vous méprenez.*

wise–*sage*
to be a wise guy–*faire le malin*
Stop being a wise guy and listen to me. *Cesse de faire le malin et écoute-moi.*

to put (to set) someone wise–*ouvrir les yeux à quelqu'un*
He knows nothing about her but we're going to put (to set) him wise. *Il ne sait rien sur elle mais nous allons lui ouvrir les yeux.*

-wise–*dans le sens de*
Cut the boards lengthwise. *Coupez les planches dans le sens de la longueur.*

to wish–*désirer, vouloir*
as one wishes–*au choix*
Take the sweaters or the cardigans as you wish, at the same price. *Prenez les pulls ou les gilets au choix, au même prix.*

wishful–*désireux*
That's wishful thinking.–*Vous vous faites illusion.*

wit–*l'esprit*
to be at one's wits' end–*ne pas savoir à quel saint se vouer*
She had tried everything without success and she was at her wits' end. *Elle avait tout essayé sans succès et elle ne savait pas à quel saint se vouer.*

He's a keen wit.—*C'est une fine lame. Il a de la repartie.*

---

with—*avec*

to be with it—*être dans le jeu*
He's over forty but he's still with it. *Il a passé la quarantaine mais il est toujours dans le jeu.*

---

within—*à l'intérieur de, dans*

Is it within walking distance?—*Peut-on y aller à pied?*

within an ace (an inch) of— *à deux doigts de*
We were within an ace (an inch) of catastrophe. *Nous étions à deux doigts de la catastrophe.*

within (a radius of)—*à la ronde*
There isn't a hotel within (a radius of) fifty kilometers. *Il n'y a pas d'hôtel à cinquante kilomètres à la ronde.*

---

without—*sans*

without fail—*sans faute*
I'll give you back the book tomorrow without fail. *Je vous rendrai le livre demain sans faute.*

without further ado (ceremony)—*sans autre cérémonie; sans autre forme de procès*
They left without further ado (ceremony). *Ils sont partis sans autre cérémonie.* He fired her without further ado (ceremony). *Il l'a mise à la porte sans autre forme de procès.*

---

wonder—*la merveille*

No wonder!—*Ce n'est pas étonnant!*

---

word—*le mot, la parole*

by word of mouth—*de bouche en bouche*
The news spread by word of mouth. *La nouvelle s'est répandue de bouche en bouche.*

from the word go—*depuis le départ*
We were doubtful from the word go. *Nous étions sceptiques depuis le départ.*

to have words—*se disputer*
They had words and then started fighting. *Ils se sont disputés et puis ont commencé à se battre.*

Mum's the word!—*Bouche cousue! Ni vu ni connu!*

A word to the wise!—*Avis aux amateurs!*

You can take my word for it!—*Je vous en donne mon billet!*

work–*le travail*

You have your work cut out for you.–*Vous avez du pain sur la planche.*

---

to work–*marcher, travailler*

He works like a dog at it.–*Il se donne un mal de chien.*

in working order–*en état de marche*
The car is no longer in working order. *La voiture n'est plus en état de marche.*

It (that) works.–*Ça colle. Ça marche.*

to work a change–*amener un changement*
By his efforts he worked a change in the organization of the company. *Par ses efforts il a amené un changement dans l'organisation de la société.*

to work for nothing (for peanuts)–*travailler pour des prunes (pour le roi de Prusse)*
She refused the job because she didn't want to work for nothing (for peanuts). *Elle a refusé le poste parce qu'elle ne voulait pas travailler pour des prunes (pour le roi de Prusse).*

to work it in–*trouver le temps*
I'll repair your car if I can work it in. *Je réparerai votre auto si je peux trouver le temps.*

to work one's way through college–*travailler pour payer ses études*
Since his family was poor, he had to work his way through college. *Sa famille étant pauvre, il a dû travailler pour payer ses études.*

to work on someone–*faire pression sur quelqu'un*
I'll work on them until they agree to our plan. *Je vais faire pression sur eux jusqu'à ce qu'ils acceptent notre projet.*

to work on the double–*mettre les bouchées doubles*
We will have to work on the double to finish the job on time. *Il nous faudra mettre les bouchées doubles pour finir le travail à temps.*

to work (out)–*faire de l'effet*
Luckily, the measure they adopted worked (out). *Heureusement, la mesure qu'ils ont adoptée a fait de l'effet.*

to work out–*s'entraîner; se résoudre*
When I saw him, he was working out in the gym. *Quand je l'ai vu, il s'entraînait au gymnase.* How did the problem work out? *Comment le problème s'est-il résolu?*

to work something–*faire marcher quelque chose*
I don't know how to work this machine. *Je ne sais pas faire marcher cette machine.*

to work someone to death–*tuer quelqu'un à la tâche*
This boss wants to work us to death! *Ce patron veut nous tuer à la tâche!*

to work up a storm–*travailler comme quatre*
He worked up a storm to finish before nightfall. *Il a travaillé comme quatre pour finir avant la tombée de la nuit.*

to work wonders–*faire merveille*
This new medicine worked wonders on his cough. *Ce nouveau médicament a fait merveille pour sa toux.*

world–*le monde*

all over the world (the world over)–*dans le monde entier*
His products are known all over the world (the world over). *Ses produits sont connus dans le monde entier.*

to be worldly-wise–*avoir l'usage du monde*
Thanks to his extensive experience, he is worldly-wise. *Grâce à sa grande expérience, il a l'usage du monde.*

for the world–*pour rien au monde*
I wouldn't do what you ask me for the world. *Je ne ferais ce que vous me demandez pour rien au monde.*

The world is his oyster.–*Le roi n'est pas son cousin.*

to worm–*se faufiler*

to worm secrets out of–*tirer les vers du nez à*
You're trying to worm secrets out of me but I won't say a thing. *Tu essaies de me tirer les vers du nez mais je ne dirai rien.*

to worry–*se soucier*

Don't (you) worry!–*Pas de danger!*

to worry oneself sick (to death)–*en faire une maladie, se faire du mauvais sang, se ronger les sangs*
You would do better to go out, rather than stay here worrying yourself sick (to death). *Vous feriez mieux de sortir, plutôt que de rester ici à en faire une maladie (vous faire du mauvais sang, vous ronger les sangs).*

worst–*le pire*

if worse comes to worst–*au pire*
If worse comes to worst, you'll have to pay a fine. *Au pire, vous devrez payer une amende.*

in the worst way–*à tout prix*
She wants a new dress in the worst way. *Elle veut une nouvelle robe à tout prix.*

worth–*valant*

It's not worth a damn (a plugged nickel, a wooden nickel, a tinker's damn).–*Ça ne vaut pas les quatre fers d'un chien (un clou).*

It's not worth the trouble.–*Le jeu ne vaut pas la chandelle.*

not to be worth one's salt–*ne pas mériter le pain qu'on mange*
I won't keep him here; he isn't worth his salt. *Je ne vais pas le garder ici; il ne vaut pas le pain qu'il mange.*

to be worth the trouble (worthwhile)—*valoir le coup (la peine)*
It's not worth the trouble (worthwhile) for you to get tired. *Cela ne vaut pas le coup (la peine) que tu te fatigues.*

---

to wrap—*entourer, envelopper*
(all) wrapped up in—*plongé dans*
He was (all) wrapped up in his reading and didn't notice me. *Il était plongé dans sa lecture et ne m'a pas remarqué.*

---

to write—*écrire*
to write down—*noter (par écrit)*
I forgot to write down her address. *J'ai oublié de noter (par écrit) son adresse.*

to write off—*faire son deuil de*
You might as well write off his participation. *Vous pouvez faire votre deuil de sa participation.*

to write one's own ticket—*dicter ses conditions*
Since they really need you, you can write your own ticket. *Puisqu'ils ont vraiment besoin de toi, tu peux dicter tes conditions.*

to write out—*écrire en toutes lettres*
To be absolutely sure, I'm going to write out the instructions. *Pour être absolument sûr, je vais écrire les instructions en toutes lettres.*

to write up—*rédiger*
The committee wrote up its report and submitted it to the board. *La commission a rédigé son rapport et l'a présenté au conseil.*

---

wrong—*mal, mauvais*
to be on the wrong track—*faire fausse route*
If you go about it that way, you're on the wrong track. *Si vous vous y prenez comme cela, vous faites fausse route.*

to be wrong—*avoir tort, se tromper; être mal*
That isn't true; you're wrong. *Cela n'est pas vrai; vous avez tort (vous vous trompez).* It's wrong to do that. *C'est mal de faire cela.*

Don't get me wrong.—*Ne vous y méprenez pas.*

to have the wrong address (number, etc.)—*se tromper d'adresse (de numéro, etc.)*
I'm sorry to have bothered you; I had the wrong number. *Je regrette de vous avoir dérangé; je me suis trompé de numéro.*

in the wrong—*dans son tort*
The other driver was in the wrong. *L'autre chauffeur était dans son tort.*

There's nothing wrong in that.—*Il n'y a pas de mal à cela.*

What's wrong? -*Qu'est-ce qu'il y a? Qu'est-ce qui ne va pas?*

What's wrong with you?—*Qu'est-ce que tu as (vous avez)?*

X,Y,Z

Year–*l'an, l'année*

(all) the year round–*toute l'année*
The hotel stays open (all) the year round. *L'hôtel reste ouvert toute l'année.*

over the years–*au cours des (avec les) années*
The house has become delapidated over the years. *La maison s'est délabrée au cours des (avec les) années.*

year in, year out–*bon an, mal an*
Year in, year out, we have managed to make a go of this business. *Bon an, mal an nous avons réussi à faire marcher cette entreprise.*

---

yellow–*jaune*

to be yellow (-livered), to have a yellow streak–*avoir les foies, ne pas avoir de cœur au ventre*
Despite his blustering and his size, he's yellow (-livered) (he has a yellow streak). *Malgré sa bravade et sa taille, il a les foies (il n'a pas de coeur au ventre).*

---

yes–*oui*

He's a yes man.–*Il dit toujours amen.*

---

yet–*déjà, encore*

as yet–*jusqu'ici*
She hasn't called us as yet. *Elle ne nous a pas téléphoné jusqu'ici.*

---

to yield–*céder*

to yield the floor to–*donner la parole à*
I am willing to yield the floor to Mr. Dupont. *J'accepte de donner la parole à M. Dupont.*

---

you–*tu, vous*

you. . . –*espèce de, tête de*
You pig! *Espèce de (tête de) cochon!*

---

zero–*zéro*

to be a zero at–*être nul en*
I'm a zero at mathematics. *Je suis nul en maths.*

---

to zip–*fermer (avec une fermeture éclair)*

to zip along–*filer*
Once it was on the open road the car zipped along at high speed. *Une fois sur la grand'route, l'auto filait à toute allure.*

to zip (up) one's lips–*rester bouche cousue*
And if they ask you about the price, don't forget to zip (up) your lips. *Et s'ils vous posent des questions sur le prix, n'oubliez pas de rester bouche cousue.*